社会の変容と民法の課題〔上巻〕

瀬川信久先生
吉田克己先生 古稀記念論文集

〔編集委員〕

松久三四彦 池田雅則
後藤巻則 新堂明子
金山直樹 大島梨沙
水野 謙

成 文 堂

瀬 川 信 久 先 生

吉田克己先生

謹んで古稀をお祝いし

瀬 川 信 久 先生

吉 田 克 己 先生

　　　に捧げます

執筆者一同

はしがき

　瀬川信久先生は、2017年12月22日にめでたく古稀をお迎えになりました。また、吉田克己先生は、2019年1月1日に古稀の佳齢をお迎えになります。心よりお慶び申し上げます。瀬川信久先生と吉田克己先生からこれまでいただいた学恩に対する深い感謝の気持ちを込めて、また、両先生のこれからのますますのご健勝とご活躍をお祈りして、ここに本論文集を献呈させていただく次第です。

　瀬川先生は、『不動産附合法の研究』（1981年）として公刊されるに至った助手論文で、学界に新鮮な衝撃を与えて以来、民法のさまざまな分野で、きめ細かい実践的な解釈論を展開されています。先生の学問スタイルは、当事者をとりまく紛争類型を丹念に分析され、法概念や法的制度の意義を社会や経済や歴史というダイナミックで幅広いパースペクティブの中で捉えようとされる点に特徴があるようにお見受けします。このような先生の民法学へのアプローチは、膨大な一次資料を綿密に分析して、各時代の社会構造が借地市場にどのような影響を与えていたのかを解き明かし、借地規制について積極的な提言を行った労作『日本の借地』（1995年）にも結実しています。瀬川先生は、このように個々の問題について精巧で透徹した法律論を構築される一方で、法の解釈のあり方や、社会の構成原理と民法との関係など、大きな枠組みのご研究も行っていらっしゃいます。先生の誠実でひたむきなお人柄は、これらの卓越したご業績のほか、研究会などで分からないことがあれば率直に質問をされるお姿や、学生の未熟な発言にも真摯に対応される授業風景などからも、うかがい知ることができ、周りのすべての人たちに深い感銘を与えています。

　吉田克己先生は、『フランス住宅法の形成』（1997年）において、フランスの住宅の質や価格に関する複合的な立法や制度改革のありさまを鮮やかに分析されることを通じて、人間の生活に必要不可欠な財である住宅に関する法

iv

と政策について鋭く探求されました。また先生は、『現代市民社会と民法学』（1999年）において、「弱い個人」が出現した現代社会において、自己決定権はどのように強化されるべきなのか、市場における公正な競争の維持が求められる秩序や、環境利益など生活利益の確保が論点となる秩序のように、伝統的な市民社会の秩序の外郭にある、いわば法のフロンティアにおいて、市民のイニシアティブによる公共性はどのように確保されるべきなのかなどに関する壮大な枠組みを提示されました。吉田先生の、このようなマクロ的な視点に基づくご研究は、市場と人格との緊張関係にスポットを当てた『市場・人格と民法学』（2012年）や、財が多様化する中での民法学の課題や、身体を人格の媒体として把握することの現代的な意義などの研究成果へと連なっています。明確なモチーフに基づくエネルギッシュなご研究ぶりは、先生の人間味豊かなお人柄と相まって、同時代の、そして後進の研究者たちを魅了し続けています。

　このように、学界の最先端で、私たちを常にリードして下さっている瀬川先生と吉田先生の古稀をお祝いすべく、本論文集を企画したところ、国内外の研究者や実務家の方々から、貴重なご論文をお寄せいただきました。これらは、両先生の問題関心の広さにも通じるであろう多岐多様なテーマを掘り下げたものであり、その数は54編にものぼります。編集委員一同、この場をお借りして御礼申し上げます。

　最後になりましたが、出版事情が厳しい中で、本書の刊行を快くお引き受けくださり、終始ご協力をいただいた、株式会社成文堂阿部成一社長、同社編集部飯村晃弘氏と松田智香子氏に心より感謝申し上げます。

　2018年1月10日

編集委員

松久 三四彦　　後藤 巻則

金山 直樹　　　水野 謙

池田 雅則　　　新堂 明子

大島 梨沙

目　　次

はしがき

〈総　論〉

民法における人間像の更新 ………………………………… 大村敦志　*1*

エコロジーと公序
　　──フランス法における議論の萌芽── ……………………… 小野寺倫子　*21*

動物の法的地位
　　──2015 年のフランス民法典改正── …………………………… 櫛橋明香　*45*

〈総　則〉

総則の共通性
　　──わが民法典の起草者たちは
　　ドイツ法学から何を継受したのか── …………………… 遠山純弘　*67*

サレイユ法人論への一視角
　　──政教分離と財団をめぐって── ……………………… 齋藤哲志　*85*

暴利行為と消費者契約法 ………………………………… 後藤巻則　*117*

錯誤者の責任 ………………………………………………… 岩本尚禧　*143*

〈物権・担保物権〉

不動産物権変動における包括承継人の地位 ……………… 金子敬明　*165*

ius ad rem の歴史的素描 ………………………………… 大場浩之　*193*

無権原者による植栽をめぐる法律関係
　　——付合と相隣関係—— ……………………………………… 鎌野邦樹　*221*

一方配偶者からの持分譲受人の共有物分割請求と
権利濫用・公序良俗違反 ………………………………… 松久三四彦　*235*

フランス区分所有法の新展開
　　——2014 年 ALUR 法による改正—— ……………………… 吉井啓子　*265*

アメリカ法における人役権の法的性質について
　　——ニューヨーク州法における人役権の譲渡・
　　相続可能性の議論を中心に—— ……………………………… 青木則幸　*287*

建物建築請負代金債権の担保手段をめぐる覚書
　　——留置権と抵当権の競合に関する
　　議論状況の整理を中心に—— …………………………………… 池田雅則　*313*

譲渡担保の所有権移転担保における系譜的位置 ………… 池田雄二　*341*

〈債権法改正〉

民法（債権法）改正の対立軸 ……………………………… 中田裕康　*371*

履行請求権と塡補賠償請求権との併存
　　——新債権法と「浮動状態」（Schwebezustand）論—— … 森田　修　*397*

債権法の現代化と安全配慮義務 …………………………… 松本克美　*425*

安全配慮義務の契約法における密かなる浸透
　　——使用者責任、不作為不法行為及び組織過失との関係——
　　………………………………………………………………平野裕之　*441*

改正民法における
　　「定型約款」規定における若干の問題点 ……………… 河上正二　*473*

〈債権総論・契約総論〉

保証人の錯誤問題
　　──判断基準の探究── ……………………………………… 金山直樹　491

主たる債務の弁済期の延期による保証人への影響 ……… 齋藤由起　509

債権譲渡制限特約に関する法改正の日仏比較 ……………… 白石　大　529

将来債権譲渡において債務者が譲受人に
　　主張しうる抗弁 ………………………………………………… 四ツ谷有喜　551

契約の履行段階における行為規制とその限界
　　──信義則による契約規制論の再考のために── …………… 山城一真　571

『不実表示法──ヘドレイ・バーン対
　　ヘラーから 50 年を経て──』論集の紹介
　　──理論編── ………………………………………………… 新堂明子　595

［下巻］の目次

〈契約各論・その他（消費者信用市場・信託法）〉

取引対象としての身体と人格についての覚書⋯⋯⋯⋯⋯⋯⋯⋯⋯⋯⋯⋯⋯大島梨沙

賃貸不動産の譲渡における賃貸人たる地位の留保⋯⋯⋯⋯⋯⋯⋯⋯⋯⋯⋯秋山靖浩

不動産仲介業者の報酬請求権・再考⋯⋯⋯⋯⋯⋯⋯⋯⋯⋯⋯⋯⋯⋯⋯⋯⋯其　木提

地方分権・規制緩和時代における民法理論の役割⋯⋯⋯⋯⋯⋯⋯⋯⋯⋯⋯水野吉章

フランス法における賃貸住宅募集段階の差別禁止⋯⋯⋯⋯⋯⋯⋯⋯⋯⋯⋯小柳春一郎

消費者信用市場の規律⋯⋯⋯⋯⋯⋯⋯⋯⋯⋯⋯⋯⋯⋯⋯⋯⋯⋯⋯⋯⋯⋯牧　佐智代

中国信託法を考える際の視点⋯⋯⋯⋯⋯⋯⋯⋯⋯⋯⋯⋯⋯⋯⋯⋯⋯⋯⋯道垣内弘人

〈不法行為・その他（製造物責任・不正競争防止法・環境問題・居住福祉学）〉

「虚名」に関する一考察⋯⋯⋯⋯⋯⋯⋯⋯⋯⋯⋯⋯⋯⋯⋯⋯⋯⋯⋯⋯⋯水野　謙

複数不法行為者の責任の関係に関する最近の議論について⋯⋯⋯⋯⋯⋯⋯大塚　直

民訴法 248 条による素因斟酌の可否に関する一試論⋯⋯⋯⋯⋯⋯⋯⋯⋯永下泰之

差止請求権の「根拠」に関する一考察⋯⋯⋯⋯⋯⋯⋯⋯⋯⋯⋯⋯⋯⋯⋯吉村良一

危険責任の解釈における動的システム論の意味⋯⋯⋯⋯⋯⋯⋯⋯⋯⋯⋯前田太朗

民事責任と刑事責任の分化について⋯⋯⋯⋯⋯⋯⋯⋯⋯⋯⋯⋯⋯⋯⋯⋯今野正規

自動走行車における欠陥概念とその責任⋯⋯⋯⋯⋯⋯⋯⋯⋯⋯⋯⋯⋯⋯山口斉昭

医薬品の副作用に関する情報提供の責任について⋯⋯⋯⋯⋯⋯⋯⋯⋯⋯渡邉知行

製造物の欠陥と侵害回避費用の賠償⋯⋯⋯⋯⋯⋯⋯⋯⋯⋯⋯⋯⋯⋯⋯⋯山本周平

アメリカ製造物責任訴訟の現状と「管理される正義」⋯⋯⋯⋯アンドリュー　M. パーデック

営業秘密の使用行為に対する差止請求権の消滅時効⋯⋯⋯⋯⋯⋯⋯⋯⋯森田宏樹

環境保護における民法の有用性⋯⋯⋯⋯⋯マチルド・オートロー＝ブトネ　（訳）小野寺倫子

環境〔責任〕特別法は存在するか⋯⋯⋯⋯⋯⋯⋯ムスタファ・メキ　（訳）大島梨沙

イスラエル・ベドウィン先住民族の強制立退き問題と近時の研究への所感⋯⋯⋯⋯吉田邦彦

〈家族法〉

特別養子縁組制度における要保護要件と父母の同意要件について⋯⋯⋯⋯棚村政行

権利保護と取引安全秩序についての覚え書き⋯⋯⋯⋯⋯⋯⋯⋯⋯⋯⋯⋯植本幸子

遺留分減殺請求権の法的性質⋯⋯⋯⋯⋯⋯⋯⋯⋯⋯⋯⋯⋯⋯⋯⋯⋯⋯藤原正則

台湾における遺言による財産処分と遺留分減殺請求の近時の発展⋯⋯⋯⋯黄　詩淳

〈諸　法〉

「セクハラ」は何の問題か？⋯⋯⋯⋯⋯⋯⋯⋯⋯⋯⋯⋯⋯⋯⋯⋯⋯⋯⋯水谷英夫

マタニティ・ハラスメントと法⋯⋯⋯⋯⋯⋯⋯⋯⋯⋯⋯⋯⋯⋯⋯⋯⋯小島妙子

フランスにおける寄生概念⋯⋯⋯⋯⋯⋯⋯⋯⋯⋯⋯⋯⋯⋯⋯⋯⋯⋯⋯麻生　典

瀬川信久先生 略歴・主要業績目録

吉田克己先生 略歴・主要業績目録

民法における人間像の更新

大 村 敦 志

はじめに
I　中核──日本の実定法（民法）から見た人間像の変容
II　外郭──日本・民法の外から見た人間像の変容
おわりに──民法学の課題

はじめに

　瀬川信久・吉田克己両教授の古稀をお祝いするにあたり[1]、本稿が取り上げるのは、民法における「人間」像の変容である[2]。また、本稿においては、日本の実定法の変容が検討対象となるのはもちろんであるが（I）、あわせて、フランス法の研究や隣接領域における研究にも多少の言及がなされる（II）。

　最初に、このようなテーマとアプローチの選択につき一言しておく。瀬川の大きな関心事が不法行為法や消費者法であることはよく知られている[3]。不法行為法が人間に対する洞察と密接な関係を持つことは当然のことではあ

1　以下においては、両教授も含めて、敬称は省略する。

2　表題の「更新」は本論文集の「変容」と「課題」の双方を含む。このうち「変容」は本論 I II で辿るが、「課題」には「おわりに」で触れる。

3　主な各論的業績として、瀬川「裁判例における因果関係の疫学的証明」加藤古稀・現代社会と民法学の動向（上）（有斐閣、1992）、同「危険便益比較による過失判断」星野古稀・日本民法学の形成と課題（下）（有斐閣、1996）、同「消費社会の構造と製造物責任法」岩波講座現代の法13（岩波書店、1997）、同「共同不法行為論展開の事案と論理」平井古稀・民法学における法と政策（有斐閣、2007）など。

るが、特に、不法行為判例を総攬する「民法709条（不法行為の一般的成立要件）」[4] においては、20世紀を通じて生じた人間に対する見方の変化が語られている[5]。また、「消費者法と民法」[6] という問題設定はそれぞれの人間像に及ばざるをえない。これに対して、吉田の人間への関心はより直截に示されている。「個人」や「市民」に対する関心を法理論や法体系との関係で論じた著作のほか[7]、主として家族法を念頭に置きつつ自己決定権につき論ずる論文、人身の法的に関する論文などがある[8]。また端的に、民法における人間像の変化を論ずる「特集・民法の中の『人間』」に寄せられた小論や債権法改正における人間像を論じた論文もある[9]。

　他方で、瀬川と吉田はともに長く北海道大学にあって、同大学に日本におけるフランス研究の一大拠点を築き上げたことはよく知られている。特にフランスの研究者との交流に熱心で、日本を訪れたフランスの民法学者の多くが札幌に足を運んでいる。また、瀬川も吉田も狭義の実定法学にとどまらず、学際的な関心を有していることも周知の事実であろう[10]。

　本稿は、筆者自身の問題関心との関係では、「人の法」に関する研究の一環として位置づけられる[11]。「人の法」とは何かに関しては検討すべき問題

4　広中＝星野編・民法典の百年Ⅲ（有斐閣、1998）。

5　瀬川は、社会の変化との関係で人に関する被侵害利益の変化を語るが、このようなマクロの視点は、同「『豊かな』社会の出現と私法学の課題」法の科学19号（1991）において特に顕著である。

6　日本経済法学会年報29号（2008）。なお、より直截に人間像を論ずるものとして、「座談会　法における人間像を語る」法時80巻1号（2008）がある。

7　吉田・現代市民社会と民法学（日本評論社、1999）同編・、競争秩序と公私協働、同編・環境秩序と公私協働（いずれも、北海道大学出版会、2012）。

8　吉田「自己決定権と公序―家族・成年後見・脳死」瀬川編・私法学の再構築（北海道大学図書刊行会、1999）、同「身体の法的地位（1-2）」民商149巻1号・2号（2013）など。そのほか、家族法に関する論文も多い。

9　吉田「総論―近代から現代へ」法セミ529号（1999）、同「民法（債権法）改正と『人』概念の再定義」民商153巻1号（2017）。

10　このことは例えば、瀬川・日本の借地（有斐閣、1995）、吉田・フランス都市法の形成（東京大学出版会、1997）を見れば一目瞭然である。

11　「人の法」に関連するものとして、大村・20世紀フランス民法学から（東京大学出版会、2009）の第2編「基本概念としての人・物・契約」、第3編「フランス民法典の200年」B「人の法の変化と再編」、同・新しい日本の民法学へ（東京大学出版会、2009）第3章第2節「『市民社会の法』『人の法』への着目」C「マイノリティという視点」、D「『市民的権利の法』としての民法」、同「『人の法』から見た不法行為法の展開」淡路古稀・社会の発展と権利の創造（有斐

も少なくないが、さしあたり、筆者にとっての「人の法」は、①民法典の形式を「人」中心にするだけでなく[12]、②ａ民法における価値を「物」から「人」に移す、②ｂ民法中の存在としての「人」のモデルを更新すること[13]を目標にする研究プログラムであるとしておきたい。このうち本稿と関係するのは主として②ｂであるが[14]、若干は②ａにも及ぶことになる[15]。

ところで筆者はかつて、民法における「人」につき小論を草したことがある[16]。また、本稿の後に関連の小論を執筆する予定である[17]。そこで本稿とこれらの原稿（前稿・続稿と呼ぶ）との関係についても一言しておく。前稿では「人の法」の再発見、「民法における人」の再構築という二つの課題を提示しつつ、より具体的には、「人と物」、「心と身」、「個と共同性」、「多様性と共通性」、「親密圏と公共圏」などの対比を掲げ、また人の同定、外国人、法人といった具体的な問題を挙げていた。二つの課題に関して言えば、前述の通り、本稿では「民法における人」に焦点を合わせることとなるが、具体的な問題としては、「人と物」「心と身」「個と共同性」「多様性と共通性」「親密圏と公共圏」など対比の部分が関係する[18]。これに対して、続稿では「家族とは何か」に関する諸見解について論ずる予定であるが、ある意味で

閣、2012）、同「私権と droits civils に関する覚書」〔高橋和之古稀・現代立憲主義の諸相（下）〕（有斐閣、2013）など。

12　より詳しくは、①は、①ａ民法典の編成を「人」中心にする、①ｂ「（人身を含む）人格」に関する規定を設けて「人」の章を増補する、に分かれる。

13　この点につき、大村「消費者・消費者契約の特性」同・消費者・家族と法（東京大学出版会、1999、初出、1991）、同・典型契約と性質決定（有斐閣、1997、初出、1995）も参照。

14　他方で、いくつかの事情により、2017 年は１年間に七つの記念論文集に寄稿をすることとなった。そこで「七つのつぶて」とも言うべき一群の小論（小さなものを多数ばらばらと投げるという原始的な方法による趣旨である）を草して責めを塞ぎ、この機会に、（私自身もその担い手の一人にほかならない）現在の民法学に対する疑問を提示するとともに、今日における哲学・思想の展開に対する所感を述べることとした。本稿は「その３」にあたるものである（続稿が「その４」となる）。

15　本格的な展開のためには「人権論」との関係を論ずる必要があるが、この点については他日を期したい。なお、大村「フランスにおける市民社会と民法」水林古稀（日本評論社、2017）で一言した（これが「つぶて２」にあたる）。

16　大村「人―総論」同・前出注 13）（1999、初出、1998）。

17　大村「家族の起源と変遷」（仮）広瀬古稀（信山社、近刊）。「つぶて４」である。

18　残る論点のうち、外国人と法人に関しては、大村「帝国と産業―人の法の周辺」（仮）北村古稀（東京大学出版会、近刊）で触れる予定である（これが「つぶて５」にあたる）。人の同定については「人と情報」という観点からの検討が必要だが、将来の課題としたい。

4

は、「家族とは何か」は「人間とは何か」の一環をなすテーマであると言える。しかしながら、分量や行論の都合に鑑み、「家族」に関する検討は続稿に委ねることとして、本稿ではこれには立ち入らないこととする。

I　中核——日本の実定法（民法）から見た人間像の変容

　民法における人間像の更新は、一方で、実定法に現れつつある人間像の変容をふまえたものとなる。こうした観点から以下では、四つの領域における近年の変容を確認しておきたい。

1　民事責任

　一つ目は、民事責任（不法行為責任）の領域である。20世紀の不法行為法の大きな課題は、帰責性（過失と因果関係）が直ちに明らかではない人身損害の責任をいかに問うかという点にあったが、瀬川の指摘によればしばらく前から、行為そのものを咎める傾向と並んで被侵害利益が無形の利益に拡張される傾向が現れている。また、環境や競争のような公共的な価値の保全を民事責任を通じて実現しようという傾向も現れつつある。こちらは吉田が指摘するところであった。他方、民事責任（不法行為責任）の拡張に対して道徳的観点（非難可能性）から疑問を唱える見解も存在する[19]。

　二つの傾向は相反するように見えるが、その根底には共通の基礎があるように思われる。個人的な利益であれ公共的な利益であれ被侵害利益の拡張を通じて問題になっているのは、損害の填補というよりは当為性・応答性——どのような状況においてどのように応じなければならないか——の定立であろう。たとえば医師として上司として、あるいはメディアとして行政として、一定の対応をすべき義務があった。現時点で振り返ってそう考えるべきではないかというのが訴訟の実体であろう。そう考えると、損害の填補という観点に立って広く不法行為の成立を認めるのは時として行為者に不可能を強いることになり、民事責任が有する当為性・応答性を希薄化することになる。

19　早い時期に、潮見佳男・過失責任の帰責構造（信山社、1995）、棚瀬孝雄・現代の不法行為法——法の理念と生活世界（有斐閣、1994）。

すなわち、責任を拡張しようとする見解もこれを疑問視する見解も、現代社会において個人ないし組織がなすべきことをどのように措定するかを問題にしているわけである。

こうした観点から見たとき、次の二つの判決の登場には興味深いものがある。いわゆるサッカーボール事件（最判平 27・4・9）と JR 東海事件（最判平 28・3・1）である。いずれも社会的な注目を集めたものでもあるので繰り返すまでもないが、前者は子どもの所為（校庭で蹴ったサッカーボールが道路上に転がり二輪車の転倒事故を生じさせた）、後者は認知症の高齢者の所為（線路侵入事故により鉄道会社が損害をこうむった）につき、監督義務者としての家族の責任が問われたが、いずれも最高裁で否定されたというものであった。前者が民法714 条 1 項の監督義務者としての義務を怠らなかったとしたのに対して、後者はそもそも監督義務者に当たらないとしている。それぞれの判決につき多くの論評がなされており、理論的な位置づけについては議論がある。しかしここでは、結論として家族の責任を制限する判断が示された点に着目したい。

これらのケースは被侵害利益の拡張に関するものではないが、それにしても責任が制限された点は特に注目される。家族関係は、職業人ではない純粋な個人としての関係であるが、そのような場面（日常生活の場面）で人が負うべき責任は一定程度にとどめるべきである、という判断がそこには伏在している[20]。

2 契約

二つ目は、契約の領域である。20 世紀の契約法の課題は、無産者（借地人借家人、小作人、労働者）の保護から非専門家（消費者）の保護・支援へと推移してきたが、1980 年代・90 年代を通じて判例によって進められた契約法理の変容は、2000 年代に入ると、立法をめぐって展開されることとなった。すなわち、消費者契約法（2000 年）、労働契約法（2006 年）の制定に続いて、

---

20 東日本大震災の際の避難につき、自治体や学校の責任を追及する訴訟が起こされているが、この場合にも、緊急時における個人の判断の妥当性とシステムとしての避難計画の妥当性を区別して考える必要がある。前者についてはやはり、責任は一定の範囲にとどまるという考え方は十分にありうるだろう。

債権法改正における消費者・労働者の取り扱いが問題とされるに至った[21]。他方、民法の内部では成年後見制度の改正（1999年）を通じて、高齢者・知的障害者の保護・支援が強化された。さらに、成年年齢の引き下げとの関係で、若年者の保護も話題になっている。そして、これらもまた債権法改正と無縁ではない。

債権法改正においては、当初、消費者契約法中の民事実体規定（4条と8〜10条）の一般化・統合が企図されたが、事業者側・消費者側がそれぞれ異なる思惑の下で反対したため実現せず、「格差是正」のための一般条項も採用されなかった。これは消費者を政策的な保護の対象であるとする理解に立脚するものであり、一般法である民法の中に消費者を正面から位置づけるという発想は、特に消費者側において欠落していた[22]。

しかしながら、消費者（さらには高齢者・知的障害者・若年者）に対して、その属性に応じた配慮をするための手がかりが全く残らなかったわけではない。新設された意思能力に関する規定（新3条の2）がそれである。この規定は、個々の当事者の判断力を考慮に入れて契約の効力を否定するための根拠となりうる規定だからである[23]。他方、改正法案が提出された後に現れた重要な判例の中で、最高裁は、事業者間取引を消費者取引と区別する態度を示している（最判平28・1・28民集70-1-1）。錯誤に関する判断に際して、両当事者（債権者と保証人）が事業者であることから、前提事実と異なる事実（被保証人が反社会的勢力であること）が判明した場合には契約の効力を否定する趣旨ならば、契約であらかじめその旨を定めるだろうとして、錯誤無効の主張を退けたのである。以上のように、改正民法も最新判例もともに、当事者の属性を考慮に入れた判断に途を開いていると言える。

21　文献は枚挙にいとまがないので省略する。筆者の見方については、大村・性法・大学・民法学——ポスト司法制度改革の民法学（有斐閣、近刊）所収の「債権法改正と消費者・労働者」、「民法と消費者法の25年」を参照。なお、民法と消費者法との関係については、大村「民法と消費者保護」同・契約法から消費者法へ（東京大学出版会、1999、初出、1991）を参照。

22　事業者側はこのことに意義を理解しており、だからこそ反対した。

23　この規定の解釈に関しては、別稿で触れる。

3 人身・人格

　三つ目は、人身・人格（人格権）の領域である。人格権は日本では20世紀の後半に入ってから関心を集め始め、20世紀の末年以降は大きな関心事となった。人身が不法行為法による保護の対象になることは言うまでもない。最近では、これに加えて人身の処分（変更を含む）の可否・限界がクローズアップされている。具体的には、生殖補助医療と性同一性障害との関連で、生殖子（精子・卵子・受精卵）の法的性質と処分の可否、代理懐胎に伴う身体拘束の可否（最判平19・3・23民集61-2-619参照）、あるいは、性同一性障害に関しては性別変更という擬制の限界（最判平25・12・10民集67-9-1847）などが問題とされている。他方、人格に関しても、人格的な諸利益を被侵害利益に掲げる不法行為訴訟が増えているが、その中には、当事者間の権力構造（従属性）に関するもの（セクシュアルハラスメントやDV・虐待、いじめ、医療における自己決定の侵害や過労死など）、民族的・宗教的な少数者（マイノリティ）に関するもの（氏名を正確に呼称される利益や静穏な宗教生活を送る利益など）が含まれている[24]。外国人や被災者に対する差別もこれにかかわる。

　人身に関してはすでにその「脆弱性」を前提とした立法がなされているが、人格についてもまた脆弱性が意識されつつある（いじめや過労死など）。また、ミクロ・メゾ・マクロの各レベル（個人間や家族内、学校・職場・医療現場、社会一般）での権力構造が生み出す抑圧性（その意識化）についても同様である。また、人身については自己決定の制約原理として「人身の尊重」、「人間の尊厳」が掲げられるが[25]、これは人格についてもあてはまる。性的少数者の「承認」の要求もまた同じ価値の名のもとに基礎づけることができる。

　こうしてみると、人間は心身ともに脆弱であり、外部からの圧力によって壊れやすい存在であること、また、少数者としての特別な処遇を求める一方で、多数者と同様の処遇を求める存在であることなどに注意が向けられつつある。さらには、物と区別される人の特殊性は何に由来するか、性や生殖は

24　1990年代から2000年代の主要な判例につき、大村敦志・不法行為判例に学ぶ（有斐閣、2012）第2部「現代編」および同「『人の法』から見た不法行為法」淡路古稀（有斐閣、2011）を参照。

25　人間の尊厳につき、広中俊雄「主題（個人の尊厳と人間の尊厳）に関するおぼえがき」民法研究4号（2004）。

8

どのように扱われるべきか、といった根本問題も浮上している。

4 団体

最後は、団体の領域である。20世紀の前半を彩ったのは団体主義であったが[26]、戦後には反動が生じ、団体への関心は法人の技術的側面への関心に縮減された[27]。しかしながら1990年代以降は、一方で団体の任意的性格（結社の自由のコロラリーとしての脱退の自由）が強調されるとともに（たとえば、最判平8・3・19民集50-3-19民集50-3-613南九州税理士会事件、最判平14・4・25判時1785-31群馬司法書士会事件、あるいは最判平11・2・23民集53-2-193ヨットクラブ事件など）、他方で、非営利団体がはたす社会的役割が注目を集め（NPOなど）、団体を通じて集団的・公共的な利益の実現がはかられるようにもなった（消費者団体訴訟など）。

ここには、人は団体を通じて社会（公共）に貢献するという人間観が現れている[28]。さらには、個人ですら私益だけでなく公益のために行動することがあるという人間観も出現しつつある。競争や環境につき個人が損害賠償を請求するというのはその一つの現れであるが、元来、結社の自由だけでなく表現の自由もまた、自己実現・自己表出だけでなく公共の利益の実現のために行為する個人、すなわち、市民としての個人に付与された自由であったことを考えるならば、ヨーロッパ法では自明の前提であったはずのことがらが、いま再発見されようとしていると解することもできる。

II 外郭──日本・民法の外から見た人間像の変容

1 フランスの研究から見た人間像の変化

フランス民法学における諸研究に関しては、若手研究者による独自の分析視点からの研究と大家の賢慮に基づく総括とに分けて見ていこう。

---

26 個人主義から団体主義へという図式につき、我妻栄・物権法（岩波書店、1932）序など。
27 法人の技術的理解につき、星野英一「いわゆる『権利能力なき社団』について」同・民法論集1巻（有斐閣、1970、初出、1967）。
28 大村敦志・フランスの社交と法（有斐閣、2002）など。

(1)　各論——責任法・人事法

　フランス（民）法研究の根幹をなすのは、テーズ（thèse）と呼ばれる博士論文の集積である。出版事情の逼迫にもかかわらず、テーズの商業出版は盛んになされており、特に近年では多数のシリーズが創設されており、民法の領域に限っても、毎年、10 数冊（時には 20 冊以上）が刊行されるようになっている。そのうち、1990 年代から 2000 年代の初頭に現れたもので、人・物・契約・基本原則に関するものについては、以前に簡単な紹介を試みたことがある[29]。ここでは、本稿のテーマにかかわるもので特徴的なものを最近のものを中心にいくつか取り上げたい[30]。それらは大別すると、「責任」に関するものと「人」に関するものになる。

　責任に関するテーズが増えているのは、最近の一つの傾向であろう。債権法改正が責任法を除く形で実現し、続く改正の対象として、民事責任法が話題とされているということもあるだろう[31]。しかし、より根本的には、日本の場合と同様であるが、責任をめぐって大きな変化が生じているという事情があるのだろう。テーズの中には、基本概念の再考、体系的な再編に関心を寄せるものが少ないが[32]、そのほかに集合的損害や他人の所為、さらには社会像に関するものもあり、本書の観点からは特に興味深い[33]。また、最後の

29　大村・20 世紀フランス民法学から（東京大学出版会、2009）101 頁以下。

30　以下の文献引用にあたっては、序文執筆者（préfacier）の名も掲げている。テーズにおける序文の意義については、Bureau (D.), *Les préfaces, Mélanges Gobert*, 2004 を参照。

31　Terré (F.) (dir.), *Pour une réforme du droit de la responsabilité civile*, Dalloz, 2011, Pignarre (F.), *La réforme du droit de la respunsabilité*, Presse de la Faculté de Monpellier, 2017.

32　民事責任と刑事責任の関係につき、Dubois (Ch.), *Responsablité civile et responsablité pénale. A la recherche d'une cohérence*, LGDJ, 2016, préf. Lequette (Y.), 契約責任と不法行為責任の関係につき、Juen (E.), *La remise en cause de la distinction entre la responsabilité contractuelle et la responsabilité délictuelle*, LGDJ, 2016, préf. Loquin (E.)。また、少し前のものだが、faute の意義をめぐって、Grare (C.), *Recherches sur la cohérence de la responsablité délictuelle. L'influence des fondements de la responsabilité sur la réparation*, Dalloz, 2005, préf. Lequette (Y.), Descamps (O.), *Les origines de la responsabilité pour faute personnelle dans le Code civil de 1804*, LGDJ, 2005, préf. Lefebvre-Teillard (A.)。因果関係につき、Quezel-Ambrunaz (Ch.), *Essai sur la causalité en droit de la responsablité civile*, Dalloz, 2010, Préf. Brun (Ph.), 損害や賠償につき、Le Gallou (C.), *La notion d'indemnité en droit privé*, LGDJ, 2007, préf. Seriaux (A.), Pradel (X.), *Le préjudice dans le droit civil de la responsablité*, LGDJ, 2004, préf. Jourdain (P.)。

33　そのほかに、基本権との関連について論ずる Girard (B.), *Responsabilité civile extracontractuelle et droits fondamentaux*, LGDJ, 2015, préf. Fabre-Magnan (M.) も興味深いが、これについては次の項で触れる。

10

ものの延長線上には、責任の枠を超えるが、将来世代に関するものが現れて
おり、これもまた注目される。以下、やや具体的に見ていこう。

　まず、リスクや偶然については、「予防原則（principe de précaution）」に関
するものに続き、大規模災害（catastrophes）・大量損害（dommages de masse）
に着目するものが現れている[34]。「予防原則」は、環境・公衆衛生・生命体
など集合的利益に対する大きな損害につき、損害賠償の要件を見直すだけで
なく予防訴権を認めるという立法論にもつながるが、そこにあるのは、この
種の損害は予防こそが重要であり、責任もその観点から問わなければならな
いとする点にある。大規模災害・大量損害という概念での把握が試みられて
いるのも集合的な損害であり、個人責任ではなく国民連帯による対応が示さ
れており、賠償の集団化などにも触れられている。これらは東日本大震災を
経験した日本法にとっても切実な問題であるが、ここでは個人責任とは位相
を異にする責任が問題にされているのが注目される。次に、「他人の監督
（garde d'autrui）」に関するものが現れている[35]。他人の監督から生ずる責任も
昨今の日本法にとっては大きな関心事であるが、フランスでも最近の判例の
展開が見られる問題領域である。この点に関する研究は、人事法における
「他人の監督」概念を精査することを通じて、責任法の混乱を解消しようと
する。「生活様式を規律し、生活場所を決定する権限（pouvoir de contrôler le
mode de vie et de déterminer le lieu de vie）」という基準の有効性はともかくと
して、そこには、他人の行為に介在する責任の限界を画するための本格的な試
みがみられる。最後にやや取扱いの難しいものを挙げておく。一つは、（損
害を惹起する）偶然事（évènements aléatoires dommageables）に関するもの、もう
一つは、「生命体への侵害（atteintes au vivant）」を論ずるものであるが、いず
れも広い意味では社会の変化を強く意識している[36]。前者は、偶然事が損害

---

34 Boutonnet（M.），*Le principe de précaution en droit de la responsabilité civile*, LGDJ, 2005,
　　Lacroix（C.），*La réparation des dommages en cas de catastrophe*, LGDJ, 2008, avant-propos
　　Houtcieff（D.），Guegan-Lecyer（A.），*Dommages de masse et responsabilité civile*, LGDJ, 2006,
　　préf. Jourdain（P.），.

35 Perdrix（L.），*La garde d'autrui*, LGDJ, 2010, préf. Viney（G.）.

36 Williatte-Pellitteri（L.），*Contribution à l'élaboration d'un droit civil des évènements aléatoire
　　dommageables*, LGDJ, 2009, préf. Dekeuver-Defossez（F.），Neyret（L.），*Atteintes au vivant et
　　responsablité civile*, LGDJ, 2006, préf. Thibierge（C.）.

を惹起しても民法はこれを取り上げない（射幸契約あるいは不可抗力の問題とする）という態度は変化しつつあることを指摘し、リスクや偶然が法の世界に取り入れられてきているとする。後者は、（純粋経済損害ではなく）「純粋生物損害（dommage biologique pur）」や「純粋環境損害（dommage écologique pur）」を観念し、個人的な損害を超えて集合的な損害を視野に入れるべきことを説く。そしてその先には、「種としての人類（espèce humaine）」や「将来世代（génération future）」の損害が置かれる。これらは必然的に民事責任の枠をはみ出さざるを得ない。

　その点が明らかなのは、将来世代に関して正面からこのテーマに挑むテーズであるが、そのほか、相続を扱いつつ、最終的にはこのテーマに接続するものと見られるテーズもある[37]。将来世代への責任は国際環境法や人権法に由来するが、民法にも影響を及ぼさないではいない。著者はたとえば、将来世代への家族レベルでの考慮として、相続や胎児の法的地位に関する問題を挙げるとともに、人類レベルでの考慮として「生物的公序（ordre publique biologique）」の存在（優性主義の禁止や遺伝子治療の規制など）を挙げる。夢物語のように見える構想にも実定法的な基礎づけが求められる点が、フランス法的であると言えようか。相続人に関する研究は、一見するとより慎ましくより堅実であるように見える。しかしながら、そこに現れているのは相続人を財産面においてのみ把握するのではなく、「被相続人の人格の継承（continuation de la personne du défunt）」という（古くて新しい）視点である。このように見るならば、遺言に対する見方もおのずから変わらざるを得ない。ある意味では、これは野心的な試みである。

　人に関するテーズは、人格に関するもの、人身に関するもの、契約当事者に関するものに分けられる[38]。人格に関しては[39]、その差異化（différenciation）、

37　Gaillard（E.）, *Générations futures en droit privé. Vers un droit des générations futures*, LGDJ, 2011, préf. Delmas-Marty（M.）, Ould Aklouche（Y.）, *La qualité d'héritier*, Defrénois, 2017, préf. Nicot（M.）.

38　法人格の同一性にかかわるものとして、Dubois-de Luzy（A.）, *L'interposition de personne*, LGDJ, 2010, préf. Ancel（B.）.

39　そのほかに、秘密や評判など情報にかかわるものとして、Lefranc（D.）, *Le renommée en droit privé*, Defrérnois, 2004, préf. Lucas（H.J.）, Abravanel-Jolly（S.）, *La protection du secret en droit des personnes et de la famille*, Defrénois, 2005, préf. Mayaux（L.）. なお、動物に関する Delage

その契約化（contractualisation）による保護など、従来の枠組を抜け出そうとするものが目につく[40]。一方の見解は、「身分（statut）」は、かつてはその相違によって適用法律を異にする固定的なものであったが、今日ではむしろ不平等を是正するための権利であるとされる。この権利としての「身分」が非差異化されつつあるところに、今日の社会的な危機があるのであり、契約化は大きな問題ではないとする。他方の見解は契約化に焦点をあてるが、そこで注目されているのは契約化のもたらす自由や安定ではなく、社会的規律の必要性である。これらに共通に現れているのは、人格に関する契約を自由の領分に放置すれば足りると考えることはできないという発想であろう。人身に関しても興味深い研究が現れているが[41]、その検討は別の機会に譲る。残るのは契約当事者であるが、これについては「弱性（faiblesse）」の観点から迫るものがあるが、法的保護の基準としての契約当事者の資質（qualité du contractant）に着目するものも出てきている[42]。前者は特に「弱性の濫用（abus de faiblesse）」に注目するものである。ここには一方を弱者とするのではなく関係性（権力性）の中で契約をとらえる視点が窺われる。後者は、配分的正義を目指すか交換的正義を目指すかによって、契約当事者の属性を考慮することの立法的な意味は異なるとする。自然人や公益団体の保護は肯定されるべきだが、農業者や消費者について同様に語ることはできないというのである。

(2)　総論——人間主義

テーズに見られる研究関心とは別に、より広い視野に立脚した議論が展開されている点にも注意を要する。ここで特に紹介しておきたいのは、表題に

(P.J.), *La condition animale. Essai juridique sur les justes places de l'Homme et de l'animal*, Mare & Martin, 2015, préf. Marguenaud（J.P.）も人・物二分法を超えるものを含む点で興味深い。

[40]　Gogos-Gintrand（A.）, *Les statuts de personnes. Etude de la différenciation des personnes en droit*, IRJS Editions, 2011, préf. Labrusse-Riou, Gatti（L.）, *La contractualisation, mode nouveau de protection de la personne*, LGDJ, 2016, préf. Schutz（R.N.）

[41]　貞操に関する Ben Hadj Yahia（S.）, *La fidélité et le droit*, LGDJ, 2013, préf. Beignier（B.）、売春に関する Casado（A.）*La prostitution en droit français. Etude de droit privé*, IRJS Editions, 2015, préf. Loiseau（G.）。

[42]　当事者の弱性を正面から取り上げる Bourrier（Ch.）, *La faiblesse d'une partie au contrat*, Bruyant, 2003 に対して、よりよい立法という視点に立脚するのが Noblot（C.）, *La qualité du contractant comme critère legal de protection. Essai de méthodoloqie législative*, LGDJ, 2002, préf. Labarthe（Fr.）である。

「人間主義」の語をを含むマロリーの新著『人間主義的法辞典』[43]である。

　本書は、(他にも見方はあるだろうが)「人間主義に立脚した法 (un droit huministe)」に対する見方を辞書の形で示すものであるが、本書の「はしがき」は「法とその教育の存在理由、それは人間にある」と断言するところから始まる。著者はプロタゴラスに倣って「人間は万物の尺度である」とし、この定式を人間中心の相対主義とは区別した上で、「人間が人間であるためには、人間以上のものでなければならない」とする。より具体的には「人間であるためには、外国人を、貧者を、障害者を受け入れなければならない。精神を形式主義に優先させることによって、ドグマティズムを拒絶することによって、正義によって、思想と社会における秩序によって」とする。マロリーはさらに続ける。「法に関する人間主義とは法の遍在を拒絶することである」とし、「法はすべてを指導し組織することができるというのは幻想である」とする。歴史、自然、道徳、習慣、非法、習俗、対立などもまた社会を規律するからである。また、「法に関する人間主義は超越性である」とし、人間主義と超越性は両立可能であると説く。なぜなら超越性は上からだけでなく人間からもやってくるから。「法は人間によって人間のために作られるが、同時に人間を超越し、人間はこの超越を生き、責任を知る」と[44]。

　Animaux から始まり Voile islamique に至る見出し語をめぐる洞察はいずれも興味深いが、ここでは筆者がまず最初に引いた Code civil の項の一部を紹介するにとどめざるを得ない。この項の最後には「民法典は人間主義的か?」という問いが立てられ、次のような自答が与えられている。「おそらくは問いの立て方が悪い。法と同様に、人間主義は社会環境の影響を受ける。それゆえ進化的 (évolutif) であり、『長く静かな川』ではない」。人間主義と同様、2015 年の法と 1804 年の法は同じではないとして、次の点を指摘する。「1804 年には、人間について知られているのは意思と利益だけであり、人身は無視されていた (それが民法典に現れたのは 1994 年の生命倫理法以降である)。1804 年には、その主たる関心は財産であった。『人間の尊厳』が出現するのは第 2 次大戦以降のことである」と。しかし、「民法典の人間主義は

43　Malaurie (Ph.), *Dictionnaire d'un droit humaniste*, LGDJ, 2015.
44　Malaurie, *supra*, note 43, pp. 1-2.

変わることなく常に節度を保ってきた。そしてそれは異なるフランス、しばしば対立するフランスに平和をもたらしてきた」として、「フランス人の民法典は、人々の対立を平和に導くアンガージェする人間主義である」と結んでいる[45]。

90歳を超えた民法学界の長老[46]はその ultima verba とも言うべき著作の中で、「人間主義」を掲げ、他者の了解、ドグマティズムの排除、法と法外の諸規範、法の超越性を説く。そして、人間と法の進化を認めつつ、民法典における人身の考慮、人間の優越を指摘し、対立を超えて平和に至る節度と、これを実現するためのアンガージュマンに言及する。そこでは、(対象レベルの民法に見出される) 価値としての「人間的なるもの」と (メタレベルの民法学に見出される) 方法としての「人間的なるもの」が摘出されている。

2　隣接領域の研究から見た人間像の変容

人間に関する見方の変化をとらえるための手がかりは、隣接領域の諸研究の中にも見出すことができる。もちろん、ある意味ではすべての研究は人間にかかわると言いうるが、以下では限られた領域のわずかな研究に言及するに過ぎない。具体的には、人間の二つの側面に関する研究をとりあげる。さしあたり一方を思想的検討、他方を科学的検討と呼んでおこう。

(1)　思想的検討——責任論

思想的検討の対象となっているのは責任論である[47]。これは本稿の関心事とも大きく切り結ぶ問題領域であるが、この問題に対するアプローチは当然ながら民法学からのものに限られない。以下には、法哲学、社会学、倫理学、社会心理学からのアプローチの一端を紹介する。

一つ目は、瀧川裕英『責任の意味と制度—負担から応答へ』[48]である。瀧川 (法哲学) の責任論は、その副題が示すように「負担から応答へ」という

45　Malaurie, *supra*, note 43, pp. 38-39.

46　もう一人の長老 Fr・テレも、おそらくは本書に刺激を受けて、*dictionnaire insolite du droit*, LGDJ, 2016 を著している。ここにも「人間」に対する見方が現れているが、紙幅の関係もあり紹介は省略する。

47　これと密接な関係に立つ人格論についても検討すべきであるが、続稿 (大村・前出注17)) に譲る。

48　瀧川・責任の意味と制度 (勁草書房、2003)。

転換を主張するものである。瀧川は責任実践の解釈として、負担の配分ではなく応答の過程という見方を提示する。特に応答の仕方として、配慮による応答ではなく理由による応答を掲げる。その上で瀧川は責任法を責任実践を保障する制度として位置づけている。その立論を本稿の観点から見ると、そこでは（同質の人間に対して）配慮する人間ではなく、（異質な人間に対して）「証し立てる」人間を定立されている点が興味深い。言い換えれば、（不可能かもしれない）他者への呼びかけの可能性という観点から人間（とその社会）が把握されている。二つ目は、常松淳『責任と社会―不法行為責任の意味をめぐる争い』[49] である。常松（社会学）の責任論が展開しようとするのは、これも副題が示すように、不法行為法・法学を検討素材とした法的責任実践の「解釈」である。そこでは「重なり合いながらも対立する」日常的（道徳的）責任と法的責任との「複雑な関わり」を問われ、「日常的な道徳意識に基盤を置いた責任と、法の世界の特有な考え方と仕組みによって管理されている法的責任との間には多くの点で隔たりがあり、このことが責任追及の過程で生じる不満の源にもなっているのであった」とされている[50]。しかしながら同時に、「この仕組みは非＝法的な期待に対して拒絶的に機能する一方で、形式的に自律性が維持される限り実質的には期待に応えることをも可能にする」として、「自律性」と「応答性」の併存が指摘されている。その先は開かれているが、ここまでの考察で興味深いのは、私たちが道徳的責任とは別に法的責任を画する仕組みを有することのメリット・デメリットが摘出されている点であろう。そこには、人間は（社会は）なぜ道徳規範とは区別される法規範を持つのかという根本的な問いが現れる。

　以上とは異なり、法からやや遠ざかったものとして、三つ目に、北田暁大『責任と正義―リベラリズムの居場所』[51] を挙げよう。北田は常松と同じく社会学者であるが、その責任論は常松とは異なり理論的な色彩が濃いものになっている。具体的には、従来の社会学的行為論が前提とする責任論を「弱い」責任理論と呼び、これに構成主義的行為論に立脚した「強い」責任理論

49　常松淳・責任と社会（勁草書房、2009）。

50　常松・前出注49）2頁、253頁。

51　北田暁大・責任と正義（勁草書房、2003）。

が対置されている。一言で言えばそれは、行為者中心の超越的な（脱時間的・脱文脈的な）責任論を退けて、解釈者による事後的な構成物として責任をとらえる責任論に与するということである。もっとも、北田はこの強い責任論を規範理論として採用すると、責任のインフレに限度を設けることができないとしている。そこにあるのは「高度に分化した社会システムにおける責任は、もはや行為者の意図や予見可能性に重きを置く『弱い』責任理論では、補足することができない」という認識と、「『声を発し—応答する』という対話の継続」の倫理性の再定位という問題意識である[52]。四つ目は、大庭健『「責任」ってなに？』[53]である。大庭（倫理学）の責任論は本書以前にも展開されており、その議論はあるところまでは北田によって受け入れられ、あるところからは退けられている。大庭の議論の要点は、責任を「応答可能性」としてとらえ、その前提としてミニマムの信頼を措定する点にある。このミニマムの信頼に基づき「呼びかけ・応じていける間柄」を「引き受けなおしていく」点に個人の責任の意味があるとする。こうした観点に立って大庭は、戦後日本の構造的無責任の背後に「他者との呼応可能性が衰退し、それと表裏一体に集団・組織・社会への信頼が希薄になる」事態の進行を検出し、集団のコードによる情報処理の閉塞（フィードバックの欠損）にその理由を求める[54]。最後は、小坂井敏晶『責任という虚構』[55]である。小坂井（社会心理学）は「自由になされた行為だから責任を負うという常識に誤りはないのか」、「自由や責任は因果関係とは別の論理によるのかもしれない」と問い、「責任は社会的に生み出される虚構だという主張」をもってこれに答える[56]。より具体的には、「社会秩序という意味構造の中に行為を位置づけ辻褄合せをする、これが責任と呼ばれる社会慣習の内容だ」、「日本社会において責任現象は…社会秩序を回復するための儀式として機能する」とする[57]。なお、ほかに「記憶・意味・心理現象・社会制度はどれも虚構抜きには成立

---

[52] 北田・前出注51）76頁、179頁。
[53] 大庭健・「責任」ってなに？（講談社現代新書、2005）
[54] 大庭・前出注53）242頁以下。
[55] 小坂井・責任という虚構（東急大学出版会、2008）。
[56] 小坂井・前出注55）「はじめに」ⅱ〜ⅳ頁。
[57] 小坂井・前出注55）152頁、193頁。

しない。責任・道徳・社会秩序を支える根拠は存在しない。しかしそれにもかかわらず人間を超越する〈外部〉が創出され、人間世界を根拠づける」という（異論のありうる）重要な認識が示されているが[58]、本稿ではこの社会＝制度像の検討には立ち入らない[59]。

(2) 科学的検討——人間の認知能力と道徳性

科学的検討として触れておきたいのは、人間の認知能力や道徳性（協力性）に関する研究の一端である[60]。行動経済学やゲーム理論、あるいは様々な領域での認知科学的アプローチ・進化論的アプローチに見られるものである。

様々な領域で様々な研究が展開されており、その全貌を的確に整理することは困難であるが、ここでは次の三つの研究を紹介しておきたい。第一は、マイケル・トマセロ（進化人類学）の一連の研究である。日本語訳があるものとしては[61]、『心とことばの起源を探る——文化と認知』、『コミュニケーションの起源を探る』、『ヒトはなぜ協力するか』などがある[62]。トマセロは人間の認知能力の発達を、共同注視や談話など社会性を組み込んだ要素に光をあてつつ説明する。そして、協力的コミュニケーションの性向が（言語を含む）社会制度を生み出しこれを支え、他方で、今度は社会制度が協力を支えるとする。第二は、霊長類学・人類学の成果である。この領域は日本の貢献の大きな領域であり[63]、様々な研究が積み重ねられているが[64]、ここでは寺嶋秀明（文化人類学）の『平等論——霊長類と人の社会と平等性の進化』[65]を取り上げておきたい。寺嶋はトマセロの議論もふまえつつ、平等について次の３点

---

58 小坂井・前出注55）211頁。

59 この点については、大村『『制度＝規範＝社会』の学としての民法学』（仮）平井古稀（有斐閣、2017）で取り上げる（「つぶて6」である）。

60 ほかに、人間関係における権力性やケアに関する研究も重要であるが、これらについては、続稿（大村・前出注17））でとりあげる。

61 現時点での主著は、Tomasello (M.), *A Natural History of Human Thinking*, Harvard UP, 2014, Id., *A Natural History of Human Morality*, Harvard UP, 2016 の二部作だろうが、日本語訳がまだない。

62 トマセロ（大堀ほか訳）・心とことばの起源を探る（勁草書房、2006、原著、1999）、同（松井ほか訳）・コミュニケーションの起源を探る（勁草書房、2013、原著、2008）、同（橋彌訳）・ヒトはなぜ協力するか（勁草書房、2013、原著、2009）。

63 諸外国での研究の進展も著しいが、たとえば、フランシス・ド・ヴァールの多数の研究は日本でも翻訳されている。

64 前出注62）のド・ヴァールのものも含めて、続稿で若干の検討を行う。

18

を指摘している。「（一）平等は、社会をつくる基礎であること、（二）人の平等は、サルの平等と連続したものであること、（三）平等は、生物学的な認知能力に支えられた社会的能力であり、社会とともに進化してきたこと」。そしてここでの認知能力とは「他人を自分と同一視する能力である」としている[66]。第三に、サミュエル・ボウルズとハーバード・ギンタス（進化社会科学）[67] の『協力する種―制度と心の共進化』[68] も挙げておく必要がある。その主張は著者たちによって次のように要約されている。「制度構築の能力、学習された行動を文化的に伝達する能力は人間に特有であり、これらによって社会的選好を持つ個人が増加できるようになった。我々の祖先は、人類に特有の社会環境を構築するために、その能力を使って互いに学び合い、情報を伝達した。その結果誕生した制度的文化的ニッチでは、利他的協力者のコストが減少し、ただ乗りのコストが増大した。社会的に構築された環境の中でも、特に以下の三つの要素が重要だった。致死率の高い集団間競争が頻繁に生じる社会構造、食物分配や情報共有といった集団内に繁殖均等化をもたらす習慣、そして社会に利益をもたらす選好を子どもたちに内面化させる制度である」[69]。

　以上の三つの議論は相互に関わりあっており、しかもいずれも、社会制度の重要性に言及している。そして、社会制度に関する研究となれば、ほかにも重要なものが存在する。しかし、前述の通り、ここでもこの点に関するものは取り上げず、別の機会に譲ることとする。

おわりに――民法学の課題

　以上、法学の内外にわたる責任論を中心に、人格・人身の保護、契約当事者の差異化などに関する議論を紹介してきた。全体として見ると、抽象的で

65　寺嶋・平等論（ナカニシヤ出版、2011）。

66　寺嶋・前出注 65）「まえがき」ⅱ頁、ⅳ頁。

67　同じ系列の著作で日本語訳のあるものとして、ボウルズ・制度と進化のミクロ経済学（NTT出版、2013）、同（植村ほか訳）・モラル・エコノミー（NTT 出版、2017）、ギンタス・ゲーム理論による社会科学の統合（NTT 出版、2011）がある。

68　ボウルズ＝ギンタス（竹澤監訳）・協力する種（NTT 出版、2017、原著、2011）。

69　ボウルズ＝ギンタス・前出注 68）332 頁。

自律した個人から具体的で支援を要する人間へ、という従来の図式はなお妥当するものの、そもそもの人間は他者との関係において規定されるという認識に立って、個人と社会の双方を検討するというスタンスがより明確になりつつあると言えるだろう。このような認識を集約するには、個別の点につきさらに検討を進めると同時に、「人格」の概念そのものを見直し、それとの関係で「人格権」の位置づけをはかる必要がある。その意味では、本稿は総合を欠く拡散的なものにとどまっているが、考察の対象となる様々な「場」を望見する試みとして受け止めていただきたい。瀬川・吉田両教授が親しんでおられるフランス民法教科書に擬して言えば、「問題状況（état des questions）」の部分に相当するものということになる。

　それにしても、この種の議論のための「座」が日本民法学には欠けている。こうした「座」を創り出すことは「人の法」プログラムの目標の一つであるが、さしあたりは民法総則の「人」の部分、不法行為法の「責任論」「被侵害利益」の部分、さらには家族法の（家族とは何を問う）総論部分などを活用することが期待されるだろう。

エコロジーと公序
── フランス法における議論の萌芽 ──

小 野 寺 倫 子

Ⅰ　はじめに
Ⅱ　フランス法における公序
Ⅲ　民法上の公序からのアプローチ
Ⅳ　行政法上の公序からのアプローチ
Ⅴ　検討

Ⅰ　はじめに

フランス法においては、ちかごろ、エコロジー公序［ordre public écologique］という概念が生成されつつある[1]。本稿は、このフランスの新しい法概念について検討することを目的とする。

ところで、環境侵害の場面において、秩序という言葉が語られているのは、フランス法に限られた現象ではない。日本の民事法学においては、環境そのものに対する侵害について、環境に関する秩序への違反を根拠として差止めや損害賠償という効果を導こうとする見解が、少数ではあるが、きわめて有力な研究者らによって主張されている[2]。もっとも、のちにみるように

---

[1]　一連の議論の嚆矢は、2003 年 2 月にブルゴーニュ大学で開催された国際シンポジュウムであるとされる（N. Belaidi,《L'environnement, une valeur sociale essentielle? L'ordre public écologique, du concepte à la juridicité Exemple des polices de l'eau en droit français》, in *L'ordre public écologique Du concepte à la juridicité*, Droit et Cultures, Revue internationale interdiscplinaire, nº 68, L'harmattan, 2014, p.11. 上記シンポジュウムの成果は、M. Boutelet-Blocaille et J.-C. Fritz, dir., *L'ordre public écologique Towards an ecological public order*, Bruylant, 2005 として公刊されている）。

フランスにおけるエコロジー公序は、環境侵害に対する損害賠償や差止めという効果を導くことを主たる目的として語られているわけではないし[3]、民事法学の枠内にとどまる議論ではない。しかも、そこで語られているのは、環境一般についての秩序ではなく、エコロジー公序である。したがって、日本の民事法学における環境と秩序とに関する議論は、フランス法のエコロジー公序をめぐる議論と直接的な対応関係には立たない[4]。

にもかかわらず、フランスのエコロジー公序に関する議論の参照を試みるのは、次のような問題意識をきっかけとする。「環境も法人や自然人に帰属するものではない。私的所有の対象にはならないいわば、社会共用的資産である。環境を利用するにはおのずからルールがあり、秩序があり、規範があ

---

2 原島重義「わが国における権利論の推移」同『市民法の理論』創文社（2011、初出 1976）389頁、広中俊雄『新版民法綱要 第 1 巻』創文社（2006、初版 1989）19 頁、吉田克己『現代市民社会と民法学』日本評論社（1999、初出 1998）242 頁以下。吉田克己編著『環境秩序と公私協働』北海道大学出版会（2011）も参照。議論の全体像については、瀬川信久「不法行為法の機能・目的をめぐる近時の議論について」大塚直・大村敦志・野澤正充編『淡路剛久先生古稀祝賀 社会の発展と権利の創造—民法・環境法学の最前線』357 頁以下も参照。

3 フランスでは環境そのものへの侵害について、破毀院が損害賠償の可能性を肯定しているほか、現在では、民法典中に、生態損害（狭義の環境損害）の賠償（1246 条、1247 条）、現実賠償の優先性（1249 条 1 項）、あるいは生態損害の発生防止・差止めの措置（1252 条）について規定されている。参照、大塚直＝佐伯誠「フランスにおける生態損害の回復——生物多様性、自然及び景観の回復についての 2016 年 8 月 8 日法の検討」環境研究 6 号（2017）205 頁。（立法前の論文であるが民事制裁を扱うものとして、C. Coutant-Lapalus, 《L'incitation à la reconnaissance et au repect de l'ordre public écologique par les sanctions civiles》, in M. Boutelet-Blocaille et J.-C. Fritz, (dir.), supra note1, pp. 309s）。なお、2017 年 3 月に公表された民事責任法改正司法省案 [Projet de réforme de la responsabilité civile Mars 2017, présenté le 13 mars 2017, par Jean-Jacques Urvoas, garde des sceaux, ministrede la justice suite à la consultation publique menée d'avril à juillet 2016] では、1266 条が違法な妨害 [trouble illicite] 一般について同様の措置を規定し、環境侵害の場合にも同条が適用されることを 1279-6 条において定める。したがって現行民法典 1252 条は、環境侵害に関する特別な規定ではなく、将来の民事責任法改正の先取りとみられる。エコロジー公序を直接扱うものではないが、V. aussi, C. Bloch, *La cessation de l illicite, Recherche sur une foncion méconnue de la responsabilité civile extracontractuelle*, Préface de R. Bout, Avant-propos de Ph. le Tourneau, Dalloz, 2008, n°s 155s.

4 原島前掲注 2）472 頁では、「個人主義から社会連帯的立場へ」との視点に立ち権利侵害と過失を中核とする不法行為から、法規違反を本体とし、公序良俗違反を要件とする不法行為の構築を説いた、牧野英一「権利の觀念の轉回—鳩山博士の日本債權法新版を讀む—」同『法律における具體的妥當性』有斐閣（1948）290 頁以下が検討されている。つまり、救済法（不法行為、差止め）と法規違反、公序良俗違反の問題は、理論的に無関係ではない。そして、環境の法的保護の、民法からみたときの 1 つ特徴は、環境と個人との関係が個人主義に基礎づけられた伝統的な権利論の枠組みの中ではとらえがたいことにある。

る。……環境破壊によって直接被害を受けた、もしくは受けるおそれのある市民が、差止請求・損害賠償請求をすることによって、環境利用秩序の回復を促すことは、実体私法上の請求権として、当然に認められなければならない」。これは、原島重義「わが国における権利論の推移」の一節である[5]。ここで環境を利用について、おのずからあるとされるルール、秩序、規範とは、何か。あるいは、どのようなものとして存在しうるのか。本稿は、このささやかな問い[6]を糸口として、フランスにおけるエコロジーという視座からの秩序ないし公序へのアプローチを参照するものである。エコロジー公序に関するフランスの言説を観察することから、環境に関する秩序を具体的に把握するためのなんらかの手がかりを得られないか[7]。

　以下では、まず検討の前提としてフランス法、とくに本稿の対象にかかわる民法と行政法とにおける公序概念について確認する（Ⅱ）。次いで、フランス法におけるエコロジーと公序に関する諸学説をみていく。後に確認することになるが、一般的にいえば、民法上の公序と、公法（行政法）における公序とは、ことなる概念である。しかし、エコロジー公序に関していえば、それぞれの分野の交錯・相互参照がみられることから、双方の領域における議論を参照することにしよう（Ⅲ、Ⅳ）[8]。フランスにおけるエコロジーと公序に関する学説の検討から、日本法に対し、どのような示唆を得られるだろうか（Ⅴ）。

5　原島・前掲注2）519頁。

6　もっとも、秩序の内容や根拠の不明確さは、これまでにも指摘されてきた。たとえば、山本敬三「基本権の保護と不法行為法の役割」民法研究5号（2008）106頁以下、とりわけ118頁以下。瀬川・前掲注2）360頁も参照。

7　したがって、本稿は、環境に関する場面での「秩序」の具体的把握の可能性を探ることに関心の範囲を限定される。損害賠償・差止めの根拠としての秩序構成そのものの検討を目的とはしていないことをあらかじめお断りしておく。

8　ただし、本稿の問題意識との関係から、民法分野に軸足を置く。また本稿においては、フランスの国内法に焦点を絞り、国際法やフランス以外の国での議論は検討の対象としない。

II　フランス法における公序

1　公序の一般的定義

　はじめにフランス法における公序について概要を確認しよう。もっとも、フランスの公序概念の全容をあきらかにすること、あるいは一般的に定義することはきわめてむずかしい。公序のとらえ方は、時代により変遷を経ている。様々な法分野（たとえば、民法、行政法、民事手続法、国際私法、EU法など）で用いられている概念であり、分野ごとに定義も適用される場面も異なる[9]。したがって、公序に関係する論点は極めて多岐にわたる[10]。

　フランスの定評ある法律用語辞典において公序の一般的語義は、①「特定の国にとっての、特定の時点における、平和、治安、公的安全の点で妨害されていない社会的状況」、②「法秩序の中で、特別な力を伴う（たとえば公序に関する法律または規定）一定の規範［règles］の特徴を明らかにすることに、さらに広義には、このような性格を示す規範の総体を意味することに、用いられる表現」と説明される[11]。次に、民法および行政法の体系書の叙述をみてみよう。

2　民法における公序

　フランス民法の公序に関しては、わが国においても既にいくつかの詳細な先行研究が存在することから[12]、ここでは本稿のテーマとの関連において必要な範囲で確認するにとどめる。フランス民法典6条は「個別の合意によって、公の秩序および善良の風俗に関する法律の適用を免れることはできな

9　F. Terré, Ph.Simler et Y. Lequette, *Les obligations* 11^{e}éd., Dalloz, 2013, n°s 372 et 376.

10　たとえば、*L'ordre public*, Arch. Phil. droit 58, Dalloz, 2015 所収の諸論稿を参照。

11　Association Henri Capitant, G. Cornu (dir.), *Vocabulaire juridique*, 9e ed., PUF, 2011, p. 714.

12　山口俊夫「フランス法における意思自治理論とその現代的変容」法学協会編『法学協会百周年記念論文集　第三巻』有斐閣（1983）211頁、同「現代フランス法における『公序（ordre public）概念の一考察」国家学会百年記念『国家と市民　第三巻』有斐閣（1987）45頁、同『概説フランス法　下』東京大学出版会（2004）28頁、後藤巻則「フランス法における公序良俗論とわが国への示唆」法時65巻2号（1993）80頁、大村敦志『フランス民法—日本における研究状況—』信山社（2010）168-172頁など。

い。」と規定する。したがって、フランス民法の体系書等では、公序は契約自由の制約として位置づけられる。なお、2016年のいわゆる債権法改正により、現在は、契約について、民法典1102条2項が「契約自由は、公の秩序に関する諸規則の適用除外を認めるものではない。」と、同1162条が「契約は、その約定によっても、当事者のすべてによって認識されまたはされていなかった、その目的によっても、公の秩序の適用を除外されることはできない。」と規定している。

では、ある時代のフランス社会の秩序としての公序は、どのように把握されるのか。19世紀の学説には、公序違反による契約自由の制限は、明示的な立法の存在を必要とするという考え方もみられた[13]。しかし、現在では、制定規範の存在は絶対の要件とはされておらず、公序は、柔軟性を備えた概念として理解されている。判例上、ある法文にそれが公序にかかわるか否かについて直接的な言及が存在せずとも、「当該規範の尊重が、フランス社会の利益を保護するのに不可欠である」場合には、その規定が公序にかかわるものであると解釈上認めることができるとされ（潜在的 [virtuel] ないし黙示の [implicite] 公序）、さらに、明文の規定が存在しない場合であっても、「我々の法、および現在の社会組織の基本原則」に反する合意は、公序違反として評価されうる。何が公序に当たるのかは、裁判官の解釈に委ねられており、法的問題として、破毀院の統制に服する[14]。

このように、現代においては、一定の範囲ではあるが、公序と法規の強行法規性が完全には重ならない部分も存する。強行性は、常に公序と置換できるが、その逆は成り立たず[15]、その意味では強行的法律と公序とは区別される[16]。

13　したがって、フランス民法の伝統的な公序は、日本法との比較でいうならば、強行法規に関する規定であると指摘される（山口前掲注12）「現代フランス法における『公序（ordre public）』概念の一考察」48頁、大村前掲注12）171頁）。後藤前掲注12）83頁は日本民法90条の枠組みでとらえるべきことを主張する。

14　F. Terré, Ph. Simler et Y. Lequette, supra note9, n° 375. V. aussi, M. Fabre-Magnan, *Droit des obligations*, 1-Contrat engagement unilatéral 4ᵉ éd., PUF, 2016, n° 66; F. Terré, 《L'ordre public entre deux siècles》, in *L'ordre public*, supra note10, p190. 詳しくは前掲注12の諸研究を参照。

15　Association Henri Capitant, G.Cornu (dir.), supra note11, p. 519.

16　V. Ph. Malaurie, L. Aynès et Ph. Stoffel-Munck, *Droit des obligations*, 8ᵉ éd., LGDJ, 2016, n° 648.

公序は、2つの利益、2つの法源（法規範）の抵触にかかわる。「国民の共同体の一般利益を保護する諸規範」とそれ以外の諸利益にかかわる「二次的な法源」との間の抵触、国際私法、EU 法等との関連での、フランス法と他の法との抵触、当事者間では法律に代わるものである合意（民法典 1103 条参照）と社会の一般利益に関する規範との抵触が公序の問題となりうる。ある社会の存立の基盤としての「価値のヒエラルキー」に立脚して、公序は、抵触する複数の規範の間に序列の存在を認める[17]。

3　行政法における公序

行政法の分野では、公序は、行政警察の目的ないし対象を意味する。つまり、公序に対する侵害は、行政警察の関与を許容する。行政法上の公序は、民法典 6 条の公序とは別の概念として捉えられる[18]。公序の適用領域は、多様かつ広範な人の行動全般にわたり、公序への侵害の脅威に対しては、明文の規定がなくとも、一般行政警察による関与が可能とされる[19]。

公序の対象は、無制約ではなく、一般行政警察についていうと、物的であること（原則的に精神的な事項には及ばない）と、公的であること（外部に影響をもたらさない限り、私的住居は行政警察の対象とならない）とによって限界づけられる。伝統的にその要素とされるのは、公安、安全、公衆衛生であるが（これについては、地方公共団体一般法典 L. 2212-2 条「コミューヌ警察 [police municipale] は、よき秩序 [le bon ordre]、個人的安全 [la sûreté]、公的安全および公衆衛生 [la sécurité et la salubrité publiques] を目的とする。」が参照される）[20]、コンセイユ・デタの判例によって「人の尊厳の尊重」が加えられている[21]。また、「民主的

---

[17]　F. Terré, Ph. Simler et Y. Lequette, supra note9, n° 373. V. aussi, P. Deumier et Th. Revet, 《Ordre public》, in D. Alland et S. Riales, *Dictionnaire de la culture juridique*, Lamy-PUF, 2003, p. 1121 (「公序は、基本的価値と基本的ではない利益との間にヒエラルキーを築き上げる」).

[18]　J. Waline, *Droit administratif*, 24ᵉ éd., Dalloz, 2012, n° 346. V. aussi, D. Truchet, *Droit administratif*, 6ᵉ éd., PUF, 2015, nᵒˢ 905s; P.-L.Frier et J. Petit, *Droit administratif*, 10ᵉ éd, LGDJ, 2015, nᵒˢ 470s.

[19]　D. Truchet, supra note18, n° 905.

[20]　J. Waline, supra note18, n° 346.

[21]　CE. Ass. 27oct. 1995, Commune de Morsang-sur Orge; CE. Ass. 27oct. 1995, Ville d'Aix-en-Provence. なお、公序の概念は「拡張的に理解されている」が「美観または環境の保護は、依然として議論が残っている」という指摘もある（P. ウェール＝D. プイヨー／兼子仁＝滝沢正訳

社会では、公序は、基本的自由の尊重を内包する」ものとして捉えられなければならない。公序と自由という「2つの概念は、一見相反的であるが、しかし相補的でもある」[22]。

　現代社会における公序の役割として、それがリスク管理の1つの形式となりうることが指摘されているが[23]、環境ないしエコロジーが、現代社会におけるリスクの問題にとって重要なテーマの1つであることについては、異論のないことであると思われる。では、エコロジーにかかわるリスクへの法的対応において、公序はどのような役割を果たすであろうか。

Ⅲ　民法上の公序からのアプローチ

1　はじめに

　エコロジー公序とはなにか[24]。たとえば、あるテーズでは、エコロジー公序は「すべての者によって受け入れられ、承認された規範の総体であって、持続可能な発展とユマニテの幸福との保障の見地から、あらゆる生の支柱としての生態的プロセスを保護することをその目的とするもの[25]」と定義されている。この定義が、いささか抽象的にすぎて、あいまいであることは否定できない。しかし、そのあいまいさは、ある論者の定義の仕方の問題というよりも、エコロジー公序の特徴の1つとして、しばしば指摘されることのようである。たとえば、環境法研究者フォンボスティエは、「環境公序（あるいはエコロジー公序）は刺戟的なパラダイムである。と同時に、その『拡大的』

『フランス行政法　判例行政法のモデル』三省堂（2007）51-52頁）。

22　J. Waline, supra note18, n° 346, 4°.

23　R. Sève,《Avant-propos: la mesure de l'ordre public》, in *L'ordre public*, supra note10, p. VII.

24　エコロジー公序の意味で環境公序［ordre public environnemental］という表現を用いる例もみられるようである。ローラン・フォンボスティエ／興津征雄訳「環境公序と公的活動の変容」、吉田克己＝マチルド・ブトネ編『環境と契約―日仏の視線の交錯』早稲田大学比較法研究所叢書42, 成文堂（2014）165頁【訳注】ⅰを参照。

25　N. Belaïdi, *La lutte contre les atteintes globales à l'environnement: vers un ordre public écologique?*, Préface de J.-C. Fritz, Bruylant, 2008, p. 461 .V. aussi, N. Belaidi, 《Identité et perspectives d'un ordre public écologique》, in *L'ordre public écologique Du concepte à la juridicité*, supra note 1, p. 17.

28

な傾向と、しばしば曖昧であると感じられるその外延のために、時として扱いに困る概念でもある。それは、『公序』というその伝統的な概念……が、目下懸案とされるエコロジーという指針の下で無理やり拡張されたものである[26]」、という。

　以下では、エコロジー公序に関するフランスの研究者の主張を—もちろん網羅はできないけれども—個別にみてみることにしよう。そうすることが、結局のところ、このあいまいでとらえがたい概念に接近するための近道であるように思われる。まず、エコロジー公序に関する諸論稿のうち、民法上の公序—民法典6条—に基礎を置くとみられる見解から参照しよう。

2　Terré

　ここで参照するTerréの論文の初出は、エコロジー公序に関する議論がはじまる時期よりも少し早いのではないかと思われる。実際、論文中でエコロジーないしエコロジー公序という言葉はつかわれていない。にもかかわらず、最初に取り上げるのは、そこに、エコロジー公序という概念の生成を予測させるものがあるからである[27]。

　Terréによると、かつては、時代と法システムを特定するならば、ある主体にとって、秩序はただ1つであった[28]。しかしながら、現代においては、秩序の複数化—あるいは無秩序—という現象が発生し、進行し続けている。1つは、時的・空間的両次元での、法秩序の多元化とそれによってもたらされる規範の抵触—国際法、EU法などの領域で発生している問題—である。もう1つは、価値の多元化によってもたらされる秩序の複数化である。これは、現代における基本権ないし人権概念の著しい発展—そこには、矛盾対立も存する—によってもたらされている。このような状況下では、「〔定冠詞のついた単一の〕公序という均質的概念の解体がもたらされる」[29]。さらに、現代においては、科学の発展がすなわち人類の進歩であるという、近代社会

26　フォンボスティエ／興津訳前掲注24）148頁。

27　F. Terré, supra note14, p. 192. なお、この論文は、《Rapport introductif》, dans *L'ordre public à la fin du XXᵉ siècle*, coordination Th. Revet, Dalloz, 1996 の採録である。

28　V.F. Terré, Ph.Simler et Y. Lequette, supra note9, nᵒ 375.

29　F. Terré, supra note14, p. 192-193.

を支えていた信念も揺るがされ、ある種のユマニズムと普遍主義とには破綻がもたらされる。その影響は、「ユマニズムの表現」としての公序とも無縁ではない[30]。

公序は、「環境、健康、生物学、遺伝学の領域における種としてのヒトとその存続」という、現代の課題—ユマニテの危機—の解決をもたらすのか。公序は、「精神的・社会的構造を担う」ものであるが、この精神的・社会的構造とは、人々の集合意識の表現であり、それこそが「法秩序の中心に公序を打ち立てる」のだともいえる。しかし、科学の進歩によって自覚されるようになったように、社会は、人々の意思、精神だけではなく、生物的秩序、物理的秩序の存在を所与の前提としている。したがって、公序の理解においても、生物的秩序、物理的秩序との関係を無視するわけにはいかない[31]。

このように多元化した社会の出現以降、公序自体の定義が困難になっている。倫理観が分岐し、価値が多様化している現在の社会において、それを見出すために、「自然」ないし「自然の秩序」について考慮することを Terré は示唆する[32]。

現代社会における秩序の多元性と統合の必要性、ユマニテの利益としての環境、公序における自然ないし自然科学の考慮など、ここには、エコロジー公序の出現を予想させる視点が既に示されている。

3 Mekki

(1) エコロジー公序の要請

Mekki の関心もまた、現代における法秩序の多元化—秩序の無秩序—と公序との関係にある[33]。Mekki によると「環境法は……学際的領域、横断的法」として、「われわれの法を構造化している諸区別—すなわち、個別的利益／一般利益、公法／私法、国内法／国際法、ハード・ロー／ソフト・ロー[34]—を超越する[35]」。したがって、環境法の領域では、必然的に法秩序の

30　F. Terré, supra note14, p. 193.

31　F. Terré, supra note14, pp. 191-2.

32　F. Terré, supra note14, p. 198.

33　もっとも、以下で参照する Mekki の論文の注をみる限り、Terré からの直接的影響はうかがわれない。

多元化-無秩序化が発生する。法源の多元性とアクターの多元性という形であらわれる環境法における多元主義は、環境法特有の「あいまいさ」と「ぶつかり合い」によって「無秩序な多元主義」とされてしまう。

まず、「あいまいさ」は、一方では、環境法分野で用いられる、科学技術、経済などの分野に由来する、多くの非-法的概念（生態系、生物多様性、あるいは持続可能な発展など）によってもたらされる。また、他方では、裁判官の解釈に開かれた、外延の不明確な法概念が環境法において多く用いられていることや環境法そのものの複雑さが原因である。たとえば、前者については、予防原則に関する「重大かつ差迫った侵害」、生態損害（環境損害）に関する民法典改正法案における「通常を超える」という要件、後者については環境憲章の法的定位のむずかしさなどである[36]。

次に、諸権利の衝突と法源抵触も、環境法に無秩序な多元主義をもたらす。まず、環境保護という一般利益の実現は、個人の利益、たとえば所有の権利との衝突を懸念される。リスクを伴う事業が、予防原則に基づいて、制約を受けるかもしれない、など。法源の抵触についていうと、伝統的には、環境法は公法の分野に属していたのであるが、近時は、環境に関わる「私法」あるいは「経済私法」が発展してきている。これにともない、司法系

---

34 V.M. Mekki, 《Propos introductifs sur le droit souple》, in Association Henri Capitant, *Le droit souple*, journées nationales TomeXIII/Boulogne-sur-Mer, Dalloz, 2009, pp. 1s.; v.aussi, Conseil d'État, Étude annuelle 2013, *Le droit souple*, la documentation française, p. 9（ソフト・ローを「行動を変更しまたは方向付け」るものであるが、「それ自体としては権利または義務を生成せず」、「形成、構築の段階」にあるという3要件を重複的に満たす文書の総称として定義する）.「裁判所その他の国の権力によってエンフォースされないような規範であって、私人（自然人および法人）や国の行動に影響をおよぼしているもの」（中山信弘「はしがき」中山信弘編集代表、藤田友敬編『ソフトローの基礎理論』有斐閣（2008）ｉ頁）、「国家権力によって強制（エンフォース）されていない規範で、法人を含む私人や国の行動に影響を及ぼしてきた、国家が制定し強制するハード・ローに対する概念」（高橋和之ほか編集代表『法律学小辞典 第5版』有斐閣（2016）843頁などの定義も参照。ソフト・ローの淵源である国際法の分野では、「従来の形式的法源（ハード・ロー）には含まれず、法と非法の境界領域に存在する規範の総称」（中山和弘ほか『国際法 第3版』有斐閣（2016）、96頁）などと説明される。

35 M. Mekki, 《Influence sur les catégories juridiques, Sources et droits, Pluralisme des sources et des drois entre ordre et désordre》, in M. Mekki（dir.）, *Les notions fondamentales de droit privé à l'epreuve des questions environnementales*, Bruylant, 2016, nº 3.

36 M. Mekki, supra note35, nºˢ 8s. なお生態損害の要件について実際に立法された現行法では「看過できない侵害〔atteinte non négligeable〕」（民法典1247条）である。

統、行政系統に分かれた二元的裁判制度をとっているフランスでは、環境に関わる諸法が、両系統の裁判所において解釈適用されることによって、同一の法概念について各系統の判例が矛盾する可能性が生じる[37]。

　しかし、Mekki は、こうした無秩序を、やがては解消されるべき問題状況としてではなく、環境法学の本質にかかわる現象として積極的に捉えているようにみえる。環境法という「分野に活力を与えているこの恒常的無秩序は、しかしながら必要悪である[38]」。そして、無秩序にみえる「環境法がある種の一貫性を保っているとすれば、それは命令的であることと柔軟さとを一体化させるエコロジー公序のおかげである。エコロジー公序だけが、時の経過とともに、『ハードな』環境法を構築することを可能にできる。環境法は、柔軟な強行性［fleximpérativité］という形態を促進する[39]」。このようにエコロジー公序には、秩序の多元性を本質的要素とする環境法を統合し、実効性を備えた法として再構成する役割が期待される。そのために、Mekki は、手続的エコロジー公序と実体的エコロジー公序という二元的な構想を提示する[40]。

(2)　手続的エコロジー公序

　手続的エコロジー公序は、①調和原則［principe de conciliation］、②統合原則［principe de intégration］、③公衆参加原則［principe de la participation du public］、④後退禁止原則［principe de non-régression］の4原則から構成される。

　調和原則の根拠は、環境憲章6条（「公共政策は、持続可能な発展を促進しなければならない。この目的のために、公共政策は、環境の保護と活用、経済的発展、および社会の進歩の調和をはかるものとする。」）である。具体例としては、環境保護に関する指定施設［ICPE：installation classée pour la protection de l'environnement］について、法が、総体的にみて、経済的自由、（行政警察の目的としての）公序、環境保護、考古学的遺産、農業の利益の調和を図ることを目指していることが挙げられる。もっとも、将来的には、経済的要請と環

37　M. Mekki, supra note35, n°s 16s.

38　M. Mekki, supra note35, n° 27.

39　M. Mekki, supra note35, n° 29.

40　V.M. Mekki, supra note34, not. n°s 20s.

境保護の要請とを同じレベルにおく調和原則を、環境の保護を頂点とする階層化原則［principe de hiérachisation］へと転換されることが望まれる[41]。次に、リオ宣言第4原則等で国際的に認められている統合原則[42]は、フランスでも、環境についての各省間委員会を創設する1993年3月3日のデクレ第276号や持続的発展大臣補佐への権限委任に関する2002年7月9日のデクレ第968号などによって黙示的に認められており、現在は、環境憲章6条を根拠とすることができるという[43]。公衆参加原則については、リオ宣言第10原則をはじめとして、国際法の分野で広く承認されていることから、現在では、手続上の一原則というよりもむしろ「真の実体的主観的権利となっている」とする[44]。さらにMekkiは、現時点では環境法の原則として確立の途上にある後退禁止原則が、将来的には、参加原則のように主観的権利性を獲得する可能性を指摘する[45]。

　手続的エコロジー公序を構成するこれら4原則の役割は、問題の解決そのものを直接もたらすというよりも、むしろ参加型の問題解決を促進させることにある[46]。

(3)　実体的エコロジー公序

　エコロジー公序の核心をなすのは実体的エコロジー公序である。これによってエコロジーの観点から、公的アクター、私的アクター双方に様々な義務が課される。それらの義務は、究極的には、「透明性・情報」と「警戒」と

41　M. Mekki, supra note35, n° 31. なお、周知のように、日本の公害対策基本法（1967年の制定）のいわゆる経済調和条項は1970年に削除されている。また、環境基本法4条については、環境と経済を同じ平面においてバランスをとるというよりも、環境が人類の生存の基盤としての環境に、社会経済活動のあり方を適合させるというスタンスがとられているとの見方が示されている（大塚・前掲注）237頁）。

42　統合原則は、ストックホルム宣言第13原則、リオ宣言第4原則における環境保護と経済発展の調和という考え方に由来するとされるが、ローマ条約6条、ヨーロッパ人権憲章37条のようなあらゆる政策等に環境保護の要請を組み込まれなければならないとする考え方を統合原則とよぶこともあるという（A. Van Lang, *Droit de l'environnement*, 4e éd., 2016, n°s 234s.）。

43　M. Mekki, supra note35, n° 32. ただし、現時点において、環境憲章6条が統合原則の根拠として現実に機能しているとはいいがたいこともMekkiは認めている。

44　M. Mekki, supra note35, n° 33.

45　M. Mekki, supra note35, n° 34. 環境法における後退禁止原則については、V. ex., M. Prieur et G. Sozzo, *La non régression en droit de l'environnemet*, Bruylant, 2012.

46　M. Mekki, supra note35, n° 35. ここで手続的という言葉は厳密な意味での訴訟手続よりも広くとらえられている。

に関する一般義務という 2 つのカテゴリに収斂される。

　まず、透明性と情報に関する義務は、環境分野における「よき決定の前提としての事前のよき情報」という観点に立つ。Mekki が例に挙げる既存の制度としては、企業のリポーティング（商法典 L.123-14 など）―現行の制度は十分とはいえないにしても、2014 年 10 月 22 日の EU 指令第 95 号 [la directive du 22 octobre 2014 n° 2014/95/UE] を受けて、将来強化される可能性はあると Mekki はいう―、環境分野では、汚染土壌や認可登録施設の敷地であった土地の売主の情報提供義務（環境法典 L.125-7 条、L.514-20 条）、不動産（建物）売買の際の有資格者によって作成された技術診断、エネルギー・パフォーマンス診断についての情報提供（建設・住居法典 L.271-4 条、L.134-1 条）などがある。よい情報は、人々を啓発し、参加への権利の実質性・実効性を向上させることができる。そして、この情報に関する一般義務は、公法と私法、国内法と国際法、私益と公益といった二元的に対置される区分を越えるものである[47]。

　環境侵害への警戒に関する一般義務については、近時の立法例として、親会社、証券取引企業の、子会社、下請企業、供給業者に関する警戒義務について定める商法典 L.224-102-4 条がある（Mekki の論文執筆時は法案であったが、のち 2017 年 3 月 27 日の法律第 399 号 [Loi n° 2017-399 du 27 mars 2017 relative au devoir de vigilance des société mères et des entreprises donneuses d'ordre] により立法化された）。これにより、親会社等は、子会社等の活動から発生するリスクを特定し、人権、基本的自由、人の健康・安全、環境に対する重大な侵害を防止するための合理的警戒措置を含む、警戒計画を策定、実施しなければならないものとされる。企業の社会的責任の一環をなすこのような義務は、ISO26000 の規格、OECD の指導原則などを淵源とする。フランスでは、従来、警戒義務は、製品の欠陥に関して判例上認められていたにすぎなかった[48]。しかし、こんにち、上記商法典の規定だけではなく、憲法院が、2011 年 4 月 8 日に、環境憲章に依拠して、各人が自らの活動に起因する環境侵害について警戒義務を負うことを肯定している[49] など、警戒義務はフランス法

47　M. Mekki, supra note35, n° 37.
48　Cass., 1ᵉʳ civ., 7 mars 2006, Bull.civ., I, n° 142. Distilbène 社の DES 製剤に関する薬害事件。

34

において承認されつつあるとし、Mekki は、将来、環境憲章 2 条（「すべての者は環境の保全および改善に参画する義務を有する。」）が警戒に関する一般的義務の根拠になる可能性を示す[50]。

(4)　交渉によって形成される秩序とエコロジー公序

　環境法の領域では、強制される秩序と交渉によって形成される秩序の共存が要請される。そして、交渉による秩序の形成は、契約的発想に親しむ。ここで Mekki は、契約の間規範性の、環境法における多元的秩序の調和を促進する役割を強調する。エコロジー公序の補完の下で交渉的-契約的手法をもちいることによって、道徳-倫理-法、地域-地方-国-国際、公的なるもの-私的なるもの、といった規範とそれにかかわる諸要素、法の内部における様々な区分は、調整、相互連結される。そして、規範の多元性を本質的要素とする環境法に、無秩序に代わって調和がもたらされることになるという[51]。

4　Monteillet

　契約的手法による環境の法的保護をテーマとする Monteillet のテーズでもエコロジー公序への言及がなされている。

　まず、Monteillet は、社会において重要な価値としての環境の保全を、「公の自由ないし基本権という角度」からとらえる点で、後退禁止原則と公序との近接性に着目する。公序には、法＝権利主体（＝われわれ）の行動を規律することと（私人のイニシアティブによる場合の根拠は民法典 6 条）、公権力による法主体の権利の制限を限界づけることの 2 つの機能がある。つまり、「公序は、権利と自由の保障の道具でもある。……環境への権利の基本権化 [fondamentalisation] の延長線上において、環境への権利に公序という意味を付与すること―ある人々はこれを『エコロジー公序』と呼ぶであろう―によって、その永続性を保障するという観点から立法権を枠にはめることができるかもしれない[52]」。

49　Cons. const., 8 avril 2011, QPC n° 2011-116.

50　M. Mekki, supra note35, n° 38.

51　M. Mekki, supra note35, n°s 39, 40s.

52　V. Monteillet, *La contractualisation du droit de l'environnement*, Préface de A.Pélissier,

Monteillet がここで公序というとき、民法的な公序（合意による適用除外を許さない強行性）と行政法的な公序（行政警察の範囲の確定）とは統合され、1つの「公序」の2つの側面としてとらえられているようにみえる。もっとも後にみる行政法上の公序を基礎とするエコロジー公序論が、環境保護に関する行政警察と所有の権利との衝突を中心に展開されているのに対し、Monteillet は、エコロジー公序と基本権としての環境への権利とを結びつけており、両者の発想には差異がみられる。ここに見られるすべてのアクターに対して規範の適用除外を認めないという思考は、基本的には民法典6条に立脚するものといえるのではないか。

というのはさらに、一般的に、エコロジー公序が、契約と環境法との媒介として機能する、という展望が示されているからである。契約の制約原理としての公序は、環境に関する法の考え方、たとえば持続可能な発展、という見地から、対立する諸利益を審判する役目を果たすことになる[53]。

5 Belaïdi

公法研究者の研究にも、民法典6条の公序に着想を得ているとみられるものがある。Belaïdi の主張をみてみよう。「環境法は、ユマニテの共同利益を対象とする」のであるから、環境利益は、国という枠組み、現在の社会構成員を超える（環境侵害のグローバルな性格）。したがって、環境侵害は、伝統的な一般利益概念ではとらえきれない、世界的な問題である。ユマニテの一般利益としての環境にかかわる分野ではソフト・ローが重要な役割を果たすことが期待されるが[54]、これに対して、エコロジー公序は、環境法におけるハ

Dalloz, 2017, n°s 708-709.

[53] V. Monteillet, supra note52, n°s 721s.

[54] N. Belaïdi, *La lutte contre les atteintes globales à l'environnement: vers un ordre public écologique?*, supra note26, pp. 15s.「公序は、ある〔いくつかの〕一般利益の他に対する*優位性 [prévalece]* を示すものである。いずれにしても、公序は、*社会によってもっとも重要なもの*とみなされている〔いくつかの〕一般利益を意味するのである」ともいう（N. Belaïdi,《Droit de l' homme, environnement et ordre public: la grantie du bien être》, in *L'ordre public écologique Towards an ecological public order*, supra note1, p. 58）。つまりエコロジーが公序を構成するということは、エコロジーが他の一般利益に優越するということを意味する。もっともユマニテの一般利益については、懐疑的見方もある。V. A.Van Lang,《L'intérêt général de l'humanité: évanescence d'un concept en droit de l'environnement》, in *L'intérêt général, mélanges en l'*

ード・ローとして位置づけられる。エコロジー公序の確立は、「規範を作り
出す機構の活動を通じて、社会の必要に応じた、法システムを整序すること
を可能とするであろう。ここでいう社会の必要性とは、国際的な〔大文字
の〕共同体—つまりそこには〔大文字の〕『市民社会』が含まれる—によっ
て表明されるものである。」法的創造は、公序によって枠づけられるのであ
るから、エコロジー公序によって、環境の保護のための規範は適用除外を認
めないものとなるのである。私的アクターも例外ではない。この意味におい
て、エコロジー公序は、環境法におけるハード・ローとなるのである、とい
う[55]。つまり、エコロジー公序という概念を確立する目的は、エコロジーに
関する規範についてあらゆるアクターに対して適用除外を認めないことにあ
るとするならば、ここでは、公序は基本的に民法典6条的な発想に立って理
解されているとみられる。しかし、公序は、国と時代による枠づけられるも
のとしてはとらえられないユマニテの一般利益にかかわるものとしてとらえ
られているようである。

6 小括

　民法典6条の公序は、伝統的には、契約自由の制約原理である。しかし、
上記の見解において、公序は、より一般的に、環境に関わる諸規範を統合す
る役割、あるいは、すべてのアクターについてエコロジーに関わる規範の適
用除外を認めないという役割を期待されているようである。契約との関連に
おいて、エコロジー公序が語られる場合も、ここでは、エコロジーの観点か
ら契約の自由を制約する、という面だけではなく、契約的手法によって契約
に関する法をエンフォースメントする、という面にも言及されている。エコ
ロジーに関して語られるとき、公序概念は、民法典6条についての基本的な
理解を発想源としながらも、擁護される利益の性質を受けて変容を遂げてい
るようにみえる。

---

honneur de Didier Truchet, Dalloz, 2015, pp. 626- 627.

55 N. Belaïdi, *La lutte contre les atteintes globales à l'environnement: vers un ordre public écologique?*, supra note26 , p. 24. なお、Belaidi のエコロジー公序に関する研究は多く、また基本
的に公法分野のものであることから、ここではその一部を参照、紹介するにすぎない。本格的な
分析は他日を期したい。

エコロジーと公序（小野寺）　*37*

Ⅲ　行政法上の公序からのアプローチ

1　はじめに

　次に、行政法上の公序、つまり行政警察の目的として公序を理解した上で主張されているエコロジー公序に関する見解をみていこう。そこで展開されている議論は、単に、エコロジーの保護を行政警察の目的に取り込むことを主張するにはとどまらない。興味深いのは、行政法上の公序からのエコロジー公序アプローチは民法、あるいは先にみた民法上の公序概念に立脚したエコロジー公序論と無関係ではないということである。まず、エコロジーを行政警察の目的として位置づけるという要請は、環境保護と所有の権利との衝突を契機とする。しかし、それだけではなく、エコロジー公序の根拠として民法の領域の条文や判例が参照され、環境保護分野への合意的手法—契約—の導入が主張されるなど、そこでは、民法上の概念、規範、制度が強く意識されているのである。

2　Laville

　コンセイユ・デタ評定官 Laville は、従来の環境、人、財の保護を同列におく、規制-制裁型の環境公序は、抜本的見直しを迫られているという見地から[56]、「所有または自然の開発の権利」の制約原理としてエコロジー公序を位置づける。しかし、Laville がエコロジー公序の実質的根拠するのは、環境憲章や各種の公法上の環境法規ではなく、民法分野の判例や規定である。フランス環境憲章は憲法的効力を持つが、環境憲章違反の合憲性優先問題性[57] は疑わしく、環境憲章の制定によってただちにエコロジー公序が確立されたとみることはむずかしいこと、また、環境法典 L160-1 条以下の生態損害の回復に関する行政警察法上の規定は、制定以来適用例がなく、実効性が欠如していることなどが理由とみられる[58]。

56　B. Laville,《L'ordre public écologique *Des troubles de voisinage à l'aventure de l'anthropocène*》, in *L'ordre public*, supra note10, p. 332.

57　辻村みよ子・糠塚康江『フランス憲法入門』三省堂（2012）141 頁以下を参照。

Laville によると、エコロジー公序の根拠は、むしろ民事責任の分野において、判例と立法により生態損害の賠償が認められたことに求めることができる[59]。また、用益権および不分割に関する民法典の規定も、エコロジー公序を基礎づけることが可能かもしれない。たしかに、現在の所有のあり方は、環境法の持続可能な発展原則と親和的であるとはいいがたい。持続可能な発展のためには、共同財としての資源の節度を持った消費が不可欠であり、社会における財の利用に関する枠組みの再検討が必要となる。その手がかりは、民法典の中に見出せる。つまり、用益権と不分割とである。

民法典 578 条は「用益権とは、他人が所有を有する物を、所有者自身と同様に、ただし、その実体を保存することを要件として、収益する権利である」と規定しているが、このことは（地球上の）資源等は、「実体を保存することを要件として」利用されるべきであるという考え方につながる。また、民法典 815-2 条 1 項は「すべて共同不分割権利者は、不分割財の保存に必要な措置を、たとえ当該措置が緊急性を示していないとしても、とることができる。」と規定しているが、地球資源と人々との関係性を不分割の関係としてとらえるならば、その共同不分割権利者は、「不分割財の保存に必要な措置を、たとえ当該措置が緊急性を示していないとしても、とることができる」ことになる[60]。

3 Boutelet-Blocaille

Boutelet-Blocaille は、所有との関係において、行政警察法上の規制的手法による環境保護には限界があるという観点から、エコロジー公序の必要性を説明する。「公序とは、ある価値に対するコンセンサスの表明」であり、行政警察法上の伝統的な公序との関係でみたとき、環境保護とは、健康、公衆衛生、公安という観点からの、ある土地（所有者）と近隣の土地（所有者）との間の利益調整である。「古典的公序は、安全、公衆衛生、公安の必要によって、市民の自由、財産への侵害を正統化する」。自然の保護に関する環

58　B. Laville, supra note56, pp. 324-326.

59　B. Laville, supra note56, pp. 329-331.

60　B. Laville, supra note56, pp. 331-332.

境法も、「近隣〔生活〕の快適さと公衆衛生との保護の新たな形態」にすぎない場合には、所有者の利益と対立するものではなく、公序としてのコンセンサスを肯定できる。しかしながら、たとえば、自然保護区域の問題が私的所有地にも及ぶようになると、環境保全を目的とする行政警察と所有（者）の利益との衝突が発生してしまう。しかしながら、自然の保護を対象とし、人の利益を中心的な地位におかないエコロジー公序の観点からは、「企業経営者、農業従事者、散策者、狩猟者の利益の仲裁はもはや問題ではない」。「生物多様性の保護は、健全な環境において生きることへの将来世代の利益によって正当化される」のであるのではあるが、これにより従来のパラダイムは変換されることになる[61]。

　所有の権利は、人権ではあるが、不可侵の権利ではなく、高次の利益である公益［utilité publique］との関係においては、譲歩が求められる。そしてBoutelet-Blocaille は、エコロジー公序によって、生物多様性保護の利益を所有の権利に対する高次の利益＝公益として位置づけることができるとする[62]。たとえば、EC、EU 指令による生態系保全の実施と所有の権利とが衝突した場合、「こんにち、自然の保護は、ナチュラ2000 ネットワーク[63]の区域内では公序となっている。生物多様性は、自由と結び付けられた諸利益とくらべて高い価値を有する目的だからである。なぜなら、これは、ユマニテの存続の問題だからである」。所有の権利をエコロジー公序としての生物多様性保護に譲歩させるならば、生物多様性保護と所有の権利の衝突の問題を解決することが可能となるであろう[64]。

　では、エコロジー公序の観点から所有の権利と環境保護の衝突を解決するためには、具体的にどのような方法がとられるのか。民法典上、環境保護と所有との衝突問題に関係しうる制度として、収用［expropriation］と地役［servitude］とがある。しかし、いずれも民法典の規定そのままでは、環境

61　M. Boutelet-Blocaille, 《Les limites des moyens tradittionnelles de l'ordre public: propriété et ordre public écologique》, in M. Boutelet-Blocaille et J.-C. Fritz (dir.), supra note1, pp. 201-204.

62　M. Boutelet-Blocaille, supra note61, p. 214.

63　ナチュラ2000 については、亘理格「EU 自然保護政策とナチュラ2000―生態域保護指令の実施過程における EU とフランス」畠山武道・柿澤宏昭編著『生物多様性保全と環境政策　先進国の政策と事例に学ぶ』北海道大学出版会（2006）133 頁を参照。

64　M. Boutelet-Blocaille, supra note61, p. 215.

40

保護の場面での有用性を期待できない。

　まず、民法典545条は、「いかなる者も、公益を事由とし、かつ、公正かつ事前の補償と引き換えにでなければ、その所有物を譲渡することを強制されることはできない。」と規定している。生物多様性の保護が公益として認められるのであれば、それを理由として所有の権利を侵害することは可能である。ただしその場合、所定の手続きを取ることは必要である。手続的負担が重いために、収用は、使いにくい制度となっている。補償のための費用、収用した財の管理の問題もある[65]。

　地役の長所は、恒久的であること、所有の権利を制限するにとどまるため大抵の場合補償を要しないことである。しかし、（制限を受ける側からみると、）負担が重いということでもあり、あまり用いられない。また、地役による環境保護は、保護のための措置の内容が不明確であるとか、なす債務を課すことは困難であるなどの理由のために、実効性の点で問題なしとしない。また、国立公園などで地役を設定する手続の負担は重い[66]。

　所有の権利とは関わりなく比較的簡単な手続きで活用できる制度に、農事法典のビオトープに関する知事のアレテがある。しかし、一定の種の保護に利用できる場面が限定されているうえ、措置の内容を明確に定めなければならないことや期間の制限など、制約が多いとされる[67]。

　結局のところ、エコロジー公序を通じた環境保護と所有との衝突の解決は、それ以外の手段によって行われる必要がある。この問題の代替策は、環境「保護の措置を自発的に受け入れるように所有者を誘導する」ということである。その例が、前出のナチュラ2000である[68]。

　たしかに、「公序はコンセンサスの表現である」が、エコロジー公序は、所有者をはじめとする環境をめぐるさまざまなアクターの環境問題への関心を喚起するという「忍耐強い作業」によってはじめて実現されるものであ

65　M. Boutelet-Blocaille, supra note61, pp. 216-218.

66　M. Boutelet-Blocaille, supra note61, pp. 217-219.

67　M. Boutelet-Blocaille, supra note61, pp. 219. 論文執筆時は農事法典 R. 211-12 条。当時の条文は確認できなかった。現行規定は環境法典 R. 411-15 条。

68　M. Boutelet-Blocaille, supra note61, pp. 220-224. ナチュラ2000 においては、各加盟国と農家とが補助金の支給と引換えに農家に汚染防止措置や環境配慮型の農業の実施を義務付ける契約的手法が活用されている（亘理・前掲注63）152-154 頁）。

る。環境保護の方向への所有者の誘導は、法だけでは実現しないが、しかし法が意味を持たないわけではない。法によって、そのための有効な手続的手段がもたらされるからである[69]。このように、Boutelet-Blocaille は、私的領域への一方的な介入ではなく、交渉と誘導によって実現される点にエコロジー公序の特殊性を見出す。

4 小括

Laville と Boutelet-Blocaille との見解は、所有に関する民法典の規定の環境保護における有用性についての評価という点では、正反対である。しかし、両説とも、環境保護と所有の権利との衝突という問題において、伝統的な行政警察の手法—規制と制裁—が有効に機能しない、という問題意識と、この問題を民事的発想によって克服しようとする点では共通する。Boutelet-Blocaille も、契約という、やはり民事的手法によるエコロジー公序の実現を説くのである[70]。

Ⅴ　検討

1　フランスにおけるエコロジー公序論のまとめ

　フランスにおけるエコロジー公序をめぐる言説は、いまだ生成過程にあり、定型をなしているとはいい難い。伝統的な公序の概念に照らすならば、民法上、エコロジー公序を確立するということは、エコロジーにかかわる規範に強行性をみとめ、それに反する個別の合意の効力を否定するということになるであろうし、行政法上のエコロジー公序は、エコロジーにかかわる利益の保護を行政警察の目的に含めることを目的とすることになるだろう。諸学説は一見したところ統一性を欠く。しかし、上記枠組みに従ってその要素を分解するならば、大きく次のように整理することができるのではないか。
①民法典6条の公序概念を基礎とするエコロジー公序。エコロジーに関する

---

[69]　M. Boutelet-Blocaille, supra note61, p. 224.
[70]　同様に環境分野における公的アクターの活動ないし介入の態様の多様化、とりわけ「契約的・協議的・交渉的手法」の重視という視点から論じるものとして、フォンボスティエ／興津（訳）前掲注24）も参照。

規範に反する当事者間の合意の効力を公序への違反を理由として否定することにより、私的アクターの行為あるいは私法上の行為においても、エコロジーにかかわる規範の適用除外を認めない。

②行政警察の目的としての公序概念を基礎とするエコロジー公序。エコロジー公序違反に対する行政警察の関与の許容。行政警察と個人の権利・利益との関係、とりわけ、環境保護と所有の権利との衝突の場面での、環境保護の優先性。

しかし、エコロジーと公序をめぐる議論は、それにとどまらないようにみえる。諸学説に共通するのは、規範そのものについても、規範の実効性の確保の場面でも、環境法の分野において多元的に存在する諸規範の間での相互参照の視点である。

①´ エコロジーに関する多元的規範の調整、適用領域の架橋。あるいはハード・ロー形成の装置としてのエコロジー公序。公的アクター、私的アクターを問わず、環境に関する規範の適用除外を認めない。もともと強行性、拘束性の強い規範だけではなく、生成途上にある環境法のいわゆる「原則」など、規範性の弱い規範もエコロジー公序の内容となることで強行性を獲得しうる。

②´ エコロジーに関する領域での民事法的手法・発想の導入、活用。とくに、公権力の強制（規制-制裁方式）ではなく、関係するアクターの間での交渉と合意とに立脚した契約的手法による秩序の形成と実現が重視される（規範の形成過程への着目）。

2　日本法への示唆

本稿の冒頭で述べた問題意識に戻ろう。

こんにち、環境に影響を及ぼす人の行動に関わる秩序は、正規の手続を経た、強制力ある法規だけではなく、さまざまなレベルの規範から構成される。その意味において、環境の利用については、「おのずから」秩序があるとみることもできよう。

しかし、おのずから存在する環境に関する多元的秩序は、秩序の無秩序という問題を生じさせる。この無秩序を統合する装置としての機能がエコロジ

一公序に期待される。エコロジー公序は、合意-契約の自由に対する制約の場面を越えて、規範の適用除外の制約として機能する。さらに、エコロジー公序は、そのままの存在形式では強制力、拘束力を認めるのが難しい、環境に関する「弱い」規範を取り込み、強行性を付与する可能性も有している。そして、エコロジー公序概念による秩序ないし規範の統合は、それが「ユマニテ」の利益にかかわるということにおいて正当化される。したがって、そこでは環境一般ではなく、「エコロジー」に関する公序が問題とされる。

その発想は、「すべての者に共通の環境保全・利用のルールがある[71]」という、原島説とある意味において親和的である。すなわち、「環境保全・利用の法秩序は公法規範・行政法規範であると同時に民事違法の判断基準でもある」。「差止めの理由となる違法の意味は、初めから多元的（mehrdimensional）で、かつ統合（integrierte）された構造を持」ち、「行政法規範としての環境保全・利用秩序の違反が、同時に民事法上の違法でもあり、差止めの理由となる」。そのことは、「いわゆる取締法規違反が、同時に民法上も公序良俗違反（民法90条）となることがあるし、刑法上、詐欺・脅迫・横領・威力業務妨害として違法であるものが、民事法上も違法として不法行為の成立要件を満たすことがある」のと同様である、という[72]。

しかし、フランスのエコロジー公序論は、差止めあるいは損害賠償ではなく、合意的手法による環境保護の実現へと向かう。エコロジーをめぐる秩序は、規範とアクターとの多元性のゆえに、「おのずから」あきらかとはいいがたい場合がある。そのような場面では、関係するアクターの交渉-合意のプロセスの中で、生成され、拘束性が獲得される規範が構想される。そのプロセスと形成される規範は、エコロジー公序の統制に服する。

したがって、日本法の環境侵害の救済に関するいわゆる秩序論とフランスのエコロジー公序論とは想定されている機能が異なる。このことは、民法上の公序がもともと合意の効力にかかわることや、フランスでは環境侵害の民事救済は一般的に民事責任の問題として別途論じられているということだけではなく、日本法とフランス法との議論の対象の違いにも由来する可能性が

71　原島重義「開発と差止請求」同・前掲注2）所収（初出1980）、541頁。
72　原島・前掲注71）552-553頁。

ある。エコロジー公序論は、ユマニテの利益としての環境そのものの保護を対象とするが、日本の環境に関する秩序論では、諸説が主張された当時の社会的課題を背景として生活妨害・公害の前段階としての（地域的で人への影響が比較的切迫した）環境侵害が主として念頭に置かれている可能性が高いからである[73]。

　本稿では、環境の分野において秩序とは具体的にどのようなものとして把握されるのかという問いを立て、フランスにおけるエコロジー公序を参照した。フランスの学説が挙げる具体例は、たしかに、答えそのものではないにしても、ヒントにはなるかもしれない。しかし、結局のところ、明らかになったのは、エコロジーの分野で秩序を把握することのむずかしさであったように思われる。ユマニテの利益というフランスの学説がしばしば語る言葉は、環境を高次の利益として定位すると同時に、具体的な個人の利益との遠隔性をも示す。エコロジーに関する人間の知見の不完全性も想起されるべきであろう。そうすると、本稿の試みは、当初目指したのとはことなる地点に着地してしまったのかもしれない。しかし、サンクションによる強制ではなく、関係するアクターの交渉-合意による規範形成を手法として、環境に関する秩序の多元性という問題に挑む[74]、フランス法の新たな試みを垣間見たことをもって、ひとまず検討を終えることにしたい。

　付記：本稿の執筆に際して、フランスの判例は、原則として Légifrance, Le service public de l'accès au droit, https://www.legifrance.gouv.fr/ により参照している。
　本稿は、JSPS 科研費（基盤研究（C）：JP16K03382）の助成を受けた研究成果の一部である。

---

[73] 小野寺倫子「人に帰属しない利益の侵害と民事責任―純粋環境損害と損害の属人的性格をめぐるフランス法の議論からの示唆―（3・完）」北法 62 巻 4 号（2012）122 頁。
[74] もっとも、法規範の多元的な存在も、交渉-合意のプロセスを重視した契約的な規範の重要性も、環境分野に限定されるわけではない。本稿で参照したフランスの議論は、「法というものを、人々が法的基準を中核とする共通の公共的理由に依拠しつつ公正な手続きに従った自主的な交渉と理性的な議論によって行動を調整し合う『議論・交渉フォーラム』として捉える法構想」（田中成明『現代法理学』有斐閣（2011）38 頁、同書 41 頁も参照）と通底するように思われる。

動物の法的地位
―― 2015 年のフランス民法典改正 ――

櫛　橋　明　香

I	はじめに
II	現行の条文
III	立法の経緯
IV	2015 年法の評価
V	おわりに

I　はじめに

　フランスでは、司法分野及び内政分野における法及び手続の現代化及び簡素化に関する 2015 年 2 月 16 日の法律[1] により、民法典第 2 巻 1 編の最初の条文として、515-14 条が新設された。同条は、次のような規定である。

　　動物は、生きて感覚を備えた存在（des êtres vivants doués de sensibilité）である。動物の保護に関する法律の留保の下、動物は財産の制度に服する。

　私がこのことを知ったのは、所属する北海道大学から 2 年間のフランス留学の機会を与えられ、ローラン・ルヴヌール教授の 1 年生向けの「人の法」（les personnes）と「物の法」（物権法、les biens）の授業を、パリ第 2 大学のヴォージラール校舎で聴講していた 2015 年の春であった。ルヴヌール教授は、この条文により人と財産の中間的なカテゴリーが創出されたが、これには象

1　Loi n° 2015-177 du 16 février 2015 relative à la modernisation et à la simplification du droit et des procédures dans les domaines de la justice et des affaires intérieures.

徴的な意味しかないと述べた上で、次のような比喩を用いて、この条文の意義を説明された。

「皆さんが私と鮮魚店の陳列台の前にいるとしましょう。左側の台には、きれいで小さなヒラメが何匹か、それから立派なスズキも並べられています。それから、右側の台には、カニ、カキ、ホタテ貝がいくつか並べられています。ホタテ貝に指を入れてはいけませんよ！とても強く挟みますから。それから、カキにも感覚があります。レモンを搾れば、身をよじって反応します。私達は、右側の台では、財産ではなく、財産の制度に服する、生きて感覚を備えた動物を目前にしていますが、左側の台では、動物ではなく、動産に相対しているのです。新法はどうやら、物の陳列（présentation）を簡素化することはできなかったようです」。

フランスにおいて動物が財産ではなくなったこと（死んだ動物は相変わらず財産であるが）をどのように評価すべきかは難しい問題であるように思われた。フランス民法典においては、あらゆる存在が主体である人と客体である物ひいては財産に分けられ、権利を有するだけではなく義務を負いうる存在でなければ、人たり得ず、動物に対する非道徳的な扱いについては、人にこれを保護する義務を負わせることによって解決すべきことがらであるというのが、従前公表した拙稿でたどり着いた結論であった[2]。現実には財産の制度に服するとしても、財産に分類されないことになった動物の法的地位は、今後どのように解釈されるのであろうか。本稿では、上記の515-14条の新設に併せて行われた他の条文の改正の状況を確認し（Ⅱ）、その上で、そのような改正が行われた前提となった社会的な状況を追った後（Ⅲ）、2015年の改正に関する議論を検討し（Ⅳ）、今回の改正が明らかにしたものについて考えてみたい（Ⅴ）。

Ⅱ　現行の条文

冒頭に述べた司法分野及び内政分野における法及び手続の現代化及び簡素化に関する2015年2月16日の法律（以下「2015年法」という）2条により、民

2　拙稿「人体の処分の法的枠組み（3）」法学協会雑誌131巻6号（2014年）1203-1217頁。

法典の条文に施された変更と、旧条文を対比すると、次のようになる（下線部は、2015年法による改正に関係する変更箇所を示す）。

① 515-14条

この条文は、民法典第2巻の表題「財産及び所有権の様々な変容」の直後、第1編「財産の区別」の直前に新設された。

（現行条文）

<u>動物は、生きて感覚を備えた存在である。動物の保護に関する法律の留保の下、動物は財産の制度に服する。</u>

② 522条

（旧条文―1804年1月25日の法律により創設）

土地所有者が、賃料小作人又は分益小作人に対して耕作のため貸与した動物は、その価格の見積もりの有無にかかわらず、契約に基づいてその土地に付着し続ける限り、<u>不動産とみなす。</u>

賃料小作人又は分益小作人以外の者に貸与した賃貸動物は<u>動産である。</u>

（現行条文）

土地所有者が、賃料小作人又は分益小作人に対して耕作のため貸与した動物は、その価格の見積もりの有無にかかわらず、契約に基づいてその土地に付着し続ける限り、<u>不動産の制度に服する。</u>

賃料小作人又は分益小作人以外の者に貸与した賃貸動物は<u>動産の制度に服する。</u>

③ 524条

（旧条文-1804年1月25日の法律により創設）

土地所有者がその不動産の便益と利用のために配置した<u>客体（objet）</u>は用途による不動産とする。

以下のものは、所有者が土地の便益と利用のために配置した場合、用途による不動産である。

<u>耕作用の動物</u>

農業用具

賃料小作人又は分益小作人に与えられた種子

<u>鳩舎の鳩</u>

<u>兎小屋の兎</u>

蜜蜂の巣

池沼の魚類

圧搾機、釜、蒸留器、桶及び樽

鋳造場、製紙場その他の工場の利用に必要な道具

藁と肥料

　所有者がその土地に永続的に付着させた動産もまた用途による不動産である。

　この後、1984 年に、農業法典の改正に伴い、列挙事項の 1 つである「池沼の魚類」の語句が「農業法典 402 条が適用されない水域及び同法典 432 条及び 433 条が適用される水面の魚」と改められた[3]。さらに、危険動物・徘徊動物及び動物保護に関する 1999 年 1 月 6 日の法律[4]（以下「1999 年法」という）では、動物は次のように客体から区別されるに至った。

（旧条文―1999 年 1 月 5 日の法律により改正）

　土地所有者がその不動産の便益と利用のために配置した動物及び客体は用途による不動産とする。

　以下のものは、所有者が土地の便益と利用のために配置した場合、用途による不動産である。

　耕作用の動物

　農業用具

　賃料小作人又は分益小作人に与えられた種子

　鳩舎の鳩

　（以下省略）

　この後、2009 年に、列挙事項の 1 つである分益小作人の表現が改められた[5]。さらに 2015 年法により、次のとおり、第 1 項が 2 つに分けられ、用途による不動産として列挙された「耕作用の動物」、「鳩舎の鳩」、「兎小屋の兎」、「農業法典 402 条が適用されない水域及び同法典 432 条及び 433 条が適用される水面の魚」が削除された。

（現行条文）

　土地所有者がその土地の便益と利用のために配置した客体は用途による不

---

[3]　Modifié par Loi 84-512 1984-06-29 art. 8.

[4]　Loi n° 99-5 du 6 janvier 1999 relative aux animaux dangereux et errants et à la protection des animaux.

動産とする。

　土地所有者が同様の目的で配置した動物は用途による不動産の制度に服する。

　以下のものは、所有者が土地の便益と利用のために配置した場合、用途による不動産である。

　　農業用具

　　賃料小作人又は分益小作人に与えられた種子

　　蜜蜂の巣

　　（以下省略）

④　528条

（旧条文―1804年1月25日の法律により創設）

　性質による動産は、動物のように自力で移動するものであるか、無生物のように他力をもってのみ位置を変えうるものであるかを問わず、一所から他所へと移転しうる物体（corps）である。

（旧条文―1999年1月5日の法律により改正）

　性質による動産は、自力で移動するものであるか、他力によってのみ位置を変えうるものであるかを問わず、一所から他所へ移転しうる動物と物体である。

（現行条文）

　性質による動産は、一所から他所へと移転しうる財産である。

⑤　533条

（旧条文―1804年1月25日の法律により創設）

　動産（meuble）という語は、法律の規定又は人（homme）の取決めにおいて単独で用いられ、他に付加や指定のないときは、現金、宝石、債権、書籍、賞牌、科学器具及び工業器具、肌着、馬、馬車装備一式、兵器、穀類、ワイン、干し草、その他食料を包含しない。商取引の客体であるものもまたこれを包含しない。

（現行条文）

　動産という語は、法律の規定又は人の取決めにおいて単独で用いられ、他に付加や指定のないときは、現金、宝石、債権、書籍、賞牌、科学器具及び工業器具、肌着、馬車装備一式、兵器、穀類、ワイン、干し草、その他食料を包含しない。商取引の客体であるものもまたこれを包含しない。

50

⑥ 564 条
(旧条文— 1804 年 1 月 25 日の法律により創設)

　鳩、兎及び魚が、他の鳩舎、兎舎又は池沼に移ったときは、詐欺又は偽計により誘致されたのではない限り、これらの（ces objets）鳩舎、兎舎又は池沼の所有者に帰属する。

　この後、上記の「池沼」が適用を受ける農業法典の条文が定められ[6]、さらにこれが環境法典の条文に変更された上[7]、次のとおりとなった。

(現行条文)

　鳩、兎及び魚が、他の鳩舎、兎舎又は環境法典の L431-6 条及び L431-7 条の適用を受ける池沼に移ったときは、詐欺又は偽計により誘致されたのではない限り、これらの（ces derniers）鳩舎、兎舎又は池沼の所有者に帰属する。

⑦ 2500 条
(旧条文— 2006 年 3 月 23 日のオルドナンスで創設[8])

　2501 条及び 2502 条に記載された適用の留保の下、516 条から 710 条はマイヨット島に施行される。

　2005 年に 642 条及び 643 条を施行条文から除外する改正が行われた後[9]、現行条文は次のとおりとなった。

(現行条文)

　2501 条及び 2502 条に予定された適用の留保の下、515-14 条から 710 条は、642 条及び 643 条を除き、マイヨット島に施行される。

⑧ 2501 条
(旧条文— 2006 年 3 月 23 日のオルドナンスで創設[10])

　524 条 9 項の適用に当たっては、魚が土地の便益と利用のために所有者によって配置されたときは、河川、運河及び小川と何ら接続を有しない池沼の

5　Modifié par Loi n° 2009-526 du 12 mai 2009, art.10.　正確には、《colons partiaires》 が《métayers》に改められた。

6　Modifié par Loi 84-512 1984-06-29, art. 8 II.

7　Modifié par Loi n° 92-1283 du 11 décembre 1992, art. 3.

8　Créé par Ordonnance n° 2006-346 du 23 mars 2006, art. 1.

9　Modifié par Ordonnance n° 2005-870 du 28 juillet 2005, art. 3.

10　Créé par Ordonnance n° 2006-346 du 23 mars 2006, art. 1.

魚及び養魚場及び養殖池の魚は、用途としての不動産である。

（現行条文）

524条の適用に当たっては、魚が土地の便益と利用のために所有者によって配置されたときは、河川、運河及び小川と何ら接続を有しない池沼の魚及び養魚場及び養殖池の魚は、用途としての不動産の制度に服する。

　以上のとおり、旧条文において動物を動産又は不動産であるとする箇所には、515-14条の表現に倣い「制度に服する」との文言が付加され、動産に関する例示としての動物は削除され、動物を客体（objet）と表現していると疑われかねない箇所は他の文言に訂正するなど、515-14条に忠実に、動物が財産に当たらないようにするための文言の訂正が細部にわたり行われているといえる。

Ⅲ　立法の経緯

　民法典における動物に関する規定が、2015年法で扱われることについては、便乗立法であるとの指摘もある[11]。一体どのような点が法の現代化ないし簡素化に関わるといえるのかについて、専有された動物の保護に関する従前の立法を概観した上、今回の民法典改正の契機について検討したい。

1　動物の保護に関する従前の立法──専有された動物の保護

(1)　刑法典[12]

　フランスにおいて動物の虐待を罰した最初の法律は、「グラモン法」と呼ばれる1850年7月2日の法律である[13]。グラモン議員は、馬が公道で動力源としてひどい扱いを受けているのを見てショックを受け、同法を提案した

11　《Les animaux reconnus être sensibles, un pas totalement symbolique》, Le Monde.fr, 2.11.2014 (http://www.lemonde.fr/planete/article/2014/04/16/les-animaux-reconnus-comme-des-etres-sensibles-un-pas-totalement-symbolique_4402541_3244.html).

12　青木人志「動物愛護と伝統の狭間：フランス刑法における闘牛の扱い」一橋論叢119巻1号（1998年）17頁。

13　Loi du 2 juillet 1850 dite Grammont sur les mauvais traitements envers les animaux domestiques (http://www.theatreduchenevert.com/wp-content/uploads/2016/07/Loi_grammont-1850).

といわれる[14]。同法は、1か条のみから成る法律で、同条の1項は次のような規定であった。

　　自分に属するか他人に属するかを問わず、公然かつみだりに家畜を虐待した者は、5フランから15フランの罰金及び1日から5日の拘禁刑に処する。

　虐待の公然性が要求されることから分かるように、この法律の趣旨は動物の保護よりもむしろ公衆道徳の保護にあり[15]、私的な領域で行われる虐待には効果がなかった。

　その後、グラモン法が南仏の伝統である闘牛に適用されるかが問題となるなどしたが[16]、1959年9月7日のデクレ[17]により、グラモン法は廃止された。その代わり、動物虐待罪が刑法典の違警罪に組み込まれ（旧刑法典 R. 38条）、その際、公然性の要件が削除されるなどした[18]。さらに、1963年11月19日の法律[19]は、刑法典中に、新たに動物に関する残虐行為（旧刑法典453条）について軽罪規定を新設した。この軽罪規定は、旧刑法典の下では、「個人に対する重罪及び軽罪」編の「財産に対する重罪及び軽罪」（Crimes et délits contre les propriétés）の章の「破壊・損壊・損害」（Destructions, dégradations, dommages）の節に置かれていた。

　しかし、1994年3月の新刑法典への改正を経て、現在、この軽罪規定（521-1条）[20]は、第5巻「その他の重罪及び軽罪」の「その他の規定」編の「動物に対する重大な虐待・残虐行為」（Des sévices graves ou actes de cruauté envers les animaux）と題する単一の章に置かれている。第2巻は「人間に対する重罪及び軽罪」、第3巻は「財産に対する重罪及び軽罪」、第4巻は「政

14　Le monde fr. *op.cit.*, note 11.

15　R. LIBCHABER,《Perspectives sur la situation juridique de l'animal》, *RTDciv'* janv.-mars 2001, p. 240.

16　Loi n° 51-461 du 24 avril 1951.「伝統が途切れることなく続いているときは、本法は闘牛には適用しない」という条項が加えられた。青木・前掲注12）23頁。

17　Décret n° 59-1051 du 7 septembre 1959.

18　Code pénal（ancien）art. R. 38 n° 12, Décret n° 59-1051 du 7 septembre 1959 réprimant les mauvais traitements exercés envers les animaux. 青木・前掲注12）23頁。

19　Code pénal（ancien）art. 453. Loi n° 63-1143 du 19 novembre 1963. 青木・前掲注12）23頁。

20　なお、本条と共に、コンセイユ・デタのデクレに従わず行われた動物実験（521-2条）を処罰する規定も設けられている。

府、国家、公安に対する重罪及び軽罪」と題されていることと比べても、動物の虐待は、人間に対する罪でも財産に対する罪でも国家に対する罪でもなく、独自のカテゴリーとして認識されているといえる[21]。違警罪の規定（R. 654-1条）も、第5編「その他の違警罪」の第4級違警罪の章の「動物に対する虐待」の単一の節に置かれている[22]。

このように、もはや、グラモン法時代のように、人間の情操の保護を介して動物を保護するのではなく、動物そのものに内在する価値が保護されているのである。

なお、現行の刑法典521-1条は、次のとおりである。

　　　公然であるか否かを問わず、家畜、飼い慣らされた動物又は捕獲された動物に対して重大若しくは性的な虐待又は残虐な行為をすることは、10年の拘禁刑及び3万ユーロの罰金で罰する。
　　　（2項ないし6項省略）
　　　地方の伝統が途切れることなく続いていることを示すことができるときは、闘牛には本条の規定を適用しない。伝統が途切れることなく続いていることを立証できる地方においては、闘鶏に本条の規定を適用しない。
　　　新たに闘鶏場を作るいかなる行為も、第1項に定める刑で罰せられる。
　　　家畜、飼い慣らされた動物又は捕獲された動物を遺棄する行為は、第1項に定める刑で罰せられる。ただし、繁殖のために解き放たれる動物についてはこの限りでない。

(2)　農業法典

動物を保護する規定が農業法典（Code rural）に導入されたのは、1976年7月10日の法律[23]によってである。当初の法案は、動物の個別的な保護を扱ってはいなかったが、国民議会で、ナンジェセール議員（M. Nungesser）が動物保護に関する規定を法案に盛り込んだ。1971年以来、トーム・パトノートル議員（Mme Thome-Patenôtre）が「動物憲章」《Charte de l'animal》の策定を試み、1973年に国民議会の委員会がこれを基に草案を練っていたが、

21　青木・前掲注12) 28頁。
22　また、本条とともに、第3級違警罪として故意によらない動物の致死傷（R. 653-1条）、第5級違警罪として動物の殺害（R. 655-1条）が定められている。
23　Loi n° 76-629 du 10 juillet relative à la protection de la nature.

54

日の目を見なかった[24]。ナンジェセール議員は、この「動物憲章」に基づく一連の修正を入れたのであった。

趣旨説明で、ナンジェセール議員は次のように述べた[25]。「動物憲章は2つの規定に分かれます。一般原則とその実務的な応用です。一般原則としては、動物が感覚ある存在（être sensible）であることを強調させていただきたい。このことは明白であるかに思われます。しかし、この言葉は、フランスの法律にも規則にも存在しないものでした。法律や規則は、動物をむしろ客体（objet）と考えていたといわねばなりません。一般原則から、一連の実務的な応用が導かれます。動物は、そのようなものとして、それ自身のために保護されるのであり、動物の受ける虐待が他者の目に触れるからではありません。事実、今まで、公序が害されうるときにしか、虐待は罰せられないことがらでありました」。

現在、農漁業法典（Code rural et de la pêche maritime）には、法律の部の「動物の保護」の章の下に、「一般規定」、「コンパニオンアニマルに関する規定」、「他の動物に関する規定」、「生きた動物の輸送」、「動物の販売、収容及び滞留場所」、「違反の調査及び検証」、「検査及び監督」の各節が設けられている（L214-1 から L.214-23）。また、規則の部でも「動物の保護」の章の下に、「一般規定」、「飼育、囲い、管理、移転」、「輸送」、「屠殺」、「許可を要する諸行為」、「科学目的での動物の利用」の各節が設けられている。

なお、現行の農漁業法典の L.214-1 条の規定は、次のとおりである。

> あらゆる動物は、感覚ある存在であり、所有者により、その種の生物学的必要性に適合した条件下に置かれなければならない。

また、L.214-3 条は、次のように定める。

> 家畜、飼い慣らされた野生動物又は捕獲された動物に対し、虐待を行うことは禁じられる。

---

24 *JO* Compte reudu des débats parlementaires du Sénat, 18 mai 1976, p. 1096, allocution M. Vallon.

25 *JO* Compte rendu des débats parlementaires de l'assemblée national, 1976, p. 2036, allocution M. Nungesser.

コンセイユ・デタのデクレは、虐待又は酷使に対し、また飼育、囲い、移動及び屠殺の様々な技術に伴う作業の際の苦しみの回避に対し、これらの動物の保護を保障するのに適正な措置を定める。

必要不可欠な場合に限り行われるべき医学及び科学の生物実験に関しても同様である。

2 民法典における動物に関する規定等

(1) 1804年の民法典における動物

民法典においては、1804年以来長い間、動物は財産（bien）であり、生命のない物体（corps）及び客体（objet）と同じ扱いを受けていた。Ⅱで掲げた条文のとおり、動物は、一所から他所へ自力で移動するときは性質による動産であり（旧528条）、特定の状況下にあって移動することのない場合は用途による不動産（旧517条以下）であった。そして、動物は、法律又は規則により禁止された使用をしない限り、絶対無制限に物の収益及び処分をなしうる権利である所有権（544条）に服する存在であった。処分には、所有者が自身の財産を破壊することも含まれる。

(2) 1999年法による改正後の民法典における動物

Ⅱにおいて摘示したとおり、1999年法は、524条と528条において、動物を客体（objet）及び物体（corps）から区別した。このように、動物は、なお用途による不動産ないし性質による動産、すなわち財産にとどまっていたものの、無生物とは別異に扱われるに至ったのである。1999年法は、直接的には、危険動物や徘徊動物による攻撃から人々や家畜を保護することを目的とするものである。同法が民法典において動物を無生物と区別する改正を伴うことになった理由は、「フランスの立法と社会の状況にかんがみて」、動産の中での動物の特別な地位を明確にする必要があったからであるとされる[26]。

(3) 「動物法制に関する報告書」（アントワーヌ報告書、2005年）

ペルバン法務大臣は、2004年、パリ控訴院の名誉院長であるスザンヌ・

---

[26] S. ANTOINE, *Rapport sur le régime juridique de l'animal*, La Documentation française, 2005, p. 25（http://www.ladocumentationfrancaise.fr/var/storage/rapports-publics/054000297.pdf）.

アントワーヌ氏に、動物法制に関する報告書の作成を委託した。この背景には、ヨーロッパを中心とした国々において、民法上の動物の地位に関する規定の改正が相次いだことがある[27]。アントワーヌ氏は、2005年、「動物法制に関する報告書」[28]を提出し、2つの具体的な条文の提案を行った。

　第1の提案は、商業的価値の側面が優る感覚ある存在としての動物の性質に適合的に、財産のカテゴリーから動物を完全に分離しつつ、動物の内在的価値も考慮しようとするものである。具体的には、民法典第2巻を財産と動物に共通するものとし、第2巻第1編は動物、第2編は物の区別、第3編は所有権、第4編は用益権・使用権と居住権、第5編は地役権と不動産用益に充てられる。第2巻第1編の515-9条として提案される条文は、「動物は生きて感覚を備えた存在である（Les animaux sont des êtres vivants doués de sensibilité）。どのような場合でも、動物はその種の生物学的必要性に応じた幸福を保障する条件を享受しなければならない」というものである[29]。

　第2の提案は、動産、不動産に続く財産の第3のカテゴリーを作り、動物を「保護されるべき財産（bien protégé）」と考えるものである。動物の取得に関しては、民法典と農業法典の規定が適用される。第2巻第1編は「財産の区別」とされ、その中の第1章は「動物」、第2章は「不動産」、第3章は「動産」、第4章は「占有者との関係における財産」とされる。第2巻第1編の冒頭には、516条として、財産の区分に関する「財産は、一方で生きて感覚のある存在としての性質において保護される財産（biens protégés en leur qualité d'êtres vivants et sensibles）である動物を含み、他方で不動産と動産を含む」という条文が置かれ、その次の第1章には、516-1条として、「動物は、その固有の利益のために立法された固有の保護規定の対象となる財産である。その取得の態様は、民法典の売買に関する規定及び農業法典の特別の規定により規律される」との規定が設けられる[30]。

　アントワーヌ報告書に基づく改正は、結局、内閣改造により実現すること

27　吉井啓子「フランス民法典における動物の地位―動物法制に関するアントワーヌ報告書―」國學院法學44巻1号（2006年）117頁。

28　*Rapport sur le régime juridique de l'animal*, 前掲注26）記載の報告書である。

29　Antoine, *op.cit.*, note 26, pp. 44-47, 吉井・前掲注27）129頁。

30　Antoine, *ibid.*, pp. 47-50, 吉井・前掲注27）130頁。

はなかった。しかし、同報告書に影響を受け、後に民法典における動物の法的枠組みの改正に関して、複数の法案が提出された[31]。

(4) アンリ・カピタン協会「物権法改正準備草案」

アンリ・カピタン協会は、2009年5月15日、ペリネ・マルケ教授の主宰する委員会の検討により「物権法改正準備草案」を公表した。同草案は、動物について次のような1か条を置いた。「動物は、これを保護する法律を留保して、有体物の制度に服する（Sous réserve des lois qui les protègent, les animaux sont soumis au régime des choses corporelles）」（521条）。その趣旨は、動物の法的な性質決定と動物への愛着的な価値を調和させることが難しいため、動物の保護に重点を置くこととして、直接的な性質決定を行わず、有体物の法的制度に服することのみを示すに留めたということにある[32]。

(5) 2015年法の成立

2013年11月に元老院で第1読会が開始された際、2015年法の法案には、民法典における動物に関する条文は盛り込まれていなかった。しかし、社会党のグラヴァニー議員（M. Glavany）、カプドゥヴィエル議員（Mme Capdevielle）及びウンテルマイヤー議員（Mme Untermaier）が、国民議会の第1読会において、2014年4月11日付けで59番の修正案を提出した（以下「グラヴァニー修正」という）[33]。ウンテルマイヤー議員の趣旨説明によれば、「この修正は、民法典において、動物をそのような存在として承認し、その法的性質とその愛着的な価値をよりよく調和させるため」であった[34]。この

---

31 管見の及ぶ限り、このような法案として次のようなものが挙げられる。① Proposition de loi n° 2634 du 9 novembre 2005 visant à reconnaître dans le code civil le caractère d'être sensible à l'animal, ② Propositions de loi n° 575 du 7 juin 2011 reconnaissant à l'animal le caractère d'être vivant et sensible dans le code civil et n° 42 du 7 octobre 2013 reconnaissant à l'animal le caractère d'être vivant et sensible dans le code civil, ③ Proposition de loi n° 1903 du 29 avril 2014 visant à établir la cohérence des textes en accordant un statut juridique particulier à l'animal.

32 Association Henri Capitant, *Proposition de reforme du livre II du code civil relatif aux biens*, p. 5, p. 17（http://www.henricapitant.org/storage/app/media/pdfs/travaux/Avant-projet_de_reforme_du_droit_des_biens_19_11_08.pdf）．訳文は、フランス物権法研究会「フランス物権法改正の同項」民商法雑誌141巻1号（2009年）157頁によった。

33 Amendement n° 59, présenté par M. Glavany, Mme Capdevielle, Mme Untermaier et les membres du groupe socialiste, républicain et citoyen（http://www.assemble e-nationale.fr/14/amendements/1808/AN/59.asp）．

58

修正案は政府の支持を得て[35]、同月 15 日に採択された。

　マルゲノー教授の分析によれば、グラヴァニー修正が政府の支持を得た理由は、動物の地位について定めた 515-14 条を、第 2 巻の表題の後、第 1 編の表題の前に置き、動物が常に財産となるのか、財産と人の間に位置する新しいカテゴリーに収まるのかということを曖昧にしたため、少なくとも農業分野に与える動揺が控えめになることにあるという。これに対し、例えば、ウンテルマイヤー議員を筆頭にした 24 番の修正案[36]は、後に撤回され審議の対象とはならなかったものの、民法典の 2 巻のタイトルを「動物、財産及び所有権の様々な変更」とし、財産の区別に当てられた第 1 章に先立つ前章「動物」を設けて 515-14 条を置いている。ここには、動物はもはや財産ではないとして、人と財産の中間の独自のカテゴリーの創出を提案するアントワーヌ報告書の影響がより強く見受けられるという[37]。

　その後、2015 年法は、両院合同委員会の失敗を経て、2014 年 10 月 30 日の国民議会の第 2 読会、2015 年 1 月 22 日の元老院の第 2 読会及び 2015 年 1 月 28 日の国民議会の最終読会で採択され、同年 2 月 16 日に公布された[38]。2015 年 2 月 12 日の憲法院判決は、2015 年法を合憲と判断した[39]。

　なお、元老院の第 2 読会では、モハメド＝ソワリイ議員により、2015 年 1 月 14 日付けで、法律委員会の 215 番の報告書が提出され、グラヴァニー修正の存続が危ぶまれる事態となった[40]。この報告書では、515-14 条を削除する提案が行われている。様々な理由が挙げられているが、民法典は人と財産の関係を扱うものであるから、動物は第 2 巻の財産としてしか承認できな

34　*JO* Compte reudu intégtal de l'Assemblée National, 16 avril 2014, p. 2602, allocution Mme Untermaier.

35　*Ibid.*, p. 2603, allocution Mme Taubira, garde des sceaux.

36　Amendement n° 24, présenté par Mme Untermaier, M. Glavany, M. Fourage, Mme Descamps -Crosnier et les membres du groupe socialiste, républicain et citoyen (http://www.assemblee-nationale.fr/14/amendements/1808/AN/24.asp).

37　J.-P. Marguénaud,《Une revolution théorique : l'extraction masque des animaux de la catégorie des biens》, *JCP G.* n° 10-11, 2015, pp. 496-497.

38　立法の経緯について、http://www.senat.fr/dossier-legislatif/pjl13-175.html を参照。

39　Cons. Const., 12 février 2016, déc. 2015-710 DC.

40　N. Reboul-Maupin,《Nos amis, les animaux...sont désormais doués de sensibilité : un tournant et des tourments!》, *D.* n° 10, 2015, p. 573.

い、515-14 条は射程が不明で規範的効力がなく、実務上の影響も明らかで
はない、財産の制度は特別法が集積するまでしか動物に適用されない、動物
に適用される法は全てが動物に保護をもたらすわけではないという指摘がそ
の主要なものであった[41]。

(6) 社会背景

フランス民法典に動物の地位に関する規定が創設された背景には、(3) で
述べたとおり、ドイツやスイス等の諸国が動物は物ではない旨の規定を置い
ていることのみならず、動物保護団体の活動や新聞・テレビ・ネット等メデ
ィアの影響が複合して、動物の処遇に関する社会的関心が高まったことが挙
げられる。

例えば、子猫を壁に投げつけた動画をフェイスブックに載せたりするとい
ったように、動物を虐待する映像を個人がインターネット上で閲覧可能にす
るということもあれば[42]、動物保護団体 L214 の入手した映像が BMFTV の
テレビのニュースで取り上げられ、社会問題として扱われ始めるということ
もある。L214 は、屠殺場に関するスクープ映像をホームページに数多く掲
載しており、豚や羊が四肢のうちの一肢を吊され、未だ意識があり動いても
がいているところを血抜きする様子が撮影されたものは[43]、BMFTV で取り
上げられた[44]。

また、2015 年法のグラヴァニ―修正に大きな影響を与えた運動として取
り上げられることが多いのは、3000 万の友財団 (La Fondation 30 Millions d'
amis) が主導した「24 人の知識人によるマニフェスト」の公表と動物の法的
地位の改正についての署名活動である。後者には、80 万人近くの署名が集
まったという[45]。前者は、民法典において、動物が生きた感覚のある存在で

---

41 Rapport n° 215, présenté par T. Mohamed Soilihi, pp. 20-24 (http://www.senat.fr/rap/l14-215/l14-215.html).

42 P. Malinvaud,《L'animal va-t-il s'égarer dans le code civil?》, D. n° 2, 2014, p. 87.

43 https://www.l214.com/enquetes/2016/abattoir-made-in-france/mauleon/
また、例えば、フォアグラ生産の過程で、生まれたばかりのガチョウのメスのヒナがローラー
で瞬時にすりつぶされる様子、オスのヒナが、専用の機械に載せられくちばしの先端を炎で焼か
れた後、狭いケージに入れられて強制給餌される様子を撮影したものもある (https://www.
l214.com/canards-foie-gras-gavage)。

44 http://rmc.bfmtv.com/emission/info-rmc-la-commission-d-enquete-sur-les-abattoirs-preconise-la-videosurveillance-1038862.html

あることが認められ、人と財産の間に固有のカテゴリーとして位置づけられることを求める内容である。24 人の知識人の中には、多くの哲学者や作家に加え、『私法における動物』[46] を著したマルゲノー教授も含まれている。グラヴァニ─議員は、2014 年 4 月 15 日の国民議会の審議において、この活動が動物法制の進歩に与える影響について言及している[47]。

(7) 検討

以上のとおり、刑法典や農漁業法典は、動物に内在的な価値を認め、それ自体を保護する規定を数多く設けるに至っている。これに対し、民法典は、1804 年以来、動物を無生物と同様に財産として位置づけ、絶対的な所有権に服する物としてきた。しかし、このような民法典の規定は、動物の処遇に関する多様な情報が広まるフランス社会において、古すぎるものと受け止められたようである。今回、515-14 条が、2015 年法において扱われうるとすれば、それは動物に関して改正が重ねられた刑法典や農業法典に比肩する条文の現代化を行い、これらの法典の条文と民法典の条文を整合させることで、法典間の関係を簡素化する必要があるという意味において理解される。

もちろん、民法典に関して何らの検討もなされてこなかったわけではなく、アントワーヌ報告書の提出やその影響下に起草された複数の法案、アンリ・カピタン協会による「物権法改正準備草案」の公表があった。515-14 条の前段にはアントワーヌ報告書の影響が、後段には「物権法改正準備草案」の影響が見て取れると分析されている[48]。10 年以上にわたる諸検討が結実したものが 515-14 条であるといえる。

---

45 http://www.30millionsdamis.fr/actualites/article/8451-statut-juridique-les-animaux-reconnus-definitivement-comme-des-etres-sensibles-dans-le-code/

46 J.-P. MARGUÉNAUD, *L'animal en Droit Privé*, PUF, 1992.

47 Allocution M. Glavany, *op.cit.*, note 34, p. 2605. また、マルゲノー教授、マランヴォー教授、ルブール＝モーバン教授も、3000 万の友財団の影響に言及している。MARGUÉNAUD, *op.cit.*, note 37, p. 496, MALINVAUD, *op.cit.*, note 42, p. 87, REBOUL-MAUPIN, *op.cit.*, note 40, p.573. なお、グラヴァニー修正に、動物保護団体からの法案提出を未然に防止する意図があったとの指摘もある。J.-B. SEUBE《Une définition de l'animal dans le code civil》, *Dr et patr.* janv. 2015, p. 66.

48 MARGUÉNAUD, *op.cit.*, note 37, pp. 497-498.

Ⅳ　2015 年法の評価

2015 年法は、515-14 条の解釈という新たな問題を提起するとともに、従前から存在した動物の法的カテゴリーや動物の法人化に関する議論を再検討させる結果となった。また、515-14 条に実践的な意味があるのかも議論されている。

1　515-14 条の適用範囲—動物の意義

515-14 条における「動物」は、「生きて感覚を備えた存在」である。ところが、人間以外のいかなる生物がこれに当たるのかについては、曖昧な点を残している。

例えば、マランヴォー教授は、自然界の動物として海綿、イソギンチャク、サンゴ類及びクラゲ類、貝、軟体動物、魚、無数の昆虫、クモ類、四足類等を挙げ、これらの様々な動物に、感覚があり、515-14 条が適用されるのかどうかに疑問を投じ、さらにそうであれば、植物も民法典に規定される必要があるのではないかと述べる[49]。

他方、ネイレ教授は、苦痛を感じるのは人間も含めた脊椎動物のみであるから、515-14 条の定義は動物の特殊性を明らかにするものではなく、さらに野生生物は同条の定義に当たるのか曖昧であると指摘している[50]。

2　動物の法的カテゴリー

515-14 条の新設に伴って、動物の法的カテゴリーについて従来の議論が見直されるとともに、新たな見解も出現している。

第 1 に、515-14 条の新設後であっても、動物はなお、有体物のカテゴリーに属するとの見解がある。すなわち、同条の前段の宣言の後、後段では直ちに「動物は財産の制度に服する」という前段に反する命題が続く。これは、アンリ・カピタン協会による草案「動物は有体物の制度に服する」をほ

49　MALINVAUD, *op.cit.*, note 42, p. 88.
50　L. NEYRET,《Panorama Droit des biens》, *D.* n° 32 2015, p. 1872.

ぼ繰り返すものである。したがって、結局、動物は有体物のカテゴリーに属することになるという。その背景には、後述のように、民法典は人の民事法の地位を扱うものであるという思想がある[51]。

第2に、動物に特別のカテゴリーを認めようとする見解もある。例えば、有体財産と無体財産、動産と不動産、代替財産と不代替財産等の区別と並んで、特別な財産として、客体財産（bien objet）と生物財産（bien être）の区別を認め、後者に動物や人体の一部、死体を分類するという提案がある[52]。また、2015年法より前から存在する見解であるが、新しい財産の区別として、客観的財産（bien objectif）と主観的財産（bien subjectif）を検討するものもある。前者は所有者にとって金銭的価値のみに還元される財産であるが、後者は感情を伴い、そのような還元はできない財産を意味する。後者には、動物、芸術作品、宝石、家族の思い出の品々が分類される[53]。

第3に、2015年法以前から、動物は利益の中心（centres d'intérêts）であるという考え方も存在する。利益の中心とは、法人格を認められていないが、様々な効果を伴う部分的な法秩序の要素をなすもので、法的な人と物の間のカテゴリーに位置づけられる。動物に関しては、グラモン法に始まる刑法典の展開、1978年のユネスコによる動物の権利の世界宣言、動物の死について所有者に精神的損害の賠償請求を認めた判決等がある一方、動物に経済的な有用性があることを挙げ、相矛盾する多様な性質の利益を考慮すると、動物の権利とされているものは、利益の中心の概念に属するものであるという[54]。

第4に、動物は既に人であるという見解がある。これは、動物に法技術と

---

51 MALINVAUD, *op.cit.*, note 42, pp. 87-88.

52 B. MALLET-BRICOUT,《Panorama Droit des biens》, *D.* n° 32, 2014, pp. 1844-1846.

53 R. LIBCHABER,《La recodification du droit des biens》, *Le code civil, 1804-2004 Livre du Bicentenaire*, Dalloz, 2004, p. 338. 同時に、リブシャベール教授自身は、このような分類を設けると、財産への愛着を示す法的な方法を認めなければならないことなどの問題点を指摘している。なお、同教授は、人間の精神に関する古典的な哲学や民法の見解を放棄し、人間の自然の本性から再検討して、生者（vivant）と静物（inerte）という区別をするなら、動物は人間の側に列せられ得るとの試論を提示している（R. LIBCHABER,《La recodification du droit des biens》, *RTDciv.*, janv.-mars, 2001, p. 242.）。

54 G. FARJAT,《Entre les personnes et les choses, les centres d'intérêt》, *RTDciv.* 2002, p. 221, pp. 230-232.

しての法人格を認める考え方である。この見解によると、動物の虐待、遺棄及び殺害が処罰され、動物そのものの利益のために所有権の内容が制限されていることから、動物はもはや物ではないことが確認できる。そして、法人と認められるためには、固有の利益と機関の存在が必要であるところ、不必要に苦しまない利益と天寿を全うする利益が動物に固有の利益であり、動物に対する犯罪について私訴権を認められた動物保護団体が上記の機関に相当する[55]。この見解を採るマルゲノー教授は、2015年法は、動物を財産のカテゴリーから引き出したが、財産と人との間のカテゴリーに属するか否かについては沈黙しているため、結局動物は人のカテゴリーに属することになるとする[56]。

このように、515-14条の新設によっても、動物の法的カテゴリーの議論は未だ錯綜したままである。

3 515-14条の実践的意味

現実の問題として、515-14条の新設により、どのような効果が期待できるのであろうか。

同条の新設を好意的に評価するマルゲノー教授は、次のような点を挙げる。まず、動物の死について所有者に精神的損害の賠償請求を認めた判決を一笑に付すようなことはできなくなる[57]。次いで、民事責任、飼主を離れた動物の帰属、刑罰の適用等において、裁判官の法解釈、法適用に影響が予想される。さらに、「典型法典」(le code par excellence) である民法典に同条のような規定が設けられた以上は、他の法規もこれに整合するように整備されなければならない。最後に、動物のカテゴリーが再考されており、とりわけ

---

[55]　J.-P. MARGUÉNAUD,《La personalité juridique des animaux》, D. 1998, chronique, p. 205, pp. 208
-211, 拙稿「人体の処分の法的枠組み (3)」法学協会雑誌131巻6号 (2014年) 1207頁より。動物に法人格を認める見解について、より詳しくは、青木人志『動物の比較法文化―動物保護法の日欧比較』(有斐閣・2002年) 249頁以下を参照。

[56]　MARGUÉNAUD, op.cit., note 37, p. 500.

[57]　例えば、リュニュス号事件は、競走馬が遠征先の厩舎内で感電死した事件で、馬主に精神的損害の賠償を認めた判決である (Cass. civ. 16 janv. 1962, D. 1962. Jur. p. 199, note R. RODIÈRE, JCP. 1962. II. nº 12557 note P. ESMEIN).カルボニエ学長は、この判決を「一瞬の錯乱」(dans un aberration) と評した。J. CARBONNIER, Droit Civil. Les obligations, PUF, 1979, p. 344.

動物が「利益の中心」に当たるとの見解は適切なものである[58]。

他方で、ネイレ教授のように、裁判への影響は考え得るが、実務的な影響は不明であるとか[59]、マランヴォー教授のように、民法典内に、人間と動物を近づけるための旗印を象徴的に掲げるかどうかという問題であるというように、現実的な効果については否定的なコメントもある[60]。動物の処遇が悪化しているか少なくとも改善しないのは、民法典において動物が財産として位置づけられているせいであるかも実のところ不明なままである。リブシャベール教授は、むしろ飼主の権力感や、人々の生や自然への無関心の問題であるという[61]。

同条に好意的ではないコメントは、伝統的な民法典の役割に意識的であるようにみえる。民法典は、根源的に、人の民事的地位と同時に、人どうしあるいは人と物との関係を規律するものである。そのような民法典において考慮される動物の価値は、純粋に道具的又は財産的なものであり、人にとっての経済的有用性であった。民法典においては、苦しみ（souffrance）は、非財産的権利（droits extrapatrimoniaux）の問題としてしか考慮し得ない[62]。そこで、リブシャベール教授は、民法典においてではなく、基本権（droits fondamentaux）の領域で動物の保護を模索することを提案するのである[63]。

以上のとおり、515-14条は、フランス法の支柱である民法典に設けられたことで、社会における動物の福祉に友好的な考え方を増進し、裁判における民法典、さらには農漁業法典や刑法典の適用にも影響を与え、動物に関する法全体を統一し発展させる契機になる可能性がある。しかしその一方で、同条は象徴的なものにすぎず、動物の福祉の増進はそもそも民法の役割ではないとの見解が存在するのも事実である。

---

58 *Ibid.*, pp. 500-501.

59 NEYRET, *op.cit.*, note 50, p. 1872.

60 MALINVAUD, *op.cit.*, note 42, p. 88.

61 NEYRET, *op.cit.*, note 50, p. 1871, R. LIBCHABER, 《La souffrance et les droits, a propos d'un statut de l'animal》, D. n° 6, 2014, p. 384.

62 MALINVAUD, *op.cit.*, note 42, p. 87, NEYRET, *ibid.*, p. 1871, LIBCHABER, *ibid.*, p. 387.

63 LIBCHABER, *ibid.*, pp. 387-378, *op.cit.*, note 15, p. 243.

V　おわりに

　2015 年法による念入りな条文の改定作業をみる限りは、フランスの民法典において、動物は財産のカテゴリーから逸出したと考えるのが素直である（Ⅱ）。そして、動物に固有の内在的価値を認める趣旨の立法が発展している経緯もある（Ⅲ）。そうであれば、民法学者が動物のカテゴリー論をこぞって取り上げ、人と物の二分法を再検討し、また動物の法人化論に大きな動きがあって然るべきようにも思われる。しかしながら、雑誌に掲載された民法学者による諸論文をみるとき、そこに見出されるのは、フランス民法典の「人」中心の思想の強固さである（Ⅳ）。

　吉田克己教授は、わが国において、コンパニオンアニマルなど一定の財産に、財産的価値に加えて人格的価値が付与される事態を考慮し、このような財産に「愛着財」としての特別の法的地位を与えることを提唱しておられる。しかし、そのご見解も、動物が財産のカテゴリーに属することを否定するものではない[64]。また、動物の法人化については、人と物の二分法（人・物峻別論）が人間の尊厳を確保するための重要な役割を果たしてきたことを指摘され、動物に単なる物以上の法的性格を与えることには慎重な立場を示されている[65]。

　2015 年法のグラヴァニー修正とそれに関する議論は、民法典の本質と限界を改めて認識させるものであったといえる。わが国の民法において、感覚を有し苦しむ存在としての動物にどのような手当が可能であるのか、吉田克己教授の見解を導きの糸として、今後も検討していきたい[66]。

---

[64]　吉田克己「総論—財の多様化と民法学」吉田克己・片山直也編『財の多様化と民法学』（商事法務・2014 年）12-15 頁。

[65]　前掲・吉田注 64）16 頁、吉田克己『現代市民社会と民法学』（日本評論社・1999 年）178 頁、191 頁。

[66]　なお、本稿を執筆するに当たり、前掲注 12）、前掲注 55）以外にも、青木人志教授の『日本の動物法』（東京大学出版会・2016 年）を始めとする一連のご研究を参考にさせていただいた。また、前掲注 27）のほか、吉井啓子教授の「動物の法的地位」（前掲注 64）『財の多様化と民法学』252 頁所収）、「フランスにおける獣医療と法」國學院法學 46 巻 3 号（2008 年）81 頁を参考にさせていただいた。

＊本稿は、日本学術振興会科学研究費補助金給付事業・若手研究Ｂ（研究課題番号・26780047、研究代表者・櫛橋明香）の研究成果の一部である。

＊＊本稿の研究成果の一部は、日本財団国際フェローシップ・フェローとしての在外研究中に、日本財団国際フェローシップの支援により得られたものである。

総則の共通性
―― わが民法典の起草者たちは
ドイツ法学から何を継受したのか――

遠　山　純　弘

I　はじめに
II　総則規定の適用をめぐる判例・学説の状況
III　民法典の起草者たちのもとにおける総則
IV　総則は何故創られたか
V　総則は法典においても総則足りうるか

I　はじめに

　伝言ゲームをしたことがあるだろうか。伝言ゲームとは、ある言葉を口伝えで一人ずつ順に伝えて行き、最初の言葉と最後の言葉が一致するかどうか、また、どの程度違っているかを楽しむ遊びである。遊びとしては、最初の言葉と最後の言葉が違っていればいるほど面白くなる。簡単な文であれば、正確に伝わるように思われるが、実は、意外と正確に伝わらないようである[1]。

　わが民法典は、その起草者自身が「比較法研究の所産（the result of the comparative study of laws）」と称しているように[2]、さまざまな国の立法を参照して編纂された。また、民法典制定後の民法理論の形成においても、さまざまな国の学説が継受された。そうすると、伝言ゲームではないが、継受され

---

[1]　有元光彦「伝言ゲームの言語学的分析」『日本文学研究』31 巻（1996 年）25 頁。

[2]　Hozumi, The New Japanese Civil Code, as Material for the Study of Comparative Jurisprudence,（Tokyo, 1904）, p. 12.

た法や学説が正確に継受されたのかどうかが問題となる。しかも、わが国が法や学説を継受した国の法や学説自体がさらに継受されたものであるとするならば、その継受先の国の法や学説が正確に継受されたかどうかも問題となる。伝言ゲームでは、最初の言葉と最後の言葉が違っていればいるほど面白いが、法や学説の継受は、それでは困る。しかし、法や学説の継受にはさまざまな制約があり、時には継受に際して法や学説が変容してしまうことがある。

　わが民法典は、総則編を最初に置き、次に物権と債権とを区別し、最後に、親族法と相続法を置くところの、いわゆるパンデクテン・システムを採用している。パンデクテン・システムの最大の特色は、個別的な事柄について共通するものをひとくくりにして前へ出していくという抽象化の手法にあるとされる[3]。そこでは、各則の中から共通するものが総則として抽出される。たとえば、贈与、売買、賃貸借や請負など、契約に共通する事柄があると、それを契約総則としてひとくくりにして前に出す。また、契約から生ずる債権であれ、不法行為から生ずる債権であれ、債権に共通する事柄があると、それを債権総則としてひとくくりにして前に出す。同じことは、物権編、親族編、相続編についても行われる。そして、これらの権利関係全体に共通する事柄を民法総則として民法典の冒頭に置いている。

　こうした総則の理解を前提とするならば、物権法や債権法など、各領域の総則の規定は、各領域におけるすべての権利関係に適用されるはずである。同様に、民法総則の規定は、民法におけるすべての権利関係に適用されるはずである。しかし、今日の判例・学説における総則規定の適用をめぐる議論状況を見る限り、総則が各領域または民法全体に共通する事柄をひとくくりにしたものであるからといって、総則規定の各領域または民法全体への適用が認められているわけではない（II参照）。こうなると、総則が共通する事柄をひとくくりにしたものであるということの意味はよくわからなくなる。何

3　パンデクテン・システムの説明について、ここではさしあたり、内田貴『民法I〔第4版〕総則・物権総論』（東京大学出版会、2008年）22頁、佐久間毅『民法の基礎1総則〔第3版〕』（有斐閣、2008年）7-10頁、山本敬三『民法講義I総則〔第3版〕』（有斐閣、2011年）18頁、大村敦志『新基本民法1 総則編 基本原則と基本概念の法』（有斐閣、2017年）18-20頁を挙げておく。

故このような事態が生ずるのであろうか。総則とは、本当に共通する事柄をひとくくりにしたものなのであろうか。わが国は、総則という制度をドイツ法学から適切に継受したのであろうか。そこで、本稿では、わが民法典の起草者たちが総則に与えた意味や役割（Ⅲ参照）、そして、彼らが、パンデクテン・システムを首唱したとするドイツの法学者たちが総則に与えた意味や役割を探り（Ⅳ参照）、それによって、わが国に総則という制度が適切に継受されたのかを探ってみたいと思う（Ⅴ参照）。

Ⅱ　総則規定の適用をめぐる判例・学説の状況

　総則が各領域または民法全体に共通する事柄をひとくくりにしたものであるとするならば、総則の規定は、各領域または民法全体に適用されるはずである。しかし、今日、判例も学説も、そのような総則規定の適用を認めていない。

　たとえば、民法総則が民法全体に共通する事柄を定めているとするならば、民法総則の規定は、物権法や債権法はもちろん、親族法や相続法にも適用されるはずである。しかし、今日では、民法総則の規定は、物権編、債権編の通則であって、個別的に特別の規定がある場合のほか、親族法、相続法（身分法）には当然に適用されるべきではなく、身分法の通則を別個に解釈上構成して適用すべきであるとされている[4]。

　また、物権法総則が物権法に共通する事柄を定めているとするならば、不動産物権変動に関する177条は、不動産物権変動があった場合すべてに適用されるはずである。しかし、占有、留置権、一般先取特権など、物権であっても、権利の性質上、そもそも登記が不要な権利がある[5]。また、判例・学説において、登記なくして対抗できる物権変動や第三者も認められている[6]。

---

[4]　谷口知平＝石田喜久夫編集『新版注釈民法（1）総則（1）〔改定版〕』（有斐閣、2002年）53-54頁（谷口知平執筆）。また、判例は、身分行為への意思表示規定の適用（最判昭和23年12月23日民集2巻14号493頁〔養子縁組への93条ただし書の適用〕、大判大正11年2月25日民集1巻69頁〔離婚への94条2項の適用〕、大判明治44年6月6日民録17輯362頁〔養子縁組への94条2項の適用〕）や、身分行為への代理規定の適用（最判昭和39年9月8日民集18巻7号1423頁〔養子縁組への116条ただし書の類推適用〕）を否定している。

[5]　我妻栄＝有泉亨補訂『新訂物権法』（岩波書店、1983年）89-90頁。

さらに、契約総則が契約全般に共通する事柄を定めているとするならば、契約の解除に関する 541 条は、契約の解除が問題となる場合すべてに適用されるはずである。しかし、片務契約への同条の適用を否定する見解もあり[7]、加えて、賃貸借契約など、継続的契約関係の解除においては、一方で、信頼関係破壊法理や背信性理論により、解除が制限され[8]、他方で、無催告解除のように、541 条の要件が充足されていない場合にも、解除が認められている[9]。

このように、総則が民法または各領域に共通する事柄をひとくくりにしたものであるとしても、総則の規定が民法または各領域全体に当然に適用されるわけではない。総則の規定であっても、個別の事案ごとに各規定の適用の可否や、その適用要件を判断していかなければならない。これでは、総則が共通の事柄をひとくくりにしたものであるということの意味はよくわからなくなるし、その結果、総則という制度の存在意義それ自体が問われることになる。そのため、総則の意味や役割を改めて考えてみる必要があると思われる。

Ⅲ　民法典の起草者たちのもとにおける総則

総則とは、民法または各領域全体に共通する事柄をひとくくりにしたものであるとされるが、このような総則の理解は、何も今日的な理解というわけではなく、そもそも現行民法典の起草者たちの理解でもあった。

6　物権変動について、大判昭和 4 年 2 月 20 日民集 8 巻 59 頁（取消〔取消前の第三者〕）、最判昭和 38 年 2 月 22 日民集 17 巻 1 号 235 頁（共同相続）、最判昭和 42 年 1 月 20 日民集 21 巻 1 号 16 頁（相続放棄）、大判大正 7 年 3 月 2 日民録 24 輯 423 頁（取得時効〔原所有者〕）、最判昭和 41 年 11 月 22 日民集 20 巻 9 号 1901 頁（取得時効〔時効完成前の第三者〕）など。また、第三者について、大判明治 41 年 12 月 15 日民録 14 輯 1276 頁（不法行為者）、最判昭和 25 年 12 月 19 日民集 4 巻 12 号 660 頁（不法占拠者）、最判昭和 43 年 8 月 2 日民集 22 巻 8 号 1571 頁、最判昭和 44 年 4 月 25 日民集 23 巻 4 号 904 頁（背信的悪意者）など。

7　星野英一『民法概論Ⅳ（契約）』（良書普及会、1986 年）70 頁、谷口知平＝五十嵐清編集『新版注釈民法（13）債権（4）』（有斐閣、1996 年）661 頁（山下末人執筆）。

8　最判昭和 39 年 7 月 28 日民集 18 巻 6 号 1220 頁、最判昭和 28 年 9 月 25 日民集 7 巻 9 号 979 頁など。

9　最判昭和 27 年 4 月 25 日民集 6 巻 4 号 451 頁など。

ボワソナード（Gustave Émile Boissonade de Fontarabie）の起草にかかる旧民法典は、パンデクテン・システムを採用していなかった。パンデクテン・システムは、現行民法典において導入されたのであり、それは、民法典の起草者である穂積陳重の提案によるものであった[10]。穂積は、その著書『法典論』において、パンデクテン・システムについて次のように述べている[11]。まず、法典は、法典の編制の体裁から、沿革体の法典、編年体の法典、韻府体の法典、論理体の法典の4種類に分けられ[12]、このうち、論理体の法典には、ローマ式の配列法（インスティトゥート方式）とドイツ式の配列法（パンデクテン方式）があるとする[13]。そのうえで、穂積は、ドイツ民法第一次草案は、バイエルン民法草案に従って、総則、債権法、物権法、親族法、相続法としたが、ドイツ諸国が新式の編纂法を用いるに至ったのは、フーゴー、ティボーらが民法を論ずるにあたり、ローマ式の分類が濶大すぎて、実用的でないことを憂い、5部編制とし、後進の学者もこれが便利であったために、この分類法が採用されたとする[14]。

　もっとも、それでは、穂積が総則についてどのように考えていたかという問題になると、穂積は、それについて何も述べていない。ただ、穂積は、ドイツ民法草案が債権編をその首部に置いたことを、法典編纂史中の一大変革であり、近世の法律思想に伴うものであると述べている[15]。穂積は自ら、ドイツ民法草案は、総則、債権法、物権法、親族法、相続法からなるとしており、ここからドイツ民法草案において首部に置かれているのは、総則であることが明らかであるにもかかわらず、債権法を首部に置いているとする。実

10　穂積陳重『法窓夜話』（岩波書店、1980年）349-350頁、東川徳治『博士梅謙次郎』（法政大学、有斐閣、1917年）137-138頁。

11　穂積陳重『法典論』（哲学書院、1890年）。

12　穂積・前掲書注（11）105-106頁。

13　穂積・前掲書注（11）123-126頁。

14　穂積・前掲書注（11）125-126頁。

15　穂積・前掲書注（11）126頁。ドイツ民法草案が債権編を首部に置いた理由は、穂積によれば、近世において、個人の権利義務が身分よりも契約によって定まることが多くなったことによる（穂積・前掲書注〔11〕126-128頁）。そのうえで、穂積は、ドイツでは、サヴィニー以来、沿革法学が盛んにおこなわれ、その結果、ローマ式の編纂方式は、近世の社会に適さなくなったことを悟り、法典を編纂するにあたって、債権法を法典の首部に置き、第一に契約法を載せたのは、法典編纂法の一大進歩と称すべきであるとして、パンデクテン・システムを高く評している（穂積・前掲書注〔11〕129頁）。

際には総則が首部に置かれているにもかかわらず、何故債権法が首部に置かれているとするのかは、必ずしも明らかではないが、穂積にとって、ドイツ式の編纂方式において重要だったのは、債権法を首部に置き、その中でも契約法を第一に載せたことだったと考えられ、今日の学説ほど、総則に重きをおいていなかったのではないかと推測される。

　次に、同じく民法典の起草者である富井政章が総則をどのように理解していたかを見ることにしよう。富井は、『民法原論第一巻総論』において、まず、民法の内容として、物権、債権、親族、相続があり、このほかに、これら諸種の権利関係に「共通ナル總則ノ定」めがなければならないとし[16]、総則を、諸種の権利関係に共通の事柄を定めたものであるとする。そして、首部に総則の一編を設けて各種の権利関係に共通の規定を掲げることによって、規定が所々に散在して重複したり、欠漏したりすることを防ぐことができるとする[17]。また、富井は、『民法原論第三巻債權總則上』においても、「第一章ニ於テハ『總則』ナル題名ノ下ニ各般ノ原因ヨリ生スル債權關係ニ共通ノ規定ヲ掲」げたとしている[18]。このように、富井は、総則を民法または各領域に共通する事柄を規定したものであると考えていたことがわかる。

　それでは、総則の共通性は、富井にとって、いかなる役割を果たすものであったのであろうか。この点について、富井は、右に述べているように、総則を設けることによって、規定の散在や欠漏を防止することができると考えていたことがわかる。また、総則規定の適用という点に関して、富井は、『債権総論』において、共通性そのものについては触れていないものの、「第一編『總則』ノ規定ハ当然債權關係ニ適用アルコト言ヲ俟タス」と述べており[19]、民法総則の規定が債権関係に適用されると考えていたことがわかる。しかし、それでは、富井が、総則の規定が当然にその各論部分に適用されると考えていたかというとそうではない。たとえば、富井は、物権総則の規定

---

16 富井政章『民法原論第一巻總論』（以下では、「民法総論」とする。）（有斐閣書房、1905 年）63 頁。

17 富井・民法総論注（16）68-69 頁。

18 富井政章『民法原論第三巻債權總論上』（以下では、「債権総論」とする。）（有斐閣、1929 年）9 頁。

19 富井・債権総論注（18）8 頁。

である 177 条について、同条は、総則の規定であるにもかかわらず、権利の性質から、占有、留置権、入会権には適用されないとしている[20]。こうしてみると、富井は、総則の規定を民法または各領域に共通するものであるとしながらも、それが適用されない場合があることも認めていたということができる。もっとも、そうすると、総則が権利関係に共通の規定を掲げたものであるということの意味はよくわからなくなる。

では、もう一人の民法典の起草者である梅謙次郎は、総則をどのように理解していたのであろうか。梅も、富井と同じく、民法総則について、物権、債権を始め「總テノ權利ニ共通スル規定」あるいは「諸種ノ權利ニ共通ナル規定」を掲げたものとしている[21]。同様に、各権利関係における総則を、「共通」という言葉は用いていないが、各権利関係に「通スル」規定を掲げたものであるとしている[22]。このように、梅も、総則を権利関係に共通ないしは通ずる規定を掲げたものであると理解していたことがわかる。

それでは、この「共通」または「通スル」ということは、梅にとって、いかなる意味を有していたのであろうか。この点について、梅も、契約総論において、「本章（契約―括弧内、筆者）ニ於テハ唯契約ニ特別ナル規定ノミヲ掲ケ他ハ總テ法律行為ニ関スル一般ノ規定ニ依ルヘキモノトセリ」と述べており[23]、民法総則の規定が契約に適用されると考えていたことがわかる。しかし他方で、梅も、富井と同様、総則の規定が当然にその各論部分に適用されるとは考えていなかった。たとえば、梅も、物権総則の規定である 177 条は、権利の性質上、占有、留置権には適用されないとしている[24]。これによれば、梅も、総則の規定を権利関係に共通する規定を掲げたものであるとしながらも、それでは、総則の規定が当然にその各論部分に適用されると考え

---

20 富井政章『民法原論第二巻物権上』（有斐閣書房、1910 年）67 頁。

21 梅謙次郎『民法原理總則編』（和仏法律学校、1899 年）32-34 頁、同『民法要義巻之一總則編』（以下では、「民法総則」とする。）（私立法政大学、1911 年）2-3 頁。

22 物権総則について、梅謙次郎『民法要義巻之二物権編』（以下では、「物権」とする。）（私立法政大学、有斐閣書房、1909 年）2 頁、債権総則、契約総則について、同『民法要義巻之三債権編』（以下では、「債権」とする。）（私立法政大学、有斐閣書房、1897 年）8、377 頁。なお、親族法総則については、いかなるものを親族というかを定めたとしている（同『民法要義巻之四親族編』〔和仏法律学校、明法堂、1902 年〕1 頁）。

23 梅・債権注（22）377 頁。

24 梅・物権注（22）13 頁。

ていたのかといえば、そうではなく、総則の規定が適用されない場合がある
ことも認めていたということができる。

　実際、こうした総則規定の適用に関する理解は、梅の帝国議会における民
法修正案（現行民法）の説明において、すでに見られる。梅は、帝国議会に
おける民法修正案（現行民法）の説明において、総則や総則規定の適用につ
いて次のように述べている。

　「本案ハ編制ノ上ニ於テモ先ツ總則編ヲ設ケ更ニ各種ノ規定ノ初ニ總則ヲ
置キ専ラ概括的規定ノ方針ヲ採リタルカ故ニ既成法典ノ如ク同一原則ニ基キ
タル規定ヲ各種ノ場合ニ數〻規定スルカ如キ繁雑ナルコト無ク従テ條數ヲ省
略シ頗ル簡明ノ域ニ進ミタル考ナリ…中略…元来概括的規定ノ利益ハ適用ノ
自由ヲ法律家ノ解釋ニ一任シ法典ノ敏活ナル運用ヲ得ルニアリ若シ立法者ノ
想像ヲ以テ各種ノ場合ニ應シ細目ナル適用ヲ規定スルコトトセンカ社會ノ事
物千差萬別到底限リアル立法者ノ想像力ヲ以テ遺漏ナカラシムルコト難シ適
〻立法者ノ想像ニ漏レ規定ヲ缺クモノアルトキハ裁判官ハ之カ適用ニ苦ミ學
者ハ之ヲ解釋スル能ハサルニ至ラン故ニ斯ル場合ニ處シテ時勢ニ應シ法典活
用ノ自由ヲ失ハサラシメントセハ只夫レ概括的規定ノ方針ニ依ラサルヲ得
ス」[25]

　梅の説明によれば、総則は、概括的規定を置いたものであり、これによっ
て、各種の場合に同じ規定を置くことを避け、また、規定の遺漏を防ぐこと
ができる。総則を置くことによって、規定の重複や遺漏を防ぐという点は、
今日の総則の理解にも通ずるものである。

　もっとも、梅は、総則の規定が概括的規定であるからといって、それが当
然に適用されるとは考えておらず、概括的規定の適用を法律家の解釈に一任
している。つまり、梅にとって問題だったのは、ある問題が生じた場合にそ
れを処理する規定がないことであり、そのために、そのような遺漏がないよ
うに概括的規定を設けたのである。しかし、ある問題について、概括的規定
を適用するかどうかについては、梅は、それを法律家の解釈に委ねていた。
これによれば、梅は、概括的規定は、概括的規定であるがゆえに、民法また

25　『衆議院委員会会議録・第9回帝国議会下巻』（衆議院事務局、1896年）1492頁、東川・前掲
　　書注（10）139-150頁。

は各領域全体に当然に適用されるとは考えていなかったことがわかる。

　以上によれば、民法典の起草者たちも、今日の総則の理解と同じく―否、今日の学説が民法典起草者たちの総則理解を受け継いでいるのであるが―、総則を民法または各領域に共通する規定を掲げたものであり、それによって、規定の散在や遺漏を防ぐことができると考えていた。もっとも、総則が民法または各領域に共通する規定を掲げたものであるからといって、彼らは、総則の規定が民法または各領域全体に当然に適用されるとは考えていなかった。しかし、そうなると、総則が民法または各領域に共通する事柄を掲げたものであるということの意味はよくわからなくなる。つまり、起草者たちのもとにおいてすでに、総則の共通性について問題が存在していたことになる。

Ⅳ　総則は何故創られたか

　総則は、民法または各領域に共通する事柄をひとくくりにしたものであるとされる。それにもかかわらず、総則の規定は、民法または各領域全体に当然に適用されるわけではない。何故このような事態が生ずるのであろうか。パンデクテン・システムそのものに内在する問題なのであろうか。それとも、それ以外の理由によるものなのであろうか。

　わが民法典におけるパンデクテン・システムは、民法典の起草者によれば、ドイツ法学にその起源を有する[26]。そこで、以下では、総則の意味や役割を考えるために、パンデクテン・システムの創始者たちの総則理解に目を向けることにする。とはいえ、その全体を取り上げるのは、私の能力を超え、また、紙数の制限もあるので、以下では、わが民法典の起草者たちが、パンデクテン・システムを首唱したとして具体的に名前を挙げているフーゴー、ティボー、サヴィニーを取り上げ[27]、これらの法学者たちが総則にどの

---

[26]　富井・民法総論注（16）67-68頁、梅・民法総則注（21）32-33頁。

[27]　穂積・前掲書注（10）126頁、富井・民法総論注（16）64頁。なお、パンデクテン・システムの成立過程については、すでにわが国でも詳細な研究があるので、パンデクテン・システムの成立過程の詳細については、それらの研究を参照されたい（赤松秀岳『十九世紀ドイツ私法学の実像』〔熊本大学法学会、1995年〕特に、261頁以下、耳野健二「学問によるパンデクテン体系の

76

ような意味や役割を与えていたかを、これまでの研究成果を手掛かりに見て
いくこととする。

1　フーゴーにおける総則

　グスタフ・フーゴー（Gustav Hugo, 1786-1844）は、近代パンデクテン・シス
テムの基礎を作ったとされる[28]。

　フーゴーは、1789 年に刊行した『現代ローマ法の法学提要（Institutionen
des heutigen römischen Rechts）』において、今日のパンデクテン・システムの
基礎となる配列に従って、現代ローマ法を論じた[29]。

　もっとも、『現代ローマ法の法学提要』の配列では、「総則」なる部分はま
だ見られない。配列に着目するならば、「序論」が今日の総則に対応するこ
ととなるが、「序論」において論じられているのは、裁判官や裁判の役割で
あり、今日の総則におけるような通則を述べたものではなかった。

　その後、フーゴーは、『現代ローマ法の教科書（Lehrbuch des heutigen
Römischen Rechts）』において、「総則」にあたる「一般的諸概念（Allgemeiner
Begriffe）」という部分を導入した[30]。

　彼は、「序論」において、「総則（allgemeiner Theil）」について、次のように
述べている。

　「たしかに、ここで人、物、債権というローマの厳密な区分に従う必要は
あまりない。…中略…反対に、まず初めにいくつかの予備的知識
（Vorkenntnisse）が総則（allgemeiner Theil）として前もって述べられることが
ますます望まれる。だが、総則においても、各論においても、配列ができる
だけ異ならないのが得策である。」[31]

成立─19 世紀前半のドイツにおける法律学の近代化の一側面（一）（二）（三・完）─」『産大法
学』40 巻 3・4 号〔2007 年〕156 頁以下、41 巻 1 号〔2007 年〕80 頁以下、41 巻 2 号〔2007 年〕
28 頁以下）。

[28]　Windscheid = Kipp, Lehrbuch des Pandektenrechts, 9. Aufl., Band 1, (Frankfurt a.M., 1906), S.
63.

[29]　Hugo, Institutionen des heutigen römischen Rechts, (Berlin, 1789), S. 14.

[30]　Hugo, Lehrbuch des heutigen Römischen Rechts, 5. Auflage, (Berlin, 1816)（以下では、
「Lehrbuch」とする。）, S. 15ff.

[31]　Hugo, Lehrbuch, S. 11.

これによれば、フーゴーが総則を「予備的知識（Vorkenntnisse）」を説明する部分として位置づけていることがわかる。

それでは、フーゴーにとって、総則で扱われる「予備的知識（Vorkenntnisse）」とは何だったのであろうか。内容的な面から見れば、フーゴーは、総則において、彼の法体系全体の基礎となる「人」、「物」、「行為」の一般的概念を取り扱っている[32]。では、何故彼は、総則において、これらの一般的概念を説明しようとしたのであろうか。この点に関して、シュメッケル（Mathias Schmoeckel）は、そこにカント哲学、とりわけカントの認識論の影響を見る[33]。何かを認識しようとするとき、学問の建築術を通して素材の理解が可能となる。その際、特殊なものは、一般的なものの理解なしには認識されない。それゆえ、学問においては、ア・プリオリな概念が全体やその構成の知覚を可能とする。シュメッケルによれば、フーゴーは、こうしたカントの認識論の影響を受けて、各論の意味を理解するために、総則において、人、物、行為を市民法におけるア・プリオリな要素として説明しようとした[34]。そのため、フーゴーの総則においては、「カントにおけるのと同様、判断力または包摂を用いることによって特殊なものを推論できるように、一般的なものが定義されている。後の各論における法を理解することができるよう、ここで（総則で―括弧内、筆者）法の一般的な概念が説明されている」[35]。

これによれば、フーゴーにとって、総則は、たしかに、一般性を有するものであった。しかし、フーゴーが各論に先立って一般的な概念を総則において述べたのは、述べるべき事柄の散在や欠漏を防いだり、総則で述べた事柄を権利関係全体にあてはめたりするためではなく、各論の意味を理解するために必要であると考えたからであった。

---

32 フーゴーは、私法は、人、物、行為という３つの主要な部分に分かれると考えており（Hugo, Lehrbuch des Naturrechts, als seiner Philosophie des positive Rechts, 2. Versuch,〔Berlin, 1799〕S. 134.）、また、それは、ローマ法にも合致しているとする（Hugo, Lehrbuch, S. 15.）。

33 Schmoeckel, Der Allgemeine Teil in Ordnung des BGB, in: Schmoeckel＝Rückert＝Zimmermann, Historisch-Kritischer Kommentar zum BGB, Bd. 1, Allgemeiner Teil, §§1-240, (Siebeck, 2003), S. 140. さらに、耳野・前掲論文（二）注（27）111頁も参照。

34 Schmoeckel, a.a.O., S. 141.

35 Schmoeckel, a.a.O., S. 141.

2 ティボーにおける総則

ティボー（Anton Friedrich Justus Thibaut, 1772-1840）は、カント哲学の影響を受け、新たな法学を構築しようとした法学者であり、また、総則の設置に対して肯定的だった当時の代表的論者であっただけでなく、それを理論的に正当化しようとした代表的人物でもあったとされる[36]。

1800 年ころの法律学の世界では、カント哲学の影響のもと、学問による法の体系化というプロジェクトが共通の基礎として採用されていた[37]。ティボーも、その基礎を共有した法学者であった。彼は、1797 年に刊行した『法律学的エンツィクロペディー（Juristische Encyclopädie und Methodologie zum eigen Studio für Anfänger, und zum Gebrauch academischer Vorlesungen entworfen）』の「序論（Einleitung）」において、次にように述べている。

「学問の第一法則（erst Gesetz）：共通の原則と類概念を、ひとつの全体へと結合すること。もっぱら一つの個別的学問に属するわけではないすべての諸概念を、それだけを切り離して発展させること。それゆえ、法律的基礎学（Hauptwissenschften）と補助学（Hülfswissenschaften）とが体系的に講じられるべきである。そのため、まず一般的序論を先に述べることにより、個々の主要部分の相互関係を明らかにし、その諸概念を明らかにし、あらゆる学問に確定した地位を付与しなければならない。」[38]

ティボーは、学問がなすべきなのは、共通の原則と類概念を一つの全体へと結合することであり、また、個々の主要部門の相互関係や諸概念を明らかにするために、まず一般的序論が先に述べられるべきであるとする。実際、ティボーは、同書において、全体についての総則は設けていないものの、私法を論ずる部分では、それを「総則（Allgemeines）」と「各論（Besonderes）」に分

---

36 井上琢也「アントン・フリードリッヒ・ユストゥス・ティボー」勝田有恒＝山内進編集『近世・近代ヨーロッパの法学者たち―グラティアヌスからカール・シュミットまで』（ミネルヴァ書房、2008 年）287 頁以下、耳野・前掲論文（一）注（27）171 頁、同・前掲論文（二）注（27）101 頁。

37 守矢健一「初期サヴィニーの法学方法」『法協』111 巻 8 号（1994 年）1210-1211 頁、耳野・前掲論文（一）注（27）159 頁など。

38 Thibaut, Juristische Encyclopädie und Methodologie zum eigen Studio für Anfänger, und zum Gebrauch academischer Vorlesungen entworfen,（以下では、「Encyclopädie」とする。）（Altona, 1797), S. VIf.

けたうえで[39]、「総則」を「各論」に先立って論じ、その中で、権利と義務それ自体に関する理論、権利と義務の取得に関する理論、権利と義務の喪失に関する理論についての一般的な説明をしている[40]。

その後、ティボーは、1803年に刊行した『パンデクテン法の体系（System des Pandekten-Rechts)』において、「総則（Allgemeiner Theil)」を設けた[41]。

そして、ティボーは、1805年の『パンデクテン法の体系』の第2版において、新たに体系に関する一節を付け加え、法体系および総則の意味について、次のように述べている。

「法体系は、法律（Gesetz）の内容を体系的に統一なものとして叙述しなければならない。実定法の起草者が明白な法原理から出発し、それを首尾一貫して実行するのであれば、そのような統一的なものは、実質的であるに違いなく、あらゆる個々の命題は、最高の法規から導出されるにちがいない。しかしながら、すべての既存の法典の状態においては、実質的統一性をもつ叙述は、実定法を完全に歪め変造することになるであろう。そのため、体系は、形式的な統一性だけを扱わなければならず、実定法の多様性は、種と類への還元を通じてできるだけ単純化しようとしなければならない。この手続によって、抽象化は、最高の類概念としての法律（Gesetz）の概念に到達しなければならず、その後、この概念は、すべての個々の部分に分解されなければならない。したがって、法律（Gesetz）それ自体についての説明およびこれに必然的に関連するものは、総則の対象であり、特殊な法律関係についての法律の諸規定は、各論の対象である。」[42]

ここからティボーが、体系は、形式的な統一性だけを扱うべきこと、そして、実定法の多様性は、種と類への還元を通じてできるだけ単純化すべきであり、その単純化ないしは抽象化された類概念の体系を総則として理解していたことがわかる。

それでは、何故ティボーは、種と類への還元が必要だと考えたのであろ

39　Thibaut, Encyclopädie, S. XIX.
40　Thibaut, Encyclopädie, S. 65ff.
41　Thibaut, System des Pandekten-Rechts, Bd. I, (以下では、「System」とする。) (Jena, 1803), S. 5ff.; Bd. II, (Jena, 1803), S. 3ff.
42　Thibaut, System, 2. Aufl., (Jena, 1805), S. 7.

80

か。この点について、『パンデクテン法の体系』における「種と類への還元を通じてできるだけ単純化」するという見解と、すでに見た『法律学的エンツィクロペディー』における「共通の原則と類概念を一つの全体へと結合する」という見解との類似性にかんがみるとき、『パンデクテン法の体系』におけるティボーの見解は、『法律学的エンツィクロペディー』のそれを受け継いだものであるということがわかる[43]。そうすると、共通原則と類概念を一つの全体へと結びつけるのは、ティボーにとって、法学が学問であるために必要だったのであり、また、種と類への還元を通じてできるだけ単純化ないしは抽象化された類概念の体系が総則なのであるから、総則は、ティボーにとって、法学が学問であるために必要だったということができる[44]。

このように、ティボーにとって、総則における単純化や抽象化は、法学が学問であるために必要だったのであり、また、各論に先立って一般的序論を先に述べるのは、個々の主要部門の相互関係や諸概念を明らかにするためであった。

3 サヴィニーにおける総則

周知のように、サヴィニー（Friedrich Carl von Savigny, 1779-1861）は、わが民法典が採用する近代パンデクテン・システムを完成させた人物である[45]。

サヴィニーは、有名な『現代ローマ法体系（System des heutigen Römischen Rechts）』の第1巻において、法制度の配列として、物権、債権、親族法、相続法があるとしたうえで、総則について、次のように述べている[46]。

「わが法体系の内容をこのように叙述すると、今ただちに物権法の叙述が始まると期待されるかもしれない。それに対して、われわれは、今はまだ、

43　耳野・前掲論文（二）注（27）103頁。
44　耳野・前掲論文（二）注（27）103-104頁。
45　Windscheid = Kipp, a.a.O., S. 63.
46　サヴィニーの『現代ローマ法体系』は、第1巻の冒頭「全巻の暫定的概要（Vorläufige Übersicht des ganzen Werks）」に示されているように、当初、民法全般を論ずることが予定されていた（Savigny, System des heutigen Römischen Rechts, Bd. I,〔Berlin, 1840〕）。もっとも、最終的には、『現代ローマ法の体系』においては、物権法以下の各論については触れられることなく終わった。そのため、『現代ローマ法の体系』それ自体が「総論」を論じたものであるということとなる。

少なからぬ範囲の総則の真っただ中にいる。…中略…

　われわれは、個々の法制度をその各部分の生き生きとしたつながりにおいて、つまり、完全に述べようとするならば、必然的に、その法制度の本質のうち、または若干の変更を伴うにしても他のどの制度においても同じように現れるかなり多くの側面に至る。…中略…ところで、われわれは、このような各部分をそれぞれの制度のところでまた全部改めて扱うことができるであろうが、この種の繰り返しは、著述家にとっても読者にとっても堪え難いであろう。われわれは、そのような部分を、出てくる最初の法制度のところで…中略…全部かつ完全に扱い、以下のところではそれを参照させることができるであろう。しかしながら、このやり方も、ただちに、恣意的で釣り合いがとれないことがわかるであろう。それでもなお、各法制度のうちのこのような部分において真に共通することは、まさにまとめることによってこそ、もっと根本的に認識することができる（gründlicher erkannt werden kann）という、より重要な顧慮がそれに加わる。こうして、やはり、各個の法制度のところで、それに適用される変更を共通の基礎に結び付けるために、このような本当に共通のことを抽出して、個別の各法制度の体系の前に置くことが、すべての面から得策であると思われる。」[47]

　この叙述から、サヴィニーが総則を各法制度に「真に共通すること」をまとめた、あるいは抽出した部分として位置づけていることがわかる。

　それでは、何故共通することをまとめる必要があるのであろうか。この点について、サヴィニーは、「真に共通することは、まさにまとめることによってこそ、もっと根本的に認識することができる」と述べており、サヴィニーにとって、共通することをまとめるのは、法制度をもっと根本的に認識するためであったことがわかる[48]。こうした、真に共通することをまとめることによって、各法制度をもっと根本的に認識する、というサヴィニーの考え方の中に、われわれは、ティボーにも見られる学問による法の体系化の観念を見ることができる[49]。

47　Savigny, a.a.O., S. 389-391.
48　サヴィニーは、繰り返しを避けるため、「出てくる最初の法制度のところで…中略…全部かつ完全に扱い、以下のところではそれを参照させる」というやり方は、「恣意的で釣り合いがとれない」として、そのようなやり方を批判している。

もっとも、サヴィニーは、「このような各部分をそれぞれの制度のところでまた全部改めて扱うことができるであろうが、この種の繰り返しは、…中略…読者にとっても耐え難い」と述べているように、真に共通のことをまとめることには、法の体系化のためだけでなく、教育的な配慮もあったことがわかる[50]。

このように、サヴィニーにとって、共通することをまとめることは、法制度をもっと根本的に認識するという、学問による法の体系化の一環としてなされたものであるとともに、教育的な配慮によるものでもあった。

V　総則は法典においても総則足りうるか

われわれは、現在の判例・学説における総則規定の適用状況にかんがみて、総則の意味や役割を考えるために、わが民法典の起草者たち、および彼らが、パンデクテン・システムを首唱したとするフーゴー、ティボー、サヴィニーが総則やそこにおける共通性をどのように理解し、それにどのような役割を与えていたかを見てきた。

わが民法典の起草者たちは、今日の総則の理解と同じく、総則を権利関係に共通の規定を掲げたものと理解していた。共通の規定をひとくくりにすることによって、規定の散在や遺漏を防ぐ、それが、彼らにとって、総則を設けることの意味であった。しかし、総則が権利関係に共通の規定を掲げたものであるならば、総則の規定は、権利関係全体に適用されるはずであるが、彼らは、それが適用されない場合があることを認めていた。ただ、そうなると、総則が権利関係に共通の規定を掲げたものであるということの意味はよくわからなくなる。

この点について、わが民法典の起草者たちが、パンデクテン・システムを首唱したとするフーゴー、ティボー、サヴィニーの総則の理解を見る限り、たしかに、彼らも、総則を共通または一般的な事柄をまとめた部分であると理解していた。しかしながら、そこで共通することをまとめるのは、法の体

49　Schmoeckel, a.a.O., S. 141f. 耳野・前掲論文（三）注（27）55頁。
50　耳野・前掲論文（三）注（27）55頁。

系化のためだったのであり、また、法制度を認識するためであった。

　このように、わが民法典の起草者たちも、パンデクテン・システムの首唱者たちも共に、総則を共通することをまとめたものであるとするにもかかわらず、両者がそれに与えた役割は、まったく異なるものであった。しかも、この違いは、法制度の体系的な認識という観点において、もっと重大な違いをもたらすことになる。法制度を認識するための総則では、総則において論じられるのは、各法制度を認識するための予備的知識（Vorkenntnisse）または各制度の相互関係や諸概念であり、そのため、総則と各論とが一体性をもって論じられることになる。これに対して、規定の重複を避けるための総則では、総則で規定されることは、もはや各論では規定されないから、総則と各論では自ずと内容が異なる。その意味では総則と各論との関係は切り離される。その結果、ある法制度を認識しようとすると、あるものは総則に規定され、また、あるものは各論に規定されるという事態が生ずることになる。そもそも総則の設置や法の体系化が法制度を認識させるということにその目的があったとするならば、これでは総則や法の体系化は、台無しである。

　もちろん、総則の共通性の役割がどの時点で変容を受けたのか、また、本来学問的なものであった総則が法典においても総則足りうるのかなど、今後なお検討すべき問題が残されているが、少なくともパンデクテン・システムの首唱者たちが総則を創り出した意図は、わが国には適切に伝わらなかった。たしかに、一瞥すると、われわれは、フーゴーやサヴィニーらが提唱したものをそのまま継承したかのように見える。しかし、それは、形だけにすぎない。それに与えられていた役割という点では、われわれは、まったく別なものを継承したのである。

〔追記〕
　本研究は、平成 28 年度～平成 31 年度科学研究費補助金（基盤研究（A）、課題番号 16H01975）（研究代表者・大中有信）の成果の一部である。

サレイユ法人論への一視角
── 政教分離と財団をめぐって ──

« Juriste, je le suis, au moins par ma profession.
Catholique, je n'ai jamais caché que j'étais. »[1]

齋 藤 哲 志

Ⅰ　コンテクスト
Ⅱ　テクスト

　本稿は、レモン・サレイユ（Raymond Saleilles, 1855-1912）の法人論を扱う。科学学派の主導者の一人に数えられフランス私法学に大きな足跡を残したサレイユの業績のひとつとして、法人論に言及されるのが常である。その影響は本国にとどまらず、わが国においても、とりわけ諸種の法人学説を整理分類する際の枠組みとされたことが知られる[2]。しかし、本稿の目的は、学説史を再構成してサレイユの法人論を位置付け直すことではない[3]。特定のコンテクストが彼の議論に陰影を与えたものと想定し、諸テクストを読み解こうと試みる。ここでの問題は、「国家と教会との分離に関する1905年12月9日の法律」［以下「1905年法」］成立後のカトリック教会の法的処遇、具体的には、教会財産（biens ecclésiastiques）の管理主体として非営利社団（association）［以下、文脈上「非営利」の語を要する場合を除き「社団」］を

1　Raymond Saleilles, *Le régime juridique de la séparation* (*Extrait de la Revue des institutions cultuelles*), 1907, p. 1 ［以下 Saleilles (1907)］。
2　海老原明夫「ドイツ法学継受史余滴：法人の本質論（1）～（3）」ジュリスト950号12頁以下、952号10頁以下、954号12頁以下（1990）。
3　後藤元伸「法人学説の再定位」関大法学論集65巻5号136頁以下（2016）がこれを行う。なお参照、大村敦志「ベルエポックの法人論争」同『20世紀フランス民法学から』（東京大学出版会2009）81頁以下。

設立することの可否である。世俗法上の新たな組織の如何は、「内戦」をもたらしうるものと認識されていた。サレイユは、政教分離を受容する「和解派（transigeant）」[4]のカトリックとして、危機に介入した。

以上を補助線とすると、晩年の大著『法人格について』(1910)[5]［以下『法人格』］にも新たな光を当てることができる。同書には「歴史と諸理論」との副題が付されている。諸学説の整理と彼自身の学説の提唱は後半の理論篇で展開された。先行研究はこの部分を検討するにとどまる。本稿が着目するのは前半の歴史篇である。叙述は性急であり法史学研究としての価値は疑わしいが、逆にそうした性格は、同書が時代に規定されていたことを物語る。サレイユの視座は「社団から財団（fondation）へ」と整理されうる。事実、『法人格』以前の諸テクストは、上記の背景の下で「教会財産管理機関の財団法人化」を強く主張するものであった。

他方、ここで想起されるべきは、二つの法人形態に対してフランス法が採ったアプローチの差異である。周知のとおり、フランス革命の理念は、あらゆる団体を敵視する諸法制へと結実した。社団の設立には厳格な許可制が敷かれ、許可なき結社は犯罪を構成しえた。こうした基層的観念からの脱却は、「非営利社団契約に関する 1901 年 7 月 1 日の法律」［以下「1901 年法」］によりようやく達成される[6]。しかし財団法人は、公益認定を経るのでなければその存在さえ法認されなかった[7]。サレイユの構想には実定法上の根拠が欠けていたことになる。彼は、財団の一般法の草案作成に尽力する[8, 9]。

4　反教権主義の立場から分離法の厳格な実施を求める世俗勢力、教皇庁の意向を反映して抵抗を主張するカトリック勢力を「非和解派（非妥協派）(intransigeant)」と称するのが一般的である。これに対して、同法の受容を説くカトリックを《transigeant》と括り、その活動・主張内容 を 活 写 す る の が、Jean-Marie Mayeur, *La séparation des Églises et de l'État*, 1991 (réimpression de l'édition de 1966)［以下 Mayeur (1991)］である。

5　Saleilles, *De la personnalité juridique, Histoire et théories, Vingt-cinq leçons d'introduction à un cours de droit civil comparé sur les personnes juridiques*, 1re éd., 1910［以下 Saleilles (1910)］. なお、没後 1922 年に刊行された第 2 版があるが、Henri Capitant の préface が付されていること、僅かの誤字脱字の修正が施されていること以外、初版との違いはない。以下では初版のリプリント (Mémoire du Droit, 2003) を用いる。

6　近時の決定版として、高村学人『アソシアシオンへの自由』（勁草書房 2007）、及び、井上武史『結社の自由の法理』（信山社 2014）。これに先行する商事会社・労働組合等の自由化については、山本桂一『フランス企業法序説』（東京大学出版会 1969）。

7　田中實『公益法人と公益信託』（勁草書房 1980）166 頁以下。

政教関係		サレイユの著作	
1905/12/9	1905 年法		
1906/2/11	回勅①		
1906/1-3	財産調査		
		avant 1906/3/26	共同書簡（テクスト①）
1906/5/30-6/1	司教会議①		
		avant 1906/8/10	論文（テクスト②）
1906/8/10	回勅②		
1906/9/4-7	司教会議②		
1907/1/2	1907 年法		
		avant 1907/1/12	財団法草案準備報告書
1907/1/6	回勅③		
1907/1/15-18	司教会議③		
		1907/3/20	講演→論文（テクスト③）
1907/9/8	回勅④		
		1907/10-1908/5?	講義→『法人格』
		avant 1908/12/17	財団法草案最終報告書
		1912	遺稿

　もっとも、完成した草案には、教会組織に適用可能な類型がみられない。それどころか、『法人格』歴史篇には、従前の主張を否定するかのような叙述が見出される。ある種の挫折にはいかなる背景があったのか。

　なお、「サレイユと政教分離」という本稿の視角にとって、二つの百周年が研究状況を更新したことが注記されるべきであろう。「2005 年 = 1905 年法成立後 100 年」[10] 及び「2012 年 = サレイユ没後 100 年」[11] である。また、第

8　野田龍一「20 世紀初頭フランスにおける財団法草案（1）〜（3・未完）」福岡大学法学論集 54巻 1 号 31 頁以下、55 巻 3 = 4 号 385 頁以下、58 巻 1 号 81 頁以下（2009-2013）。

9　草案が陽の目を見ることはなかった。この事実は、「社団の原則視 = 財団の例外視」としてフランス法を規定し続けたと理解しうる。本稿は財団法制通史への準備作業でもある。貴重な先行研究として、権澈『遺言による財団設立』（未公刊博士論文（東京大学 2007））。

10　2005 年前後に数多くの研究が登場したが、なかでも Émile Poulat, *Les Diocésaines, République française, Église catholique: Loi de 1905 et associations cultuelles, le dossier d'un litige et de sa solution* (1903-2003), 2007 ［以下 Poulat (2007)］は、存在は確実であるが所在が不明であった史料につき、政府の諮問を受けてそれらを渉猟したものであり、研究史を更新する。

11　先鞭をつけたのは、サレイユの著作を思想史的に読み解く Mikhaïl Xifaras, « La *Veritas juris*

88

三共和政期の法学の特異性に着目する現代の著者たちと関心を共にする。わが国でも公法学を中心に研究が積み上げられつつある[12]。本稿は、サレイユのみを、かつ、その膨大な著作群の一部のみを扱うにすぎないが、私法学に関して同様の課題意識から構想された。

以下、コンテクストを素描し（Ⅰ）、サレイユのテクストを紐解く（Ⅱ）。対応関係は前頁の年表の通りである[13]。

Ⅰ　コンテクスト

1　淵源

出発点は 1905 年法に置かれる。当時の政治・社会情勢や立法過程は先行文献に譲り[14]、必要な限りで法律の内容を概観しよう[15]。同法[16]は、信教（conscience）及び礼拝（宗教実践）（culte）[17]の自由を保障しつつ（1 条）、1801 年

---

selon Raymond Saleilles », *Droits*, 2008/1 (n° 47), p. 77 et s.、及び、政教関係との対照を試みる Patrice Rolland, « Un « cardinal vert » Raymond Saleilles », *Revue française d'histoire des idées politiques*, n° 28, 2008, p. 273 et s. である。2012 年には研究集会が開かれ、Frédéric Audren, Christian Chêne, Nicolas Mathey et Arnaud Vergne (dir.), *Raymond Saleilles et au-delà*, 2013 が公刊された。公法学上の業績についても複数の文献があるが割愛する。また、イタリアにおける研究である Marco Sabbioneti, *Democrazia sociale e diritto privato, La terza Repubblica di Raymond Saleilles* (1855-1912), 2010 は、第三共和政期に生きた法学者としてサレイユの全業績を扱う［本稿には反映できていない］。これに先行する Id., *Un cattolico "protestante", La crisi della separazione tra Stato et Chieza nelle lettre inedite di Raymond Saleilles a Louis Birot* (1906-1909), 2005［以下 Sabbioneti (2005)］は、サレイユが「自由カトリック（catholiques libéraux）」を代表する聖職者であった Louis Birot に宛てた書簡を基に、1905 年法成立後の危機に介入する彼の活動を跡付けた。Id., « À la recherche du pacte laïque: la contribution d'un juriste catholique et républicain », Audren et autres, *op. cit.*, p. 65 et s. は、そのダイジェストである。本稿の大部分は、以上の先行研究（及び Mayeur (1991), Poulat (2007)）に多くを負うが、『法人格』との照合に関しては独自性を標榜する。

12　小島慎司『制度と自由』（岩波書店 2013）、及び、時本義昭『法人・制度体・国家』（成文堂 2015）。特に、政教関係を補助線とする点は、前者に拠るところが大きい。

13　1905 年法以前については、小島・前掲書 45 頁以下。

14　代表的邦語文献として、石原司「急進派とその政治行動—反教権主義と非宗教化＝世俗化政策を中心として—」山本桂一編『フランス第三共和政の研究』（有信堂 1966）1 頁以下。

15　以下は、石原・前掲論文、小泉洋一『政教分離と宗教的自由』（法律文化社 1998）、及び、大石眞『憲法と宗教制度』（有斐閣 1996）によって論じ尽くされており、新規性を主張しない。また、1905 年法成立当時ドイツ領に属したため、コンコルダ体制が今なお存続するアルザス＝ロレーヌの制度についても扱わない。大石・前掲書 96 頁以下。

16　抄訳として、大石・前掲書 30 頁以下。

政教協約（Concordat）［以下「コンコルダ」］の下での公認宗教体制を終焉させ、いわゆるライシテ（非宗教性）（laïcité）の原則[18]を実質化した。諸宗教に対する公的補助が打ち切られ、聖職者は俸給の支払を受けることができない。公施設法人（établissement public）との位置付けを与えられていた教会関連の諸機関も廃止された（以上2条）。以上の総則を受けて、新たな制度が規定される。とりわけ問題を惹起したのは、教会財産の帰趨にかかわる4条である[19]。

第4条　本法律の審署後1年以内に、高位聖職者個人管理財産体（menses）[20]、教会財産管理会（fabriques）、（カルヴァン派における）長老会（conseils presbytéraux）[21]、（ルター派及びユダヤ教における）宗務局（consistoires）、及び、その他の礼拝目的公施設法人（établissements publics du culte）に帰属する動産及び不動産は、それらに付されたすべての負担及び義務とともに、かつ、それらに課された特定の割当（affectation spéciale）とともに、当該施設法人の適法な代表者によって、非営利社団に移転される。当該社団は、施設法人の旧管轄区域における礼拝の実践のために、自らがその実践を確保しようとする礼拝の一般的組織規律に適う仕方で（en se conformant aux règles d'organisation générale du culte）、かつ、第19条の規定にしたがって、適法に設立されるものとする。

17　《culte》の語は、カトリック等の特定宗教を一般的に指す場合も含めて「礼拝」と訳出する。

18　本稿では立ち入らない。小泉・前掲書、大石・前掲書、及び、近時の研究として、伊達聖伸『ライシテ、道徳、宗教学』（勁草書房 2010 年）を参照。

19　もうひとつの論点は、礼拝実践のための集会（réunion）規制であるが、本稿では扱わない。大石・前掲書34-35 頁。

20　《mense》の語は、司教や修道院長等の高位聖職者個人が管理する財産を指す。司教のそれである《mense épiscopale》で代表させると、職務遂行に要する財産（執務用具、文書資産等）、贈与・遺贈された財産（政府の許可を要する）、県（司教区の管轄区域に相当）からの補助金、司教館の用益権等から成る（1813 年 11 月 6 日のデクレ 29 条以下）。一群の財産が法人とされるのであるから「財団」に相当するが、サレイユの議論との混同を避けるべく「財産体」とした。

21　いわゆるカルヴァン派教会（「改革教会（Église réformée）」）の公施設法人と理解するが、ルター派教会も含めプロテスタント教会内では一般に《conseil presbytéral》と《consistoire》とは互換的用いられるようでもあり（v. Patrick Harismendy, « Les protestants face à la Séparation », Jean-Pierre Chantin et Daniel Moulinet (dir.), *La séparation de 1905, Les hommes et les lieux*, 2005, p. 125 et s.）、確証を得られていない。また、《conseil presbytéral》はカトリック教会にも同名の機関がある。司教区毎に組織される司祭の合議体を指す。これも公施設法人であった。固有の財産を有するならば本条の対象となる。

90

本条の趣旨は、教会財産の管理主体を、各種の公施設法人から、新たに設立される非営利社団へと変更することにある。2点に分けて敷衍しよう[22]。

(1) 移転当事者

まず、教会財産の移転元である公施設法人、なかでもその典型とされる[23]「教会財産管理会（fabrique）」［以下、場合により「管理会」と略称］に一瞥を加える。管理会は、教会堂やその付属施設の修繕・保全を主目的とする教会内機関としてフランス革命以前から存在した[24]。コンコルダを国内法化する組織規定が新たにその設立を命じたのち[25]、「教会財産管理会に関する1809年12月30日のデクレ」が制定された。管理会は、小教区（paroisse）ないしその分教会教区（succursale）毎に設立され［以下、小教区で代表させる］、教会施設の修繕・保全、礼拝用資産の管理、礼拝実践に要する費用の弁済など、小教区の財政を一手に担う（1条）。その組織は、総会（conseil）[26]及び事務局（bureau des marguilliers）から成る（2条）。総会は予算・決算のほか教会財産に係る重要な行為に関して議決し（12条）、事務局が会計管理・日常的な支出を担った[27]。

総会の構成について確認しておこう[28]。第一に、コンコルダ体制下における教会への公権力の関与を示すものとして、小教区の（筆頭）司祭（curé）と並んで、当該小教区の中心地たる市町村（commune）[29]の長（maire）が当然の

---

22 同じく1905年法が適用されるプロテスタント二派及びユダヤ教のそれについては扱わない。

23 Léon Duguit, *Le régime du culte catholique antérieur à la loi de séparation et les causes juridiques de la séparation* (conférence faite à l'École des Hautes-Études sociales, le 13 mars 1907), 1907, spéc., p. 29. この論考は、高等社会研究院（後注（94））でのシリーズ講演を基にする。デュギーに続く登壇者がサレイユであり、その講演録がSaleilles (1907) である。

24 起源及びフランス革命以前の制度については、v. Mgr André et Abbé Condis, *Dictionnaire de droit canonique*, revue par J. Wagner, 3e éd., t. 2, 1901, p. 182 et s.

25 コンコルダ組織規定（Articles organiques）＝共和暦10年芽月18日（1802年4月8日）の法律76条「寺院の維持・保全、及び、施物の管理への従事を目的として、教会財産管理会が設立されるものとする。」管理会に言及するのはこの1ヶ条のみであったため、教会内の規範が細則を定めていた。詳細について、André et Condis, *op. cit.*, t. 2, p. 189 et s.

26 「理事会」や「委員会」と訳するのが通例であるが、一般会員が存在するとの誤解を避けるため「総会」とする。

27 予算案の作成、贈与・遺贈の受領（政府の許可を要する）といった重要な行為から、聖餐用のパン・葡萄酒の仕入れ等の日々の雑務まで多岐に亘る（24条〜35条）。

28 事務局は、小規模合議体として、司祭と3名の会員により構成されていた（13条）。

29 便宜的にこの訳語を用いるが、規模に応じた区別はない。

構成員として議事に参加したことが特筆される（4条）[30]。他方第二に、総会は、小教区の規模に応じて9名又は5名の会員（conseillers）によって構成される[31]。会員資格は、カトリック信徒であり小教区に住所を有する「名士（notables）」と規定されていた（以上3条）。名士の取り込みは教会の地縁共同体たる性格を示すが、会員数が極めて限られていることに鑑みれば、その閉鎖性は明らかである。

　以上を踏まえて教会財産の移転先について検討しよう。1905年法は礼拝を私事化したのであるから、それに要する財産の管理者もまた、私的な存在でなければならない。受け皿として、既に一般法が設けられていた非営利社団に白羽の矢が立てられたことに意外性はない。1901年法にしたがって設立される（18条）この社団は、「礼拝目的社団（信徒会）[32]（association cultuelle）」と称される。

　しかし1901年法上の社団との差異は大きい。第一に、1901年法では非営利性以上の目的の限定はない[33]。これに対して礼拝目的社団は「礼拝の費用支出、維持、及び、公の実践」を目的とする（18条）。第二に、1901年法は、届出による法人格取得を認めるが、これのみでは受贈能力を許容しない。完全な能力を得るには公益認定を要する。ここで注意すべきは、設立時の財産拠出も贈与に該当するとの解釈が一般的であったことである[34]。そのため、当初財産をなんら持たない社団が多数を占める。この点からすると、設立直後に旧公施設法人からの財産移転を受ける礼拝目的社団は、「特権的社団」といえた[35]。

　組織及び運営については、19条が1901年法に対する特則となる。もっとも、旧管理会の会員数を念頭においた最小社員数、脱退の自由、社員総会に

30　ただし、市町村長がカトリック信徒でない場合には、信徒である助役又は議会議長によって代替される。

31　会員の任命は、設立段階では、当該小教区が属する司教区の長たる司教、及び、司教区に対応する県の県知事による（6条）。以後は現会員が新会員を選出する（《cooptation》と称される）（8条1項）。任期は6年で再任可（7条、8条2項）。

32　「信徒会」の訳語が定着しつつあるが、「社団」の語を残すべく直訳調とした。

33　よって、1901年法にしたがって礼拝のための社団を設立することも可能である。後述参照。

34　この問題に関するその後の展開については、井上・前掲書154頁以下。

35　Saleilles (1910), p. 17 et s. note 1. 序論に挿入された長大な注であり、本書の趣旨を物語る。

よる決算承認、礼拝関連役務にかかる対価受領権限、補助金の受領禁止を定めるにすぎず、細則は定款に委ねられる。4条にいう「礼拝の一般的組織規律」への適合性は設立要件にみえるが、これが定款の自由をいかなる範囲で制限するかは解釈に開かれていた。いくつか問題を例示しよう。第一に問われるのは、社員の範囲である。法文上、聖職者と平信徒との別は問われていない。よって、聖職者のみ又は平信徒のみの社団も、両者から社員を集めた社団も許容されうる。また、社員数に上限はない。この点に依拠した「開放的社団（association ouverte）」は、「礼拝の一般的組織規律」に適うのであろうか。第二に、社団である以上、社員総会の議決による定款変更が認められる。よって設立時には「礼拝の一般的組織規律」への適合性が確保されたとしても、のちにこれに反する変更がなされる可能性が残る。とりわけ、厳格な入会要件を課さない開放的社団では、平信徒の数が聖職者のそれを上回ることが当然に予想され、議決権に軽重を設けるなどの工夫を施さなければ、平信徒のイニシアチブにより「礼拝の一般的組織規律」からの逸脱が生じうる。第三に、さらに深刻なのは、「礼拝の一般的組織規律」への適合性審査である。教会組織内部での事前審査は必須とされておらず、同一小教区に複数の社団が設立されることを妨げえない。いずれの社団が旧管理会から財産移転を受けるかが問われることになるが、これを決するのは国務院（Conseil d'État）とされた。しかも、国務院は「あらゆる事実を考慮して」譲受人たる社団を指定する（以上8条3項）。教会組織上一方の社団が正統であり、他方が「分離的社団（association schismatique）」とされたとしても、その判断が尊重される保障はない。実際の運用は、世俗側に委ねられているといえた。

(2)　移転対象財産

　以上の構造をみてとった教皇庁は、1905年法の受容を拒絶する。この点について敷衍する前に、4条が移転の対象とする「動産及び不動産」の意義、及び、その上の権利の性質について整理しておこう。「動産及び不動産」には、教会に関わるすべての財が包含されるわけではない。1905年法は、教会堂を典型とする「教会建造物（édifices）」（及びその付属財産）については、「国・県・市町村の所有にとどまる」と規定した（12条1項）。その一方で、「礼拝の公の実践に供される」教会建造物は、礼拝目的社団に「無償で委ね

られる」とする（13条1項）。ここにいう教会建造物は、革命期に国有化されたのち、コンコルダ締約時に「司教に委ねられた」それを指す[36]。この点につき二通りの解釈が展開され、決着をみていなかった[37]。通説的立場は、教会建造物の所有権は依然として国民に、具体的には国又は地方公共団体に帰属すると理解する。教会組織はこれを用いることができるが、認められる権利は用益権（usufruit）、又は、（民法典上の諸権利に還元されない）使用収益権（jouissance）とされていた。他方の立場は、教会建造物は返還されたと考え、まずは司教が受領するものの、教会財産管理会が設立されたのちには、これが所有権者となったと解する。もっとも、両説は、コンコルダ体制下では帰結の差異をもたらさなかった。修繕（軽微なものを除くいわゆる「大修繕（grosse réparation）」）義務は所有権者が負うが、いずれが所有権者であってもその費用を補助金の形で負担するのは常に国又は地方公共団体であったためである。以上の問題について1905年法は、所有権の所在を明確化する一方で、これを有しない礼拝目的社団に「あらゆる性質の修繕」義務を負わせた（13条6項）。

　4条に戻ると、教会建造物に関しては別条文が置かれているのであるから、それ以外の「動産及び不動産」[38]が同条にいう移転の対象と理解される。ここで問題となる権利が所有権であることに争いはなかった[39]。また、承継取得と解すれば、当該財産に付された「負担と義務」が存続することも容易に説明がつく。しかし、同じく維持される「特定の割当」とはなにを意味するのであろうか。

36　コンコルダ組織規定75条「かつてカトリックの礼拝に供され、現在では国民の許にある教会建造物は、小教区又はその分教会教区毎一つに限って、県知事のアレテによって司教に委ねられる（mis à la disposition des évêques）。」［以下略］

37　以下につき、Lucien Crouzil, *Du droit des catholiques à la propriété de leurs églises*, 1905.

38　なお、国有化以降に建造され管理会が所有権を有していた教会建造物は、4条の「不動産」に含まれる。後注（65）をも参照。

39　p. ex., Maurice Hauriou, *Principes de la loi du 9 décembre 1905 sur la séparation des Églises et de l'État* (*Extrait du Précis de droit administratif*, 6ᵉ éd.), 1906, spéc., p. 16. 本文献は、後掲Saleilles（1906）に着想を与えた。後述参照。

94

2　展開

　以下では、危機の展開を概略する。前提として教皇の交代に言及する必要
があろう。1903 年に第三共和政への「ラリマン（加担）（ralliement）」を促し
たレオ 13 世が死去し（7 月 20 日）、対フランス強硬派のピウス 10 世が即位し
た（8 月 4 日）。その後、ラリマン派聖職者の叙任拒否や外交関係の断絶な
ど[40]、政教関係は緊張の度合いを高める。1905 年法はこうした状況下で成立
したものであり、教皇庁の抵抗は容易に予期されえた。外交関係途絶後も非
公式交渉の余地は残されていたが、政府はこれを行わなかった[41]。教皇庁の
意向は教皇回勅（encyclique）として一方的に発せられ、対応に奔走するのは
司教団であった。

（1）　拒絶か受容か

　教皇庁は、直ちには態度を明らかにしなかった。1905 年法成立から 3 ヶ月
後の制定が予告されていた（43 条 1 項）同法適用のためのデクレ（のちに 1906
年 3 月 16 日のデクレとして成立）を待つ、との方針が採られていたとされる[42]。
状況の変化は、移転の前提となる目録作成のための財産調査（inventaire）（3
条）を機縁とする[43]。手続きの細則を定めるデクレ（1905 年 12 月 27 日）を受
けて、1906 年 1 月末以降、教会施設への立入調査が実施される。当初は大
きな混乱はみられなかったものの、2 月 1 日のパリでの調査を皮切りに、一
部信徒が官吏の立入を拒む事態が各地に生じた[44]。

　危機が現実化するなか、待機の方針が撤回され、2 月 11 日に教皇回勅
《*Vehementer nos*》［以下「回勅①」］が発せられる。この回勅は、1905 年法
を糾弾しつつ、聖職者団に対して「何人をも傷つけることなく」カトリック
の権利を擁護するよう求めた。これは紛争の沈静化を求めるものと解される
が[45]、その一方で平信徒に対しては、「フランスの脱カトリック化

40　この間の経緯については、小島・前掲書 47 頁以下を参照。

41　のちにサレイユはこの点を批判している。v. Saleilles (1907), p. 3 et s.

42　Mayeur (1991), p. 90 et 97.

43　以下について、*ibid.*, p. 91 et s. さらに、地域偏差を説明する社会史的研究として、v. Patrick
　　Cabanel, « La révolte des Inventaires », Chantin et Moulinet, *op. cit.*, p. 91 et s.

44　とりわけ、デクレ実施のための通達に規定された「聖櫃の開帳（ouverture des tabernacles）」
　　が「涜聖（profanation）」として象徴的に問題視されたという。v. Cabanel, *op. cit.*, p. 93.

45　Mayeur (1991), p. 97.

（Décatholiser la France）」に抗すべく団結を呼びかける。これが抵抗を後押し
し、政府側は警官隊を動員するなど、紛争は激化の一途を辿った。しかし3
月初頭に2名の死者を生じたことで風向きが変わる。当時の内閣は総辞職し
（3月7日）[46]、財産調査は停止された。

　のちにみるサレイユのテクストとの関係で重要な点は、回勅①における礼
拝目的社団の評価である。教義上の教会概念との齟齬が指摘される。位階制
に基づく聖職者団とそれに従属する平信徒団とから成る教会は、両者が截然
と区別される点で「不平等な集まり（société inégale）」である。しかし1905
年法は、聖職者団について沈黙し「平信徒の社団（association de personnes
laïques）」に礼拝に関する諸事項を担わせようとしている、と[47]。

　こうした内容からすれば、回勅①は社団の設立を許容しないようにみえ
る。しかし、1905年法の受容を主張する一部の聖職者は、「平信徒の社団」
は批判されたが、礼拝目的社団の設立自体は禁じられていない、との希望を
有し続け、教会内の規範に反しない社団、当時の用語では「世俗法及び教会
法に適う社団（association légale et canonique）」を設立しようと試みた[48]。さら

46　その後6月に行われた総選挙では、強硬な態度を採る左派がかえって勢力を伸ばした。

47　*La Croix*, les 18-19 février 1906. v. aussi Poulat（2007），p. 44-45.「教会とは、キリストの神秘
　　体（corps mystique du Christ）である。この身体［団体］は、牧人（pasteurs）と神学者とに
　　よって規律される身体［団体］ないし人々の集まり（société d'hommes）である。その内部で
　　は、長たちが完全無欠の権力を保持し、統治し、教え、裁くのである。したがって教会は、不平
　　等な集まりとして特筆される。すなわち、その構成員は、牧人と羊群（troupeau）という二つの
　　カテゴリーに分かたれる。前者は複数の等級から成る位階制の下でそれぞれに地位を占める者た
　　ちであり、後者は信徒の群れである。このカテゴリーはきわめて截然と区別され、法と権威は牧
　　人が成す身体［団体］にもっぱら帰属する。この法と権威は、すべての肢部［構成員］
　　（membres）をその集まりが終局的目的とするところへと嚮導するために必要とされる。信徒の
　　群れは導かれるがままに自らを委ねること以外の義務を負わず、従順な羊群として牧人に付き従
　　う。［…］分離法は、以上の諸原理に反して、公の礼拝の管理及び監督を、神意にしたがって救
　　世主が設立した位階制に基づく身体［団体］にではなく、平信徒の社団に帰せしめた。［…］（し
　　かし、）位階制に基づいて牧人が構成する身体［団体］にはまったく言及がない。分離法は、一
　　方で、礼拝目的社団は礼拝の一般的組織規律にしたがって設立されなければならないと規定して
　　いる。しかし他方で、財産に関して生じうる紛争に関しては国務院のみが管轄を有すると述べる
　　配慮を怠らない。したがって、この礼拝目的社団は、世俗の権威に従属しており、教会がこの社
　　団に対してなんら権限を有していないことは明らかである。これらすべての規定が教会を傷つけ
　　ることこのうえなく、教会の権限及び神意に基づくその設立規範（constitution）におよそ反し
　　ているではないか」。

48　Jean-Pierre Chantin, « Les cultuelles: des catholiques contre Rome? », Chantin et Moulinet,
　　op. cit., p. 109 et s.

に、教皇庁からも、司教たちに対して（回勅①の判断を維持しつつも）社団の形態に関して諮問があったとされる[49]。定款案は二種に区別される[50]。第一に、入会及び運営につき司教の権限を明記して1905年法4条の「礼拝の一般的組織規律」との適合性を確保しようとするものがある[51]。第二に、同様の規定を構えつつも、1905年法下の礼拝目的社団の設立は許容されないと考え、1901年法を根拠法とするものがあった[52]。1901年法上、目的の縛りは「非営利性」のみであり、礼拝目的でも社団を設立しうる、との解釈による[53]。

以上の背景の下、礼拝目的社団のありうべき形態を議論すべく、3月初頭に全国司教会議（assemblée plénière de l'épiscopat）［以下「司教会議①」］の招集が決定される。数度に亘り延期されたものの[54]、5月30日から6月1日にかけて開催された。そこでは、上述の定款のうちの前者、すなわち、1905年法の下で「礼拝の一般的組織規律」に配慮した社団を許容する旨が議決された。これを受けて社団設立の動きが加速する。その正確な数は明らかではないが、少なくとも約200の社団が設立されたとされている[55]。

(2) 峻拒

司教会議①の議決の内容は教皇庁に上奏された。しかし、枢機卿団による数次に亘る会議を経て、これを採用しない旨が決定される[56]。1906年8月

---

49 Mayeur (1991), p. 131 は、教皇庁国務長官（Secrétaire de l'État）Merry del Val による1906年2月14日付書簡が諮問に当たるとするが、史料は不明。ただし、del Val から前在仏大使 Carlo Montagnini（外交関係断絶後もパリに駐在）への同年2月27日付書簡（v. Poulat (2007), p. 46-47）のなかで、諮問について示唆されている。「［教皇は］場合により許されうる社団の如何について検討を求めたが、その受容が必要との決定を既に下したことをなんら意味しない。」

50 Chantin, *op. cit.*, p. 116 et s. v. aussi Poulat (2007), p. 58 et s.

51 例えば、ブザンソン大司教 Fulbert Petit による定款案がある。v. Poulat (2007), p. 68 et s. 社員は、「カトリックかつ使徒的なローマ教会の位階性（hiérarchie de l'Église catholique, apostolique et romaine)」への臣従を要請され、教皇、次いで司教の権限を受け入れるべきものとする。また、定款変更には司教の承認を必須とする。社員数は限定されないが、司祭を含む5名又は7名で構成される理事会に権限を集中させている。この定款案が司教会議①に上程された。

52 例えば、ボルドー大司教 Victor Lecot による定款案がある（構想は1905年法の審議段階に遡る）。v. Poulat (2007), p. 38 et s., p. 58 et s. 司教区全体をカバーすることで、司教（理事会の名誉議長とされる）の権威を社団の運営に及ぼそうとする。

53 ただしこの場合は、財産移転を受けることができない。もっとも、後述するように、1907年法は1901年法上の社団にも一定の地位を肯定した。1901年法に依拠する構想を公認したともいえよう。

54 この間の経緯については、Mayeur (1991), p. 130 et s.

55 Chantin, *op. cit.*, p. 111. 国立公文書館保存史料による。

10 日には新たに教皇回勅《*Gravissimo*》［以下「回勅②」］が発せられ、1905 年法上の社団ばかりでなく、1901 年法に依拠したそれを含むあらゆる社団の設立が禁じられた[57]。9 月 4 日〜7 日に再び開催された司教会議もこれに追随した[58]。結果として、カトリック教会については[59]、その財産の受け皿を欠く異常事態が生じたことになる。なお、既設の社団がこの時点で解散したわけではなかった。その多くは、次にみる 1907 年法の成立後、社団の必要性が失われたことで解散する[60]。ただし、一部の社団はなおも存在し、のちに紛争を惹起した。

3 収束

1905 年法 4 条は、教会財産移転のために、同法の審署（1905 年 12 月 11 日）から 1 年以内に礼拝目的社団からの請求がなされるべきものと規定していた。しかし、社団が欠ける場合は、デクレにより、教会財産は市町村の管轄下で扶助事業・慈善事業を行う施設法人に移転される（9 条 1 項）。教会建造物についても、その使用収益権者は社団と指定されていたのであるから、これを欠けば当該建造物を礼拝に用いえない。所有権者たる国・県・市町村は、教会堂を閉鎖することもできる。しかし今度は、1905 年法 1 条の「共和国は礼拝の自由な実践を保障する」との文言に抵触してしまう[61]。政府は対応を模索した。

(1) 無秩序か安定か

期限の到来ののち程無くして「礼拝の公の実践に関する 1907 年 1 月 2 日

56　会議の内容について、Poulat (2007), p. 75 et s.

57　*La Croix*, les 15-16 août 1906. v. aussi Poulat (2007), p. 77 et s. 「1905 年法が設立を強制する礼拝目的社団に関して、教会の来歴に由来する神聖なる諸権利を侵害せずしてこれを設立することはおよそ不可能であると宣告する。［…］この社団の代わりに世俗法及び教会法に適う社団の設立を試み、フランスのカトリックを脅かしている紛糾した事態から彼らを守ることが適当であろうか。［…］教皇及び司教たちの不変の権威が、この種の社団においても撤回不可能な形で完全に保護されることが確認されない限り、その設立を試みることはまったく許されない」。

58　Poulat (2007), p. 79 et s.

59　プロテスタント二派及びユダヤ教では問題なく社団が設立された。

60　Chantin, *op. cit.*, p. 119. 同論文は、社団設立の動きが教皇庁の意向とは連動していなかったことを強調し、多くの信徒は、第三共和政に与した、あるいは、自分たちの教会を防衛しようとした、と理解する。

61　Poulat (2007), p. 99.

の法律」が成立する[62]。同法は、相反する二つの要素で構成された。第一に、社団から請求のない教会財産は、その対象に応じて、国・県・市町村（1条1項）、又は、扶助事業・慈善事業公施設法人（2条1項）に帰属するものとする[63]。1905年法4条にいう「動産及び不動産」が教会組織から奪われることを意味する。しかし第二に、教会建造物については、礼拝目的社団の設立の如何に関わらず、「信徒及び聖職者に委ねられる」とした（5条1項）。さらに、利用の継続を保障すべく、その根拠として「無償の使用収益権（jouissance gratuite）」を認めた。使用収益権は、1905年法上の社団があればこの社団が、それを欠いたとしても、祭司（ministres du culte）［以下、「司祭」で代表させる］又は1901年法上の社団がこれを有する（以上5条2項）。

　教皇庁は、1907年1月6日に回勅《Une fois encore》［以下「回勅③」][64]を発し、回勅①以上に激しい調子で1907年法を「略奪法」と非難した。また、教会建造物の使用については、「無秩序状態（anarchie）」をもたらしたとする。この指摘は、無償使用収益権の付与手続きに関わる。司祭（又は1901年法上の社団）がこの権利を得ようとする場合、「行政行為（acte administratif）」が必要とされていた（逆に1905年法上の社団があれば不要）。国・県に帰属する建造物については県知事が、市町村に帰属するそれについてはその長が行為主体となる（以上5条3項）[65]。この行政行為は、ある種の契約として把握された。しかし、法文には移転される権利の性質についてしか規定がない。契約の細則は交渉次第となる。小教区を例に採れば、司祭と市町村長とが交渉し、各地で「小さな和平条約（petits traités de paix）」[66]ないし「市町村コンコルダ（concordats municipaux）」[67]が締結されなければならない。「無秩序状態」とは、小教区毎に対応が区々となることを意味した。

62　抄訳として、大石・前掲書37頁。礼拝実践の継続と集会規制との関係も重要であるが扱わない。同上38頁を参照。

63　大司教館、司教館、司祭館、神学校は前者に、その他は後者に帰属する。

64　*La Croix*, le 12 janvier 1907. v. aussi Poulat (2007), p. 101-102. なお、フランス語が正文である。

65　旧礼拝目的公施設法人所有の教会建造物（前注（38））についても、扶助・慈善事業公施設法人に移転される際に行政行為を要するとされた（5条4項）。なお、この種の教会建造物は、後掲の1908年4月13日の法律により市町村に帰属した。小泉・前掲書140頁。

66　次にみる第三次司教会議の声明にこの表現がみられる。

67　Poulat (2007), p. 108.

三たび開催された司教会議（1月15日〜18日）は、詳細な契約案を付帯した声明を公にした[68]。これを基にパリ大司教とセーヌ県知事との間で交渉が開始される[69]。この交渉は教皇庁の同意の下に進められ、全土で適用されるべき契約の締結が目指された。しかし、主として二点をめぐって難航する。第一に、教会側は、司祭の交代があった場合、新司祭が当然に使用収益権を承継するものとしていた。これに対して行政側は、司祭職の非属人性という教会法上の概念を肯定することを嫌い、無償の「（賃）貸借（bail）」と性質付けて更新を求めた[70]。第二に、修繕義務が問題とされる。行政側は、1905年法13条の類推により、司祭がこれを負担すべきものとする。しかし、（賃）貸借という性質決定との間には齟齬がある。（賃）貸借では貸主が大修繕の義務を負うからである[71]。

　交渉は決裂に終わり（3月6日）、回勅が危惧した「無秩序状態」が現実化しえた。しかし多くの小教区では契約は締結されず、使用収益権は付与されなかった。その結果司祭は「法的権原なき占用者（occupant sans titre juridique）」でしかなくなる[72]。とはいえ、1907年法により、教会堂における礼拝実践それ自体は確保されたこともたしかであった。事実、危機は沈静化に向かう。カトリック教会は、多くの教会財産を失ったものの、従前と変わらない活動を維持したとされる[73]。

(2)　その後

　サレイユのテクストとの関係で把握されるべき事項は以上に尽きるが、2点だけその後の展開に触れておこう。第一に、1905年法を修正する「1908年4月13日の法律」は、修繕問題に関して教会側に有利な規定を置いた。すなわち、国・県・市町村は、「教会建造物の維持及び保全に要する費用を負担する」こととされた（5条、1905年法13条7項に付加）。所有権者による費

68　*La Croix*, le 30 janvier 1907. v. aussi Poulat（2007），p. 105.

69　Mayeur（1991），p. 150 ; Poulat（2007），p. 107.

70　Poulat（2007），p. 107 et 109.

71　Mayeur（1991），p. 150. パリ大司教は修繕義務の教会負担を受容れようとしたものの、*La Croix*誌において上記齟齬が指摘されたために、交渉が頓挫したとされる。

72　この表現は回勅③に由来する。大石・前掲書61頁もこれを用いるが、権原が欠けた理由の説明は不分明である。

73　小泉・前掲書25頁。

100

用負担という原則への回帰であるが、公的補助の事実上の復活をも意味した[74]。第二に、「法的権原なき占用者」たる司祭の地位の脆弱性は、問題として伏在し続けた[75]。とりわけ、1905年法上の礼拝目的社団が存続している場合には深刻なものとなる。例えば、司祭が新たに叙任され教会堂の使用を開始したが、反教権的な市長が既存社団に教会建造物の使用収益権を承認するならば、司祭は明渡を強いられうる。実際、相当数の紛争が生じた。判例法理は「礼拝の一般的組織規律」を優先させるものとして展開される。これが教皇庁の信頼を醸成したとされ、第一次大戦後の外交関係の回復（1921年5月2日）ののち、1924年にはカトリック教会に固有の礼拝目的社団である「司教区社団（association diocésaine）」の設立が承認された（1924年6月18日の回勅）[76]。司教区毎に設立されたことから明らかなように、位階制に基づく司教の権威を正面から肯定するものであった。

Ⅱ　テクスト

1　説得
(1)　社団の受容

以上を踏まえて、サレイユの諸テクストを検討する。第一に採り上げられるべきは、「緑服枢機卿の書簡（Lettre des Cardinaux verts）」[77]である［以下「テクスト①」］。回勅①が発せられたのち、司教会議①の開催前に、和解派の議員・法律家・学者等23名の連名でフランスの司教団に宛てられたものであった。秘密裏に回覧されていたが、フィガロ紙により「司教宛請願（supplique aux évêques）」として公にされた[78]。共同署名者のなかに、法学教

74　同上141頁。

75　以下の記述は、大石・前掲書46頁以下、60頁以下に依拠する。

76　度々引用してきたPoulat（2007）の第2部は、交渉経過を明らかにする史料を集める。

77　この通称は、署名者の属性を詳細に論じたJean-Marie Mayeur, « Des catholiques libéraux devant la loi de séparation: les « cardinaux verts » », *Mélanges offerts à M. le doyen André Latreille*, 1972, p. 207 et s. によって一般化した。「緑」は署名者の大半を占める学士院会員の式服の色である。呼び掛け人は、*Revue des Deux Mondes*誌主筆でアカデミー・フランセーズ会員であったフェルディナン・ブリュンティエール（Ferdinad Brunetière, 1849-1906）である。

78　*Le Figaro*, le 26 mars 1906. Mayeur（1991）, p. 122-125に再録。以下後者から引用する。

授として唯一サレイユの名がみられる。実際の起草者は特定されていないものの、サレイユの積極的な関与が想定されている[79]。

差出人たちは、教皇庁は社団設立を禁じていないとの前提に立ち、これが欠ける場合に予想される帰結を列挙する。第一に、1905年法上の社団が設立されなければ財政基盤が失われ、カトリシズムは「資産豊富な特権的階層 (privilégiés de la fortune)」のみが実践しうる「私宗教 (religion privée)」に堕してしまう[80]。第二に、「神の社が干し草置場かダンスホールに転用される」ことを阻止すべく「実力で教会堂を防衛するのか」と問いかけ、直近の紛争の記憶を喚起する。結論として第三に、内戦の危機を警告し、司教団の責任は重大であるとする。以上の脅しにも似た主張を積み重ねたうえで、次のように結ばれる。「教皇がこの法律について厳粛に語られたことがすべてであるとわれわれも考えており、この法律に対する抗議の意思を持ち続けております。しかし同時に、将来における廃止や修正という目的を達成するべく、非常に制限的であったとしても、この法律がその余地を残している組織に関するあらゆる選択肢を活用し、そうすることによって、祖国のために、また、信仰のために、努めるべきと考えます」[81]。ここには、書簡の内容が回勅①に示された教皇庁の判断と相容れないことの自覚を読み取ることができる。のちにみる恭順への伏線は当初から胚胎されていたといえる。

(2) 財団的社団

第二に検討するのは、公法学の泰斗モーリス・オーリウ (Maurice Hauriou) が『行政法精義』第6版に加えた1905年法に関する記述を素材とし、礼拝目的社団について掘り下げる論文［以下「テクスト②」］である[82]。執筆時期は回勅②の以前とされており[83]、社団設立がなお可能であるとの前提に基

---

79 Sabbioneti (2005), p 30-31.

80 《privée》の語は、信徒の経済力に言及されている点で、公認ないし公的関与があるという意味での《publique》ではなく、万人に開かれているという意味での《publique》と対置されていることに注意。

81 Mayeur (1991), p. 125.

82 Saleilles, « Étude sur l'exposé fait par M. Maurice Hauriou des principes de la loi du 9 décembre 1905 sur la séparation des Églises et de l'État », *Revue trimestrielle de droit civil*, p. 847 et s. 引用頁は本文に記載。注での引用は Saleilles (1906) とする。オーリウの元テクストは、前注 (39)。Sabbioneti (2005), p. 40 et s. も骨子を伝えるが、オーリウとの対比を欠く。

83 Roger Beudant, « Les travaux de Raymond Saleilles sur la séparation de l'Église et de l'État »,

102

づく。

サレイユがオーリウから借用したのは、1905 年法 4 条において維持を要することとされた「特別の割当」の解釈であった。オーリウによれば、これは、旧公施設法人が有した財産の性質が、礼拝目的社団の許に引き継がれることを意味する。社団は私法人でありながら、「公益目的財産体（dotation de l'utilité publique）」を有することになる[84]。社団は、割当に反する処分を禁じられる。公益性が強調されたのは、政教分離後もなお社団に対して公的コントロールが及ぶことを基礎付けるためであった。

サレイユは、公的介入の正当化という視点を脇に措き、オーリウの議論を換骨奪胎する。まず、財産移転後に社団が有する所有権[85]につき、個人の絶対的所有権とは異なる新種のそれ、すなわち「割当を受けた所有権（propriété d'affectation）」が認められたと敷衍する。論証の過程では、イングランド法上の信託における受託者の所有権が参照される。受託者は管理者として所有権を得るにすぎず、真の所有権は「被割当者（受益者）（affectataire）」に帰属する（p. 852）[86]。この関係は、実質的な所有権者は社団の背後に控えたなにかであることを示唆する。さらに「割当の観念は、社団の概念（それ自体）にまで浸透し、これを変容させる」。財産に課された割当の遵守は、社団の活動自体が割当に拘束されることを意味するためである。サレイユは、そうした社団を「財団的社団（association-fondation）」と称した（p. 855）。オーリウの主張は社団の財産が財団化されるというものであったが、サレイユは社団が丸ごと財団とみなされると考えたことになる。

この立論の目的は、教会側の危惧を払拭することにあった。サレイユによれば、「旧教会財産管理会の会員は単なる管理者にすぎなかった。今後は所

L'œuvre juridique de Raymond Saleilles, 1914, p. 512 et s. spéc., p. 518. ただし、Saleilles（1906），p. 849, note (1) に、1906 年 12 月 1 日の通達が引用されている。編集段階での加筆が想定される。

[84]　Hauriou, *op. cit.*, p. 13 et s. 教会建造物の使用収益権の付与については、「特許（concession）」と説明する。

[85]　国・県・市町村が有する教会建造物の所有権についても、それらが割当の維持を義務付けられる点で、《propriété d'affectation》であるとする。Saleilles（1906），p. 849-850.

[86]　v. aussi *ibid.*, p. 870. なお、オーリウも、社団を「受寄者（dépositaire）」とし、その権利を「寄託を権原とする信託的所有権（propriété fiduciaire à titre de dépôt）」と説明する（Hauriou, *op. cit.*, p. 17）が、受寄者が所有権者では矛盾する。

有権者たる社員（associés propriétaires）がこれに代わる。[…] この帰属変更が教会の権威ある者たち（autorités ecclésiastiques）を驚かせ動揺させた」。社員がその財産の「団体所有権（propriété corporative）」を有するという発想は、個々の教会をそれぞれに「信徒の集まり（≒修道会）（congrégation）」と観念し、その構成員が財産を共有すると考えることと大差なく、カトリック教会の「普遍性（universalité）」と矛盾するからである。したがって、「人的団体（corporation）の観念を、施設ないし財団の観念に置き換え」、かつ、「代表（représentation）の観念に置き換え」なければならない（p. 857-858）[87]。そのためには「［小教区の］全信徒から成る団体と同義である開放的社団」を否定し、「閉鎖的社団（association fermée）」とする必要がある[88]。こうすることで、社員は「［信徒の］集団の代表（représentatifs d'une collectivité）」となり、「礼拝という目的のために財産を管理する」ことになる（p. 858-859）[89]。

　以上のサレイユの議論は、フランスにおける法人学説の大成者の一人であるレオン・ミシュウ（Léon Michoud）の構想[90]と対抗的なものであった。彼は、旧管理会からの継続性を重視する閉鎖的社団に理解を示しながらも、数の上限を設けず広く社員を募ることを提案した。その趣旨は、一般平信徒の教会への関わりを涵養し、ある種の民主化を達成しうることにあった[91]。薄く広く会費を集めることができる点で、公的補助を失ったのちの財源確保に

---

[87]　プロイセンの法制（1875年法）にも言及し、新旧キリスト教会における教会概念の差異を示唆する。この点については、サレイユ監修の下ルーアン大司教 Frédéric Fuzet が著した *Les associations cultuelles en Allemagne*, 1906 との照合を要する（そこに示された内容は自らの意見に基づくとしてテクスト②でも引用される。Saleilles (1906), p. 859））が割愛する。なお、この文書が当初は匿名の覚書として司教会議①で回覧されたことにつき、Mayeur (1991), p. 131 et s.

[88]　Sabbioneti (2005), p. 58-60 が引用するアルビ大司教 Eudoxe Iréné Mignot 宛の書簡でも同旨が語られる。「1905年春」（日付の特定なし）の書簡であり、1905年法成立以前からの主張であったことがわかる。

[89]　こののち1905年法に関する解釈問題がほぼ網羅されるが割愛する。

[90]　Léon Michoud, « Une organisation légale des associations cultuelles », *Revue des associations cultuelles*, 1906, p. 247 et s, spéc., p. 255. 掲載誌については、後注（95）参照。

[91]　「教会財産管理会を模した社団は、カトリック民衆（masse du peuple catholique）にとって、今後も（旧管理会と同様に）、自分たちには縁のないものと映り［…］、多くの小教区では城やら工場やらを有する一つか二つの資産家一族のものと映るであろう。こうした外観ほどカトリックの大義（cause catholique）にとって危険なものはない。神に発する原理とは正反対に、現世の金持ちの宗教の如く映ってしまえば、カトリシズムはフランスから失われてしまう」（*ibid.*, p. 256.）。

も資する。この構想は、和解派の重要な母体であった「自由カトリック（catholiques libéraux）」のうち、教会組織に民主的要素を取り込もうとする「民主カトリック（catholiques démocrates）」[92]のそれとして特筆されよう。これと対比すれば、サレイユの構想の保守性が際立ちそうである。しかし、両学説はすれ違っている。開放的社団は小教区の全信徒が社員となることを理想とするが、当然ながら入会しない信徒が多数存在する。ミシュウは、彼らを排除しない旨注記するが、会費を負担する社員との差別化のために、非入会者については、洗礼、婚姻、埋葬という基本的儀礼を有償とするよう提案した[93]。逆に、サレイユは、信徒であることと社員であることとを区別し、1905 年法がもたらす法技術的問題の射程を後者のみに限定したといえる。パラドクシカルではあるが、社団が閉鎖的であるが故に礼拝活動は開放的となる、と言い換えてもよい。信徒たちの集団は、社団への包摂を強いられることなく社団に代表され、教会財産の受益者たる地位を確保する。

　ただし確認すべきは、テクスト②の段階では、財団に限りなく接近しながらも、財団では確保されない利点を社団に見出そうとしていたことである。たしかに、礼拝目的社団は、教会との関係では、「礼拝の一般的組織規律」への適合性を要する点で、定款の自由を制限される。しかし、公的機関の介入を要しないという限りでは、「社団は定款に関して自由を保持し続ける」のであり、「社団を設立することに大いに関心が寄せられた」（p. 868）。この立論によると、財団による場合の不利益が解消されるならば、社団にこだわる必要はなくなる。この点こそが、財団の一般法において目指されたことであった。

2　理論化

(1)　私施設法人

　次に扱われるべきは、回勅②が発せられたのち、さらに、1907 年法が成立したのち、1907 年 3 月 20 日に行われた講演[94]を基にする論文「政教分離

92　長井伸仁「世紀転換期フランスにおけるキリスト教民主主義」指昭博・塚本栄美子編『キリスト教会の社会史』（彩流社 2017）217 頁以下。

93　Michoud, *op. cit.*, p. 257.

94　講演場所は、「高等社会研究院（École des hautes études sociales）」（現在の社会科学高等研究

の法制度」［以下「テクスト③」］である[95]。サレイユは、講演後半[96]の構成を状況の変遷に対応させている。まず、1905 年法について、教会組織の無顧慮という 1905 年法に対する批判があったが、これは誤っているとする。「礼拝の一般的組織規律」に配慮した社団設立がなお可能であったためである。この言明は、社団の受容を要請するテクスト①と符合するであろう。しかし、社団の選択は次善の策であったと転調が加えられる。「集団的かつ永続的な目的（but collectif et permanent）が問題となる場合、財産管理に関して、この目的に集団性と永続性という同一の性質を有する機関を用意しなければならない。これこそが、法人と称されるものである。現行法では、少なくとも私法上の制度体（institutions de droit privé）のうち、法人格を有しうるのは社団のみである。したがって、選択の余地はなかった」（p. 12）。

この理解は、教皇庁による社団の設立禁止を正当化する論拠へと転用される。「先ほど、法人と称されるある種の観念的存在（une sorte d'être idéal）について言及した。［…］教会財産管理会はこの種の法人であった。（しかし、）その会員は、管理会に帰属する財産の所有権者たる社員ではなかった。この財産は、その所有権を割当られる<u>（もうひとつの）観念的存在（l'être idéal）、要するに教会（Église）</u>に帰属していた。［…］（1905 年法により）所有権は、<u>教会と称されるこの観念的存在</u>に帰属することをやめ、社員に、つまるところ諸個人の集団に移転された。［…］この諸個人は、自らが所有権者であると称して、この権利を（教義上の）正統性（orthodoxie）に厳格に裏付けられた割当

院（EHESS）とは無関係）である。これは、市民大学として免状を発給していた教育機関で、受講者として労働者階層を念頭に置いて創設されたものである。v. Christophe Prochasson, « Sur l'environnement intellectuel de Gorges Sorel: l'École des hautes études sociales (1899-1911) », *Cahiers Gorges Sorel*, n° 3, 1985, p. 16 et s.

95 前注（1）に引用した Saleilles（1907）である。引用頁は本文に記載し、注での引用は引き続き Saleilles（1907）とする。掲載誌は、パリ控訴院付き弁護士であった Georges Lagrésille が、政教分離後の宗教制度の研究を目的として 1906 年に創刊した雑誌である。1906 年中は『礼拝目的社団雑誌（*Revue des associations cultuelles*）』と称されていたが（前注（90）のミシュウの論文は 1906 年 5=6 月号に掲載）、1907 年法の成立を受けて同年に『礼拝制度雑誌（*Revue des institutions cultuelles*）』にタイトル変更。Saleilles（1907）は、1907 年 4 月号 p. 185-208 に掲載された。

96 前半部は、外交関係断絶後も非公式交渉の余地があるとの主張、及び、1901 年法上の社団と 1905 年法上のそれとの対比に割かれる。これらの点については、Sabbioneti（2005）, p. 45 et s. に譲る。

から免れさせようとするのでないか」(p. 15)［下線筆者］。1905年法4条によればそうした危惧は杞憂にすぎないといえたが、外交関係断絶後、政府がその旨を確言することはなかった。「かくして（教皇により）1905年法上の社団は禁止されたのである」(p. 16)。

さらにサレイユは、教皇庁の対応を賞賛する。「初めて1905年法の法文を読んだとき私は戦慄を覚えた。［…］（社団設立を機縁として）カトリック政党 (parti catholique) が創設され、規約を持ち、組織化されるのではないか。［…］政治闘争に動員されるカトリック軍（armée catholique）が設立されてしまう」(p. 16)。「ピウス10世に感謝しようではないか。彼は、フランスを災いから免れさせてくれたのである」(p. 17)。この言明は、二様に解釈することができる。一方で、自由カトリックの一部で待望されていた大衆政党創設[97]への消極的姿勢を見て取ることができる。しかし他方で、「カトリック軍」が非和解派の政治的道具となることを危惧したのであれば、自身が非和解派であった教皇への謝辞は、アイロニカルな調子を帯びる。意図は明らかでないものの、少なくともサレイユが社団の拒否へと転じたことはたしかであろう。

引き続いてサレイユは、1907年法を批判する。回勅③の表現を借用し、フランスは「無秩序状態」へと陥ってしまったとする。「市町村長と司祭との間で小さな和平条約が締結されることになる。［…］この体制はもはや政教分離のそれではない。4万件［＊市町村の概数：筆者注］にものぼるコンコルダの体制である」(p. 18)。その一方で、のちに提示される構想を示唆しつつ「割当」に期待をかける。「教会堂がかつての割当を受け続ける限り、それはカトリックの礼拝にでなければ用いられない。［…］割当によって、市町村の所有権は、司祭のために当然に認められる使用収益権という負担を受けるのであり、所有権者はもはやこの使用収益権を任意に制限することも害することもできない」(p. 18)。

他方、1907年法は、教会内部でも無秩序を惹起する。「司祭は、（礼拝に充てられるべき）金銭[98]を自らのそれと混和させるであろう。［…］（しかし）礼

---

97 政党化に向けた運動と教皇庁の対応につき、長井・前掲論文237頁以下。

98 1907年法により教会財産管理会が管理していた財産が失われることはすでにみた。よって、

拝のための金銭は、司祭にも司教にも帰属せず、確固とした適式かつ永続的
な組織（≒諸機関の総体）とともに人格化された礼拝（culte, personnifié dans l'
organisme stable, régulier et permanent）に帰属する。よって、［…］礼拝に帰属
する財産体（patrimoine du culte）、すなわち、司祭のそれとは分別された財産
体が存在するのでなければならない」（p. 20）。

　ここから1905年法上の社団に一旦立ち返り、最終的に財団の必要性を導
く。「財産体の分別こそが、社団法制が用いられることで実現が望まれた事
柄であった。［…］（しかし、）カトリックのような匿名の大規模な集団につい
ては、社団といっても欺瞞的なものにすぎない。社団は、それ自体では独立
性を誇ることができない。なぜなら、社団は、その上位にあるなにか
（quelque chose de supérieur）に支配されるからである。このなにかとは、（社団
の枠を）はみ出す誰とも知れない者たちの群れが有する権利であり、その宗
教的信仰である。社団はこの群れを代表する。こうして、社団の背後にこれ
とは異なる発想が立ち上がり、徐々に形を成すに至る。［…］この新たな発
想にこそ現在のすべての試行錯誤が差し向けられている。すなわち、（小教区
単位の）個々の教会が、礼拝のために割当を受けた小さな施設（petit
établissement）を設立する。観念的存在かつ代表者であるこの施設が、施療
院が固有の財産を有する施設法人となるように、自らに帰属する財産体を有
する法人となる。かつての管理会はまさしくそうした存在であった。［…］
コンコルダ体制下では、これは公施設法人であった。しかし今日では、（公
法人たる性質は）政教分離の観念と相容れない。よって、管理会を私施設法人
（établissements privés）として再建しなければならない。これは、ドイツにお
いて、また他国でも、私的財団（fondations privées）と称されているものであ
る。［…］しかしフランスでは、私人は、学術機関にせよ、慈善組織にせよ、
公益認定を経て国家の公印を得ない限り、（財団の形態を採る非営利の）事業体
（œuvre）を設立することはできない。［…］よって、（1905年法、1907年法に続
く）第三の法律、すなわち、教会財産管理会を私施設法人として再建する法
律を制定する必要がある。もっとも、この法律は、教会や管理会に特権的な
地位を与えるものではない。1901年法が社団法人の一般法を創設したよう
に、財団法人の一般法を創設するものである」（p. 21-22）。以上のように、サ

レイユは、旧管理会を私施設法人＝財団法人の形態で再建することを試みた。この解法は、「コンコルダ体制と政教分離体制との調停」[99]と評することができよう。

このテクストにおける法人概念、及び、その基礎たる代表概念を整理しておこう。第一に、法人とは、自らとは異なる存在を代表する機関である。ただし、代表される存在は、「匿名の集団」「（大文字の）教会」「礼拝」「目的」と揺れをみせる。この点については『法人格』において一定の整理が施される。他方で第二に、下線を付した箇所にみられるように、代表という法的機制は、代表される側をも人格化する。換言すれば、それ自体では人格たりえない存在が、これもまた人格である機関を通ずることによってそうした地位を獲得する。この視点は、テクスト②では明示されていなかった。サレイユは一段先へと推論を展開することで、すなわち、教会の権利主体性を代表の作用を通じて肯定することで、教会それ自体に財産を帰属させようとした、といえよう。

(2)　団体所有史

1910 年に出版された『法人格』は、パリ大学法学部において 1907 年から 1908 年[100]に行われた比較民法講義を基にする。以下では、冒頭で予告したように、序論及び歴史編に絞って検討を加える[101]。まず確認すべきは、対象は法人一般であるはずが、営利法人たる組合・会社[101-2]の占める割合は極めて小さいことである。序論である第 1 講において既に、非営利法人としての社団と財団との比較対象に焦点が絞られる。そのうえでキーワードとして「団体所有権（propriété corporative）」が提示される。これはかつては異論なく認められていたものの、とりわけ教会における財の蓄積が流通を阻害された「マンモルト（死手財産）（*mainmorte*）」を生み出す、との批判の下に敵視され、革命以降、個人的所有権（propriété individuelle）のみが認められることに

　この「金銭」は、1907 年法施行ののちに収受されるものであろう。社団がない以上司祭による管理が前提とされているものと考えられる。

99　Rolland, *op. cit.*, p. 284.

100　当時の学事歴は確認できていないが、1907 年秋以降に開始されたものと推測される。

101　引用頁は本文に記載。注での引用は引き続き Saleilles (1910) とする。

101-2　組合にも法人格が認められることについて、山本・前掲書を参照。

なった、との図式が示される（p. 5 et s.）。マンモルト批判はとりわけ財団に妥当した[102]。構成員が存在しないため、目的が無意味となっても定款変更はなされない。これに対して社団は、構成員の変動があり、定款変更もでき、まったく無益となれば解散されるため、マンモルト化を免れる（p. 25 et s.）[103]。しかし、逆にみれば、財団は、目的の永続性を確保するには都合のよい法人形態ということもできる。こうした理解を基に過去に遡行し、「社団から財団へ」という一般的趨勢を摘出する。

ローマ法における財団については、1907年の別論文ですでに扱われていた[104]。そこでは、いわゆる埋葬社団（*collegium funeraticium*）や貧民社団（*collegium tenuiorum*）の形態で限定的な団体所有権が認められていた段階を経て、ビザンツにおいて「敬虔な目的（*Pia causa*）」のための財団＝施設が広範に許容され、「*Pia causa* それ自体が人格化する」過程が描かれる。以上が『法人格』でも踏襲される（p. 135 et s.）。他方、中世の法学（ローマ法学・教会法学）[105] については、財団にみられた「目的の人格化」の視点が社団にも応用され、構成員とは区別された人格の実在性が認められた、との認識が示される。「カノニストたちには、［…］目的の観念、すなわち、院（≒施設）（institut）の観念が深く染み渡っていた。institut は、その実践を担う者たちの意思とは独立に機能する。［…］この観念は、固有の意味における施設（établissements）、なかでも敬虔な身体［団体］（*Pia corpora*）と称されることになる慈善施設に特徴的なものであったが、社団の領域にまで適用範囲を広げるに至ったのである」（p. 218）。

以上に対して、近世フランスでは、逆に財団概念のなかに「団体的理解（conception corporative）」が浸潤したとされる。すなわち、受益者の集団が財団の「実体（substance）」を成すものと理解された。「財団については、二つの理解がみられた。一方は、団体たる形態を重視するものである。財団は、

102　サレイユは、百科全書における《Fondation》の項目（テュルゴ執筆）を重視した。Saleilles (1910), p. 243 et s.

103　古法時代の社団・財団法制に即して、第12講でも再言される。*ibid.*, p. 262 et s.

104　Saleilles, *Les Piae Causae dans le droit de Justinien*（*Extrait des Mélanges Gérardin*）, 1907.

105　いずれも Otto von Gierke, *Das deutche Genossenshaftsrecht*, B. III, 1881 のダイジェストであるが、比較照合は他日に期す。

匿名の受益者の集団に一定の利益を確保するための機関として説明される。他方は、財団を、もっぱら財産体の特定の目的への割当とみなす。受益者が想定されるとしても、彼らが財産体の所有権者に相当するものとはみなされえない」(p. 229)。前者がフランス法の立場、後者が社団と財団とを峻別するドイツ法の立場に重ね合わされる。また、後者がより現代的であるとの記述もみられる (p. 232)。

　フランスに特徴的な「財団の団体的理解」は、その帰結として、公的介入を招くものとされる。「慈善施設の事務局を大規模な社団の理事会と考えれば [⋯]、この理事会の行動指針ないし方向づけは、ほぼ変更不可能な定款の形で示された既に存在しない設立者の意思には由来しなくなる。すなわち、理事会の行動指針・方向付けは、当該施設によって代表される貧者たちの現在及び将来の利益からでなければ引き出されえなくなる。(とはいえ) 当然ながら、貧者たちが、通常の社団においてみられるのと同様に、定款について議決したり管理者を選任したりするために、総会の場に参集しうるはずはない。しかしそうすると、財団は、定款の作成又は変更にあたって、公権力 (autorités publiques) の判断に身を委ねようとするであろう。一国全体の一般利益を担うのは公権力である。公権力は、財団の受益者の利益、上記の例でいえば貧者の利益に配慮する資格をも有するであろう」(p. 230)。

　先に指摘したテクスト②における批判的視点からすれば、サレイユは、公権力の介入を団体的理解の負の作用と把握しているように思われる。実際、団体的理解を排する基本姿勢は、本書全体の結論部分において、次のように定式化される。「[⋯] 財団においてこそ、一体化 (unification) と人格化 (personnification) という現象の生成の程度が最高潮に達する。まさしく財団こそが優れて典型的な法人である。なぜなら、財団においては、それに利害を有する諸個人であっても、彼らが当該制度体 (institution) の機関を構成することはないからである。彼らはその外に置かれる。(制度体としての) 一体性は、達成されるべき観念的な目的を軸として形成される。この目的に機関として仕える理事会は、財団の活動が対象とする諸個人によって構成されるのではない。理事会が彼らを個々に代理するともいえない。理事会はもっぱら観念的な目的を代表するのである」(p. 649)。

ここに示されたサレイユの理解は「財団＝目的を代表する法人」として定式化できる。公的介入は財団が受益者集団を代表すると考えるが故に要請されるのであるから、そうした集団に代えて目的を置き、財団はこれを代表すると考えれば、自律性が確保される。テクスト②からテクスト③への展開に鑑みると、また、1905年法により教会組織が私化されたことを前提とすると、団体的理解を排した財団概念は、旧教会財産管理会＝私施設に相応しいものにみえる。しかし後述するように、そうした敷衍はなされなかった。

なお、直後にみる『法人格』第13講との関係では、一群の財産それ自体が財団化される《fondation-patrimoine》と、目的たる事業が営まれる物的施設に化体される《fondation-établissement》との識別が、ドイツ法を参照して明示的に語られたことが重要である。すなわち、前者が固有の意味での財団（Stiftung）に、後者が施設ないし営造物（Anstalt）に対応する（p. 126 et s.）。

3　挫折

(1)　財団法草案

『法人格』における同時代の教会に関する記述をみる前に、テクスト③で語られた財団の一般法について確認しよう。その法文化作業は、サレイユ自らが1901年に創設した「立法研究協会（société d'études législatives）」において行われた。彼自身が起草を担当し、1906年（ないし1907年1月）の時点で準備報告書を提出していた[106]。この報告書では、まず、私人による生前の財団設立及び遺言による財団設立について技術的な論点多数扱われ、ついで、ドイツ法・イングランド法の紹介がなされる。教会組織への言及は末尾においてであり、テクスト③とほぼ同内容の記述がみられる。しかし、1908年に原案が提出される際の最終報告書[107]では、フランス古法・イングランド

---

[106] Saleilles, « Rapport préliminaire présenté à la Commission nommée par la Société d'Études législatives pour l'étude de la question des fondations », *Bulletin de la Société d'études législatives*, t. 5, 1906, p. 467 et s.　執筆時期は、これを受けて開催された委員会の初回が1907/1/12であるため、それ以前である。委員会（及び総会）での審議の詳細については、野田・前掲論文を参照。

[107] Saleilles, « Rapport préliminaire sur le projet relatif aux fondations », *Bulletin de la Société d'études législatives*, t. 7, 1908, p. 357 et s.　執筆時期は、これを受けて開催された総会の初回が

法のそれを別として、教会組織への言及が消失する。その後、1909年に審議が行われるが、この問題は扱われなかった。

(2) 政教分離再考

『法人格』に戻ろう。歴史編の最終講である第13講において、テクスト③で提示された私施設が扱われる。しかし、私施設にも一般法が適用されるという当時の理解とは異なり、これと純粋な意味での財団とが区別される。「財団は、将来（財産を）受領するための空の金庫ではなく、既に満たされた金庫である。これに対して、私がここで言及する施設[108]は、空の金庫、すなわち組織（≒諸機関の総体）（organisme）［＊以下原語表記：筆者注］でもよい。この organisme は、（財産を）受領し占有するために創設されるが、未だ（財産を）占有するには至っていない。こうした施設のおそらく最も顕著な例は、国家と截然と分離された教会における施設である」（p. 288）。「（通常の）財団はひとりの私人を前提とする。この者が一定額の資本（capital）を目的に割当てる。教会が管理会の再建を欲したとしよう。このとき、管理会に資本を割当てる必要はない。財産管理のための理事会（conseil de gestion）、すなわち管理主体たる機関（organe administratif）を置けば足りる。しかし、誰であれ私人は、この種の施設を設立することはできない。一信徒にすぎないこの私人は教会（Église）を代表しない。<u>教会は、その設立規範にしたがって、教会の名において語る資格を有する権威ある者たち（autorités）によってでなければ代表されえない</u>」（p. 291）［下線筆者］。

　固有の意味における財団と施設との峻別は、後者の一般法への取り込み、すなわち、その設立自由の明文化の断念を帰結したとされる（p. 293）。その理由は、次のように抽象度を上げて語られる。「［…］施設の定義から以下の言明が導かれる。一私人に由来するのではない財団、すなわち、人の集合体（groupement collectif）［＊以下原語表記：筆者注］が設立する財団を想定しよう。<u>この groupement collectif は、（財団設立の）以前から既に事実上存在し、（これもまた）事実上の（人の）集合体の状態で（à l'état de fait collectif）既に存在する私的制度体（institution privée）を代表する。</u>他方で、（前者の）groupement

---

1908/12/17であるため、それ以前である。

108 《privé》の語が欠けていることに注意。以下に引用する箇所でも同様である。

collectif は、既存の財産体の割当とは無関係に、財産管理のための機関を創設する。まさにこれら二つの性格が、もっぱら organisme として設立される財団（fondation purement organique）と、固有の意味での私財団とを分けるのである。なぜなら、前者は、groupement collectif を代表し、かつ、既存の制度体を代表するからである。しかし、この（代表される）制度体は、それ自体で存在するものでもなく、法律によって既に承認されたものでもなく、法的に存在を認められる社団の形態で設立されたものでもない。<u>organisme としての財団の承認は、それが代表する私的制度体の間接的な承認に相当する。</u>すると法律は、（人の）集合体たる性格を有する大規模な制度体（vaste institution de caractère collectif）が法的な活動を行うための機関の存在を承認するにあたっては、一私人に発し純粋に個人的なものとして財団が設立される場合以上の厳格さを示すものと考えられる」(p. 293-294)［下線筆者］。

　ここにいう「私的制度体」を教会と解すれば、教会を代表して財団を設立する《groupement collectif》は、先の箇所における「権威ある者たち」、すなわち司教団と考えられる。教会にせよ、司教団にせよ、これらはたしかに存在するが、世俗法の観点からすれば、事実上存在するにすぎない。organisme としての財団＝施設の設立を待って初めて法認される。以上の構造は、代表たる機関を置くことで、代表される側もまた人格化される、というテクスト③で明らかにされた代表概念の作用を応用したものにみえる。もっとも、ここでは、代表される側である司教団と教会は、人格とは遇されていない。人格化の対象が人的集団ではなく、それとは切り離された「目的」であると解されているならば、今度は『法人格』で展開された「財団＝目的を代表する法人」という定式化に沿うと考えることもできる。

　しかしながら、公的介入の必要性を強調する点は、かえって「財団の団体的理解」と符合する[109]。この点を強調すれば、サレイユの理解は、次のように敷衍されうるのではないか。(1) organisme としての財団＝施設の背後に人的集団が事実上のものとはいえ確固として存在するが故に、彼らの利益

---

[109] 《corporatif》と《collectif》との差異に敏感である必要があるが、違いを説明する記述を見い出しえていない。むしろ《ou》で結ばれて並記される場合もある (p. ex., Saleilles (1910), p. 288)。

に配慮されなければならない。(2) この配慮をなしうるのは公権力であり、よって施設の設立時に公的コントロールを要する。(3) 施設の公認の結果、背後に控える人的集団もまた間接的に公認される。(4) ただし、当該集団が人格化されることはない[110]。

以上の理解を証し立てるかのように、サレイユは、教会が「私的制度体」であること自体を否定してしまう。「私が強調したいことは、原理原則それ自体である。教会または諸教会（＝諸宗教の各教会）は、国家及びその下位の単位（＝地方公共団体）の外で、財産管理のための特別の機関を伴いつつ私的なものとして存在しうる、そうした制度体ではない」(p. 295)［下線筆者］。ここにみられるのは、教会それ自体の存立のために公認を要するという論理であり、教会を私的な存在とした政教分離原則を否定しさるものと評さざるをえないであろう。1905 年法受容の説得に努めたサレイユの面影は微塵も感じられない。

* * *

以上に示したテクスト間の揺らぎはなにを物語るのであろうか。サレイユの真意を明確に把握することは困難であるが、二つの傍証から一定の示唆を導きうる。第一に、1905 年法をめぐるコンテクストの中で彼が感じた個人的危機を示す史料が発見されている。テクスト①に署名したサレイユは、回勅②が発せられたのち、教皇庁国務長官メリー・デル＝ヴァル（Merry del Val）に対して、私信を差し出していた[111]。1905 年法の受容を迫ったかつての行いを悔い、教皇への恭順を誓うものである[112]。第二に、いわゆる「モ

---

110 テクスト③での記述に反して、なぜ教会それ自体の人格化が忌避されたのかについては、現時点では詳らかにしえない。『法人格』全体の精査も必要であるが、それに加えて、当時における教会概念との照応を要するであろう。聖俗両分野での議論を再構成する別稿を期する。

111 Lettre au Cardinal Merry del Val (Septembre 1906), présentée par Patrice Rolland, *Revue française d'histoire des idées politiques*, n° 28, 2008, p. 401. この del Val 宛書簡は、1906 年 8 月 10 日付の Birot 宛書簡（Sabbioneti (2005), p. 80 et s.）において、それを送った旨が示唆されていた。所在は明らかでなかったが、ヴァチカン公文書館で発見され、上記雑誌に掲載された。

112 「聖下が語られ、聖下に従うべき段階に至りましたら、議論が開始された時点では許されていたことも、いずれにせよ誤りとなります。」(*loc. cit.*)

デルニスムの危機（crise du modernisme）」[113] との関連も指摘されている[114]。ア
ルフレッド・ロワジー（Alfred Loisy）の神学書に対する糾弾に端を発する論
争は、否定されるべき思想を列挙した 1907 年 9 月 8 日の教皇回勅
《Pascendi》の登場により、多数のカトリック知識人を巻き込んだ巨大な危
機へと発展していた[115]。回勅は、歴史学に依拠して聖書の伝える史実に疑
義を呈する神学理論や進化論などとともに、政教分離それ自体をも批難の対
象としていた。また、元来サレイユの著述活動は、モデルニスムと共鳴する
ものといえた。すなわち、聖書の「歴史的解釈」を扱う小論や[116]、モデル
ニスムに属するものと目された小説の書評[117] など、糾弾を受けかねない複
数のテクストを著していた。以上からすれば、『法人格』第 13 講における記
述は、破門の恐怖の下での転向と理解することも不可能ではないであろう。

　『法人格』の出版後、サレイユは、財団についても政教分離法についても
語ることはなかった。しかし彼の遺稿（1912 年 3 月 3 日の死去後に公刊）は、古
代キリスト教会における財産所有の形態を論じるものであった[118]。結論部
分において、歴史的展開が次のように示唆される。「信徒共同体は、組織的
なものとして設立され一体性を備えた団体 = 身体（une corporation, un *corpus*,

113　小島・前掲書 47 頁以下。また、サレイユについて 58 頁以下。さらに、小島「技術の精神」北
　　大法学論集 68 巻 3 号 53 頁以下（2017）。危機の展開については、Émile Poulat, *Histoire, dogme
　　et critique dans la crise moderniste*, 3ᵉ éd., 1996 ; Pierre Colin, *L'audace et le soupçon, La crise du
　　modernisme dans le catholicisme français*, 1893-1914, 1997 が基本的文献である。ただし両書と
　　もにサレイユへの言及はない。

114　Sabbioneti（2005）, p. 97 et s. ; Rolland, *op. cit.*, p. 288 et s.

115　モデルニスムの概念の外縁は元来不明確であり、この回勅での名指しがあるか否かのみがメル
　　クマールであったとされる。v. Nicolas Mathey, « Saleilles, la Bible et le droit », Audren et autre,
　　op. cit., p. 79 et s., spéc., p. 80.

116　Saleilles, *La méthode historique et la Bible, Étude à propos d'un livre récent*, 1903. 大部分は
　　Marie-Joseph Lagrange, *La méthode historique*, 1903 の論評から成る。Mathey, *op. cit.* は、聖
　　書解釈について示された立場は、サレイユの法解釈論それ自体及びその自然法論と符合する旨を
　　指摘する。サレイユの自然法論については、時本・前掲書 52 頁以下。

117　Saleilles, *Il Santo（Extrait de La Quinzaine* des 1ᵉʳ et 16 février 1906）, 1906. Antonio
　　Fogazzaro の小説の書評である。前注の文献を含め、詳細な検討は割愛せざるをえない。

118　Saleilles, « L'organisation juridique des premières communautés chrétiennes », *Mélanges P. F.
　　Girard*, 1912, t. 2, p. 469 et s. 執筆時期は特定できないが、死の直前に入稿されたとされる。
　　ibid., p. 509 の編者注を参照。

organiquement constitué et unifié）となった。［…］かくして、団体所有権が法的に承認されたのであるが、一旦その内的な構造にしたがって自由な発展を開始した以上、それは、新たな形態、まさしく教会のそれである財団という形態へと向かうであろう」（p. 508）。この記述は、「社団から財団へ」という『法人格』における基本テーゼを踏襲するものといえよう。そうであれば「財団の団体的理解」に依拠して、教会の私的性格を否定した『法人格』第13講の異質性が一層際立つことになる。サレイユは、状況の故に封印せざるをえなかった自らの確信を死の直前に解き放ったのであろうか[119]。

【付記】本稿は、科学研究費補助金（課題番号 25245001・26380002）の成果の一部である。

---

[119]　Beudant, *op. cit.*, p. 536 の感傷的な記述を参照。

暴利行為と消費者契約法

後 藤 巻 則

> I　はじめに
> II　民法改正における暴利行為規定の見送り
> III　消費者契約法における過量契約取消権の創設
> IV　消費者契約法における困惑類型の追加と状況濫用型への対応
> V　結びに代えて

I　はじめに

　公序良俗違反の具体化としての暴利行為の明文化は、民法（債権関係）の改正において強く要請されたテーマのひとつであったが、法制審議会での審議の結果、見送りとなった。しかし、日本社会における高齢化の進展等を考えると、これが極めて重要な立法課題であることは疑いない[1]。

　こうした状況下で審議された消費者契約法の平成28年改正で、暴利行為と同種の問題状況に対応する制度として、過量契約の取消権（同法4条4項）が導入された。しかし、他方で、暴利行為に類する被害事例の中には、必ずしも過量契約と言えない事例も存在することが指摘され、こうした事例への対応について引き続き検討を行うべきものとされた[2]。

---

[1]　民法の一部を改正する法律の成立に伴い、暴利行為の明文化を継続検討すべきだとする衆参両院の附帯決議が付されている。

[2]　消費者契約法専門調査会報告書（平成27年12月）6頁。こうした問題意識に立つ論稿として、丸山絵美子「合理的な判断を行うことができない事情を利用した契約の締結─消費者契約法における新たな取消規定の導入について─」法政論集265号（2016年）165頁以下、宮下修一

これを受けた消費者契約法専門調査会の検討においては、同法の困惑類型（同法4条3項）に着目し、「消費者の不安を煽る告知」という行為類型と、「勧誘目的で新たに構築した人間関係を濫用する」という行為類型を、困惑による取消しを生ずる類型に追加することが提案された。

しかし、こうした過量契約の取消権の導入や、困惑類型の追加によってもなお対応できない被害事例も存在することが指摘されており、特に高齢者や若年者等の判断力の不足等を不当に利用し、当事者に不必要な契約や過大な不利益をもたらす契約の勧誘が行われた場合の契約取消権の導入が重要な課題とされている[3]。

このような民法における暴利行為の明文化の見送りと、消費者契約法による対応の動向を踏まえ、前稿では、暴利行為の明文化にかかわる民法上の諸問題を扱ったが[4]、本稿では、これにかかわる消費契約法上の諸問題につき検討を加えることにする。

II　民法改正における暴利行為規定の見送り

法制審議会民法（債権関係）部会において暴利行為につき最初に審議したのは第10回会議である。この会議に提供された民法（債権関係）部会資料（以下、「部会資料」という）12-1は、「暴利行為の代表的な判例（大判昭和9年5月1日民集13巻875頁）が提示した暴利行為の伝統的な要件は、①相手方の窮迫、軽率又は無経験に乗じて（主観的要素）、②著しく過当の利益を獲得する行為（客観的要素）というものであるが、この要件は現代的な取引に必ずしも適合的でない等の問題意識を背景として、具体的な立法提言では、その修正が試みられている」とした上、その修正の方向として、主観的要素については、「伝統的な要件のほかに、従属状態、抑圧状態や、無知、あるいは知識

「合理的な判断をすることができない事情を利用した契約の締結」法時88巻12号（2016年）37頁以下。

3　消費者契約法専門調査会報告書（平成29年8月）5〜6頁。

4　後藤巻則「公序良俗規定の意義と機能」安永先生＝鎌田先生＝能見先生古稀記念『債権法改正と民法学第2巻』（商事法務、近刊）所収。前稿と本稿の刊行の先後は、本稿提出時点で不明であるが、前稿と本稿は、暴利行為の明文化をめぐる民法と消費者契約法の改正審議の動向を検討する一連の論稿である。

の不足を追加する考え方が提示されている。そして、これらの考慮要素はあくまでも例示であり、これらに限定されないことを明らかにすべきである」とし、客観的要素については、「伝統的な要件における『著しく過当の利益』の『著しく』を削り、この要件を緩和するという考え方や、必ずしも相手方が『不当な利益』を取得するとはいえない場合でも、相手方の権利を害するときには救済を認める必要があるという考慮に基づき、その点も新たに追加することなどが提案されている」とする[5]。暴利行為の明文化については、その後、数次の検討を経て[6]、次のような中間試案としてまとめられた[7]。

> 民法90条の規律を次のように改めるものとする。
> (1) 公の秩序又は善良の風俗に反する法律行為は、無効とするものとする。
> (2) 相手方の困窮、経験の不足、知識の不足その他の相手方が法律行為をするかどうかを合理的に判断することができない事情があることを利用して、著しく過大な利益を得、又は相手方に著しく過大な不利益を与える法律行為は無効とするものとする。
> (注) 上記 (2) (いわゆる暴利行為) について、相手方の窮迫、軽率又は無経験に乗じて著しく過当な利益を獲得する法律行為は無効とする旨の規定を設けるという考え方がある。また規定を設けないという考え方がある。

　中間試案は、主観的要素にかかわる事情について、上記昭和9年判決が挙げる「窮迫、軽率、無経験」に限らず、これらを包摂するものとして、「相手方が法律行為をするかどうかを合理的に判断することができない事情」を挙げ、「窮迫、軽率、無経験」以外でこれに該当する場合として、一方当事者が他方当事者に対して強い信頼を置いている場合や、一方当事者が心理的に他方当事者の要求に従わざるを得ない状況にある場合を挙げている[8]。さらに、高齢化社会の進展に伴って増加している「判断力の低下」もこれに当たることが指摘されている[9]。

5　民法（債権関係）部会資料（以下、「部会資料」という）12-1、2頁。

6　部会資料22、部会資料27、部会資料53、部会資料58、部会資料60。

7　商事法務編『民法（債権関係）の改正に関する中間試案の補足説明』（商事法務、2013年）2頁。

8　前掲注7）2～4頁。

120

民法改正の審議において、上記中間試案（2）のような方向で暴利行為を明文化することも一定の支持を得たが、最終的には、明文化すべき適切な要件について合意形成が困難な状況にあるとして、明文化は見送られた[10]。

Ⅲ　消費者契約法における過量契約取消権の創設

こうした状況下[11]、消費者契約法専門調査会では、昭和9年判決を参考に、①消費者の置かれた状況についての事業者の主観的態様（主観的要素）および②締結された契約の内容や当該契約の締結がもたらす当事者の利益・不利益（客観的要素）に着目して、消費者契約の特質に即した要件を定めることが試みられた。その結果、消費者契約法4条4項として過量な内容の消費者契約に係る取消権（過量契約取消権）が創設された。以下で、それに至る審議の過程を検討する[12]。

1　第9回消費者契約法専門調査会

まず、第9回専門調査会では、次のように、消費者契約における暴利行為を明確化する案（甲案）と、暴利行為準則とは別に、判断力の不足、知識の不足、経験の不足等の事情のある消費者が契約を締結した場合についての取消しまたは解除の規定を設ける案（乙案）が提案され[13]、審議された[14]。

事業者が、消費者の判断力の不足、知識の不足、経験の不足、抑圧状態、従属関係その他の当該消費者が法律行為をするかどうかを合理的に判断する

9　法制審議会民法（債権関係）部会第82回会議議事録29頁（山本敬三幹事）。

10　部会資料82-2、1頁。

11　民法改正法案の国会提出は2015年3月31日であり、第9回専門調査会は、同年4月24日に開催されている。

12　同専門調査会は、2014年11月4日に開始されて、2015年12月25日までの24回の審議を経て（以下、これを「第1次審議」という）、平成27年（2015年）12月付の報告書が公表され、その後、2016年9月7日から2017年8月4日までの23回の審議（以下、これを「第2次審議」という）を経て、平成29年（2017年）8月付の報告書（前掲注3））が公表された。過量契約取消権は、この第一次審議の成果である。

13　消費者契約法専門調査会第9回【資料1】11頁。

14　消費者契約法専門調査会第9回議事録23頁以下。

ことができない事情があることを利用して契約を締結させた場合について、消費者契約法に規律を設けるべきという考え方について、どう考えるか。

〈具体的対応〉

【甲案】　消費者契約において、いわゆる暴利行為に当たるとして、公序良俗（民法第90条）に反し無効となる場合を明確化する（例えば、「消費者の困窮、経験の不足、知識の不足その他の消費者が当該契約をするかどうかを合理的に判断することができない事情があることを利用して、事業者に不当な利益を得させ、又は消費者に不当な不利益を与える法律行為は、無効とする」という趣旨の規定を設ける。）。

【乙案】　暴利行為準則とは別に、判断力の不足、知識の不足、経験の不足等の事情のある消費者が契約を締結した場合についての取消し又は解除の規定を設ける（例えば、事業者が、消費者に、困窮、経験の不足、知識の不足その他の消費者が当該契約をするかどうかを合理的に判断することができない事情があることを認識した上で消費者契約を締結した場合であって、当該消費者契約の目的物が、日常生活において通常必要とされる分量を超える場合に、取消権又は解除権を認める。）。

　審議においては、①主観的要素について、何をもって「合理的に判断することができない」というかが曖昧であるという指摘があり、また、②客観的要素について、甲案に対しては、どのような場合に「不当な利益」「不当な不利益」といえるのか不明確であるという意見、乙案に対しては、目的物が過量であった場合に限らず、消費者の事情につけ込んで不必要な契約を締結させた場合にも取消しを認めるべきであるという意見等が出された。

　しかし、消費者契約においては、暴利行為とは別に、消費者に不必要な契約の締結に対応する規定を設けるべきだという観点から、乙案を支持する意見が優位を占めた。

2　第14回消費者契約法専門調査会

　次いで、第14回専門調査会では、上記の第9回審議の結果を踏まえ、次のように、第9回専門調査会の乙案を基本としてその要件の具体化を図る考え方が示され[15]、審議された[16]。

15　消費者契約法専門調査会第14回【資料1】21頁。

事業者が一定の状況に置かれた消費者と契約を締結した場合に、事業者の主観的態様と締結した契約の客観的内容次第で、消費者が、取消し又は解除によりその契約の効力を否定することができるという趣旨の規律を設けることとする場合には、

①（a）　主観的要素との関係では、まず、消費者がどのような状況に置かれた場合を念頭におくかを検討する必要があるところ、例えば、判断力の不足、知識・経験の不足、心理的な圧迫状態、従属状態などが想定されるが、これらを対象として取り上げることについてどう考えるか。

（b）　これらを例示的に列挙した上で、包括的な要件を設ける場合、当該事情があるために一般的・平均的な消費者であれば通常することができる判断ができない状況を指すという趣旨で、例えば、「消費者が当該契約をするかどうかを合理的に判断することができない事情」とすることが考えられるが、これについてどう考えるか。

（c）　そのような事情についての事業者の主観的態様として、そのような事情を「利用」した（自己の利益のために当該状況を積極的に用いた）ことを要件とすることが考えられるが、これについてどう考えるか。

② 客観的要素との関係では、事業者の当該行為がなければ、一般的・平均的な消費者であれば通常締結するとは考えられない契約を締結させられたという意味で、不必要な契約を締結したことを要件とすることが考えられるが、これについてどう考えるか。

　審議においては、①主観的要素について、判断力や知識・経験の不足の程度は様々であり、それらの総合的な考慮が求められるとすると、当該消費者が、一般的・平均的な消費者と比較して合理的に判断することができるか否かを事業者が判断することは困難であるという意見も見られたが、これに対しては、事業者がそのような事情を認識していなかった場合には、「利用」するという要件を満たさないことになるから、問題ないという指摘があった。また、「利用」という文言では範囲が広いため、「不当に」等の限定を加えるべきだとする意見が出された。また、②客観的要素については、事後的に当該契約の締結が不必要であったとして、消費者から取消しを主張されることへの事業者の懸念が示され、その点も含め、「不必要な契約」の内容を

16　消費者契約法専門調査会第 14 回議事録 14 頁以下。

具体的に示す文言とすべきであるという指摘がなされた。

3 消費者契約法専門調査会中間とりまとめ（平成 27 年 8 月）

このような審議を経て、中間とりまとめでは、事業者が消費者の判断力の不足等を利用して不必要な契約を締結させるという事例について、一定の手当てを講ずる必要があることについては特に異論は見られなかったとしつつ、その一方で、規定を設けるとしても、適用範囲を明確にしなければ、事業者の事業活動を過度に制約したり、事業活動を委縮させたりすることにもなりかねないとして、消費者の置かれた状況や契約を締結する必要性について、一般的・平均的な消費者を基準として判断することや、そのような消費者の状況を事業者が不当に利用した場合を規律の対象にすることなど、適用範囲の明確化を図りつつ消費者を保護する観点から規定を設けることについて、引き続き実例を踏まえて検討すべきであるとされた[17]。

4 第 23 回消費者契約法専門調査会
(1) 集中的な意見受付および関係団体に対するヒアリングの結果

「中間とりまとめ」を受けて、集中的な意見受付および関係団体に対するヒアリングが行われた。その結果、高齢者、特に認知症高齢者や障がい者など十分な判断ができない状況にある消費者を狙って、判断力の衰え、知識・経験の不足、心理的な圧迫状態につけ込んで不必要な契約を締結させる被害を防止する規定が必要であるとする意見がある一方で、消費者の判断力や知識、経験の不足の程度はさまざまなので、事業者がその事情を詳細に把握し、不必要な契約かどうかの判断するのは困難であり、混乱を招く恐れがあるとする懸念も寄せられた[18]。

(2) 具体的な対応の方向性

そこで、第 23 回専門調査会では、事業者の予見可能性を確保する観点から、どのような場合に当該規定が適用されるかについて、できる限り客観的な要件をもって具体的に規定することが必要であるとされた[19]。

---

17 消費者契約法専門調査会中間とりまとめ（平成 27 年 8 月）22-23 頁。
18 消費者契約法専門調査会第 23 回【資料 1】9 頁。

(3) 具体的な要件の検討

こうした方向性に立って、消費者庁は次のような考え方を示した。

（ア）　客観的要素について

まず、どのような契約が締結された場合を対象とするか（客観的要素）について、(1) 中間取りまとめまでの検討では、事業者の当該行為がなければ、一般的・平均的な消費者であれば通常契約を締結するとは考えられない契約を締結させたという趣旨で「不必要な契約」を締結した場合を対象とすることが考えられていた。しかし、事業者が、契約締結時点において、消費者にとってそれが必要な契約か否かを判断することは困難であるという意見も見られることから、類型的に「不必要な契約」に当たると考えられるものを、客観的な要件をもって具体化することが考えられる。(2) そして、「不必要な契約」の典型例の一つとしては、日常生活において通常必要とされる分量を著しく超える物品を購入する契約など、事業者から受ける物品、権利、役務等の給付が過剰な契約（過量契約）が挙げられる。要件となる過量契約の具体的な内容については既に特定商取引法9条の2第1項各号に定められており、これが民事効を伴う規定の要件とされていることからすれば、これと同様の規定を設ける限りにおいては、要件としての明確性は保たれていると考えられる[20]。

（イ）　主観的要素について

次に、消費者の置かれた状況についての事業者の主観的態様（主観的要素）について、(1) 中間取りまとめまでの検討では、「消費者が当該契約をするかどうかを合理的に判断することができない事情」があり、事業者がそのような事情を「利用」した場合を対象とすることが検討されていた。しかし、過量契約を締結した場合を規定の適用対象とすることを前提とすると、消費者が、事業者から不実告知その他の現行消費者契約法所定の不当勧誘行為等を受けた場合でないにもかかわらず、日常生活において通常必要とされる分量等を著しく超える給付を受ける契約を締結してしまうのは、特に必要性がある場合を除けば、通常、消費者に「当該契約をするかどうかを合理的に判

19　前掲注 18) 9頁。
20　前掲注 18) 10〜11頁。

断することができない事情」が見られ、当該消費者に自らの締結する契約が過量契約に当たるという認識がない場合であると考えられる。(2) このように、過量契約を締結した場合を規定の適用対象とするのだとすると、消費者に自ら締結する契約が過量契約に当たるという認識がない場合には、類型的に「消費者が当該契約をするかどうかを合理的に判断することができない事情」があると考えられる。その上で、(3) そのような事情を「利用」したといえる場面がどのような場合であるかが問題となるが、事業者が、消費者に対して、過量契約に当たること、および当該消費者に当該過量契約の締結を必要とする特別な事情がないことを知りながら、当該過量契約の締結について勧誘し、それによって当該過量契約を締結させたことを要件とすれば、事業者が消費者の上記事情を「利用」した場合を捉えることができる[21]。

このような検討を踏まえ、次の考え方が示された。

事業者が、客観的に過量契約（事業者から受ける物品、権利、役務等の給付がその日常生活において通常必要とされる分量、回数又は期間を著しく超えることとなる契約）に該当するにもかかわらず消費者がそのことを認識していないということを知りながら、当該消費者に対して当該過量契約の締結について勧誘し、それによって当該過量契約を締結させたような場合に、取消し又は解除によって契約の効力を否定することを認める規定を設けることとしてはどうか。

（ウ）　適用対象とならない事例について

仮に上記のような規定を設けた場合であっても、適用対象として想定していた被害事例のすべてに適用することができる要件となるわけではないことから、過量契約の規定の適用対象とならない被害事例について客観的な要件をもって具体化する必要があるが、そのためにはさらなる事例の収集・分析が必要であり、それを経た上で引き続き検討すべき課題と位置づけるのが適

21　例えば、スーパーマーケットにおいて消費者がレジに同種の商品を大量に持参した場合に、事業者が当該消費者に対して過量契約に当たるからその商品を買わない方が良いと告げなかったとしても、それは「利用」したとはいえない。また、消費者が食材を大量に購入したが、その消費者に家族が何人いるか事業者にはわからない場合も、「利用」したとはいえない。前掲注18) 13頁。

当である[22]。

5 消費者契約法専門調査会報告書（平成 27 年 12 月）

消費者契約法専門調査会報告書（平成 27 年 12 月）では、次の提案がなされた[23]。

> 事業者が、消費者に対して、過量契約（事業者から受ける物品、権利、役務等の給付がその日常生活において通常必要とされる分量、回数又は期間を著しく超える契約）に当たること及び当該消費者に当該過量契約の締結を必要とする特別の事情がないことを知りながら、当該過量契約の締結について勧誘し、それによって当該過量契約を締結させたような場合に、意思表示の取消しを認める規定を新たに設けることとする。

報告書の内容は、基本的に第 23 回専門調査会での提案を踏まえたものであり、提案の理由もそこで述べられたところが妥当する。もっとも、第 23 回専門調査会の案によると、消費者が過量契約に該当することを認識しながらも、事業者からなおつけ込まれてしまう事案が規律の対象外になる。そこで、第 24 回専門調査会で、事業者が、当該契約が過量契約であること及び当該消費者に当該過量契約の締結を必要とする特別の事情がないことを知っていることを要件とする修正が加わり[24]、これが、報告書での提案となった。

なお、違反の効果については、上記の要件を満たすのは、消費者が当該契約を締結する必要があるか否かを合理的に判断することができない場合、すなわち、当該契約を締結するという意思表示に瑕疵がある場合であるという点において、消費者契約法が規定する誤認類型・困惑類型と共通する。そのため、効果は取消しとすることが提案された[25]。

---

22 前掲注 18) 14 頁。
23 前掲注 2) 消費者契約法専門調査会報告書（平成 27 年 12 月）5 頁。
24 消費者契約法専門調査会第 24 回議事録 2 頁。
25 前掲注 23) 6 頁。

6 消費者契約法4条4項の創設

以上のような考え方に基づいて、消費者は、事業者が消費者契約の締結について勧誘するに際し、当該消費者契約の目的となるものの「分量、回数又は期間」（以下、分量等という）が、当該消費者にとっての通常の分量等を著しく超えるものであること（過量性があること）を知っていた場合において、その勧誘により当該消費者契約の申込みまたはその承諾の意思表示をしたときは、これを取り消すことができるという規定が設けられた（同4条4項前段）。また、いわゆる次々販売などを想定して、消費者がすでに同種契約を締結していた場合には、過量性は、消費者が新たに締結した消費者契約の目的となるものの分量等だけでなく、すでに締結していた同種契約の目的となるものの分量等を合算して判断するものとされた（同項後段）。特定商取引法においては訪問販売における過量販売解除権が存在し（同法9条の2）、平成27年の同法の改正で電話勧誘販売にも同様の解除権が創設されたが（同法24条2）、これらの取引類型に当たらない取引にも同様の被害がみられることから、特定商取引法と同種の規定を消費者契約法にも導入するものである。

「当該消費者にとっての通常の分量等」がどの程度のものかは、条文上これに続くかっこ書きで、具体的にどのような事情を考慮して判断するかを示している。すなわち、①「消費者契約の目的となるものの内容」、②その「取引条件」、③「事業者がその締結について勧誘する際の消費者の生活の状況」、④これについての「当該消費者の認識」を総合的に考慮に考慮した上で、一般的・平均的な消費者を基準として、社会通念をもとに規範的に判断するものとされている[26]。

7 小括

第1次審議では、高齢者等、当該契約を締結するか否かを合理的に判断することができない事情がある消費者が、事業者にその事情を利用されて契約を締結させられる場合を暴利行為の範疇で捉えて規定するということも検討された。しかし、結局、消費者契約法においては、このような状況を暴利行為とは一線を画する法理として明文化する方向が支持され、これが、上記の

---

[26] 須藤希祥「消費者契約法の一部を改正する法律の概要」NBL1076号（2016年）5頁。

過量契約取消権の創設につながった。過量契約取消権が暴利行為と一線を画する法理とされた主たる理由は、消費者にとって「不必要な契約」であれば、暴利行為と言えなくても契約の効力を否定すべきと考えられたためであり、消費者契約法4条4項は、「当該消費者にとっての通常の分量等」についての判断要素を具体化しようとした規定である。

Ⅳ　消費者契約法における困惑類型の追加と状況濫用型への対応

1　第29回消費者契約法専門調査会

第1次審議の成果として、過量契約取消権が創設されたが、それによっても救済対象とならない被害事例への対応については、引き続き検討を行うべきものとされた。これを受けて、第2次審議の第29回専門調査会では、合理的な判断をすることができない事情を利用して契約を締結させる類型のうち、過量な内容の消費者契約の取消しの規定では対象とならない被害事例として、「知識・経験の不足の利用」、「断り切れない人間関係の利用」、「心理的な圧迫状態の利用」、「判断力の不足の利用」などに着目し、取消し等による消費者被害の救済を図るべきものとされた。

このような被害事例を整理して検討した結果、「合理的な判断をすることができない事情を利用して契約を締結させる類型」の検討には、大きく分けて二つのアプローチが考えられるとされた。一つは、事業者が、消費者に「合理的に判断することができない事情」があることを知りながら勧誘した場合を想定するアプローチである（以下、専門調査会でこのような名称が付されていたわけではないが、ここでは「状況濫用型」という）。もう一つは、事業者が、本来の目的を隠して接近する、十分に判断する機会を与えない、殊更に不安を煽る、断り切れない人間関係を構築して濫用するなど、不公正な行為を行って、消費者の「合理的な判断をすることができない事情」を作出または増幅した上で、勧誘をしたという点に着目するアプローチである（以下、「状況作出型」という）。

(1)　消費者の状況を知りながらの勧誘（状況濫用型）

　状況濫用型は、事業者が、合理的に判断することができない消費者の状況を知りながら、消費者にとって通常不要であるものにつき、勧誘した場合について、取消しを認める規律を設けるという考え方であり、第29回専門調査会では、このアプローチに基づき、次の考え方が示され[27]、審議された[28]。

【A案】（年齢等に応じた生活状況等に照らして不要な契約であることを知りながらの勧誘）
消費者は、事業者が消費者契約の締結について勧誘をするに際し、当該消費者契約の目的となるものが当該消費者の年齢等に応じた生活の状況等に照らして通常不要とされるものであることを知っていた場合において、その勧誘により当該消費者契約の申込み又はその承諾の意思表示をしたときは、これを取り消すことができる旨の規律
【B案】（知識・経験の不足による「誤認」「困惑」を知りながらの勧誘）
消費者は、事業者が消費者契約の締結について勧誘をするに際し、消費者の知識・経験の不足によって当該消費者に「誤認」または「困惑」が生じていることを知っていた場合において、その勧誘により当該消費者契約の申込み又はその承諾の意思表示をしたときは、これを取り消すことができる旨の規律

　A案は、暴利行為における主観的要素として検討されてきた、相手方の窮迫、軽率又は無経験に乗ずる等の消費者の置かれた状況についての議論を念頭に置きながら、ある事情を「知りながら勧誘する」ということの対象の具体化を図るという考え方であり、過量契約の場合以外に類型的に「不必要な契約」に当たると考えられる契約を、客観的な要件をもって具体化するという観点から、過量契約のモデルを過量でない場合にも踏襲し、「当該消費者の年齢等に応じた生活の状況等に照らして通常不要とされるものであること」について事業者が知りながら勧誘した場合に取消しを認めるということを提案している。これに対して、B案は、「合理的な判断をすることができない事情」自体には様々なものが存在しているけれども、そのような事情が

27　消費者契約法専門調査会第29回【資料2】22頁。
28　消費者契約法専門調査会第29回議事録1頁以下。

何であれ、当該「事情」によって現に消費者が合理的に判断することができなくなっているという点に着目し、消費者が「誤認」ないし「困惑」状態にあるということについて事業者が知りながら勧誘した場合に取消しを認めるという提案である[29]。

審議においては、A案に対しては、年齢や客観的状況によって必要か必要でないかを事業者が判断するのは難しいという意見や、当人にとって何が必要であるかは価値観と自由選択の問題であり、事業者が判断するのは適切ではないという意見が出された。また、B案に対しては、事業者が誤認・困惑をさせたわけでもないのに取り消せるのかという疑問が提起された。

(2) 不公正な行為による事情の作出・増幅（状況作出型）

状況作出型は、事業者が、不公正な行為（本来の目的を隠して接近する、十分に判断する機会を与えない、殊更に不安を煽る、断りきれない人間関係を構築して濫用する等）を用いて、消費者に「合理的な判断をすることができない事情」を作出又は増幅した上で、勧誘をした場合について、取消しを認める規律を設けるという考え方であり、第29回専門調査会では、このアプローチに基づき、次の考え方が示され[30]、審議された[31]。

【C案】（本来の目的を隠して接近する行為と断定的な告知により不安等を煽る行為の併用）
消費者は、事業者が<u>本来の目的を隠して消費者に接近し、当該消費者に対して消費者契約を締結すること又は締結しないことによって生じる当該消費者の利益又は不利益について断定的な判断を告げた</u>上で、当該消費者契約の締結について勧誘をした場合において、その勧誘により当該消費者契約の申込み又はその承諾の意思表示をしたときは、これを取り消すことができる旨の規律
【D案】（断りきれない人間関係を構築して濫用する行為）
消費者は、<u>事業者が勧誘に利用する目的で当該消費者との間に人間関係を構築した</u>上で、そのような人間関係を利用して当該消費者契約の締結について

---

29 前掲注27）19頁以下。
30 前掲注27）28頁。
31 前掲注28）1頁以下。

勧誘をした場合において、その勧誘により当該消費者契約の申込み又はその承諾の意思表示をしたときは、これを取り消すことができる旨の規律

　C案に対しては、「本来の目的を隠して接近しているか」どうか判断できないケースがあるという意見、D案に対しては、取引や成約に向けて、まずは人間関係を構築する等の行為は、通常の営業活動で日常的に用いられており、これを取消しの対象とすべきでないなどの意見もあったが、具体的な被害事案に沿った要件立てとなっているとして評価する意見もあった。

2　第30回消費者契約法専門調査会

　第29回専門調査会で、状況濫用型への対応策として示されたA案およびB案に対する疑問が多く出され、とりわけ過量契約の取消しの手法を過量でない契約に踏襲し、知りながらの勧誘の対象の具体化を目指しながら、その点につきコンセンサスを得ることができなかったことから、第30回専門調査会では、消費者庁は、状況濫用型に対する提案を断念し、状況作出型に対する対応に絞って、次の考え方を示し[32]、審議がなされた[33]。

【甲案】（事業者が一定の行為を行った上で、目的物が当該消費者にとって著しく高額なものであることを知りながら勧誘した場合をとらえるもの。）
消費者は、事業者が消費者契約の締結について勧誘をするに際し、当該消費者に対して次に掲げる行為をし、かつ、当該消費者契約の目的となるものの内容及び取引条件並びに当該事業者がその締結について勧誘をする際の当該消費者の生活の状況及びこれについての当該消費者の認識に照らして当該消費者契約の目的となるものが当該消費者にとって著しく高額なものであることを知っていた場合において、その勧誘により当該消費者契約の申込み又はその承諾の意思表示をしたときは、これを取り消すことができる。
一　当該消費者契約の締結について勧誘をするためのものであることを告げずに営業所その他特定の場所への来訪を要請すること。
二　当該消費者を勧誘に応じさせる目的で、当該事業者に対する恋愛感情を催

32　消費者契約法専門調査会第30回【資料1】5頁。
33　消費者契約法専門調査会第30回議事録1頁以下。

させるような仕方で当該消費者と電話、郵便、遊興又は飲食する場所への同伴その他の方法により当該消費者に接触をすること。

【乙案】（事業者の一定の行為を困惑類型の列挙事由とするもの。）

法第４条第３項第３号及び第４号（困惑による取消しの列挙事由）として、【甲案】の第１号案及び第２号案をそれぞれ規定する。

（法第４条第３項）

消費者は、事業者が消費者契約の締結について勧誘をするに際し、当該消費者に対して次に掲げる行為をしたことにより困惑し、それによって当該消費者契約の申込み又はその承諾の意思表示をしたときは、これを取り消すことができる。

一　（略）

二　（略）

三　当該消費者契約の締結について勧誘をするためのものであることを告げずに営業所その他特定の場所への来訪を要請すること。

四　当該消費者を勧誘に応じさせる目的で、当該事業者に対する恋愛感情を催させるような仕方で当該消費者と電話、郵便、遊興又は飲食する場所への同伴その他の方法により当該消費者に接触をすること。

　甲案は、事業者が一定の行為を行った上で、目的物が当該消費者にとって著しく高額なものであることを知りながら勧誘した場合を捉えるもので、とりわけ目的物が当該消費者にとって著しく高額なものであることを要求する点で、第29回専門調査会の提案と比較して要件が厳格になっている。これに対して、乙案は、事業者の一定の行為を困惑類型として捉えることにより、事業者の行為により消費者が困惑して意思表示したという関係があれば、甲案のような厳格な要件が備わらなくても取消しが認められる。

　審議においては、甲案、乙案を通じ、アポイントメントセールスに限定した要件（甲案１号、乙案３号）や、消費者の恋愛感情に特化した要件（甲案２号、乙案４号）が挙がっている点で、要件から漏れる事例があることを危惧する意見が出された。また、乙案に対しては、３号、４号の行為は「困惑」には直結しないという意見がある一方で、困惑は広い概念であり、事業者が消費者の「合理的な判断をすることができない事情」を作出又は増幅した場合に、困惑取消しを適用することも考えられるとする意見も出された。

3 第31回消費者契約法専門調査会

消費者庁は、第30回専門調査会での審議を踏まえ、第31回専門調査会では、アポイントメントセールスに限定していた要件や消費者の恋愛感情に特化していた要件を緩和するとともに、「合理的な判断をすることができない事情を利用して契約を締結させる類型」を困惑類型の問題と位置づけることを内容とする次の案を示し[34]、審議された[35]。

（法第4条第3項）

消費者は、事業者が消費者契約の締結について勧誘をするに際し、当該消費者に対して次に掲げる行為をしたことにより困惑し、それによって当該消費者契約の申込み又はその承諾の意思表示をしたときは、これを取り消すことができる。

一　（略）

二　（略）

<u>三　（①案）当該消費者契約の締結について勧誘をするためのものであることを告げずに当該消費者に接近した上で、消費者に生じ得る損害又は危険を殊更に告げること。</u>

<u>（②案）当該消費者契約の締結について勧誘をするためのものであることを告げずに当該事業者が指定した場所に来訪させた上で、消費者に生じ得る損害又は危険を殊更に告げること。</u>

<u>四　当該消費者を勧誘に応じさせる目的で当該消費者に接触して当該消費者との間に密接な関係を築いた上で、殊更に当該消費者契約を締結することが当該関係を維持するために必要であると思わせるような言動をすること。</u>

審議において、消費者庁の逐条解説においても困惑は広い概念であるされているとして、「合理的な判断をすることができない事情を利用して契約を締結させる類型」を困惑類型の問題と位置づけることについては意見の一致が見られ、そのうえで、通常の営業活動と区別され、不当性の高い行為を具体的に類型化していくという観点が重要であることが確認された。

---

34 消費者契約法専門調査会第31回【資料2】7頁。

35 消費者契約法専門調査会第31回議事録1頁以下。

4　第40回消費者契約法専門調査会

　第40回専門調査会では、第31回専門調査会での審議を踏まえ、困惑類型を追加する案として次の考え方が示され[36]、審議された[37]。

（法第4条第3項）

消費者は、事業者が消費者契約の締結について勧誘をするに際し、当該消費者に対して次に掲げる行為をしたことにより困惑し、それによって当該消費者契約の申込み又はその承諾の意思表示をしたときは、これを取り消すことができる。

一　（略）

二　（略）

不安を煽る告知

三　合理的な理由もなく、当該消費者契約を締結しなければ当該消費者に生じ得る損害又は危険を過度に強調して告げること。

断りきれない人間関係を濫用する行為

四　当該消費者を勧誘に応じさせる目的で当該消費者に接触し、取引上の社会通念に照らして当該消費者契約の締結とはかかわりのない関係を築いた上で、当該消費者契約を締結することが当該関係を維持するために必要であると思わせるような言動をすること。

　審議においては、「不安を煽る行為」について、現在の消費者契約法では対応しきれていない状況に対応するものであるとして評価する意見が多く出されたが、「合理的な理由もなく」「過度に強調して告げる」という要件によって、具体的に、どのような場合が適用の対象となり、どのような場合が対象にならないのかという点について不明確であるという指摘がなされた。また、「断りきれない人間関係を利用する行為」については、「取引上の社会通念に照らして当該消費者契約の締結とはかかわりのない関係」という要件によっては、幅広い関係が対象とされてしまうのではないかという懸念が示さ

---

[36]　消費者契約法専門調査会第40回【資料1】9頁。

[37]　消費者契約法専門調査会第40回議事録1頁以下。

れた。

さらに、実際の被害実例には、高齢者や知的障害者が既に合理的な判断を することができない事情にあるということを知りながら、消費者に不必要な 契約を勧誘するというタイプの不当勧誘行為（状況濫用型）が少なくないとし て、状況作出型に絞って議論するという方向性自体を疑問とし、状況濫用型 への対応として、「消費者は、事業者が消費者契約の締結について勧誘をす るに際し、当該消費者の年齢又は障害による判断力の不足に乗じて、当該消 費者の生活に不必要な商品・役務を目的とする契約や当該消費者に過大な不 利益をもたらす契約の勧誘を行い、その勧誘により当該消費者契約の申込み 又はその承諾の意思表示をしたときは、これを取り消すことができる。」と する明文化を提案する意見が出された。この提案に対しては、これを支持す る意見も複数あったが、「不必要」、「過大な不利益」の意味内容等につき、 さらに検討すべきとの意見も出された。

5　第44回消費者契約法専門調査会、消費者契約法専門調査会報告書 （平成29年8月）

第40回専門調査会の審議を経て、第44回専門調査会で、「消費者の不安 を煽る告知」と「勧誘目的で新たに構築した関係の濫用」を困惑類型として 位置づけたうえで、第40回の審議を踏まえた要件の明確化が示され[38]、こ の考え方が報告書での提案となった。報告書の提案は、第44回専門調査会 で示された考え方と実質的に同じであるので、以下では第44回専門調査会 に示された提案を掲げる。

（1）　消費者の不安を煽る告知

　消費者契約法第4条第3項の規定において掲げる行為として、当該消費者 がその生命、身体、財産その他の重要な利益についての損害又は危険に関す る不安を抱いていることを知りながら、物品、権利、役務その他の当該消費 者契約の目的となるものが当該損害又は危険を回避するために必要である旨 を正当な理由がないのに強調して告げることという趣旨の規定を追加して列

38　消費者契約法専門調査会第44回【資料1】13頁。

挙する。

(2)　勧誘目的で新たに構築した関係の濫用

　消費者契約法第4条第3項の規定において掲げる行為として、当該消費者を勧誘に応じさせることを目的として、当該消費者と当該事業者又は当該勧誘を行わせる者との間に緊密な関係を新たに築き、それによってこれらの者が当該消費者の意思決定に重要な影響を与えることができる状態となったときにおいて、当該消費者契約を締結しなければ当該関係を維持することができない旨を告げることという趣旨の規定を追加して列挙する。

　審議においては、上記の提案に対して若干の疑問や意見が示されたが、特段の異論はなく、委員間のコンセンサスが得られた。第40回の審議で委員から提案された、状況濫用型への対応については、消費者庁から、そうした問題意識に対応する案として、第29回専門調査会においてＡ案が示されたが、この案に対しては、「通常不要」というところが明確になっていないという意見があり、それを明らかにしていく中で第30回、31回、40回と議論してきたのが、困惑類型の一つとして取消しを認めていくという方向性であったのであり、別のアプローチも重要であるが、「まずはこのような困惑類型の一つとしての方向性について御検討いただくのがよろしいのではないかということでご提案させていただいた」との説明がなされている[39]。

　消費者庁の逐条解説においても、困惑とは、「困り戸惑い、どうしてよいか分からなくなるような、精神的に自由な判断ができない状況をいう。畏怖を含む、広い概念である」とされており[40]、不退去・退去妨害という限定を取り外した意味での困惑概念は、「断り切れない状況を設定し消費者から合理的な選択の余地を奪う行為」とでもいうべきものであり[41]、事業者が消費者の「合理的な判断をすることができない事情」を作出又は増幅した場合に、これを困惑取消しとすることは十分に考えられるところである。

　裁判例を見ると、霊感商法と言えるような方法で相手方の心理的圧迫状態を作出したケース（名古屋地判昭和58・3・31判時1081号104頁、大阪高判平成

39　消費者契約法専門調査会第44回議事録5頁。

40　消費者庁消費者制度課編『逐条解説消費者契約法〔第2版補訂版〕』（商事法務、2015年）140頁。

41　沖野眞已「契約締結過程の規律」私法62号（2000年）35頁。

16・7・30 WLJPCA07306001）や、デート商法（名古屋高判平成21・2・19判時2047号122頁）で公序良俗違反による無効を認めた判決があり、上記の方向が明文化されれば、これらについては困惑取消しの可能性が考えられる。

　これらの提案が対象とする具体的適用例としては、次のような事例が想定されている[42]。

参考事例①―不安を煽る告知
　大学や就職セミナーの会場周辺で、「就活生の意識調査」「学生生活のアンケート」などと学生に声をかけて連絡先を聞き出し、無料の説明会や就活セミナーに参加するように誘って事務所に来訪させた学生に対して、「あんたは一生成功しない」などと不安をあおり、就職活動支援や人材育成をかかげる有料講座の受講契約について勧誘を行った。
参考事例②―勧誘目的で新たに構築した関係の濫用
　SNSの婚活サイトで知り合ったファイナンシャルプランナーの男性と交流を始め、数回食事をした。お金の管理の話題になり、投資信託をしていると告げると、ファイナンシャルプランナーの立場として源泉徴収票や投資信託の報告書を見せてほしいと言われたので見せて相談した。その後、男性はコンサルティング会社勤務であることがわかり、投資用マンション購入の見積書を見せられて、ローンは家賃から支払っていけるなどと言われて勧誘を受けた。契約をする前に「契約をやめたい」と男性に伝えたが、二人の将来のことを言われたため、やめられなかった。ところが、契約後、男性から連絡が来なくなった。

　「消費者の不安を煽る行為」としては、霊感商法の多くがこれに該当するが、上記参考事例①のような場合も含まれる。告知の内容が一定の信頼性のある根拠、知見に基づいた分析、判断の結果であると言えるような場合は、「正当な理由」があり、取消しの対象とはならない[43]。「当該消費者がその生命、身体、財産その他の重要な利益についての損害又は危険に関する不安を抱いていることを知っている」ことが要求されているが、専門調査会では、重要な法益に関連して正当な理由もなく契約の必要性を告げるという行為が

42　前掲注3）参考資料5。
43　前掲注39）2～3頁。

あれば取消しを根拠づけるに十分だとして、「知っている」という要件を不要とする意見もあった[44]。

「勧誘目的で新たに構築した関係の濫用」は、上記参考事例②のような場合に適用される。消費者庁の説明によれば、ここにいう「緊密な関係」とは、通常の取引では見られないような特殊な関係をいい、デート商法に見られるように、いわば依存してしまっているような関係を意味している。営業担当者が、新しく趣味のサークルに入ったり、地域活動に参加したりして人間関係を広げて営業活動を行っていくという場合については、それによって消費者の意思決定に重要な影響を与えることができる状態になるということは考え難く、そのような状態となったからといって、事業者が契約を締結しなければ、その関係を維持することができないということを告げるということも考え難いとして、ここでの「関係」には該当しないと説明されている。また、「新たな関係の構築」とは、新しく勧誘する目的で人間関係を築いた場合を捉えるという趣旨である。従来からの人間関係を利用して勧誘するという場合は通常の営業活動として許容範囲のことと考えている[45]。

6　状況濫用型への対応

このようにして、状況作出型については、一定の範囲で消費者の保護を図ることが提案されている。しかし、こうした対応は、事業者に積極的な行為がある点で不当性が高く、明文化につきコンセンサスを得やすい部分の立法化を目指したもので、困惑取消しによる処理では状況濫用型については適用対象外となる。

消費者契約法の改正審議の過程で明言されていないが、「合理的な判断をすることができない事情を利用して契約を締結させる類型」は、民法改正中間試案で用いられていた「相手方が法律行為をするかどうかを合理的に判断することができない事情があることを利用して」という表現に連なるものである[46]。民法改正の中間試案では、暴利行為の主観的要素にかかわる事情を拡大する方向で、「相手方が法律行為をするかどうかを合理的に判断するこ

44　前掲注39) 5頁。
45　前掲注39) 4頁。

とができない事情があることを利用して」という表現を用いており、暴利行為に関する裁判例も、「判断力の低下」、「従属状態」「心理的抑圧状態」など、暴利行為の主観的要素にかかわる事情を拡大する方向に展開している[47]。その意味では、民法の暴利行為裁判例は、契約締結過程における取引の悪性を主観的要素において問題とする方向へと適用範囲を拡大してきている。

このような民法における暴利行為裁判例の動向からすると、意思表示の瑕疵に基づく取消しを認める消費者契約法において、消費者の「判断力の低下」等を問題とする規定を明文化する可能性は高まってきていると考えられる。消費者契約法専門調査会において、暴利行為とは一線を画する法理として過量契約の取消しが立法化されたのは、消費者にとって不必要な契約であれば、暴利行為と言えなくても契約の効力を否定すべきであると考えられたからである。こうした問題意識に立ち、過量契約の場合以外に類型的に「不必要な契約」に当たると考えられる契約を、客観的な要件をもって具体化するという観点から、過量契約のモデルを過量でない場合にも踏襲し、「当該消費者の年齢等に応じた生活の状況等に照らして通常不要とされるものであること」について事業者が知りながら勧誘した場合に取消しを認めるという提案（第29回専門調査会で提案されたA案）がなされているところであり、消費者契約法における「合理的な判断をすることができない事情を利用して契約を締結させる類型」は、この方向を基本に置いて立法化するのが適切と思われる。

もっとも、事業者の予見可能性を確保する観点から、過量契約の場合以外に類型的に「不必要な契約」に当たると考えられる契約を、客観的な要件をもって具体的に示すことが必要で、それが今後の課題である。裁判所で使われることが多い民法に比べて消費生活相談の場でも多く使われる消費者法契

46　前掲注13) 14頁以下は、民法改正中間試案を紹介したうえで、消費者契約法における「合理的な判断をすることができない事情を利用して契約を締結させる類型」について検討を加えている。

47　暴利行為裁判例については、山本敬三「法律行為通則に関する改正の現況と課題」法時86巻1号（2014年）11頁以下、後藤「公序良俗規定の意義と機能」（前掲注4)）。また、暴利行為論の現代的意義につき、川島武宜＝平井宜雄編『新版注釈民法 (3)』(2003年) 107頁〔森田修〕参照。

約法においては、要件の明確化の要請は相対的に高いと考えられ、抽象度の高い、言い換えると、事業者にとって予見可能性が高いとは言えない要件設定しかできないとすると、コンセンサスの形成は困難で、この点を見据えた議論が必要である。

V 結びに代えて

消費者契約においては、事業者が、消費者が当該契約を締結するか否かについて合理的な判断を行うことができない事情を利用して、事業者の当該行為がなければ、一般的・平均的な消費者であれば通常契約を締結するとは考えられない契約を締結させたという趣旨で「不必要な契約」を締結させた場合には、対価的均衡を著しく欠くとまでいえなくても消費者に当該契約の取消権を認めるべきである。

外国の例を見ても、例えば、ヨーロッパ契約法原則4：109条は、「(1) 当事者は、契約締結時に以下に掲げるすべての事情が存在した場合には、当該契約を取り消すことができる。(a) その当事者が、相手方に依存し、もしくは相手方と信頼関係にあった場合、経済的に困窮し、もしくは緊急の必要があった場合、または、軽率であり、無知であり、経験が浅く、もしくは交渉技術に欠けていた場合、(b) 相手方が、このことを知りまたは知るべきであり、かつ、当該契約の事情および目的を考慮すると、著しく不公正な方法でその当事者の状況につけ込み、または過大な利益を取得した場合」としている。すなわち、(1) (a) の状況を知りまたは知るべきでありながら、著しく不公正な方法でその当事者の状況につけ込んだ場合については、事業者が過大な利益を取得したことを要件としていない[48]。消費者契約が、契約当事者間に情報・交渉力についての構造的な格差がある契約であり、「著しく不公正な方法でその当事者の状況につけ込んだ」と評価できる場合が多い契約類型であることから、民法上の暴利行為とは別に、消費者契約法に消費者に「不必要な契約」の取消しを明文化することには一定の正当性がある。その

---

[48] オーレ・ランドー／ヒュー・ビール編＝潮見佳男ほか監訳『ヨーロッパ契約法原則Ｉ・Ⅱ』（法律文化社、2006年）245頁以下。

意味では、民法には暴利行為を規制する規定を置き、消費者契約法には不必要な契約を規制する規定を置くことが考えられる。消費者契約においては、暴利行為の客観的要件が暴利行為準則の広範な適用の制約になることに注意すべきであろう。

　もっとも、暴利行為裁判例の中には、対価の不均衡をあまり重視していないものもあり[49]、「不必要な契約」の規制が消費者契約についてのみ正当化されるものかは検討を要する。消費者契約が、暴利行為が問題となる典型的な契約類型の一つであることから、消費者契約において「不必要な契約」の規制が典型的に要請されているにすぎず、暴利行為準則は、もともと「不必要な契約」の効力否定をも射程に収める法理であると考える余地もある。「合理的な判断ができない事情を利用してする契約の締結」の要件化において、一般の契約と消費者契約とで有意な違いがあるかどうかは、なお検討すべき課題である。暴利行為として公序良俗違反（民法90条）が認められることと比較すると、消費者契約法に基づき契約の取消しが認められる要件は緩和される反面、取消しの意思表示が必要であり、行使期間も制限される[50]。このような効果面の違いも考慮に入れて、暴利行為ないしその周辺領域において消費者契約に固有なルールを見出すことが可能かどうかを検討する必要がある。これは、消費者契約に関する一般的民事ルールを定める消費者契約法を有する日本法において、同法がどのような役割を担うべきかという問題にかかわり、民法と消費者契約法、さらには民法と消費者法の関係という、筆者が継続的に取り組んでいる問題に繋がる課題である[51]。

49　後藤「公序良俗規定の意義と機能」（前掲注4））参照。

50　さらに、無効と取消しの関係につき、一部無効、相対的無効、取消的無効等をどう考えるかという問題とも関連する。これについては、織田博子「公序良俗違反無効」椿寿夫編『法律行為無効の研究』（日本評論社、2001年）306頁以下、新見育文「公益的無効と私益的無効」同213頁以下参照。

51　この観点からの検討として、後藤巻則『消費者契約と民法改正』（弘文堂、2013年）67頁以下、114頁以下、132頁以下、同「民法の契約と消費者契約」別冊NBL147号（2014年）41頁以下、同「携帯電話利用契約にみる民法と消費者法」浦川道太郎＝内田勝一＝鎌田薫先生古稀記念論文集『早稲田民法学の現在』（成文堂、2017年）393頁以下。

錯誤者の責任

岩 本 尚 禧

```
Ⅰ  はじめに
Ⅱ  錯誤と損害賠償──ドイツ法
Ⅲ  錯誤の主張制限──イギリス法
Ⅳ  日本錯誤法
Ⅴ  おわりに
```

Ⅰ はじめに

改正錯誤法を巡る論点の一つとして「錯誤者の損害賠償責任に関する特則」が挙げられていた。ところが、錯誤者の損害賠償責任については一般不法行為責任に委ねることが確認されたのみで[1]、その議論状況は他の錯誤の論点と比べれば皆無に等しい[2]。

ではなぜ錯誤者の損害賠償責任が論点化したのか。我が国ではドイツ民法122条[3]を評価する声が以前から聞かれていた。例えば、「ドイツ民法は、錯

---

1 この点につき、例えば「法制審議会 民法（債権関係）第 31 回会議 議事録」（以下、「法制審議会」）37 頁以下）。

2 「一方的な錯誤について表意者を保護し過ぎているのではないかという問題意識」から信頼利益賠償を肯定的に捉える意見（松本委員発言「法制審議会 第 31 回会議」38 頁）、あるいは無過失損害賠償と日本民法との体系的整合性を危惧する立場（潮見幹事 発言「法制審議会 第 31 回会議」39 頁）が見られたのみ。

3 ドイツ民法第 122 条［取消者の損害賠償義務］

①意思表示が 118 条により無効であるとき、または 119 条、120 条に基づいて取り消されるときは、表意者は、その意思表示が相手方に対して為されるべきときはその相手方に対して、その他の場合においては各第三者に対して、その相手方または第三者が表示の有効性を信頼したこと

誤を取消しうるものとなし、錯誤者は常に信頼利益の賠償義務—取消されない完全に有効な意思表示と信じたことによって相手方の被った損害を賠償する義務—があるものとする（ド民一一九条・一二二条）。極めて至当な立法である」[4]。

　ではなぜ錯誤者の責任が問われるべきなのか。「單純ノ錯誤ハ多クハ當事者ノ過失ニ出ツルモノニシテ之ニ因リテ法律行爲ヲ取消サシムルトキハ往往ニシテ過失者ヲ保護シ却テ過失ナキ者ニ損害ヲ加フルノ結果ニ至ル」[5]からである。

　確かに法律効果の変更（「無効→取消し」）は、錯誤者の責任を実質的に強化するものとして理解でき[6]、また行き過ぎた意思主義の修正として評価できよう[7]。しかし、この変更は、むしろ錯誤者の責任を追及する際の桎梏となりかねない。なぜなら、錯誤者の責任を一般不法行為に委ねる場合、取消権の行使者に不法行為に基づく賠償義務を課すことは矛盾ではないか、という疑問が生じるからである[8]。

　もっとも、賠償義務を課す以外の方法として、「錯誤の主張制限」により間接的に錯誤者の責任を反映させる制度も考えられる。日本錯誤法はこれに属し、錯誤の主張を制限する要件として「要素」と「重過失」を設定する[9]。

　で被った損害を賠償しなければならない。ただし、その相手方または第三者が表示の有効性について有する利益の額を超えない。
　　②損害賠償義務は、被害者が無効もしくは取消可能性の原因を知り、または過失により知らなかった（知るべかりし）ときは、生じない。
4　我妻栄『新訂 民法總則』（1965 年）303 頁。その他に幾代通『民法総則（第 2 版）』（1984 年）275 頁も参照。
5　梅謙次郎『民法要義 卷之一』（1896 年）194 頁。
6　評価矛盾の緩和にも資する（が、解消されるわけではない）。この問題につき、拙稿「民事詐欺の違法性と責任（1）」63 巻 3 号（2012 年）92 頁以下。
7　錯誤「無効」は「意思主義に傾きすぎるとの批判が多い。立法論としては、これを取り消しうるものにとどめ、また錯誤者に賠償義務を課すドイツ民法（119・122）の立場が参考に価いしよう」（川井健『注釈民法（3）』（1973 年）219 頁）。
8　「ドイツのように顧慮錯誤の効果を取消可能とすると、法によって認められた取消権の行使を、それが権利濫用にでもならない限り、不法行為と構成するわけにはいかないから、錯誤取消者に賠償責任を負わせるにはその旨の明文規定を必要としよう」（小林一俊『錯誤法の研究』（1986 年）201-202 頁）。取消権行使と不法行為責任につき、幾代通『不法行為』（1977 年）57 頁も参照。
9　重過失を「要件」として捉えることにつき、川井健『新版 注釈民法（3）』（2003 年）417-418 頁を参照。

ところが、「要素」はドイツ民法119条1項に相当するものであり[10]、確かに「重過失」は日本錯誤法特有[11]の制限要因であるが、しかしその立証責任は錯誤者の相手方に課せられている[12]。

そもそも問題は、錯誤者が軽過失であっても相手方は害され得る、という点である。錯誤者に契約締結上の過失（以下、「c.i.c.」）責任を問う余地もあるが[13]、その法的性質が不法行為責任であるなら前述と同様の問題が生じるであろうし[14]、錯誤の要件として相手方の過責は要求されないのに相手方は錯誤者の過責を立証しない限り救済されず、リスク配分として不均衡ではないか、という疑義を生ぜしめる。

以上を要するに、日本民法は「錯誤者に甘い」のではないか。そうであるなら、その理由は何か。これを探求することが本稿の課題[15]である。かかる課題に取り組むため、本稿では錯誤者の責任を問う方法としてドイツ法の「損害賠償」とイギリス法の「主張制限」を比較法として考察する[16]。かかる考察を通じて、詐欺規範が重要な役割を果たしている点を確認し、最後に錯誤と詐欺の両面から改正日本錯誤法を批判的に分析する。

10　「法律行爲ノ要素ニ錯誤アルトキハ意思表示ヲ無效トナス所以ノモノハ表意者カ事情ヲ知リタランニハ其意思表示ヲ爲ササルヘカラサリシモノト忖度セラルヘキ場合ナル」（大審院1914年（大3）12月15日判決（民録20輯1101頁））。ドイツ民法119条1項：「意思表示を為すに際して、その内容につき錯誤にあった者、またはその内容の表示を全く為すつもりがなかった者は、その者が事情を知り、かつ事態を合理的に判断すれば表示しなかったであろうことが認められるべきときは、意思表示を取り消すことができる」。

11　日本法の他に重過失を設定する主要な法準則としてはユニドロワ国際商事契約原則第3.3.2.条のみか。同原則につき後述頁も参照。

12　大審院1918年（大7）12月3日判決（民録24輯2284頁）。

13　意思表示の無效（取消し）を経ずに相手方が損害賠償を請求することは原則として認められない。錯誤の相手方は、その契約関係が存続されるならば、そもそも損害を受ける立場ではないからである。この意味において、意思主義が優先する（べき）ことに変わりはない。

14　最高裁2011年（平23）4月22日判決（民集65巻3号1405頁。とりわけ千葉裁判官の補足意見も参照）。たとえ契約責任と解する余地があるとしても、錯誤規範において適法な権利行使が他の規範において違法の評価を受けるなら、それは評価矛盾であろう。

15　不実表示に対して否定的な産業界も、錯誤の拡張については寛容であったようである（例えば、「法制審議会 第96回」2頁以下）。この点はいわば政策的論点であるため、本稿の検討対象から除外せざるを得ない。

16　ドイツとイギリスの錯誤論を並行して比較研究する先行業績として、坂口洋一「錯誤論―錯誤既定の成立―」東京外国語大学論集23巻（1973年）141頁以下がある。同論文では詐欺については触れられておらず、結果的に本稿とは逆の結論が目指されている。

Ⅱ 錯誤と損害賠償——ドイツ法

1 ドイツ民法 122 条

早期普通法学は重過失要件により相手方の保護を図らんとしたが[17]、自然法学説は意思主義の帰結[18]として重過失要件を排除し、それに代えて錯誤者の損害賠償責任を認めるに至り、かかる理解はプロイセン一般ラント法にて明文化された（1 編 4 章 79 条）。同法はドイツ民法典の立法作業に影響を与え、部分草案（100 条 1 項）は錯誤者の過責を問うことなく無効を認めつつ、賠償責任を課すものとして起草された[19]。ところが、ヴィントシャイト（Bernhard Windscheid）の影響[20]を受けた第一草案 99 条では重過失要件が復活し、しかも錯誤者の損害賠償責任は過失を要するものとされた[21]。重過失要件に対して意思主義者から批判が提起されたことは当然の反応として理解できよう[22]。賠償責任の過失要件についてはギールケ（Otto Friedrich von Gierke）の批判が重要であるため、ここで確認する[23]。

ギールケは、錯誤者が過失の責を負うか否か、は相手方にとり関心のない事情である旨を指摘し、次のように述べる。「たとえ両当事者ともに責任が

---

[17] ドイツ民法典成立に至る錯誤と賠償責任の関係につき、村上淳一『ドイツの近代法学』（1964年）3 頁以下および Martin Josef Schermaier, in: Historisch-kritischer Kommentar zum BGB, Bd. 1, 2003, S. 474 ff. を参照。

[18] 「意思なきところに効力を認めない」という結論は過責と無関係であるから。自然法学説と意思主義の関係一般につき、拙稿「民事詐欺の違法性と責任 (2)」北大法学論集 63 巻 4 号（2012年）190 頁以下を参照。

[19] ドイツ民法典制定過程におけるプロイセンの影響につき、拙稿「民事詐欺の違法性と責任 (3)」北大法学論集 63 巻 5 号（2013 年）64 頁以下を参照。

[20] Benno Mugdan, Die gesammten Materialien Bürgerlichen Gesetzbuch für das Deutsche Reich, 1. Bd., 1899, S. 463. ヴィントシャイトの錯誤論について、村上・前掲注 17・66 頁も参照。

[21] 同 2 項：本人に過失はあるが、重大なものでないときは、本人は受領者に対して 97 条 3 項の基準により損害賠償の責を負う。

[22] 例えば、意思主義者たるウンガー（Joseph Unger）の批判につき、中田邦博「ドイツ民法典における意思表示法の形成過程 (2) ——第一草案に対する諸批判を中心に——」立命館法学 195 号（1985 年）673 頁以下を参照。

[23] ギールケとウンガーの批判が第一草案の錯誤規定に対して決定的な意味を持った点について、Martin Josef Schermaier, Die Bestimmung des wesentlichen Irrtums von den Glossatoren bis zum BGB, 2000, S. 386 f.

ないとしても、逆説的だがしかし的を射た表現を用いるなら、その表示を受領した者は錯誤者や諧謔者よりも『一層、責任がない』のである！」[24]。

第二草案では重過失要件が否定され[25]、さらに意思表示に対する相手方の信頼（Vertrauen）を保護する観点から賠償責任の過失要件も排除された[26]。その代わり賠償額の上限を履行利益（Erfüllungsinteresse）に抑えることで均衡が図られる、という[27]。なお、錯誤の効果が無効から取消可能性へ転換された理由は、契約から離脱するか否かの選択権を与える趣旨であり[28]、ほぼ異論は見られなかったようである[29]。

その後、若干の字句が修正されたのみで現行122条[30]として確定された。このようにドイツ錯誤法は、第一段階として一般錯誤規定119条[31]により錯誤者の意思を保護し、その意思表示が取り消される場合に第二段階として122条1項により相手方の信頼を保護する[32]。かかる構成は、意思主義と表示主義との現実的な妥協策として評価されている[33]。

錯誤者の賠償責任の性質については前述したギールケの批判が今日でも援用されており、錯誤者の過責を要しない信頼責任として理解されている[34]。

---

24 Otto Friedrich von Gierke, Der Entwurf eines bürgerlichen Gesetzbuchs und das deutshe Recht, 1889, S. 167.

25 ギールケの影響を示唆するものとして、例えば Christian Katzenmeier, Zur neueren dogmengeschichtlichen Entwicklung der Deliktsrechtstatbestände, 153 AcP Bd. 203 (2003), S. 103 mit Fußn. 153.

26 Mugdan, a.a.O., (Fn. 20), S. 716.

27 Mugdan, a.a.O., (Fn. 20), S. 716.

28 「錯誤者の認識からしても当該表示をそのままにしておくことは稀ではない」(Mugdan, a.a.O., (Fn. 20), S. 719.)。

29 この点につき、磯村哲『錯誤論考―歴史と論理―』(1997年) 69頁を参照。

30 前掲注3を参照。

31 ドイツ民法119条 錯誤を理由とする取消可能性
　①意思表示を為すに際して、その内容につき錯誤にあった者、またはその内容の表示を全く為すつもりがなかった者は、その者が事情を知り、かつ事態を合理的に判断すれば表示しなかったであろうことが認められるべきときは、意思表示を取り消すことができる。
　②取引の本質と認められる人または物の性状に関する錯誤もまた、意思表示の内容に関する錯誤とする。

32 Clemens Höpfner, Vertrauensschaden und Erfüllungsinteresse, AcP 212 (2012), S. 862.

33 Stephan Tögel, Der Irrtum bei Vertragsschluss und dessen Risiko für die Vertragspartner, 2016, S. 277. Reinhard Singer, in: Staudinger Kommentar, Bd. 1, 2012, S. 614 によれば、立法者による「意思決定と取引・信頼保護との妥協」である、という。

34 Christian Armbrüster, in: Münchener Kommentar zum Bürgerlichen Gesetzbuch, Bd. 1, 7.

ただし、同条 2 項によると、かかる信頼責任は相手方が錯誤を「知ってい
た」場合または「過失によって知らなかった（infolge von Fahrlässigkeit nicht
kannte）」場合に免責され、かかる要件を介して錯誤のリスクが当事者間で配
分される。「知っていた」場合に損害賠償責任が排除される理由は明快であ
り、相手方が錯誤を認識している場合は、そもそも信頼損害が発生しないか
らである[35]。問題は、「過失によって知らなかった」場合である。

　この問題につき以下の 2 点に注目したい。第一は、原則として何人も相手
方の錯誤につき注意を払う必要はなく、ゆえに他人の錯誤を認識しないこと
自体は過失を構成しないはずである[36]、という点である。かくして近時では
122 条 2 項の「過失」を「重過失（gorbe Fahrlässigkeit）」へ読み替える解釈が
有力である[37]。122 条 2 項に基づく損害賠償の排除原因については錯誤者が
立証しなければならないから[38]、過失を重過失へ読み替える解釈は錯誤者の
責任を加重するものである。

　第二は、「原則として何人も相手方の錯誤につき注意を払う必要がない」
という説明が不作為の詐欺の違法性を否定する論拠と類似している[39]、とい
う点である。「一方当事者の錯誤に注意を払う必要がある場合＝他方当事者
は（錯誤を是正すべき）作為義務を負う」ことを意味するのであれば、122 条 2
項による錯誤者の免責要件として錯誤者は相手方の作為義務を証明しなけれ

Aufl., 2015, S. 1280. mit Fußn. 7.; Tögel, a.a.O., (Fn. 33), S. 277 mit Fußn. 1105.

[35]　Dieter Medicus, Allgemeiner Teil des BGB, 8. Aufl., 2002, S. 307.; Armbrüster, a.a.O., (Fn. 34), S. 1283.

[36]　Medicus, a.a.O., (Fn. 35), S. 307. もともとメディクスが詐欺の成立に否定的である点には注意が必要である（この点につき拙稿「民事詐欺の違法性と責任 (4)」北大法学論集 63 巻 6 号（2013 年）313 頁以下を参照）。

[37]　Schermaier, a.a.O., (Fn. 17), S. 423 f. この場合の重過失は、再び問い合わせることが当然に為される程に錯誤が明白である場合にだけ問題となる（Medicus, a.a.O., (Fn. 35), S. 307）。

[38]　Martin Kessen, in: Handbuch der Beweislast, Bürgerliches Gesetzbuch Allgemeiner Teil, 3. Aufl., 2007, S. 99; Armbrüster, a.a.O., (Fn. 34), S. 1284.

[39]　例えば、Medicus, a.a.O., (Fn. 35), S. 311 は、交渉相手にとり重要となる事情を説明すべき法的義務は原則として存在しないことを前提として、欺罔者が負うべき作為義務につき次のように説明する。「通常は、全状況から考えて容易に気づける表意者の錯誤を正すべき義務のみが問題となる」。不作為の詐欺の違法性を原則として否定する理解は我が国でも同様であり、例えば次のように説明される。「他人の不知や錯誤を知りつつ、自己の利益のために、これをその者に告げないことは、個人の自由行動の範囲内のものとしてある程度許容さるべきである」（下森定『注釈民法 (3)』(1973 年) 224 頁）。

ばならず、錯誤規範と詐欺規範は不作為の詐欺において連関する。当該作為義務は過失によっても違反され得るが、しかし詐欺規範では故意が要件とされる点において確かに錯誤規範との差異が認められる。ただし、次節にて確認するように、この差異は大きくないように思われる。

2 錯誤と「悪意の欺罔」の関係

錯誤者は自ら誤解に陥る者であり、被欺罔者は相手方により錯誤へ陥らされる者である。悪意の欺罔（arglistige Täuschung）を定めた123条1項（日本民法の96条に相当）は、欺罔者の故意（Vorsatz）を取消権の要件として規定する。錯誤者であれ被欺罔者であれ相手方の錯誤に対する認識を証明できない限り、表意者が錯誤のリスクを引き受けなければならない。すなわち、錯誤規範と詐欺規範は「相手方の認識」が問われる領域にて連関し得る。事実、122条の帰責根拠たる領域思想（Sphärengedanke）[40]によれば、悪意の欺罔（123条）を理由とする取消しにつき122条は類推適用されず、なぜなら当該錯誤は錯誤者の領域から来るものではないからである[41]。

「認識」の立証難易度につき、123条1項の「悪意」は単なる故意として理解され、その故意は未必の故意を含み、しかも通説・判例は認識（Wissen）[42]のみを求める表象説ないし可能性説に依拠しているため、実質的には過失（Fahrlässigkeit）にまで及び得ると言われており[43]、122条2項と

---

40 錯誤者から信頼というリスクが生じ、かつ錯誤者のみが当該リスクを支配できる点に責任の根拠を見出す考え方のこと。この点につき、Armbrüster, a.a.O., (Fn. 34), S. 1280を参照。これを支持する者としてTögel, a.a.O., (Fn. 33), S. 276 mit Fußn. 1099. 誘因原理（Veranlassungsprinzip：錯誤の原因性（Ursächlichkeit）を問う考え方）では実質的根拠として足りないとの指摘について、Werner Flume, Allgemeiner Teil des bürgerlichen Rechts, 2. Bd., Das Rechtsgeschäft, 4. Aufl., 1992, S. 423も参照。

41 Singer, a.a.O., (Fn. 33), S. 615. かつて裁判所（RG (Urt. v. 23. 2. 1913), RGZ 81, 398 ff.）は錯誤を引き起こした相手方が122条1項に基づく損害賠償請求権を主張した事案において錯誤者に悪意の抗弁（exceptio doli）を認める判断を示したが、しかし今日では領域思想の帰結として端的に「賠償請求権は生じない」と考えれば足りる、とされる（Flume, a.a.O., (Fn. 40), S. 424.）。Armbrüster, a.a.O., (Fn. 34), S. 1283も参照。

42 Wissenと（122条の）Kenntnisとの言語学的相違を本稿で検証することはできないものの、いずれも「知っている」という意味において大差なきように思われる。Duden, 7., aufl., 2011の各項も参照。

43 この点につき拙稿（4）・前掲注36・271頁の注7、同「民事詐欺の違法性と責任（5）」北大法学論集64巻1号（2013年）115頁以下および113頁の注227を参照。

123 条 1 項の差は大きくないように思われる[44]。

　ただし、123 条 1 項の規範目的は表意者の「意思決定自由の保護」であるため[45]、欺罔者による錯誤の惹起は確かに詐欺規範の適用対象であるが、しかし 122 条 2 項が規定する相手方の認識は既存の錯誤へ向けられたものに過ぎず、その相手方が錯誤を惹起したわけではない。つまり、122 条 2 項に詐欺の要素を見出し得るとしても、それは「不作為の詐欺」に限られる[46]。

　相手方の錯誤を「単に認識している」こと自体は 123 条 1 項が保護する意思決定自由の侵害を意味せず、違法ではない。しかし、利害が対立する具体的な取引において「純粋な認識」など通常は考えられず、むしろ信義則（Treu und Glauben）が支配する領域では当該認識それ自体が（不作為を作為へ同置させる）作為義務を導き出し、その違反が意思決定自由に対する侵害を構成し、取消権を基礎づける[47]。

　かような信義則を介した判例の態度は錯誤の事案でも同様に見出すことができる。例えば、計算錯誤の事案[48]において相手方が錯誤を認識しなかったことが信義に反する場合は認識した場合と同視され、その相手方は c.i.c. 責任に基づいて錯誤を指摘すべき義務を負う可能性が判示されている[49]。

　かかる作為義務を故意に違反する者が錯誤に起因する全リスクを引き受けるべきことにつき異論は少ないと思われる[50]。問題は（重）過失の場合のリスク配分である[51]。錯誤の大半は表意者の過責に起因するものであるから[52]、

---

[44]　122 条 2 項の要件を端的に故意または重過失と表現する者もいる（Schermaier, a.a.O., (Fn. 17), S. 423.）。

[45]　この点につき拙稿 (4)・前掲注 36・269 頁以下を参照。

[46]　前掲注 39 も参照。

[47]　具体的な事例では欺罔者の認識から信義則に基づいて作為義務が導き出されることもある。この点につき拙稿 (5)・前掲注 43・131 頁以下を参照。

[48]　計算錯誤の特性に考慮する必要はあろうが。この点につき栗原秀朗「計算錯誤について (2) ―ドイツ法を中心にして―」九大法学 100 号（2010 年）1 頁以下を参照。

[49]　例えば、BGH (Urt. v. 7.7. 1998), NJW 1998, S. 3192. この事件では結果的に錯誤取消しが否定されている。

[50]　123 条 1 項が成立する場合に被欺罔者が賠償義務を負うことはない（Armbrüster, a.a.O., (Fn. 34), S. 1279.）。

[51]　122 条 2 項の「過失によって知らなかった」場合に賠償請求権が完全に脱落することは 254 条の損害分配にも反する、という指摘もある（例えば Medicus, a.a.O., (Fn. 35), S. 307）。

[52]　Singer, a.a.O., (Fn. 33), S. 614.

当事者双方に過失ある場合のリスク配分として all or nothing の解決は不適当であろう[53]。そもそも信頼責任を定める 122 条は錯誤者の過責性を否定するものではなく、相手方が錯誤者の過責を立証すれば、錯誤者は c.i.c. 責任を負い[54]、この場合は 122 条 1 項但書の制約[55] を受けず[56]、場合によっては過失相殺を通じて損害が調整される[57]。

結局、錯誤者が完全なる救済を得るためには相手方の認識（故意）を立証しなければならず、錯誤と詐欺の関係につき以下の帰結に至る。すなわち、「悪意の欺罔の事案において 119 条により顧慮される錯誤が同時に存在する場合は、123 条による取消権に加えて、119 条による取消権が生じる。しかし、122 条による損害賠償義務に鑑みれば、そのような事案では取消権者は、悪意の欺罔を理由とする取消しが実現されない場合にのみ事情に応じて錯誤を理由とする取消可能性を援用するのである」[58]。

日・独の事例比較として、例えば盗難歴ある中古車が盗難歴なき旨の保証に基づいて売買された日本の事案[59]では買主が錯誤を主張し、これが認められているのに対して、事故歴ある中古車が事故歴なき旨の保証に基づいて売買されたドイツの事例[60]では買主が詐欺を主張し、これが認められている[61]。

ドイツでは錯誤者の損害賠償責任を明記し、さらに詐欺の射程を拡大することで、錯誤者・欺罔者を問わず「過失ある表意者」の責任を追及する姿勢が窺われる。

---

53 例えば、BGH（Urt. v. 14. 3. 1969），NJW 1969, S. 1380 は、122 条 2 項の成立を否定しつつ、当該錯誤につき当事者双方の過責が寄与している場合に 254 条 1 項の適用を認めた。

54 Armbrüster, a.a.O., (Fn. 34), S. 1281 (mit Fußn. 24) を参照。

55 信頼損害の賠償額は履行利益を上限とする制約。もっとも、実際には信頼損害が履行利益を上回る可能性も指摘されている。例えば、Karl Larenz/ Manfred Wolf, Allgemeiner Teil des Bürgerlichen Rechts, 9 Aufl., 2004, S. 681. 賠償範囲を巡る問題について、Höpfner , a.a.O., (Fn. 32), S. 853. も参照

56 Larenz/ Wolf, a.a.O., (Fn. 55), S. 682.; Armbrüster, a.a.O., (Fn. 34), S. 1281.

57 Armbrüster, a.a.O., (Fn. 34), S. 1283.

58 Flume, a.a.O., (Fn. 40), S. 532.

59 東京地裁 2008 年（平 20）2 月 27 日判決（判時 2013 号 90 頁）。

60 BGH 7. 6. 2006, NJW 2006, S. 2839; JZ 2007, 98.

61 加えて、ドイツ民法の詐欺は日本民法の詐欺より認められやすい点につき、拙稿「民事詐欺の違法性と責任（8）」北大法学論集 64 巻 4 号（2013 年）187 頁以下を参照。

152

Ⅲ　錯誤の主張制限──イギリス法

1　イギリス錯誤論の前提

イギリス法では共通的錯誤（common mistake）[62] と一方的錯誤（unilateral mistake）に大別され[63]、後者は大陸法系に近い特徴が見られる、とも言われており[64]、確かにフランス法やドイツ法の影響を受けた時期もあった[65]。しかし、イギリス法体系は「当事者の意思を離れてパターナリズム的視座から当事者間の関係を重視して法的効果を問題とする点に特色がみられ」[66]、とりわけ 19 世紀後半以降はイギリス独自の発想へ回帰した[67]。その錯誤論における先例として Smith v. Hughes 事件[68] が重要である。

　事実関係は以下の通り。目的物の麦は一般に古い物ほど飼料に適し高価とされるが、本件麦は新作であるにもかかわらず高額であった。売買契約締結後に原告は本件麦が新作であることに気づき、錯誤を主張して、受領を拒絶した。

　ブラックバーン判事（Blackburn J.）は次のように述べて、錯誤の成立を否定した。「目的物が当該品質を備えるものだと買主が考えていたことに売主が気づき、買主がそのように思わなければ契約を締結していなかったであろうことに売主が気づいていたとしても、売主が買主に詐欺（fraud）または欺罔の責を負うのではない限り、依然として買主は拘束される……（中略）……道徳の法廷にいるのであればともかく、買主が売主の行為によって引き起こ

62　「相互的錯誤（mutual mistake）」という言葉が用いられる場合もあるが、今日では共通的錯誤で統一される傾向がある。この点につき John Cartwright, Misrepresentation, Mistake and Non-Disclosure, 3rd ed., 2012, p. 582 to fn. 23 を参照。

63　もっとも、その詳細について統一されているわけではなく、独自の新たな分類を提案する者もいるが、必ずしも成功していない（例えば、H. G. Beale, Chitty on Contracts, 30th ed., vol. 1, 2008, p. 431-2 and p. 432 to fn. 6 を参照）。

64　木下毅『英米契約法の理論（第 2 版）』（1985 年）289-0 頁。この理由により、本稿では共通的錯誤の事例に触れつつも、それ自体の研究・分析は行わない。

65　この点につき木下毅「私法上の錯誤（イギリス）」比較法研究（1979 年）64 頁以下、Catharine Macmillan, Mistakes in Contract Law, 2011 も参照。

66　木下・前掲注 64・6 頁。

67　木下・前掲注 64・8 頁。

68　(1871) LR 6 QB 597.

されたわけではない錯誤に陥っている点について売主が知らせるべき法的義務は存在しない」[69]。

錯誤の主張それ自体を制限することで錯誤者の責任を問うイギリス錯誤法では、ドイツ民法122条2項の免責さえ認められない可能性が高く、錯誤者が負うべき責任を重く捉えていることが理解できる。

こうしたイギリス錯誤法の特徴は以下の諸点から導かれる。①表意者の主観的な同意ではなく、取引を具体化する客観的な合意が重視され、②①から「なぜ一方当事者の錯誤を理由に他方当事者が取引の利益を奪われなければならないのか」という視点が生まれ、③かくして一方当事者の錯誤を理由として契約を無効にするよりも、他方当事者の不実表示を理由として契約の無効を認めた方が賛同が得られやすい[70]。

イギリス法は伝統的に common law（以下、「普通法」）と equity（以下、「衡平法」）の二大体系を有し、前者の厳格性を後者が緩和する形で発展してきた。例えば、普通法の厳格な詐欺は衡平法の善意不実表示により緩和され、ついに善意不実表示を理由とする契約の取消しが認められるに至る[71]。善意不実表示は故意要件を緩和する点に重要な意義を有しつつ、錯誤の原因が相手方に由来する点において錯誤それ自体とは区別され、その後も発展を続けた[72]。

それに対して、普通法にて裁かれた先の Smith v. Hughes 事件以降、錯誤の厳格性は維持されている。例えば、Bell v. Lever Brothers Ltd 事件[73] のアトキン卿（Lord Atkin）は、当事者間の合意で解消された役務契約につき元取締役の不正行為に気づかず失職補償を支払った会社が同補償の返還を求めた事案において、前述したブラックバーン判事の見解も引用しつつ、次のように述べて錯誤の成立を否定した。「他の方法でも同じ結論に到達することが

---

[69] (1871) LR 6 QB, pp. 606-7.

[70] この点につき John Cartwright, 'The rise and fall mistake', in Ruth Sefton-Green (ed.), Mistake, Fraud and Duties to Inform in European Contract Law (2005), pp. 83-4 を参照。

[71] Redgrave v. Hurd (1881) 20 Ch. D. 1. CA.

[72] 前掲注71の事件に対する分析も含めて、内田力藏「英法に於ける善意不實表示に就いて（1）」法学協会雑誌53巻5号（1935年）844頁を参照。

[73] [1932] AC 161, HL. 最終的に共通的錯誤として処理された事案である。同事件につき、新井正男『訳注 イギリス契約判例選（第3増補版）』(1980年) 110頁以下も参照。

できた、あるいは真実を知っていたなら取引に至ることはなかった、ということは重要ではないように思われる。AがBの馬を買う。Aはその馬が健康な馬だと思い、健康な馬の対価を支払う。Aは確かに、その馬が健康ではないことを事実として知っていたなら、その馬を購入しなかったであろう。Bが健康について何ら表示せず、健康な馬であるという契約を為したわけでもないなら、Aは拘束され、代金を取り戻すことはできないのである」[74]。

　注目されるべきは、いわゆる「動機の錯誤」に該当する類例が挙げられ、しかも動機の錯誤は原則として救済されない旨が示唆されている点である[75]。同様の設例は先の Smith v. Hughes 事件でも援用されていた[76]。これらが日本法では錯誤として救済され得る事例[77]であることに鑑みれば、ここにもイギリス錯誤法の厳格性を見て取ることができよう。

2　錯誤と「不実表示」の関係

　イギリス錯誤法が動揺を見せた時期もあった。Solle v. Butcher 事件[78] のデニング卿（Lord Denning）は、当事者双方ともに家賃統制を知らずに締結された賃貸借契約につき原告が錯誤に基づいて統制額を超える過払家賃の返還を求めて訴訟を提起した事案において、衡平法の見地から以下のように説示した。「事実に関するものであれ権利に関するものであれ当事者が共通の誤解に陥る場合は、その誤解が根本的なもの（fundamental）であり、契約の取消しを求める当事者自身に過誤（fault）なき限り、契約は衡平法にて取り消されるべきである」[79]。

74　[1932] AC 161, HL, pp. 223-4. アトキン卿によって挙げられた類例が動機の錯誤である点を指摘するものとして、Principles, Definitions and Model Rules of European Private Law: Draft Common Frame of Reference (DCFR) Full Edition, vol. 1, 2010, p. 472. アトキン卿はその他の例として、名画として高額で売買された絵画が実はコピーであることが判明した場合、住居に適さない家屋を売買する場合、高速道路沿線の自動車修理工場が売買された後に交通量を減少させるバイパスが付近に建設された場合を挙げ、いずれの場合でも売主が真実を知っていたか否かは契約の効力に影響を与えないとする。

75　木下毅「私法上の錯誤（イギリス）」比較法研究（1979 年）68 頁。

76　同事件に限らず、錯誤事例では頻繁に引き合いに出される設例であり、その際に Street v. Blay (1831) 2 B. & Ad. 456 が引用されることも少なくない。

77　馬の年齢と受胎能力に関する大審院 1917 年（大 6）2 月 24 日判決（民録 23 輯 284 頁）。同事件では錯誤者の重過失も否定されている。

78　[1950] 1 KB 671, CA.

デニング卿の理解が普通法の錯誤より広く柔軟であることは確かであるとしても[80]、注意すべきはデニング卿でさえ一方的錯誤を衡平法にて救済すべきとは述べておらず[81]、共通的錯誤の場合でさえ過誤[82]の不存在が求められていることである。

デニング卿の錯誤論に対する支持は限定的であった。その理由として2つ考えられる。第一は、普通法理論と衡平法理論が峻別されないデニング卿の理解は複雑で混乱を招くおそれが危惧されたからである[83]。第二は、錯誤が疑われる事例の大半は不実表示（Misrepresentation）を理由として争われたからである[84]。

不実表示の発展を巡る動向として、法改革委員会の提言に基づき制定された不実表示法（Misrepresentation Act 1967）が重要である。同委員会は詐欺の立証困難を問題視し、過失不実表示につき従来の判例法が（取消権のみ認め）損害賠償を認めない点を取り上げ、「表示を為すに際して一方当事者に過誤（fault）がある場合、他方当事者は権利として損害賠償請求権が与えられるべきであると考える。また、自分に過誤がなかったことを裁判所に納得させる責務は、当該表示者に帰せられるべきであると思われる。当該表示者は通常、他方当事者よりも真実をより良く知る立場にいるであろう」[85]と報告した。この点は不実表示法2条において明文化され、同法2条1項は善意不実表示に過失がある場合は取消権に加えて損害賠償請求権を認め、かつ不実表示者に過失の不存在の立証責任を負わせたのである[86]。

---

79 [1950] 1 KB 671, CA, pp. 693.

80 この点につき Stephen A. Smith, Atiyah's Introduction to the Law of Contract, 7th ed., 2005, p. 180.

81 John Cartwright, Unilateral Mistake in the English Court Reasserting the Traditional Approach, Singapore Journal of Legal Studies, 2009, pp. 230-1.

82 デニング卿が理解する過誤（fault）の内容は判然としないが、高柳賢三・末延三次（編）『英米法辞典』（1952年）178頁によれば「negligence と同意義に用いられるが、又、negligence よりも広い内容をもち、判断若しくは行動の過誤又は瑕疵、義務若しくは構成を逸脱すること、不注意、又は無能、誤解に基づく行為等を指すに用いられる」。Black's Law Dictionary, 1979, p. 548 も同様の定義を与えている。

83 Smith, supra note 80, pp. 180-1.

84 Cartwright, supra note 70, p. 78 to fn. 50 も参照。

85 Tenth Report of the Law Reform Committee（原文を参照できず、G. S. Bower/A. K. Turner, The Law of Actionable Misrepresentation, 1974, pp. 451 から引用した。引用個所は p. 459-60）.

ただし、不実表示法は不作為の詐欺を明示的に規律していない[87]。イギリス法が相手方の錯誤を是正するべき一般的義務を原則として認めないことは既に検討した錯誤事例からも明らかである[88]。もっとも、「不真実の表示」と「真実の不表示」は表裏であり、いわゆる不開示（non-disclosure）も不実表示として同法の適用を受ける可能性はある[89]。単純な一般化は許されるべきではないが、イギリス法でも錯誤と詐欺が不作為の欺罔を介して連関し得ることを確認しておく[90]。

詐欺救済の拡張とは対照的に、錯誤の厳格性は 21 世紀以降の現在でも変わらない。例えば Great Peace v. Tsavliris Salvage 事件[91] は前述したデニング卿の理解を拒否したものとして注目されるが、共通的錯誤の事案であり、既に詳しく紹介されているため[92]、本稿での検討は省く。

ここでは一方的錯誤に関する Statoil v. Louis Dreyfus 事件[93] に注目したい。売買目的物の貨物に関する超過保管料を相当に低く計算した原告（正確には原告側の R 氏）が起算点の誤解という錯誤に基づき保管料支払契約（和解）の無効を求めた事案において、エイキンス判事（Aikens J.）は、Smith v.

86　その他の規定も含めた不実表示法の概要につき、木下毅「Misrepresentation Act 1967」比較法研究 31 巻（1970 年）253 頁以下を参照。

87　同法の「為された不実表示（misrepresentation made）」という文言が作為に限定される根拠になるようである。この点につき P. S. Athiya/G. H. Treitel, Misrepresentation Act 1978, MDR 30, 1967, pp. 369.

88　その根拠として Smith v. Hughes 事件におけるブラックバーン判事の説示を引用する者もいる（Cartwright, supra note 62, p. 783.）。その他に例えば Bell v. Lever Brothers Ltd 事件のアトキン卿は、caveat emptor が売買契約以外にも及ぶことを理由に不正行為に関する開示義務を否定していた。

89　Athiya/Treitel, supra note 87, pp. 369-70 は、これまで不開示として議論されてきた事案の大半が不実表示法の影響を受け得る旨を指摘する。Cartwright, supra note 62, p. 784 も参照。

90　「不開示の場合、被告が錯誤を惹き起こしたわけではなく……（中略）……原告に対して錯誤を是正し得た重要な情報を伝えなかったに過ぎず、したがって不開示の請求は錯誤と不実表示の間に置かれるものである」（Cartwright, supra note 62, p. 781.）。

91　Great Peace Shipping Ltd v Tsavliris Salvage (International) Ltd, The Great Peace [2002] EWCA Civ 1407, [2003] QB 679.

92　北井辰弥「イギリス契約法における共通錯誤―控訴院 Great Peace Shipping Ltd v. Tsavliris Salvage (International) Ltd 事件判決を中心に―」桐蔭論叢 11 号（2004 年）233 頁以下、中島昇「イギリス契約法の共通錯誤―黙示的条項論―」鹿児島経済論集 51 巻 1 号（2010 年）51 頁以下。

93　Statoil ASA v Louis Dreyfus Energy Services LP, The Harriette N [2008] EWHC 2257 (Comm), [2008] 2 Lloyd's Rep 685.

Hughes 事件判決の正当性を踏まえ、かつ被告が R 氏の錯誤に気づきながら放置した事実を認定し、以下のように述べた。「たとえ一方当事者が当該事実につき錯誤であることを他方当事者が認識している場合であっても、契約は拘束力を持ち続ける……（中略）……少なくとも他方当事者による不実表示が存在しない場合に、一方的錯誤の事例で衡平法に基づく裁判管轄の理論的根拠を論理的に導き出すことはできないように思われる」が、「それが私の間違いであるとしても、私は本件において原告に有利となるような裁判管轄を行使することが適切ではないと述べたい。当該錯誤は完全に R 氏の不注意（carelessness）の結果であったのである」[94]。

　本件で日本錯誤法が適用されたなら、R 氏に重過失があるとしても、相手方の認識を理由に錯誤の成立が認められる可能性はある（改正 95 条 3 項 1 号）。それに対してイギリス法は、錯誤者の不注意を理由に衡平法の可能性さえ否定しつつも、しかし他方で不実表示に基づく救済を示唆することで不実表示者の責任を見逃してはいない。

　イギリスでは錯誤の射程を限定し、詐欺の概念を拡張することで、錯誤者・欺罔者を問わず「過失ある表意者」の責任を追及する姿勢が窺われる。

Ⅳ　日本錯誤法

1　錯誤法の現状

　富井政章は 95 条の母法がドイツ民法第一草案であることを認めつつ、錯誤者が無資力の場合を危惧し、同条但書の重過失要件を次のように説明する。「便宜上即チ一種ノ損害賠償法トシテ……（中略）……補償名義ノ無効主張ト云フヤウナ考ヘデアツテ……（中略）……表意者ニ對シテノミ恰モ有効トナルガ如ク表意者ガ主張スルコトハ出來ヌ強イ損害賠償法ヲ設ケタ譯デアリマス」[95]。

94　[2008] 2 Lloyd's Rep 685, p. 694-7.

95　『日本近代立法資料叢書 12 法典調査會 民法總會議事速記録』（1988 年）508 頁。その背景として意思主義およびその原点たる自然法（学説）に対する富井の批判的な立場も影響しているように思われる。この点につき、拙稿「民事詐欺の違法性と責任（6）」北大法学論集 64 巻 2 号（2013 年）265 頁以下を参照。

富井が重過失要件を単なる損害賠償よりも強力な効果として捉え、かつ「重大ナル過失ナキ場合ニ於テモ表意者ハ一般ノ原則ニ依リテ損害賠償ヲ爲ササルヘカラサルコトハ言ヲ俟タス」[96]として理解していたことから（この点につき梅も同旨）[97]、必ずしも錯誤者の責任が軽視されていたわけではない。

ところが、その後、錯誤者の責任は３方向にて緩和される。第１は動機錯誤の顧慮化である。これは日本のみならずドイツにおいても錯誤論の最大の関心事であり、改めて論じるまでもなかろう[98]。

第２は重過失の立証責任である。95条但書の意味の重過失とは表意者の職業や行為の種類・目的等に応じて普通に為すべき注意を著しく欠くことであり[99]、その立証責任は錯誤の相手方が負担しなければならない[100]。

第３は相手方の認識可能性である。学説は錯誤者を免責させ得る追加的要件として相手方の善意無過失を求め、相手方が錯誤につき悪意有過失であるなら、たとえ表意者に重過失ある場合でも、錯誤の無効を認めるに至る（この要件は改正錯誤法95条３項１号として明文化される）。

「主張制限」が緩和されれば、一方で錯誤者の責任は軽くなり、他方で相手方の保護は薄くなるが、錯誤者が無資力ではない限り、錯誤者の不法行為責任を問う余地は残されているはずである[101]。ところが、現実には錯誤者の不法行為責任が請求される事案は（下記を除き）ほぼ皆無である。

錯誤者の不法行為責任につき参考に供し得る事案として東京地判 2012 年（平 24）12 月 21 日判決（金融・商事判例 1421 号 48 頁）を挙げることができる。本件は住宅建築請負契約の事案であり、注文者 X が暴力団関係者であることを理由に請負人 Y1（代表取締役 Y2）が錯誤を理由として施工を拒絶し、これに対して X が本件工事に着手しない不法行為を理由として損害賠償を請

96　富井政章『民法原論 第１巻（第 10 版）』（1913 年）372 頁。

97　梅・前掲注 5・190 頁。

98　「ドイツ民法の解釈としても大いに争われるところであって、解釈は次第に動機の錯誤（Motiv-irrtum）を問題とする。錯誤理論の拡張というべきである」（我妻・前掲注 4・298 頁）。

99　我妻・前掲注 4・304 頁、川井・前掲注 9・418 頁を参照。

100　例えば、岡松参太郎『民法理由總則編』（1898 年）195 頁、大審院 1918 年（大 7）12 月 3 日判決（民録 24 輯 2284 頁）。

101　前掲注 1 の本文を参照。他方、軽過失の錯誤無効を認める民法のもとでは過失ある錯誤者は保護されるべきで、損害賠償責任を課すべきではない、という見解もある（鳩山秀夫『債權法における信義誠實の原則』（1955 年）305 頁）。

求した事案である。本件では前提事実として、Xは他の大手建築会社10社に建築を打診していたが、いずれからも拒否されていたこと、建築予定地の近隣住民から建築反対運動が行われていたこと、Y2は社内で受注（工事代金およそ20億円）を正式に決定した後の契約締結当日にXに対して暴力団との関係を尋ね、Xは自身が暴力団関係者ではない旨を答えていたこと、建物引渡遅延1日につき約75万円（建築請負代金の1万分の4に相当）の違約金が約定されていたことが認定されている。Xは建築の履行を求め、加えてY2に対して契約日から建築完成日までに生じる違約金相当額を不法行為に基づく損害賠償として請求したが、裁判所はXが暴力団と密接な関係を有する者であることを前提に、かつ契約当日のXの説明によりY2が錯誤に陥ったことを理由として重過失も否定し、Xの請求を退けた。

反社会的勢力に関わる特殊な事例であるとはいえ、Y側にも相当な落ち度が認められて然るべき事案であるように思われる。ドイツ民法によれば同122条1項に基づきYの賠償責任は免れないであろうし、イギリス法によれば過誤（fault）を理由として錯誤それ自体が認められないかもしれない。確かにXによる作為の虚偽説明（悪意の欺罔・不実表示）に注目するなら、ドイツ法・イギリス法でもYが救済された可能性は否定できない。しかし、本件のYは、そもそも詐欺を主張していない。

詐欺を広く捉える場合は錯誤の役割が小さくなり、逆に錯誤を広く捉える場合は詐欺の役割が小さくなる。このような関係が成り立つなら、日本法が後者に属していることは明らかであろう。

2 改正錯誤法

ドイツ・イギリスとは異なり、我が国では詐欺規範の厳格性を錯誤規範で補う傾向が認められる[102]。日本民法96条の詐欺は「二段の故意」が象徴するように厳格に解釈されているため、過失ある欺罔者の言動でも相手方は害

---

[102] 「故意の立証は容易ではない。そのことも一因となって、錯誤既定の柔軟な解釈適用に関する議論が展開されてきた」（鹿野菜穂子「錯誤規定とその周辺―錯誤・詐欺・不実表示について」池田真朗 他（編）『民法（債権法）改正の論理』（2010年）259頁）。このことは裁判例からも見て取れる。この点につき山本敬三「『動機の錯誤』に関する判例の状況と民法改正の方向（上）（下）」NBL 1024号（2014年）15頁以下・1025号（2014年）37頁以下を参照。

され得るにもかかわらず、過失ある欺罔者から生じるリスクは被欺罔者に転嫁されてしまう。不法行為や c.i.c. に基づいて欺罔者の責任を問うことは可能であるが、それは被欺罔者に真の救済[103]を与えるものではない上に、評価矛盾[104]や過失相殺という代償を伴う。とりわけ過失相殺の「過失」は709条の過失よりも広いため、結果的に欺罔者の過失リスクは被欺罔者に転嫁されることになる。被欺罔者の要保護性は自ら錯誤に陥る単純錯誤者より高いはずであり[105]、「騙された者」が過失相殺のリスクを負うのなら、単純錯誤者はより大きなリスクを負うべきである。

　詐欺を錯誤規範にて補完する意義は詐欺の厳格性を回避する点にあり、被欺罔者は錯誤者の衣を着せられているに過ぎず、この被欺罔者が何ら責任を問われずに救済されることは当然の帰結である、という見方もあり得る。しかし、錯誤規範にて被欺罔者が救済されるのならば、95条の規範目的は何か、ひいては「そもそも錯誤とは何か」という問題へ逢着し、しかもこれを解決できた時には96条が意義を失うことになろう。過失ある欺罔者は96条の適用を回避でき、95条が適用されるとしても、「錯誤者」の相手方として不法行為に基づく損害賠償を請求することで過失リスクを「錯誤者」へ転嫁できる。

　結局、日本民法は「錯誤者に甘い」というより、むしろ錯誤者・欺罔者を含めた「過失ある表意者に甘い」のではないか。上述の諸問題を避けるためにも、正されるべきは96条の厳格性ではないか。それゆえ、債権法改正の法制審議会において不実表示の導入が検討されたことは正当である。

　ところが、不実表示法の導入は見送られた[106]。他方で、既に述べたよう

103　契約関係からの離脱であろう。この点につき、拙稿「民事詐欺の違法性と責任（1）」63巻3号（2012年）95頁を参照。

104　拙稿（1）・前掲注6・96頁を参照。

105　「相手方に対する関係においては、錯誤者よりも、詐欺・強迫を受けた者をかえって厚く保護すべき」（我妻・前掲注4・302-3頁）。後述するように、日本法は錯誤者と欺罔者とを含めた「過失ある表意者に甘い」。この意味において、日本法では一方で（過失ある表意者の）自己責任が軽く扱われ、他方で（過失ある表意者の相手方の）自己決定が脅かされる。自己責任・自己決定と錯誤につき、古谷英恵「契約自由の原則と錯誤のリスク負担」平野裕之ほか（編）『現代民事法の課題 新美育文先生還暦記念』（2009年）43頁以下を参照。

106　不実表示法に対しては特に産業界から反対が強く、それはパブリックコメントや法制審議会からも明らかである。例えば、「商取引というのは大量の契約を迅速に処理しなければいけないと

に錯誤者の損害賠償責任規定も見送られており、詐欺に関する不実表示と錯誤に関する損害賠償責任はいずれも採用されなかった。過失ある表意者（欺罔者と錯誤者を含む）の責任を問う方法として情報提供義務の明文化も考えられ、これも法制審議会にて検討されたが、やはり最終的に見送られている。

不実表示と錯誤者の賠償責任規定は明文を要するとしても[107]、情報提供義務に関しては改正日本錯誤法95条3項1号に基づいて肯定する余地があるのではないか。つまり、錯誤を是正しない作為義務違反を錯誤と詐欺の中間に認める比較法的示唆に基づき[108]、同号の「相手方が表意者に錯誤があることを知り、または重大な過失によって知らなかったとき」を不作為の詐欺と同置させることで、錯誤の成立が認められなくても、錯誤者から相手方に対する損害賠償請求を肯定するのである[109]。錯誤者の賠償責任を不法行為に委ねることができるのならば、同様に相手方の義務違反も不法行為責任を基礎づけ得るはずである。このように考えれば、「取消権行使と不法行為成立」という問題[110]は生じず、加えて過失相殺を通じて all or nothing を回避したリスク調整が可能となり[111]、実質的に錯誤者の賠償責任規定を導入した場合と同様の効果が得られるし、相手方の作為義務違反が認められるからこそ錯誤者・相手方ともに重過失の場合に錯誤者保護の「優先」を説明できる[112]。もとより、錯誤の成否につき錯誤者の救済が「優先」することは

いう事情があるわけで……（中略）……取消しであるとか無効であるとか、そういうものはできるだけ減らしたいという本質的な動機がある」（奈須野関係官（経産省課長）発言「法制審議会第10回会議」51頁）。

[107] 判例・通説に反し、私は96条の解釈として「過失の詐欺」を認めることが可能であると考える。本稿の各注に掲げた一連の拙稿「民事詐欺の違法性と責任」はその論証を試みたものである。

[108] 前掲注39および注90の各本文を参照。

[109] 義務違反と錯誤につき、鹿野菜穂子「契約における錯誤と情報提供義務―錯誤規定をめぐる近時の潮流（PECL, PICC, DCFR）と日本法―」法学研究84巻12号（2011年）371頁以下も参照。例えば、共通参照枠草案（DCFR）によれば、錯誤者は契約を取り消すか否かに関わらず、「相手方が取消しの原因を知り、又は知っていたことを合理的に期待されるとき」は、その相手方に対して損害賠償請求できる（II.-7: 214）。

[110] 前掲注8の本文を参照。

[111] 前掲注50および同本文にて述べたように、同義務を故意に違反する者へ全リスクが転嫁されるべきことにつき異論は少ないように思われる。錯誤について「相手方が悪意であったときは、詐欺の要件をみたす場合がある」（幾代通『民法総則（第2版）』（1984年）274頁の注3）。

[112] かように解さなければ（95条3項1号を素直に読めば）、錯誤者・相手方ともに重過失である

不当であるから、作為義務違反の賠償責任を認める前提として「より強固な錯誤の主張制限」を志向する必要がある[113]。そして、これこそが錯誤者の責任を意味する。

　錯誤規定から作為義務を導き出すことについては、例えばユニドロワ国際商事契約原則 3.2.2. 条が同様の規定を置いている[114]。同原則の「錯誤当事者を錯誤に陥ったままにすることが公正な取引についての商取引上の合理的な基準に反するとき」という要件は、日本民法では信義則を具体化したものとして理解することができる[115]。

　95 条 3 項 1 号は不作為詐欺にも対応できる結果、その要件は消費者契約法よりも緩和されることになるが、過失相殺を介した効果面にてバランスは維持されよう。とはいえ、錯誤規範の縮小と詐欺規範の拡大が連動していないのであれば、軽過失ある作為詐欺が問題として残されてしまう。これは消費者契約法で対処し得るとしても、「消費者」という限定それ自体が不当な結果を招く場合も考えられる[116]。ドイツ・イギリスの比較法的示唆によれば、一般法レベルで錯誤と詐欺の相互関係を捉え直すことが重要であると思われる。

　場合に錯誤者の保護が優先され、依然として錯誤者に甘い状況が維持されることになる。例えば、後述のユニドロワ国際商事契約原則は、相手方が錯誤を認識していても錯誤者に重過失ある場合は錯誤取消しを認めない。

[113]　錯誤の成立を否定しつつ、錯誤者の相手方が責任を負うべき可能性につき、例えば前掲注 49 のドイツ裁判例も参照。

[114]　「契約を取り消すためには、錯誤当事者は、錯誤当事者の誤りを錯誤当事者に知らせる義務が相手方にあったことも示さなければならない」（私法統一国際協会（著）内田貴ほか（訳）『ユニドロワ国際商事契約原則 2010』（2013 年）70 頁）。

[115]　「第三の場合（錯誤の認識可能性）は錯誤当事者を錯誤に陥ったまま放置することが信義則上許されない場合であるから、錯誤取消を主張する者は、錯誤を指摘するべき義務が相手方にあったことを証明しなければならないと言う。そうであるなら第三の場合にも（不作為による）詐欺との関係が問題になると思われる」（滝沢昌彦「錯誤論をめぐって―ユニドロワ原則の検討を通して―」一橋論叢 119 巻 1 号（1998 年）4 頁）。

[116]　その一例として、拙稿「ソフトウェアに関するリース契約の勧誘行為が『社会的相当性を著しく欠き』『意思決定の自由を侵害した』不法行為として認められた事例」商学討究 63 巻 4 号（2013 年）143 頁を参照。

V　おわりに

　ドイツ法・イギリス法は錯誤者の責任を厳しく捉えつつ、その反面として詐欺の概念を緩やかに解することで「過失ある表意者」に対処している。逆に日本法は錯誤者の責任が緩やかに捉えられており、その一因として故意を要する詐欺の厳格性が挙げられる。かくして、日本民法は「錯誤者に甘い」というより、むしろ「過失ある表意者に甘い」のではないか、という疑義が生じた。そこで、改正錯誤法 95 条 3 項 1 号に作為義務を読み込むことで、結果的に賠償義務規定を導入した結果と同様の結論を得る私見を提示したが、しかし錯誤者の相手方が負うべき作為義務につき十分な分析を為し得なかった。また、詐欺の厳格性が問題の根源であるため、詐欺の問題が先行して解決されるべきであり、その意味において不実表示は重要な意義を持つが、しかし不実表示についても十分に検討できなかった。いずれも今後の課題である。

　瀬川信久先生には筆者が北大在籍中に大変お世話になりました。お会いする度に「調子はどうだい」、「論文は順調かな」とお声掛けくださり、また研究上の貴重な御助言を頂戴したことも少なくありませんでした。あらためて感謝の意を表し、瀬川先生の古希をお祝い申し上げます。

　本研究は JSPS 科研費 17K13642 の助成を受けたものである。

不動産物権変動における包括承継人の地位

金 子 敬 明

はじめに
I　フランス法の前提
II　類型 1 の事例
III　類型 2 の事例
IV　再び、類型 1 の事例
V　若干の考察——Casey 説の批判的検討を通じて

はじめに

　周知のように、民法 177 条に関する解釈上の二大論点のうちの一つである「第三者」（以下の叙述でカギカッコつきで第三者と表記する場合には、民法 177 条またはそれに対応するフランス法の規定〔後述 I 3 を参照〕のそれをさすこととする）の意義については、「当事者若くは其包括承継人に非ずして、不動産に関する物権の得喪及び変更の登記欠缺を主張する正当の利益を有する者」[1] であるとの定式が、判例上定着している。そして、どのような者が「正当の利益を有する者」といえるかについて、精緻な解釈論が展開されていることも、公知に属する。

　これに対して、当事者が「第三者」でないことは当然であるとしても、当事者の包括承継人もまた「第三者」に含まれないことについては、ほとんど議論がなされておらず、むしろ当然のこととして受け止められているように

1　大連判明治 41・12・15 民録 14 輯 1276 頁（カタカナ書きをひらがなに改め、濁点・読点を付した）。

思われる。たしかに、「相続人は、相続開始の時から、被相続人の財産に属した一切の権利義務を承継する」（民法896条本文）のであるならば、この点に異論を差し挟む余地はないようにもみえる。

しかし、これも詳述するまでもなかろうが、相続人ないし包括承継人を被相続人と同一人格とみるという発想[2]（以下では「同一視論」という）に対しては、無権代理と相続という論点では厳しい批判にさらされている（資格融合説から資格併存説へ）[3]。そうすると、民法177条の「第三者」についても同様に、同一視論を問い直す必要があるのではないだろうか。

そこで本稿は、民法177条の母法であるフランス法において、この論点についてどのような議論が展開されているかを紹介し、それをふまえて、日本法への示唆を得ることを試みたい。

I　フランス法の前提

II以降で本題に入るが、その前に、前提となるフランス法の立場についてごく簡単にみるとともに（1～3）、本稿で問題とする事例をモデル化して示しておく（4）。

1　人格継続理論

フランスでは、相続について、対立する2つのとらえ方があると説かれている。

第1は、財産承継理論（succession aux biens）であり、要するに、相続が開始すると管理人が立って遺産を管理・清算し、残余の財産だけが承継される、という考え方である。

第2は、人格継続理論（continuation de la personne）であり、被相続人の死

2　最判昭和33・10・14民集12巻14号3111頁は、相続人を、被相続人と「法律上同一の地位にあるものといえる」と形容する。

3　民法（債権法）改正検討委員会編『詳解　債権法改正の基本方針I』（2009、商事法務）295-296頁は、「現在では、相続により、本人の資格と無権代理人の資格が同一人に帰属した場合でも、本人の資格と無権代理人の資格が併存するかたちで残るとみる見解（資格併存説）が一般的となっている。判例も、現在では、このような考え方に立っているとみることができる」という。

亡と同時に、遺産を構成するあらゆる要素は相続人がそっくりそのまま承継するという考え方である。

　財産承継理論を取るものとしてはイングランド法が挙げられ、これに対して、フランス法や日本法は、もちろん人格継続理論を採用している[4]。

　財産承継理論によると、相続が開始しても遺産は相続人個人の財産とは混同せず、遺産中の消極財産は、積極財産がある限度でのみ弁済されれば足りるとされる。これに対して、人格継続理論によると、遺産は独立性をもたず、相続人の財産体（patrimoine）と混同し、相続債務について相続人は無限に債務を負う（obligation *ultra vires*）。また、相続債務の弁済が組織だって行われることはない[5]。もっとも、人格継続理論を基本的に採用するフランスや日本でも、限定承認（acceptance à concurrence de l'actif net）がなされれば、相続債務の弁済の手続が集団的性格を帯びることになる[6]。

　では、人格継続理論のもとで、具体的に誰が、被相続人の人格を承継するとされるのだろうか。あるいは言いかえると、単純承認の場合に無限に相続債務を負うのは誰なのだろうか。

　仏民 785 条 1 項は、「包括ないし包括名義の相続人（l'héritier universel ou à titre universel）は、相続を単純承認した場合には、相続財産に属する債務および負担について無限に責任を負う」と規定している。これによれば、相続債務について無限責任を負うのは「包括ないし包括名義の相続人」であることになりそうである[7]。

　もっとも、同規定は 2006 年 6 月 23 日の法律 2006-728 号によって設けられた規定であるところ、それより前に、2001 年 12 月 3 日の法律 2001-1135

4　Francois Terré/Yves Lequette/Sophie Gaudemet, *Droit civil: les successions, les libéralités.* (4e éd., 2013, Paris), no. 785, p. 701-702.　他の教科書でも同様であるが、以下では便宜的に同書をもって、フランス相続法の学説の現況を代表させる。

5　*ibid*, no. 904, p. 808.

6　*ibid*, no. 905, p. 808-809.

7　「包括名義の」の意義や、「包括の」との違いについて、伊藤昌司『相続法』（2002、有斐閣）95 頁、拙稿「相続財産の重層性をめぐって（4）」法協 121 巻 6 号（2004）707 頁、「フランス法」『各国の相続法制に関する調査研究業務報告書』（2014、商事法務研究会。法務省ウェブサイトに掲載）34 頁〔幡野弘樹＝宮本誠子執筆〕など参照。なお、包括遺贈や包括名義の遺贈の選択権（option）については、相続の選択権（単純承認、限定承認、相続放棄の 3 つの選択肢がある）と同じ規律があてはまる（仏民 724-1 条）。

号による改正後の仏民 723 条（2006 年法によって削除された）は、「包括ないし包括名義の承継人（les successeurs universels ou à titre universel）は、相続債務につき無限に義務を負う」と規定していた。こちらでは「相続人」ではなく「承継人」という言葉が用いられており、相続人だけでなく受遺者も含まれうることに何ら異論がなかった。このような改正の経緯からすると、2006 年法は、相続債務について無限に義務を負う者の範囲を相続人に限る意図をもっているようにもみえる[8]。

　しかし、結論として、2001 年法以前の判例の立場どおり[9]、相続人だけでなく、包括受遺者や包括名義の受遺者も、相続債務につき無限責任を負うことになる点に異論はみられない。そして、このことは、その者が法律上当然にセジーヌ（saisine. 遺産占有と訳されることもある）をもつとされているか否かに関係ないし、また、完全な所有権を受ける者か、それとも虚有権や用益権しか受けない者であるかにも関わらないものとされる[10, 11]。

2　個人的所為についての担保責任

　売買に関する仏民 1625 条および 1628 条によると、売主は、移転を受けた物について買主が享受すべき平穏な占有を侵害する行為を差し控えなければならない。これを、個人的所為についての担保責任（garantie du fait personnel）という[12]。この担保責任は、売主だけでなく、贈与者など、物の所有権を移転する契約における譲渡人一般に妥当する[13]。個人的所為についての担保責任がカバーする行為は、一般的に定義されているわけではないが、不法行為

8　Terré/Lequette/Gaudemet, *supra*（note 4）, no. 914, p. 815.

9　*ibid*, no. 913, p. 814-815. 2006 年法以前に書かれたものだが、拙稿・前掲（注 7）716 頁も参照。

10　*ibid*, no. 914, p. 815-816. 包括受遺者と包括名義の受遺者については、遺言者の相続財産の債務および負担につき、個人的にその割合において（personellement pour sa part et portion）責任を負う旨が規定されているので（仏民 1009 条・1012 条）、2006 年法による改正後の民法典 723 条の規定を前提にしても、本文の記述は十分に維持できよう。

11　なお、もちろん、相続放棄をした者は、日本法と同様に、初めから相続人でなかったものとみなされる（仏民 805 条 1 項、2006 年法による改正前の仏民 785 条。*ibid*, no. 778, p. 695）。

12　Planiol et Ripert, *Traité pratique de droit civil français*. t. X, 1re partie（2e éd., 1956, Paris, par Joseph Hamel）, no. 89, p. 92; Mazeaud, *Leçons de droit civil*. t. 3, vol. 2（3e éd, 1968, Paris, par Michel de Juglart）, no. 956, p. 202.

13　Planiol et Ripert, *supra*（note 12）, no. 92, p. 95-96.

にあたるようなものはもちろん、事実上のトラブル（物理的行為のほか、第2譲渡契約を締結するなどの法的行為も含まれる）だけでなく、法的なトラブル（たとえば、売主が売買当時に所有していなかった物を買主に売却する契約を締結したところ、その後にその物の所有権を得て、買主に対して所有権に基づく返還の訴えを提起するなど）も含まれる[14]。

買主に平穏な占有を得させる責任は、売主その他の譲渡人の相続を単純承認した包括承継人（ayant cause à titre universel）にも及ぶ[15]。

また、複数人がこの義務を負う場合（典型的には売主が複数の場合）には、その義務は、違反による損害賠償債務に転換されない限り、不可分（indivisible）であるとされる[16]。そしてこのことは、被相続人を相続した者が複数いる場合にもあてはまる[17]。この結果、譲渡人の相続人の各自は、目的物の全部について、譲受人に平穏な占有を得させる責任を負う[18]。

3 不動産物権変動の対抗

民法177条に対応するフランス法の現行規定は、1955年1月4日のデクレ 55-22 号（以下では「1955年デクレ」という）の 30-1 条である。本稿は、売買や贈与を原因とする不動産所有権の移転について、その対抗の問題を扱うので、それに話を絞って説明を加えると、フランスの一般法としては、同一の物を目的として、互いに競合する物権を設定または移転する契約が二重に締結された場合には、契約の日付の先後によってその優劣が決定される。しかし、売買や贈与を原因とする不動産所有権の移転については、この一般法をくつがえす特別法として上記規定が存在しており[19]、それによると、その

14　Planiol et Ripert, *supra* (note 12), no. 90, p. 93-94.

15　Planiol et Ripert, *supra* (note 12), no. 92, p. 96. 同所は、単純承認をした包括受遺者（légataires universels）もこの義務を負うと明言する。なお、同所では、限定承認をした相続人（héritiers bénéficiaires）はこの義務を負わず、買主に対して取戻訴権（action en revendication）を行使することができる、と述べる。限定承認については、後に本文Ⅲで⑤判決を扱う際に、多少検討する。

16　Aubry et Rau, *Cours de droit civil*. t. 5 (6e éd., 1952, Paris, par Paul Esmain) §355, 1°, p. 65; Mazeaud, *supra* (note 12), no. 957, p. 203. 判例として、Req., 8 nov. 1893, *D.P.* 1894. 1. 417 など。

17　Planiol et Ripert, *supra* (note 12), no. 93, p. 97; Mazeaud, *supra* (note 12), no. 957, p. 203.

18　Planiol et Ripert, *supra* (note 12), no. 93, p. 97.

19　同規定や、フランスの土地公示制度一般については、先行参考文献への言及も含め、横山美夏

ような移転に関する証書は、公示されない場合には、一定の「第三者」には
対抗することができず、また公示されたとしても、「第三者」が依拠する行
為の方が先に公示されていた場合には、やはり対抗することができないもの
と規定されている。

では、一定の「第三者」とは、具体的にどのような範囲の第三者なのか。
この点については、民法177条の「第三者」の範囲と同様に、客観的基準で
絞り、それをさらに主観的基準で絞るという議論が展開されている[20]。

このうち、客観的基準のみが、1955年デクレ30-1条で規定されている。
それによると、同一の不動産上に、同一の前主から（du même auteur）、対抗
不能というサンクションを伴う公示義務に服する証書または判決（これは
1955年デクレ28-1°条で規定されている）によって、競合する権利を取得した者
が、「第三者」にあたる。

このようにして客観的に画された「第三者」を、さらに主観的基準によっ
て絞り、そうやって絞られた者のみが、相手の公示の欠如を主張する資格を
もつとされる。この主観的基準については、特に規定は設けられておらず、
解釈に委ねられており、判例の変遷がみられたが、1968年の破毀院判例[21]
が、それまでのフロードの通謀（concert fraudeleux）説を改め、公示をした第
二譲受人が第一譲渡について悪意であるだけでも、相手方の公示の欠如を主
張する資格がない、すなわち「第三者」の範囲から除かれる、との態度を示
した（フォート〔faute〕説）。

このような1968年判例の態度は、2000年代の中ごろにおいて「なお流動
的なところがある」と評されていたが[22]、2010年および2011年の破毀院判
例[23]により再び動揺しているといわれている[24]。しかし、この点にはこれ以

「競合する契約相互の優先関係（1）」法学雑誌42巻4号（1996）935頁以下および「同（2）」法
学雑誌43巻4号（1997）608頁以下に詳しい。

20 François Magnan/Paul Frémont, *J.-Cl. civil annexes, V° Publicité foncière,* fasc. 37（2003），
no. 14; Philippe Simler/Philippe Delebecque, *Droit civil: les sûretés, la publicité foncière*（7e éd.,
2016, Paris），no. 885, p. 809.

21 Civ., 3e, 22 mars 1968, *Bull. civ.* III, no. 129. 同判決に関する日本語文献として、七戸克彦
「不動産の二重譲渡における第三者の悪意」松川正毅ほか編『判例にみるフランス民法の軌跡』
（2012、法律文化社）61頁および同論文の参考文献欄を参照。

22 横山美夏「不動産」北村一郎編『フランス民法典の200年』（2006、有斐閣）231頁。

23 Civ. 3e., 10 fév. 2010, *Bull. civ.* III, no. 41; Civ 3e., 15 déc. 2010, non publié au Bulletin, pourvoi

上立ち入らない。

4 事例のモデル

Ⅰの最後に、Ⅱ以下で扱う事例をモデル化して示しておきたい（本稿Ⅱ以降で事件の事案を紹介する際には、ここでの記号の用い方によることとする）。

まず、共通の前主（目的不動産の所有権者であったことに異論がない者）をAとする。そして、2つの物権変動が相容れない場合を本稿では扱うが、第1譲受人をB、第2譲受人をCとする。

本稿で出てくるフランスの破毀院判例の事案類型は、次の2つに分けられる。

まず、Ⅱで扱うのは、AがBに第1譲渡をおこなったが、その公示がなされないうちにAが死亡し、その後、Aの包括承継人であるA'が、Cに対して第2譲渡をして公示もした、というものである。これを類型1と呼ぶことにする。

次に、Ⅲで扱うのは、次のようなものである。AがBに第1譲渡をおこなったが公示がなされず、その後AはCに対して第2譲渡をおこない、こちらについては公示がされた。ところがその後、Aが死亡して、CがAの相続を承認した。これを類型2と呼ぶことにする。

また、管見の限りフランス法ではあまり議論が見当たらないが、少なくとも日本でよく生じる事例として、類型1でCが出てこずに、BがA'に対して所有権を主張するというパターンがある。これを類型3とし、Ⅴ2(1)で

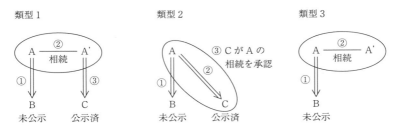

---

no. 09-15891; Civ 3e., 12 janv. 2011, *Bull civ.* III, no. 5.

24 七戸・前掲論文（注21）67頁で少し言及されている。もっとも、2016年の債権法改正後の仏民1198条2項は、1968年判例の立場に回帰するようにみえる内容を規定している。

172

扱うことにする。

Ⅱ　類型1の事例

1　日本法

　類型1にあたる事例は、日本法ではしばしばみられる。先に、日本法の解決をみておこう。

○ 大判大正15・2・1民集5巻44頁

　Aは明治10年ごろに隠居し、Aの長男であるPが家督相続した。隠居の際にAは本件土地を留保した。Aは明治30年に死亡したが、死亡前に、次男であり他家に養子に出たBに本件土地を贈与していた（第1譲渡）。しかし、この第1譲渡について登記はされていなかった。

　Aの死亡後、その遺産はA'により遺産相続された。A'も明治32年1月に死亡し、A'の子であるA"女がA'を家督相続した。A"女は明治32年4月にQ男と入夫婚姻し、Qが家督相続したが、Qは大正6年にA"と離婚した。

　本件土地については、明治39年に、遺産相続を原因とするAからA"への移転登記がなされた。他方で、B'（被告・被控訴人・上告人）はBを先代とする者であり（Bと氏は同じである）、本件土地を耕作している。

　C（原告・控訴人・被上告人）は、大正10年にA"から本件土地を買い受け（第2譲渡）、売買を原因とする所有権取得の登記もした、と主張している。

　Cは、B'を被告として、本件土地の所有権の確認および引渡しを請求する訴えを提起した。B'は取得時効の主張もしているが、この点は捨象すると、本件での法律上の争点は、CがA"から本件土地を買い受けて登記を経由しているのだとして、CはB'の登記の欠缺を主張することのできる「第三者」にあたるかである。

　原審（東京控訴院）は、本件土地はAの生前にBに贈与されていたため、Aの遺産に含まれず、したがってA"は本件土地につき無権利者である、よって、仮にCがA"から本件土地を買い受けて移転登記も経由していたのだとしても、本件土地の所有権を取得することはできない、として、Cの請求

を棄却した。

　大審院は、第2譲渡があったのかおよびC名義の所有権移転登記がなされているのかの事実を確定させる必要があるとして、原審判決を破棄し差し戻した。判決理由は長いが、要するに、Aが仮に甲と乙の両名に同一不動産を順次譲渡した場合に、甲と乙の優劣はどちらが先に登記をしたかによって決まるところ、そのことは、Aが甲に譲渡して移転登記をしないうちにAが死亡し、Aの相続人が乙に譲渡したという場合であっても同じである、というものである。

　大審院の判決理由の冒頭には、本稿の「はじめに」で挙げた「第三者」に関する判例の定式が引用されており、それ以降の判示はその定式を前提としている。判決理由には、包括承継人は被相続人と同一視される等の簡単な説明すら、見出すことができない。

2　フランス法

　類型1に属するフランスの事例としては、次のものがある。
① 破毀院第1民事部1961年6月14日判決[25]

　Aは1949年に死亡し、A'がAを相続したところ、A'は1953年に、コルシカ島にある本件土地を私署証書によりCに売却し、1954年に公示がされた。本件土地はB'が占有しており、B'の父が建てたバラックがある。

　Cは、本件土地からの退去とバラックの収去を求め、B'を被告として訴えを提起した（なお、B'は取得時効の主張もしているが、ここでは省略する）。B'は、Aが1926年に、B'の祖父にあたるBに対し、公示はされていないが私署証書によって本件土地を譲渡していたと主張している。

　原審（Bastia 控訴院）は、本件は同一前主からの承継人どうしが競合しているわけではないので、Cの公示はB'に対抗できないとして、Cの請求を排斥した。

　これに対して、破毀院は、ある者Pから不動産を取得した第1譲受人の権利と、Pの相続人（héritier）から同一不動産を取得した第2譲受人の権利

---

25 *Bull. civ.* I no. 313. *JCP G* 1962, II, 12472, note Bulté; *Gaz. Pal.* 1961, 2, 266; *Defrénois* 1961, art. 28086, p. 312; *RTD civ.* 1962, p. 164 obs. Solus.

は、いずれも同一の前主（un même auteur originaire）にさかのぼる、と述べて、原審判決を破毀した。

【コメント】　この判決に対する評釈は、こぞって賛意を示している。この判決が示した命題は、「相続人は死者の人格の承継者」であること[26]から、説明されるという。

　なお、①判決の評釈のうち複数のものが、この種の紛争は現在までほとんどないと指摘している点が[27]、非常に興味深い。

Ⅲ　類型2の事例

　次に、類型2に属する事例をフランスの事例をみる。不動産物権変動との関係で、包括承継人が被相続人の人格を承継するという命題が大きな意味をもつのは、フランスでは主にこの類型である。しかし、日本では類型2に属する事例は、あまり意識されていない[28]。

26　Defrénois, *ibid* p. 313; Bulté, *ibid.* 当時の学説状況は、Bulté *ibid* に詳しい。

27　Defrénois, *ibid* p. 312. Solus, *ibid* p. 135 も、「我々の知る限り、このような事案は先例がない」と指摘する。本件はコルシカ島での事件であるが、コルシカ島では相続登記未了問題が、フランスの国土の中では例外的に、広く見られるという事情（小柳春一郎「フランス法における不動産の法的管理不全への対策」土地総合研究 2017 年春号 69-71 頁）が、このことと関係しているように思われる。

28　判例評釈を除いて、この問題を自覚的に取り上げたほぼ唯一の論考であると思われる、道垣内弘人「不動産の二重譲受人が譲渡人を相続した場合について」石田＝西原＝高木還暦記念『不動産法の展望と課題』（1990、日本評論社）101 頁では、4 つの裁判例が取り上げられているが、それらのうち、広島高判昭和 35・3・31 高民集 13 巻 2 号 237 頁と、東京地判昭和 39・1・23 下民集 15 巻 1 号 54 頁の 2 件が、この類型に該当する。前者は、B と C が双方未登記のまま A が死亡して C が A を相続したという事例で、C が第三者であるという地位は A を相続したことにより失われたとして、B の C に対する移転登記請求を認容した。後者は、C が登記を経由した後に A が死亡して C が A を相続したが、C は第 2 譲渡（贈与）を受けた時点で B への第 1 譲渡を知っていたという事例であり、C は背信的悪意者であるとして、B の C に対する移転登記請求が認められた。

　また、同論文で挙げられているもう 2 つの事例は、いずれも B と C の双方が A を相続したという事例であり、そのうちの 1 つが最判昭和 46・11・16 民集 25 巻 8 号 1182 頁である（もう 1 つの最判昭和 63・12・1 判例集未登載・松岡久和「判例批評」民商法雑誌 100 巻 6 号 1093 頁所収は、この最判昭和 46 年の一般論を踏襲しているが、C が背信的悪意者とされており、そのことを前提にすれば、B が C に対して所有権を主張できるという結論には異論がないと思われる）。同事件は、簡略化すると、A が B に第 1 譲渡（贈与）をしたが、移転登記はされておらず、同一不動産を C に遺贈するという遺言を残して A が死亡し、C はこの遺贈を原因として移転登記を経由した、B と C はいずれも A の相続人となっている、という事実関係のもとで、本

② 破毀院第3民事部1974年5月16日判決[29]

A は、1957 年 2 月 16 日よりも前に、私署証書により、本件不動産を B に譲渡した（第1譲渡）。他方で A は、1959 年 6 月 9 日付の公証人証書で、義理の娘である C に同じ不動産を売却した（第2譲渡）。その後、A は死亡し、C は A の包括受遺者とされていた。

B' らは B の子で、B を承継したが、C に対し本件不動産の引渡しを請求する訴えを提起した。

原審（Poitier 控訴院）は、第1譲渡に基づく本件不動産の引渡しは、第2譲渡の公示により不可能となったと判断し、「A が負い、A の包括受遺者としての資格で C が相続した（hériter）ところの担保責任は、損害賠償によって解決されるにすぎない」と述べて、B' らの請求を斥けた。

これに対して、破毀院は、まず、1955 年デクレ 30-1 条について、「法律行為の一方当事者の包括承継人は、相続を単純承認した後には、被相続人と同一の状況に置かれ、被相続人と同じ諸義務を負うことになるから、公示の

件不動産が B と C のいずれに属するかが争われた事件である。原審は、A の B に対する移転義務を C が相続により承継したことを理由として、B は C に対し本件不動産の所有権を主張できるとした。これに対し、最高裁は原審判決を破棄自判し、A を起点とする単純な二重譲渡問題であると解して、登記を経由している C が B に対して所有権を主張できるとした。

最判昭和 46 年については、先決問題として、B への贈与が何らかの理由により失効してはいないかを検討する必要があるが（山野目章夫「判例批評」久貴忠彦ほか編『家族法判例百選（第6版）』(2002, 有斐閣) 153 頁。なお、Mazeaud, *Leçons de droit civil: successions, libéralités* (5e éd, 1999, Paris, par Laurent Leveneur et Sabine Mazeaud-Leveneur), no. 731, p. 607 も参照）、それが有効であることを前提とするならば、原審が、本文 I 3 でみたフランス法の原則に依拠しており、それに対して最高裁は、日本的な発想（第1譲渡と第2譲渡は本来対等である）に依拠したものと評価できるだろう。

なお、この点に関連して、フランス法のもとで、類型3に属する事例のうち、第1譲渡が贈与であり、しかしその公示がされなかったあいだに贈与者が死亡したという事例において、その贈与者の相続人が第1譲渡の公示の欠缺を主張できるかどうかに触れておく。古法時代には、贈与証書を裁判所書記課備え付けの登録簿に登録し、それを公衆が閲覧可能であるという、insinuation という仕組みがあった（不動産の贈与だけでなく、一定額以上の動産の贈与にも適用された）。この仕組みのもとでは、登録されなかった贈与は、「第三者」だけでなく、贈与者の相続人や一般債権者に対しても対抗できないものとされていた（以上につき、Mazeaud, *ibid*, no. 649, p. 535）。しかし、フランス革命の際にはこの仕組みは意図的に採用されなかった。その結果、この事例のもとで、贈与者の相続人は贈与の公示の欠如を主張することができないことに、異論はない（Mazeaud, *ibid*, no. 730, p. 607. 判例として、Req., 1 août 1878, *DP* 1879, 1, 167; Civ. 1 juin 1897, *DP* 1898, 1, 56; Civ 1re, 21 juillet 1958, *JCP G* 1958, IV, 135 など）。

29 *Bull. civ.* III, no. 209. *Defrénois* 1975 art. 30965, p. 1007 obs. Aubert.

欠如を主張することができない」と、また民法 1603 条及び 1604 条について、「売主は、売却した物を引き渡す、すなわち、買主の手中への移転を保証する義務を負う。そして、譲渡人の包括承継人は、売買目的物を譲渡人から承継してその所有権者であるかもしれないが、相続を単純承認すると、この義務がかかってくる」と述べた。そのうえで、事案へのあてはめにおいては、「もし C が遺贈を単純承認した（accepter purement et simplement）ときには、C は、A を B' らと結びつける契約から発生した引渡義務の義務者となるのであるから、C が遺贈を単純承認したかどうかを確定することなく上記のように判示した控訴院は、判断に法的根拠を与えていない」と判示して、原審判決を破毀した。

【コメント】 ②判決の評釈においては、控訴院は明らかに間違っているとされ、破毀院の判断が支持されている[30]。そこでは、C は取得時においては「第三者」であったかもしれないが、B' らの請求時においては、包括受遺者という資格ゆえに、前主である売主の地位に C は置かれ、「第三者」ではなくなっていたのだ、との指摘がみられる。つまり、訴えの時点が、A の相続開始前か、相続が開始し単純承認がされた後であるかによって、同じ C が、B' らとの関係で「第三者」と扱われるかどうかが変わってくる、というのである。これは一見すると奇妙であるが、それが奇妙であるとされることなく破毀院の判断に賛同が与えられている点が興味深い。

　奇妙であるとは見えない 1 つの理由として、C が第 1 譲渡の公示欠缺を主張しえないものと扱うことが、第 1 譲渡優先という本来の原則（I 3 参照）に戻るという意味をもっていることがあるように思える。

③ 破毀院第 3 民事部 1976 年 7 月 6 日判決[31]

　A は、本件不動産（32 アールの土地と家）を、B 夫妻に、1950 年 12 月 3 日の私署証書によって売却した（第 1 売買）。B' らは B 夫妻の承継人である。A は 1960 年 7 月 6 日に、この売買を公証人証書にするべき旨を、制裁金（ア

30　Aubert, *ibid* p.1008.

31　*Bull. civ.* III, no. 300. *JCP G* 1978, II, 18779, note Dagot; *Defrénois* 1977, art. 31350 p. 445 obs. Aubert; *Defrénois* 1977 art. 31497, p. 1032 note Frank; *RTD civ.*, 1977, p. 159, obs. Giverdon.

ストラント）付きの裁判で命じられた。さらに、同じ趣旨で、ノテールの事務所に出頭すべきことが命じられたが、Aは出頭せず、そのため、不履行の調書が作成された。しかし、これらのいずれの書類も、公示されることはなかった。

1967年9月29日の公署証書で、Aは、自分の息子C_1とその妻C_2（以下、この2名をCらとする）に対し、本件不動産を売却した（第2売買）。代金3万フランの半分は金銭で支払われ、残り半分はAのための終身定期金に変換された。第2売買の公署証書は、1967年11月3日に抵当権保存所で公示された。

Aが死亡し、C_1はAの相続を承認したが、その後Cらは、本件不動産の所有権の確認とB'らの退去を求めて訴えを提起した。これに対して、B'らも、1967年9月29日の公署証書の無効宣言を求めて、Cらを被告とする訴えを提起した。2つの訴えは併合された。

原審（Paris控訴院）は[32]、AがCらにした第2売買はB'らに対抗できないと宣言した。そこでCらが破毀申立てをした。

破毀院は、「C_1は、父Aの相続を承認し、Aの相続人として、第1譲受人らに対して、Aにかかっていたすべての債務を負う、と原審が述べたのは正当である。C_1は、1955年デクレ30-1条にいう「第三者」であると考えることはできず、したがって、1960年7月6日の判決によって確証された売買の公示の欠如を、B'らに対して対抗することは認められない。C_1は、買主Aが負っていた個人的所為についての担保責任を負うので、AがC_1と1967年9月29日に合意した売買をB'らに対抗し、B'らを追奪しよう（évincer）と試みることはできない」と述べて、原審の判断は正当だとした。

【コメント】　まず、この事件の特徴について、2つ指摘しておく。1つは、第2譲受人であるCらのうち、判旨ではもっぱらC_1への着目がされていることである。C_2はAの相続人ではなかったように思われるが、その点は顧慮されていない。しかし、この点については、I 2で述べたように、C_1は、Aが負っていた個人的所為についての担保責任を不可分のものとして承継

---

[32]　ちなみに、第1審（Melun大審裁判所1972年2月22日）の判断の要約が、*Defrénois* 1977, art. 31497, p. 1035に掲載されている。

するとされることからすれば、正当であろう。

もう1つは、C_1 は A の相続を「承認した (accepter)」とのみ書かれており、②判決に見られたような単純承認という限定が付されていないことである。もっとも、限定承認したのであればその旨がはっきりと書かれるであろうこと、また限定承認はフランスではあまり行われないと思われることも考えると、この事案では、実際には C_1 は単純承認をしたのではないかと想像される。

さて、③判決の評釈類においても、③判決に対する異論は特にみられない[33]。ここでも、C_1 が相続開始以前に有していた「第三者」としての地位を、相続開始後に失う (perdre. 吸収される〔absorbé〕という言葉も用いられている) ことについて、違和感は特に表明されていない[34]。

④ 破毀院第1民事部 1987 年 5 月 5 日判決[35]

A は B に対し、1957 年 1 月 26 日の公証人証書により、本件土地を売却したが (第1売買)、この証書は抵当権保存所において公示されなかった。1960 年 8 月 8 日に A は死亡した。A の妻である A' は、A の包括受遺者であった。

A' は 1965 年 9 月 15 日の公証人証書で、甥の C に対して、本件土地を含む土地における農業経営体 (exploitation agricole) を売却し (第2売買)、この証書は適正に公示された。A' は 1973 年 6 月 27 日に死亡し、C を包括受遺者としていた。

B (1981 年 11 月 14 日に死亡し、その相続人が訴訟を承継している) は、「C は B に本件土地を移転する義務を負う」旨の判決を求めて、C を被告とする訴えを提起した。

原審 (Pau 控訴院) は、B の請求を棄却したが、その際に、「1965 年 9 月 15 日の C に対する売買は適正に公示されて第三者に対抗可能となった」と述べた。

破毀院は、②判決が述べた、1955 年デクレ 30-1 条および仏民 1603, 1604

---

33 Giverdon, *ibid* は、「とても古典的な解決 (une solution très classique)」と評している。

34 Frank, *ibid* p. 1036.

35 *Bull. civ.*, I, no. 142. *RD imm.* 1988, p. 333, obs. Simler.

条についての解釈をそのまま引用した上で、「Cは、A'の包括受遺者である
が、A'も、1957年1月26日の売買の当事者であった亡夫Aの包括受遺者
である。このようなCは、Aと同じ状況に立ち、包括承継人としての資格
があるから、公示の欠如を主張することができず、売主の引渡義務を第1買
主に対して負う」と述べて、原審判決を破毀した。

【コメント】　この事件についても、評釈では特に疑義は示されていない。
「包括承継人であるという資格が、それ以前には特定承継人であったという
資格を、いわば（en quelque sorte）吸収するのである」という分析がみられ
る[36]。

⑤ 破毀院第3民事部1991年3月20日判決[37]
　これはアルザス・ロレーヌ地方で起きた事件であり、したがって1955年
デクレではなく、地域法である1924年6月1日の法律があてはまる事件で
あるが、実質的にはどちらが適用になるにしても変わらない[38]。

　事案は非常に単純である。Aは、息子Bに対し、1966年7月8日に、本
件土地を売却したが（第1譲渡）、これは公示されなかった。Aは1972年11
月24日に、本件土地を、別の息子Cに贈与し（第2譲渡）、これは公示された。

　原審（Metz控訴院）は、第1譲渡はCに対抗できないと宣言した。

　これに対して、破毀院は、「BおよびCが、父Aの相続人ではないのか、
Aの負っていた義務を負わないのかどうか、ひいては、1924年法の第三者
保護規定を援用することができるのか、を確定することなく、そのように判
示した控訴院は、判断に法的な基礎を与えていない」と述べて、原審判決を
破毀した。

【コメント】　⑤判決についても、諸評釈は、何ら驚くべきところはないと
か[39]、古典的だ[40]といった評価を下している。また、Cはもともと特定承継

36　Simler, *ibid.*

37　*Bull. civ.* III, no. 98. *D.* 1992, p. 151 note Fournier; *Defrénois* 1991, art. 35151, p. 1317, obs. Aynès; *RTD civ.* 1992, p. 155, obs. Bandrac; *RD imm.* 1992, p. 103, obs. Simler.

38　Aynès, *ibid*; Bandrac, *ibid*; Simler, *ibid.*

39　Aynès, *ibid*; Bandrac, *ibid.*

40　Simler, *ibid.*

人であったところ、その後に開始した前主Ａの相続を承認したことによって、「第三者」としての資格を失うことになるが、そのことについての違和感は、ここでも特に表明されていない[41]。

　ここでは、Fournier の評釈が提起する次の２つの点に言及しておく。

　第１に、⑤判決は、「Ｂおよび」Ｃが、Ａの相続人であるかどうかを確定すべきことを指摘している。しかし、ＣがＡの相続を承認したことを前提とすると、ＢがＡの相続を放棄した場合に、Ａの包括承継人であるＣはＡの担保責任を承継し、その結果ＣはＢの公示の欠缺を主張できないことになるのはもちろんであるが、ＢがＡの相続を承認していた場合には、Ａの担保責任の権利者はＢ、義務者がＢおよびＣとなり、混同により部分的に消滅して、ＣがＢに負う担保責任だけが残るのではないか。つまり、ＣがＡの相続人であることさえ確定すれば、ＢがＡの相続を承認したかどうかに関係なく、ＣはＢの公示の欠缺を主張しえないことになるのではないか。Fournier はこのように主張する。この点は、不動産公示法がなければ、民法の原則により第１譲渡が優先されることにかんがみても、Fournier のいうとおりではないかと思われる。

　第２に、Ｃが単純承認ではなく限定承認した場合にはどうなるか[42]。この点について、Fournier は短く、単純承認から生じる債務を限定承認が消滅させることはないと述べるのみであるが[43]、後述の⑥判決に関する Casey の判例研究が、この点を比較的詳しく扱っている[44]。Casey は、限定承認の場合には、遺産と相続人の財産体とは独立を保つので、限定承認した包括承継人が担保責任を負うことはない、という説に賛同する。しかし他方で、Casey は、２つの財産体が独立している状態は、限定承認の利益が続く限りにおいて生じる、一時的なものにすぎないともいう。

　難しい問題であるが、目的不動産は、ＢとＣのいずれに属するかはとも

41　Aynès, *ibid*; Fournier, *ibid* p. 153.

42　これに対し、Magnan/Frémont, *supra* (note 20), no. 11 は、限定承認した相続人は、相手方の公示の欠缺を主張することができるように思われる、と述べ、破毀院第１民事部 1992 年 6 月 2 日判決（*Bull. civ.* I, no. 173）を引用する。

43　Fournier, *ibid*, n. 5.

44　Casey, *infra* (note 45), no. 8.

かくとして、Aの生前にAの財産体を離脱していることは確かであり、したがって、限定承認による清算の手続（仏民800条1項）の際に、一般債権者への弁済の原資として用いられるべきものではない。そうすると、限定承認による清算の手続が終わったかどうかで扱いが異なる、ということにはなりえないように思われる。むしろ、限定承認とはいえ、CがAの相続を承認していることに変わりはないのだから、単純承認した場合と全く同じに扱うべきではないだろうか。

Ⅳ　再び、類型1の事例

こうして、類型2に属する破毀院判決が続いた後、再び類型1に属する、次の⑥判決が出された。⑥判決については、複数の短い評釈が賛意を示しているほかに、Caseyによる比較的長文の判例研究があり、類型1と類型2の両方で展開されてきた破毀院判例の立場を包括的に検討し直している。そこで、Ⅳでは、⑥判決そのものと（1）、それに対するCaseyの判例研究と（2、3）を紹介し、さらにⅤにおいて、Caseyの判例研究にどう応答するべきかを検討しながら（1）、日本法を意識した試論を展開することにしたい（2）。

1　判決の紹介
⑥ 破毀院第3民事部1997年6月11日判決[45]

B夫妻は、A（姓はDominique）とのあいだの交換により本件土地を取得し（第1譲渡）、「所有権者たち」および測量士が署名した測量書類を1974年4月1日に作成したが、その書類は公示されなかった。Aが死亡し、その後、C（判決文では「Dominique夫人」とも書かれているが、Aの妻ではないと思われる）[46]は、Aの相続人であるA'らから、1981年3月9日に本件土地を購入し（第

---

45 *Bull. civ.*, III, no. 140. *Defrénois* 1997, art. 36703, p. 1431 note Aynès; *JCP G* 1998 II 10055, p. 649 note Casey; *D.* 1998, p. 108 note Piedelièvre.

46 ⑥判決によると、Aの名前はAdrienであるが、JurisDataで入手できる、⑥判決のpdfに付されている破毀申立理由（全1頁）によると（⑥判決そのものからは明らかでない）、Cの夫の名前はAndréである。しかし、Caseyの判例研究は、Cの夫はAであるという想定で書かれている。

2 譲渡)、その証書は 1981 年 4 月 26 日に公示された。

　B 夫妻は C を被告として、C が本件交換について公署証書を作成すべき旨、および本件土地の原状回復を求めて、訴えを提起した。

　原審（Grenoble 控訴院）は、B 夫妻の訴えを認めた。破毀院によると、原審が述べたのは次の 3 点である。(1)「ある者の包括承継人および包括名義の承継人は、その者が結んだ行為に本人と同様に拘束され、公示の欠如を援用することができない」との一般論（破毀院はこれを正当である〔par motifs propres et adoptés〕としている）、(2) A' ら（consorts Dominique）から係争地を取得した C は、よって（donc）、A が承諾した第一譲渡の対抗不能性を援用することはできない、(3) C が本件交換の存在を知らなかったということはありえず（elle n'a pu ignorer l'existence de cet échange）、C は本件交換を黙示に承諾していた（elle l'a accepté tacitement）。

　破毀院は、係争地の取得者である C が特定承継人であることを原審は正当にも摘示しており、そのことからは、C が 1955 年デクレ 30-1 条にいう「第三者」にあたることが導かれるにもかかわらず、上記のように判示したのは、当時の仏民 745 条（被相続人の子ないし卑属の相続権を規定していた）および 1955 年デクレ 30-1 条に違反している [47] と述べて、原審判決を破毀した。

　⑥判決は、類型 1 についての従来の判例法理を適用して、B 夫妻と C との優劣を決しようとしている。⑥判決の評釈のうちの 2 つが同判決に何の疑問も差し挟んでいないのは当然であるようにも思える [48]。

　もっとも、原審は、C を A の包括承継人ないし包括名義の承継人であるものとして扱い、そのことにつき破毀院の咎めを受けた、という単純な話で

47　ただし、⑥の判決文の冒頭において、破毀院の判決文によく見られるように、参照条文の摘示（Vu ...）の次の段落で、参照条文についての解釈が、最初の attendu que のところ（いわゆる "chapeaux de tête." André Perdriau, Visas,《chapeaux》et dispositifs des arrêts de la Cour de cassation en matière civile, *JCP G* 1986, I, 3257, no. 47）で示されているところ、⑥判決においては、その内容はもっぱら 1955 年デクレ 30-1 条の方にのみ対応しており、参照条文としてもう 1 つ挙げられている、当時の仏民 745 条の内容をうかがわせる記述はない。

48　Piedelièvre, *ibid* は、原審は過って C を A の包括承継人として扱ったものである、と紹介した上で、その点で原審判決を破毀した⑥判決は完全に賛同されるべきであるとする（Stéphane Piedelièvre, *Traité de droit civil: la publicité foncière*, 2000, Paris, no. 418, p. 248 n. 13 も同旨）。Aynès, *ibid* も同旨と思われる。

はなさそうである点は、注意されてよい。すなわち、破毀院の判決文によれば、原審判決は、Ｃが特定承継人であることを正当にも摘示しており、さらに、Ｃが本件交換について知らなかったはずはなく、それを黙示に承認していた、と述べてもいるのである。⑥判決に関する Casey の判例研究は、この点に正当にも着目している。そこで、以下、**2** と **3** とに分けて、Casey の判例研究の主張内容をみていくことにしよう。

2 Ｃの主観的態様

Casey は、評釈の後半部で次のようにいう[49]。原審が言及するＣの悪意について破毀院が沈黙しているのは、驚くべきことである。原審は、Ｃが第２譲渡当時に本件交換を知っていた、と確信しているように思われ、そうだとすると、第１譲渡につき悪意の第２譲受人は第１譲受人の公示欠缺を主張しえないとする 1968 年以降の破毀院判例の態度（Ⅰ3 参照）を前提とする限り、原審の結論は維持されてよかったように思える。ところが、本判決はわざわざ原審判決を破毀し差し戻している。このことは、破毀院が、「第三者」の主観的要件に関する判例法理を転換しようとしていることを示唆しているのではないか。

Casey のこのような議論の背景には、1968 年以降の破毀院判例の態度は適切でなく、そこで 1968 年判例の変更の予兆を⑥判決の背後に読み取りたいという動機がある[50]。しかし、仮にその動機がなかったとしても、Casey の提起する議論には相応の説得力がある。Ⅰ3 で既にみたように、⑥判決後、2010 年と 2011 年に、破毀院は、単純悪意説を放棄したかにみえる判決を相次いで出しているだけになおさら、Casey の議論は（少なくとも事後的に見た場合には）魅力的である。

しかし、これも Casey がみずから述べるように[51]、破毀院は単に破毀申立て理由の外に出るのを意図的に避けただけであるというのが、穏健な理解ではあろう。Ｃの弁護士による破毀申立理由[52]では、（Ｃの立場を考えてみれば当

---

49 Nos. 14-15.
50 No. 16.
51 No. 15.
52 前出注 46 参照。

然のことだが）Ｃの悪意には何ら言及がなく、もっぱら、Ｃは特定承継人であるから「第三者」にあたるという点が主張されているにとどまる。そうとすれば、⑥判決が、Ｃは「第三者」にあたるという点にのみ触れていることは、不自然とはいえない[53]。

Casey はこのように述べるが、そうすると、破毀申立て理由にはなかったＣの悪意について原審判決が述べていることに、わずかではあれ破毀院が言及していることには、一体どのような意図があるのか。原審判決の判決文が入手できないので、確かなことはいえないが、まず客観的に「第三者」の範囲を確定し、次にさらにその者の主観的態様をみることにより、Ｂの登記の欠缺を主張する資格がＣにあるかどうかを差戻審は判定すべきである、という趣旨で、つまり判断を客観面と主観面とに分節させるべきであることを示すために、あえて言及したのだと解することが、あるいは可能かもしれない。

大方の読者には、「第三者」の主観的要件をどう考えるかという点のほうが興味深いであろうが、少なくとも原審判決が入手できていない現状では、⑥判決がその点をどう考えているのかについては、推測に推測を重ねた議論しかできそうにない。そこで、本稿では問題点の指摘にとどめ、ＢとＣの共通の前主であるＡを包括承継した者をどう扱うべきか、という本題に目を転じることにしよう。

3　不動産公示法に対する相続法の影響

Casey は、類型２に関する判例と、類型１に関する判例とを分けて、その順に検討を加えている。そこで、ここでもその順に従って Casey の議論を紹介していくことにする。

(1)　まず、類型２の判例について、1955 年デクレの諸規定にかんがみると賛同するほかないと述べる。その理由としては、取引（transactions）の保護と抵当信用の保存（préservation）という、土地公示制度の主たる目的が、これによって完全に保証される（parfaitment garanti）ことが挙げられる[54]。

53　No. 15.

54　No. 6.

とはいえ、類型2の判例法理によると、取引によって不動産権を取得し公示もしたCが、譲渡人Aの死亡後にAを包括承継してしまうと自動的に（automatiquement）、Bの公示の欠缺を主張する資格を失ってしまうことになる。これは、問題ではないか[55]。

Caseyは、類型2の事例においてCがAの包括承継人となっても、さらにその後、DがCから特定承継してその取引を公示すれば、Dは類型1の判例法理によって保護されることを確認した上で、上記の批判に対し、相続法の2大体系である（I 1参照）、人格継続理論ないし無限責任（*ultra vires successionis*）と、財産承継理論ないし有限責任（*intra vires successionis*）との対比という観点からアプローチする。

一部の学説は、この2つはそこまで極端に対立するものではなく、接近が可能であると主張するが、Caseyによれば、両者の接近には限界がある。もし類型2の判例法理の結論が適切でないと考えるならば、無限責任は金銭債務についてのみ認めるべきであるという対応が考えられなくもない。しかしその場合に、無限責任が妥当すべき対象をうまく切り出すことは容易でない。そこで次に、素直に財産承継理論に依拠することが考えられる。実際、財産承継理論によるならば、Cが順序は後でも公示は先にしていれば、その後にCがAを包括承継したとしても、Cは「第三者」のままであり、先にした公示の方が優先される[56]。しかし、財産承継理論はフランス的観念とはかけ離れており、この判例研究の域を超える。しかも、(2)で述べるように、類型1では人格承継理論の方が、取引の安全に役立つ場面もある。したがって、人格承継理論を批判するには及ばない。

こう考えてくると、結局、相続人としては、相続を放棄して不動産を維持するか、相続を承認して不動産を失うかの二択になる[57]（おそらく、このように選択肢は残されており、Cとしては相続放棄すれば不動産を保存することが可能であるから、人格承継理論でもそこまで問題だというわけではない、と言いたいのだと想像される）。

---

[55] No. 6.
[56] No. 6.
[57] No. 7.

(2) 次に、類型１に関する判例法理について、Casey は、人格継続理論が不動産公示法と結びついて、不動産公示法のルールの適用の自動的作用（automaticité）が強化されている、と判例法理を高く評価する。すなわち、⑥判決で、Ａから Ｂ 夫妻への移転と、Ａから Ａ'ら（Ａの相続人）への移転とが競合すると考える（財産承継理論によったならばそういう帰結になる、と Casey はいう）とすると、Ｂ夫婦とＣとの争いは、1955 年デクレ 30-1 条の規定では解決されず、そしてその場合、Ｃに不利に解決されることになったであろう。しかしそうすると、公示を信用したＣの承継人（たとえばＣに抵当信用を供与した者）にとって重大なリスクをもたらすことになる[58]。ところが、人格継続理論のおかげで、Ｂ夫妻とＣとは共通の前主（A＝A'ら）を有するものと扱われ、同規定の適用対象となったのである。

(3) 以上の考察をもとに、Casey は次のように断ずる。人格承継理論は、類型２の判例法理については若干残念な結果をもたらしたとしても、類型１ではよい結果をもたらす。両者を総合すると、人格継続理論の方が、不動産登記制度の自動的作用（automaticité）とか、不動産取引の安全（securité）という観点からは望ましい[59]。

Ⅴ 若干の考察──Casey 説の批判的検討を通じて

1 Casey 説の批判的検討

まず、Casey の判例研究それ自体に検討を加える。

Casey は、人格継続理論と財産承継理論という対立軸を設定し、フランス法が採用する前者を擁護する議論を展開する。もっとも、財産承継理論は、人格継続理論のある種の引き立て役としてのみ登場しており、財産承継理論がベターであるなどとは一瞬たりとも考えてはいないことは、明らかである。

ところで、Casey が述べる、財産承継理論の場合にはこうなるという議論が内容的に正しいかは、慎重な検討を要する。財産承継理論を採用している点で異論がないイングランド法をみてみよう。

---

[58] No. 11.
[59] No. 10.

(1) まず、類型2について。Casey は先述のように、第2譲受人で先に登記したCは、財産承継理論のもとでは、その後にAを包括承継したとしても、Bに優先するという。これは、CがAの包括承継人であるという属性は、財産承継理論のもとでは何の意味も持たないので、単にA→BとA→Cの二つの移転原因があることになり、Cの方が先に公示を完了させる（イングランド法では、移転 conveyance をする）と、Cが優先される、と考えたのであろう。

しかし、イングランド法では、必ずしもそのような帰結にはなっていない。すなわち、ある不動産についてA→Bの原因契約はあるが、移転はされていない場合、コモンロー上はAのもののままであるが、エクイティまで含めて考えると、（話を簡単にするために、Bは代金を支払い、移転日として決めた日も経過したとすると）AはBのために信託的に当該不動産を保有するものとされる[60]。したがって、その後、CがAとの取引に基づいて当該不動産の移転を受けた場合に、CがBのための信託の負担を受けないためには、Cが、A→Bの原因契約について知らず、かつ有償でAから取得したことが必要である[61]。

(2) 次に、類型1について。ここでは、財産承継理論によれば好ましくない結果が生じると Casey は強く批判している。しかし、こちらについても、Casey が財産承継理論によればこうなると説くところは、正確でない。

というのも、ここではCがAの死亡後にA'と取引したという場面が想定されているが、少なくとも財産承継理論のもとでは、そのような場面は簡単には生じないのである。すなわち、Aが死亡すると、人格代表者（personal representative）がAの代わりに立ち、Aの遺産を処理することになっている[62]。人格代表者は、Bの存在に気付いている限り、Bとの契約通りにBへの移転義務を果たさなければならず[63]、そしてそれが果たされれば、その後にCが登場する余地はないことになる[64]。

---

60 James Penner, *The Law of Trusts* (10th ed., 2016, OUP), para 4.6.

61 *ibid.*, para 2.58.

62 さしあたり、拙稿「相続財産の性質論再考」私法 77 号（2015）199-201 頁参照。

63 Robert Abbey/Mark Richards, *A Practical Approach to Conveyancing* (19th ed., 2017, OUP), para 6.91.

また、人格代表者のもとでの遺産処理の過程でBの存在が看過され、人格代表者が相続受益者A'に無償で当該不動産を移転させてしまい、A'からCが当該不動産を取得し、公示ないし移転（conveyance）もする、という場合はありえないわけではない。しかしこのときに、Caseyのいうように、CがBに当該不動産を返還すべきことに必ずなるのかというと、そうではない。CがA'に抵当信用を供与した者であるというCaseyの挙げた例で考えると、その場合にはCは有償取得者ということになる。そして、Aの人格代表者がBの存在に気付かなかったならば、CがBの存在を知っていたということもほとんどないであろう。このように、Cが善意で有償取得した者であれば、Cの権利がBの存在によって否定されることはない。反対に、CがA'から取得した権利を失う可能性があるのは、Cが無償取得者であったか（これはそれなりにありうる）、Cは有償取得者だがBの存在を知っていたという場合に限られる[65]。

このようにみてくると、財産承継理論のもとでも、それほど不当な結果が生じるわけではない。もっとも、Caseyの立場からすると、事案の解決がCの主観的態様（加えて、イングランド法による限りでは、取得の有償・無償という視点も交錯する）[66]に大幅に依存するということ自体が堪えがたく思われるであろうけれども[67]。

---

[64] ただし、フランスでも、遺産を一旦処理するという発想は、特に遺産に不動産が含まれる場合には、ノテール実務のもとで確立しているように思われ（拙稿・前掲（注62）201-202頁）、したがって、類型1のような事例はそう簡単には生じないように思われる。注27で述べたように、①判決について、このような事例はめったに起こらないとされていることも参照。これに対して、日本では類型1のような事例は大いに起こりうると想像されるのであり、同じ人格継続理論を採用しているといっても、フランスと日本とでは内実がだいぶ異なることに注意を要する。

[65] Roger Kerridge, *Parry and Kerridge: The Law of Succession* (13th ed., 2016, Sweet & Maxwell), para 24-36.

[66] 不動産移転の有償性・無償性に着目する見解として、前出注28で引用した最判昭和46・11・16に関する判例批評である、池田恒男・法学協会雑誌92巻2号（1975）205頁、特に209頁参照。

[67] かくして、Caseyの判例研究の批判的検討から見えてくるのは、人格継続か財産承継かの対立よりはむしろ、彼のいう不動産公示制度の自動的作用（automiticité）を尊重すべきか、それとも取得者の事情（善意・悪意、さらには取得の有償性・無償性）をみて個別的に判断すべきか、という対立であるように思われる。⑥判決の原審が、Cが特定承継人であることをわかっていながら、Cの主観的態様を考慮して、Bの公示欠缺を主張する資格を認めなかったこと、またそれにCaseyが否定的な評価を下していること、もこの点に関わるだろう。

2 試論

以上のような視座を得たうえで、日本法を想定しつつ、不動産物権変動の対抗という文脈において、同一視論の有用性を検討し直してみたい。

まず、総論として、同一視論の実質的根拠を考えることなく、単にそれを振りかざして事件を処理しようとすることは、「はじめに」で言及した無権代理と相続に関する議論のトレンドからしても、もはや維持できないだろう点を、強調しておきたい。

その点をふまえた上で、各論として、場面を分けて考えていきたい。この際に、類型1と類型2とを分けて検討するが（(2) および (3)）、それらに加えて、日本法で事例として一番多く出てくる類型3 ((1)) を追加して、3つに分けて考える。

(1) 日本では、類型3の事例において、BがA'に対して、Bが登記を得ている状態を実現するよう請求することができると考えられており、その理由は、Aは当事者でありBの登記欠缺を主張する資格がない（民法177条の「第三者」に客観的にあたらない）ところ、A'もAと法律上同一の地位にあり、したがってA'もまた、Bに登記がないことを主張する資格がないからである、といわれている。

結論自体は自明であるように思われるが、そうだとして、その結論を説明するための理由づけとして、人格継続理論によらなければならないのだろうか。

日本法からも比較的受け入れやすい説明として、A'はAの相続を単純承認したことをもって、Aの負っていた義務を引き受けたのである、というものが考えられる。しかし、本当にそういう意図をもって単純承認することもあるだろうが、少なくとも日本では多くないと思われ、単純承認した相続人について一般的に成り立つ説明とは到底言えない。もし、常にこの説明を成り立たせようとするのであれば、A'は、Bの存在を知らなかったとしても、単純承認した以上、Aが負っていた義務の引き受けを拒絶するという矛盾挙動をすることは許されない、という議論を展開する必要があろう。しかし、みずから無権代理行為をした者が本人を相続したときは、本人としての資格で追認拒絶することは認められない、という議論と比較して、擬制の

要素が極端に強いことは否めない。

　ところで実は、財産承継理論でも、理由は全く異なるが、結論は同じになる。財産承継理論のもとでは、それは、A' が無償取得者だからという理由になる。この理由づけは日本法（あるいは大陸法一般）のもとでは容易には受け入れがたいかもしれない。しかし、相続人ゆえに同一人格とみてよいという、よく考えると（よく考えなくても）意味の判然としない理由づけを放棄するとすれば、依拠できる論拠はこれくらいしか見出せないように思われる。

　なお、類型３については、フランス法でもおそらく日本法と同じ説明がなされると思われる。しかし、同じ人格継続理論といっても、ノテールのもとで遺産を処理するという発想があるフランス法[68]のもとでは、Ｂの存在にもかかわらず A' に不動産権の公示が移ってしまうという、類型３の事例は、日本とは異なりそう簡単には生じない（主たる適用局面は、(1) や、(1) の延長である (2) ではなく、むしろ (3) である）ことが注意されてよい[69]。

　(2)　次に、類型１はどうだろうか。

　ここで、人格継続理論を適用すると、Ａ＝A' から、Ｂおよびへの二重譲渡が生じているという帰結になる。二重譲渡というフレームワークを前提にすると、日本法では、Ｃが先に登記していれば、Ｃが背信的悪意でない限りＣが優先され、またＣが登記していなければ、ＢとＣは対等（先に登記を経由した方が優先される）という扱いになるだろう。

　イングランド法と比較してみたときに、人格継続理論を適用した場合に問題だと思われるのは、Ｃは、無償取得者であっても、公示をしていれば、一定の悪性のある主観的態様であった場合を除いて、Ｂよりも優先されることになるのだろうかという点である。それでよいとするのも１つのあり方ではあろうが、Ｃが無償取得者の場合については原則としてＢの取戻請求を受ける（Ｃとしてはせいぜい、取得時効を主張しうるにとどまる）ということもあってよいのではないか。

　もっとも、類型２の事例があまり生じないという前提のもとでは、Ｃが無

68　前出注 64 参照。

69　ただし、前出注 28 の最終段落で述べたように、類型３のなかでも、第１譲渡が贈与であり、かつその公示がされていないという事例について、過去に若干の裁判例がみられた。

償取得者であったとしても善意であるならばBよりも優先させたとしても、それほど問題はないかもしれない。しかし、遺産の処理という発想がなく、類型3や1の事例が容易に生じうる日本法の現状にかんがみると、Cが有償取得者であればともかく、無償取得者である場合にまで、Cは背信的悪意者でない限りBに優先するという帰結の正当性は疑わしいように思われる。

　(3)　最後に、類型2についてはどうか。

　日本では、このような場面に人格継続理論を適用することをほとんど考えていないように思われる。しかし、Aがその所有する不動産をBに売却したが、移転登記をしないうちに、Aが相続分の前渡しとして推定相続人Cに同一不動産を生前贈与して登記も移転し、その後にAが死亡してCがAの相続を単純承認する、というような事例は、日本においても十分に考えられる。

　Ⅲでみたように、フランス法ではそのような場合に、未公示のBがCに優先するとされるが、その解決は、民法上の原則としては時間的に先行する第1譲渡が第2譲渡に優先されるという仕組みのもとでは、あまり抵抗を受けないだろう。しかし、取引の時期の先後による優劣がなく、とにかく先に登記した方が勝つと考えるのが一般的である日本法のもとでは、Cが登記していても負けるという帰結に躊躇が感じられるとしてもおかしくない。

　未登記の第1譲渡を優先させる理由づけとしては、後にAの包括承継人となるところのCに対してされた第2譲渡は相続の前倒しにすぎず、そうだとすると、(1)の場合と何ら変わりがない、というものが考えられる。これは、第2譲渡が贈与などの無償行為であった場合にはよくあてはまる理由づけである。ここまでは、財産承継理論でも同じ結論になるが、結論が異なってくるのは、のちにAの包括承継人となるところのCに対する第2譲渡が有償であった場合である。この場合には、Cは、のちにAの相続を承認したとはいえ、第1譲渡の公示の欠缺を主張できると考えた方が適切ではないだろうか。

　また、これまで何度か指摘しているように、Aの生前にはCはBの公示の欠如を主張する資格をもつが、Aが死亡してCがAの相続を承認すると突如としてその資格を失う、という議論には釈然としないところが残る。細

かな点であるが、類型2の事例において、Cが第2譲渡の公示を経た後に、金銭消費貸借の貸主Dのために不動産担保権を設定して公示もし、その後にAが死亡してCが単純承認した、という場合に、Dの不動産担保権はどうなるのだろうか。

このように考えてくると、相続を承認したかどうか自体には意味を認めない財産承継理論が、むしろ説得力をもつように思われる。財産承継理論によれば、次のようになろう。すなわち、Cが第2譲渡においてAから有償で取得したのであれば、CはBの公示欠缺を主張できるのが原則である[70]。また、Cが第2譲渡においてAから無償で取得した場合には、Bは、Cに対しては所有権の取得を主張できるが、本文の直前の段落において述べた不動産信用の供給者Dとの関係では、Dが善意有償取得者だといえる限りDの不動産担保権を否定することはできないと解することになろう。

[後記]

本稿は、遺産処理手続（règlement de la succession）についておこなってきた研究の中で、どこかひっかかるものを感じており、いつかきちんと検討してみたいと思っていたテーマを扱ったものである。いうまでもなく、瀬川・吉田両先生は、相続法にも絶えず関心を寄せておられ（筆者が2014年の日本私法学会において「相続財産の性質論再考」と題した個別報告をする前に、早稲田大学のとある研究会で、準備のための報告の機会を得た際に、ご出席の両先生から暖かい言葉を頂戴したことをよく記憶している）、そこで、両先生の古稀を祝う論文集に寄稿するのに相応しいテーマだと考えた次第である。遺憾ながら、内容面では不十分な部分が多いが、それでも、賜った学恩に僅かではあれ報いるところがあれば幸いである。

---

[70] もっとも、Cが第2譲渡時に一定の悪性のある主観的態様（背信的悪意か単純悪意かはともかくとして）であった場合は、C自身はBの公示欠缺を主張できないが、その場合でも、本文の直前の段落において述べた不動産信用の供給者Dは、D自身が不動産担保権の設定時に一定の悪性のある主観的態様でなかった限り、Bの公示欠缺を主張できると解するべきである（最判平成8・10・29民集50巻9号2506頁を素材にしておこなわれている「背信的悪意者からの転得者」の議論が参考になる）。また、Cが一定の悪性のある主観的態様でなかったとしても、その後にCがAの相続を単純承認したことを以て、Bの公示欠缺を主張できるという利益をCが放棄したものと解釈できる場合がないわけではないだろうが、その場合でも、この放棄の効力はDには及ばないと解するべきであろう。

ius ad rem の歴史的素描

大 場 浩 之

```
I   はじめに
II  ius ad rem の起源
III ius ad rem の確立
IV  ius ad rem の衰退
V   おわりに
```

I　はじめに

1　問題意識

　物権は絶対効を有し、債権は相対効のみを有する。それぞれの権利の特徴は、このようによく表現される。しかし、これはあくまで原則論であって、実際には、債権にもかかわらず絶対効を有する権利が存在する。たとえば、仮登記された債権は、その典型例である[1]。さらに、日本法上、物権変動の効果は契約成立時に発生するとされている。しかし、債権発生原因である契約の直接の効果として、なぜ物権変動の効果も発生しうるのか。このように、実際には、物権と債権の境界は曖昧なものとなっている。

　また、物権債権峻別論を厳格に採用しているとされるドイツ法においても、日本法と同じく仮登記制度が存在する。そのかぎりで、ドイツ法も、そ

---

[1]　物権債権峻別論との関係で仮登記制度について論じるものとして、大場浩之『不動産公示制度論』（成文堂・2010）261 頁以下、および、同「仮登記制度と不動産物権変動論」私法 76・139 以下（2014）を参照。

れぞれの権利にまたがる特徴を有する概念の存在を、事実上認めている。

このような状況の中で、物権と債権の法的性質を考えるにあたって興味深い素材が、ius ad rem（Recht zur Sache）である。ius ad rem とは、特定物引渡請求権を有する者に対して一定の要件のもとで絶対効が付与された権利である。つまり、現代の観点からすれば、絶対効を有する債権ということになる。

たとえば、不動産の二重譲渡の場面において、第一譲受人が未登記であっても第二譲受人との関係で保護を受けたいという場合がある。たしかに、民法 177 条によれば、譲受人は登記を備えないかぎり第三者に対抗することができない。しかし、登記手続にはある程度の時間がかかる。このため、未登記の第一譲受人は、危険にさらされてしまう。

また、ドイツ法においても同様の問題がある。ドイツ法上、登記は土地の物権変動の効力発生要件であるから、第一契約者は、登記を経由するまでは所有者になれない[2]。したがって、この者はたんなる債権者にすぎない。しかし、登記手続にはやはり時間がかかることから、特定物引渡請求権を有する者の保護が問題となりうる。

このような場面において、なんらかの方法で債権者の保護を対外的な関係においても図ろうとする試みがある。仮登記による保護は、その典型例である。しかし、より直接的に、特定物引渡請求権者を第三者との関係で保護することはできないか。これが、ius ad rem の目指すところである。

もっとも、ius ad rem それ自体は、ドイツ法において立法上姿を消してしまった。しかし、解釈論や立法論において、別の姿で、その目的を達成しうる制度が多く散見される。仮登記制度のほかにも、物権的期待権などをあげることができる。これは、物権と債権の峻別を前提としつつも、第三者に対する債権者の保護の場面を完全に捨象できないことを、明らかにしている。

さらに、物権と債権ははたしてどのような権利なのか。ここでも重要な示唆を与えてくれるのが、ius ad rem である。物権と債権の性質をあわせも

---

[2] ドイツ法において、土地所有権の二重譲渡は理論上発生しえない。債権関係である二重契約が存在するにとどまる。

ったこの概念は、歴史上どのように誕生して、生成されてきたのであろうか。

2 課題の設定

本稿は、ius ad rem を検討することを通じて、物権変動の法的構造に関する一連の研究をさらに進めようとするものである。ただし、ius ad rem に関しては、もちろんわが国においても、これまでいくつかの優れた研究がある[3]。しかし、いずれの先行研究も、最近のドイツ法の状況を紹介するにはいたっていない。これは、たんに最近の判例と学説の状況それ自体が検討されていないというだけではなく、現在の研究レベルから ius ad rem の歴史的生成過程を追うという作業もなされていないことを意味する。

そこで、本稿においては、ドイツにおける ius ad rem に関する最新の文献[4]を渉猟しつつ、ius ad rem 概念の起源を把握し、それが確立された過程をたどり、物権行為概念の生成との関係でどのように ius ad rem が衰退していったのかについて、分析をくわえる。この作業を経ることによって、物権変動論における ius ad rem の役割が明らかとなり、また、ius ad rem が形式上否定された現在における物権変動の法的構造をよりよく把握することができる。そして、前述したように、ドイツの最近約 20 年間の研究状況を紹介すること自体がすでに、先行研究の空白をうめることになる。

ここで、具体的な問題として、次の事例を想定する。土地甲の所有者 A が B と甲に関する売買契約を締結し、B は代金を A に支払った。しかし、A は C との間でも甲に関する売買契約を締結し、C は甲の引渡しを受けた、というものである。この問題は、日本法においては、典型的な二重譲渡の事例ととらえられ、背信的悪意者と認定される場合を除けば、B と C のいずれか先に登記を備えた者が優先する[5]。また、ドイツ法においては、登記を

---

3 とくに、好美清光「Jus ad rem とその発展的消滅」一橋大学法学研究 3・179 以下（1961）、同「Jus ad rem とその発展的消滅」私法 23・77 以下（1961）、および、小川浩三「ius ad rem 概念の起源について」中川良延他編『日本民法学の形成と課題』（有斐閣・1996）331 頁以下を参照。

4 たとえば、*Ralf Michaels*, Sachzuordnung durch Kaufvertrag, Berlin 2002 は、ius ad rem を歴史的に考察した近時の研究として、ドイツにおいて優れたものと評価されている。

5 少なくとも、AB 間において、完全であるかどうかはともかく、物権変動が発生すると解する

経由しないかぎり物権変動は生じないため、ここでは売買契約が二重に存在しているにすぎない[6]。

　それでは、この事例において、第一譲受人あるいは第一契約者であるＢは、Ｃに対してなんらかの請求をすることができるか。ius ad rem とは、この場合における、ＢのＣに対する甲の引渡請求権を意味する。これにより、Ｂは、対抗力を有しない物権取得者あるいは債権者にすぎないにもかかわらず、絶対効のある請求権を付与される。

　上記の事案を前提として、第三者効を有する特定物引渡請求権である ius ad rem が、どのような歴史的経緯を経ながら現代のドイツ法に結実しているのか、あるいは、本当に消滅したといえるのかについて、検討していきたい。

II　ius ad rem の起源

1　ローマ法

（1）　前期

ius ad rem の起源はなにに求められるか。ローマ法がその起源ではないことは、一般に認められている。というのは、ローマ法においては、対人訴権と対物訴権が厳格に区別されていたからである[7]。このため、絶対的な債権である ius ad rem は、ローマ法上、存在しえない概念ということになる。しかし、ローマ法において、物の取得をめぐる二重契約の買主がどのように保護され、あるいは、保護されなかったのかについては、ここで検討しておくべきであろう。

　まず、前期ローマ法において、所有権の移転はどのように行われていたか。ローマ法の時代にも、現実売買は存在していた。ただし、現実売買は債務を生じさせる契約ではなく、目的物と金銭の事実的な交換行為であった。売買の原型は、mancipatio（握取行為）である[8]。これは、5人以上の証人と1

のが一般的である。

6　AB 間、AC 間いずれも、債権契約しか発生していない。物権行為の存在はともかく、所有権はまだ移転していない。したがって、BとCはいずれも債権者にすぎない。

7　好美・前掲注3・一橋3・187 以下を参照。

人の秤をもつ者の出席のもと、買主が目的物につき自己の所有物となったことを宣言し、これに対して、売主は沈黙を守ることによって、買主への所有権移転の正当性が認められるという方式であった。

それでは、この売買が正当に履行されなかった場合にはどうか。初期のローマ法においては、売買契約という概念が存在しなかった。つまり、売買は契約ではなかった。したがって、契約責任についても考えられない。そこで検討の対象となるのが、不法行為責任である。他人を違法に侵害した者は、その責任を負う。この責任は、加害者が被害者に対して人的に負うものであり、これにより、被害者は所有権に類似した権限を取得することができた[9]。これに対して、契約責任の概念は存在しなかった。なぜなら、売買の合意をした当事者は、その相手方に対して給付を求めることができなかったからである。相手方が給付をしなかった場合には、その賠償を求めることだけが許された[10]。そして、これらの権利を実現するために、ローマ法においては、訴権という方式が用いられていた。すなわち、対物訴権と対人訴権である。この区別が、現在の物権と債権を区別する由来とされている[11]。

対物訴権は、まず、占有者に対してではなく裁判官に対して、訴えを提起した者に物的権限があることを確定するよう申請するというかたちでなされる。そして、この訴えが確定すると、訴えを提起した者は、相手方に属さないとされた目的物を取得することができる。しかし、占有権原のないことが確定した相手方は、人的な責任、つまり、金銭による賠償義務を負うのみであった。対物訴権は相手方のない訴えであり、相手方は目的物の返還を強制されるわけではなかった[12]。

対人訴権も、対物訴権と方式は同じである。ただ、対象が物ではなく人であるということになる。訴えの内容が確定された場合には、訴えを提起した者は相手方に対して、あたかも物を対象とするかのように、その責任を追及

---

8 *August Bechmann*, Der Kauf nach gemeinem Recht I, Erlangen 1876, S. 68 ff. を参照。

9 *Max Kaser*, Das altrömische ius, Göttingen 1949, S. 179 f. を参照。

10 *Michaels*, a.a.O. 4, S. 66 を参照。

11 *Roland Dubischer*, Über die Grundlagen der schulsystematischen Zweiteilung der Rechte in sogenannte absolute und relative, Tübingen 1961, S. 3 ff. を参照。

12 *Karl Hackl*, Die Haftung der im dinglichen Sakramentsprozeß unterlegenen Partei, FS Wegener, Graz 1992, S. 147 ff. を参照。

することができる[13]。この点において、対物訴権と対人訴権のそれぞれの過程は同じ流れをたどる。しかし、その対象は明確に区別されていたのである。

このように、前期ローマ法においては、対象が物と人とで明確に区別されていたことから、ius ad rem のような、対人権を前提としつつ物自体を請求の対象とする概念は、成立しえなかったことがわかる。

(2) 古典期

義務を発生させる効果をもつ、売買契約ともいえる概念が登場してくるのは、古典期になってからである。主たる義務として売主の traditio（引渡し）と買主の金銭支払いが認められ、債務法上の売買契約と物権的な所有権譲渡を分離する考え方があらわれてきた[14]。ただし、すくなくとも対内関係においては、債務法上の売買契約がなされることによって、買主は売主との関係で所有者になることができたとされている[15]。これは、売買自体は義務を発生させる効果を有さず、目的物の帰属を決定する合意であったとする理解を前提とする[16]。すなわち、売買という合意によって、目的物が買主に帰属し、買主はその利用を開始し、所有者としてその責任を負うことになった。このことをとらえて、買主は売主との関係において、相対的に所有者として認められた[17]。

しかし、対外関係、つまり第三者との関係においては、買主は売買契約を締結するだけでは所有者として認められなかった。ここで問題となるのが、売主と第一買主との間の契約の履行を妨げた悪意の第三者が負う責任である[18]。売主は第一契約を締結した後であっても、第二契約を締結し、第二買主に所有権を取得させることができた。これは、第二買主が第一契約について悪意であったとしても、変わらなかった。引渡主義においてもっとも重要なことは、まさに引渡し、つまり占有の取得である。したがって、第一買主

---

13 *Kaser*, a.a.O. 9, S. 110 f. を参照。
14 つまり、買主は、traditio がなされなければ、所有者になれないということである。
15 *Ernst Wolfgang*, Periculum est emptoris, SavZ/Rom 99, 243 ff., 1982 を参照。
16 ローマ法において、今日の契約概念はまだなかったのである。
17 *Ernst*, a.a.O. 15, 245 を参照。
18 ディゲスタによると、債権者に対する悪意の第三者の責任が肯定されている。この点につき、Dig. 4.3.18.5 を参照。第三者は、悪意を直接の理由とした責任を負うとされたのである。

が引渡しを受けていない以上、第二買主が所有権を取得する可能性はまだ残されていた。すなわち、引渡しを受ける前の第一買主にとって相手方となるのは売主であって、第二買主ではない。第二買主が先に引渡しを受けることによって第一買主が被ることになる損害は、売主に対してのみ、これを請求することができるにとどまる[19]。

このように、古典期においても、第一買主が第二買主に対して責任を問うことはできなかった。したがって、ius ad rem あるいはこれに類似した概念を認めることはできない[20]。

(3) 後期

後期になると、一般に、所有権の移転は売買契約によって認められるようになった。つまり、合意主義の採用である。買主は売買契約の締結によってすでに所有者になっているため、買主から売主に対する請求内容は、目的物の引渡しということになる。しかも、二重契約がなされた場合においても、第一買主は第二買主に対して自己の所有権を主張することができた。売主と第一買主との売買契約によって、売主は無権利者になるとされたため、第二買主は所有権を取得できないという構成がとられた。したがって、売買契約の効果は物権的効果をも有していた。合意主義と一体主義が採用されていたといえる[21]。

物権と債権の区別が曖昧になることによって、契約に基づく訴権がもともと金銭支払いを対象としていたところ、この原則も維持されなくなる。というのは、契約によって所有権譲渡の効果がもたらされ、買主は契約に基づく対物訴権を行使することができるからである[22]。しかし、この法状況をもと

---

[19] *Reinhard Zimmermann*, The Law of Obligations, Oxford 1990, P. 272 を参照。第一買主の所有権は売主に対してのみ主張できるにすぎない。したがって、第二買主は、第一買主の所有権をそもそも侵害していないことになる。

[20] ただし、訴権のレベルになると、物と人の分離が徹底されていたとはいえない。たとえば、対物訴権は金銭的な責任を追及することもできたし、対人訴権は目的物の引渡しを対象とすることもできた。このため、訴える者が所有者なのか債権者にすぎないのかは、意味をもたなかったのである。この点につき、*Michaels*, a.a.O. 4, S. 76 を参照。

[21] *Michaels*, a.a.O. 4, S. 76 f. を参照。このように、物権と債権の区別は曖昧になる。両権利は、一体となって目的物の帰属を根拠づけた。

[22] こうなると、対物訴権と対人訴権の区別も容易ではなくなる。すくなくとも、訴えの原因に応じた区別は難しい。訴えの目的に応じた区別ということになる。すなわち、目的物の引渡しを目

200

に、ローマ法において ius ad rem の起源を確認できると解するには、さらなる検討が必要であろう。

(4) ユスティニアヌス法

後期ローマ法に対して、ユスティニアヌス法においては、所有権譲渡と売買契約が再び区別されていた。このため、売買契約に基づく所有権の移転は、認められていなかった。ただし、所有権譲渡の要件としての traditio が内包している問題点も、意識されていた。というのは、traditio はたんなる引渡しであって、方式を強制することが難しい。また、とりわけ土地所有権譲渡のケースにおいて、引渡しの方式を求めることは無意味であったり、あるいは、実際に不可能であったりした。

そこで、mancipatio と in iure cessio (法廷譲渡) とを、無方式の traditio を通じてなすことが認められた。mancipatio と in iure cessio をなすには、方式に則る必要があるともともとは考えられていた。しかし、これにより、無方式の所有権移転が引渡しによってなされることが可能になる。ただし、traditio は、たんなる売買契約とは異なるので、引渡しによる所有権移転という方式が、さしあたり維持されたのである[23]。

このように、従前のローマ法以来の考え方を基本的に維持したということは、握取行為に重きがおかれたということであって、売主が物に対する支配を解くだけでは、所有権移転の効果をもたらすには足りないのである。したがって、合意主義がとられたわけではなかった。引渡しは、取得者が物の占有を取得することで認められるのであって、所有権移転がなされたことの公示となるだけではなく、所有権移転の効力要件でもあった[24]。そうはいっても、無方式の traditio が認められることによって、引渡主義の要件が緩和されていったことは、認めざるをえない[25]。

的とするか、あるいは、金銭の支払いを目的とするかである。この点につき、*Michaels*, a.a.O. 4, S. 78 を参照。

[23] *Fritz Sturm*, Das Absterben der mancipatio, FS Kaufmann, Paderborn 1993, S. 347 ff. を参照。ただし、traditio の法的性質は、変更された、あるいは、追加されたと解さざるをえない。traditio によって所有権の移転が導かれることに変わりはないが、その性質は、たんなる事実行為から、法的な行為の要素をあわせもつものへと変化したといえる。

[24] *Theodor Süß*, Das Traditionsprinzip, FS Wolff, Tübingen 1952, S. 143 を参照。

[25] 所有権を移転するためには、譲渡人が占有を放棄することが必要であって、譲受人が占有を実

また、ユスティニアヌス法においては、obligatio dandi（与える債務）が物権と債権の中間的な特徴をもつ概念としてとらえられていた。それ以前においても対物訴権と対人訴権の中間的な性質をもつ概念が認められていたが、それぞれの訴権の手続は厳格に区別されていた。しかし、ユスティニアヌス法は、以前のような厳格な区別を採用することがなく、原告は訴権の種類を明示する必要がなかった[26]。このため、まさに物権と債権の性質をあわせもつ概念が生じることになる。

この物権と債権の中間的な性質を有する訴権として、もっとも注目にあたいするのが、rei vindicatio utilis（所有権返還請求訴訟に準ずるもの）である。これによれば、本来であれば、原告は所有権がなければ訴権を行使できないが、所有権を有しなくとも、目的物の返還が認められた。たとえば、代金の支払いを受けていない売主が、特約に基づいて売買契約を解除し、買主からの転得者に対しても目的物の返還を求めることが許された[27]。traditio によってすでに所有権を譲渡してしまっている売主は、本来であれば、物権を主張することはできないはずである。しかし、ここで、rei vindicatio utilis の要件として求められているのは、原告の物権ではなく、目的物給付請求権である。この請求権に基づいて、rei vindicatio utilis を通じて、原告は目的物を取り戻すことができた。すると、rei vindicatio utilis を物権に類似した概念とみることが可能となる。

(5) ius ad rem の否定

ここまで、ローマ法における目的物返還請求権について、その法的性質に着目しつつ検討を加えてきた。前期の段階においては、対物訴権と対人訴権が明確に区別されていたことから、物権と債権の違いも明確に認識されていたことがわかる。しかし、時代を経るにしたがって、目的物返還請求権が所有権を要件とすることなく行使され、しかも、その請求権の行使が第三者に

際に取得することまでは要しないとされた。ただし、このことは引渡主義の例外として認められたわけではない。なぜなら、譲受人が所有権移転の実際の場に立ち会うことを要するとされていたため、そのかぎりで、合意主義が採用されたとはいえないのである。この点につき、*Johannes Biermann*, Traditio ficta, Stuttgart 1891, S. 90 ff. を参照。

26　*Dieter Simon*, Untersuchungen zum Iustinianischen Zivilprozeß, München 1969, S. 53 ff. を参照。

27　*Michaels*, a.a.O. 4, S. 76 を参照。

対しても認められるようになっていく。

　しかし、ius ad rem に対応する概念、あるいはその萌芽がローマ法にみられたと解することは、やはりできないであろう。とりわけ、実体法と訴訟法が未分離であったことが重要である。ius ad rem は、あくまで実体法上の権利である。さきにとりあげた rei vindicatio utilis は訴権であって、これにより、物権を有しない売主が第三者に対して一定の要件に基づいて目的物返還請求権を有するとしても、訴権の対象が物にまで及んだにすぎない。ただし、対物訴権と対人訴権を厳格に分けることによって対応できなくなる現実の問題が、ローマ法の時代においてすでに明白に受けとめられていたことには、留意すべきだろう。物権を有しない者が第三者との関係で物に対する権利を争う構図は、所有権の譲渡を認めるかぎり、どのような権利を被保護者に認めるかにかかわらず、発生するのである。

2　ゲルマン法

(1)　Gewere

　物の移転に関して、ゲルマン法においては、所有権と占有の概念をあわせもった Gewere が重要な役割をはたしていた。Gewere とは、法的な権利の帰属状態とともに、物に対する事実上の支配をも意味する概念であった[28]。

　Gewere がはたしていた機能は、目的物が動産である場合と土地である場合とで異なっていた。動産の場合には、目的物の直接占有者だけが Gewere を有することが認められたが、土地の場合には、間接占有者が Gewere を有することも認められた。したがって、Gewere は観念化され、物の直接的な支配を要件とする概念ではなくなったのである[29]。

　目的物が動産である場合、動産所有権を移転するための要件は、譲渡意思と Gewere の移転であった。ここでの Gewere は目的物を事実上支配するこ

---

[28]　Gewere は、もともとは占有の移転をあらわすにとどまっていたが、次第に、占有の移転によって取得された事実上の支配をもあらわす概念となった。これらの特徴が、今日における物権概念と比較されつつ論じられる契機となった。この点につき、*Eugen Huber*, Die Bedeutung der Gewere im deutschen Sachenrecht, Bern 1894, S. 39 ff. を参照。

[29]　この点を指摘するものとして、*Stephan Buchholz*, Abstraktionsprinzip und Immobiliarrecht, Frankfurt a. M. 1978, S. 17 ff. を参照。

とと同義であって、その Gewere を移転すること以外に、特別な方式は求められなかった。ゲルマン法は、ローマ法とは異なり、目的物の事実上の支配と目的物の法的な帰属関係とを密接に結びつけていたので、無権利者と取引をした者を保護するための制度が発達した[30]。

理論上も実際上もより重要なのは、土地所有権の移転である。ゲルマン法において、土地所有権を譲渡するためには、sala と呼ばれる契約と、investitur と呼ばれる占有取得が必要であった[31]。sala は要式契約ではあったが、占有移転とは無関係であった。むしろ、儀式的な方式が求められた。sala と investitur が土地上で行われる場合には、両者が同時にあわせて行われるので、権利の移転と目的物の事実上の支配の移転とが分離してしまうことはない。しかし、sala を行うにあたって、土地以外の場所で証書の移転などを通じてなされることが認められるようになると、investitur との分離が生じる。さらにまた、investitur も裁判所の関与のもとで、土地以外の場所でなされることが認められるようになった[32]。

(2) 売買契約

ゲルマン法の土地所有権移転の場面を、売買契約にそくしてみてみるとどうか。買主の法的地位は、ローマ法と比較すると、ゲルマン法においてはより強化されている。

売主との当事者間の関係においては、買主は、sala によって、investitur がなされていなくても、土地に対する権利を有するものとされた。売主との関係では、買主は早い段階で Gewere を取得したともいえる。本来、

---

30 *Hermann Nolte*, Zur Reform der Eigentumsübertragung, Berlin 1941, S. 25 f. を参照。自らの意思に基づいて動産を譲渡した者は Gewere を失う。このため、その後、目的物の返還を求める事態になったとしても、返還を求めることのできる相手方は、直接の譲受人に限定された。つまり、目的物が第三者に対してすでに譲渡されてしまった場合には、最初の譲渡人は第三者に対して返還請求することができなかったのである。これが今日の善意取得制度につながっていることは、よく知られている。

31 ただし、sala は、債務法上の契約ではなく、ローマ法上の traditio と同義である。今日においては、sala は債権的な性質と物権的な性質をあわせもつ概念と解する見解が有力である。また、investitur は、ゲルマン法にいう Gewere である。これは、実際上の事実行為であった。この点につき、*Wilhelm von Brünneck*, Ueber den Ursprung des sogenannten jus ad rem, Berlin 1869, S. 14 を参照。

32 *Andreas Heusler*, Institutionen des deutschen Privatrechts, Band II, Leipzig 1885, S. 70 ff. を参照。

Gewere とは、目的物を事実上支配することを意味するが、ここでは、買主が売主に対して主張しうる権利のことをも含む[33]。

買主の権利の強化は、第三者との関係においてもみられる。買主は、契約を締結しただけでは、原則として物権を取得することができない。しかし、売買契約が二重に締結された場合に、目的物が第一買主にも第二買主にも引き渡されていないときは、第一買主が第二買主に優先するものとされた。さらには、目的物が引き渡されたとしても、第一買主の優先が認められた[34]。これは、sala が第一買主との関係でなされた場合に、第二買主はもはや善意取得することもできないということによって、具体化されたのである。

(3) 買主の権利

このように、ゲルマン法における買主の法的地位は、ローマ法のそれよりも強い。この理由は、物権と債権に関するゲルマン法の理解にある。正確にいえば、ゲルマン法は、物権と債権を厳格に分離してはいなかったのである。むしろ、物権と債権という概念自体が、把握されていなかったといえる[35]。

すると、目的物の帰属だけではなく、その目的物を対象とした契約関係、あるいは、その契約に基づく買主の権利自体が、今日における物権に類似した性質をもつようになる。つまり、ゲルマン法においては、売買契約がなされることによって、買主は、売主に対してだけではなく、目的物自体に対しても権利を有することになるのである。むしろ、目的物に対する権利を考慮しない、売買契約に基づく権利は、考えられないということにもなる[36]。

ゲルマン法上の買主の権利を、今日における物権概念にそくして考察するとすれば、その権利の物権性を見きわめる特徴は、買主が Gewere を取得し

---

33 この点につき、*Huber*, a.a.O. 28, S. 34 ff. を参照。

34 *Andreas Heusler*, Die Gewere, Weimar 1872, S. 30 ff. を参照。

35 したがって、債権行為や物権行為といった概念も存在しないため、ゲルマン法を描写する際に、これらの言葉を用いることは、混乱を招くことになろう。ゲルマン法は、とりわけ債権の概念をローマ法ほどには認識していなかった。この点につき、*Wilhelm Ebel*, Grundlegung zu einer Darstellung eines Deutschen Schuldrechts des Mittelalters, SavZ/Germ 105, 1 ff., 1988 を参照。

36 *Andreas Heusler*, Institutionen des deutschen Privatrechts, Band I, Leipzig 1885, S. 379 を参照。

たかどうかにある。ゲルマン法における物権とは、Gewere をともなう債権ともいえる。Gewere を取得した第一買主が売主に対してだけではなく第二買主に対しても自らの権利を主張できるのは、第一買主に ius ad rem が与えられているからともいえる。しかし、厳密にいえば、第一買主が売主との関係でその目的物をすでに取得しているために、これを第二買主に対しても主張できると解するのが妥当であろう[37]。

本来の意味における Gewere とは、占有の取得と密接に結びついた概念である。したがって、ゲルマン法上の売買契約が物権的な法律関係をつくりだすかどうかという問題については、結局のところ、買主が占有をともなう Gewere を取得したかどうかにかかっている。しかし、前述したように、ゲルマン法においては、土地の売買にあたって、sala と investitur の分離が認められていた。すると、sala のみしかなされていない場合の買主の権利が問題となる。この sala を今日の契約になぞらえるならば、契約のみでは買主の物権的な権利関係は不完全なものになるといわざるをえないのではないかという疑問が生じる[38]。

(4)　ius ad rem の否定

ただし、契約を債権ととらえるためには、当然のことながら債権概念が認識されていることを前提とする。この点、ゲルマン法は物権と債権の分離がなされていなかったし、そもそもローマ法のような債権概念は存在しなかった。したがって、ゲルマン法上の売買契約を債権にすぎないと理解するのは、その前提を欠いており、正しくない。

かといって、ゲルマン法上の売買契約を物権を創設するものと把握するのはどうか。これまた、なにをもって物権の基準とするかによって、その理解は異なってくる。あくまで、買主に第三者との関係においても目的物の返還請求権が認められることこそが、物権の物権たるゆえんであると解するので

37　ただし、ゲルマン法においては、多くの売買は動産を対象として行われていた。ここでは、現実売買が主になされるため、契約とその履行が間隔を空いてなされることはほとんどなかった。このため、売買契約のみで目的物の所有権が移転するのかという問題は、実務上、発生しなかった。すなわち、売買契約と即時の履行によって、買主は Gewere を取得し、売主のみならず第三者に対しても自らの権利取得を主張することができた。この点につき、*Michaels*, a.a.O. 4, S. 97 を参照。

38　これについては、*von Brünneck*, a.a.O. 31, S. 20 を参照。

206

あれば、ゲルマン法は、売買契約を通じて買主に物権を与えていたと評価することもできよう[39]。

　しかし、ゲルマン法に ius ad rem を見出すことは難しい。ius ad rem は、物権と債権それぞれの概念を認めた上で、債権にもかかわらず物権的な効果を導き出す概念である。したがって、物権と債権の区別を認めないゲルマン法においては、ius ad rem の存在を認めることはできないと考えられる[40]。

3　教会法とその後の展開
(1)　教会法

　ローマ法にもゲルマン法にも、ius ad rem の起源を見出すことはできなかった。それでは、教会法においてはどうか。教会法にも、ius ad rem は認められないとされる。というのは、第一譲受人の保護にあたって、譲渡人と第一譲受人との関係について第二譲受人が悪意であるかどうかは意味をもたなかったからである。

　第二譲受人による土地の取得が瑕疵あるものであった場合に、第一譲受人による土地の取得が瑕疵なきものであったときは、第一譲受人が優先するとされた。ただし、第一譲受人は土地の返還を求めることができたが、その土地の物権を取得するためには、その後、方式にかなった土地取得を再度おこなう必要があった。しかも、この土地取得は、第二譲受人ではなく司教を介してなされることとされていた[41]。これらの特徴にかんがみると、今日の ius ad rem 概念とは異なる性質を有する概念あるいは制度が採用されていたといえよう。

　また、封建法においても、ius ad rem は存在しなかったとされる。譲渡人と第一譲受人との内部関係の拘束力から、第二譲受人に対する効果が認め

39　sala を通じて買主に物権が付与されたと解する見解として、*von Brünneck*, a.a.O. 31, S. 20 を参照。これに対して、第二買主が、第一買主に対する売主の義務を引き受ける結果として、第一買主は第二買主に対しても権利主張しうると解する見解として、*Karl von Amira*, Nordgermanisches Obligationsrecht, Band I, Leipzig 1882, S. 555 を参照。

40　ただし、ゲルマン法の時代においても、二重売買における第一買主の保護が実際に問題となっていたことは、たしかである。共通の問題状況をはらんでいたことを確認することには、意義が認められよう。

41　*Michaels*, a.a.O. 4, S. 108 ff. を参照。

られた。これは、教会法との共通性を有する。したがって、第二譲受人は物権を取得したにもかかわらず、その返還を義務づけられるのか、それとも、第二譲受人はいまだ物権を取得しておらず、債権債務関係に基づくものとして土地の返還を義務づけられるのかといった問題が、提示されることになる[42]。

(2) 学説の展開

このように、教会法においても封建法においても ius ad rem の存在はみられない。しかし、学説の見解の中に、ius ad rem と比較可能な概念が次第にあらわれてくる。

中世において、土地所有権を譲渡するためには、売買契約だけでは不十分であった。つまり、引渡しがこのための要件であった[43]。この引渡しが厳格に運用されることに対して、次第にこれを緩和する動きがでてくる。そこで、裁判官の面前で引渡しを観念的になすということが認められるようになる。さらには、登記制度の発展とともに、観念的な引渡しが登記をするための要件として位置づけられるようになると、引渡しはますます観念的あるいは儀式的な要素を強めていくことになる[44]。

このように、原則としては、ローマ法以来の引渡主義が採用されていたとはいえ、その実際の運用にあたって引渡主義が緩和されていくと、実質的に引渡しが要件として重要視されなくなる。ここに、現実の直接占有を有しない第一買主の保護をめぐる問題が顕在化する。二重売買における第二買主との関係において、第一買主を保護すべきかどうか、保護すべきとしてどのような要件に基づいて保護すべきかといった問題が生じてくるのである[45]。

この問題に関して、第一買主を一定の範囲で保護すべきとする考え方は、すでに承認されていたといえる[46]。それでは、どのような保護要件が求められるか。ある見解は、第二買主が第一売買契約について悪意であったか、ま

---

[42] *Michaels*, a.a.O. 4, S. 112 ff. を参照。

[43] この引渡しが方式の重要性を意味するところとなり、Auflassung との関連性を有するようになっていく。この点につき、*Buchholz*, a.a.O. 29, S. 28 ff. を参照。

[44] *Buchholz*, a.a.O. 29, S. 55 ff. を参照。

[45] *Michaels*, a.a.O. 4, S. 114 ff. を参照。

[46] これは、ゲルマン法のみならずローマ法においても、限定的ではあるが、認められていた。

たは、自らの権利取得が無償でなされた場合に、第一買主を保護すべきとした[47]。たしかに、観念的な引渡し、あるいは、traditio ficta（擬制された引渡し）をもって、所有権譲渡の要件がみたされたと解するならば、あとは第二買主の悪意または無償性を要件として検討すれば足りるとする見解も説得力をもつ。しかし、観念的な引渡しでは、第一買主は所有権または第三者に主張しうる権利をいまだ取得していないとするならば、問題は、第一買主の側の保護要件をどのように構成するかという点に投げ返されることになろう[48]。

(3) ius ad rem の萌芽

はたして、ius ad rem の萌芽はどこに求められるのか。ius ad rem が問題となる典型的な場面は、二重売買における第一買主が悪意の第二買主に対して自らの権利を主張することができるというものである。債権者にすぎないはずの買主に絶対効のある権利を付与することに、物権債権峻別論の立場から異論が投げかけられるのである。ただし、この異論は、物権と債権が区別されていてはじめて生じる。したがって、ius ad rem がそもそも問題となるためには、物権と債権の区別が前提となっていなければならない。

この点において、ローマ法との関連性を無視することはできない。というのは、ローマ法において、すでに、対物訴権と対人訴権の区別がなされていたからである。しかし、ローマ法には、ius ad rem を見出すことができなかった。

これに対して、ius ad rem と価値判断を同じくする考え方が、ゲルマン法には存在した。しかし、ゲルマン法は物権と債権を区別していなかった。このため、理論上、ius ad rem が存在していたとはいえない。

ここで着目すべきは、ローマ法の体系と、ゲルマン法における現実の課題への対応である。ius ad rem は、実質的にはゲルマン法上の特徴を有しながら、形式的にはローマ法の体系と密接に関係している。つまり、ius ad rem の萌芽は、理論上はローマ法に、実質的にはゲルマン法に求めること

---

47 この見解を紹介するものとして、*Gunter Wegener*, Dingliche und persönliche Sachenrechte, FS Niederländer, Mailand 1991, S. 203 を参照。

48 traditio ficta については、*Biermann*, a.a.O. 25, S. 78 ff. を参照。

ができるのではないか。むしろ、ius ad rem の唯一の起源を確定すること
はできないと考えられる[49]。

Ⅲ　ius ad rem の確立

1　自然法

(1)　合意主義

以上の検討をふまえて、ius ad rem 概念がどのように確立されていった
のかについて、次にみていくことにする。

　自然法は、ローマ法に直接には依拠しないものであった。このため、ロー
マ法由来の考え方とは異なる思考をたどるという点で、検討する意義があ
る。まずは、自然法の理論において、どのような所有権移転方法が採用され
ていたのかについて、考察する。

　自然法によれば、所有権は合意があれば移転するとされていた。つまり、
合意主義の採用である[50]。その理由として、まず、合意主義がもっとも単純
かつ明確であることがあげられる。さらに、目的物の所有者と占有者が異な
ることがあり、そうだとすると、占有の移転を所有権の移転と結びつける必
要性はないことも、根拠とされた[51]。これにより、引渡主義が否定されたの
であった。

　所有権の移転について合意主義がとられると、土地の買主は、売主と合意
していればこれにより所有者となる。すると、買主は、すでに自らに移転し
ている所有権に基づいて、売主に対して目的物の引渡しを求めることができ
るということになる[52]。

---

[49]　ius ad rem は、ローマ法の観点からすれば、買主の債権の効果を拡張する概念として、ゲル
　　マン法の観点からすれば、買主に物権的な帰属状態を認める概念として、それぞれとらえられる
　　ことになろう。たとえば、*Michaels*, a.a.O. 4, S. 121 ff. を参照。

[50]　この点につき、*Süß*, a.a.O. 24, S. 147 を参照。

[51]　たとえば、*Eugen Bucher*, Die Eigentums-Translativwirkung von Schuldverträgen, ZEuP
　　1998, 626 ff., 1998 を参照。

[52]　買主の特定物引渡請求権の存在の根拠として、pacta sunt servanda（合意は遵守されるべき
　　である）をあげる見解もある。この見解を紹介するものとして、*Karin Nehlsen-von Stryk*,
　　Grenzen des Rechtszwangs, AcP 193, 546, 1993 を参照。なお、自然法においては、obligatio
　　dandi（与える債務）と obligatio faciendi（なす債務）は区別されていなかった。この点につき、

(2) 二重売買

　自然法は合意主義を採用していたため、売主と買主の当事者間においては契約の合意のみで所有権の移転が生じる。したがって、第一売買が行われることによって、第一買主が所有者になるとともに、売主は無権利者となる。このため、売主がその後に二重に売買契約を第二買主と締結したとしても、売主はすでに無権利者になってしまっているのであるから、第二買主になんらの権利も移転することはできない。第二買主もまた、無権利者のままである。

　以上が、対外関係の典型例である二重売買についての、自然法に基づく理解である。ここで重要な点は、第二買主が第一売買について善意であっても、第二買主は所有権を取得できないということである。売主はすでに無権利者であるから、第二買主の主観的状況にかかわらず、第二買主はなにも取得することができないという論理が採用されたのである[53]。

　したがって、第一買主はすでに所有者となっており、第二買主は無権利者にすぎないのであるから、第一買主が自らの所有権に基づいて第二買主に対して目的物の引渡しを求めることができるのは当然ということになる。また、この帰結は、自然法が obligatio dandi と obligatio faciendi を区別せず、かつ、物の概念を広くとらえていたこととも関係する。すなわち、obligatio dandi の対象である有体物と、obligatio faciendi の対象である債務者の行為とが、結局はいずれも人以外の物を目的としているという認識にたつならば、ius ad rem の目的が、ius ad rem 概念そのものを用いなくても達成できるようになるのである[54]。なぜなら、第一買主は、売主に対しても、第二買主に対しても、目的物それ自体あるいは両者の行為を求める権利を、すでに有しているからである。

Michaels, a.a.O. 4, S. 130 f. を参照。

[53] 　第二買主の善意取得も認められていなかった。正確にいえば、善意取得による保護という考え方そのものが、知られていなかったとされる。この点につき、*Werner Hinz*, Die Entwicklung des gutgläubigen Fahrniserwerbs in der Epoche des usus modernus und des Naturrechts, Berlin 1991, S. 100 ff. を参照。そこでは、Grotius、Pufendorf、Wolff らの見解が紹介されている。

[54] 　この点につき、*Michaels*, a.a.O. 4, S. 133 を参照。

(3) 小括

ここまで検討してきた自然法の理論は、第一買主の第二買主に対する特定物引渡請求権を根拠づけるにあたって、説得力がある。売主との合意によって、第一買主にはすでに所有権が移転しているのであるから、この所有権に基づいて、第一買主は第二買主に対して直接に引渡しを求めることができる。これによって、ius ad rem が目指す目的も達成される。

自然法は、合意主義を採用することによって、売主と第一買主との関係を、債権関係から物権関係に変化させたといえる。売主が第二買主との間で二重売買契約を締結することにより、第一買主に対する債務に関して履行不能に陥った場合、第一買主は金銭による損害賠償を売主に対して求めるほかないというのが、原則であった。しかし、自然法理論によれば、第一買主は売主から所有権を有効に取得しているので、売主に対してはもちろん第二買主に対しても、目的物の引渡しを求めることができる。この特定物引渡請求権を理論的に根拠づけることに、自然法理論は成功したといえる。

しかし、疑問はやはり残る。ius ad rem の目的が達成されるからといって、自然法上の第一買主の権利は、ius ad rem そのものではない。それは所有権である。だからこそ、第二買主の悪意を要件とすることなく、第一買主の特定物引渡請求権が認められるのである。そうだとすると、第一買主の権利は、ius ad rem ではなく、ius in re（物権）であるということになる。

また、合意主義を採用すると、物権と債権の関係は曖昧なものとなる。第一買主が第二買主に対して主張する権利は物権であるとしても、売主に対して主張する権利は物権なのかそれとも債権なのか、あるいは、その両方の性質をあわせもつのか[55]。これらの問題は、およそ契約を通じていかなる権利が当事者に発生するのかという、契約法上の大きな問いにつながっていく[56]。

---

[55] 当然のこととして、この問題は請求権論にも影響を与える。

[56] 自然法理論が有するこれらの特徴を検討すると、ius ad rem との理論的関係性が密接ではないことがわかる。むしろ、その法的効果の観点から、ius ad rem を認めることによって達成しようとされた目的との実質的な近似性を、把握することができるにすぎない。

2 普通法

(1) 引渡主義

普通法上の所有権移転システムは、自然法とは異なり、引渡主義を採用していた。正確にいえば、titulus modus（権原と形式）理論と称される方法がとられていた。所有権を移転するためには、titulus として法律上の原因が、modus として取得行為が、それぞれ要件とされた。売買を通じて土地所有権の移転がなされる場合には、売買契約が titulus となり、土地の引渡しが modus となる[57]。

したがって、契約が締結されただけではなく、目的物の引渡しまでなされなければ、買主は物権を取得することができない。問題は、契約は締結されたが、引渡しがまだなされていない段階における、買主の法的地位である。ここで、買主が売主に対して目的物の引渡しを求めることができるのは、当然である。これは、買主の債権として認められるともいえるし、売主との関係においては買主に物権的な権利が認められるともいえる[58]。

(2) 二重売買

二重売買が行われ、第二買主が第一買主よりも先に引渡しを受けた場合に、第一買主は第二買主に対して、自らが優先すると主張することができるか。普通法においては、第一買主が売主に対して引渡しを求められることを前提としつつ、第二買主が第一契約について悪意であった場合に限定して、第一買主は第二買主に対しても引渡しを求めることができると考えられていた[59]。

---

[57] titulus modus 理論に関しては、*Hans Brandt*, Eigentumserwerb und Austauschgeschäft, Leipzig 1940, S. 50 f. を参照。

[58] ただし、modus としての引渡しは、現実の引渡しに限定されなかった。modus として占有改定も認められたからである。これにより、買主は、目的物を直接に占有していなくても物権を取得することができた。したがって、売主に対して物権に基づく請求権を行使することができた。また、売主も、目的物を自らのもとにとどめおくことによって、代金支払請求権の実現可能性を高めることができた。契約と所有権譲渡行為を分離するという考え方は、たしかにローマ法に依拠するともいえる。しかし、所有権譲渡行為である引渡しを観念化し、占有改定も引渡しの代替として認められるようになると、契約と所有権譲渡行為との垣根は明確ではなくなる。占有改定は売主と買主との間における意思の合致によって認められるから、titulus modus 理論は、むしろ、当事者意思の重視という立場にも近づいていくともいえよう。この点につき、*Michaels*, a.a.O. 4, S. 137 ff. を参照。

[59] たとえば、*Karl Ziebarth*, Die Realexecution und die Obligation, Halle 1866, S. 201 を参照。

（3） 小括

以上の検討から、普通法における買主の権利、とりわけ第一買主が有する第二買主に対する権利の内容は、ius ad rem のそれときわめて近い。titulus modus 理論によって契約と譲渡行為が分離され、契約によってもたらされる権利と譲渡行為によってもたらされる権利とがそれぞれ区別されていた。ここに、物権と債権の区別を前提とする ius ad rem 概念と同じ基盤を見出すことができる。

また、titulus のみ、つまり、売買契約を締結したにすぎない第一買主が、少なくとも悪意の第二買主に対してであれば、自らの権利として目的物引渡請求権を行使できたということは、第一買主が目的物に対して何らかの権利を有していたということを意味する。この点もまた、ius ad rem に近似した特徴を認めることができる[60]。

3 プロイセン一般ラント法

（1） 引渡主義

自然法理論を前提としつつ、普通法の概念をも取り込みながら、はじめて法典化されたのが、ALR（プロイセン一般ラント法・1794 年）である。そこで、ALR が所有権の移転や ius ad rem につきどのような立場をとっていたのかについて、みていくことにする[61]。

ALR は、所有権移転の効果が発生するための要件として、引渡しを規定した（ALR I 9 § 3）。つまり、引渡主義の採用である。ただし、目的物が土地である場合には、抵当権簿に登記することも要件とされた[62]。売買契約による所有権の移転がなされる場合には、まず、売買契約を通じて ius ad rem が発生し、さらに買主が目的物を占有することによって、ius ad rem が ius in re に変化するものと考えられていた（I 2 § 135）。ただし、ALR は、引渡主義を採用しつつも、占有改定による引渡しを認めていた（I 7 § 71）。この

---

60 この点につき、*Gustav Eisfeld*, Beiträge zur Geschichte des ius ad rem im neueren deutschen und französischen Recht, Kiel 1935, S. 9 f. を参照。

61 *Franz Wieacker*, Privatrechtsgeschichte der Neuzeit, 2. Auflage, Göttingen 1967, S. 327 ff. を参照。

62 1783 年のプロイセン抵当権法による。

ため、自然法理論への接近もみられる。

さらに、ALR は、現代の概念でいうところの債権的請求権と物権的請求権とを、いずれも物権としてとらえ、物権を、目的物の給付を求める請求権と目的物それ自体に関する権利として把握した。すなわち、目的物に対して間接的に影響する人的な権利と、直接的に影響する物的な権利とが、いずれも物権と解されたのである（I 2 § 122 以下）。

(2) 二重売買

ALR は、二重売買の法的処理について、普通法を引き継いでいる。売買契約が締結され、売主が目的物をまだ占有している場合、売主はその物の所有者のままであるが、買主に titulus は移転しているとされた。そして、二重売買においては、先に占有を始めた買主が他方に対して優先するものとされた（I 10 § 20・22）。ただし、たとえば第二買主が第一買主よりも先に占有を開始して物権を取得したとしても、第二買主が第一買主の titulus について悪意であれば、第二買主は物権を行使することができないとされていた。この内容が、まさに ius ad rem が採用された部分となる[63]。

また、二重売買がなされた場合において、第一買主が占有改定により引渡しを受け、第二買主が目的物を直接占有したときは、原則として直接占有が間接占有に優先して扱われるものとされた（I 7 § 74）。もちろん、この場合においても、第二買主が第一買主の存在について悪意であるときは、第二買主による物権の行使は制限される。

ただ、ここで問題となるのは、悪意の買主による物権行使の制限の意味である。第一買主が悪意の第二買主による物権の行使を妨げることができると解するならば、この第一買主の権利は物権として構成される必要がある。したがって、この場合には、第一買主の ius ad rem は物権であると性質決定されなければならない。これに対して、悪意の第二買主がその権利を行使してきた場合に、第一買主は第二買主の権利行使を認めないという抗弁を有するにすぎないと、第一買主の権限をとらえるのであれば、第一買主の ius ad rem は、物権そのものではないと構成することが可能である[64]。

---

[63]　この点につき、*Michaels*, a.a.O. 4, S. 145 ff. を参照。

[64]　この点につき、*Herbert Hofmeister*, Die Grundsätze des Liegenschaftserwerbs in der

(3) 小括

ALR は、普通法をその理論的根拠としながら、ius ad rem 概念を認めたと解することができる。とくに、立法によってこの概念を定義したことが重要である。この点において、ius ad rem がその歴史上もっとも肯定的に評価された時代であったということができよう。titulus の取得によって ius ad rem が発生し、占有の移転によって物権がもたらされた。したがって、ius ad rem を物権と解することは困難である。あくまで、第一買主の第二買主に対する抗弁と把握する方が、ALR の解釈としては妥当であろう。

このように、ローマ法の体系とゲルマン法の事案の解決に端を発する、第一買主は悪意の第二買主に対して自らの権利を主張できるという法概念は、ALR の制定によって、その生成と発展の最盛期を迎えることとなった。

Ⅳ ius ad rem の衰退

1 プロイセン所有権取得法

(1) Savigny の理論

しかし、19 世紀に入ると、ius ad rem 概念は衰退していくことになる。これには、Savigny の理論の影響が大きい。Savigny は、ローマ法における訴権概念と同じく、権利を物に対する権利と人の行為に対する権利とに分け、これをさらに徹底化した。つまり、物権と債権の峻別である。もちろん Savigny も、物権と債権の両方の性質を有する権利が存在しうることは認めていた。しかし、Savigny は、ius ad rem についてはこれを obligatio dandi であると解し、obligatio dandi がローマ法において人的な権利として把握されていたことを根拠に、ius ad rem を債権に分類した[65]。売買契約は、買主の売主に対する債権としての引渡請求権の根拠となるにすぎない。したがって、第一買主は、第三者である第二買主に対しては、この引渡請求権を行使することができないということになる。このように、Savigny の理論を前提

österreichischen Privatrechtsentwicklung seit dem 18. Jahrhundert, Wien 1977, S. 84 f. を参照。

[65] これについては、*Friedrich Carl von Savigny*, System des heutigen Römischen Rechts, Band I, Berlin 1840, S. 334 ff. を参照。

216

とするならば、ius ad rem は、特定物債権でありながら第三者にも主張し
うるという本来の性質を保ちつつ存在することができなくなる。

　また、Savigny の理論の特徴として、物権契約の理論を採用したこともあ
げられる。Savigny は、ローマ法上の traridio を、占有と所有権を相手方に
移転する意思ととらえた。この意思は、相手方がその占有と所有権を取得す
る意思と対応している。すると、traditio は、契約の成立要件である意思の
合致をみたすことになる。このため、traditio を契約と解することが可能と
なるのである。ここに、traditio の観念化が生じる。物権と債権の峻別に基
づき、物権契約と債権契約も別個の契約とされ、かつ、両者は無関係の契約
として構成されるにいたる[66]。

(2)　規定内容

　この Savigny の理論を中心として、学説においては ius ad rem を否定す
る見解が大勢を占めるようになる。そのような中で制定されたのが、EEG
（プロイセン所有権取得法・1872 年）である。

　EEG は、土地所有権の取得者は、それ以前に買主が存在していたことに
つきたとえ悪意であったとしても、自らの所有権取得を妨げられることはな
いと、明確に規定していた（EEG 4 条）。さらに、EEG は、土地所有権の取
得者がその所有権を登記した場合には、取得者がそれ以前に他人の権利が存
在していたことにつき悪意であったとしても、物権の取得を妨げられること
はないと定めた（15 条）。

　これらの規定は、登記が土地所有権の取得の効力発生要件であることを前
提とする。そして、第一買主は登記を備えていなければ、先に登記を備えた
第二買主に所有権を取得されてしまう危険を負い、しかも、悪意の第二買主

66　この点につき、*Friedrich Carl von Savigny*, System des heutigen Römischen Rechts, Band III,
Berlin 1840, S. 312 ff. を参照。ただし、物権契約概念は、ローマ法に直接に由来するとはいえな
い。ローマ法上、所有権の移転にあたって traditio が重視されたのは事実であるが、これを抽象
化し、しかも物権契約として構成したのは、Savigny 独自の見解による。意思の合致を重視する
契約理論の採用は、むしろ、自然法の影響が強い。したがって、物権契約の理論は、ローマ法の
人的権利と物的権利の区別と、自然法の意思の重視とが結合して、構成されたと解すべきであ
る。そもそも、ローマ法上、物権契約の概念は存在しなかった。たとえば、*Filippo Ranieri*, Die
Lehre der abstrakten Übereignung in der deutschen Zivilrechtswissenschaft des 19.
Jahrhunderts, in: Hrsg. von Helmut Coing, Walter Wilhelm, Wissenschaft und Kodifikation des
Privatrechts im 19. Jahrhundert, Band II, Frankfurt am Main 1977, S. 90 ff. を参照。

に対してさえ、引渡請求権を行使することは許されないとされた。このように、EEG の制定により、ius ad rem を認めることは完全に排除されたのであった。

(3) 評価

このように、EEG は ius ad rem の存在を立法において否定した。この理由としては、まず、物権と債権の峻別に基づく体系的な観点をあげることができる。いまだ物権を有しているとはいえない未登記の第一買主が、既登記の第二買主に対して直接の引渡請求権を有することを認めてしまうと、第一買主の権利はそもそも物権なのか債権なのか、第一買主は物権取得者なのか債権者なのかという点で、疑問が生じる。このため、ius ad rem を立法上認めることはできなかったのである。

また、土地登記簿への登記が、土地所有権の移転について効力発生要件となったことも重要である。動産と比較して土地の方が、占有者が所有者とは限らないという状況が多く発生しうる。もともと、不動産公示制度は、非占有担保物権である抵当権を公示するために発展してきたところ、土地の物権帰属状態を、所有権も含めて、占有以上に公示力の高い登記に服せしめようとする要求が大きくなっていったのは、十分に理解できるところである[67]。すると、第一買主は、登記を備えていなければ、物権を取得することができない。つまり、占有するだけでは、物権取得者とはなれない。このことが、立法においても実務においても理解されるようになると、未登記の占有者は既登記の物権取得者に引渡請求権を有しないとの帰結もまた、肯定されるようになる。このように、登記の効力要件化も、ius ad rem の否定に大きな影響を与えたといえる[68]。

---

[67] この点については、大場・前掲注1・『不動産公示制度論』99 頁を参照。

[68] しかし、本登記を経由するまで物権を取得することができないとすると、なんらかの事情で第一買主の本登記が遅れている場合、第二買主に先に本登記を経由されてしまうリスクを回避するための方策が求められることになる。これに対応したのが、仮登記制度である。EEG も仮登記を認めていた。すると、仮登記によって保全された第一買主の権利の法的性質が問題となってくる。すなわち、仮登記の順位保全効をどのように解するかという問題である。少なくとも、仮登記制度の導入により、本登記を備えていない債権者であっても物権取得者と同様の排他的な権利が認められた。これは、ius ad rem の実質的な採用ではないかとも評価できる。この点につき、*Hofmeister*, a.a.O. 64, S. 312 を参照。

218

2　ドイツ民法典

（1）　規定内容

BGB も、所有権移転に関する規定については、EEG を引き継いでいる。すなわち、土地所有権の移転については、登記が効力発生要件とされ（BGB 873 条）、動産所有権の移転については、引渡しが効力発生要件とされた（929 条）。つまり、登記主義を含めた引渡主義の採用であり、意思主義の否定である。この点に限っていえば、ローマ法理論の継承ともいえる。

ただし、BGB の基本思想も、物権債権峻別論に根ざしている。意思の体系化は、自然法とともに 19 世紀ドイツ法学の特徴であって、BGB の立法過程もこの影響を強く受けた[69]。物権債権峻別論と登記または引渡しの効力要件化とは、かならずしも一体として導入されなければならないものではない[70]。したがって、未登記権利者であっても、特定物引渡請求権を第三者に主張しうるとする立法や解釈は、十分可能である。むしろ、物権と債権の区別が厳格だからこそ、ius ad rem を理論上採用できなくなったのである。

（2）　評価

このように、BGB においても ius ad rem は理論上否定され、立法上その姿を消した。物権債権峻別論を前提とした BGB に ius ad rem を規定する余地がなかったことは、明らかである。このため、物権債権峻別論を徹底するという点を強調すれば、演繹的に、物権と債権の両方の要素を合わせもつ曖昧な性質の権利を肯定することはできないという結論に達する。

しかし、実質的な観点からみた場合に、ius ad rem と同視しうる制度は存在しないのであろうか。すでに EEG の時代においても議論されたように、未登記の第一買主を既登記の第二買主よりも保護すべき場合があるということは、今日においても十分妥当する。この点において、BGB はいくつかの制度を用意している。

---

[69]　BGB 第一草案の理由書によれば、物権と債権を明確に区別するために、ius ad rem を採用することができないと述べられている。また、ius ad rem は物権ではありえず、債権にほかならないと解されている。この点につき、Motive zu dem Entwurfe eines bürgerlichen Gesetzbuches für das Deutsche Reich, Band III, Sachenrecht, 2. Auflage, Berlin Leipzig 1896, S. 3 を参照。

[70]　物権行為の独自性も、これを肯定しなければ登記または引渡しが効力要件となりえない、というわけではない。

とくに重要なものとして、仮登記制度をあげることができる（883条）。土地所有権の移転請求権は、これを仮登記することができ、仮登記後になされた処分行為は、仮登記された請求権を侵害する限りで無効とされ、しかも、仮登記に順位保全効があると規定されている。これにより、第一買主は、本登記を備える前にまず自らの請求権を仮登記することができ、第二買主がその後に本登記を経由したとしても、仮登記された請求権を売主に行使することができる。結果として、第二買主を排除することが可能となる[71]。

このように、仮登記がなされたことによる効果、すなわち、第二買主の実質的な排除が認められるという結果だけに着目すると、現行法においても ius ad rem の概念が残っているようにも思われる。しかし、ここで留意すべきこととして、第一買主が仮登記された請求権を行使できる相手方は、売主であって第二買主ではないという点である。この点において、仮登記は、第二買主に対する第一買主の直接請求を認める ius ad rem とは異なる[72]。

V　おわりに

以上のように、ius ad rem は、その萌芽から発展、そして衰退の道をたどったわけであるが、未登記占有者である第一買主の保護、あるいは、そのような第一買主と悪意の第二買主との利益衡量を図るといった、その目的自体は、今日においてもけっして否定されていない。とくに、仮登記制度をはじめとしたさまざまな概念に形を変えつつ、現行法あるいはその解釈論に大きな影響を与えているといえよう。

71　しかも、仮登記の要件は比較的緩やかである。仮処分による仮登記は、被保全請求権の実現が危険な状況にあることを要件としていない（BGB 885条1項）。

72　なお、仮登記制度の導入にあたっては、第一委員会において否定され、第二委員会において実務の要求に応じるという観点から肯定されたという経緯がある。この点につき、Motive, a.a.O. 69, S. 241 f.; Protokolle der Kommission für die zweite Lesung des Entwurfs des Bürgerlichen Gesetzbuchs für das Deutsche Reich, Band III, Sachenrecht, Berlin 1899, S. 114 を参照。ほかにも、BGB において、ius ad rem が採用された場合と同様の法的効果を導くことができる制度が散見される。たとえば、良俗違反に基づく損害賠償請求（BGB 826条）や良俗違反に基づく法律行為の無効（BGB 138条）などである。問題は、第二買主が第一買主の存在について悪意であることをもって、第二買主による売主との売買契約の締結がただちに良俗違反の行為と評価できるのかどうかである。この問題については、別稿において検討する予定である。

ius ad rem に関するこの研究は、まだ端緒についたばかりである。そこで、この概念の法的性質を詳細に分析することが、次の目的となる。さらに、物権行為概念と ius ad rem 概念の関係性を探る作業も重要となろう。ドイツ法においては、ius ad rem 概念の衰退とともに、物権行為概念が認められるようになった。そこで、両概念の関係性について分析を加えることが、ius ad rem の本質を探る上で、有益であると考えられる。この問題は、民法の体系を論じるにあたって、避けられないテーマを含んでいるのである。

【備考】
　本稿は、平成 28 年度基盤研究（C）・16K03418 に基づく研究成果の一部である。

無権原者による植栽をめぐる法律関係
―― 付合と相隣関係 ――

鎌 野 邦 樹

| I はじめに
| II 本件紛争の事実
| III 無権原に植栽された樹木をめぐる法律関係
| IV 結びに代えて

I　はじめに

　本稿は、隣接する土地に権限なく植栽がなされた場合に、当該土地所有者と植栽者との間の植栽物をめぐる法律関係を論ずるものである。本稿では、訴訟までには至らなかったが現実に発生した後述のような隣人間の具体的な紛争（筆者が弁護士から相談を受けた事例）について、次の①～④の問題を検討することにする。このような問題は、一般的には植栽物の財産的価値が少額であることもあって裁判にまでは至らないものの、隣人間の人間関係の問題等を背景にそれに起因する紛争として日常的に少なくないと思われる。なお、この問題については、同じく日常的な紛争である相隣者間の竹木の枝の切除および根の切取り（民法233条）をめぐる場合と類似するが、民法上、直接的な規定はなく、別個の議論が必要であると考える。

　　Aの所有する土地の隣地を占有している者B（Aからの賃借人）が、境界付近のAの所有地内に越境して小木を植栽した場合、
　　①当該小木をめぐる権利関係はどうなるか。

②Ａは、Ｂの承諾がない限り、当該小木を除去することはできないのか。

③Ａが当該小木の植栽部分に塀を設置する場合、Ａは、どのような法的手続をとる必要があるか。

④上記③の場合において、Ａが当該小木を自らで除去することは、法が原則禁じる「自力救済」に該当し許されないのか。

　上の①～④の問題については、主として、民法上、付合（242条）、物権的請求権（197条以下関連）並びに相隣関係に関する竹木の枝の切除・根の切取り（233条）及び囲障の設置（233条）等に関連すると思われるが、これまでこの問題が主要な争点となった裁判例はなく、また、学説においても直接に論じた文献は存在しない。そこで、以下では、以上の点について順次検討する。

Ⅱ　本件紛争の事実

　まず、現実に生じた本件紛争の事実を確認しておこう。

　(1)　上記Ｂは、上記Ａから本件土地（以下では「本件土地1」という）を賃借している。本件土地1は、Ａの所有する土地（私道。以下では同地を「本件土地2」という）に隣接する。Ｂは、本件土地1上に建築されたＢ所有の建物の玄関から公道に通じる本件土地2を長年にわたり通行してきた。なお、Ｂは、本件土地2を通行しなくても同建物から公道に至ることはできる。

　本件土地2については、同地に隣接し、同じくＡから土地を賃借しているＣの所有建物のある土地から公道に至る通路としても使用されている。なお、以下では、本件土地2に関するＢおよびＣの通行に係る法律関係については言及しない。

　(2)　本件土地1と本件土地2の境界周辺（Ｂが賃借している本件土地1の上）にはブロック塀が設置（Ｂにより設置）されているが、Ｂは、同ブロック塀に沿ってキンモクセイやグミのほか、ザクロなど数本の小木（以下、「本件小木」という）を30年以上前に本件土地2に植栽したと主張している（本件小木については、Ｂの植栽によるのではなく自生の可能性も否定できないが、以下では、Ｂの植栽

無権原者による植栽をめぐる法律関係（鎌野）　　*223*

によるものであることを前提とする）。なお、本件土地２については、これまでに
Ｃの数個の植木鉢が置かれ、また、ＢやＣの自動車が駐車されることがあ
り、さらに、近隣者Ｄの私物が放置ないし廃棄されていた状況にあった。

　(3)　本件小木は、本件土地２にＡに無断でＢによって植栽されたが、Ａ
は、同小木の植栽者が隣地を賃借しているＢであること、およびこれまで
は実際上大きな不利益が生じなかったこと等から、Ｂに対して、これまで特
に異議を述べることはなかった（Ｃの植木鉢に対する対応等についても同様）。た
だ、逆に、ＢよりＡに対し、本件土地２にあるＣの植木鉢やＤの私物の撤
去およびＣやＤの自動車の駐車禁止を求められたことはあり、また、同地
上にあったビワの大木（Ｄの播種によると思われる）の撤去を求められたことは
ある（同ビワの大木については、近年、Ｄの承諾のもとでＡによって撤去された）。

　なお、本件小木については、その樹種、所在する場所、および管理（手入
れ）の状況等からして、Ｂが元来特別の重要性を認めるようなものではな
く、Ｂにとってごく日常的な簡易な植栽との認識であったと思われる（だか
らからこそ、Ｂは、本件土地１ではなく、本件土地２に本件小木を植栽をしたと思われ
る）。

　(4)　以上のような事実関係のもとで、Ａが本件土地１と本件土地２とを
遮断する塀を本件土地２に設置をする工事を行うにあたり、本件小木の伐採
が、Ａから同工事を請け負った業者によってなされた。

Ⅲ　無権原に植栽された樹木をめぐる法律関係

　まず、前記Ⅰの①及び②の問題、すなわち、Ａの所有する土地の隣地を
賃借（占有）している者Ｂが、境界付近のＡの所有地内に植栽した小木に関
し、①当該小木をめぐる権利関係はどのようになるか、及び②Ａは、Ｂの
承諾がない限り、当該小木を除去することはできないのかという問題を検討
しよう。

1 不動産の付合（前記①、②関連）

(1) 無権原で植栽された樹木の土地への付合

判例は、権原なしに植栽された樹木は、民法242条本文の規定に従い、土地に付合するとしている（山林における杉の植栽に関して最判昭和35年3月1日民集14巻3号807頁等参照）。もっとも、判例および学説には、「実際には、植栽・管理に対し地盤所有者が異議を言わなかったときは但書の権原を認めることによって（大判大正9年12月16日新聞1826号20頁、大判昭和7年5月19日新聞3429号12頁、最判昭和39年12月11日裁判集民76巻469頁）、また長期に管理・育成しているときには樹木の時効取得を認めることによって（前掲最判昭和39年12月11日のほか最判昭和38年12月13日民集17巻12号1696頁、最判昭和46年11月26日判時654号53頁など）、樹木の所有権を植栽者に認めることが多い」（川島武宜・川井健編『新版　注釈民法（7）』（有斐閣、平成19年）402頁〔五十嵐清・瀬川信久〕）と説くものがある。

それでは、本件小木の場合については、どのように解するべきか。上の判例および学説の立場からは、Bは本件小木を権原なしに植栽したのであるから、一方で、Aの所有する本件土地2に付合しその所有権はAが取得すると解されるが、他方では、前記Ⅱ(3)に記載のとおりAは従前Bに対して当該小木の除去を請求するなど特に異議を述べてこなかったことから、または、仮にBが長期にわたり管理・育成してきた事実が認められるならば本件小木についてBの時効取得が認められ得ることから、Bは、民法242条但書にいう「権原」により本件小木の所有権がBに帰属すると解することもできそうである。前者のように付合すると解すると、本件小木はAの所有物であるから、Aは、自由にこれを伐採することができると解される。他方、後者のように権原があったと解すると、本件小木はBの所有物となり、Aは、Bの承認なしにはこれを除去ないし伐採することはできないことにもなりそうである。

(2) 本件小木に関し特に考慮すべき事項

一般論としては、上のように言えるとしても、特に宅地での相隣者間における本件の場合のような小木については、次の2点を考慮する必要がある。

第一は、本件小木について後者のようにBの所有権を認めた場合には、A

は、Bに対して、本件小木が本件土地2の所有権を侵害しているとして物権的請求権に基づく収去請求が認められるか否かが問題となる。第二は、判例や学説において問題とされている「樹木」については、主として、林業での山林における樹木（杉・檜等）であり財産としての価値の高いものである（一般的には、それが生育の場である土地の価格を上回る）。このようなことから、後者の解釈、すなわち当該樹木の所有権を消滅させずに植栽者に帰属すべきであるとする見解が強力に主張されてきたものとも解される。これに対して、本件「小木」は、いわゆるごく日常的な廉価な庭木ないし「雑木」（林業において杉や檜以外の樹木はこのような言い方がされることがある）であり、多年生の草花とそれほど違いがないようにも思われる。ちなみに、判例・通説においては、権原なく播植された種子や稲苗等の農産物については、民法242条但書にいう権原を認めずに、土地に付合すると解されている（ただし、無権限者に民法248条の償金請求権とは別に、農産物の収去権を認めるべきであるとする学説がある。以上につき、前掲『新版　注釈民法（7）』400頁〜401頁）。

(3) 宅地相隣者間の小木をめぐる法律関係—物権的請求権とも関連付けて—

　筆者は、本件の場合のように宅地の相隣者間における小木の法律関係については次のように考える。

　（a）　無権原者BがAの所有する土地に小木を植栽した場合には、Aに別段の意思がない限り、当該小木は、当該土地に付合し、Bは、その所有権を喪失する。BがAの土地にAに無断で（権原なく）植栽したにもかかわらず、Bがその所有権を主張することは権利の濫用に当たり許されない（民法1条3項）。このことが、付合（民法242条）の制度趣旨であると解される（この点につき瀬川信久『不動産附合法の研究』326頁、有斐閣、1981年参照）。

　（b）　Aが付合により当該小木の所有権を取得した場合に、Aが利益を得、そのためにBに損失が生じたときには、Bは、Aに対し、償金を請求することができる（民法248条）。当該樹木が先に見たような山林における杉や檜である場合には、土地所有者は、その生育後に当該樹木を売却する等により利益を得ることができるが、本件小木のような場合であっても、Aの鑑賞等に供する庭木として利用価値を有するときは、同様に解される余地もあり得る。

しかしながら、本件では、前述のように、Ｂが本件小木を「庭木」として自らの鑑賞のために植栽したとは考えられないところ、このように、本件小木がＡのために特に法律上保護に値するような利益をもたらさず、逆にＡの当該所有地の利用の妨げになる場合について、どう考えるべきか。このような場合には、Ａには特に利得がないことから、ＢのＡに対する利得の償還請求は認められず、また、Ａは、当該小木の所有権を取得したのであるから、当該小木を自ら適法に除去ないし廃棄することができると解される。

　（ｃ）　上のように、Ａにとって当該小木が利益をもたらさず、逆にＡの当該所有地の利用の妨げになる場合において、Ａは、常に自らでこれを除去しなければならないのか。当該小木が自己の土地所有権を侵害しているとして、物権的請求権に基づき、その妨害の排除をＢに対し請求することはできないのか。妨害物が土地に付合しない場合にはこれが認められるが、付合した場合には認められないのか。

　思うに、妨害物が土地に付合した場合においても、妨害者がその付合物を土地から分離することができ、土地所有者がその分離を望むときには、物権的請求権として、ＡのＢに対する当該妨害物の除去請求を認めることができると解される。妨害物に価値はなく、また、妨害物の付合によって不動産全体の価値の増加もなく、それでいて、妨害物の除去のためには費用を要する場合において、妨害物の所有権が土地所有者に帰属し、それゆえ土地所有者の費用負担で土地所有者自らが妨害物を除去すべきであるとすることは不合理であり、実際上妥当な解決とはいえない。このような場合には、当該妨害物の付合について、客観的に付合があっても、なお付合物の分離が可能であるときには、Ａの「別段の意思」（「付合させない旨の意思」）によって、当該妨害物の所有権はＡには帰属せず、なおＢに帰属すると解するのが合理的であり妥当である。換言すれば、このような場合に、少なくてもＡ・Ｂ間においては、Ａの選択により、付合を理由にＡが所有権を取得する旨の主張をすることも、それを主張せずにＢに対して除去を求めることもできると考えるべきである。妨害物が樹木の場合については、一般的には上記（ｂ）の方法で簡易な解決が図れるが、当該樹木が多数存在していたり、付合の状況等により分離のために相当な費用がかかるときには、このような方法が認め

られることは実際上も有益であろう。

したがって、本件小木についても、Aとしては、これを付合によって自己に所有権が帰属したものとしてこれを自らで除去することも、または、外形的には付合するが自己に所有権は帰属しないとして、その除去をBに請求することも可能であると解せよう（瀬川・前掲書329頁は、附合法は任意法規であるとする。能見善久・加藤新太郎編『論点体系・判例民法物権』267頁、272頁〔松尾弘〕、第一法規、2009年も同旨）。

以上からすると、本件事例において、Aが前者を選択して、自己の所有地にBが無権原で植栽した本件小木を自らで伐採することは違法であるとは言えず、逆に、Bがこのことに対して異議を申し立て収去に応じないで伐採を拒むことは、前述した付合制度の趣旨からして正にBの権利の濫用と言うべきであろう。

(4) 本件は権原による植栽と認められる場合か

前記(1)で述べたとおり、判例及び学説では、植栽・管理に対し地盤所有者が異議を言わなかったときは但書の権原を認めることによって、また長期に管理・育成しているときには樹木の時効取得を認めることによって、樹木の所有権を植栽者に認め得るとの議論もなされている。それでは、本件のような宅地相隣者間の問題についても、このように考える余地はないのか。

まず、林業における山林での樹木については、植栽者の当該樹木の管理・育成（下草刈り、間伐、枝打ち等）には相当な労力ないし費用を要すると思われ、そのような管理・育成が明示的になされているにもかかわらず、地盤所有者が異議を言わなかったときには、242条但書の「権原」によるとして樹木の所有権が植栽者に認められると解されるが、本件のような小木についても、植栽後において定期的に明示的な相当な管理（相当な費用をかけての剪定等の手入れ）がなされていたときには同様に解する余地はあるが、そのような管理がなされていなかった場合には、地盤所有者が植栽に関して異議を述べなかったということのみをもって同条但書の「権原」を認めて当該小木の所有権が植栽者にあると解することはできない。本件小木についても、前記II(2)及び(3)の事実に照らすと、同様に解せよう。

次に、上記の、長期に管理・育成しているときには樹木の時効取得を認め

ることによって樹木の所有権を植栽者に認めるとする判例・学説の見解については、植栽者の当該樹木に対する明示的な所有の意思が必要であると解されるが（この点につき地役権の時効取得についての民法283条の規定および通行地役権に関する判例（最判昭和30年12月26日民集9巻14号2097頁等）参照）、明示的な所有の意思については、上で述べたことと同様に、植栽後において定期的に明示的な相当な管理（手入れ）がなされていることが必要とされよう。本件小木については、前記2(2)及び(3)の事実に照らすと、このような管理の実態は認められず、したがって、Bが時効により本件小木の所有権を取得したものと認めることはできない。

以上から、本件において、Bは、本件小木について、植栽後に「権原」（民法242条但書）を取得したと解することはできず、また、これを時効により取得したと解することもできない。

(5) 小括

以上で述べてきたことから、冒頭の①（当該小木をめぐる権利関係はどのようになるか）及び②（AはBの承諾がない限り当該小木を除去することはできないのか）については、次のようにまとめることができる。

①については、本件小木はBの植栽により本件土地2に付合し、また、Bには、植栽の「権原」（民法242条但書）によっても、また時効取得によっても、本件小木の所有権が認められることはない。

②については、本件土地2に付合した本件小木につき、Aは、「別段の意思」により自らに所有権を帰属させずにBの所有権を認めることによって、Bに対して妨害排除請求をすることは可能ではあるが、「別段の意思」の表示（Bに対する妨害排除請求）をしない限り（いったんは「別段の意思」を表示したが後に撤回した場合も含む）、自己に所有権が帰属した本件小木について、Bの承諾を得ることなく伐採して除去することができる。本事案において、Aは、Bに対して再三にわたり本件小木の伐採・移植等を要請し、いったんは上記「別段の意思」を表示したものの、Bが伐採等に応じないため、最終的には上記要請を事実上撤回して自ら業者に発注して伐採を行っており、「別段の意思」の表示は認められない場合であると考えるべきである。

したがって、冒頭の③および④については、さらに論ずるまでもなく、共

に消極的に考えるが（③については、何らかの法的手続は不要であり、④については、自らで伐採することは、法が原則禁じる「自力救済」に当たないために許される）、以下では、本件において実際にはそのような事実は認められないが、仮に、Ｂの本件小木の植栽につきＡの承諾があった場合（「権原」による植栽の場合）にはどう考えるべきかについて、併せて検討する。③および④の問題については、このような場合においてのみ意味があるからである。なお、本件のように、借地人たるＢがその借地に隣接する賃貸人Ａの所有地に小木を植栽し、その後、それについての相当な管理を行うことないような状況において、Ａが当該植栽に対し特に異議を述べなかったからといって、そのことをもって、既に述べたようにＢの植栽には「権原」が認められないのであるから、ＡがＢの植栽につき「黙示の承諾」をしたと解することはできない。

2 「権原」による植栽によって付合が生じた場合（前記③、④関連）

(1) 植栽につき承諾がある場合

仮に、Ｂの本件小木の植栽につきＡによる承諾があったとした場合に関しては——上で述べたように本事案ではこのような事実は認められない——、本件のような宅地相隣者間における特有の「承諾」として、その内容については特別の法的意味を付与する必要がある。すなわち、ＢがＡに対して植栽につき許可を求めたのに対し、Ａがその申出に応じて許可した場合に、その当事者の意思としては、特段の事情（植栽にかかる期間についての約定の存在や当該小木の種類や管理の方法等に関する事情）がない限り、将来、Ａが植栽部分の土地について自己が使用する必要が生じたときにはＢは当該小木を除去する旨の合意が含まれているものと考えるべきであり、したがって、Ａの承諾は、Ａが当該土地部分につき自己の使用の必要性が発生したこと等を理由にいつでも一方的に撤回できることを留保した承諾であると解される。Ｂの植栽が「権原」（242条但書）によるものだとしても、以上のことから、Ｂの権利（同但書にいう「他人の権利」）は、上で見たように実質的には「恩恵的ないし反射的な利益」であり、したがって、たとえ「権利」であるとしても、恩恵的ないし反射的な利益の享受を超えるような「権利の行使」は、「権利の濫用」となると言えよう。

元来、民法 242 条但書の「権原」により附属させた「他人の権利」については、《「権原」の内容》によって決定される。例えば、農作物についての植栽・播種者の権利は、《当該土地の使用契約（永小作権、賃借権等）の内容》に基づくものであって、一般的には、植栽・播種から収穫までの当該農作物の所有権であり、また、山林上の樹木の植栽者の権利についても、同様に《当該土地の使用契約（地上権、賃借権等）の内容》に基づくものであって、一般的には、植林から伐木に至るまでの当該樹木の所有権である。

　したがって、宅地相隣者間における小木の植栽についての「承諾」（「権原」）に基づく植栽者の権利も、その「権原」の内容に応じたものでなければならず、植栽者が《軒を借りて母屋をとる》というような解釈は、この場合の相隣関係法理としては妥当とは言えない。なお、植栽者の小木は、それ自体で存続し得るのではなく、いわば《土地によって育てられたもの》であるということを忘れてはならない。

(2) A が小木の撤去を求める手続

　上で述べたように、B の植栽につき A が承諾をした場合であっても、A は、当該土地部分につき自己の使用の必要性が発生したときには、いつでも一方的に撤回できると解されるが、そのような A の B に対する撤去ないし除去の権利についても、その権利行使が濫用に及ぶことは許されない。それでは、小木の撤去・除去についての A の権利の適法な行使とはどのようなものか。これに関しては、民法の相隣関係に関する規定、相隣者間の慣行ないし慣習、および条理に照らして、明らかにする必要があろう。

　まず、民法の相隣関係に関する規定によると、土地の所有者は、隣地との境界に当然に隣地所有者と共同で境界標または囲障を設置することができることから（民法 223 条以下参照）、自らの敷地上であれば、言うまでもなく隣地とを遮断する塀を設置することができ、本件のように A が当該土地部分を第三者に売却するに際して塀を設置するために、小木の植栽されている土地上に塀を設置することについては、何ら権利濫用に当たるものではない。

　それでは、A が小木を撤去・除去するためには、B が無権原で植栽した場合とは異なり、A が植栽を承諾した以上、常に通常の物権的請求権の行使（仮処分の申立ても含む）によらなければならないのか。

(3) 相隣関係（竹木の枝や根の切除）の法理

　民法 233 条は、隣地の所有する竹木の枝または根が境界を越える場合について規定し、枝については竹木の所有者に切除させる請求ができ（竹木の所有者が同請求に応じない場合には、侵害を受けた土地所有者は、竹木所有者の費用で第三者に切除させることを裁判所に請求することができる（民法 414 条 2 項本文））、根については土地所有者自らで切り取ることができるとしている。竹木の枝と根との取り扱いを異にしたのは、根と比較して枝の方が高価な場合が多いということのほか、枝ならば竹木所有者が隣地に立ち入れないで切除できるが、根は立ち入らなければ切り取ることができないという理由に基づくものであると説かれている（川島武宜・川井健編『新版　注釈民法 (7)』（有斐閣、平成 19 年）365 頁〔野村好弘・小賀野晶一〕。なお、同書では、根の切り取りによって高価な竹木を枯らすと権利の濫用になり得ると述べられている（傍点は筆者））。

　本件小木を民法に規定する竹木の枝・根と比較した場合において（下掲の表参照）、当該部分の切除ないし除去に関し、その切除者ないし除去者及びその手続について、小木の無権原の植栽につき A が小木を切除できることはこれまでの考察で明らかであるが、小木の植栽につき権原があるときには必ずしも明らかではない（下掲の表参照（「？」と表示））。

　思うに、竹木の枝については、①土地に付合していないこと、②一般的には枝の切除のためには切除請求者の隣地への立ちりが必要なこと、③一般的に根に比べて枝（ぶり）には高い価値が認められることから、A による切除を認めずに、いわゆる物権的請求権によるとしたと解することができる。これに対して、小木については、植栽につき無権原である場合には既に述べたように A に物権的請求権すなわち裁判上の請求によらずに除去が認められ

越境した竹木の枝・根と本件小木の比較

		木の所有者	生育地の所有者	付合の有無	除去者
竹木	枝	B	B	無	B
	根	B	B	(有)	A
小木	無権原	B（付合により A）	A	有	A
	権原	B	A	(有)	？

るが、Bに権原がある場合においても、既に述べたような「権原」の内容に適合的な「権利」に配慮すれば足り、また、上記①〜③のうち③についてのみ考慮すれば足りると解される（竹木の根の切除についても、Aは基本的には竹木を枯らさないことだけを配慮すれば、Aの切除権の濫用にならない）。

　したがって、具体的には、Aは、Bに対して、相当な期間を定めて、当該小木の収去を求め（なお、BにはAの当該土地部分を毀損しない限りにおいて常に当該小木を収去する権利があると解される）、その期間内にBによる収去がなされないときには、自らで除去ないし撤去できると解するべきである。このような手続のもとで除去・撤去する限りにおいては、権利の濫用にはならず、竹木の根の切除の場合に準じて適法な自力執行と解することができる。このような場合においても、裁判上の物権的請求権の手続（仮執行手続を含む）によらなければならないとすることは、民法の相隣関係の規定、健全な市民の法意識・慣行、および条理に照らして、実定法の正しい理解とは言えないと考える。

Ⅳ　結びに代えて

　(1)　冒頭の設問①〜④のうち、①および②については既に小括（Ⅲ1(5)）において述べたとおりである。③および④については、AがBの植栽につき承諾をしたという本事案では認められない事実を前提とするものではあるが、いずれにしろ、本事案においては、上で述べたような手続（小木の収去ないし移植につき相当な期間を定めてなした催告）を経ていると認められる以上、A（土地所有者ないしその者からの工事を請け負った業者）の本件小木の伐採については、何らの違法性も認められないと考える。

　付言すると、このような手続を踏んでいるにもかかわらず、Aの収去の求めに応ぜずに、BがAの除去ないし伐採を拒むことは、Bの権利の濫用に該当すると解することもできよう。また、Aの本件小木の除去の方法としては、上記の催告を経れば足り、Aの負担において当該小木を掘り起こした上でそれをBに引き渡したり、または移植することまでは要しないと解される。

(2)　本事案とは異なり植栽者Ｂが相隣者でない場合であっても、上記①および②について異なるものではないと考える。すなわち、植栽者が明らかである場合には、Ａは、付合を理由に当該小木を自らで伐採することも、植栽者に対して収去を求めることも共にでき、他方、植栽者が明らかでない場合においては、前者によることができると解される。これに対して、③および④に関し、Ａが植栽者に対し植栽につき承諾をしていた場合には、基本的には、本件事案において行ったように、その「承諾」の内容ないしはその解釈ということになろう。

(3)　本件事案と前提事実は異なるが、関連する裁判例として、賃貸共同住宅（アパート）の賃借人２名がその共同廊下に無断で荷物を置いていたため、賃貸人が再三両人に対し撤去を催告したのを賃借人らが無視したために、賃貸人が同物品の撤去をした行為が社会通念上許容されるとされたものがある（横浜地判昭和63年2月4日判時1288号116頁。本件は、賃借人が賃貸人による同物品の撤去により損害を被ったとする損害賠償事件）。同判決は、次のように判示した（固有名詞等につき筆者により一部修正）。

「1.　……認定事実によれば、本件賃貸建物の共用部分たる廊下の１割にX1においては四か月近く、X2においては二か月近くにわたり荷物を賃貸人たるYに事前に断ることなく放置しておいたものであり、X1、X2の右行為は賃貸人たるYの利益を害し、社会通念に著しく反する非常識なものといわざるを得ない。のみならず、……X1、X2は、それぞれ本件賃貸建物に転居する前は、部屋数ないしその広さが本件賃貸建物より倍近く大の部屋を借りており、荷物も多かったこと、X1、X2は、それにもかかわらず荷物を整理処分することなくそのまま漫然と四畳半一間の本件賃貸建物に転居してきたことが認められ、当初から本件賃貸建物の共用部分をも自らのために利用する意向をもっていたといわざるを得ない。これに対し、Yは、前認定のとおり口頭でX1、X2に対し整理方を要請し、書面によっても二度にわたり同旨を要請し、特に最後の書面では期限を付して同旨を要請すると共にそれに応じられない場合にはYにおいて片付ける旨の警告をした上で、猶予期間後に本件持去行為に及んだものである。しかも、前認定のとおり、片付けられたX1、X2の荷物は不要といってよいもので、それ程量も多く

なかったわけである。

2. 以上のような共用部分たる本件動産設置場所について X1、X2 側による違法な使用状態、これを是正するために催促ないし警告を重ねた Y の行為態様及び右警告後に片付けられた対象物件価値の乏しさと量の少なさ等を勘案すると、Y による本件持去行為は自力救済禁止の原則に形式的には反する面があるものの、実質的には社会通念上許容されるものとして違法性を欠くと解するのが相当である。」

この事案を本件小木伐採の事案と比較すると、持去物件が付合により賃貸人 Y に帰属することはないが、本件訴訟事案における Y の本件物件の整理処分が、形式的には自力救済の禁止の原則に反するが実質的には社会通念上許容されると判断されるための要素とされた、① X1、X2 が妨害行為に至った原因、② Y による再三の催告および整理処分の予告、および③持去物件の財産的価値の乏しさおよび量の少なさといった点について、両者は、ほぼ共通するものと思われる（ただし、①の点に関し、本件小木伐採事案での B の悪質性は、本件訴訟事案での X1、X2 のそれと比べると小さいと言えよう）。

(4) 以上見てきたような、無権原者によって、その者の所有する土地や建物以外の場所にその者の所有物（動産）を放置または付合させた場合の紛争は、日常生活の多様な場面で発生するものと思われる。例えば、区分所有建物の共用部分に区分所有者が私物を放置する場合も、このような類型の紛争に該当しよう（他の区分所有者および管理者による、私物放置者に対する妨害排除請求または自力撤去の可否等が問題とされよう）。本稿は、これまでほとんど正面からは論じてこられなかったこの種の問題を考察するにあたって、それなりのたたき台を提供するものと考える。

【謝辞】

瀬川信久先生からは、本稿で取り上げた具体の紛争について、前掲の御著書からだけではなく、直接的な形で多大の御教示をいただいた。また、吉田克己先生からは、筆者が大学院生の時代から折りに触れて多方面にわたり御教示をいただいてきた。両先生に対し、この場を借りて改めて心より御礼申し上げたい。

一方配偶者からの持分譲受人の共有物分割請求と
権利濫用・公序良俗違反

松 久 三 四 彦

I　問題の所在
II　事案の概要と検討の順序
III　一方配偶者の他方配偶者に対する共有物分割請求と権利濫用
IV　一方配偶者からの持分譲受人の他方配偶者に対する
　　共有物分割請求と権利濫用
V　一方配偶者と持分譲受人間の売買契約の反公序良俗性
VI　持分譲受人の他方配偶者に対する損害賠償請求の可否
VII　一般的考察──結びに代えて

I　問題の所在

　夫婦共有不動産の持分を一方配偶者が第三者に売却した場合、その第三者は他方配偶者に対して共有物の分割を請求できるか（以下、「本問題」という）。不動産の相続人間や共同購入者間で単独所有等に向けた協議が調わないときは、持分を譲渡し、あるいは、遺産分割審判または調停を申し立て、共有物分割の訴えを提起して持分の現金化や共有関係の解消を図ることができる。それと同様の場面であると考えるなら、この問題は肯定されよう。

　しかし、夫婦の一方が第三者に持分を譲渡するのは、通常の売買とは言い難い。離婚にいたれば、財産分与の対象となり、他方配偶者の生活を支える貴重な財産が、持分譲受人の権利行使によって風前の灯となりかねない事態である。このような他方配偶者を守るために持分譲受人からの分割請求を否定する法的構成としては権利濫用が考えられるが、では、権利濫用となるの

はどのような場合か。また、持分譲受人からの分割請求が権利濫用となる場合の持分譲受人と他方配偶者の法律関係（持分譲受人は目的物を使用する他方配偶者に対して不当利得返還等を請求できるか）、持分譲渡の当事者である一方配偶者と持分譲受人の法律関係（持分譲受人は譲渡人である一方配偶者に対して契約を解除できるか）はどのようになるか。また、権利濫用が認められる場合には、当該持分譲渡自体を公序良俗違反で無効とはいえないか。

これまで、一方配偶者の持分譲受人から他方配偶者に対する共有物分割請求等なされた事案に関する裁判例が限られているなかで、現在、本問題に関する訴訟が第1審裁判所に係属している（以下、「本件訴訟」という）。本稿は、本件訴訟をてがかりに本問題および関連問題を検討するものであり、筆者が被告訴訟代理人の求めにより作成し第1審裁判所に提出された意見書に加筆等したものである。

Ⅱ　事案の概要と検討の順序

1　事案の概要

本件訴訟は、当事者の主張で争いがないと思われるところをまとめると、以下のような事案である（以下では、これを「本件事案」という）。

Y（被告）とその夫Zとは札幌市に本件不動産（土地・建物）を共有していたが（持分は、Yが100分の43、Zが100分の57）、名古屋市の不動産業者X有限会社（原告）が、平成28年3月9日、Zから本件不動産の共有持分を225万円で買い受け[1]（以下、「本件売買契約」という）、翌日登記を経由した。同年4月26日、XはYに対して本件不動産の共有物分割等を求めて訴えを提起した。

Xの述べるところでは、①「他の共有持分権者についての情報は積極的に収集しなかったので、記憶が明確でないところもあるが、YがZの妻で

---

[1]　Xのホームページでは、「共有不動産の処分でお困りの方へ！　当社が共有持分のみで買収致します！」との見出しで、「CASE1　離婚するので持分だけでも売却したい。」として、「夫と共有名義で購入したが離婚することになりました。夫がローンを払い続けてくれるか心配……私の持分だけでも売却したい」という例を挙げている。Xによれば、Zはこれを見てXに本件持分の買取要請をして本件売買契約に至ったとのことである。

あることは知っていたと思う。」、②「Xは、本件共有持分をZから購入した当時、本件不動産全体の価額を1300万円程度と見ていたので、本件共有持分（100分の57）の価額を700万円強程度と見ていた。これを前提に、Zとの間の売買代金額の交渉においては、上記700万円強程度から目的物が共有持分であること等の懸念事項による減額分として500万円を控除した残額である200万円をZに提示し、これに対するZの増額希望を踏まえ、最終的には225万円で決着した。」、③「Xとしては、本件共有持分をZから購入した後、Yに連絡をし、本件共有持分を買い取ってもらうか又は本件共有持分にかかる賃料を支払ってもらうかといった交渉をし、それでは解決が困難であるような場合には、本件訴えのように競売請求の訴えを提起することを考えていた。仮に競売請求の訴えを提起することになった場合には、1000万円程度の価額で本件不動産全体が競落されるだろうと見ていたので、諸費用等を考慮しても、Xは500万円程度の分配金を得ることができ、これにより、最終的には275万円程度の利益を得ることができると考えていた。また、実際に1000万円程度の価額で競落可能な状況となれば、むしろX自身が競落し、分配金500万円程度を得た上で、競落した本件不動産を1300万円程度の価額で転売することにより、最終的には575万円程度の利益を得ることができると考えていた。」とのことである。

2　検討の順序

　まず、本件事案に即して本問題を検討したい。本件において、Xの共有物分割請求が否定される場合の法的構成としては、Zから共有持分を譲り受けたXからの共有物分割請求が権利の濫用にあたるとすることが考えられる。そうすると、Xからの共有物分割請求が権利の濫用にあたるかが問題とされるのは、通常は、ZがYに対して共有物分割請求をするならば権利濫用となり許されない場合であろう。そこで、以下では、本件が、仮にZがYに対して共有物分割請求をするならば権利濫用として許されない事案であるといえるか（後述Ⅲ）、そのような事案であるといえる場合に、Zから共有持分を譲り受けたXからの共有物分割請求もまた権利濫用になるといえるかを検討する（後述Ⅳ）。

そのうえで、③Xからの共有物分割請求もまた権利濫用になるというときは、さらに一歩を進め、ZX間の本件売買がYに不当な不利益を及ぼす公序良俗違反の契約として無効になるといえないかを検討する（後述V）。

さらに、XはYに対し不法行為による損害賠償請求（賃料相当額）も求めているので、この点についても触れることにしたい（後述VI）。

最後に、より一般的に、本問題を検討して結びとしたい（以下に引用する判旨中の下線は引用者による。また、改行を／で示し、判旨中の見出し番号や括弧書は省略することがある）。

Ⅲ　一方配偶者の他方配偶者に対する共有物分割請求と権利濫用

1　配偶者間の共有物分割請求と権利の濫用

(1)　権利の濫用にあたるための一般的基準

実質的には「配偶者間」の紛争であるといえそうな、[1] 最判平成7年3月28日判例時報1526号92頁（建物明渡請求事件）は、A会社の代表者BがA会社から賃借していた建物に妻Cと子を残して別居して8日後にこの建物の賃貸借契約を合意解除し、A会社としてCに対し所有権に基づき右建物の明渡しを請求した事案で、「A会社の本訴明渡請求が権利の濫用に当たるか否かは、A会社の法人格が形骸にすぎないか否かによって直ちに決せられるものではなく、本件建物の明渡しが実現されることによって<u>A会社の受ける利益とCの被る不利益等の客観的事情</u>のほか、<u>本件建物の明渡しを求めるA会社の意図とこれを拒むCの意図等の主観的事情</u>をも考慮して決すべきものである。」として、Aの請求を認容した原審判決を破棄差戻しとした。

これは、権利濫用の成否の判断に際しては、客観的な事情（当事者の利益状況）と主観的な事情（権利者の主観的な態様の悪さ）が総合的に判断されてきたところと軌を一にするものである。[1] 最判後の、一方配偶者からの共有物分割請求が権利の濫用にあたるかが争われた下級裁判所の裁判例も、この [1] 最判の判断基準を踏襲している（[1] 最判を明示的に援用するものとして、東

京高判平成 26 年 8 月 21 日（LLI【判例番号】L06920484）（後掲 [5] 判決。最も丁寧に一般的基準を述べている）と東京地判平成 27 年 7 月 2 日（LLI【判例番号】L07030730）（後掲 [9] 判決）がある）。

以下に、網羅的ではないが、裁判例を見ていくことにしたい。

(2) 権利の濫用にあたるとした裁判例

配偶者間の共有物分割請求が権利濫用にあたるとした裁判例には、以下のものがある。やや長くなるが、諸事情をふまえた総合的な判断をしているので、判旨の主要部分はできるだけそのまま引用することにしたい。

[2] 大阪高判平成 17 年 6 月 9 日判例時報 1938 号 80 頁—夫からの共有物分割請求を認容した 1 審判決（大阪地酒井支判平成 16 年 12 月 13 日判例時報 1938 号 86 頁）を取り消し、請求を棄却。夫婦の持分各 2 分の 1。別居。妻と子が共有建物に居住。夫が離婚調停を申し立てたが不成立。

「本件不動産は、被控訴人（夫：引用者注）が控訴人（妻：引用者注）との婚姻後に取得した夫婦の実質的共有財産であり、しかも現実に自宅として夫婦及びその間の子らが居住してきた住宅であり、現状においては被控訴人が別居しているとはいえ、控訴人及び長女 A が現に居住し続けているものであるから、本来は、離婚の際の財産分与手続にその処理が委ねられるべきであり、仮に、同手続に委ねられた場合には、他の実質的共有財産と併せてその帰趨が決せられることになり、前記認定に係る、資産状況及び控訴人の現状からすると、本件不動産については、控訴人が単独で取得することになる可能性も高いと考えられるが、これを共有物分割手続で処理する限りは、そのような選択の余地はなく、被控訴人が共有物分割請求という形式を選択すること自体、控訴人による本件不動産の単独取得の可能性を奪うことになる。

そして、前記認定のとおり、被控訴人は、離婚調停の申立て自体は経由しているものの、いまだ離婚訴訟の提起すらしておらず、現に夫婦関係が継続しているのであるから、本来、被控訴人には、同居・協力・扶助の義務（民法 752 条）があり、その一環として、控訴人及び病気の長女 A の居所を確保することも被控訴人の義務に属するものというべきである。ところが、被控訴人は、病気のために収入が減少傾向にあるとはいうものの、依然として相当額の収入を得ているにもかかわらず、これらの義務を一方的に放棄して、

控訴人や精神疾患に罹患した長女のＡをいわば置き去りにするようにして別居した上、これまで婚姻費用の分担すらほとんど行わず、婚姻費用分担の調停成立後も平成16年9月以降は、月額わずか3万円という少額しか支払わないなど、控訴人を苦境に陥れており、その結果、控訴人は、経済的に困窮した状況で、しかも自らも体調が不調であるにもかかわらず、一人でＡの看護に当たることを余儀なくされている。その上、本件の分割請求が認められ、本件不動産が競売に付されると、控訴人やＡは、本件不動産からの退去を余儀なくされ、Ａの病状を悪化させる可能性があるほか、本件不動産には前記認定のように抵当権が設定されているため、分割時にその清算をすることになり、控訴人とＡの住居を確保した上で、二人の生計を維持できるほどの分割金が得られるわけでもないし、控訴人は、既に満60歳を過ぎた女性であり、しかも原田病や神経症のため通院治療を受けていて、今後、稼働して満足な収入を得ることは困難であるから、経済的にも控訴人は一層苦境に陥ることになる。

　これに対し、被控訴人は、現在、進行した前立腺癌に罹患し、その治療などのため、収入が減少傾向にあり、借入金の返済が徐々に困難になっていることから、余命を考慮して、負債を整理するため、本件不動産の分割請求をしているものである旨主張している。

　被控訴人の病状からして、上記のような考えを持つこと自体は理解できないでもないが、前記認定事実によっても、その主張自体からも、現時点で、金融機関から競売の申立てを受けているわけでもなく、直ちに本件不動産を処分しなければならないような経済状態にあるとは認め難いし、仮に、そのような必要があるとしても、事務所不動産を先に売却して、事務所自体は他から賃借することも考えられるのであって、どうしても負債整理のために本件不動産を早期に売却しなければならない理由も認められない。また、上記のような困難な状況にある妻である控訴人や子供らの強い反対を押し切り、控訴人らを苦境に陥れてまで負債整理を行わなければならない必然性も見出し難い。

　以上の諸事情を総合勘案すると、被控訴人の分割の自由を貫徹させることは、本件不動産の共有関係の目的、性質等に照らして著しく不合理であり、

分割の必要性と分割の結果もたらされる状況との対比からしても、被控訴人の本件共有物分割請求権の行使は、権利の濫用に当たるものというべきである。」

　[3]　東京地判平成 26 年 4 月 10 日（TKC【文献番号】25519369）──夫からの共有物分割等請求を棄却。夫の持分 7 分の 6、妻の持分 7 分の 1。別居。妻と未成熟子が共有建物に居住。妻は離婚訴訟を提起したが訴え取り下げ。

　「1　夫婦が共同の婚姻生活に供する目的で取得した共有物は、夫婦双方が、共同の婚姻生活が継続する限り共有のまま上記生活に供することを予定したものであり、そのような婚姻生活が解消されていないにもかかわらず、夫婦の一方が共同の婚姻関係に供している共有物の分割を請求することで、他方の共有物を利用する利益を事実上奪うことは、夫婦の相互扶助義務（民法752条）に反し、権利濫用として許されないというべきである。夫婦に法律上の離婚が成立していなくとも、事実上夫婦関係が破綻し、今後共同の婚姻生活をすることが予想できず、共有物をそのような共同生活に供することが全く予想できないような場合はともかく、そのような特段の事情がないにもかかわらず、婚姻中に共同の婚姻生活に供している共有物について、相手方の意思に反して分割請求することはできないというべきである。

　2　本件建物は、原告（夫：引用者注）及び被告（妻：引用者注）が、家族の居住のため取得した共有物である。現在原告が本件建物から退去し原告と被告が別居しており、原告と被告との間には、多くの確執により婚姻を継続し難い重大な事由があることもうかがえるところであるが、本件建物には未成年の長女及び二女が居住して生活しているのであり、本件建物は、原告及び被告が夫婦として共同で負っている子らの養育義務の履行のために供されている共有物であって、原告と被告の共同の婚姻生活に現に供されている共有物というべきである。本件分割請求は、被告に本件建物の明渡しを求めるもので、子らが被告と離れて本件建物に居住して生活していくことができるとは考えられず、子らの養育環境をも奪うものである。子らの今後の居住場所を含む養育環境、方法については、親権を含め原告と被告が離婚協議等により合意すべきことであり、そのような合意もなく、本件建物の分割請求をすることで子らの養育環境を奪うことは、正に権利を濫用するものとして許さ

れないと解すべきである。

3　原告は、本件建物に被告が居住することをＡ（原告の父で本件建物の敷地の所有者：引用者注）が拒絶し、本件建物の収去請求が予想される旨主張する。そうであれば、Ａと交渉して子らの養育環境を確保し、それが無理なら他に居住場所を含めた養育環境を確保することが原告が果たすべき義務であって、そのような義務を果たすことなく本件分割請求により子らの養育環境を奪うことが許されるものではない。

4　以上によれば、原告の本件分割請求は権利濫用により許されない…〔略〕…。」

　[4]　東京地判平成26年4月25日（TKC【文献番号】25519293）——夫からの共有物分割請求を棄却。夫婦の持分各2分の1。妻が共有マンションに居住。夫から離婚を求めて夫婦関係調整調停の申立てをしたが不成立。

「1　…〔略〕…、原告（夫：引用者注）と被告（妻：引用者注）は、婚姻してから約9か月間同居した後、約2年6か月間別居を継続しており、原告は現在被告との離婚を望んでいることが認められる。しかしながら、証拠及び弁論の全趣旨によれば、原告と被告は、上記別居の開始後、当初は厳しく対立しながらも、少なくとも平成25年4月頃までは、外出や食事を共にする機会を設けるなどして面会を重ね、また、メールで連絡を取ることにより、夫婦関係の修復の条件等を継続的に話し合っていたことが認められる。このような別居後の経過や、被告がなお原告との婚姻関係の継続を望んでいること（弁論の全趣旨）に照らすと、原告と被告の婚姻後の同居期間がその後の別居期間と比較して短期間であったことや原告の現在の意思などを考慮しても、裁判上の離婚を直ちに認め得る程度に原告と被告の婚姻関係が完全に破綻しているものと認めることはできない。また、原告と被告が別居状態となっている原因が専ら被告の責めに帰すべき事由にあることを認めるに足りる証拠もない。これらによれば、原告と被告の婚姻関係の帰趨が決せられるまでには、更に当事者間の協議又は調停・裁判手続を経ることが必要であり、なお相当期間を要するものと認められる。

2　…〔略〕…、被告は、本件マンションに現在まで約16年間居住しており、原告と被告は本件マンションを共同生活の本拠とする意思で婚姻生活を

開始したことが認められるところ、被告が、原告との婚姻関係の継続とともに今後も本件マンションを生活の本拠とすることを希望しており、現時点では、被告に原告の共有持分を取得するための金員を支払う意思及び能力がないこと（弁論の全趣旨）からすると、前記1のとおり原告と被告の婚姻関係が完全に破綻するに至っているとは認められず、その帰趨が決せられていない現時点において競売に付する方法による共有物分割を行う場合、被告にとってその不利益は少なくないものということができる。

3 他方、原告は、本件マンションに居住していないにもかかわらず本件マンション等に係る債務を負担しているほか、婚姻費用及び養育費も負担しており、経済的に苦しい状態にあることや、実母と同居する中古マンションを購入する必要があることから、本件マンション等を早期に競売に付して本件マンション等に係る債務を清算する必要があると主張する。

しかしながら、原告の経済状態については、原告が、本件マンション等に係る債務を清算した後も、新たに中古マンションを購入する新たな借入れをする意向がある旨主張していることからすると、原告の主張する養育費の負担等を考慮しても、現在の原告の経済状態が、その債務の負担を軽減するために本件マンション等に係る債務を直ちに清算しなければならないほどの状態にあると認めることはできない。また、原告が上記のとおり新たに中古マンションを購入する意向を有しているとしても、原告と被告の婚姻関係の帰趨が決せられるのを待つことなく、それを実行しなければならない事情があるとまで認めるには足りない。

4 以上を総合すると、現時点においては、原告が本件マンション等について共有物分割請求権を行使することは、権利の濫用に当たり、許されないというのが相当である。」

　[5] 東京高判平成 26 年 8 月 21 日（LLI【判例番号】L06920484）（[3] 判決の控訴審判決）—控訴棄却。夫から申し立てた離婚調停が係属中。

「(1) 民法 258 条に基づく共有者の他の共有者に対する共有物分割権の行使が権利の濫用に当たるか否かは、当該共有関係の目的、性質、当該共有者間の身分関係及び権利義務関係等を考察した上、共有物分割権の行使が実現されることによって行使者が受ける利益と行使される者が受ける不利益等の

客観的事情のほか、共有物分割を求める者の意図とこれを拒む者の意図等の主観的事情をも考慮して判断するのが相当であり（最高裁判所平成7年3月28日第三小法廷判決・裁判集民事174号903頁参照）、これらの諸事情を総合考慮して、その共有物分割権の行使の実現が著しく不合理であり、行使される者にとって甚だ酷であると認められる場合には権利濫用として許されないと解するのが相当である。

　（2）　以上の観点により本件を検討すると、控訴人（夫：引用者注）が共有物分割を請求する本件建物は、控訴人と被控訴人（妻：引用者注）の夫婦がその婚姻中に夫婦の共同生活及び子らの監護養育の本拠となる自宅として共同で建築し、控訴人と被控訴人の共有名義で所有権保存登記がされて所有権を取得したもので、夫婦の婚姻中に形成された夫婦の実質的共有財産に該当するものであり、現に被控訴人が自宅として子らと居住してきているのであって、将来、控訴人と被控訴人との離婚の場合には、夫婦の共有財産に係る財産分与の対象とされて分与の方法等を当事者間で協議し、その協議が整わないときに裁判所による協議に代わる処分として分与の方法等が定められるべきものである（民法768条1項、2項）。

　そもそも、控訴人は離婚調停を申し立てたが、同調停が係属していて離婚は成立しておらず、現に控訴人と被控訴人との婚姻関係は継続しているのであるから、本来、控訴人には、配偶者である被控訴人に対して同居・協力・扶助の義務（民法752条）を負担しており、その義務の一環として被控訴人及び子らの居所を確保することも控訴人の義務に属するものというべきであり、控訴人は被控訴人が本件建物を住居として継続して使用することを許容すべきであると解される。

　しかるに、控訴人は、本件建物から転居して別居を開始し、被控訴人を相手方とする離婚調停手続と平行して本件建物の共有物分割請求及び本件建物の明渡しの請求をするに至ったものである。被控訴人は、これによる心痛によって精神疾患に罹患して現在通院せざるを得ない負担を負い、また過重の労働をしながら子らと3人で本件建物に居住することによってようやく現在の家計を維持している状況にある。

　上記の民法752条所定の義務に基づく配偶者に対する居所の確保義務に加

えて、控訴人は、被控訴人との間で、子らが27歳に達する平成43年まで被控訴人が無償で本件建物に居住することを合意しており、更に控訴人と被控訴人との間で成立した婚姻費用分担調停における調停条項において、婚姻解消するまでの間、被控訴人が本件建物に無償で居住することを前提として控訴人が被控訴人に対して支払う婚姻費用分担額が定められ、控訴人が本件建物の住宅ローン及び水道光熱費等を引き続き負担することを確認する合意がされているのであって、控訴人による婚姻解消前の本件建物の共有物分割請求及び本件建物の明渡しの請求は、上記の各合意の履行とは相反し、これを覆すものといわざるを得ない。

さらに、被控訴人と子らは、本件建物を家庭生活の本拠として継続して生活し、本件建物は就学時期にある子らの通学及び通院の拠点となり、本件建物を本拠とする被控訴人の子らに対する良好な監護養育環境が整っているにもかかわらず、被控訴人との離婚協議が整わないまま控訴人の本件建物の共有分割請求及び本件建物の明渡しの請求が実現され、被控訴人と子らが被控訴人による監護養育の現状の継続を望むときは子らと共に退去を余儀なくされるとすれば、被控訴人及び子らの生活環境を根本から覆し、また、現在の家計の維持を困難とすることになるのであって、被控訴人及び子らが被る不利益は大きいものといわざるを得ない。

他方、控訴人は、現在もその生活状況に格段の支障はなく、本件全証拠によっても、本件建物の共有物分割請求を実現しないと控訴人の生活が困窮することは認めることができない。

これらの事情に加えて、認定事実によれば、控訴人は有責配偶者であると認められ（この認定に反する的確な証拠はない。）、有責配偶者である控訴人の請求によって離婚前に夫婦の共有財産に該当する本件建物に係る共有物分割を実現させて控訴人の単独所有として被控訴人に本件建物の明渡しを命じ、離婚に際しての財産分与による夫婦の共有財産の清算、離婚後の扶養及び離婚に伴う慰謝料等と分離し、これらの処分に先行して十分な財産的手当のないままに被控訴人及び子らの生活の本拠を失わせ、生計をより困難に至らしめることは、正義・公平の理念に反し、また、有責配偶者からの離婚請求が許される場合を限定して解すべき趣旨に悖るというべきである。

以上に説示した本件建物に係る共有関係の目的、性質、控訴人と被控訴人の身分関係及び権利義務関係等を考察し、控訴人と被控訴人のそれぞれに係る客観的、主観的事情を総合考慮すれば、控訴人の被控訴人に対する本件建物に係る共有物分割等の請求は、著しく不合理であり、妻である被控訴人にとって甚だ酷であるといわざるを得ないから、権利濫用に当たり許されないと解するのが相当である。

(3) 権利の濫用にあたらないとした裁判例

〔6〕東京地判平成24年5月14日（TKC【文献番号】25494441）—妻からの共有物分割請求を認容。夫婦の持分各2分の1。妻と3人の未成年の子が家をでて別居。本件不動産には夫が居住。

「本件において、原告の請求が権利濫用に当たると認めることはできない。／…〔略〕…、既に別居期間は2年以上を経過しており、その間に、本件不動産において家族生活が行われてきた様子は看取できない。むしろ、本件審判に基づく婚姻費用分担金についてすら、被告は、これまで任意に支払うことなく、強制執行されるままにしている状況にあり、現時点においては、本件不動産を共同生活の基礎として維持しなければならないという実質を欠いているといわざるを得ない。また、被告に、本件不動産において居住を継続しなければならない特段の事情があると認めることもできないし、子の福祉の観点から本件不動産を維持する必要があると認めることもできない。」

〔7〕東京地判平成24年11月26日（TKC【文献番号】25497659）—夫からの共有物分割請求を認容。夫婦の持分各2分の1。別居。妻と子が共有建物に居住。

「本件不動産は、代金合計1億1000万円で購入されたものであり、抵当権等の担保物権の設定はされていないことからすれば、仮に、本件不動産について競売をした場合に、その売得金から被告が得るものは、相当額に昇るものと見込まれる上、被告や二人の子の生活に要する費用は、今後、適切な婚姻費用の支払（あるいは、財産分与や養育費の支払）によっても、一定程度は塡補されるところでもある。そうすると、被告が職に就いていないことやその年齢等を考慮しても、それらを原資として、二人の子が転校を避けることができる地域に新たな生活の本拠を構え、生活をしていくことは、不可能であ

るとまではいえない。この点で、本件不動産を分割することとした場合に被告と二人の子が本件不動産から退去せざるを得ないという不利益は、大きいものではあるものの、回復が不可能な程度のものであるとまではいえない。」

「…〔略〕…、以上の諸事情に原告の年齢を併せ考慮すると、原告が本件不動産を処分し、A〔被告の母：引用者注〕に対する債務の弁済に充てようとすることがおよそ不合理であるとはいえず、原告が被告や二人の子を経済的、精神的に苦境に追い込むためなど不当な意図をもって、本件不動産の共有物分割の請求権を行使しているとまでは認められない。」

　[8] 東京地判平成 27 年 6 月 3 日（TKC【文献番号】25530452）—妻からの共有物分割請求を認容。夫婦の持分各 2 分の 1。妻と 3 人の未成年の子が家をでて別居。本件不動産には夫が居住。

　「原告は被告との離婚を強く望み、本件建物に戻る意思がないこと、別居後 1 年以上が経過していることからして、原告と被告との婚姻関係は少なくとも客観的に修復困難な状態であることが認められる。そして、原告が婚姻関係の破綻について有責であるとは認められない。また、本件各不動産に係る住宅ローンの支払が原告にとって相当の負担となっていることは明らかである。よって、原告が被告に対して同居、協力及び扶助義務を負うとしても、これをもって本件請求が権利の濫用であるとはいえない。／これに対し、被告は本件建物に居住しているから、本件各不動産について競売を命じられた場合、将来的に本件建物から退去することを余儀なくされることとなる。しかしながら、被告の年収は税込み約 1400 万円であることから、被告が新住居に転居することに経済的な支障はなく、他に、被告が本件建物から転居することについて何らかの支障があることをうかがわせる事情は認められない。」

　[9] 東京地判平成 27 年 7 月 2 日（LLI【判例番号】L07030730）—妻からの共有物分割請求を認容。建物につき妻の持分 5 分の 4、夫の持分 5 分の 1。敷地は妻の単独所有。妻からの離婚等を求める訴えが係属中。別居。夫が共有建物に居住。

　「共有物分割請求権は、共有者に原則的所有形態である単独所有への移行を可能にする共有の本質的属性による権利であるが、当該分割請求が権利の

濫用に当たる場合にはその権利行使が許されないことになるのであり、権利の濫用に当たるか否かは、共有物分割が実現されることによって原告の受ける利益と被告の被る不利益等の客観的事情のほか、分割を求める原告の意図とこれを拒む被告の意図等の主観的事情をも考慮して決すべきものである（最高裁判所平成 4 年（オ）第 1013 号同 7 年 3 月 28 日第三小法廷判決・裁判集民事 174号 903 項参照）。

　　原告が希望する全面的価格賠償が実現されれば、本件土地と併せて本件建物の所有権が原告に帰属する利益がある。

　　一方、被告は、本件建物に居住しており、事務所も開設していることからすれば、全面的価格賠償が実現されて所有権が原告に帰属すれば、生活の本拠を失う可能性がある。

　　しかしながら、前記認定事実のとおり、原告は、現在無職であり 17 万円程度の賃料収入がある一方で、本件建物にかかる税金等の費用年間約 100 万円をすべて負担していることや、本件土地は原告が所有していること、本件建物についても持分を 5 分の 4 保有し、被告の持分 5 分の 1 についても実質的には原告の父親が負担したものであること、被告に対して離婚の意思を示し離婚訴訟を提起していること、離婚訴訟自体も離婚事由も皆無とはいえないこと、被告は離婚したとしても仕事が続けられる限り本件建物に留まりたいと供述していること等の事情からすれば、原告において居住場所がないなど切迫した事情が認められないとしても、原告が共有者の権利として、本件建物を分割してその帰属を自身に求め、その上で本件建物と本件土地の処遇を考えたいと希望することも無理からぬものと考えられる。／…〔略〕…。／以上の事情を総合すれば、原告の本件分割請求が権利の濫用であって同権利の行使が許されないとまで認めることはできない。」

(4)　裁判例の権利濫用考慮要素

　　ア　権利濫用肯定裁判例の前記［2］〜［5］判決（［5］判決は［3］判決の控訴審判決）の 3 件の事案は、すべて別居中の夫が妻に対して共有物分割請求をした事案である。共有不動産である住宅には他方配偶者（請求の相手方）が居住しており、妻と子が居住している事案（［2］判決〔3 人の娘のうちの一人は結婚して独立〕、［3］＝［5］判決〔未成年の娘二人〕）と、子はおらず妻だけが居住

している事案（[4] 判決）がある。夫と妻の共有持分は、各2分の1（[2] 判決、[4] 判決）、7分の6と7分の1（[3] ＝ [5] 判決）である。

権利濫用否定裁判例の [6] ～ [9] 判決の事案も、肯定裁判例の事案と同じくすべて別居中である。原告が夫の事案（[7] 判決）と妻の事案（[6] [8] [9] 判決）があるが、いずれも、前記権利濫用肯定裁判例と同じく、被告側が共有不動産に居住している。共有持分は、各2分の1（[6] ～ [8] 判決）、5分の4と5分の1（[9] 判決）である。

イ　客観的事情

裁判例が権利濫用にあたるか否かの主な理由とするところは、必ずしも明確に客観的事情と主観的事情に分けることができるものではないが、だいたい次のようにいえそうである。まず、権利濫用肯定裁判例における客観的事情として、[2] 判決は、共有物の分割（競売）がなされると妻は経済的に一層苦境に陥ることになるのに対し、夫の側に妻を苦境に陥れてまで負債整理を行わなければならない必然性も見出し難いといい、[3] 判決は、共有物分割請求が妻の共有物を利用する利益及び子らの養育環境をも奪うものであるという。この控訴審判決である [5] 判決はより詳しく、妻及び子らの生活環境を根本から覆し、現在の家計の維持を困難とすることになり、妻及び子らが被る不利益は大きいのに対し、夫は、現在もその生活状況に格段の支障はなく、共有物分割請求を実現しないと夫の生活が困窮するとは認められないという。また、[4] 判決は、妻の不利益は少なくないのに対し、夫の経済状態が、その債務の負担を軽減するために共有物分割によって債務を直ちに清算しなければならないほどの状態にあると認めることはできないという。

これに対し、権利濫用否定裁判例の [6] 判決は、別居期間は2年以上を経過しており、共有不動産に居住している被告（夫）にとっても、別居している子にとっても、本件不動産を維持する必要があると認めることはできないとしている。[7] 判決は、本件不動産について競売をした場合に、その売得金から被告が得るものは相当額に昇るものと見込まれることなどから、被告と二人の子が本件不動産から退去せざるを得ないという不利益は、大きいものではあるものの、回復が不可能な程度のものであるとまではいえない。原告が本件不動産を処分し、被告の母に対する債務の弁済に充てようとする

ことがおよそ不合理であるとはいえないという。[8] 判決は、婚姻関係は少なくとも客観的に修復困難な状態であり、本件各不動産に係る住宅ローンの支払が原告にとって相当の負担となっていること、被告は高額の年収を得ているので新住居に転居することに経済的な支障はないこという。[9] 判決は、原告が現在無職であり収入（17 万円程度の賃料収入）に対し支出が大きいこと（本件建物にかかる税金等の費用年間約 100 万円をすべて負担している）や、本件土地は原告が所有していること、本件共有建物についても実質的には原告のものであること（被告の持分 5 分の 1 についても実質的には原告の父親が負担したものである）、被告に対して離婚の意思を示し離婚訴訟を提起していること、被告に離婚事由が皆無とはいえないこと、被告は離婚したとしても仕事が続けられる限り本件建物に留まりたいと供述していること等の事情を挙げている。

　ウ　主観的事情

　権利濫用肯定裁判例のうち、[4] 判決は主観的事情に相当する説示は希薄である。[2]・[3] 判決においても何が主観的事情かは必ずしもはっきりしないが（そのことは、これらの判決は、主観的事情よりも客観的事情に重きを置いているとの見方にも通ずる）、[2] 判決は、本来は離婚の際の財産分与手続にその処理が委ねられるべきであり、また、同居・協力・扶助の義務（民法 752 条）がありながらこれらの義務を一方的に放棄して別居し、これまで婚姻費用の分担すらほとんど行われていないなかで、共有物分割請求をすることの非倫理性を指摘し、[3] 判決は、夫婦の相互扶助義務（民法 752 条）に反することによる非倫理性を述べているように思われる。より詳細に述べる [5] 判決は、民法 752 条所定の義務に基づく配偶者に対する居所の確保義務を負いながら、また、婚姻解消するまでの間等の無償使用の合意に反して共有物分割請求をすることの反信義性、さらには、離婚に際しての財産分与による夫婦の共有財産の清算、離婚後の扶養及び離婚に伴う慰謝料等と分離し、これらの処分に先行して十分な財産的手当のないままに妻及び子らの生活の本拠を失わせ、生計をより困難に至らしめることが、正義・公平の理念に反し、また、有責配偶者からの離婚請求が許される場合を限定して解すべき趣旨に悖るとして、共有物分割請求を求める夫の行為の悪質性を強く非難している。

これらは、最高裁のいう権利濫用の一般的な基準における主観的事情に相当するものと思われるが、妻や子を困らせてやろうというような文字通りの主観の悪性を問題にしているというよりも、当該行為（共有物分割請求）がもつ客観的な悪性を問題にしているように思われる。

これに対し、権利濫用否定裁判例は、直接的か間接的かの違いはあるものの、原告側に不当な意図はない旨を述べるものが多い。すなわち、[7] 判決は、原告が被告や二人の子を経済的、精神的に苦境に追い込むためなど不当な意図をもって、本件不動産の共有物分割の請求権を行使しているとまでは認められないという。[9] 判決は、原告が共有者の権利として、本件建物を分割してその帰属を自身に求め、その上で本件建物と本件土地の処遇を考えたいと希望することも無理からぬものと考えられるとしている。また、[8] 判決は、原告が婚姻関係の破綻について有責であるとは認められないことに触れている。

なお、主観的事情には、[1] 最判やこれを援用する [5] 判決が正当に指摘するように、被告側の主観的事情も含み、単なる原告側への抵抗や嫌がらせで共有物分割に応じないというような事情は原告からの共有物分割請求が認められるファクターとして考慮されよう。

(5)　本件 ZY 間の関係——Z が Y に対して本件不動産の共有物分割請求をしたとすると、権利の濫用にあたるか

まず、本件も前記裁判例と同じく夫婦は別居中であり、被告は本件不動産に居住している（成人した長男と同居）。また、夫 Z（からの譲受人 X）と妻 Y との共有持分は 100 分の 57 と 100 分の 43 である。前記の権利濫用肯定裁判例には、子がいない事案（[4] 判決）や妻の共有持分が 7 分の 1（[3] 判決）でも権利濫用にあたるとされたものがある。本件では、ZY 間には二人の子がおり、妻の共有持分は 100 分の 43 ということであるので、子の人数や妻の共有持分が少ないとして権利濫用にはあたりにくいとはいえない。

次に、客観的事情については、事実認定にかかるところであるが、被告の主張する事実は、その主要部分（Z は高額な退職金を得ており、共有物分割により資金を捻出する必要性はないのに対し、Y が生活の場である住居を失うことの不利益は大きいなど）が認定されるならば、客観的事情（客観的要件）を満たすものであ

ると思われる。

　なお、[7]判決は妻と2人の子が住んでいる不動産の分割請求事件である点で[3]（[5]）判決の事案と類似するが、権利濫用にはならないとした。代金1億1000万円で購入した物件で、抵当権設定がない事案である。この裁判例からの示唆として、共有不動産の経済的価値が高いことは、清算の必要性も大きくなるとして共有物分割請求が認められやすいファクターになるようにも思われる。しかし、本件不動産は、Xの陳述するところでは、1000万円前後での競落が予想されるもののようであるから、高額物件であるため清算の必要性が大きな事案とはいえないように思われる。

　最後に、主観的な事情（主観的要件）であるが、前記のように、裁判例は行為の客観的な悪性を問題にしている。ここでも、被告主張の主要部分（Zは有責配偶者であり、婚姻費用を分担していないなど）が事実として認定されるならば（なお、YはZが持分をXに譲渡したのはYに対する嫌がらせである旨も主張しているが、ZがYに共有物分割請求をするとしたならば、そこでも、Yに対する嫌がらせの面はありうるように思われる）、仮にXがYに対して本件不動産の共有物分割請求をしても権利の濫用にあたるとされる事案であると思われる。

Ⅳ　一方配偶者からの持分譲受人の他方配偶者に対する共有物分割請求と権利濫用

1　裁判例

　裁判例には、原告が一方配偶者からの譲受人の事案である[10]判決と、転得者の事案である[11]判決があり、[10]判決は権利濫用にあたるとし、[11]判決はあたらないとする。

　[10]　東京地判平成27年5月27日（TKC【文献番号】25530357）——妻Aと夫Bの本件マンションの持分は各2分の1。BはAに対して共有物分割請求訴訟を提起したが（以下、「前訴」という）、権利の濫用にあたるとして、Bの請求を棄却。その後、Bから持分を譲り受けた不動産業者Cが本件マンションに居住するAに対して共有物分割請求の訴え。

　「BとAとの婚姻関係は、裁判上の離婚を直ちに認め得る程度に破綻して

いるものと認めることができず、その帰すうが決せられるまでには更に当事者間の協議又は調停・裁判手続を経ることが必要であり、なお相当期間を要するというべきであって、現時点においてＢが本件マンションについて共有物分割請求権を行使することは、権利の濫用に当たるというべきである。

　一方、…〔略〕…、Ｃの代表者は、夫婦間の離婚トラブルにより共有不動産の売却が進まない現状を収益可能なビジネスの場と考え、インターネットのサイトにおいても、マイホームを購入した夫婦の一方から、その持分を買い取ることができるとのコラムを掲載していた。…〔略〕…、Ｃは、Ｂから本件マンションの持分を2050万円で買い受けたとして、Ａに対し、これを2750万円で買い取るか、Ａの持分を2000万円でＣに売却するか、共同で売却するか選択するように求めるとともに、それまで月額10万5000円の家賃を支払うよう求めたものである。そうすると、このようなＣの行動は、本件マンションに居住しているＡにＢの持分を買い取る資力がないことを知りながら、当該住居からの立ち退きを余儀なくさせ、夫婦間の離婚トラブルに乗じて利益を得ようとするものであることは明らかである。

　…〔略〕…。離婚をめぐって係争中の夫婦の一方が離婚問題の決着をみる前に他方が居住する住宅の明渡しを求め、又は本件のような共有物分割の請求をしても、権利の濫用であるとしてその権利行使が否定されることはまま見られることであるから、そのような夫婦の一方から居住する住宅の買取りを求められた者としても、他方に対する権利行使が権利の濫用とされる事情がないか関心を持つべきであるところ、Ｂが前訴を提起していたことやその内容をＣが知らなかったというのであれば、Ｃは、本件において夫であるＢが妻であるＡに対して本件マンションの共有物分割請求をすることが許されるか否かについて、さしたる調査をすることもなく漫然と、Ｂから本件マンションの持分を購入したとしてＡにその買取等を求めるものといわざるを得ない。

　そうだとすると、以上のような事情の下においてされたＣによる共有物分割請求も権利の濫用に当たり許されないものというべきである。」

　[11] 東京地判平成28年6月10日（TKC【文献番号】25536718）──妻Ａと夫Ｂが本件土地建物を共有（土地はＡが3分の1でＢが3分の2、建物はＡが10分の

4でBが10分の6)。ABと長男Cが居住。Bがこれらの持分をDに譲渡し（第1売買）、DがEに譲渡（第2売買）。EがAに対して共有物分割請求訴訟を提起。Aが死亡し、長男が相続し訴訟を承継。

「各共有者は、共有物の全部について、その持分に応じた使用をすることができる（民法249条）のであって、本件土地及び本件建物について、共有持分（本件土地につき3分の1、本件建物につき10分の4）を有するA（Aの死亡後はC）が本件建物の全部を使用すること自体は可能であるが、その持分の範囲を超えるものであるため、共有者間の利害の調整は協議によるべきところ（なお、この協議は、共有物の管理に関する民法252条本文に従ってされるべきものであり、A又はC告の持分は過半数に達しないため、その一存では決することはできない。）、この協議ができない間（法律上の原因がないということとなる。）の利害調整は、不当利得として行うのが相当である。

…〔略〕…。また、本件訴訟は、本件売買契約1の買主であるDではなく、同人から買受けたEが提起したものであり、本件売買契約1の締結と本件売買契約2の締結との間には、約1年の間隔があること、Eの担当者がDやその関係者と意を通じていたと認めるに足りる証拠はないこと等からすれば、Eの本訴請求が権利濫用に当たるとは認められない。」

　［10］判決は、まず、一方配偶者が分割請求をするならば権利濫用になるとしたうえで、その一方配偶者からの持分譲受人からの分割請求もまた権利濫用になるとしている。［11］判決は、一方配偶者からの持分譲受人からの転得者であり、被告は共有物の相続人になっている。［11］判決が原告の共有物分割請求は権利濫用にあたらないとしたのは、原告（有限会社であるが、どのような会社であるかは不明）が［10］判決の原告のような夫婦間の離婚トラブルに乗じて利益を得ようとする不動産業者ではなかったことが大きいのか、それとも、一方配偶者からの譲受人からの転得者であったからか、あるいは、被告が訴訟承継によって他方配偶者ではなくなったことが影響しているのかは、はっきりしない。

2 本件事案

(1) 客観的事情

Xの請求が認められることによりYの被る不利益は、居住の場を失うということである。これは、これまでの生活環境に大きな変更をきたすものである（そのことは、成年被後見人等の居住用不動産の処分等には家庭裁判所の許可が必要とされていることにも現れている〔民法859条の3・876条の3第2項・876条の8第2項〕）。また、夫婦の共有として所有する不動産に居住できることは、婚姻継続中における夫婦間扶助義務（民法752条）の履行を一方の方配偶者から受けているという側面を有している。さらに、夫婦の共有として所有する不動産を保持していることは、将来離婚のやむなきにいたった場合の財産分与の貴重な財源を確保しているという側面も有している。したがって、Xの請求が認められることによりYが意に反して本件共有不動産を手放さざるを得なくなることは、婚姻継続中における夫婦間扶助義務の履行を受ける利益のみならず、将来離婚となれば財産分与や離婚慰謝料引当ての対象となる財産の主要部分を失うという多大な不利益を被るものである。

これに対して、Xの受ける利益は、Xの述べるところによれば（前記IIの1の(2)参照）、最終的には275万円程度、あるいは、自ら買受け転売して575万円程度ということである。

Yが本件不動産を失い、将来離婚にいたるかどうかはともかく、Zからの経済的支援は望めなさそうな本件事案においては、Yが単独で新たに居住用不動産を求めるためには、575万円をはるかに上回る経済的な手当てが必要であるように思われる。もし、そのような手当てが困難であるならば、Xの受ける利益に比しYの被る不利益はきわめて大きなものになるといえよう。仮に、Yに新たに居住用不動産を購入するだけの資力があったとしても、それに要する経済的な負担の大きさと、Xの得られる利益を比べるならば、Yの負担の方がはるかに大きいように思われる。

(2) 主観的事情

前記（IIの1の(2)）のとおり、Xは、本件売買契約当時、「他の共有持分権者についての情報は積極的に収集しなかったので、記憶が明確でないところもあるが、YがXの妻であることは知っていたと思う。」と述べている。

また、本件売買の代金算定に際しては、「目的物が共有持分であること等の懸念事項による減額分として 500 万円を控除」したと述べている。

このように、X は、本件売買目的物がいまだ法的には婚姻関係にある夫婦の一方である夫の共有持分であることから、このような売買をすることに懸念を抱いていたものである。懸念の内容は X 自ら語るところではないが、X が本件売買後の対応として想定していた、Y への買い取り請求、賃料請求がうまくいかないのではないか、あるいは、共有物分割請求として競売を申し立てても、はたして買受人が現れるかが懸念されたということであろうか。しかし、そうであれば、このような懸念は自らの経済的利益の追求のみを眼中に置くものであり、手前勝手のそしりを免れないであろう。もし、Y の今後の生活に困難を強いることになるかも知れないという良心的懸念であるならば、本件売買は反倫理性を多分に含むものであることを認識していたことにもなろう。

さらには、夫婦の一方から共有持分の譲渡を持ち込まれたときは、通常の取引とは考えにくく、X は、一方配偶者からの共有物分割請求が権利濫用となることを潜脱する取引であることを疑うべきであろう。ましてや、もし一方配偶者から共有持分を積極的に買い取ろうとするような事業をしていたのであれば[2]、いっそう非倫理性は強まることになる。したがって、X が一方配偶者からの共有不動産持分を積極的に買い取ろうとしていたときはもちろん、そのような売買を持ち込まれた場合であっても、他方配偶者の困惑・困窮・過大な不利益をもたらしうる X の共有物分割請求は、その主観的事情としては規範的客観的に責められるものと評価しうるものと思われる。その意味では、X の認識が実際にはどのようなものであったかという純粋な主観の探求の重要性は薄まるものといえよう。

なお、これも事実認定の問題であるが、X の主張には、Y が単に嫌がらせで共有物分割請求等を拒んでいるような事情は含まれておらず、本件は、Y の主観的事情が X の請求が権利濫用にあたらないとされる方向に作用するような事案ではないように思われる。

2　X は離婚を考えている一方配偶者からの共有持分を積極的に買い入れる宣伝をしていたようである（注 1 参照）。

(3) ビジネスモデルとして認められるか

さらには、共有物分割請求をすると権利の濫用にあたる蓋然性が高い夫婦の一方から、その持分を買い受け、その買主が他方配偶者に対して共有物分割請求をし、自ら買い受けて転売利益を得ようとするのは、そもそも、高度の反倫理性を含んでいる。そのような事案に関する裁判例が少ないのは、そのような取引は控えられ[3]、そのような共有物分割請求の訴えが提起され判決にいたることは稀だからではないのか、それは、前記の反倫理性の認識が常識的なものとして浸透していたからではないかと推測される。

もし、そのような売買が正面から認められビジネスモデルとして承認されるなら（前掲［10］判決は、このようなビジネスを強く批判している）、一方配偶者からの共有物分割請求を権利の濫用にあたるとして阻止する法的評価をあからさまに潜脱することを正面から許すことになってしまおう。

(4) 結論

以上から、本件が、XがYに対して共有物分割請求をしても権利の濫用にあたるとして許されない事案であるならば、判例の権利濫用の一般的基準からも、また、本件のような取引類型が一般的に反倫理性を含む高度の蓋然性を有することからも、Xの請求は認められないと考える。

なお、このように、XのYに対する共有物分割請求が権利の濫用にあたり、その行使が許されないのは、多くの場合は、XがYに対して共有物分割請求をするならば権利の濫用にあたるということからすると、このような持分権には一種の権利の瑕疵があるとも評価しうるものである。したがって、このような共有持分を買い受けたために本件売買契約の目的を達することができなくなるXは、民法561条の類推適用による保護（Zとの売買契約の解除、代金返還請求）をもって甘受すべきことになろう（Xはこの瑕疵につき悪意

3　ちなみに、被告側から、「『持分』のみで買い取ります！」として共有持分の買取を宣伝し、「夫婦で共有している不動産の共有持分の売却は可能ですか。」との質問事例に対し、「夫婦で共有する不動産の共有持分について、離婚を控えている場合や離婚調停中の場合、当社の買い取りは困難になることが予想されます。詳しくは当社までお問い合わせください。」との回答例を記載している東京都の不動産業者に対して、弁護士法23条の2による「なぜ、買取が困難になることが予想されるのか、貴社が懸念している事項を具体的にご教示ください。」という照会に対する回答が提出されている。その回答は、「持分購入後において、共有物分割請求をすることが権利濫用と判断される恐れのある点」というものである。

と評価され、Z に対して損害賠償までは請求できない）。

　あるいは、Y が X からの共有物分割請求権の行使を制限できる権原を有していたことにより X の共有物分割請求が認められなくなるところからは、むしろ、民法 561 条よりも、売買の目的物の利用が地上権等によって制約されていた場合の担保責任を定める民法 566 条の場面に類似しているとして、民法 566 条の類推適用による保護の方がより事案に適合した解釈といえようか（この法的構成によるときは、X が、Z から Y に対して共有物分割請求をすれば権利濫用となりうることにつき悪意であれば、ZX 間の本件売買契約を解除することは許されず、認められるのは Z に対する損害賠償請求のみとなる）。

　ところで、X としては、ZY 間の関係が、仮に Z が Y に対して共有物分割請求をするならば権利の濫用にあたるという関係にあるかどうかについて、Z の参加がないままに裁判所において事実認定されることに危惧の念を抱くことも考えられないではない。しかし、X が本件訴訟で敗訴したときは、X は Z に対し本件売買契約を解除し代金の返還を請求できるとするならば、Z は本件訴訟の結果について利害関係を有するので、X は Z に対して訴訟告知（民訴法 53 条）することをもってよしとすべきであろう。

V　一方配偶者と持分譲受人間の売買契約の反公序良俗性

1　民法 90 条違反の可能性

　本件が、X が Y に対して共有物分割請求をしても権利の濫用にあたるとして許されない事案であり、かつ、X がその不利益を回避する目的で、他方、X もまたそれを知りながら転売等の利益を優先し、本件売買契約を結んだという事案であれば、その権利濫用の潜脱を図り（Z）、それに加担し自己の経済的利益を図る（X）という反倫理性ないし背信性の強さから、ZX 間の本件売買契約は、公序良俗違反として無効である（民法 90 条）という解釈も考えられるところである。

2　不動産二重譲渡との近接性

　民法 177 条の解釈においては、二重譲渡の第 2 譲受人が登記を取得して

も、背信的悪意者であれば、第1譲受人の登記の欠缺を主張できないというのは、確立した判例である。この判例の考え方（背信的悪意者排除論）の基礎は、第1売買の成立を不当に阻止して自ら買主になり登記を経由した者にもあてはまるものであり、不動産登記法5条がすでに規定するところでもある（より正確には、背信的悪意者排除論は不動産登記法5条を拠り所とするものである）。

　本件についてみると、ZX間の本件売買契約以前においては、Zが本件不動産の共有持分を持ち続けることは、YにとってZからの夫婦間扶助義務（民法752条、学説のいう生活保持義務）の履行を受け、将来離婚に至ったときに財産分与の対象となる財産を保持することとなる。したがって、本件XとYは、Zを起点としてその所有権（持分権）の帰属を争うのと似た状況にあるといえよう。

　そして、判例においても、不動産二重譲渡における登記を経由した第2譲受人の所有権主張を排斥するに際しては、背信的悪意者排除論によるものだけでなく、悪質な第2売買を民法90条違反により無効とした判例があり（最判昭和36年4月27日民集15巻4号901頁、転得者が存在した事例）、学説においても、近時、背信的悪意者排除論のみでよいかにつき問題提起がなされているところである[4]。

3　民法90条違反構成の有益性

　権利濫用を理由とする権利行使阻止は当該権利行使の当事者間でのみ妥当する相対的効力にとどまるのに対し、公序良俗違反による無効は絶対的効力を有するものである。したがって、先の不動産の二重譲渡の場合、「たとえ善意転得者が出現した場合であっても絶対的に未登記での対抗を認めるべき事案」[5]であれば、民法90条違反とする必要性と実益があることになる。

　そうすると、本件が、仮に、本件不動産の持分は別居中の夫婦の一方が他

4　石田剛・講演「物権法の基本問題—背信的悪意者排除論を中心に—」司法研修所論集122号〔2013年〕142頁参照。これに先立つこの問題に関する石田剛教授の論稿に、「不動産二重売買における公序良俗」民事法理論の諸問題下巻　奥田昌道先生還暦記念〔成文堂、1995年〕129頁、「財貨獲得をめぐる競争過程の規律に関する序論的考察—背信的悪意者胚序論を手がかりに—（上）・（下）」民事研修631号〔2009年〕2頁・636号〔2010年〕15頁などがある。
5　石田・前掲講演165頁は、不動産登記法5条をこのように理解すべきではないかという。

方の意に反して売買されたものであることについて善意の第三者にXが本件持分を転売した場合であってもなお、Yを保護すべき事案であるとの評価がなされるものであれば、ZX間の本件売買を民法90条違反とする判断はありうるように思われる。

Ⅵ　持分譲受人の他方配偶者に対する損害賠償請求の可否

XはYに対して、不法行為に基づく損害賠償として、賃料相当額の支払いを求めているので、この点にも触れておきたい。

1　共有物の使用権

各共有者は、共有物の全部について、持分に応じた使用をすることができる（民249条）。したがって、XのYに対する持分買取り請求をYが拒絶したことから、ただちにXのYに対する不法行為による損害賠償請求権が発生することはない。Xは、他の請求原因を立てなければ、損害賠償請求は認められないことになる。

2　権利の濫用

もっとも、他の共有者も本件不動産の全部を使用できるので、民法249条からは、一見すると、XがYに対して、自分にも使用させるように請求することができ、Yがこれを拒んだときにはXの共有持分の侵害を理由に賃料相当額（を持分の割合で配分した額）を請求できるかに見える。しかし、XがYに対して、本件不動産を自己にも使用させるよう請求することは、本件不動産が住宅とその敷地であることからすると、それはYに対する単なる嫌がらせにすぎず、主観的な悪性からいっても、また、Xの受ける利益は皆無に等しいのに対しYの被る不利益は本件不動産での生活ができなくなるという誠に大きなものであるという客観的な状況からしても、権利の濫用にあたるといえよう。

なお、所有権者の妨害排除請求が権利の濫用となるときでも、妨害者に対して不当利得返還請求権が発生することはありうることである[6]。しかし、

他人の不動産について無権利者であるため不法占拠者と評価されるものが占有している場合と異なり、共有者の一人が占有している場合は、占有権原を有する者の適法な占有である。したがって、他の共有者に対して不法行為による損害賠償債務ないし不当利得の返還債務が発生するのは、原則として、他の共有者が自己使用の請求ができるにも拘わらずこれを拒絶した場合に限られると解すべきである。

被相続人と共有者であった内縁の妻に対する、相続人による持分を超えた使用を理由とする不当利得返還請求を認めた原審判決に対して、一方の死亡後は他方が単独で使用する旨の合意があったと推認するのが相当として、これを破棄した最判平成10年2月26日民集52巻1号255頁は、この考え方を支持するものといえよう。

結局、Xの損害賠償請求が認められるかどうかは、XがYに対して本件不動産を自分にも使用させよといえるかどうかにかかっていると解される。

Ⅶ　一般的考察——結びに代えて

1　夫婦間の共有物分割請求

共有者は共有物分割請求権を有するので、夫婦間においても共有物の分割請求ができるのが原則である。問題は、いかなる場合に、例外的に共有物分割請求が認められないかである。

夫婦間の分割請求が訴訟にいたるのは、通常は、一方のみが離婚を求め、あるいは、双方共に離婚を考えつつもその条件等について合意できないために離婚あるいは離婚条件等について争いがあるなど、夫婦関係が破綻に瀕している場合である。そこでは、分割請求の対象が居住用不動産であれば、他方配偶者の生活基盤への影響が大きく、自宅に住み続けることの利益には金銭では塡補できないものがあることから、権利濫用を広く認める方向で判断すべきであろう。居住用不動産以外の不動産（別荘やアパート・駐車場などの賃

6　たとえば、宇奈月温泉事件（大判昭和10年10月5日民集14巻1965頁）において、原告の被告に対する引湯管の撤去請求は否定されたが、不当利得の返還請求権は発生していると考えることができよう。

貸不動産など）や財産的な価値ある動産についても、離婚の際には他方配偶者への財産分与の原資となるようなものについては、やはり共有物分割請求を権利濫用と認める方向で考えてよいのではないかと思われる。これに対し、権利濫用とならない方向で考慮されるファクターとしては、相当高額な売却額が見込まれ他方配偶者へも分与されうるという事情（[7] 判決）、分割請求している一方当事者が持分の大部分を有しているというような事情（[9] 判決）、他方配偶者が有責配偶者であるという事情などがあげられよう。

　当事者双方とも婚姻を継続する意思のもとで共有物分割請求が訴訟にまで進むことは考えにくいが、仮にそのような当事者間で訴訟となった場合は、財産分与の引き当てとはならないので、分割の対象が不動産であれ動産であれ、共有物分割では低廉な競売価格が予想され他方配偶者の被る不利益が大きいなどの特段の事情のない限り、一方当事者の共有物分割請求は原則として権利濫用にはならないと解すべきであろう。

2　一方配偶者からの持分譲受人から他方配偶者に対する共有物分割請求

　一方配偶者からの共有物分割請求であれば権利濫用となるような事案であれば、その一方配偶者からの持分譲受人からの共有物分割請求も原則として権利濫用になると解すべきであろう。さらに、そのような事案では、一方配偶者との持分の売買契約自体を公序良俗違反としてよい場合もあろう（実益は、譲渡以降の転得者からの他方配偶者に対する共有物分割請求等も認められないところにある）。一方配偶者からの持分譲受けを業とすること自体望ましいものではないといえるならば、事業者が買主の場合は、一般私人が買主の場合よりもいっそう公序良俗違反を認定するハードルは低くしてよいように思われる。

　では、一方配偶者からの共有物分割請求であっても権利濫用とならないような事案ではどうか。このような事案であっても、破綻に瀕した夫婦間の共有物の共有関係を解消する際には、他方配偶者に財産分与的な経済的利益を確保する必要性など、さまざまな考慮が必要とされることが少なくないことから、夫婦間で共有関係を解消するのが望ましい。したがって、一方配偶者からの共有物分割請求が権利濫用にならない事案であっても、一方配偶者からの譲受人からの共有物分割請求であれば、権利濫用になるとするのが妥当

な事案はありうるように思われる。

フランス区分所有法の新展開
―― 2014 年 ALUR 法による改正 ――

吉　井　啓　子

Ⅰ	はじめに
Ⅱ	ALUR 法による改正点（1）――区分所有建物の管理
Ⅲ	ALUR 法による改正点（2）――区分の売買
Ⅳ	ALUR 法による改正点（3）――荒廃区分所有建物への対応強化
Ⅴ	結びに代えて

Ⅰ　はじめに

　フランスでは、1938 年に最初の区分所有立法がなされ、区分所有建物の管理を目的とする区分所有者の団体すなわち管理組合（syndicat des copropriétaires）に関する規定が置かれた。その後 1965 年に、1938 年の法律を廃止して、現行の区分所有法である 1965 年 7 月 10 日の法律第 557 号（以下では 65 年法と呼ぶ。本稿において特に断りがない場合、条数は 65 年法のものである）および同法の施行令である 1967 年 3 月 15 日のデクレ第 223 号（以下では 67 年デクレと呼ぶ）が成立した[1]。65 年法は、今日に至るまで数多くの改正を経てきた[2]。管理に関しては、1980 年代、総会（assemblée générale）において単

---

[1]　フランスの区分所有法については、吉田克己「フランスの区分所有権法」法時 53 巻 11 号 42 頁（1981）、小沼進一「フランスにおける区分所有権法―所有関係の問題を中心に」比較 42 号 137 頁（1991）。フランスの区分所有法に関する基本的な仏語文献としては、François Givord, Claude Giverdon, Pierre Capoulade, La copropriété, 8ᵉ éd., 2012, Dalloz; Cyril Sabatié, Copropriété, 22ᵉ éd., 2015, Editions Delmas がある。

[2]　近時のフランス区分所有法の改正については、吉井啓子「フランス区分所有法の概要」土地総合研究 20 巻 1 号 1 頁（2012）、鎌野邦樹＝吉井啓子＝舟橋哲＝寺尾仁「フランスの区分所有法制

純過半数か全員一致かという二者択一の議決要件が十分に機能せず、建物の修繕や近代化のための工事を進められないという問題が生じたため、総議決権の3分の2の多数決による議決要件が導入されたほか、管理者（syndic）の任務の明確化、管理者の会計管理などに対する監督体制の整備、管理業務の適正な引継ぎなどに関する改正が相次いで行われた。度重なる改正を経て確立された現在のフランスの区分所有建物の管理制度についてはこれまでにも紹介してきたが、最近になって、住宅へのアクセスと刷新された都市計画に関する2014年3月24日の法律第366号（la loi n° 2014-366 du 24 mars 2014, pour l'accès au logement et un urbanisme rénové）によりさらなる改正が行われた。同法は法律名の頭文字をとって「ALUR法（loi ALUR）」と呼ばれているが、住宅市場の機能不全の調節、所有者と借家人の保護、均衡のとれた住宅供給の増加、非衛生住宅と荒廃区分所有建物に対する闘いなどを目的としており[3]、広い射程範囲を有する。本稿では、同法による65年法および建設住居法典（Code de la construction et de l'habitation、以下では建設法典と呼ぶ）における区分所有関連規定に関する改正を紹介検討することを通じて、フランスにおける区分所有建物をめぐる現在の問題状況を明らかにしたいと考えている。もっとも、改正点は、管理組合の区分所有登録簿への登録義務化、区分売却の際の買主に対する情報提供、管理者の任務の追加、管理組合理事会と管理者の連携、荒廃区分所有建物への対応強化など多岐にわたっている。すべてを取り上げることは困難であるため、以下では区分所有建物の管理、区分の売買、荒廃区分所有建物への対応強化という三点から、改正の内容と趣旨、そして改正に対する評価や残された課題を紹介検討する。また、65年法については、2015年8月6日の法律第990号により、微調整とも言える若干の修正が行われており、必要な範囲で同法による改正にも言及する。

について—ベルネ＝マルケ教授（パリ第2大学）に聞く」土地総合研究20巻2号1頁（2012）、吉井啓子「フランスのマンション管理制度」マンション学46号56頁（2013）。

3　フランスにおける非衛生住宅問題に対する法規制の歴史的展開については、吉田克己『フランス住宅法の形成—住宅をめぐる国家・契約・所有権』（東京大学出版会、1997）。

Ⅱ　ALUR 法による改正点（1）──区分所有建物の管理

1　管理組合
(1)　登録義務

　フランスにおいても、区分所有者は全員で管理組合を構成するが、区分所有関係が生じると直ちに管理組合に法人格が付与される点でわが国との大きな違いが見られる（14条1項）。また、一つの区分所有に複数の建物が含まれる場合、25条決議によって二次的管理組合（syndicat secondaire）を作ることができ、二次的管理組合にも成立時に法人格が付与される（27条）。また、協同組合方式の管理組合（syndicat coopératif）を選択することも可能であるが、この方式による場合には、管理組合理事会（conseil syndical）が義務的に設置され、理事会構成員から管理者が選任されることになる（17-1条）。協同組合方式の管理組合の例は少なく、全体の数パーセント程度と言われている。

　2014年改正の中でも特に注目されるのは、区分所有建物について区分所有登録簿への登録が義務化されたことである。かねてから区分所有に関してフランス国内で出回っているデータには信頼できないものが多い点が指摘されており、研究者や実務家から長年求められていたフランス全国の区分所有建物に関する信頼できるデータを収集するため行われた改正である。登録義務化は、無免許の管理者、共用部分につき保険未加入の区分所有建物の発見などにも役立つとされる。建設法典に新たな編（第7編「区分所有建物」）が挿入され、その第1章「区分所有建物の識別」に区分所有建物に関する登録制度が規定された。登録の目的に関して、建設法典新 L.711-1 条は「公権力が区分所有建物の状態について把握し、それらが機能不全に陥らないよう予防することを容易にするため」と規定するが、これは上述の目的とは必ずしも一致しない。区分所有建物に関する信頼できるデータを収集するというより、管理組合に関する情報（特に財政面に関する情報）を収集し、荒廃区分所有建物の発生を食い止めることが目的と読める。今回の改正による登録義務は一部または全部が住居用の区分所有建物すべてに課されることになってお

り、何の問題もない良好な管理状態の区分所有建物の管理組合にも重い義務を課すことになるとの批判がある。

　管理組合は、全国区分所有登録簿（registre national des copropriétés）に、管理組合の名称、住所、成立日、区分の数と性質（nature）、管理者の氏名、65年法29-1条Ａ・29-1条（荒廃または荒廃前区分所有建物）や建設法典L.615-1条（所有者欠如宣言）などの手続の対象となっているか否か[4]、年度ごとの会計に関する基本情報（予算決算）、建物に関する基本情報（建物管理簿・全体的建物技術診断の結果など）を登録しなければならない（建設法典新L.711-2条）。登録情報については随時の更新が必要であり、65年法14-3条2項で規定されている、10戸以下で年間予算が15000ユーロ以下の小規模区分所有建物（いわゆる《petites copropriétés》）も対象とされている。なお、区分の「性質」（住居用か商業用か事業用か）も登録しなければならない点については、判例が建物自体の用途に影響のない限り区分の使用方法の変更については柔軟にとらえていること、ほとんどの用途変更のケースについて総会の承認も公証人の関与も必要ではないことと矛盾するのではないかという批判がある。

　登録義務者は「管理組合」（建設法典新L.711-2条Ⅰ）、「管理組合代表者」（同新L.711-4条Ⅱ）と規定されているが、既存の区分所有建物については65年法18条に基づき管理者が登録義務者となり、新たな区分所有建物については公証人が登録義務者となる（建設法典新L.711-4条Ⅰ）。登録データへのアクセスに関しては、当初は誰でも閲覧できるものとして構想されていたが、訪問販売業者や工事業者などに利用されることを防ぐために、国、地方自治体およびその関連組織のみがアクセスできることになった（同新L.711-3条）。管理者や仮管理者は自らが管理する建物に関する情報のみ、公証人は管理者の氏名など一定の情報のみ閲覧可能である。登録義務および登録情報更新義務の懈怠に関しては、区分所有者または利害関係者が管理者に対して書留郵便で催告し（同新L.711-6条Ⅰ）、催告後1か月しても登録が行われない場合、登録事務を掌る者が1戸当たり1週間20ユーロを超えない額のアストラントにより管理者に登録義務を果たすよう強制できる（同新L.711-6条Ⅱ）。さら

---

[4]　所有者欠如宣言については、注2の各文献のほか、寺尾仁「フランスにおける区分所有の解消―荒廃区分所有の解消を中心に―」マンション学56号83頁（2017）。

に、管理組合は国や地方自治体などから補助金を受け取ることもできなくなるが（同新 L.711-6 条Ⅲ）、この点に関しては、義務を懈怠した管理者への制裁ではなく厳しすぎるとの批判がある。登録簿は、ANAH（l'Agence nationale d'amélioration de l'habitat、全国住宅事業団）が管理する[5]。

　上記の登録に関する規定は建物の大きさに応じて順次適用されることになっており、200 戸を超える区分所有建物については 2016 年 12 月 31 日までに、50 戸を超える区分所有建物については 2017 年 12 月 31 日までに、その他の区分所有建物（50 戸以下の区分所有建物）については 2018 年 12 月 31 日までに登録を済ませる必要がある。登録番号は住戸の売買契約書にも記載しなければならないとされており、登録前の建物については売買契約の公正証書を作成する公証人が、管理者の費用で登録を行うことになる。管理者が無報酬の場合は管理組合の費用による。

(2)　特別形式の管理組合

　2014 年改正では、先述の協同組合方式の管理組合を増やすために、10 戸以下でかつ 3 会計年度連続で予算が 15000 ユーロ以下の住居用小規模区分所有建物については、一定の要件の下で、17-1 条および 26 条の適用を除外することとした（新 17-1-1 条）。25 条決議により協同組合方式への管理規約変更を可能とするとともに、17-1 条により協同組合方式の管理組合では必置機関とされる理事会を置かないこと、管理者を理事会構成員から選ばないことを議決できることになった（新 17-1-1B 条）。理事会を置かない場合は、総会で管理者を選任し、さらに管理者が任務不能となった場合の代行者を区分所有者から選任することができる。総会は、区分所有者または外部の者から、管理者の会計監督を行う者（自然人または法人）を選任する（新 17-1-1 条 1°）。管理者の任務不能または任務懈怠により建物の保全や占有者の健康安全に危険が生じる場合、各区分所有者は新管理者を選任し必要な措置を講じるために「非常総会（assemblée générale extraordinaire）」を招集できる（新 17-1-1 条 2°）。

5　2016 年 10 月 28 日の住宅大臣のコミュニケによれば、2017 年 7 月 1 日から、一定の情報（区分所有建物の名称、住所、管理組合の成立日）については、誰でもインターネットを通じて閲覧できる。

他方、二次的管理組合については、25条決議により、二次的管理組合の理事会理事長は、1年間に限り、主たる管理組合における24条議決事項につき二次的管理組合を代理することができることになった（新22条Ⅱ）[6]。しかし、このような改正については、二次的管理組合の決議で理事長への代理権付与に反対した者から主たる管理組合の総会での議決権を奪うことになる点や、代理権付与決議の際には主たる管理組合で議決される事項がまだわからない場合もあることから24条議決事項について二次的管理組合の理事会理事長に白紙委任状を渡してしまうことになる点が批判されている。二次的管理組合に関しては、それが設置された場合の主たる管理組合との管理権限の分配などに関する詳細については規定がなかったが、今回の改正においてもこの点に関しては明確にされなかった[7]。

(3) 総会の議決要件

管理組合の総会については、4種の議決要件が定められており、議決要件ごとに議決事項は法定されていて規約で変更することはできない。65年法成立後の改正では、議決要件の緩和と議決事項の追加修正が何度も行われてきた。65年法は、継続的な修繕や改良により良好な状態を維持することで、できるだけ長期間にわたって建物を存続させるために、管理組合総会での議決要件を細かく定め、かつ事項によっては議決要件を通常の場合より緩和することで、修繕や改良のための工事ができるだけ容易に行えるようにしてき

---

6 ベルギーの2010年法による区分所有規定の改正では、フランスに倣い、部分的区分所有者団体（associations partielles）の設立が認められた。20戸以上の区分を有する区分所有不動産については、設立証書により、不動産群では不動産ごとの、または不動産が明確に区別できる構成要素間の物理的境界を含んでいる場合は不動産の構成要素ごとの部分団体を設立することができる（ベルギー民法典577-3条4項）。このような二次的な管理組合の仕組みを遅れて導入したベルギーであるが、区分不動産全体の区分所有者団体と部分団体の間の権限の配分については、フランスより先に規定を置いた（同577-3条4項）。区分不動産全体の区分所有者団体がすべての全体的共用部分および共同管理に服する構成要素について排他的に権限を有しており、部分団体は設立証書において特に示された共用部分についてしか権限を有さない。部分団体は特に指定された共用部分についてしか権限を有しえず、不動産全体の外観や用途、その取壊しや再築、さらには部分団体の解散などは、不動産全体の区分所有者団体の権限に属するとされる。ベルギー区分所有法については、吉井啓子「ベルギー区分所有法の概要」法律論叢87巻2=3号321頁（2014）、同「ベルギーのマンション法—管理制度を中心に」マンション学51号162頁（2015）。

7 判例によれば、二次的管理組合は当該建物の管理のための管理費を徴収する権限を有する（Civ. 3e, 10 mars 1982, no 79-15. 801, Bull. civ. III, no 51; D. 1981, IR 396）。

た。2014年改正も例外ではない。しかし、改正が繰り返されるたびに議決要件と議決事項は複雑化し、専門家以外には理解しがたいものとなっている点は問題であろう。以下では、議決要件ごとに、今回の改正で修正追加された事項を見ていく。

① 単純多数決（24条）

法律に特別の規定がない事項はすべて、出席または代理された議決権の過半数の議決要件による（新24条Ⅰ）。しかし、実際には②の絶対的多数決による事項が多いため、2014年改正では、条文の規定の仕方を若干修正し、新24条Ⅱに単純多数決での決議事項を列挙することとした。

新a号では、「不動産の保全に必要な工事、占有者の健康安全の保持に必要な工事（不動産・障壁・外壁・配管の堅固性に関する工事、住居の改善に関する1967年7月12日法に基づく衛生・安全・設備基準に適合させるために必要な工事を含む）」が追加されており、これは、旧法の「人および財産に対して損害を与えないようにするために必要な共用部分に関する工事」よりも範囲の広い工事を対象とする。ALUR法の目的の一つである「非衛生住宅と荒廃区分所有建物に対する闘い」に沿った改正であると言えよう。

その他に修正された議決事項としては、新b号「管理組合が法令により実施しなければならない安全および公衆衛生に関する工事」、新c号「都市計画法典L.313-4-2条による工事実施の条件、特に専有部分の一部または全部につき当該専有部分の区分所有者の費用で行われる工事についての管理組合の監督権限」、新d号「不動産の基本構造またはその主な設備要素に関してなされるものを除く、障害者または身体能力減退者のアクセスのために実施する工事」、新e条（旧93条）「共用部分または不動産の外部につき…不動産の基本構造またはその主な設備要素に関してなされるものを除き、区分所有者がその費用で行う障害者または身体能力減退者のアクセスのために実施される工事の承諾」、新f号（旧49条）「法令に適合させるための区分所有規約の変更」、新g号「建設法典L.731-1条に規定されている〔全体的建築技術〕診断を行う決定」がある。いずれも共用部分の改良変更を伴うものであるが、安全面やバリアフリーなどの観点からできるだけ容易な議決が求められる事項である。

② 絶対的多数決（25条）

すべての区分所有者の議決権の過半数によるという25条議決事項に関する改正としては、24条の議決事項について管理者または理事会に権限を与えることは従来通りだが、新a号では、15戸以下の区分所有建物については予算内で実施される工事についても管理者または理事会に権限を与えることができることになった点があげられる。この場合、理事会は民事責任保険に入る必要があることも明記されている。また、新n号および新o号では、変更・付加・改良を含む工事、個別に水の供給契約を締結することおよびそのための工事をすることがあげられている。これらの事項について旧法では26条1項の二重多数決が必要であったが、2014年改正により議決要件が緩和された。この点については、議決が容易になったものの、区分所有者に少なくない費用負担を課す結果となることが多いため、特に議決に反対した区分所有者からの資金回収が困難になるとの指摘がなされている[8]。議決要件の緩和は、少なくない反対者を生み出すことになるため、工事費用の回収面での不安をはらんでいる。建物の改良に必要な工事をスムーズに行うことと費用の回収を確実に行うことの両立は難しく、立法者は両者のバランスを取る必要がある。25条決議で否決されても、少なくとも総議決権の3分の1の賛成があれば24条の議決要件で再議決が可能な場合があるが（25-1条）、新n号および新o号については25-1条の再議決の対象ではないとされたことは（新25-1条2項）、この点から理解できる。

③ 二重多数決（26条1項）

総議決権の3分の2でかつ区分所有者の過半数によるという26条1項の議決要件に関する改正としては、管理人（concierge）や守衛およびその住戸を廃止することは従来通りこの議決要件によるとされているが、新d号により、用途に影響を与える場合や区分所有規約に管理人を置くことが定められている場合は全員一致が必要とされることが明記された点があげられる。さらに、不動産の価値を高める工事、新しい住戸を作るための建物の建築も

---

8 Florence. Bayard-Jammes, Travaux d'amélioration: l'abaissement systématique des niveaux de majorité?, Inf. rap. copr. avr. 2014, p. 15; Pierre Capoulade, Peut-on changer le statut de la copropriété?, AJDI juill.-août 2006, p. 553.

この二重多数決で行えるようになった（新35条）。

④　全員一致（26条2・3項）

この議決要件については特に改正はない。

(4)　総会の招集・議決権

総会の招集に関する改正としては、「管理者が任務不能となった場合」管理組合理事会の理事長が総会を招集することができるようになった点があげられる（新18条Ⅴ）。後述するが、フランスの区分所有建物の管理において前面に出ることが少なかった理事会および理事会理事長の役割強化は、2014年改正の重要なポイントであると言える。

また、管理者およびその関係者（配偶者、PACSのパートナー、従業員）が総会で区分所有者を代理することはすでに制限されていたが、2014年改正により、管理者に対する総会のコントロールが十分に機能するよう、これらの者がたとえ区分所有者であっても他の区分所有者を代理することが禁じられた（新22条Ⅰ5項）。

管理者が負担を履行しない区分所有者に対して差押えをすることに許可を与えるには総会で24条決議によらなければならないが、この場合、この区分所有者は議決権を剥奪される。22条により他の区分所有者を代理することもできなくなる（新19-2条4項）。

(5)　空間分割

2014年改正では、従前から条文があった土地所有権の分割が可能な場合のみ認められる区分所有の分割のほかに空間分割（division en volumes）が認められた（新28条Ⅳ）。これは「複合的（complexe）」区分所有建物の管理を個別化し柔軟なものとするために、区分所有不動産の空間分割を認めるというものである。先述の二次的管理組合を創設することでも同様の結果が得られるが、空間分割は同一基板上で異なる用途に使用されている複数の建物または複数の単位（entités）が対象となっている（同条Ⅳ1項）。1個の建物について空間分割はできない（同条Ⅳ2項）[9]。このような分割については、所在地の市長村長の意見と県における国家代表者（représentant de l'État dans le département）の許可が必要であり、2か月以内に許可がなされない場合は許可されたものとみなされる（同条Ⅳ1項）。空間の分割が行われた場合、共同利用施設の管

理維持のために 25 条決議により管理組合連合の設立が可能である（同条Ⅳ 3
項による 25 条決議）。このような改正は、大規模区分所有建物の管理の困難さ
を緩和することに一役買うものと期待されている。

2　管理者
(1)　非職業的な管理者

　フランスでは、通常、不動産管理の職業許可状を有する不動産管理の専門
業者が管理者に就任する。大企業もあるが、管理業者の多くは従業員 5 名程
度の家族経営の小規模な業者である。65 年法上は区分所有者が管理者にな
ることもできるが、区分所有者が管理者となっているのは戸数の極めて少な
い小規模な区分所有建物に限られる。区分所有者が管理者となる自主管理
（autogestion）の場合は無報酬がほとんどで、「ボランティア管理者（syndic
bénévole)」などと呼ばれる[10]。自主管理については、管理者が自ら建物に住
んでいることで当該建物が抱える問題を十分に把握しうることなど多くのメ
リットが指摘されている。しかし、今日では区分所有建物の管理は複雑かつ
多岐にわたる上、区分所有者の中から管理者が選ばれると無報酬であること
が多いため、管理者になろうとする区分所有者は少ないとされる。もっとも
最近では、非職業的な管理者の割合が増加傾向にあり、2012 年の国立経済
統計研究所（l'INSEE）の調査によればフランス全国の区分所有住戸の約 11
パーセントにあたる約 85 万戸が、2015 年には約 15 パーセントに当たる約
120 万戸が非職業的な管理者により管理されているという。この数は 10 年
前には約 5 パーセントであったとされ、小規模な区分所有建物を中心にこの
10 年で非職業的な管理者を置く割合は約 3 倍に増えている[11]。このためであ

　9　ペリネ＝マルケ教授へのインタビューの際に、パリのモンパルナス・タワーの分割が可能か話
　題となったことがあるが（前出・注 2・鎌野邦樹ほか「フランスの区分所有法制について—ペル
　ネ＝マルケ教授（パリ第 2 大学）に聞く」11 頁)、今回の改正によれば不可能ということになる
　だろう。
　10　フランスにおいても、民法上、委任は無償を原則とするが、専門家（professionnel）に委任が
　なされた時は有償と推定されるとするのが判例であり、管理業者が管理者になれば当然に報酬が
　支払われる。通常は、管理者契約で、報酬に関する細かな取決めがなされる。これに対して、区
　分所有者が管理者となる自主管理の場合は無報酬がほとんどである。
　11　Emile Hagège (dir.), Les syndics bénévoles en copropriété, Vuibert, 2015, p.11.

ろうか、2014年改正では、非職業的な管理者は区分所有者でなければならない旨の規定が置かれた（新17-2条）。

(2) 管理者の選任および任務

2014年改正により、管理者の選任や任務などに関していくつかの修正がなされた。第一に、これまで問題とされていた新築の区分所有建物の管理者について、原始規約に第1回総会まで建物を管理する管理者の氏名を記載し第1回総会でそれを承認するという実務につき、この管理者を明確に「仮の（provisoire）」管理者と呼ぶことにした（新17条2項）。第1回総会で、複数人の管理者候補から管理者を選択する可能性を認めることとし、新築区分所有建物の供給者側が一方的に管理者を選任する慣行に修正を試みている。

第二に、管理者の任務の増加と厳格化があげられる。各区分所有者は民事責任保険に入る義務を負うほか、管理組合も民事責任保険に入る義務を負うことが規定されたため（新9-1条）、総会で保険契約締結について24条決議を得る必要がある。総会がこれを否決した場合は、管理者が管理組合のために保険に入る義務を負う（新18条I）。また、管理組合と管理者（またはその関係者）間の合意に関しては、これまで65年法ではなく、67年デクレ39条で規律されていたが、新18条I6ダッシュにより管理組合の総会での24条決議が必要である点が明記された。管理人の義務である管理簿（carnet d'entretien）の保管・更新・情報開示についても、67年デクレ33条から新18条I7ダッシュに移されたほか、管理組合の区分所有登録簿への登録（新18-1条8ダッシュ）、不動産占有者に対する情報提供（新18条I9ダッシュ）が任務として追加された。さらに、管理者は、第三者に総会議事録を見せることはできないものの、総会での議決について区分の占有者（通常は借家人だが、無償の占有者も含む）に情報を提供しなければならないこととなった。これは郵便受けに総会の議決内容についての情報を記した書面を投函することによるのであろうが、区分所有者ではないが同じ建物内で共に生活する者がその建物が抱える問題を共有できる点で有効な改正であると思われる。その他、管理者には、区分所有総合ファイル（fiche synthétique de la copropriété）と呼ばれる区分所有建物に関する基本的な財政データおよび技術データをまとめた新たなファイルの作成および毎年の更新義務が課される（新8-2条）。作成しない場合

は管理者の解任事由となるほか、区分所有者の閲覧請求から 15 日内に閲覧させなかった場合は管理委託契約中に予め定められた金銭を支払わなければならないとされ、厳しい制裁が課される（同条 3 項）。

(3) 別口座の開設

日本からすれば驚くべきことであるが、管理者に関する改正で最も画期的であったのは、管理者の口座とは別個の管理組合の口座の開設が義務付けられた点であろう[12]。かつてのフランスにおいては、管理者の会計管理のずさんさに起因する問題が多く生じたため、管理者の任期制限、管理者が総会を主宰することの禁止、管理者の会計処理の監督強化などを目的とした区分所有法の改正が行われてきた。2000 年改正で管理者には管理組合の資金を管理するために管理組合名義の別口座を開設することが求められたが、総会の議決で回避できた（旧 18 条 1 項）。そのため、多くの管理業者は総会の議決を得て口座を分離せず管理組合の資金を管理してきた。しかし、2014 年改正では、管理者に対して、自らの口座とは別の管理組合名義の口座を開くことを義務付けた（18 条Ⅱ 3 ダッシュ）。また、従来不明確であった発生した利息の帰属について、すべて管理組合のものとなることが明記された。後述の工事積立金についても、管理者は自らが口座を有する金融機関または総会で選んだ金融機関に口座を開かなければならないとされる（新 14-2 条Ⅱ）。

管理者が別口座の開設義務に違反した場合、管理組合との契約は選任から 3 か月経過後に無効となる。ただし、管理者が善意の第三者と締結した契約は有効なままとされる。もっとも、このような別口座の開設義務には例外があり、15 戸以下の小規模な区分所有建物でありかつ管理者が 1970 年 1 月 2 日法に従う事業者の場合、25 条決議により、管理者の口座と管理組合の口座を一つにすることも認められている。この規定は、法律の公布 1 年後に施行されている（ALUR 法 55 条Ⅲ）。

---

12 この改正点について批判的に検討するものとして、Philippe Simler, La loi ALUR dispense-t-elle les syndics de copropriété de la justification d'une garantie financière?, Loyers et Copropriété, n° 6, Juin 2015, étude 8.

3 管理組合理事会

(1) 管理組合理事会の権限の強化

　管理組合理事会は、管理者の管理業務執行を補佐および監督する機関として、すべての管理組合において設置されるが、協同組合方式の管理組合を除いてその設置は義務的ではなく、26条決議によって理事会を置かない旨を決議できる（21条13項）。理事会がないということは、少なくとも1年間は管理者に対する監督がなされないことを意味するため、小規模の区分所有建物の場合を除いて通常は理事会が設置されている。

　2014年改正では、区分所有建物の管理への理事会のより一層の寄与を促すために、理事会の任務が新たに追加された。理事会は管理者の選任に関与することになり、複数の管理者候補を競わせたうえで（複数の者から選択することが不可能な地域は除く）、理事会が意見を表明することになった。管理者候補について理事会が意見を表明することは以前もできたが、2014年改正により、総会において管理者と締結する契約につき意見を表明する点が明記された。この点については、さらに2015年改正により、3年毎に管理者候補を競わせなければならないこととなったが、25条決議によりこの義務が排除される場合がある（同条新5項）。もちろん、理事会がない場合はこの限りではない（同条6項）。

　理事会には、財政的に問題を抱えた荒廃区分所有建物の管理組合の立直しに向けて中心的な役割を担うことも期待されている。理事会への意見聴取を経て、裁判官は特別受任者を仮管理者に選任できる（新29-1条Ⅲ3項）[13]。仮管理者が作成した再生プランは理事会に送付されるほか、プランが裁判官により承認された場合は理事会にその旨が伝えられる（新29-5条Ⅱ3・4項）。ま

---

[13]　荒廃区分所有建物の管理組合の立直しに関する法制度については、注2の各文献のほか、寺尾仁＝檜谷美恵子『〈調査研究報告書〉フランスにおける荒廃区分所有建物の処分に関する法制度とその運用の研究—区分所有者間での合意が形成できないマンションの処分の円滑化に向けて』（財団法人第一住宅建設協会、2008）、寺尾仁「フランスにおける荒廃区分所有建物の現況と最近の政策の動向（上）・（中）・（下）」土地総合研究20巻3号1頁・4号1頁・21巻2号83頁（2012・2013）、同「フランスにおける区分所有の解消—荒廃区分所有の解消を中心に—」マンション学56号83頁（2017）。社会学の視点から、荒廃した集合住宅を多く抱えるフランスの大都市郊外地域の問題を扱うものとして、森千香子『排除と抵抗の郊外—フランス〈移民〉集住地域の形成と変容』（東京大学出版会、2016）。

た、管理組合が譲渡可能で組合の負債削減に資する資産（未建築の土地など）を有している場合、仮管理者は26条a号および29-1条の規定にもかかわらず、裁判官に譲渡の許可を得ること、区分所有規約の修正をすることができる（新29-6条）。この場合、仮管理者は理事会に財産の評価報告書を示し意見を求めることになる。仮管理者が二次的管理組合の創設または管理組合の分割が必要と考える場合にも理事会の意見を求める（新29-8条I 20第2項）。このように、荒廃区分所有建物の管理組合の立直しに際しては理事会の意見が広く求められることとなったのである。

　また、理事会のメンバーとなれない者が旧法より拡大され、管理者、その配偶者・PACSのパートナー、直系血族、従業員に加えて、傍系の親族もメンバーとなれないことが追加された（21条新10項）。理事会の管理者監督機能の充実を図った改正である。

(2)　理事会理事長の権限の強化

　2014年改正では、理事会の権限・役割の増加に合わせるように、理事会理事長の権限も強化されている。区分所有者も仮管理者の選任を求めることができたが（67年デクレ49条）、区分所有者一人でこれをすることは困難であるため、理由はいかなるものであれ管理者が任務不能の場合、理事会理事長は新たな管理者を選任するために総会を招集できることになった点などである（新18条V）。

(3)　管理者との連携

　フランスにおいて理事会はあくまでも管理者の監督機関であり、管理者との協力はあまり意識されてこなかった。理事会が管理者を補佐することが良好な管理のためには必要と思われるが、両者の協力がうまくいかないことがこれまでも指摘されてきた。2010年改正により総会での議題を決める際に管理者は理事会に助言を求めることになっていたが（67年デクレ26条4項）、2014年改正で14条1項の予算作成についても理事会の助言を求めることになり（新18条II 1ダッシュ）、両者の関係をより緊密とすることが目指されている。

4　区分所有建物の劣化防止
(1)　工事積立金

2014年改正前、区分所有建物の劣化を予防するための制度としては、管理者の管理簿 (carnet d'entretien de l'immeuble) 作成義務 (18条) と築15年以上の建物についての建物技術診断義務 (建設法典旧 L.111-6-2 条) が規定されていた。しかし、これらでは不十分であるということで、2014年改正により、フランスで初めて義務的な工事積立金 (fonds de travaux) 制度が導入された。日本では修繕積立金は当然のものと考えられているが、フランスではそうではなく、修繕工事などが行われるたびに区分所有者から工事費用を回収することが行われていた。そのため、必要な工事であっても、費用を負担したくない区分所有者からの反対によりなかなか実施に移せないという問題点が指摘されてきた。そこで、2014年改正により、全部または一部が住居用の区分所有建物を対象として、毎年の予算に組み込まれていない修繕を対象とする義務的な積立金の制度が規定されることとなった。ただし、10戸以下の区分所有建物では積立てをしないことを決議することができるほか (新14-2条Ⅲ、全員一致が必要)、後述の全体的建築技術診断により10年間工事の必要がないとされた場合は、当該技術診断が有効な期間中は積立てをする必要がないとされた (新14-2条Ⅱ6項)。

積立金の対象となるのは、「法令で規定された工事」(24条Ⅱb号) と「総会で決定された工事」であり、25条決議で積立額を定めるが、これは年間予算の5%を下回ってはならない (新14-2条Ⅱ5項)。積立金が年間予算を上回った場合、管理者は長期修繕計画作成 (建設法典 L.731-2 条) を総会の議題とする。修繕計画に関する総会議決によっては積立の中止も総会の議題とすることができる (新14-2条Ⅳ)。また、不動産の保全のために緊急の工事が必要とされる例外的状況 (18条) においては、25条決議により、積立金の全部または一部を別の使途に利用することも可能である (新14-2条Ⅱ4項)。このような積立金は区分に付随するとされ、区分の売却に際して管理組合から返還されるものではないことも条文に明記されている (同条7項)。この制度は、法律の公布1年後に施行されている (ALUR 法55条Ⅲ)。

(2)　全体的建物技術診断

2014年改正は、建設法典旧L.111-6-2条の「建物技術診断（diagnostic technique)」に代わり、新たに「全体的建物技術診断（diagnostic technique global)」制度を創設し、区分所有者に建物の状況を知らせ長期の修繕計画を立てるための資料を提供する。新制度は全部または一部が住居用である区分所有建物で建築後10年以上（旧法では15年）が対象であり、共用部分・共用施設の外観からの分析、建設法典への適合性（高層建物の状況、障害者のアクセス可能性、設置が義務的な施設の状況など）、各種建築法規への適合性、不動産の管理（財政・技術）の改善に関する分析、建物のエネルギー効率が診断の対象である。

(3)　その他

その他、区分所有者の民事責任保険加入義務（新9-1条、保険法典の改正も行われた）、省エネルギー工事実施義務（新24-1条3項、建物技術診断を実施した後に総会議題としなければならない）、駐輪場（新24-5条、駐輪のための空間がある場合には駐輪場設置工事を総会議題としなければならない）、工事資金の借入れ（新24-4条～新26-8条）など、建物の劣化防止に関連した様々な改正もなされた。

Ⅲ　ALUR法による改正点（2）──区分の売買

1　情報提供義務

2014年改正では、消費者保護の観点から、区分売却における情報提供義務が強化された。区分の売買広告に掲載すべき情報として、売主が管理組合に対して負っている1年間の負担の額、荒廃前区分所有建物（29-1A条）・荒廃区分所有建物（29-1条）・保全措置（建設法典L.615-6条）の手続の対象になっている場合にはその旨があげられる（建設法典新L.712-1条）。区分が売買される場合すべてが対象であり、広告が誰によってなされるかを問わない。情報を掲載しなかった場合、不動産業者の場合は1970年1月2日法による職業倫理違反となり、損害と過失（フォート）の間の因果関係が証明できれば不法行為責任を負うことになるほか、消費法典L.121-1条の「虚偽広告」として制裁を受ける。合意の瑕疵（詐欺・錯誤）を理由として売買契約自体が無効

となる可能性もある。

2　区分の売買予約書または本契約書の添付書類

　同じく消費者保護の観点から、2014年改正により、譲受人に取得を予定する区分所有建物に関する財政的・法的・技術的な情報を与えるための数多くの書類が列挙されることになった（建設法典新 L.721-2 条）。そこには、不動産の構成・管理組合の財政状態・売主である区分所有者の財政状態に関する書類、管理簿、専有部分の面積・居住可能な面積を記した書面、全体的建物技術診断書、最新の工事計画書など、区分所有建物に関するあらゆる情報が含まれる。また、土壌汚染に関する情報のほか（環境法典 L.125-7 条）、建物に大きな損害を与えうることから「L.133-8 条に規定された地域においては、なみだ茸の存在に関する情報」（建設法典 L.271-4 条 9 号）も含まれる。もっとも、なみだ茸の存在を確認するには建物の床や天井などを壊す必要があり、この点に関する調査を売主に課すことは困難ではないかという指摘がある。

　上記の改正については、膨大な情報を提供する必要性から、取引に要する時間が増加するなどの問題点があった。そこで、2015年8月27日のオルドナンス第1075号により、契約時の必要書類や提供すべき情報および伝達方法を簡素化し、区分取得者にとって真に必要な情報のみを得られるよう修正が行われている[14]。

3　区分売買の制限

　2014年改正では、区分の売却に際して「望まれない（indésirables）」区分所有者が区分所有者となることを阻止するための改正も行われた。まず、すでに区分を有しているが管理費・修繕費用などを支払っていない区分所有者が新たに当該区分所有建物の区分を取得することを阻止するために、売買に関与する公証人が管理者に購入希望者の氏名、その配偶者または PACS のパートナーの氏名、都市計画法典 L.211-4 条の先買権があればその権利者の氏名を伝える（新20条）。通知後1か月以内に、管理者は公証人に、当該購入

14　Vente d'un lot de copropriété: simplification des modalités d'information des acquéreurs, JCP éd. G, nº 37, 7 Sep. 2015, 943.

希望者が区分所有者ではないこと、または区分所有者であり管理者が債務の履行を促す催告をして45日以上たっても支払いがないことを記した書面を渡す。後者の場合は、公証人が売買契約当事者に契約を締結できない旨を伝える。予備契約（avant-contrat）が締結されていた場合には、購入希望者が通知から1か月以内に未払いの管理費などを管理組合に支払えば予備契約は効力を生じる。その他にも一定の犯罪者の区分購入を制限するなど、区分の売買の自由を制限しつつ「望まれない」区分所有者が区分所有関係に入ることを事前に阻止する仕組みを導入したのである。

Ⅳ　ALUR法による改正点（3）
──荒廃区分所有建物への対応強化

1　従来の荒廃区分所有建物への対応

区分所有建物の工事に必要な費用の調達の困難さや管理費の不払いの増加については、経済状況なども相まって、区分所有法だけでは十分に対応できない事態が生じている[15]。1980年代の終わりごろから、パリなどの大都市周辺の一定地域では、貧困により管理費や修繕工事費を支払えない居住者が増加した結果、管理が不十分なまま放置される区分所有集合住宅が現れた[16]。

1994年改正により、管理組合の財政的な問題により荒廃状態に陥った区分所有建物に仮管理者（administrateur provisoire）を置いて管理の立直しを図る荒廃区分所有建物（copropriété en difficulté）に関する制度が導入された（29-1条以下）。しかし、区分所有者が失業しており管理費や修繕費を出せない状況では、自主的な再建を目指すこの制度にも限界がある。そこで、2009年改正により、65年法の荒廃区分所有建物に関する款の冒頭に、特別受任者（mandataire ad hoc）を選任することで荒廃を事前に食い止める荒廃前区分所

---

[15]　65年法にも、管理費不払いなどへの対応として、管理組合に対して区分所有者が負う債務を担保するための法定抵当権・動産先取特権（19条）や、10条および30条に掲げられている管理費・設備の取替や新設・共用部分の整備や共用部分についての区画の新設などの工事費用を担保するための極めて強力な不動産先取特権（19-1条、民法2103条1号bis）が定められているが、それだけでは不十分であった。

[16]　フランスにおける荒廃区分所有建物の現状については、注13の各文献参照。

有建物（copropriété en pré-difficulté）の制度が置かれた（29-1A条・29-1B条）。このように私法的な立直しの制度を構築する一方で、建設法典が規定する、公的なイニシアチブによって荒廃した区分所有建物の再生を図る制度の充実も図られてきた。荒廃の進んだ区分所有建物については、県知事らの率先により策定された保護計画（plan de sauvegarde、建設法典 L.615-1 条以下）に従って、修繕や改良の工事実施だけではなく、管理体制の刷新、居住者の福祉、区分所有権の移転や剥奪を含む総合的な事業が行われ、居住者の生活自体の立直しが図られてきた。

　しかし、2013 年に行った ANAH への聴取り調査によれば、フランス全国で「脆弱な（fragile）」区分所有の住戸は、全体の約 700 万戸のうちなお約 100 万戸（別荘除く）にも及ぶという[17]。2009 年改正による荒廃前区分所有建物についての警告制度の導入でもまだ不十分であると考えられたことから、2014 年改正は、以下で見るように、これまでの制度のさらなる充実を図り、管理組合への外部からの介入を容易にしたほか、新たな再建のための制度を創設した[18]。

2　荒廃前区分所有建物

　2014 年改正により、特別受任者の選任を申し立てるための要件が変更された。管理組合に債務の不履行があった場合特別受任者の選任を求めることができるが、その債務額を不動産の規模に応じて修正し、原則は年間予算の 25％で変わらないが、200 戸以上の場合は 15％とした（新 29-1A 条第 1 項）。また、特別受任者の選任の申立権者を、当該区分所有建物が存在する県における国家代表者、市町村長、住宅政策の権限を有する市町村間協力公施設法人（EPCI〔établissement public de coopération intercommunale〕）の長（29-1A 条第 2

17　ANAH、司法省、住宅担当省に対する区分所有に関する聴取調査の結果については、「老朽化した区分所有建物の建替え等に関する諸外国の区分所有法制及びその運用状況等に関する調査研究報告書」（商事法務、2013）33 頁以下〔寺尾仁＝吉井啓子〕（http://www.moj.go.jp/content/000111180.pdf〔2017 年 6 月 29 日最終確認〕）。住宅担当省によれば、2009 年には荒廃前区分所有建物について 695 名の仮管理者が選任されたという。

18　2014 年改正による 65 年法の荒廃区分所有建物関連規定の整備とともに、施行令である 67 年デクレにおける特別受任者等の選任などに関する手続規定の改正も行われた（2015 年 8 月 17 日のデクレ第 999 号）。

項）とし拡大したほか、選任手続（新29-1B条）に関する修正も行った。ま
た、特別受任者になりうる者についての規定を置いた（新29-1C条）。特別受
任者は裁判所選任の管理人（administrateur judiciaire）の中から選任されるが、
例外的にそれ以外の者を特別受任者にすることも可能であるとされ（新29-
1C条Ⅱ）、特別受任者がその任期終了後に管理者になることはできない点も
明記された（新29-1C条Ⅳ）。

　その他、これまで不備であった特別受任者選任後の手続については、以下
のような詳細な規定が置かれた。管理者は、特別受任者選任の通知が届いて
15日以内に、特別受任者にその任務を果たすのに必要なすべての書類を渡
さなければならない（新29-1B条第4項）。特別受任者の報告書を受け取った
管理者が報告書で提案された改善計画を次回総会の議題としなければならな
いのはこれまで通りだが、財政上または管理上重大な困難が確認された場合
には特別受任者は仮管理者選任を求めなければならない点も追加された（新
29-1B条第3項）。報告書提出後6か月以内（報告書で緊急を要するとされた場合は
3か月以内）に総会が開かれない場合は、特別受任者が特別総会を招集しなけ
ればならない（同条第6項）。

3　荒廃区分所有建物

　2014年改正により、仮管理者の選任を申し立てるための要件として、管
理組合の収用による終了または解散の場合にも清算のため仮管理者を選任で
きるとする点が追加された。この場合、管理組合の法人格は、裁判官が仮管
理者の任務終了を宣言するまで、清算に必要な範囲で存続する（新29-1条Ⅰ
4項）。仮管理者の選任の申立権者も、当該区分所有建物が存在する県におけ
る国家代表者、市町村長、住宅政策の権限を有する市町村間協力公施設法人
の長、特別受任者と拡大された（新29-1条Ⅰ1項）。

　仮管理期間中の債務の弁済延期については、12か月となった（新29-3条Ⅰ
1項、30か月まで延期が可能である）。65年法の適用デクレである67年デクレに
は規定されていたが、区分所有者に仮管理者選任決定の複写と仮管理者の報
告書を交付すべき点も65年法中に明確に規定された（新29-2条1項）。

　このように従前の制度の充実が図られるとともに、強化仮管理制度

(administration provisoire renforcée) が創設された点は注目に値する。これは、財政状態により、不動産の保全・安全、占有者の保護・健康の維持、負担の軽減のために必要な工事を施せない区分所有建物について、裁判官は当該不動産をより強化された仮管理制度の下に置くことができるとするものである（新29-11条Ⅰ1項）。申立権者は、当該区分所有建物が存在する県における国家代表者、市町村長、住宅政策の権限を有する市町村間協力公施設法人の長、またはすでに選任されている仮管理者であり、仮管理者は、一定期間、都市計画法典L. 321-14条・L. 321-29条・L. 326-1条所定の事業者に区分所有の再建のために必要なすべての任務（特に工事の監督と工事費用の調達）を委託することができる点で「強化」された制度となっている。裁判官が仮管理者と事業者の合意に承認を与えることになる（新29-11条Ⅱ）。

Ⅴ　結びに代えて

　ALUR法によるフランス区分所有法の改正は、多くの論点にわたるものであり、本稿ですべての改正条文に言及できたわけではない。しかし、現在のフランスの区分所有建物をめぐる基本的な問題状況を紹介できたと考えている。ALUR法は様々な目的を有するが、区分所有建物に関しては、立法者の表現によれば「非衛生住宅と荒廃区分所有建物に対する闘い」をその主たる目的の一つとしていた。しかし、大都市の周辺地域における荒廃区分所有建物の問題は確かに深刻であるものの、現在のところフランスの区分所有建物の大多数は危機に瀕しているとは言えず、むしろ良好な管理状態にある。それにもかかわらず、今回の改正で導入された区分所有建物の登録に関しては、すべての住宅用区分所有建物が対象とされており、良好な状態を維持している管理組合にも重い義務を課す点には批判が多い。区分所有建物に関する信頼しうるデータ取得という観点からは評価できるものの、条文通りの目的であれば、荒廃区分所有建物および荒廃前区分所有建物の登録だけで済ませるべきであったとの批判には一理ある。このような改正の背後には、実は共用部分への課税や修繕改良工事（省エネルギーのための工事など）への行政の介入という目的が隠されているのではないかという見方もある[19]。

区分の売買に関する改正についても、消費者保護という名のもと、公権力が介入する場面が増加し、区分所有者の権利への制約が強まったという点が指摘されている[20]。区分所有関連規定は、近年の改正を通じて、私法である65年法だけでなく公法である建設法典にも多く置かれることになった。区分の売買に関する規定も建設法典中に規定されている。このことから、将来的には、肥大化した65年法の建設法典への編入も検討されている[21]。

改正前の65年法は、大規模区分所有建物には適さない規定も多かった。フランスには団地形式の区分所有も多く、数百戸、時には数千戸の区分について一つの管理組合が管理にあたるという場合も多い[22]。この点の不都合に対しては、すでに二次的管理組合の設置や区分所有建物の分割を認めることで対応がされてきたが、2014年改正では空間分割の手法が追加された。他方で、小規模区分所有建物もフランスには多く、それらについては、管理組合の総会に関する厳格な議決要件や管理組合の財政面での規制が重くのしかかっていた[23]。2014年改正がこの点を改善し、小規模区分所有建物の管理組合が負う負担を軽くした点には評価できるだろう。しかし、建物の大きさや用途に応じて適用される条文が増加し、区分所有関連規定は専門家でなければ解読できない難解なものになったとの指摘がある。フランスの区分所有法においては、今後、条文の整理と簡素化、そして65年法の法典への編入が大きな課題となるだろう。その際には、区分所有権に対する様々な公法的な制約の増大とその当否についても併せて議論されることになるのではないか。

19 改正当時のセシル・デュフロ地域住宅問題担当大臣の発言は、このような隠された目的をうかがわせるとの指摘がある（F. Bayard-Jammes, préc., p. 4）。

20 Jacques Lafond et Jean-Marc Roux, JurisClasseur Copropriété, Fasc. 60 à 765.

21 Hugues Périnet-Marquet, La loi de 1965 à la croisée des chemins, Loyers et Copropriété, n° 10, Oct. 2015, dossier 1. この25年間で、65年法の条文は、単語数だけでも5倍になったとの指摘がなされている。

22 Gaël Chantepie, Quel avenir pour la copropriété?, in Romain Boffa (dir.), *L'avenir du droit des biens*, LGDJ, 2015, p. 263. 同論文では、リール市近郊で最も大きな区分所有は750戸の住戸からなること、Parly 2（ヴェルサイユ市近くにあるヨーロッパでも最大規模の区分所有）は少なくとも7500戸の住戸からなることが紹介されている。

23 Claude Giverdon, « Petites copropriétés »: mythe ou réalité, AJDI 2004, p.858. Emile Hagège (dir.), Les syndics bénévoles en copropriété, préc., p. 11 によれば、フランス全国の区分所有建物の約25パーセントが10戸以下の住戸からなる小規模区分所有建物であるとされる。

アメリカ法における人役権の法的性質について
——ニューヨーク州法における
人役権の譲渡・相続可能性の議論を中心に——

青　木　則　幸

	I	はじめに
	II	使用権の設定ないし成立
	III	NY 州法における人役権の承認をめぐる判例の展開
	IV	地役権の推定による制限
	V	おわりに

I　はじめに

1　本稿の目的

米法では、不動産の利用を内容とする権利について人役権（easement in gross/ servitude in gross）の概念が用いられている。

たとえば、承役地上を通行する権利、承役地上に電話やインターネットの回線を通す権利、承役地上にソーラーパネルを設置して太陽エネルギーを採取する権利、承役地の環境や文化的利益を破壊する行為の不作為を請求する権利[1]等々があり、要役地所有者ではない者のために承役地上に設定され物的に負担されているのだとされる。

いずれの場合も、土地上には、占有権原を伴う不動産権（estate）[2]を有す

1　わが国の先行研究として、新澤秀則「保全地役権について」神戸商科大学研究年報 32 号 25 頁（2002 年）、大沼友紀恵「人役権制度の比較法的・立法論的考察」成蹊大学一般研究報告 46 巻 6 号 1 頁（2012 年）。このような目的の人役権は、特別法的な扱いがなされてきたが、1981 年には統一法典（Uniform Conservation Easement Act）が編纂され 25 法域で採択されている（NY 州法は未採択）。一般的な理論を扱う本稿では立ち入らない。

る権利者がおり、人役権はこの占有権原を排除せず、第三者に使用を認める権利（使用権）として用いられている。

本稿では、米国の実務において、幅広く活用されていることには疑いを容れない「人役権」が、理論的な説明としては、かなり控えめに論じられてきたことに注目し、米国の伝統的なとらえ方に拠る人役権の内容の解明を試みる。

2 用語法

米法の人役権を検討するにあたり、注意を要するのは、地役権ないし人役権を支える用語の切り分けが大陸法とは異なっており、また、同一の用語法で呼ばれる権利関係が沿革の異なる複数の制度によって構築されうることである。用語法の混乱を避けるために、予め整理しておこう。

米法の一般論として、土地上に占有権原を伴う不動産権を有する者が、その不動産権を維持しつつ使用権のみを与えうる方法としては、①不動産権者が地役権（easement）（米法でも、一般には、要役地の便益のために承役地上に設定される使用権を言い、地上権と訳して良い場合が多いが、後述のように人役権も「easement」の一種である。以下では、地役権と人役権を包摂する意味で用いられる「easement」を役権と呼ぶ。）を設定する、②不動産権者がその不動産権に付着する物的負担として作為ないし不作為の物的約定（real covenants）をなす、③不動産権者が許諾（license）を与える、という3種類に整理されうる方法があるとされる。なお、類似の権利の付与の方法として、土地の一部の賃貸借による場合も考えられるが、米法において、賃借権は、占有権原を伴う不動産権として扱われており、占有権原となる不動産権と重複的に設定される使用権とは区別されている[3]。

---

2 所有権に相当する完全な支配権は、絶対的単純不動産権（fee simple absolute）と呼ばれる。絶対的単純不動産権の譲渡や相続等に際し、多様な条件ないし期限がつけられる場合、占有権原となる時間的画された不動産権（estate）と、条件成就や期限到来時に占有権原となる不動産権が帰属する復帰権などの将来不動産権に分属するとされ、条件・期限の類型ごとに英法由来の名称がある。また、賃借権も、沿革の違い（前者が freehold であるのに対して leasehold）から同一類型とはされないものの、上記の不動産権に準じた扱いがなされている。

3 賃借人が目的物を使用できることは当然である。しかし、米法において、広義の所有権に相当する不動産権（estate）の概念は、（わが国の所有権の概念に近似する概念である）無条件の占

人役権は、狭義では、不動産権者が、要役地を観念しない役権（easement in gross）を設定する方法によって設定される。要役地所有者ではない者が保有する承役地上の制限物権としての人役権と説明できる。用語法上注意を要するのは、伝統的には、「easement」という名称は、土地上の負担の側面からみた用語であるとされ、使用権の側から説明する場合には、「servitude」と呼ぶのが正確であるとされている点である[4]。この意味で、「servitude in gross」という用語が用いられる場合には、権利の内容は、「easement in gross」と同一である。もっとも、例えばニューヨーク州の判例の理由文では一般に「servitude in gross」という文言は用いられず、使用権に注目する文脈でも「easement in gross」で統一されている。このように、法域にもよるが、狭義の人役権を意味する場合には、後述の広義の場合と区別する趣旨もあり、「easement in gross」と呼ばれるのが一般的である。

不動産権者の約定によって成立する使用権（上記②・③）は、伝統的には、人役権と区別されてきた。許諾の約定があるにすぎない場合（上記③）、合意の当事者間でのみ債権上の効力をもつに過ぎないとされ、少なくとも承役地の不動産権の移転を経ても追及されうることに争いのない使用権である人役権とは、内容を異にする。しかし、不動産権者が物的約定によって使用権を認める場合、当該使用権の負担は、不動産権の承継人や相続人に追及されうる。沿革が異なり、各法域の判例が承認する内容にも違いがありうることから、伝統的には、両者は、類似する別の制度だと解されてきた。ただし、用語法で注意を要するのは、物的約定の結果相手方が取得する使用権は、広義の「servitude」として整理されてきたことである。

このような概念と用語法の複雑さに鑑み、2000年に編纂された第3次財産法リステイトメント（役権（Servitude）編）は、大胆な再編を提唱した。「easement」という用語を廃し、「土地と共に移転する（runs with the land）あるいは土地上の権利と共に移転する権利を創出する法概念（legal device）」に

有権原を伴う絶対的単純不動産権（fee simple）を、多様な条件ないし期限によって画する権利と捉えられているところ、賃貸借もかような期限付の占有権原の移転として捉えられており、占有権原なき者に対する使用権の付与にとどまるものとは解されていない。

4　わが国での記述として、田中英夫編『英米法辞典〔LogoVista版〕』（東京大学出版会、2001）「servitude」参照。

一般的に「servitude」との名称を充て、「servitude」に基づく権利を問題とする場合は「利益（benefit）」、義務を問題とする場合には「負担（burden）」と呼ぶとした[5]。（地役権の場合の承役地（servient estate）を「負担地（burdened estate）」、要役地（dominant estate）を「受益地（benefited estate）」と呼ぶとの提案も含まれるが、これらについては、旧称と併記している。）また、要役地の便益のために設定されたのではない使用権を「人役権（servitude in gross）」と定義する[6]。これは、狭義の役権の設定（上記①）による場合と、物的約定による場合（上記②）の場合の両方を包摂し、合意当事者間での許諾に過ぎない場合（上記③）のみを排除する概念であるとされる[7]。

　第3次リステイトメントは、地役権と人役権の両方について、伝統的な要件を著しく緩和する方向の準則を多く抽出している。近年の米国における人役権の活用との関係でも興味深く別途検討を要するが、第3次リステイトメントは、提唱の色彩が濃く、各法域の判例法の現状を反映しておらず、また、その後の判例の追随も限定的である。米法の事態を知るには、まず、実際の法域における運用の展開を知るべきである。リステイトメントによる展開の評価も、実際との対比なくしてなしえまい。

　本稿では、このような観点から、概念の再整理に向けた議論動向があることを前提としつつも、検討素材をニューヨーク州法（以下、NY州法と呼ぶ）の人役権（easement in gross）に絞りたい。

3　人役権の沿革と問題の所在

　米法の議論で、人役権を、地役権同様の物的な使用権である、とする理論の展開が、控えめなものにとどまってきた原因は、沿革にあたる英法にある。人役権という概念を積極的に評価する説からも、「イングランドにおいて人役権が存在するかどうかは疑いがある」といわざるを得ず[8]、見方によ

---

[5]　Restatement (Third) of Property (Servitudes) §1.1 (1); §1.1 cmt a.

[6]　Restatement (Third) of Property (Servitudes) §1.5 (2).

[7]　Restatement (Third) of Property (Servitudes) §2.2, cmt f. h.　なお、「地役権と人役権を問わず、servitude による利益も負担も、人的、すなわち、移転可能性がないものでありうる」との準則（§1.5 (3)）もみられるが、要役地のない人役権について、承役地の承継人への負担の移転可能性がないとすると、上記の servitude の定義を充足しないことから、これを以て、ライセンス契約をも包摂する趣旨とは読めない。

っては、コモンローでは人役権の概念が認められていない、とも考えられるからである。もちろん、米法において一定の必要性が認められているのだから、沿革にかかわらず、米法なりに概念を構成していくことも考えられる。しかし、物権法（Property）の領域では、英法の沿革にコモンロー上もエクイティ上も存在しない概念を、判例法だけで新たに構成していくことにはためらいもみられる。

　この点に関する米国での研究を手短かに概観すると、次のような論旨である。

　17世紀を代表する英国の法律家 Coke 卿は、地役権ないし人役権が法定相続財産かという点について明言していないものの、要役地の土地所有権に付従しない入会権が、無体法定相続財産に当たらない旨を明言しており、このことの類推から人役権も無体法定相続財産に該当しないということになる。

　18世紀半ば、Blackstone は、通行権について、無体法定相続財産権であるとし、その一方で、「ある人にその一生涯の間のものとして譲与された通行権」については、人的財産（personal property）に過ぎないと説明する。しかし、当時の英国でいう人的財産の意味については、次のような説明が含まれていたという。「土地に付従しない通行権は、大陸法でいう人的なものであり、他人の土地の通行を彼ないし彼の子孫に約することである」。このように解せば、Blackstone の説明は、役権は地役権のみならず人役権も相続可能性があるという意味であったことになる。

　その後の英国の判例は、要役地のない役権を与える旨の譲与は、契約当事者間でのみ有効であり、救済方法も契約法上のものにすぎず、役権としての要素がないと定式化されるものと、人役権も無体法定相続財産であり、他の無体法定相続財産と同等の物権的な救済を受けうるとするものに展開されたという[9]。

　しかし、米法の判例に影響を与えたとされるのは、前者の展開であった。（NY州法が独立の法域になったあとの英国の事案である）1850年の <u>Ackroyed v.</u>

8　Roger A. Stuebuck & Dale A. Whitman, The Law of Property (2000), §8.2 n.2.

9　Charles Sweet, *The True Nature of An Easement*, 24 L. Q. Rev. 259 (1908); 2 American Law of Property §8.9 n.1 (A. J. Casner ed. 1952).

Smith, 138 Eng. Rep. 68（1850）事件判決である[10]。本判決は、（要役地を観念することも可能な）隣地の通行権について、グラント（本稿Ⅱ1参照）による人役権の設定がなされたという事案であったが、「（役権の）グラントの方法が人的に（in gross）なされたものであれば、人的（personal）権利のみが与えられているのであり、譲渡なされ得ない」と判示した。

　以上の文脈から、米法からみた英法について、通行権の法的性質の議論を素材とした次の認識が確認されうる。少なくとも、当事者間で、要役地所有者でない者に通行権をはじめとする役権が与える旨の譲与がみられ拘束力を有する。ただ、それが物的な効力をもつか否かについて、特に相続可能性の点で学説判例の立場が分かれている。

　興味深いのは、承役地の承継人に対する追及力があるのは当然視されており、議論の中心が使用権の譲渡可能性にあることである。このような議論の傾向は、以下に縷々述べる NY 州法の判例の展開にも表れている。これは、人役権の設定という行為の法的性質を反映した議論の方向性であると思われるので、この点に留意しつつ、検討を進める。

Ⅱ　使用権の設定ないし成立

　ある土地の占有権原（title）を持つ者（所有者に類比される不動産権者）が、占有権原（title）を持たぬ者（使用権者）に、その土地に立ち入って使用する権利を許すという事案について、使用権者に使用権を与える方法には、典型的には、地役権の付与と、ライセンス契約によるライセンス権の付与の方法があるとされる。地役権による場合、他の土地（要役地）の便益のためにその土地（承役地）の使用権を与えるものであり、使用権は承役地上の物的負担となり土地の占有権原を持つ者（承役地の不動産権の承継人）に対する追及力が生じる。一方、ライセンス契約は、土地（承役地に相当。以下では、便宜上、要役地がない場合でも、承役地と呼ぶ。）の不動産権者が、第三者と人的にする契約

---

10 *See*, George Kloek, *Assignability and Divisibility of Easements in Gross*, 22 CHI.-KENT L. REV. 239, 242 (1942); Gerald E. Welsh, *The Assignability of Easements in Gross*, 12 U. CHI. L. REV. 276, 277 (1945); Alan David Hegi, *The Easement in Gross Revisited: Transferability and Divisibility Since 1945*, 39 VAND. L. REV. 109 (1986).

であり、第三者が要役地所有者であるか否かは無関係であり、使用権に土地の承継人に対する追及力が生じる余地はない。

米法では、地役権の設定ないし成立の方法で、要役地所有者でない者に使用権を設定する行為をすることも、少なくとも当事者間では有効とされる。さらに、設定者が、ライセンス契約とは異なり、承役地不動産権者としての資格で使用権を設定したがゆえに、承役地の承継人を拘束するのは当然であると考えられている。

要役地の不動産権者が地役権を取得する原因には、①明示の設定、②黙示の設定、③（米法の理論による）時効取得の３種類の方法によるとされる。本項では、地役権一般の設定ないし成立方法の法的性質を確認し、そのうえで、それが、いかに人役権の設定に適用されているのかを概観する。

1　地役権の明示の設定

明示の設定は、証書による意思表示（manifest of intention）による。米法では所有権に相当する絶対的単純不動産権をはじめ占有権原を伴う不動産権の譲与も、証書による意思表示によるが、この行為および証書はディードと呼ばれる。それに対して、使用権である地役権の設定行為はグラント（grant）[11]と呼ばれ、その証書もグラントと呼ぶのが正式である。

原則として、口頭によるグラントは認められていない[12]。ただし、証書の名称としても行為の内容としてもグラントという文言を用いる必要は一切なく、署名ある書面で、設定の内容を読み取れるものであれば、有効なグラン

11　JOSEPH RASCH & ROBERT F. DOLAN, NEW YORK LAW AND PRACTICE OF REAL PROPERTY §18:17 (2d ed. 1990).

12　「詐欺防止法（Statute of Fraud）」と呼ばれる、イングランドの制定法（An Act for Prevention of Frauds and Perjuries, 29 Car. 2, ch. 3, §4 (1677)）に由来し、全米の法域で採用されている準則であり、NY 州の現行法では、General Obligation Law という制定法により規定されている。不動産権の移転に関しては、契約上の意思表示（§5-701 (10)）と、物権変動の意思表示（§5-703）にわけて、それぞれ書面要件を課す。後者は、「不動産上の不動産権（estate）ないしその他の権利（interest）は……創出（created）、グラントたる譲与（granted）、譲渡（assigned）、放棄（surrendered）ないし宣言（declared）をなした者ないしその法定代理人によって署名のなされた、書面たるディード証書（deed）ないし財産権移転証書（conveyance）に拠らなければ、譲与、譲渡、放棄、宣言され得ない」（なお、例外として、１年を越えない期間の賃借権、ないし、不動産に関する信託その他の権限の設定、不動産権の遺贈、法定の移転を挙げている。）と規定する（§5-703 (1)）。

トであり、他の物権行為のための証書から独立の書面である必要もない。ディードと銘打たれた証書による地役権の設定の意思表示や、あるいは、所有権等を譲与する際にディード上に記載された地役権を留保（reservation）する旨の条項や移転する不動産権から地役権に相当する内容の権利を除外（exception）する旨の条項も、有効なグラントである。また、禁反言法理の適用もありうるとされる[13]。

　これらの証書による物権変動が生じるのは、証書の作成の時点であるとされるが、証書の引渡しを伴わないものは無効である。また、この証書が、次のような対抗要件制度の対象となる。ディードによる譲与やグラントによる設定を含む物権変動は、書面による意思表示のみで当事者間では有効であるが、被譲与者・被設定者が交付を受けた証書の登録をしない場合、後発の被譲与者・被設定者のうち、誠実買主の要件を充たし、その者が交付を受けた書面を最初に登記した者から、無効（void）を主張（assert）されうるという制度である。ここで誠実とは、（わが国における背信的悪意でない者というよりも）先行する物権変動について善意の者というのと実質的に同義である。また、登記は、グラントの証書を登記所のファイルに綴じ込み、設定当事者の名前をインデックスとして公衆の検索を可能にした綴込登記の方法によるものであり、証書の引渡しを受けた意思表示の相手方が単独で行うことができる。重複設定の場合には、矛盾する内容の綴込登記が複数なされうることになる。上記の最初に登記をした者とは、この意味での綴込登記を（多重設定ごとに異なる内容のグラントのうち）自身が受領したグラント証書について、最初に行ったという意味である点に注意が必要である。

2　黙示の設定

　地役権は、証書による意思表示がなくても、黙示の設定が認められる場合がある。占有権原を伴う不動産権の譲与（conveyance）との関係で、地役権の設定が推定される場合である。この場合、証書による意思表示は存在せ

13　典型例とされるのは、地役権を伴う要役地の売買契約で売主がその旨を表示したにも拘らず証書による要役地不動産権の譲与証書（ディード）に地役権に関する記載が一切ないという場合である。*See,* Green v. Collins, 86 N.Y. 246 (1881); RASCH & DOLAN, *supra* note 11, §18 : 22.

ず、その存在を推定するわけでもないことから、書面要件の適用は問題とならないと解されてきた[14]。

NY 州法においては、その要件は、次のように定式化されている[15]。①現在は異なる所有者ら帰属する不動産権が、もともと単一の所有権に包摂されていたのでなければならない。②かつて 1 つの不動産権において保有されていたときに、他人に従属される土地部分の所有者によって使用が設定されるか、あるいは、かような使用がその部分につき相互の従属化を生じさせることの一部として使用されていなければならない。③その使用が、合理的な見分によって、明白に（plainly）かつ物理的に明らかでなければならない。④その使用が要役地の価値に影響を与えるものでなければならず、また、不動産の合理的な使用にとって不可欠のものでなくはならない。

承役地の使用を前提とした要役地の物権変動から、使用権たる地役権の存在を推定するものであり[16]、人役権については、黙示の設定が問題となる余地はないとみられている。

3 時効取得

黙示の設定とは別類型でありながら、理論的には抵触する部分のある地役権の成立に、米法における時効取得（prescription）制度がある[17]。この時効取得制度は、紛失した設定証書（lost grant）の存在の推定の理論だと説明される。すなわち、制定法所定の期間（10 年間）[18]、通行権を主張する者がその内

---

14 Restatement (First) of Property §475 cmt. b. See,

15 Jacobson v. Luzon Lumber Co., 79 N.Y.S. 2d 147 (1948), affd 92 N.Y.S. 2d 537, affd 91 N.E. 2d 724, reh den 92 N.E. 2d 459. *See*, RASCH & DOLAN, *supra* note 11, §18.31.

16 *See* also, STOEBUCK & WHITMAN, *supra* note 8, at 444（①譲与前の使用、②形状からの必要性、③分筆上の必要性、に分類する）.

17 Hammond v Zehner (1860) 21 NY 118; White v Manhattan R. Co. (1893) 139 NY 19, 34 NE 887; Panama Realty Co. v New York (1913) 158 App Div 726, 143 NYS 893; Moore v Day (1921) 199 App Div 76, 191 NYS 731, affd 235 NY 554, 139 NE 732.

18 NY 州法において、この理論に言及がある最初の事案は、Parker v. Foote, 19 Wend. 309 (1939) 事件判決であると思われるが、18 世紀英法の判例によるとする。推定に足りる黙認の期間は、20 年間以上であるとされ、その後、19 世紀の制定法がこの準則を制定法化していたが、1932 年の Civil Practice Act §34 によって 15 年に短縮され、1962 年の Civil Practice Law and Rules §212 (a) によって 10 年に短縮されている。「(a) 不動産を回復するに必要な占有　不動産の回復訴訟ないし占有回復訴訟は、その原告ないしその利益の前主が、当該手続開始前 10 年間以内

容の使用を続けている場合、土地所有者が長期間にわたり黙認を続けている
以上、その使用の開始に際し地役権の設定（grant）があったものと推定する
という理論であるとされる。

　現行法では、要件は、次のように整理されている。①当該権利の主張に基
づく所有者に対する敵対的な（hostile and adverse）使用であり、ライセンス等
が介在しないこと、②現実の使用、すなわち、公然（open and notorious）の使
用であること、③排他的な（exclusive）使用であること、④10年間、中断な
く、継続していること、である[19]。

　なお、時効取得制度の効果は、原始取得とされており、この原始取得は登
記制度の対象とならないとされている。

4　人役権の設定・成立

　地役権の設定・成立方法のうち、黙示の設定は、要役地をめぐる占有権原
を伴う不動産権の移転に伴う事案に限られるため、人役権とは無関係であ
る。人役権の設定・成立に該当するのは、①グラント、すなわち、証書によ
る明示の意思表示による設定か、②紛失したグラント証書の存在を推定する
制度である時効取得か、のいずれかである。占有権原を伴う不動産権を有す
る者が意思表示によりその不動産権を処分するのだから、設定により不動産
権から離れる権利の内容は意思表示の解釈によれば足り、（対抗要件制度によ
って後発の被譲与者・被設定者が、先行する物権変動の無効を主張できる場合に該当しな
い限り）設定者の承継人が取得しうる権利も、設定者に残された権利のみで
あると考えられている[20]。

　このような考え方を反映した判例として興味深いのは、人役権の時効取得
を（当該事案において結果的に）否定した次の〔1〕事案である。

〔1〕　Post v. Pearsall, 22 Wend. 425（1839）

　Xは、Y所有地（争いなし）上に、州内のすべての住人、一般公衆のた
めに、その場での立ち入り、水上運搬した肥料の貯蓄や肥料その他の物資

　　に当該不動産を把握ないし占有開始した場合には、開始され得ない。」

19　*See,* RASCH & DOLAN, *supra* note 11, §18.27.

20　*See,* Kloek, *supra* note 10, at 252.

の積み降ろしを行う場所として使用する内容の、時効取得された権利がある旨を主張した。この権利が、街、村落ないしその他の地区の住人のための慣習上の権利として主張される場合、以下の問題についての判断をする必要がある。他人の土地に肥料その他の物資を貯蓄し、貯蓄者がそれを売却できるか除去するのが便宜である事情が生じるまでそれを維持する権利が、要役地となんら関係なく、慣習上の権利（customary right）として処遇されうるような役権であるかどうかという問題。および、その権利が採取権（profit a prendre）なのか、あるいは、前所有者に関する申立て（a que estate）においてのみ処遇されうる他人の所有地（the soil and freehold）における権利なのか、という問題である。

　判旨は、英国の Eldon 大法官の見解として「承役地の所有者から、承役地の有益な利用を全く奪う場合、慣習上の役権（customary servitude or easement）は支持され得ない」という見解があることを紹介し、「推測するに、この確立されたコモンロー原則にみられる強力な影響は、慣習が有効であるためには、合理的でなくてはならないというものである」とする。そのうえで、本件では、Y の住宅に近接する Y 所有地に他人が自由に肥料を放置する内容となることから、合理性を欠き、慣習上の役権の成立を否定する。

本判決は、公衆による土地の肥料置き場としての使用が、長年にわたり不動産所有者により許容されてきた場合について、公衆による時効取得としての地方公共団体による時効取得[21]があるかが争われた事案である。注目すべきは、慣習法上の権利についても、グラントがありえ、紛失したグラントの推定としての時効取得もありうることが前提とされている点である。本件事案での時効取得の否定は、そのうえで、慣習法上の物的権利の承認の基礎となる合理性を欠くというにすぎない。

21　認められる場合には、公道（public highway）の取得時効制度に類似する処理になるはずである。承役地が（要役地所有者ならざる）公衆の使用を黙認したことで、公衆に対するグラントを推定するとの説明をする判例もみられ、人役権に類似した捉え方をしているものといえる。もっとも、役権を取得するのは道路の土地を所有する地方公共団体であり、道路を要役地とする説明もみられる。いずれにせよ、公道の取得時効が可能であることは、植民地時代から制定法の規定が存在した。現行法では Highway Law §195 として規定されている。

Ⅲ　NY 州法における人役権の承認をめぐる判例の展開

1　採取権の理論の準用

　NY 州法において、人役権の譲渡可能性を認める最初の事案類型は、「採取権（profits a prendre）」に関する譲渡可能性の法理を類似の内容をもつ使用権たる人役権に類推ないし準用することによって導入されたものである[22]。

　採取権（profits a prendre）は、土地から産物（天然果実）や土壌の一部（鉱物や氷を含むが、湧水は含まない）を採取する権利とされる[23]。通常、要役地の便益と無関係に、不動産権者からグラントによって設定される権利である。理論的には、使用権である役権とは区別され[24]、古くから譲渡可能性が認められてきた[25]。

　NY 州で人役権の譲渡可能性を認めた最初のケースである次の〔2〕事件判決は、採取権がないにもかかわらず、土地の使用権が、収益の採取（profits）のために行われたものであることを強調して、使用権の譲渡可能性を承認した事案である。

〔2〕City of New York v. Law, 26 N.E. 471 (N.Y. 1891)

　NY 市マンハッタン区東部の埋め立て予定地について、NY 市は 1829 年 2 月 28 日の譲与証書により、埋め立てを条件とする土地所有権及び港湾道路の一定区画に設置される埠頭から埠頭使用料を徴収する権利の譲与が行われた。その後、被譲与者ないしその承継人 Y による埋め立ては行われず、NY 市が埋め立てのうえ道路を所有するに至り、上記の譲与を根拠に占有をはじめた Y に対する不動産回復訴訟を求めた事案である。判

22　*See*, Hegi, *supra* note 10, at 116-17.

23　Pierce v. Keator, 70 N.Y. 419, 26 Am. Rep. 612.

24　*See*, RASCH & DOLAN, *supra* note 11, §18.6. *See also*, STOEBUCK & WHITMAN, *supra* note 8, at 437. なお、例えば、採取のためには土地への立ち入りが必要であるなど、採取権は土地の使用権と共に設定されることが多く、採取権者に黙示の設定による使用権を認めるという理論も広く受け入れられている。

25　Earl of Huntington v. Lord Mountjoy, 123 Eng. Rep. 488 (1583). *See also*, STOEBUCK & WHITMAN, *supra* note 8, at 464.

旨（Earl 判事）は、結論的に NY 市を勝訴させており、譲与による権利の存在を認めていない。しかし、上記の譲与に含まれる埠頭使用料徴収権について、他法域の判例を引き、人役権として説明している。「埠頭使用料徴収権は、被譲与者及び‘彼からの相続人および譲受人’に譲与されており、それは単に被譲与者に移転する土地に付従する地役権だというわけではない。たしかに、役権が一般には何らかの土地ないし地所に付従しなければならず、要役地と承役地が存在しなければならないというのは真実である。しかし、このことがすべての役権で真実だというわけではない。いかなる土地にも付従せず、要役地あるいは何等の土地をも所有ないし占有していない者が享有しうる人役権も存立しうる。本件では、譲与証書における意思（intention）が、この埠頭使用料徴収権を創設するものであったと認められる。被譲与者が自身で享有し、あるいは、第三者に譲渡可能なものとしてである。」（合意内容の錯綜は別にして）「市は、徴収権（profits）を設定（grant）する権原を有していたのである。」

以上のように、占有権原を伴う不動産権をもつ市が、埠頭の使用権を与え（それを、被設定者が収益に利用した）と説明するのではなく、徴収権（英語では、採取権と同一語）を与えたと説明することで、設定された「徴収権」の譲渡性を承認している。

さらに、1920 年の〔3〕事件判決は、（採取権と区別されている）取水権について、明示に採取権の準用の理論により、譲渡可能性を承認している。

〔3〕 Saratoga State Waters Corporation v. Pratt, 125 N.E. 834（N.Y. 1920）

NY 州 Saratoga Springs の湧泉地にある州の特別保留地について、1916年3月6日の書面により、当時当地を管轄していた州政府の委員会が、4人の個人 A1〜4 に当地を賃貸すると共に鉱泉水の取水権を与え、これらの権利が、まもなく、鉱泉水販売会社 X に承継された。ところが、同年4月19日に当地の管轄を引き継いだ保護管理委員会 Y が特別保留地の商事目的利用に反対する立場から引渡しを拒んだため、X が物的賃借権に基づく明渡し等を訴求した。いくつかの主張の中で、Y が、A1〜4 に与

えられた取水権が X に承継されている点を衝いて、取水権が人役権であり、人役権は譲渡可能性がないとの主張を試みた。

判旨（Collin 判事）は、次のようにいう。「純粋な人役権は、一般的にいって、譲渡可能性がなくまた相続可能性もない。被設定者に人的に帰属するのみである。有期の役権は、常に、享受されることになる土地上の権利を示唆するが、採取権（profit a prendre）は、当事者に人的に帰属する場合、土地上の適切な役権というよりも、土地における不動産権（estate）そのものの性質を有する（Post v. Pearsall, 22 Wend. 425 を引用）。このルールは、おそらく、当事者の意図と妥当性を達成するために、独断的に確立されたものにすぎず、通常の人役権に関するルールから根本的にずれているものである。人役権としての性質をもつ採取権は、譲渡可能であり、相続可能である。適切な意思表示上の文言によって、ある当事者に対して、収穫を得るために譲与者の土地を享有し、占有し、そして使用する権利（right）のグラントをする権限（Power）の存在は、その権利が、他の土地に付従するものであれ、属人的なものであれ、疑いがない。この権利には、牧草や土や砂や氷を採取する権利、家畜を放牧する権利、土壌から石油や鉱物を掘削する権利、井戸や水槽などに人工的に蓄積された水を取る権利、氷をとる権利、狩猟や漁獲を行う権利を含む。英国の判例およびいくつかの州の判例には、純粋な役権は要役地に付従する地役権としてのみ存立しえ、人役権は単なるライセンス以上のものではないとする見解もある。しかし、本件事案では、原告の権利は、要役地の便益のために設定されたものでも、他の土地を保有するために享有されるものでもない。本件証書は、無体法定相続財産を原告に与えたものであり、その内容は、水を汲み取り、それに付随的ないし補助的に、建物・機械・その他の財産を使用する権利である。

以上の 2 件は、いずれも、不動産の収益権限を事業者に売却した事案であるが、その権限の譲渡性を承認するために、採取権としての性質を挙げる。その後の下級審裁判例にも、採取権の要素を伴う不動産の使用権が問題となる場合には、上記の説明を加えているものもある[26]。

2　証書による意思表示の解釈

これに対し、NY 州の判例法には、端的にグラント証書と評価されうる書面による意思表示の内容の解釈として、承役地上に設定された使用権の譲渡可能性を認めた判例もみられる。

〔4〕Loch Sheldrake Assoc. v. Evans, 118 N.E. 2d 444（N.Y. 1954）

1919 年、水源（湖）を含む土地（甲土地）の不動産権者 A（≒排他的占有を伴う所有権者）が、水利権を自身に留保する旨のディードにより、不動産権を X（厳密にはその先代）に譲渡。その後、1927 年に、A が湖畔の水車小屋およびその用地（乙土地）を Y に譲渡した。Y は、本権水車用地の南側に所有する土地（丙土地）でホテルを経営しており、水車小屋から水を引いてホテルで利用を始めた。なお、水車は 1935 年ごろに破棄された。その後、X が、上記のディードによって設定されたのは、乙土地を要役地とする地役権であり、その水車のために水を利用する権利を内容としていたと主張し、その旨の確認判決と、丙土地上のホテルに水を引く行為の差止め及び損害賠償を訴求した。第 1 審裁判所が X の訴えを認めたのに対し、第 2 審裁判所は、1919 年の時点で A が有していた権利の範囲で、乙土地の水車での利用に限らず、水を利用できると判示。X のみが上訴した。

法廷意見（Desmond 判事）は、人役権という概念について消極的な意見を述べる。「人役権という用語が、NY 州の裁判例のいても、慣行上かなりの定着をみせている」としつつも、「最厳格にいうならば、"人役権" なるものは存在しない。役権は、承役地と要役地を前提とする概念である」。また、ときどきルーズに「人役権」と表現されるのは、「人的で、譲渡可能性がなく、相続可能性もない特権（privilege）ないしライセンス」のことであるという。そのうえで、本権では、ディードによって留保された権利の中身を、ディード上の文言のみから読み解くべきであり、書かれざる前提を勝手に補うべきではないとする。本件ディードでは、A が X に不動産権を譲渡する土地から一定量の水を収取する権利および特権（right and privilege）を留保する旨の明白なディード（書面による意思表示）があったの

26　Banach v. Home Gas Co., 199 N.Y.S. 2d 858（Sup. Ct. N.Y. 1960）

であり、付された条件は取水量に関する記載のみであるとして、A がこのように留保した取水権を Y に譲渡したのだとして、Y を勝訴させた。

　本判決は、ディードの条項としてグラントの行われた、取水権を内容とする使用権の設定について、結論的には譲渡可能性を承認している。取水権であるから、譲渡可能であるとされてきた採取権の法理の準用という構成をとりうる事案であった。しかし、本判決は、前掲 Saratoga State Waters Corporation 事件判決が区別した立場に立つ。人役権に採取権の理論を準用するのではなく、そもそも人役権という構成を採用せず、直接的にグラントの合意内容のみで判断をしている [27]。

3　商事事案

　さらに、もう一つの類型の判例の蓄積がみられる。商事的な使用権であることを理由に、人役権の譲渡性を承認する類型である。
　NY 州法において、このような立場に立つ先例は、1941 年の〔5〕事件判決である。

〔5〕 Antonopulos v Postal Tel. Cable Co., 26 N.Y.S. 2d 403 (N.Y. App. Div. 1941) [28]

　X は、所有する本件土地（農地・承役地）上に設置されている電柱の撤去を主張している。
　本件土地（農地・承役地）は、前主 A（Bedell）がもともと所有していた甲区画と B（Strong）が所有していた乙区画からなる。前主 A が乙区画を加えたのちに、1928 年に X に売却し、その後いったん第三者 C に売却されたが、1934 年に X に復帰的に移転した（reconveyance）。
　X が本件土地を取得した時点（1928 年）で、本件土地には既に 42 本の電柱が設置されていた。乙区画にある 6 本については、1899 年 10 月 5 日に B と Y の前身との合意によって設置されたものであり、Y が維持できる

27　*See*, Hegi, *supra* note 10, at 121.
28　Antonopulos v Postal Tel. Cable Co., 26 NYS 2d 403 (N.Y. App. Div. 1941), affd 39 NE 2d 931 (N.Y. 1942).

ことにつき争いはない。問題は甲区画に設置されている 36 本についてであった。当時の所有者 A が設置に合意（1908 年 7 月 14 日付の書面による）したのは、7 本についてのみであった。本判決は、結論的には、残 29 本について、合意も時効取得もなく、X が撤去を主張するまで黙示のライセンスがあったのみであるとして、X の撤去の主張を認容した。その後、Y によって上訴されているが、NY 州最高裁に相当する Court of Appeal は、理由を付さず本判決を維持している。

人役権の法的性質については、甲土地上の 7 本について、扱われている。「地役権負担（easement）は、役権（servitude）の一形態である。その伝統的あるいはコモンロー上の意義は、ある区画の土地から他の区画の土地に付従性ある地役権として設定される権利ないし特権である。それは、要役地と承役地の存在を前提としている。それは、有体の不動産から他の不動産の利益のために生じる（issue）、無体の法定相続財産である。それは、有体の財産上に課せられる負担であり、その所有者に課せられるものではない。それは、不動産（権）(estate) の性質をもち、不動産（権）(estate) に付従する。」「それゆえ、前主 A の書面は、真正の地役権 (easement) の譲与ではない。同書面によって与えられた権利は、承役地と伝統的な意味における関連性をもつ要役地を所持（possess）しない、電信会社に属する人的なものである。同書面に基づく権利は地役権（easement）としての性質をもっている。しかし、要役地に付随しないので、その権利は、人役権（easement in gross）として知られるようになってきている法的性質をもっている。人役権は、被譲与者のための人的利益（personal benefit）のためのものであり、要役地に付随するものないし関連するものではない。かような権利ないし人役権は、承役地が存するのみであり、被譲与者に与えられた特権が、土地ではなく、人に付着する（attaches）場合に存立する。譲与者の意思に基づく譲与証書によって生じた当該権利の真実性（true nature）と人的性質から、黙示による権利の追加を許す基礎的合意に過ぎないと解することは困難である。」「裁判所は、解釈上、人役権を好まないが、譲渡可能性及び相続可能性を認めている。」それゆえに、人役権の設定のあった 7 本については、Y に承継されているが、この譲与

を根拠に、残29本の人役権が推定されるわけではなく、当事者間に債権的効力を持つにすぎないライセンス契約があったとしても、前主Aが承役地をXに売却した譲与によって、ライセンス契約は撤回されているとしたのである。

この判決は、人役権を「単なるライセンス契約」だと説いた前掲〔4〕事件の前の判決であるが、同旨の判旨は、前掲〔4〕事件のあとにもみられる。2つのケースをみておこう。

〔6〕 Banach v. Home Gas Co., 211 N.Y.S. 2d 443 (N.Y. App. Div. 1961)[29]

A（掘削会社）が所有する土地をディードにより譲渡するに際し、「AおよびAの承継人（successor）及び譲受人（assigns）に対して」「土地における石油、ガス、その他の鉱物の権利およびその掘削事業として行う掘削、パイプラインの設置およびその他の必要な設備の設定の権利を留保し、また、パイプラインの敷設と維持管理のために何時でも土地を通行する権利を留保する旨を、ディードによって示していた。承役地所有権の承継人Xが、留保された使用権の承継人Yが土地に立ち入り商事目的のガスパイプライン（2200フィート）を敷設したのに対し、不法侵害（trespass）を主張した。

本判決（Wheeler判事）は、次の2点を指摘したうえで、本件の留保によって生じた人役権の譲渡可能性を認め、不法侵害を否定した。①NY州の判例法に、「採取権（profit a prendre）として知られる役権が存在し……その権利は、人役権（profit a prendre in gross）である場合にも、譲渡可能および相続可能である」ことを挙げ、本件で争われているのはパイプラインの敷設のための立ち入りであり採取そのものではないものの、上記のディードに鉱物の留保条項が存在したことからすると「採取権の要件を充たしているに近い」とする。②他法域で、「商事の性質をもつ人役権（easements in gross of a commercial character）」について譲渡可能性を承認す

---

29 Banach v Home Gas Co., 211 N.Y.S. 2d 443 (N.Y. App. Div. 1961), *app den*, 218 N.Y.S. 2d 586 (N.Y. App. Div. 1961).

る判例の蓄積がみられ、第1次リステイトメントにも、「人役権によって認められる使用の内容が、個人的な満足よりも、経済利益に主眼がある場合」を「商事的性質」がある人役権とみて[30]、「当該財産権は高度の流動性を指向するとの法政策的観点から」[31]、「人役権は、商事的性質のものについては、譲渡可能な不動産上の利益である」との準則を抽出している点を挙げ、本法域においても、そのような法が存在するはずだとする。

〔7〕 Hoffman v. Capitol Ceblevision System, Inc., 383 N.Y.S. 2d 674 (N.Y. App. Div. N.Y. 1976)

不動産所有者 A が、1954 年に、電力会社 B（Niagara Mohawk Power Corporation）および電話会社 C（New York Telephone Company）との間で、次のような内容の契約をした。A は、B 及び C とその「各承継人（successors and assigns）に対し、A が所有する不動産の、土地上、地下、土地沿い、ないし、土地を横切って、電力および電子情報の分配のために、柱、導管、支え鋼、支え鋼台、腕木、ワイヤー、付随器具から構成される送電線（lines）の設置、維持、運営、修理、取り替えを行う権利、特権、ないし、権限（right, privilege and authority）を」譲与（grant）する旨である。その後、土地所有権が X に承継された。さらにその後、1971 年 6 月 17 日および同年 11 月 1 日に、B 及び C は、それぞれ、柱設置合意書を、ケーブルテレビ会社 Y（Capitol Calevision System, Inc.）に交付した。同合意書は、ケーブルテレビの配信のために、既存の電柱上に、同軸ケーブルを取り付ける「ライセンス」を与える旨の書面である。上記合意書には、導入工事の前に Y が土地所有者の許可を求めるべき旨が記載されていた。X は、Y の要求を拒絶し、X が開始した工事の差し止めを求め、本件訴訟を提起した。第 1 審（Special Term）は、B 及び C が、保有する役権を Y に割り当てる（apportion）権利を有するとして、X の訴えを棄却した。上訴審が本件である。

本件判決（Larkin 判事）は、本件の役権が人役権であると認定し、公益

---

30 Restatement（First）of Property §489, cmt b.
31 Restatement（First）of Property §489, cmt a.

企業によって保有される人役権の割り当ての可否が問題となっているとしたうえで、本件譲与による人役権の譲渡可能性を3つの観点から分析している。

第1に、譲与契約における当事者の意思についてである。譲与者が、排他的人役権（exclusive easement）の設定の意思を有していたかを問題とする。その判断については、譲与において「当事者が譲与に際して有していた解釈（construction）が、譲与の意味を決定するうえで、考慮されうるし、実際に、相当の重要性を持つ」とする。本件では、「Xの前主が、人役権の設定当時、当該人役権を介した‘電力および電子情報の分配’になんらかの権限（authority）、権限を求める意思（intention to seek authority）、利益（interest）を有していたという主張はない」し、また、Xの前主が、当時その人役権を非排他的なものとして扱うことを意図していたという表示（indication）もない、と判示。

第2に、電線・電話線の分配網の設置を目的とした人役権をケーブルテレビ会社に割り当てることによる「追加的な使用（additional use）」が、承役地所有者に損害賠償請求権を生じさせるかを問題とする。判旨は、「仮に、追加的な負担があると認めることになった場合であっても、排他的人役権の第三者への割当てを破るに十分ではない」として、第1次リステイトメントの次の一節を引用する。「割当て可能性は、承役地占有権者にとって不利（disadvantage）になるかもしれないが、占有権者が人役権によって権限が与えられる使用をなすことから排除されており、加えて、割当て可能性が人役権の価値を高めるという事実がある場合には、人役権がその設定時に割当て可能なものとして意図されていたと解する方向に向かう。この影響は、使用の増加が事実上承役地の占有権者にとって有利である場合には、特に大きい。」本件では、柱1本につき年間5ドルの設置費が支払われる約定があったと認められるところ、ケーブルテレビの設備は既存の電柱に掛けられるため、Xに支払われる設置費の増加はない。しかし、増加がないゆえに、負担の増加もない。

第3に、商事目的の人役権が一般に譲渡されることが多いとの通念を挙げる。Xの前主Aは、設定当時にケーブルテレビ技術の出現を予測でき

なかったとしても、電力会社Bないし電話会社Cが、保有する人役権を、ケーブルテレビ回線のために割り当てるということは、設定時の社会通念に照らした、譲渡可能性の域を超えていないとする。

〔6〕事件判決も、〔7〕事件判決も、商事的性質を持つ人役権を、他の人役権から区別することのみを理由にしているわけではない。

〔6〕事件判決は、主として〔3〕事件判決を引き、採取権の準用の趣旨との類似性を強調している。商事的性質をもつ使用権については、要役地不動産権者ではない事業目的で使用権を取得した者に収益を得させる趣旨を含み、それゆえ、不動産から鉱物や天然果実を採取させる権利と共通項を見出しやすいとの立場と読める。

また、〔7〕事件判決は、〔4〕事件判決のグラントによる意思表示の解釈に依拠している。このように解釈された意思表示の内容に法的拘束力を認めるのが判例法であるが、そこには、合理性が求められる。この点で、商事目的であれば、地役権とは異なる合理性が認められやすい。

このようにみると、いずれも、理論的には、NY州法の判例法の理論を維持しつつ、商事的性質の使用権が争われる商事事案については、類型的な積極的に承認されやすさの基礎があることを認めているものといえよう。

Ⅳ　地役権の推定による制限

以上、縷々見てきたように、NY州法において、人役権の譲渡可能性は、①採取権の理論の準用、②不動産権者としての資格である意思表示の内容という観点から、承認されてきた。とりわけ商事的性質をもつ人役権においては、上記の承認の理論に配慮しつつも、類型的に承認されることが多い。

もっとも、上記の前提ないし商事事案であれば、常に認められるというわけではない。NY州法において、人役権の譲渡性を否定する要因となってきたのは、黙示の設定による地役権の理論である。

NY州法における先例は、〔8〕事件判決である。

〔8〕 Wilson v. Ford, 102 N.E. 614 (N.Y. 1913)

1864 年 1 月 2 日、NY 市街の一等地（グランドセントラル駅の西に隣接する地区の五番街に面した角地）に B 及び C が共有する通路用地について、隣接する 6 区画中 4 区画の所有者らが次のような相互合意（mutually covenant and agree）をした。「区画 1 の所有者である A およびその相続人及び譲受人、区画 2 および 4 の所有者たる B およびその相続人及び譲受人、区画 3 の所有者である C およびその相続人及び譲受人は、今後永久に（forever hereafter）、第三者との関係で排他的に、共同で、区画 5 を以下の目的で使用する権利を有しその利益を有する。自分たち、その使用人その他の代理人が、徒歩、馬ないし馬車その他の交通手段で、上記の各区画の間および上記区画上に自家用に建てられ今後建てられる廐舎の間の通行。」

1868 年 8 月 11 日、D が区画 3 および 7 の所有権（fee simple）を取得し、あわせて、区画 5（本件承役地）の 1/3 の持分権を取得した。

1879 年 2 月 26 日、D は、E らに区画 7 の所有権及び区画 5 の 1/3 の持分権を譲渡した。この譲渡には、次のような留保特約があった。「D に対して、登記されている 1864 年の合意文書に所定の方法で通路たる区画 5 を使用する権利を留保する。」

その後、本件訴訟までに、本件各区画の権利関係は、次のように変動した。区画 7 所有権および区画 5 持分権は競売により F が取得しその後 X に譲渡されさらに H を介し G（X の妻）に譲渡された。また、区画 1 と 6 の所有権及び区画 5 の 2/3 の持分権も G に承継された。その後、G2 が死亡し、区画 1・6・7 の所有権と承役地の 2/3 の持分権の全部を X が相続した。区画 2 および 4 の所有権と区画 5 の 1/3 の持分権は B が保有しているが、住宅および廐舎から商業用不動産に用途が変更されている。区画 3 所有権は、D の相続人 Y が所有している。

本件は、X（承役地たる区画 5 の 2/3 の持分権を保有）が、Y（区画 3 の所有権と 1879 年の合意により留保された区画 5 の使用権（持分権を伴わないもの）を保有）による通路の利用が無権利であると主張し本訴を提起した。第 1 審、2 審ともに X を勝訴させた。

最上級審である本件は、Y に使用権を認め、原審を破棄し差戻した。

ただし、使用権の法的性質については、人役権とはせず、黙示に設定された地役権によるとした。具体的には、次のように説示する。

前提として、「役権が土地に付随すると適切に解される場合には、人役権であるとは推定されないという法準則は、確立された法理である」とし、その解釈は書面上で用いられた文言によって表示された当事者の意思による。ただし、文言が複数の解釈を許す場合には、裁判所は、契約成立時に至った事情、当事者の情況および証書の係争物（subject-matter）を考慮に入れてよいとする。

本件ディードの文言、当事者の関連する行為を考慮にいれ、次のように判断した。①「当事者らによるいくつかの不動産権譲渡は、Yおよびその相続人及び譲受人から、区画3に付従する区画5の使用権をはく奪するものではなかった」。②「DからEに交付されたディード（Dの書面による不動産権の変動に関する意思表示）は、D（その相続人Y）に人役権を設定するものではなかった。区画3に付従する区画5の使用が生前のDによって継続されたために（地）役権が成立し、区画3の所有権とともに相続人たるYに承継されたのである」。③「Dの生前のいかなる行為によっても、1864年の合意に基づく区画5上の権利を消滅させなかった」。

ただし、通行の用途が、商業用不動産に係る多数の人の出入りに変容しているために、1864年の合意の強行がエクイティ上制限される可能性があり、事実審での審理を要するため、差し戻すと判示した。

本判決は、証書による不動産権者の意思表示の解釈として、人役権とする明示の設定の文言と、明示の文言はないものの要役地の便益のための地役権の設定が黙示で行われる状況が競合した事案である。その場合には、地役権の黙示の設定とする解釈を優先するという考え方を示すものである[32]。

米法を概観する学説には、人役権の譲渡性が否定される準則を、緩和する方向性で、少なくとも地役権として要役地の承継人への譲渡可能性を認める趣旨で、かような解釈が行われるとする指摘もある。しかし、NY州法では、証書の意思解釈による譲渡性が認められうることから、このような解釈

---

32 *See*, Hegi, *supra* note 10, at 116.

310

は、その制限に相当する。

　もっとも、本判決の事案は、採取権との関連が薄く、また、商事事案でも
ない。しかし、上記の解釈は、商事事案でも妥当する。

〔9〕 Atlantic Mills of Rhode Island v. New York Cent. R. Co., 223 N.Y.S. 206（N.Y. App. Div. 1927）

　1869 年の埠頭地（ハドソン川と HR 鉄道会社の線路によって画された土地）の
一部（甲土地と呼ぶ）の所有権（fee）の譲渡に際し、譲渡人 HI 製鉄会社が、
被譲与人 DH 運河会社への譲与の対象として、甲土地に加えて次のよう
な約定を記載した。「及び、HI 所有地（乙土地と呼ぶ）における、HB 鉄道
と HR 鉄道の接続点から 575 フィートの距離を越えず、幅 33 フィートを
越えない 2 本の線路のための通行権」を譲与するという内容である。その
後、1910 年まで、上記通行権による鉄道が敷設されることはなかったが、
1895 年に、甲土地と通行権を譲与された Y が、1910 年に、甲土地の便益
とは無関係に、乙土地上に単線線路を敷設し、当該線路は、HB 鉄道およ
び HR 鉄道を吸収した Y 鉄道会社が使用している。乙土地を承継した X
が、Y に対し、差止め（injunction）や損害賠償を訴求した。第 1 審では X
敗訴。本件（第 2 審）は、原判決を取消し、差止め、および損害賠償を認
めた。後に、最高裁にあたる Court of Appeal に上訴されているが、同判
決は、理由を付さず、本件判決を支持している[33]。

　本件判決（Cochrane, P. J.）は、まず、一般論として、次のように述べる。
「通行権は、甲土地とは分離しうる権利である。その権利は譲渡可能性も
ありうる、換言すると、その権利は、人役権を構成し、のみならず、譲渡
可能性がある例外的な人役権でもありうる」。ただし、「そのようなものと
して主張するためには、Y は、ディード（譲与者の意思表示の証書）の文面
とは独立に存在する事実や状況を考慮に入れなくてはならない。それゆえ
に、通行権を、その使用の性質に従って、設定する両当事者の意図は、訴
訟における決定的なファクターになるのである。かような意図を確認する
ためには、通行権の設定という物的不動産権の変動を生じしめた譲与証書

33　Atlantic Mills of Rhode Island v. New York Central Railroad Co., 162 N.E. 514（N.Y. 1928）.

（grant）の文言のみならず、譲与証書をとりまくかような意図を示す適正
を有していたあらゆる状況を考慮に入れねばならない。

　そのうえで、①甲土地と通行権の被譲与者であったDH会社が、運河
を介し石炭を運搬する事業のために設立された会社であり、一般の鉄道免
許はないが、石炭の運搬事業のために鉄道の支線を引くことは認められて
いたこと、②通行権の終着点が河川であること、を取り上げ、契約当時の
両当事者の意図が、石炭運搬用の支線の建設にあったとする。また、一見
条件をつけない通行権の譲与を内容とするかにみえるディードの条項に、
譲与人HI製鉄会社による石炭運搬のための線路の利用が譲与した通行権
の侵害に当たらない旨を定める特約があることを取り上げ、契約当時の両
当事者の意図を上記のように解さないと矛盾が生じるとする。結論とし
て、一般鉄道会社のために通行権に基づく線路を敷設し免許をもつ鉄道会
社に賃貸することは、「Yによる通行権の使用が、地役権と考えるにせ
よ、人役権と考えるにせよ、認められていない」と判断した。

　このように、グラントと認定されうる証書の文言や設定時の状況を広く解
釈の基礎とし、要役地の便益のための使用権の設定であったと認定される場
合には、商事的性質のある使用権であっても、譲渡性を否定するという事案
類型は、近年の判例にもみられる[34]。

V　おわりに

　人役権は、要役地の便益のためでない承役地上の使用権である。NY州法
において、人役権を認めてよいかという議論は、必ずしもそのような使用権
を許してよいかという命題を中心に論じられてきたわけではない。占有権原
を伴う不動産権者（所有権者に類比する絶対的単純不動産権者等）が、適切な証書
を用いてその旨の明示の意思表示を行う場合には、公序に反するような内容
でない限り（前掲〔1〕事件）、設定者およびその承継人と被設定者の間で有効

34　Henry v. Malen, 263 A.D. 2d 698（N.Y. Sup. Ct. 1999）（非商事事案における通行権を地役権と
　　認定）; Webster v. Ragona, 7 A.D. 3d 850（N.Y. App. Div. 2004）（商事不動産の駐車場としての土
　　地使用権について地役権と認定）.

に効力を生ずる。問題とされたのは、この使用権が要役地に付従する権利でない場合に、譲渡ないし相続可能な物的権利とみてよいか、という点であった。

　NY 州の判例法では、①不動産権者が設定した権利をあえて使用権と構成せず、不動産からの鉱物・果実の採取権、さらには、一種の法定果実の採取権と説明して、採取権に関する譲渡可能性を理由に認める説（前掲〔2〕〔3〕事件）と、②使用権を役権と解するのを避け、純粋に、グラントと評価しうる証書上の意思表示の解釈として、譲渡可能な使用権を設定したのかどうかを判断する説が展開されてきた。

　いずれの場合にも、黙示であれ（→Ⅱ2）地役権の設定だと認定される場合には、人役権の設定の意思表示よりも優先する（前掲〔8〕〔9〕事件）。それゆえ、上記①・②いずれの説との関連でも、商事事案における使用権が、要役地のためでない譲渡可能な使用権として認定されることが多く、判例類型として捉えられてきた（前掲〔5〕～〔7〕事件）。

　以上のような判例法は、NY 州法においては確立されているといえる。その意味では、人役権は確立された譲渡・相続可能性ある物的使用権である。また、少なくとも、実務上その内容の権利を人役権（easement in gross）と呼ぶ用語法は廃れていない。ただ、証書による設定者の意思から、譲渡・相続可能性を引き出すために、譲渡・相続性の否定につながる可能性のある概念である、沿革上の英法の人役権を持ち出さないとの観点から、人役権としては控えめな説明が行われているものというべきである。

　以上のような NY 州法の理論を前提に、全米の理論の分布を検証したうえで、実務的な活用の展開の理論的位相を試みたいが、それは稿を改めて検討したい。

＊本稿は、JSPS 科研費 JP26245011 の助成を受けた研究成果の一部である。

建物建築請負代金債権の担保手段をめぐる覚書
―― 留置権と抵当権の競合に関する議論状況の整理を中心に ――

池　田　雅　則

Ⅰ　はじめに
Ⅱ　裁判例の状況
Ⅲ　学説の状況
Ⅳ　若干の検討
Ⅴ　結びに代えて

Ⅰ　はじめに

　建物建築請負代金債権をめぐっては、いわゆるバブル崩壊後の経済状況の中で、建物建築請負人が注文主に対してその請負代金債権の回収のために、建築した建物について留置権を主張するだけではなく、その敷地に対しても留置権を主張したことによって、当該敷地をめぐる紛争が生じていた。その後、その種の紛争は目立たなくなったものの、近年、再びいくつかの裁判例が登場している。本稿は、この建物建築請負代金債権を被担保債権とする留置権の主張を取り上げ、現在の問題状況とその議論の到達点を明らかにすることを目的としている。その際に、とりわけ建築された建物の敷地をめぐる関係当事者の利害関係に着目して議論を整理し、問題解決の方向性を考察したいと考えている。

II 裁判例の状況

まず、従来の裁判例の状況を確認することにしたい。建物建築請負契約にかかわって留置権、とりわけ商人間の留置権の成否あるいは優劣が争われた事件は、1990年代に入ってから登場している[1]。それらを年代順に整理すると、以下の通りである。

[1] 東京高決平成6年2月7日判タ875号281頁

土地建物の双方に商人間留置権が成立することを前提として算定された最低競売価格に基づく売却許可決定に対して執行債務者が執行抗告をした事件である。裁判所は、土地建物の双方に商人間留置権が成立することを認め、執行抗告を棄却した。

[2] 東京高決平成6年12月19日判時1550号33頁

注文者に対する建物建築工事請負代金債権を被担保債権として、注文者所有の土地に対する留置権を請負人が主張しているが、請負人による工事は、シートパイルの土留杭打設完了段階にとどまっており、建物は存在していない。裁判所は、まず、請負人による占有は、本件土地を仮囲いで囲んで、看板を掲げているが、土地についての占有を有していると認めうるか疑問とする。また、請負人による占有について建築工事のための敷地の利用を限度とするものであり、そのような限定的な目的の占有を根拠として建物の存在しない土地に対する留置権の成立根拠とするのは当事者の通常の意思に合致せず、必ずしも公平に適わないとする。さらに、請負契約自体は、債務者と抵当権者との間の抵当権設定登記後に締結されており、その占有権原は抵当権者に主張できないとする。

[3] 東京地判平成6年12月27日金融法務事情1440号42頁

抵当権実行により土地所有権を取得した者が土地占有者に対して土地の明

---

1 この他に、民事留置権の成否が争われた事件がある。とりわけ、最判平成3年7月16日民集45巻6号1101頁は、土地造成業者による造成土地の占有が成立しているか否かが争われた事件であり、造成工事代金債権を被担保債権とする留置権の成立を承認した。

渡しを求めたのに対して、建築請負契約に基づいて建物を建築した債権者が、請負代金債権を被担保債権として土地に対する留置権を主張した。裁判所は、建物に対して留置権は成立するが、土地については成立しないと判示した。

　[4]　東京地判平成7年1月19日判タ894号250頁

　建築請負契約に基づき建物を完成させた債権者が、未払いの請負代金を被担保債権として建物と敷地について留置権を主張した事件である。債務者の破産管財人が留置権を争ったため、その確認を求めた。裁判所は、請求を棄却した。建物に対する商人間留置権については認めた。しかし、土地については、建物所有権が破産管財人にある以上は、その敷地の占有者は破産管財人であり、請負契約に付随して土地の利用が認められているにすぎないので、土地の独立の占有とは認められないとして、土地は留置権の対象とならないとした。

　[5]　東京高判平成8年5月28日判時1570号118頁

　賃料不払いを理由とする建物明渡請求事件において、反対債権の存在を主張して、この反対債権を被担保債権とする商人間の留置権を主張した事件である。裁判所は、商人間の留置権の沿革に照らし、当事者の合理的意思に基礎を置くものであり、不動産の占有が移されたことを理由に当該不動産を取引の担保とする意思が双方にあるとは考えにくいこと、不動産については登記によって順位が定まるのが原則であり、目的物との牽連性を有しない商人間留置権を認めることは不動産取引の安全を著しく阻害すること、などをあげて、商人間の留置権が不動産について認められないと判示した。

　[6]　東京地判平成9年5月7日金融・商事判例1035号43頁

　建築請負契約に基づく建物の完成後、債権者と債務者とは、建物に商人間留置権を有することを確認し、債権者の占有する建物を債権者が第三者に賃貸し、その賃料を請負代金債権に充当する旨を合意した。その後、債務者が破産し、破産管財人が商人間留置権の成立を否定して、建物の明渡しを債権者に対して求めた事件である。裁判所は、商人間留置権の留置的効力が破産宣告によって失われる代わりに、優先弁済的効力が認められることでバランスがとられているとし、不動産について商人間留置権が成立したとしても破

産によって商人間留置権は特別の先取特権へと変化し、その留置的効力は消滅したと判示した。

　[7]　福岡地判平成9年6月11日判時1632号127頁

　土地造成と建物建築の請負契約がなされ、土地造成は完了したものの、注文主が破産した時点では、建物はなお未完成であった。造成された土地について設定されていた根抵当権が実行されたため、請負人が請負代金債権を被担保債権として造成された土地に商人間留置権が成立すると主張して、根抵当権の実行による配当に対して異議を申し立てた事件である。裁判所は、土地造成工事に伴って行われていた当該土地についての請負人の管理行為によって当該土地についての請負人の占有を認めることができるとして、商人間留置権の成立を認めている。その上で、破産宣告によって商人間留置権が特別の先取特権に変化した場合に、当該土地に成立している根抵当権との優劣は物権の優劣関係に関する一般原則である対抗要件の先後で決すべきであるとして、商人間留置権の対抗要件具備と根抵当権の設定登記具備の先後によるとし、商人間留置権の対抗要件具備を商人間留置権者の占有によるものの、被担保債権の弁済期が到来し、商人間留置権の実体的要件が充足して初めて、占有が対抗要件の機能を発揮するとして、根抵当権に劣後すると判示した。

　[8]　福岡地判平成9年6月11日判時1634号147頁

　債務者所有の土地上に建物を建築した請負人が、債務者破産後、破産管財人により申し立てられた土地の強制競売において、土地上の商人間留置権を考慮せずに、配当されたとして、配当を受けた土地抵当権者を相手として配当異議を申し立てた。請負人が土地を占有しているといえるかが争点となったほか、商人間留置権の対象である「物または有価証券」に不動産が含まれるか、さらに債務者の破産により商人間留置権は特別の先取特権に変化した場合に留置的効力が失われるかが問題となった。裁判所は、配当異議の申立てを棄却した。商人間留置権の対象に不動産が含まれるとし、その理由として当事者意思を挙げるほか、民事執行法195条が留置権による競売の目的物を制限していないこと、商法521条の目的物について不動産を排除していないことを挙げている。しかし、占有の点では、請負人による建物占有を認め

つつも、土地については、留置権に基づく建物占有の反射的効果としての間接的占有にすぎないとして、占有の成立を否定した。さらに、破産時には、留置権それ自体が特別の先取特権に変化して、留置的効力が失われるため、建物についての請負人の留置的効力は破産宣告によって失われ、破産管財人の占有に帰することになると判示した。

[9]　大阪高判平成 10 年 4 月 28 日金融・商事判例 1052 号 25 頁

建物建築請負契約に基づいて建物を建築した請負人と建物所有者とが、土地買受人からの建物収去土地明渡請求を認容した原審判決に対して控訴した事件である。建物所有者は土地の短期賃借人であった。請負人は、建物についての商人間留置権を有しており、その反射作用によって地上建物を留置するために必要不可欠な範囲で土地の明渡しを拒絶できると主張した。裁判所は、控訴を棄却し、その理由として次の点を挙げた。まず、本件において商人間留置権が成立するとしても、本件土地の占有者である請負人に正当な占有権原を認めることはできないとする。すなわち、すでに建物の所有権が第三者に移転しており、敷地が被担保債務の所有物に付属するとはいえないこと、現在の建物所有者の土地に対する占有権原が短期賃借権にすぎず、現在の土地所有者にその占有権原を対抗できないこと、注文者に対する被担保債権はすでに 5 年以上未払いであって、今後もその支払いを期待できず、商人間留置権が認められるとすると、事実上無期限に本件土地の占有を継続できることになること、そもそも請負人に認められたのは建物建築工事施行のための限定的な土地の占有権原であり、当初目的を超えることがあまりに甚だしいことである。次いで、本件建物の建築は抵当権の設定の後であって、抵当権者は留置権の発生を予測できないから、商人間留置権による敷地の占有を抵当権者や抵当権に基づく買受人に対抗できるとすると、抵当取引の安全、安定を大きく阻害することになり、そのような解釈をしてまで商人間留置権を保護することは、不動産担保法全体の趣旨に照らして相当でないとした。

[10]　東京高決平成 10 年 6 月 12 日金融法務事情 1540 号 65 頁

本件土地に設定された抵当権に基づく競売手続における土地評価に際して、建物建築請負契約に基づいて本件土地上に建物が建築されており、その

建物建築請負代金を被担保債権とする商人間留置権が本件土地について成立
するものとして、商人間留置権の被担保債権が引き受けられるものとされ
た。なお、本件建物は、外壁、各階床および屋上のコンクリート打設は完了
したものの内部の造作は未完成なまま、請負代金債権の保全の目的で建物に
ついての所有権保存登記が請負人名義で行われている。この本件土地の評価
に基づく最低競売価格でなされた本件土地の売却許可決定に対して、土地抵
当権者が執行抗告を申し立てた事件である。裁判所は、土地抵当権者の抗告
を容れ、本件売却を不許可とした。商人間留置権の成否については、次のよ
うに判示されている。すなわち、本件土地についての請負人の占有は、請負
契約の趣旨に従って、建物敷地に立ち入り建築作業をするものであって、請
負契約に基づく工事を完成させ、完成建物を注文主に引き渡すべき義務の履
行のために、注文主の占有補助者として土地を使用しているにすぎず、商人
間留置権を基礎づける独立の占有ではないとした。さらに本件では、請負人
名義で建物を所有しており、土地を独自に占有しているものの、これは請負
契約に基づく請負人の土地使用とは別個のものであるとした。その上で、商
人間留置権の成立を前提としてその被担保債権額を控除して算定された最低
競売価格には重大な誤りがあるとする。

　[11]　東京高決平成 10 年 11 月 27 日判時 1666 号 143 頁

　本件土地に注文主を債務者とする根抵当権が設定された。その後、本件土
地上に建物を建築すべく注文主は、請負人との間で建物建築請負契約を締結
し、その契約に基づいて、請負人は、本件建物を建築し、外形をほぼ完成さ
せたところ、注文主が破産宣告を受けたため、請負人は請負代金債権の届け
出をするとともに、商人間留置権を有する旨を届け出た。さらに請負人は、
本件土地のほぼ全部を囲み、施錠し、施工業者名を表示した。他方、根抵当
権者が本件根抵当権に基づいて本件土地について競売を申し立て、競売開始
決定がなされたところ、執行裁判所は、商人間留置権の成立を認めて、その
被担保債権を評価額から控除して、剰余が生じる見込みがないとして競売手
続を取り消す旨を決定した。これに対して、根抵当権者が執行抗告を申し立
てた事件である。裁判所は、根抵当権者の執行抗告を容れて、原決定を取り
消した。その判断にあたって、請負人の商人間留置権の成否については、次

のように判示している。すなわち、商人間留置権の対象が動産に限定されないこと、請負人による本件土地の占有が商人間留置権の成立に必要な占有であることを認めた上で、被担保債権の債務者が破産宣告を受けた場合に商人間留置権が特別の先取特権とみなされ、抵当権とこの特別の先取特権との優劣に関して物権相互の優先関係として処理すべきであって、商人間留置権の成立時点と抵当権の設定登記の時点の先後によるべきであるとした。

[12]　東京高決平成 10 年 12 月 11 日判時 1666 号 141 頁

本件土地に注文主を債務者とする根抵当権が設定された後、本件土地上に建物を建築すべく注文主は、請負人との間で建物建築請負契約を締結し、請負人が本件建物の建築に着手した。しかし、その完成前に注文主が破産宣告を受けたため、本件建物の工事が中止された。根抵当権に基づく本件土地の競売が申し立てられ、競売開始決定がなされたところ、執行裁判所による評価命令に基づく評価によって、本件土地の評価額が請負人の留置権の被担保債権額を下回るとして、競売手続が無剰余であるとして取り消された。これに対して、根抵当権者が執行抗告を申し立てた事件である。裁判所は、根抵当権者の執行抗告を容れて、原決定を取り消した。その理由として裁判所が示したのは、本件土地に関する請負人の占有が建築請負契約の履行のための注文主の占有補助者としての土地の使用であって、商人間留置権を基礎づける独立した占有ではないという点であった。また、未完成ではあるものの請負人の所有建物の敷地については請負人が占有しているものの、土地占有の原因は請負契約ではなく商人間留置権をやはり基礎づけるものではないと判示している。

[13]　東京高決平成 11 年 7 月 23 日判時 1689 号 82 頁

本件土地上に注文主を債務者として設定された抵当権についての抵当証券が発行されていたところ、本件土地上には建物建築請負契約に基づいて建築が開始された建物が一部躯体部分の建築を完了したものの中断されたままの状態で存在していた。本件土地抵当権の実行のための競売が申し立てられ、競売開始決定がなされた。これに対して、請負人が本件建物建築請負契約にかかる請負代金債権を被担保債権とする商人間留置権を主張したため、執行裁判所は、本件土地競売手続を無剰余であるとして取り消した。そこで、抵

当権者が執行抗告したところ、裁判所は、商人間留置権の成立を否定して、原決定を取り消した上で、事件を原審に差し戻した。その際に裁判所が示した理由は、商人間留置権の成立のためには目的物に対する独立した占有が必要であるとした上で、本件での請負人の土地占有は、建物建築請負契約に基づくその履行のための土地の使用であって、注文主に対してのみ主張可能な立入り使用の権原であって、対外的には注文主の占有補助者に過ぎず、独立した占有とは評価できないと判示した。さらに裁判所は、商人間留置権の成立を肯定した場合には、意図的に請負代金債務の履行遅滞を発生させた上で担保権の実行手続を事実上不可能にさせる事態を招く恐れの存することや、土地買受人による被担保債権の弁済が注文主のための代位弁済となるなど利害関係者に実質的公平とは言い難い複雑な法律関係をもたらす結果となることを指摘している。

　[14]　東京高決平成22年7月26日金融法務事情1906号75頁

　本件土地所有者を債務者とする根抵当権が設定されていたところ、本件土地所有者を注文主として請負人との間で本件土地上に建物建築請負契約が締結されたが、請負人は2割相当額の支払いを受けたものの残額の支払いを受けることができなかったため、請負人の破産管財人が本件建物と本件土地について商人間留置権の成立を主張している。他方、本件根抵当権の実行として本件土地の担保不動産競売が申し立てられ、競売開始決定がなされたものの、執行裁判所は商人間留置権が成立するとして、本件土地についての無剰余を理由として競売手続を取り消した。そこで、根抵当権者が執行抗告を行った事件である。裁判所は、抗告を容れ、原決定を取り消す旨を決定し、商人間留置権について、次のように判示した。すなわち、商人間留置権は本来不動産をその目的物としていなかったものの、現行商法521条の文言からは不動産も対象となることが考えられないではないとする。しかし、商人間留置権の成立のためには目的物の占有が必要であり、その占有は商人の一方が他の商人の所有物又は有価証券を常態的に占有することが予定されている場合に、その取引のためにその物又は有価証券を占有することが必要であるが、取引目的外の物に占有を及ぼし、それがたまたま債務者所有のものであった場合にその目的外の物については商人間留置権の成立を認めることがで

きる「自己の占有に属した」とは評価できないとする。なお、裁判所は、仮に商人間留置権の成立が認められるとしても、請負人は法定地上権により保護されない建物を建築したにすぎず、公平の見地から抵当権に対する優越を認めるべきではないこと、留置権による抵当権の優越を認めると濫用的請負契約の締結の恐れがあること、本件の場合には商人間留置権は特別の先取特権に転化しており、抵当権との優劣は物権相互の対抗関係として処理すべきであって、抵当権の設定が留置権の成立に先行すると説示している。

　[15]　東京高決平成22年9月9日判タ1338号266頁

　本件土地所有者との間で締結された本件土地上での建物建築請負契約に基づく請負人による建物建築が途中で中断された。なお、請負人は、本件土地の周囲に鉄製フェンスを設置して施錠し、さらに留置権行使中との看板を掲示している。そして、本件土地について開始された担保不動産競売手続が、請負人の商人間留置権の成立を前提に、無剰余として取り消されたことから、抵当権者が執行抗告を行った事件である。裁判所は、執行抗告を容れて、原決定を取り消す旨を決定し、商人間留置権の成立について次のように判示した。すなわち、商人間留置権の対象に不動産が含まれるとしつつ、商人間留置権の成立要件である「自己の占有に属した」に関して、請負人による本件土地の占有は建築請負契約に基づく債務の履行のための土地への立入り使用であって、土地所有者に対してのみ主張しうる立入り使用権原にすぎないこと、対外的関係から見れば、請負人は土地所有者の占有補助者にすぎず、独立した占有者ではないこと、さらに請負人が鉄製フェンスを設置し施錠して留置権行使中の看板を掲げることによって、自己の為にする意思を持って新たに占有を開始しても、「商行為によって」自己に占有が属したわけではない点を挙げて、「自己の占有に属した」とはいえないとしている。

　[16]　東京地判平成23年5月24日判時2152号116頁

　本件土地所有者との間で締結された本件土地上での建物建築請負契約に基づいて請負人が本件建物を建築し、完成させたところ、土地所有者が請負代金債権の未払いを生じたため、請負人が本件建物を一部を占有し、あわせて本件土地についても商人間留置権を主張した。これに対して、土地所有者の破産管財人が本件土地について請負人の主張する商人間留置権の存しないこ

との確認を求めた事件である。なお、本件土地には、請負契約の締結に先立って第三者のために根抵当権が設定され、設定登記手続を了している。裁判所は、破産管財人の請求を認容し、次のように判示した。すなわち、商人間留置権の成立要件である「自己の占有に属した」について、「自己のためにする意思をもって目的物がその事実的支配に属すると認められる客観的状態にあることを要する」とした上で、請負人による本件土地占有に関して、本件建物の完成後本件建物は土地所有者の所有に属し、請負人は本件建物の一部を占有しているにすぎないので、本件土地については本件建物の所有者である土地所有者の事実的支配に属し、請負人は占有補助者の地位を有するにすぎないとした。

　[17]　大阪高決平成 23 年 6 月 7 日金融法務事情 1931 号 93 頁

　本件土地所有者との間で締結された本件土地上での建物建築請負契約に基づいて本件建物が完成したものの、本件土地所有者が請負代金債務を弁済しないため、弁済がなされるまで本件建物所有権が請負人に帰属し、弁済がなされない場合には代物弁済として請負人を所有者とする保存登記申請ができること等を内容とする合意が土地所有者と請負人との間でなされた。他方、本件建物建築請負契約に先立って本件土地について根抵当権が設定され、その設定時点では本件土地上には本件建物もその他の建物を存在しなかった。その後、根抵当権者は、本件土地について担保権の実行としての競売を申し立て、本件建物については抵当権設定後に築造された建物であるとして民法389 条 1 項に基づく競売を申し立てた。執行裁判所は、請負人が商人間留置権を有することを前提とした評価を命じた上で、本件土地及び本件建物の買受可能価額を算定して、無剰余であるとして競売手続を取り消す旨の決定を行った。これに対して、根抵当権者が執行抗告を行った事件である。裁判所は、根抵当権者による執行抗告を容れて、原決定を取り消す旨を決定し、次のように判示している。すなわち、商法 521 条の物に不動産が含まれることについては、「立法沿革等から疑問なしとはしないが、同条の文言上含まないとする解釈はとり得ない」とした上で、請負人が本件建物について建物を完成させ、その時点で請負代金が未払いであったことから建物完成時点での請負人の本件土地占有が商法 521 条所定の占有と評価することができ、建物

完成時点で本件土地について請負人のための商人間留置権が成立したとする。しかし、裁判所は、請負人の商人間留置権と根抵当権との関係に関して、次の三点を挙げて、抵当権設定後に成立した不動産に対する商人間留置権を民事執行法 59 条 4 項の「使用及び収益をしない旨の定めのない質権」と同様に扱って、同条 2 項の「対抗することができない不動産に関わる権利の取得」であるとして抵当権者に対抗できないと判示した。すなわち、第一は、不動産留置権が抵当権の実行としての競売の際に引き受けられるとする民事執行法 59 条の規定について、成立時期の先後を問わず不動産留置権を保護する趣旨であるとすると、抵当権者が保護されないことになることである。そして、第二に、更地を担保に融資を行う者がその後に請負契約によって商人間留置権の成立する可能性を予測して担保評価することは「不可能に近く、このような不安定な前提に立つ担保取引をすべきであるとはいえない」とし、第三に、商人間留置権の成立要件として目的物との牽連性が求められていないため、第三者に不測の損害をもたらす結果は、「担保法全体の法の趣旨、その均衡に照らして容認しがたい」とする。

　以上の 17 件の裁判例は、その時期の点で、大きく二つの時期に分かれており、また、その紛争の内容の点でも、大別すれば、二つに分けることができる。すなわち、第一の時期の点については、平成 6 年から平成 11 年頃を中心とする裁判例と平成 20 年代の裁判例である。前者は、いわゆるバブル崩壊後の景気の悪化時期において建物建築が頓挫した後の請負代金債権の回収が問題となった事件といってよく、紛争が多発していたものと思われる[2,3]。紛争の内容の点では、まず、少数ではあるものの、商人間留置権に基づいてその目的物である不動産の明渡しを拒むものがある。他方で、多く

2　この点を指摘するものとして、たとえば、松井菜採「商事留置権に関する最近の問題点」法律実務研究（東京弁護士会）13 号 6 頁（1998）、吉田光碩「建物敷地に対する商事留置権の成否」NBL 977 号 43 頁（2012）などがある。

3　裁判例の整理としては、たとえば、生熊長幸「建築請負代金債権による敷地への留置権と抵当権」（上）（下）金法 1446 号 6 頁以下、1447 号 29 頁以下（1996）、工藤祐厳「建築請負人の留置権についての若干の考察」立命館法学 271＝272 号（上巻）967 頁以下（2000）、伊室亜希子「建物建築請負人の敷地に対する商事留置権の成否」明治学院法学研究 93 号 169 頁以下（2012）、畠山新「抵当権と不動産の商事留置権」金法 1945 号 44 頁以下（2012）などがある。

の裁判例では、建物建築請負契約の請負人が、その債務者である土地所有者についての破産手続の開始等によって回収できなくなった請負代金債権を被担保債権とする商人間留置権を主張するのに対して、当該建築請負契約によって建築される建物の敷地について抵当権の設定を受けている抵当権者との間での優劣が争われている。とりわけ近年は、抵当権者の申し立てた担保不動産競売手続において行われた商人間留置権の評価によって担保不動産競売が無剰余により取り消される旨の決定がなされるのに対して、抵当権者から執行抗告が申し立てられるという形で紛争となっている。

さらにこれらの裁判例に関しては、平成6年から平成11年の頃にあっては、商人間留置権による抵当権に対する優先を認める判決も存在していたのに対して、近年では、その根拠の点では必ずしも一致していないものの、商人間留置権の成立を否定するか、少なくとも商人間留置権に対する抵当権の優先を認める点で一致していると評価できるようになっている。

Ⅲ　学説の状況

学説は、次のように整理することができる[4]。

(1)　肯定説

まず、敷地に対する商人間留置権の成立を肯定する見解（肯定説）がある[5]。これによれば、商人間留置権の成立要件である占有の有無について、外形的占有支配の事実を直視して判断すべきであるとする。そして、建物建築請負契約に基づいて敷地の現実の引渡しを受けて、請負工事の目的物を完成させ、あるいは途中まで施工して、土地を注文主に引き渡していない状態にあっては、建物の帰属や登記名義の如何を問わず、請負人による建物敷地に対する土地占有の事実は失われていないと解すべきであるとする。

さらに、この立場は、請負人の土地占有を認めるものの、その土地占有が

4　近時の学説の整理に関しては、伊室亜希子「建物建築請負人の敷地に対する商事留置権の成否」明治学院大学法学研究93号182頁以下（2012）、畠山新「抵当権と不動産の商事留置権」金法1945号53頁以下（2012）などを参考とした。

5　河野玄逸「抵当権と先取特権、留置権との競合」銀法511号95頁（1995）、山本和彦「判批」判時1706号209頁（2000）。

権原に基づくものではないことを根拠として商人間留置権の成立を否定する見解（占有否定説）に対して、そもそも商人間留置権の成立要件からみて占有権原の存在を要求するものではないとして批判している[6]。

もっとも、この立場に立つ論者は、そもそも商人間留置権の成立を否定しようとする諸見解が危惧するほど商人間留置権が「強力な」権利であるのかという点で疑問を呈しており、破産などの場面での限定的な優先弁済的機能は認められるものの、本質的に留置的機能しか有さず、本来的な優先弁済的機能を有しない「『弱い』また『消極的』な担保権」であると指摘する[7]。

次に、商人間留置権の成立を認めた上で、他の担保権との優劣において劣後する可能性を指摘する見解（対抗問題説）がある。もっとも、これは優劣の基準を何と捉えるのかによって見解が分かれている[8]。1つは、建物建築請負人が敷地について占有を開始した時点を商人間留置権の対抗要件取得時点と捉えて、抵当権の設定登記との先後を基準とする立場[9]であり、2つ目は、商人間留置権の成立時と抵当権の設定登記との先後で優劣を決定すべきであるとする立場[10]である。前者の見解によれば、留置権の成立に必要な占有の有無については、建物建築の請負に伴って建築に必要な範囲での占有が成立するとし、また、建築請負にあっては当然にその敷地について占有・使用権が与えられているとした上で、抵当権者との利害対立が商人間留置権の成立を認めることに対する障害になっているとして、抵当権と商人間留置権との優劣を対抗問題として解決するのが妥当であると指摘する。そして、その基

6　河野玄逸「抵当権と先取特権、留置権との競合」銀法 511 号 95-96 頁（1995）。

7　河野玄逸「抵当権と先取特権、留置権との競合」銀法 511 号 96 頁（1995）。

8　たとえば、工藤祐厳「建築請負人の留置権についての若干の考察」立命館法学 271=272 号上巻 980 頁（2000）は、優劣の基準を抵当権の設定登記と建物建築請負人の占有開始時との先後とするか、あるいは、抵当権の設定登記と商事留置権の成立時との先後とするかは、占有開始と成立とが必ずしも一致しない指摘する。しかし、これに対して、畠山新「抵当権と不動産の商事留置権」金法 1945 号 60 頁（2012）注 82 は、占有開始時を基準とする見解は抽象的に「留置権者との占有との先後関係」とするのであって、商事留置権が成立せずとも、占有を開始しただけで対抗可能であるとの理解をこの立場がとるのかは疑問であると指摘する。

9　秦光昭「不動産留置権と抵当権の優劣を決定する基準」金法 1437 号 5 頁（1995）、片岡宏一郎「建築請負代金債権による敷地への商事留置権と（根）抵当権」銀法 522 号 38 頁（1996）、新美育文「建築請負業者の敷地についての商事留置権」判タ 901 号 48 頁（1996）。

10　生熊長幸「建築請負代金債権による敷地への留置権と抵当権（下）」金法 1447 号 34 頁（1996）、西口元「判批」判タ 1036 号 57 頁（2000）。

準として、この立場からは、留置権における占有と抵当権における登記との先後により優劣を決定すべきであるとする。また、留置権における被担保債権が共益債権であるとして、留置権が先行する第三者の権利に優先するとの理解[11]に対しては、商人間留置権においては、被担保債権が共益債権であると一般的にいえるかは疑問であると指摘している[12]。

これに対して後者の見解によれば、抵当権が先行して成立している不動産について民事留置権や商人間留置権の成立を認めるとしても、対抗要件を具えた抵当権に対して留置権者がその留置権を対抗することができないとする[13]。また、このように解するのは、商人間留置権の成立要件が民事留置権と異なり、被担保債権と留置物との牽連性を要求しない代わりに、債務者所有の者に限定することで、第三者の利益を侵害しないように配慮しており、これを踏まえて、第三者の権利がすでに成立しているのであれば、債務者との関係で留置権を主張することがともかくも、第三者との関係ではその主張を認めるべきではないからであるとする[14]。

なお、これらの見解は、留置物の競売を留置権者が申し立てた場合（民執195条）と他の債権者が申し立てた場合（民執59条4項）とで結果が異なり、とりわけ留置権者が申立債権者になったときに不利になるという奇妙な現象が生じることを指摘しており[15]、この点においても整合的な効力を付与すべきであるという視点に立っているものと考えられる。

さらに、民事留置権と商人間留置権とを問わず、留置権の効力を「担保法全体の趣旨」を踏まえて位置づけようとする立場がある[16]。これは、民事留置権や商人間留置権といった法定担保物権と抵当権とが競合する場合について法の明文がないものの、抵当権設定後の抵当不動産の使用収益や担保権設定については抵当権との関係では制約されうるものであり、「担保法全体の

---

11 鈴木忠一・三ヶ月章編『注解民事執行法（2）』（第一法規、1984）253頁［竹下守夫］を参照。

12 秦光昭「不動産留置権と抵当権の優劣を決定する基準」金法1437号5頁（1995）。

13 生熊長幸「建築請負代金債権による敷地への留置権と抵当権（下）」金法1447号34頁（1996）。

14 生熊長幸「建築請負代金債権による敷地への留置権と抵当権（下）」金法1447号32頁（1996）。

15 生熊長幸「建築請負代金債権による敷地への留置権と抵当権（下）」金法1447号30頁（1996）、片岡宏一郎「建築請負代金債権による敷地への商事留置権と（根）抵当権」銀法522号37-38頁（1996）。

16 畠山新「抵当権と不動産の商事留置権」金法1945号61頁（2012）。

法の趣旨」として一定の方向性を有しているはずであるとする。そしてその内容について、従来の抵当権とそれに遅れる抵当不動産上の他物権との規律関係を検討した上で、留置権と抵当権との関係も、抵当権者の把握した客観的な担保価値を保護し、これに遅れる留置権は、抵当権者や競落人との関係では「対抗」できないとする[17]。

第3に、商人間留置権の成立を認めつつも、商人間留置権の法的性質の観点から、その効力の範囲を限定的に理解する見解（包括担保説）がある[18]。これは、商人間留置権を、その対象物の包括性および流動性を直視して、包括担保権として捉えようとするものであり、そして包括的な担保権であるが故にその効力は民法上の一般先取特権と同様に個別担保権に劣後すると解するものである[19]。また、この見解においては、不動産を商人間留置権の対象とすることについては、次のように評価されている[20]。すなわち、商人間留置権の対象が、その沿革において動産に限定されていたとしても、現在の社会経済情勢の中では不動産それ自体が商品として扱われており、当事者の合理的意思として商人間留置権を不動産上に認めることも可能である。また、数次にわたる商法改正にもかかわらず、不動産を明確に排除していない以上は、立法者意思としても不動産が商人間留置権の対象から除外されるとの解釈は困難であるとする。

(2)　否定説

次に、敷地に対する商人間留置権の成立を否定する諸見解がある。もっと

17　なお、この見解に立つ論者は、対抗問題説とは異なる立場であるとし、対抗問題説自体の理論的根拠が明確でないことや、そもそも留置権と抵当権との間に「対抗問題」が成立するのかという疑問を示した上で、問題を一般化せず、抵当権という権利の特殊性に着目して、「抵当権の抑止的効力に基づく『対抗』の問題とすることが相当である」と指摘する（畠山新「抵当権と不動産の商事留置権」金法 1945 号 59-61 頁（2012））。

18　古積健三郎「商人留置権の効力について」筑波法政 28 号 26 頁以下（2000）。なお、この見解に対する批判として、すでに、松岡久和「留置権に関する立法論」倒産実体法（別冊 NBL69号）100 頁（商事法務、2002）があり、これに対する反論として、古積健三郎「留置権の射程および性質に関する一考察」法学新報Ⅲ巻 3・4 号 5-7 頁注 4 がある。ここでは、主として、包括担保性という観点から商人間留置権を捉えることができるかが議論されている。

19　商人間留置権の特徴を包括的・流動的性質のものと捉えようとするものとしては、すでに、鈴木禄彌「商人留置権の流動担保性をめぐる若干の問題」『物的担保制度の分化』（創文社、1992）572-590 頁がある。

20　古積健三郎「商人留置権の効力について」筑波法政 28 号 16-17 頁（2000）。

も、この否定説は、その根拠をめぐって分かれている。

第1に、不動産を商人間留置権の客体として認めない立場（不動産除外説）がある[21]。この立場は、立法の沿革、制定法の規定内容、学説の状況および当事者意思を詳細に検討して、不動産を商人間留置権の対象とすべきではないと解している。すなわち、①立法の沿革という点からは、そもそも商人間の商品取引をめぐる担保として発展してきており、商人間の取引においては歴史的には不動産を商品として扱っていなかったのではないかという疑念を示している。②民事留置権の対象物については不動産を含めて競売できる旨を規定していた競売法が商法に基づく留置権については不動産を含めていなかったという制定法の規定内容の相違を指摘している。さらに、③立法当初の商法学説を検討し、当時の商法学説は、現在[22]とは異なって、不動産を商人間留置権の対象と捉えていなかったことを明らかにしている。そして、④そもそも商品取引において約定担保を求めることが当事者間での不信をもたらすために約定担保の設定することができないという状況を前提に、商品を債権者に引き渡したことによって当該商品について担保を設定するとの当事者意思を承認して法が担保権を債権者に付与しようとしたとすれば、そのような当事者意思の内容からみても不動産を商人間留置権の対象と考えることはできないとしている。

第2は、商人間留置権の成立には、対象となる物を占有する必要があるが、この占有が商人間留置権を成立させるに足りる占有ではないとする見解（占有排除説）である。この見解には、不動産それ自体が商人間留置権の対象であること自体は肯定した上で、不動産の占有が商行為によって生じたものではないことを理由として、商人間留置権の成立を否定するものがある[23]。すなわち、この立場によれば、建物建築請負人が建物を完成させて、建物所有権を有している場合に、当該建物建築請負人が土地を占有していること自

---

[21] 淺生重機「建物建築請負人の建物敷地に対する商事留置権の成否」金法1452号20頁。なお、古積健三郎「留置権の射程および性質に関する一考察」法学新報111巻3・4号2頁（2004）は、立法論として、不動産の除外を主張している。

[22] 現在の商法学説は、商事留置権の対象として不動産を排除していない（たとえば、西原寛一『商行為法』（有斐閣、1960）138頁注5、平出慶道『商行為法［第2版］』（青林書院、1989）144頁、田中誠二ほか『コンメンタール商行為法』（勁草書房、1973）159頁など）。

[23] 小林明彦「建物建築請負代金未払建物をめぐる留置権と抵当権」金法1411号25頁（1995）。

体は否定できないとしつつ、その占有に関して、当初建物建築請負人が請負契約の趣旨に従って土地を占有することが認められていたとしても、それは注文者から独立して土地を所持することが認められていたわけではなく、さらに完成した建物を所有する目的での土地の占有は「商行為」を原因として生じたものではないとする。

また、不動産に対する商人間留置権の成立それ自体はやはり排除しないものの、建物建築請負人による建物敷地の占有は「独立した占有」ではなく、したがって、商人間留置権の成立要件を充足しないとする立場がある[24]。これによれば、建物建築請負人は、請負契約に基づいて注文主から敷地の提供を受けたものであるものの、敷地の利用契約を当事者間において締結する必要はなく、他方で注文主名義で請負工事が行われ、その敷地にも注文主の名称が掲示されることで、第三者からは当該敷地を支配しているものは依然として注文主であると考えられる。つまり、建物建築請負人は、請負工事のために必要不可欠な敷地の引渡しを受けて、工事に必要な限りにおいて事実上当該敷地を使用しているにすぎないことになる。したがって、建物建築請負人は敷地について直接的または間接的な所持を有しているとは評価できず、注文主の所持補助者と考えるべきであるとする。この結果、建物建築請負人は、土地についての「占有」を取得しておらず、商人間留置権も成立していないことになると解している。

さらに、占有排除説に立つものとして、建物建築請負人は敷地についての占有を獲得するものの、その占有は請負工事を実施するための特殊な占有であって、請負工事以外の目的で占有権原を主張することは許されず、その結果、商人間留置権の成立要件である「占有」を充足するものではないと解する立場もある[25]。すなわち、この立場からは、建物建築請負人は敷地について占有それ自体を取得するとし、またその占有それ自体は建築請負契約に基づいており、標準約款によれば注文主は工事用地の確保が義務づけられるとともに、その工事用地の使用は請負人に全面的に委ねられていて、実際にも請負人が工事用地を支配していることを根拠として、敷地について占有権原

---

[24] 澤重信「敷地抵当権と建物請負報酬債権」金法 1329 号 25 頁（1992）。

[25] 栗田哲男「建築請負における建物所有権の帰属をめぐる問題点」金法 1333 号 12 頁（1992）。

に基づく占有を獲得していると解している。しかし、建物建築請負人の獲得した占有は、あくまでも建物建築工事のために必要な範囲に限定された特殊なものであって、工事施工以外の目的で占有権原を主張することは債務者の意思に反するものであって、公平の観点から問題であるとする。結局、この立場によると、建物建築請負人には敷地についての商人間留置権が成立しないことになる。

Ⅳ　若干の検討

(1)　問題状況の確認

まず、問題状況を再度確認しておきたい。建物建築請負人が敷地に対して主張している商人間留置権の成否が直接には問題となっているが、関連して、次の諸点も学説などにおいては議論されている。すなわち、建物建築請負人は、建築請負契約によって生じる建築請負代金債権を被担保債権として建物に対する民事留置権を主張することが可能である。この点については、特に異論のないところであると考えられる。

では、この民事留置権の効力は、留置権の目的物である建物が存立している敷地に対しても及ぶことになるのであろうか。たしかに、民事留置権に関しては、たとえば、建物買取請求権が成立した場合における建物に対する留置権がその敷地に及ぶのか、あるいは、造作買取請求権が成立した場合において造作に対する留置権が造作が設置されている建物全体に及ぶのかという問題として議論されてきた。

前者の問題については、借地借家法13条（旧借地法4条2項）や借地借家法14条（旧借地法10条）に基づいて建物それ自体を対象として建物買取代金債権を被担保債権とする留置権が成立するほかに、当該建物の存する敷地の留置をも認めうるかという点にあり、争われてきた。この点に関して、判例は、建物買取代金債権の支払いを受けるまで同時履行の抗弁権ないし留置権が成立するとの立場を示している[26]。すなわち、借地上の建物を借地権とともに譲り受けた者に対して、民法612条2項に基づいて土地所有者が賃貸借

26　大判昭和14年8月24日民集18巻877頁。

契約を解除した上で行った建物収去土地明渡請求に対して、建物譲受人が建物買取請求権を行使した事案であった。その後、判例は、敷地の占有それ自体については、留置権の反射的効果であるとの立場をとっている[27]ものの、敷地の引渡しそれ自体は拒絶できるものと解されている[28]。学説においても、この判例の立場は支持されている[29]。これは、建物について建物買取代金債権を被担保債権とする留置権の成立を認める以上は、その建物の敷地の留置をも認める必要があるという実際的な理由づけに基づいているといえよう。

これに対して、後者の問題、すなわち借地借家法 33 条（旧借家法 5 条）に基づいて造作買取請求によって造作買取代金債権が成立した場合において、造作の備え付けられた建物を留置することができるのかという問題について、判例は、造作買取代金債権が建物ではなく、造作に関して生じた債権であることを理由に両者の間の牽連関係の存在を否定して、留置権の成立を否定している[30]。これは、その判旨からも明らかなように、造作買取代金債権を被担保債権として建物それ自体を留置できるのかという形で問題となっていた。この判例の立場を支持する見解[31]も存するものの、多くの学説は、判例に反対の立場をとり、留置権の成立を認めようとしている[32]。すなわち、造作買取請求権の趣旨や造作と建物との価値的な一体性などがその根拠として主張されている。もっとも、この点に関しては、造作買取代金債権と建物それ自体との牽連関係によって留置権の成立を認めるのではなく、造作買取

---

27 大判昭和 18 年 2 月 18 日民集 22 巻 91 頁。

28 我妻栄編『判例コンメンタールⅢ』（日本評論社、1968）18 頁［三藤邦彦］など。

29 たとえば、松尾弘＝古積健三郎『物権・担保物権法［第 2 版］』（弘文堂、2008）261 頁［古積］や高木多喜男『担保物権法［第 4 版］』（有斐閣、2005）26 頁など。なお、高木・前掲は、建物と敷地との間の一体性を根拠として、建物に対する留置権の効力が敷地に延長するとの見解を示している。さらに、道垣内弘人『担保物権法［第 4 版］』（有斐閣、2017）30-31 頁もまた、留置権の目的物の留置にとって必要不可欠なものについては、留置権の効力が及ぶとの理解から、敷地の留置を認めている。

30 大判昭和 6 年 1 月 17 日民集 10 巻 6 頁、最判昭和 29 年 1 月 14 日民集 8 巻 1 号 16 頁、最判昭和 29 年 7 月 22 日民集 8 巻 7 号 1425 頁。

31 たとえば、薬師寺志光『総合判例研究叢書 (19)』（有斐閣、1963）21 頁以下など。

32 たとえば、我妻栄『新訂担保物権法』（岩波書店、6 刷、1975）30 頁や近江幸治『民法講義 3［第 2 版補訂］』（成文堂、2007）28 頁、高木多喜男『担保物権法［第 4 版］』（有斐閣、2005）25 頁、平野裕之『担保物権法』（日本評論社、2017）272 頁など。

代金債権との牽連関係が存するのは造作それ自体であることを前提としつつ、造作を対象として成立した留置権の効力が当該造作の作り付けられた建物にも及ぶか否かという視点から効力の及ぶ範囲の問題として捉えようとする立場もある[33]。

　しかしこれらの問題については、すでに述べたように、判例は、一部の学説が主張する留置権の効力が及ぶ範囲の問題としてではなく、被担保債権と目的物の牽連関係の有無の問題、すなわち留置権の成立の有無の問題として捉えている。このような判例の立場を前提とする限りは、民事留置権の効力がその敷地に及ぶのかという問題として捉えることは難しいといえよう。また、そもそも民事留置権は、破産手続開始決定によって、破産財団に含まれる財産については、その効力を失うこと（破産法66条3項）になり、民事留置権が敷地に対してその効力を及ぼしていたとしても、あるいは、それ自体に成立していたとしても、破産管財人との関係においては、もはや留置することができないことになる。これに対して、商人間留置権の場合には、破産手続の開始によって、破産財団との関係では、特別の先取特権とみなされ（破産法66条1項）、商人間留置権を有していた債権者は、破産手続によらないで、その権利行使ができることになる（破産法65条1項）。このため、上述した裁判例の多くにおいて争われているように、商人間留置権の成否こそが建物建築請負人にとっては、自らが有する建物建築請負代金債権の保全のために重要な問題となっている[34]。

(2)　商人間留置権の成立の有無

　すでに紹介したとおり、裁判例および学説において、そもそも商人間留置権の成立を否定しようとする立場が示されている。たとえば、不動産が商人間留置権の対象であることを否定しようとするものや、敷地の占有が商人間

33　高島平蔵『物的担保法論 I 』（成文堂、1977）119-120頁や道垣内弘人『担保物権法［第4版]』（有斐閣、2017）30-31頁。このうち、前者は、効力の及ぶ範囲内であるか否かは当事者間の利害関係を公平の観点から考慮するとするのに対して、後者は、造作と建物との関係から「目的物との結合が被担保債権の前提となっている」として、留置権の効力が及ぶことを肯定しようとする。

34　もちろん、債務者である注文主が破産手続開始に至っていないなどの場合には、民事留置権に基づいて、いわゆる「事実上の優先弁済」を債権者である建物建築請負人が確保することも可能である。

留置権の成立要件としての占有として認められないとするものなどである。

　前者に該当する裁判例は［5］だけであり、裁判例は、敷地を含む不動産について留置権の客体として認めるものが大勢である。もっとも、裁判例［17］が判示するように、留置権の客体として不動産が含まれることについては立法の沿革などから疑問の余地があるとしつつも、現行法の文言上含まないと解することは困難であるために、いわば消極的に肯定しているにすぎないと評価できよう。他方、学説としてこの立場を示すのは、すでに紹介をした不動産除外説である。もっとも、この不動産除外説のように、商人間留置権の沿革そのものからはたしかに不動産がその客体としてふさわしくないとの議論はあり得ようが、同時に現行法における文言や現行法に至る商法改正において不動産が排除されなかった点などから、不動産を排除しようとする解釈には無理があるとの批判[35]の方がより説得力を有しているのではないだろうか。裁判例の消極的肯定も、不動産を除外することへの躊躇を示しているように考えられる。

　これに対して、後者に該当する裁判例には、［2］、［4］、［8］、［9］、［10］、［12］、［13］、［14］、［15］、［16］の10例があり、とりわけ近年の裁判例は占有の成立を否定することで商人間留置権の成立を否定していると評価しうる。もちろん、商人間留置権の成立要件である占有の成立を否定する点においてはこれら10例は共通するものの、その具体的な内容の点ではさらに異なっている。すなわち、建物建築の目的の範囲での敷地の利用しか許されていない請負人には商人間留置権を成立させるだけの占有を有していないとするもの（裁判例［2］、［4］、［9］）や、建物に対する留置権の反射的な効果としての敷地の占有でしかないとするもの（裁判例［8］）、注文主との関係において建物建築目的で敷地を利用することができるにとどまり、対外的には注文主の占有補助者として土地を利用しているにすぎないとするもの（裁判例［10］、［12］、［13］、［15］、［16］）、さらに敷地は取引目的外のものであって、たまたま債務者の所有物を占有したにすぎないために「自己の占有に属した」と評価できないとするもの（裁判例［14］）に分かれる。これらから明らかなように、建物建築の目的という限定的な土地利用という観点から、それ自体

---

[35]　たとえば、古積健三郎「商人間留置権の効力について」筑波法政28号16-17頁（2000）など。

が占有権原として不十分であると解するかあるいはそのような限定的な利用
目的を有するにすぎないために対外的には注文主の占有補助者にすぎないと
評価することで、独立した物の占有という商人間留置権の成立要件の充足を
否定している。他方で、学説としてこの立場を示しているのは、占有除外説
であり、これもやはり、その根拠の点ではいくつかの立場に分かれているこ
とはすでに紹介したとおりである。すなわち、建築請負契約に基づく土地の
占有は認められているとしても、完成した建物を占有する目的での敷地の占
有は商行為による占有ではないとする見解、あるいは、同様に建物建築請負
契約に基づく土地の占有は認められるとしても、その占有は注文者から独立
した占有ではないとする見解、さらに敷地の占有は建物請負契約に基づく請
負工事のための特殊な目的に限定された占有にすぎないとする見解などであ
る。

　これらの敷地に関する請負人の占有を否定する諸見解は、結局第三者との
関係において敷地に対する占有の成立を否定しようとするところにその特徴
があるといってよいのではないだろうか。すなわち、注文者との関係では敷
地を占有することができるが、それを第三者との関係では主張できないとす
る立場や対外的には占有補助者にすぎないと解する立場は、注文主と請負人
との関係では敷地の占有を請負人に認めつつも、注文主以外の第三者、とり
わけそれらの紛争形態から明らかなように、敷地に関する抵当権者との関係
で留置権の成立を否定しようとしていると考えられるからである。そして、
その背後には、敷地に対する抵当権と請負人の主張する敷地についての商
人間留置権との対立において、少なくとも抵当権を優先すべきであるとの価
値判断が存在するものと考えられる。仮にそのように考えることができると
するならば、むしろ、重要であるのは、商人間留置権と抵当権の優劣をどの
ように考えるのかという点ではないだろうか。

(3)　抵当権と商人間留置権の優劣

　敷地に対して商人間留置権が成立すると考えた場合において、その商人間
留置権が抵当権との関係で優先するか否かが問題となる。すでに紹介したと
おり、商人間留置権の成立を認める裁判例においても、とりわけ近時の裁判
例はいずれも、この点では、抵当権に対する関係で商人間留置権の優先を認

めているわけではない。すなわち、商人間留置権の成立を肯定する裁判例にあっても、近時の裁判例は抵当権が商人間留置権に優先するとする。そして、その理由づけとして挙げられているのは、物権の一般原則としての対抗要件の具備の先後での優劣の決定という考え方（裁判例 [7]）であったり、抵当権者による留置権発生の予測可能性を踏まえた抵当取引の安全の重視という立場（裁判例 [9]）、さらには物権相互の優先関係として商人間留置権の成立時点と抵当権の設定登記の時点を基準とする立場（裁判例 [11]、[14]）があるほか、抵当権者の予測可能性や商人間留置権がその目的物との牽連関係を要しないことによって第三者に不測の損害をもたらすことが担保法全体の趣旨と整合しないことを踏まえて、民事執行法 59 条 4 項および同 2 項に基づき商人間留置権が抵当権に対抗できないと解するもの（裁判例 [17]）も存在する。また、学説においても、肯定説に含めて紹介をしたように、対抗問題説と包括担保権説等が、商人間留置権の成立を認めつつ、一定の基準に従って抵当権との優劣を判断しようとしており、また、留置権と抵当権との競合に関しては抵当不動産を巡る法律関係についての制定法の趣旨、すなわち「担保法全体の法の趣旨」が一定の方向性を示していて、その具体的な内容として抵当権者の把握した担保価値の保護にあるとの立場などが存在する。その上で、対抗問題説の立場には、第一に商人間留置権を主張する建築請負人が敷地についての占有を獲得した時点と抵当権との設定登記の先後を基準とするものがあり、第二に商人間留置権の成立時点と抵当権の設定登記の先後を判断基準とするものがある。他方で、包括担保権説は、商人間留置権がその目的物を包括的にかつ流動性をもって対象とする点を捉えて、そのような包括的な担保権は、その対象に含まれる個別の目的物に対する個々の権利に劣後すべきものであるとの理解に立っている。これらの学説もまた、商人間留置権の成立を認めつつも、抵当権者が把握する担保価値や目的不動産の価値的変動に関する合理的な予測を重視して、できる限り保護を与えようとするものであるといってよいであろう。

　たしかに、このような価値判断そのものは考慮に値するものであると思われる。というのは、留置権との競合以外の局面においても、抵当権者の把握した担保価値の保護や目的不動産の価値的変動についての合理的な予測を重

視しようとすることは、すでに上述した諸見解においても示されているように、法定地上権制度における抵当権者の保護のあり方を比較している際にも明らかになったように、抵当権を巡る保護のあり方を判断する際にも一定の基準を示していると考えられるからである[36]。そうであるとすると、どのような根拠に基づいて抵当権の効力と留置権、とりわけ商人間留置権の効力の競合を解決するのかという法的な枠組みが問題となる。この点に関して、「担保法全体の法の趣旨」を挙げる見解も、抵当権と留置権との「先後」によって「抵当権に遅れる留置権」を保護に値しないとしており、そのような先後関係によって判断することがまさに担保法全体の法の趣旨だということになろう。たしかに、保護されるべき抵当権者は、目的物の担保価値を留置権者よりも先に把握しているからこそ、留置権の成立による担保価値の変動を合理的に予測し得ない状況が生み出されているわけであるから、このように考えるならば、少なくとも抵当権者による担保価値把握に「遅れ」て目的物の担保価値を把握するに至った留置権は保護に値しないということにならざるを得ないであろう。

　もっとも、この点に関して、先に挙げた包括担保権として留置権を理解する立場では、必ずしも抵当権の設定との先後関係を理由として、留置権が劣後すると考えているわけではないようである。というのは、この見解は、先に紹介したように、商人間留置権を一般先取特権と同様に捉えて、その包括的な担保権としての性格から、その対象範囲に含まれる個別の物に対して成立した個別の権利を、たとえ「後に」成立したものであったとしても優先させようとするものだからである。つまり、このような包括的な権利が個別の権利に劣後するのは、「包括性」それ自体に基づくものである。このような理解が成り立つとすると、それは、抵当権者による担保価値の把握や不動産の価値変動に対する合理的な予測の保護という立場とは異なった結果を生じることになる。たしかに、商人間留置権は、一般先取特権や企業担保権と同様に、債務者所有の物であれば、その権利の客体として把握しうる権利であ

36　この他にも、抵当権者の合理的な予測や把握した担保価値の保護は、周知のように、抵当権の効力の及ぶ目的物の範囲を検討する際などにも考慮されるべき要素として取り上げられている（たとえば、林良平「抵当権の効力」谷口知平・加藤一郎編『新版・民法演習2』（有斐閣、1979）184頁など）。

るから、「包括的な権利」としての性質を有している。そしてこれは、商人間留置権者が債務者に対して有する被担保債権が商行為によるものでありさえすれば、その被担保債権との牽連性を要することなく、担保となし得るという点に基づくものである。もっとも、商人間留置権は同時にその対象となる目的物が転々流通する動産であることが本来は予定されている[37]。この点からすれば、包括的に目的物を把握するということよりも、牽連関係を要しないことによって、対象となる動産が転々流通するものであっても、「債務者の所有」あることを捉えて、把握しようとするものであり、目的物の「流動性」を維持しつつ、担保の対象とする権利であるという性質をも有しているといえるのではないだろうか。この側面を重視するならば[38]、商人間留置権が成立していたとしても、その支配範囲からの離脱が生じれば、もはや商人間留置権はその目的物への追及ができないことになろう。つまり、流動性を確保という観点が離脱による追及効の遮断を根拠づけているのではないだろうか[39]。他方で、商人間留置権がその対象物について包括的に捉えている点は、上述の学説の指摘するとおりであるが、その権利対象はあくまで個別の物でしかない。つまり、包括性を根拠づけるような中間的な媒介項、たとえば集合動産譲渡担保をめぐる議論における「集合物」概念などの中間的な概念を必要としていない[40]。これらの点を踏まえるならば、包括担保権的な理解は、商人間留置権においては、その本来持つ性質にややそぐわないのではないだろうか[41]。

---

[37] 商人間留置権は、商人間の商取引において、流動する商品を対象とする担保設定の煩雑さと相手方への信用不安の表明となることを回避するために認められている（平出慶道『商行為法［第2版］』（青林書院、1989）138-139頁など）。

[38] もっとも、この点を強調するならば、そもそも転々流通するわけではない建物請負契約にかかわる建物の敷地は、商人間留置権の客体としてふさわしいのかが問題となる。この点を踏まえるならば、立法論として、不動産の排除を主張する見解（たとえば、古積健三郎『留置権の射程および性質に関する一考察』法学新報111巻3・4号2頁（2004））は説得的であるといえよう。

[39] この点については、いわゆるABLの下における集合動産譲渡担保や集合債権譲渡担保の効力はこの流動性の重視を基本に組み立てられており、近年では、より具体的に効力範囲からの離脱の判断基準が議論の焦点となっている（たとえば、最判平成18年7月20日判決をめぐる議論を参照）。

[40] もっとも、この点で、集合動産譲渡担保それ自体の理解の点でも中間的な媒介項を必然的であると考えなければならないわけではない。そうであるとすると、包括的な担保という性質と流動的な担保という性質のいずれがより本質的なものであるのかが問われるのではないだろうか。

338

　そうすると、むしろ、流動性を重視した上で、商人間留置権の支配範囲からの離脱が生じた物については、その権利が及ばないという理解に立つならば、商人間留置権の効力の及ぶ範囲を画するのは「債務者の物を債権者が占有していること」に求められるのではないだろうか。そうであるとすれば、個別の物について、担保物権を取得した者については、商人間留置権者との関係では本来保護の対象とは考えられていないということになる。他方で、商人間留置権者よりも先にその目的物について担保的な支配権を及ぼしている者は商人間留置権者に優先して保護されることになるのではなかろうか。

V　結びに代えて

　以上のとおり、本稿は、近年下級審裁判例を中心に議論が展開してした「商事留置権」をめぐる問題について、従来の裁判例や学説の方向性を整理した上で、その方向性の帰着するところの大枠を示したものに過ぎない。したがって、この議論をさらに展開するためには、民事留置権を含む留置権制度全体をめぐる問題状況のさらに詳細な整理と、民事執行法[42]や破産法[43]、

41　もっとも、破産手続においては、商人間留置権者は優先弁済的効力を認められる（破 66 条 1項）ものの、民法その他の法律による特別の先取特権に対して劣後しており（同条 2 項）、この点に、包括的担保権説による理解の根拠があるとされる（古積健三郎「商人留置権の効力について」筑波法政 28 号 29 頁（2000））。

42　民事執行法上、商人間留置権は、民事留置権と異なった取り扱いがなされるわけではなく、民事留置権と同様に、いわゆる事実上の優先弁済が生じうる。すなわち、不動産を目的とする留置権は、他の一般債権者による強制競売や担保権実行が行われたとしても、目的物に対する占有を失わないまま、第三者による目的不動産の買受けが生じることになる。この場合には、買受人は、留置権の負担のある不動産を取得し（引受主義）、留置権の被担保債権の弁済をする責任を負うことになるからである（民執 59 条 4 項、188 条参照）。したがって、この民事執行法 59 条に規定される「引受主義」の妥当性が問われることになる。この点に関して、不動産を対象とする留置権について、目的物を占有しているものの、不動産登記簿上権利が登記されていない留置権については、その公示機能の欠如を根拠として、引受主義を認めるべきではないとする立法論が主張されている（たとえば、松尾弘＝古積健三郎『物権・担保物権法［第 2 版］』（弘文堂、2008）264-265 頁［古積］、古積健三郎「留置権の射程および性質に関する一考察」法学新報 111巻 3・4 号 39-42 頁（2004））。

43　破産法上は、商人間留置権を含む商事留置権と民事留置権とは異なった取り扱いがなされることはすでに本文中においても紹介したとおりである。すなわち、民事留置権は破産手続開始決定によってその効力を失う（破 66 条 3 項）のに対して、商事留置権は特別の先取特権として扱われ、別除権として位置づけられている（破 66 条 1 項）。この結果、破産手続開始決定がなされ

さらには国税徴収法[44]などの特別法の下での各種留置権の効力の現れ方[45]、それらの法改正の際に議論された立法論[46]などを含めた検討が必要になることはいうまでもないであろう。とりわけ、破産手続においては商人間留置権と民事留置権の効力のあり方に差が設けられているのに対して、他方で国税徴収法においては商人間留置権と民事留置権の効力に差は設けられていないという特別法相互の間における相違という点も検討の余地があるだろう。

　さらに、そもそもこの問題は、周知のように、建物建築請負人にとって実効的な担保手段が存在しないということがそもそもの出発点である。すなわち、請負人と注文主との間において、そもそも請負人が担保設定を要求しうるのかということを含めて、現行民法典において準備されている「不動産工事の先取特権」では実効的な担保制度となり得ていないという点[47]がそもそもの問題である。このため、一方では、敷地に多大の資金を投下して、建物を建築しても、それを回収することができないという問題があり、他方では、そのような建築資金を含めた不動産投資への融資を、当該敷地を担保として行った債権者にとっては、とりわけ建築途上の建物が存在することによって敷地の担保価値を十分に回収することができないという問題があるからである。敷地の購入から建物建築、さらにその後の建物の運用までを一貫した視点で組み立てて、融資を行うことができるのであれば、このような問題は生じないことはいうまでもない。しかし、建物の建築はその計画から完

ば、商事留置権者は権利行使を行った（破65条1項）上で、換価金から被担保債権の弁済を受けることができる（たとえば、伊藤眞『破産法・民事再生法（第3版）』（有斐閣、2014）434頁など）。

44　国税徴収法上は、民事留置権と商事留置権の区別なく、目的物に関する国税滞納処分による換価金から国税に優先して留置権者が配当を受けることになる（税徴21条1項など）。

45　これらの特別法上の留置権の位置づけは、それぞれが異なっており、単に統一をすればよいというわけではないとしても、なぜそれぞれについて異なった取り扱いであるのかは十分に検討されなければならないであろう。なお、各法律の制定に際して留置権がどのように取り扱われてきたのかを検討したものとして、すでに、鈴木正裕「留置権小史」河合伸一退官・古稀記念『会社法・金融取引法の理論と実務』（商事法務、2002）191頁以下がある。

46　破産法改正やいわゆる担保執行法改正の際に、留置権について、引受主義から消除すぎに転換することを主張する見解が主張されている（たとえば、松岡久和「留置権に関する立法論」倒産実体法（別冊NBL69号）105-106頁（2002）や鈴木正裕「留置権小史」河合伸一退官・古稀記念『会社法・金融取引法の理論と実務』（商事法務、2002）227-228頁など）。

47　不動産工事の先取特権が実務上用いられていない点については、たとえば、坂本武憲「不動産費用債権の担保（留置権・先取特権）」ジュリ1223号46頁（2002）などを参照のこと。

成、そしてその後の運用までを考えると一定の年月を要するものであるから、そのような中長期的な投資計画においては、どうしても一定の齟齬は生じざるをえないのではないだろうか。そうであるとすると、単に担保権者間の優劣という問題にとどまらず、そのような建物建築への投資の仕組み全体を視野に収めた議論もまた必要になるではないだろうか。

　本稿は、そのような大きな問題についてはまったく触れることができなかった。この点については、是非、他日を期したいと考えている。

※なお、本稿は、科学研究費補助金・基板研究（C）17K03457 による研究成果の一部である。

譲渡担保の所有権移転担保における系譜的位置

池 田 雄 二

Ⅰ　序
Ⅱ　中世武家法における贈与関連法とその位置
Ⅲ　贈与関連古文書の考察
Ⅳ　結

Ⅰ　序

　我が国の担保制度の一つの分類として、典型担保物権と非典型担保物権がある。典型担保物権は民法に規定される担保物権であり、留置権（第295条以下）、先取特権（第303条以下）、質権（第342条以下）、抵当権（第369条以下）がある。非典型担保は民法に担保物権としては規定されていない担保物権である。非典型担保は以下の4つを中心とする。すなわち買戻特約付売買、売渡担保、譲渡担保、代物弁済予約である。

　これらの非典型担保がどのような理由によって生成されたか。このことについてはここ最近の基本書で広く使用される内田貴教授による以下のような説明がなされることが多い。

　　「民法の規定する約定担保物権は抵当権と質権だけである。しかし、これだけでは経済社会の要求に十分応ずることができず、物権法定主義にもかかわらず、様々な形の物的担保が実務から生み出されてきた。
　　では、なぜ抵当権と質権だけでは不十分なのだろうか。まず動産についてみると、現行法上、自動車・船舶等の登記・登録の可能なものを除き、債権者に

目的物を引き渡さずに担保化する手段がない（質権に代理占有を禁じた 345 条参照）。他方、不動産については、非占有担保物権である抵当権はあるが、その設定・実行は手続が面倒で費用もかかる。

そこで、これらの難点を回避するため、民法に定められていない新たな担保権が生み出された。典型的には、目的物（動産・不動産いずれの場合もある）の占有を債務者のもとにとどめたままで、その所有権を債務者から債権者に移し、債務の弁済がなければ、目的物の所有権を終極的に債権者に帰属させるという形での私的実行が行なわれるというものである。このほか、売買に際して、代金の支払があるまで目的物の所有権を売主（代金債権の債権者）のもとに留保するという形態もある。これらが、非典型担保である。」[1]

一見すると現行民法制定（1896 年）以前には現在の非典型担保に相当する取引は存在せず、民法制定後、典型担保が経済社会の要求に応じることができなくなり、それらが生成されたものである、と書いてあるように読める。実際、大陸法、とりわけドイツにおける非典型担保の系譜は上記解説と類似した理解がされているようである。

ドイツにおいては 19 世紀中頃に手工業者、製造業、小農業、商人、労働者等の層において動産抵当の方法による信用獲得の必要性が生じたという。というわけは彼らは土地等の物的担保手段を持たないために、諸々の動産を担保として、しかも占有留保の形態で金融を得る必要があったからである。しかしながら当時の法制度下では動産担保は占有移転型担保しか認めていなかった。そこで買戻特約付売買とその売買目的物を買主から賃借するという形で動産抵当制度を作り出したという[2]。

しかし日本における非典型担保の系譜もドイツと同じだったか。ここで上に引用した解説が「物権法定主義にもかかわらず」とあることに注意が必要である。物権法定主義が採用されたのは民法制定後であるところからして、判例によって非典型担保が物的担保として認められたのが民法制定以後であって、民法以前から非典型担保が存在していたことを否定する趣旨ではない。そのような趣旨を明解に図示するのが、これも広く使用される基本書に

1　内田・民法Ⅲ・後掲・519 頁。
2　近江・担保制度の研究・後掲・254-255 頁。

譲渡担保の所有権移転担保における系譜的位置（池田） *343*

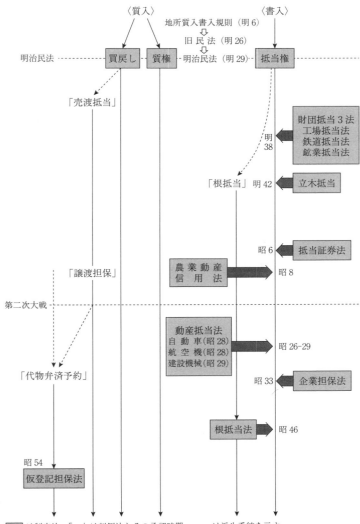

おける上図である[3]。

この図によると、民法制定後に売渡抵当が判例により認められ、後に譲渡担保が承認された。生成された時代が民法制定以後であるとする趣旨ではな

---

3 近江・民法講義Ⅲ・後掲・86頁図。

い。というよりも非典型担保に相当する取引が生じたという意味での生成年代については言及されていない。では生成年代についてはどのように一般的には理解されてきたか。

ここで上記に挙げた学者よりも1～2世代前の学者の手による一般的な基本書の記述をみてみよう。旧世代の学者の方が法制史的記述に詳しいことが多い。例えば、我妻栄博士と有泉亨博士による基本書は非典型担保について以下のように記述する。

> 「民法が物権編において認めている約定担保物権は、質権にしても抵当権にしても、担保に供しようとする権利自体はこれを留保して、ただその上に担保的作用をする制限物権を設定する制度である。これに対し、担保に供しようとする権利自体をかりに債権者に譲渡し、一定の期間内に弁済をすればこれを再び返還させるという担保制度がある。ローマ法においては、まず後の制度であるfiducia が発達し、その後に前の制度が次第に認められるに至ったものである。近代においては、英米法は後者 mortgage を発達させたのに対し、大陸法は前の制度だけを承継した。わが国にも従前は主として後の制度が行なわれていたが、民法は大陸法にならって前の制度を輸入したのである。ところが、資本主義の発達に伴い財産の担保化の必要が拡大するにしたがって、大陸諸国においても、わが国においても、民法の認める制限物権たる担保権だけではきゅうくつになり、当事者は契約で権利移転による担保を設定するようになった。」[4]

上記解説は、わが国において約定担保物権の不備から非典型担保が生成されたのではなく、約定担保物権以前に所有権を債権者に移転する形態の担保、つまり権利移転型担保が先に存在していたことを明確に認識できるように記述している。

また最近の基本書がいう約定担保物権の不備について我妻博士はその基本書において「譲渡担保の社会的作用」と見出しして次のように記述する。

> 「動産を債権者に引渡さずに担保化することができる。企業用動産の抵当化の要望が強いにも拘わらず、民法はこれを許さない。特別法も僅少な範囲で認めるに過ぎない。その欠点はこの制度によって補充される。これが最も重要な作用である。」[5]

4　我妻、有泉・総則物権・後掲・500-501頁。

「民法の質権及び抵当権においては、優先弁済を受けるための換価手続が煩雑に過ぎ、高価に換価しえないのが常である。制度に欠陥があるものとしてその改善が要望されているが、容易に実現されそうもない。ところが譲渡担保にあっては、債務額と担保目的物の価額とを精算すべき場合にも、目的物の換価方法は当事者が任意に定めることできるために、目的物の有する担保価値を充分に高く評価して信用の授受を行ないうる。いいかえれば、競売手続の不備がこの制度によって補正されていることも否定することができない。」[6]

　要するに最初の基本書のような記述は民法制定以後の非典型担保の需要に関する社会的作用に関する事柄であって発展原因ではあってもいつ頃からどのような理由で譲渡担保他非典型担保に相当する担保行為が行われるようになったか、という意味における生成原因ではない。そして現代でいうところの非典型担保が民法制定以前から存在していたことについては共通理解があるようであるが、上記意味における生成については明らかにされてこなかった。そこで本稿では近江教授が図示した買戻→売渡担保→譲渡担保の所有権

5　我妻・擔保物権・後掲・595頁。なお我が国では非占有動産担保の需要が最重要であり、非典型担保発展の原因であったとする点については、少なくとも近代以前のわが国には当てはまらないように思う。動産のみによる譲渡担保（ここでは売渡担保も含む広義の意味）は戦前にはほとんど判例に現れない。譲渡担保事例で不動産に準じる船舶等動産を除いた動産が目的物となった例は金屏風他及び水晶角材他25点が目的物となった大判明治44年5月20日（民録17輯306頁）を知るのみである。他に家屋と一緒に家屋内檜板合計100枚及び鉄製ロール一台が目的物となった例がある（大阪地判年月日不詳明治45年（ワ）第438号新聞829号23頁）。しかしながら戦前において動産担保融資がなかったかというと決してそうではない。1909年（明治42年）から1929年（昭和4年）にかけての担保資産の割合は株券（29.7〜56.8％）、地所家屋及び各財団（14.7〜51.1％）、商品雑品船舶及び漁業権（8〜20.2％）だったという。つまり動産担保は不動産についで大きな比率を占めていた（もっとも分析の元である後藤・金融統計・表47を見る限り、船舶の比重が大きいようである。という訳は第一次大戦以後に動産担保の割合が急激に伸び、1919年をピークに数年で急激に落ち込むからである）。そして動産担保資産として多く活用されたのが製糸業に関する物だったという。製糸業の中核を占めた長野県では第十九銀行が自行倉庫を活用して繭を質に取り、融資をした（以上の研究について金城・第十九銀行・後掲・39頁以下）。在庫商品等の動産担保であれば、倉庫を利用した質入により対応できたのであり、譲渡担保でなければならない必然性はなかった。なお倉庫業による在庫等動産質入は1927年（昭和2年）の銀行法改正により銀行と倉庫業の兼業が禁止されたことや、寄託物の中身が品違いであった場合にも原則として倉庫会社の免責を認めない判例（大判昭和11年2月12日民集15巻5号357頁。更に最判昭和44年4月15日民集23巻4号755頁は不知約款も制限した）等が原因で貨物の中身を確認しない実務慣行と判例法が衝突するようになり、倉庫会社が保管物の担保化に必要な倉荷証券の発行に消極的になって行った（この辺について詳しくは、池田・動産質制度の展開・後掲・137-142頁）。動産譲渡担保の増加はこの後の現象である。

6　我妻・擔保物権・後掲・596頁。

移転担保のラインに焦点をあてる。

　なお本稿以前の論稿において買戻特約付売買の生成から売渡担保の生成までについては既に論じたから、ここではその要約を記すにとどめる。

　まず民法第579条以下に定められる買戻特約付売買、これは近世以前においては本銭返等と呼称されていた。この本銭返売買は、目的物の売り渡し後も買戻代金を買主に支払うことによって所有権を売主に戻す特約が付された売買である。この本銭返売買の現時点における最古の例は1270年の寺僧間田地売買に関する売券である[7]。そしてこのような売買が考案された原因には文永4年12月26日（1268年）に出された貞永式目追加条々第433条[8]に原因があった。同法は売買や質入ないし流質の対象となった御家人所領を本主による元本弁済を条件に返還を命じた。本銭返売買は同法を潜脱するために発生した[9]。

　次に売渡担保の生成についてである。本稿においては売渡担保設定契約を次のような内容をもつ契約とする。売渡担保設定契約とは、ある物や権利の売買において売主が元利の弁済をすることで所有権を売主に受け戻させることを内容とする特約を付した契約である[10]。

7　文永7年7月26日（1270年）僧観西田地売券（東寺百合文書カ35-3）。
8　追加条々第433条の内容は以下の通りである。
　【原文】
　「以所領入質券令売買事
　　右、御家人等、以=所領=或入=質券=、或令=売買=之条、為侘傺=之基=也歟、自今以後、不=論=御恩私領=、一向停=止沽却並入流之儀=、可レ令レ辨=償本物=也、但非御家人之輩事、被レ載=延応制=之間、不レ及=子細=歟、」。
　【現代文】
　「所領を質権に入れる事、売買する事
　　上の御家人等が所領を質券に入れ、あるいは売買する事は窮乏の基となる。今後は、御恩・私領を論じず、一向に売却並びに流質を停止し、元物を弁償させるものである。但し非御家人の輩の事については延応の制に載せられているので、子細には及ばない。」
　　なお貞永式目追加条々の条文番号は佐藤他・鎌倉幕府法・後掲による。なお本稿では重要史料は原文も併せて掲載するが、その他は紙幅の都合により現代語訳のみとする。
9　池田・買戻特約付売買契約の発生・後掲・33-50頁。
10　買戻特約付売買と売渡担保との区別について、占有移転型のものを買戻特約付売買、占有留保型のものを売渡担保として区別する学説もある（近江・担保物権・後掲・261頁、また最判平成18年2月8日民集60巻2号480頁も「特段の事情がない限り」と留保しつつ同様の立場を採用する。この事例は売買時に買戻期間利息相当額を売買代金から天引きする等担保性を否定する特段の事情がないことが明らかである）。真正売買であれば、買主に占有を移転し、担保目的であ

売渡担保の生成についても別稿において論じたので、以下ではそこでえた結論の要約をのべる[11]。現時点では本銭返売券最古の例である 1270 年から 34 年後に次のような内容をもつ本銭返売券が現れた（嘉元元年 12 月 12 日（1304 年）大中臣重房質券屋敷田売券）[12]。10 年間の年季売（期間を定めた売買であり、期間満了後は売主に所有権が戻る）期間内において当該期間内の買戻について利息を徴収する。しかし買主に損失が生じる場合には年季売の期間を 10 年延長し、その期間内の買戻については元金のみの買戻を認める。この売券の 7 年前に有名な永仁 5 年（1297 年）の徳政令が発令されている。この徳政令では売買質入された御家人所領の無償返還を命じている（貞永式目追加条々第 657 条、第 662 条）[13]。ただしこの売券に関する限りは徳政令回避を意識した形跡は明確には見い出せなかった。むしろ買主が元本以上の回収を必ず確保し、損失を回避しようとしたようである。なおこの本銭返売券には「傍例に

れば、売主が目的物の利用を続けたい筈だから、占有を留保する筈であるとする。買戻特約付売買も売渡担保も担保性を帯びることは了解されているから、論点はヨリ担保的性質を帯びる目印は何かであって、それが占有移転の有無だという趣旨である。しかし歴史的には特に田畑に関しては、買主が新たに小作人を見つけることが困難等の理由で原所有者を小作人とする例が多く、買戻特約付売買事例でもそのような例が僅かに確認できる（元亨元年 6 月 26 日（1321 年）行貞田地売券（高野山・五・499））。また屋敷田の買戻特約付売買において買主に占有移転しつつ、買戻代金に利息を加える等により担保目的が明瞭な例もある（嘉元元年 12 月 12 日大中臣重房質券屋敷田売券（高野山・三・686）。池田・変則的本銭返売買・65-66 頁において紹介）。占有留保＝ヨリ強い担保性があるとはいえない例外もある。やはり売り切ったにも拘らず、債権者債務者間関係の未切断を決定づける利息ないし利息相当の収取の有無によって区別するのが妥当だと思う。ただしそのような収取が認定される事例ではほぼ全て占有留保をしている（近代以降、買戻特約付売買か売渡担保か争われた裁判例の分析について、池田・買戻・2・後掲・3398-3374 頁）。だから結果的には大差はない。

11 池田・変則的本銭返売買・後掲。

12 高野山・三・後掲・686。池田・変則的本銭返売買・後掲・65-66 頁において詳述した。

13 「第 657 条　質券および売買の事　永仁 5 年 3 月 6 日
　　上について地頭および御家人が買得した地においては本条を守り、20 年を経過すれば、元の持主は取り返すことはできない。非御家人および庶民、身分卑しい者が買得した地に至っては、年紀が近いか遠いかを問わず、元の持主はこれを取り返すことができる。
第 662 条　質券および売買地の事
　　上について、所領を質券に入れて流し、あるいは売買する事は、御家人困窮の元である。今後は停止すべきである。以前に売却した分は元の持主に領掌させるべきである。ただし下文や下知状を給わった場合、あるいは知行が 20 年を経過している場合、公私の所領を問わず、今更相違があるべきではない。もし制符に背いたり、濫妨をする者があれば、罪科に処すべきものとする。
　　次に非御家人や庶民、身分卑しい者の質地や買得地については、年紀を経過した場合といえども、売主に知行させるべきものとする。」

従い、本銭に利息を加えて弁済すべきものとする」という文言があり、類似の売券が他にも存在したことが窺われる。ともあれ本銭返売買が生成されてからそれほどの期間を置かずに元本以上の収益を、10年以内という特定の条件下ではあるが、買主による目的物の直接的使用収益によらずに利息で確保しようとする動きがみられた。

さらに十数年下ると、本銭返売買における買主が売主を小作人とすることにより（すなわち直小作）小作料を収取する元亨元年6月26日（1321年）行貞田地売券が現れる[14]。そしてこの売券は代金が通常売券に比べて廉価の傾向を示しており（1段5貫文）、また小作料（8斗。年利換算約17%強。なお小作料の通常範囲）によって売買代金を6年で回収できる内容となっており、徳政令に備えて、毎年の小作料による収益となるべく早い元本以上の回収を実現しようとしたものと考えられる[15]。

以上の通り売渡抵当は①確実な元本以上の回収と②徳政令への備えを意識して本銭返売買生成から少なくとも30年から50年までに出現している。その後は利息付本銭返売買は、少なくとも近世までには広まったことを近世の慣例[16]から知ることができる。その利用目的もそれほど変化がないようである。すなわち、元本以上の利益の確保と禁制潜脱である。もっとも近世では田畑永代売買禁止令が潜脱対象となる。

動産については当事者の約定期間後の買戻について増金を徴収する近世の慣例がみられた[17]。

なお動産売渡担保の生成については、今のところ康永2年12月19日（1344年）八坂神社冬瓜売買記録[18]に動産本銭返売買の例が手掛かりになる。

14　高野山・五・499。買戻特約付売買と売渡担保との区別を利息の有無で分ける見解でも、占有移転の有無で分ける見解でも、現状接しえた限りでは売渡担保の発生年代には10数年の差しかない。

15　池田・変則的本銭返売買・後掲・66-67頁において詳述した。

16　特に明瞭に売渡担保であると判断できる例として、羽前国置賜郡（司法省・慣例類集・後掲・525丁）、出雲国能義郡（同・538丁）、美作国勝南郡（同・540丁）、周防国都濃郡（同・543丁）、長門国豊浦郡（同・544丁）。なおこれらは全て買戻時に元利を徴収する型である。

17　加賀国江沼郡（司法省・慣例類集・後掲・531丁）。売買から3日以後の買戻時には元金に加えた増し金を必要とする

18　八坂神社記録・上・後掲・社務記録一・86頁。接しえた中世における動産本銭返唯一の例である。いずれにせよ、動産本銭返の生成も14世紀以前に遡る。

この例では質入よりも売買名義で取引することによって多くの金銭の都合を受けることを意図していた[19]。この頃には質屋の前身である土倉も出現しており、動産質入よりも多く融資をできる手段として所有権移転担保である利息収取型本銭返を考案したのではなかと推測するが、まだ推測の域をでない（動産本銭返の例がほとんど残らない上に、買戻価格に利息を加える例を見い出すことができない）。

以上が買戻特約付売買＝本銭返売買からその変則型である売渡担保の生成までの系譜である。ここまでは近江教授が示すところの買戻特約付売買→売渡担保→譲渡担保のライン通りである。しかし売渡担保から譲渡担保への生成発展の兆しをみることができなかった。なおここでいう譲渡担保は狭義の意味においてであり、譲渡担保権者がもつ債権を残存させたまま、債務者が何らかの名義で所有権移転をし、債務者が債務を弁済することで所有権を受戻すことができるものである。同じ所有権移転担保であるから、発展史的にいって両者は同一ライン上で生成されたように考えられがちであるし、筆者もそのように理解していたが、翻って再考してみると、売渡担保と譲渡担保はかなり離れている。

まず第一に、売渡担保は既存債権を売買代金によって弁済するか、売買代金によって融資をうける。一方、譲渡担保では目的物の所有権移転とは独立して既存債権が存在しているか、あるいは所有権移転と同時に融資がなされる。

第二に、所有権移転の形式が売渡担保では売買である一方、譲渡担保では現代では担保権者の債権を存続させる[20]ため形式論的には売買や代物弁済等の弁済相当の名義で所有権移転できない筈である。なぜならば当事者間の債権債務関係が清算されて切断されるからである。なお最近の譲渡担保における登記原因は「譲渡担保」と並んで「売買」が多いが[21]、これは売渡担保の

---

19 詳しくは、池田・本銭返の発展・後掲・101頁以下。担保目的物である茶壺冬瓜は本銭返売買され、その1週間後に買主が質入をしている。そして前者の代金が後者の融資額を上回っていた。

20 売渡担保と狭義の譲渡担保との名称の区別を初めて提唱したのは前田・賣渡擔保・三・後掲・23頁以下においてである。これを我妻博士が採用して通説となった（我妻・売渡担保と譲渡担保・後掲・124頁以下）。

21 鳥谷部・後掲・126頁。平成元年以降、不動産譲渡担保と認定された判例60件の登記原因は

形式をとっていても近年の学説[22]や判例実務が譲渡担保の名称を用いるからではないか[23]（広義の譲渡担保は売渡担保を含むので、そのような意味で譲渡担保と称するのかもしれないが）。しかし本稿の課題は形式・実質共に純粋な譲渡担保の生成がいつであったかの解明を目的とする。

　ここで売渡担保と譲渡担保は実は全く別の系統で生成されたのではないか、という可能性が浮上した。そこで既存債権を残存させうる契約形式による取引に焦点をあてて分析を試みる。そのような形式としては贈与がこれに当たるから、他の所有権移転担保が生成された中世における現代の贈与相当の取引（＝和与）[24]から譲渡担保に該当する取引が存在するかを探る。以下では中世において譲渡担保の生成と関連があると思われる法について考察をし、次に実際に贈与の形式をとっているが、担保権設定行為と判定できる譲渡担保相当の取引が存在するかどうかについて検討を加える。

　以上の作業によって譲渡担保の存在が確認できれば、近代以前に遡った所有権移転担保の系譜における譲渡担保の位置づけが明らかになる。この点が明確になり、かつ当時の制度等諸条件と関連づけることにより同種類の担保行為であってもどの担保が合理的と考えられて選択されるかは相対的なものであることも明らかになるだろう。

Ⅱ　中世武家法における贈与関連法とその位置

　本章では中世武家法、つまり式目における贈与関連、つまり和与に関する

　譲渡担保22件（この登記原因は昭和30年代以降可能となった）、売買20件、不明6件、買戻特約登記3件、贈与2件、新築物件の場合等に債権者名義で登記2件、登記なし1件だった。

[22]　売渡担保と譲渡担保の名称の区別を提唱した我妻博士自身、担保という名称からして譲渡担保の方がよく担保に該当するだけでなく、経済的目的からしても譲渡担保が売渡担保よりも一層合理的であるから、一般には譲渡担保契約であると推定すべきであるとする（我妻・擔保物権・後掲・592頁）。ただなぜ狭義の譲渡担保の方が合理的であるのか説得的に説明するものは少ないように思う。

[23]　この辺について詳しくは、小山・百選・後掲・193頁。なお近年ではほとんど売渡担保の語は判例において使用されない。例えば、契約内容としては買戻特約付売買を含んでおり、買戻特約付売買か売渡担保かが問題となる筈の事例であった最判平成18年2月7日（民集60巻2号480頁）においても当事者、判決共に譲渡担保の名称を使用する。

[24]　和与とは相続人または他人に対する無償譲与。これが現行法の贈与に当たることについて来栖・契約法・後掲・225頁。

諸条々とそれら条々の位置（例えば、売買や質入を規制する等の諸条々との時間的ないし内容的近接性等）について年代順に考察する。なお貞永式目には和与と担保行為に関連すると思われる条規が見当たらない。そのような条規がみられるのは貞永式目追加条々からである。

1　文永4年12月26日（1267年）の条々とその廃止

まず貞永式目追加条々第433条は御家人所領の売買質入を制限し、元金弁済により本主への返還を命じた法である（本条はⅠ注8で引用した）。

第434条は和与に関する規定である。内容は以下の通りである。

【原文】
「以所領和与他人事
　右、閣二子孫一譲二他人一之条、結構之趣、甚非二正義一、不レ謂二御恩私領一、向後可レ被レ召二彼和与之地一也、但以二一族並傍輩[25]子息一、年来令二収養一者、非二制之限一焉」

【現代文】
「所領を他人に和与する事
　上、子孫を差し置いて他人に譲る事、その企図する趣旨は実に正義とはいえないものである。御恩、私領をいわず、今後は和与の地を召し上げられるべきである。但し、一族並びに傍輩の子息、年来収養した者については制禁の限りではない。」

両条は同年月日である上に隣り合っており、明らかに同一立法趣旨の下に定められている。当時の社会においては御家人の崩壊現象が顕在化していた。その原因としてよくいわれていることは、流通経済の地方への浸潤、借上（高利貸し）等の活動等の必然的結果として、御家人が土地を手放し、経営が零細化していっていた。このため幕府は御家人保護のための政策を打ち出した。その中に恩領、私領の流失防止に関する法令の頻発が挙げられる[26]。両条はそうした政策の一環である。要するに御家人の窮乏を原因とし

25　「傍輩」とは、同じ主人に仕えたり、同じ先生についたりしている仲間。また同じくらいの身分、年齢の友。朋輩ともいう。
26　宝月・本銭返売券の発生・後掲・357-358頁。

て、所領を売買したり、あるいは既存債務が存在していて所領を売買したり（この場合、代金と債務は相殺するだろう）、また質入したりすることと同様に和与を禁止する。第434条で想定する和与は第433条が定める売買質入と同じ経済目的を達成できる和与である筈であるから、そのような目的が達成可能な法律構成には次の2つが考えられる。

Ⅰ型　既存債務がすでに存在していて和与をする。
Ⅱ型　既存債務はなく、和与と引き換えにそれとは独立して消費貸借契約をする。

　両型はそれぞれ和与の趣旨・目的によってさらに2つに分けられる。

(1)　既存債務の代物弁済（＝代物弁済契約）。
(2)　既存債務の弁済による受戻権付和与（＝譲渡担保）。

　Ⅰ(1)型は現行法でいうところの代物弁済契約である。Ⅰ(2)型とⅡ(2)型が譲渡担保である。Ⅱ(1)型は考えられない。
　第434条がⅠ(1)型、Ⅰ(2)型、Ⅱ(2)型のどれを想定して本条を定めたかといえば、本条が御家人がその窮乏に因り所領を和与することを禁止する趣旨であることに鑑みると、何れでもあるだろう。
　ただし両条共に文永7年（1270年）5月9日追加条々第443条及び444条（将軍御教書[27]）で廃止される（パーレンは佐藤、池内・後掲による補充）。

　【原文】
　「一　文永四年式目三ヶ條内　時（宗）政（村）御代
　・　以レ所領レ入レ質券レ令レ賣買レ事
　・　以レ所領レ和レ與他人レ事
　右二ヶ条被レ棄破レ畢、早可レ被レ存二其旨一之狀、依レ仰執達如レ件、
　　　　文永七年五月九日

　　　　　　　　　　　　　　　相　模　守　判（時宗）
　　　　　　　　　　　　　　　左京権大夫　判（政村）

27　「御教書（みきょうしょ）」とは平安時代後期、三位以上の公家や将軍の命を奉じて、その部下が出した文書。

尾張入道前司入道殿（北條時章）・番頭人[28]、遣=五方頭人-[29]狀同レ之」

【現代文】

「一　文永４年式目３ヶ条内　時（宗）政（村）御代

第443条　所領を質券に入れたり、売買する事

第444条　所領を他人に和与する事

右２ヶ条は破棄された。早々に存ぜられるべき旨の状を、仰せに依って執達することこの通りである。

　　　　　　文永７年５月９日

相　模　守　判（時宗）

左京権大夫　判（政村）

尾張入道前司入道殿（北條時章）・番頭人、五方頭人に遣わす状もこれを同じ」

　何らかの抵抗により両条の実施が困難であったのだろうが、原因ははっきりとしない。しかしその後も御家人窮乏が回復することはなく、再び御家人よる所領の処分を制限する法が出される。

2　文永9年12月11日（1273年）の条

　文永９年12月11日（1273年）貞永式目追加条々第451条は評定によって他人への和与について以下のことを定めた。

【原文】

「一　他人和與・領事　　　文永九　十二　十一評

以=御恩之地-、和=与他人-之條、兩方同心之趣、非レ無=不審-、所詮被レ尋=究其由緒-之時、或爲レ報=累年之芳心-〔他人への親切〕、或爲レ謝=當時之懇志-〔親切で行き届いた志〕兼日契約之條、無=其隠-者、不レ及=子細-、若親昵〔しんじつ。親しみ馴染む事〕之儀、無レ所レ據者、可レ被レ召=和與地-也、且存=此趣-、可レ申沙汰之=由、可レ相=觸五方引付〔ひきつけかた。鎌倉・町幕府の裁判機関〕頭人-之旨、可レ被レ仰=城介-（安達泰盛）歟、」。

【現代文】

「一　他人に所領を和与する事　　　文永９年12月11日評定

28　中世において「番頭」とは、在家に対する年貢・公事の徴収単位として編成された番の徴収責任者として有力農民から選ばれた者。

29　「頭人」とは、鎌倉・室町幕府において、三方あるいは五方等のいくつかの部局で構成された引付方（裁判を担当）の部局長官。

御恩の地を以て他人に和与する事は双方合意の趣旨に不審がないとはいえない
のであれば、結局のところその由緒を審究する際、あるいは積年の芳心に報い
る為であったり、あるいは当時の懇志を謝する為であったり、以前の契約の条
が隠れがなければ、子細には及ばない。もし親昵の儀について根拠が無けれ
ば、和与された地を召し上げられるべきものである。且つはこの趣を存じて、
沙汰の由を申すべきものとする。五方引付頭人に触れるべき旨、城介（安達泰
盛）に仰せられるべきものである。」

　この条は御恩の地を積年の芳心や以前の懇志に報いるためといった特段の
根拠がなく、贈与することを禁止したものである。このような根拠がない贈
与というと、債権担保や代物弁済目的等が考えられる。その立法趣旨を一層
明確にする法として、本条の翌年に発令された 1273 年（文永 10 年）7 月 12
日追加法第 452 条を挙げることができる。その内容は以下の通りである。

【原文】
「一　質券所領事
今日以前分事、不レ論二質券見質―〔＝現在の抵当に相当〕、雖レ不レ辨二本銭―、
止二銭主之沙汰―、本主可レ全二領知―也、被レ成二御下文―者、不レ及二改沙汰―、
但正嘉元年以来御下文者、就二理非―致二越訴―之條、非二制之限―、入質之地
者、今年中以後、可レ令レ返レ之、」
【現代文】
「一　質券所領の事
今日以前の分の事、質券、見質を論じず、本銭を弁済せずといえども、銭主の
沙汰を止め、本主が領知を全うすべきである。御下文があるものは沙汰を改め
るには及ばない。但し正嘉元年以来の御下文は、理非について越訴を致すにあ
らざる事、制約の限ではない。入質の地は、今年中以後、これを返還させるべ
きである。」

　翌年には元寇（文永の役）が生じる。その直前に備えて所領を質入すること
を禁止している。第 451 条もこれと軌を一にした条であると考えられる。要
するに御家人が既存債務や資金融通のために御恩所領を他人に対して手放す
ことを禁止する趣旨であったと考えられる。そしてきたるべき元寇に備える
法が矢継ぎ早に発令されて行く。次に翌年と翌々年に出された法をみてみよ
う。

3 文永 10 年 11 月 16 日（1273 年）と文永 11 年 1 月 8 日（1274 年）の条々

文永 10 年 11 月 16 日（1273 年）貞永式目追加条々第 458 条と文永 11 年 1 月 8 日（1274 年）の第 459 条は北九州と安芸に出された御教書である。売買質入に関する法であるが、明らかに元寇を意識している。まず第 458 条をあげる。

【原文】

「今月八月三日　関東御教書、今日十六日到來、寫案獻レ之、如レ狀者、豊前、筑前、肥前、壱岐、對馬國國御家人等事、或本御家人并地頭補任所々、或給二御下知ー知行之輩、及就二質券賣買之由緒ー、被レ成二安堵ー之族、云二其所名字分限ー、云二領主之交名ー〔きょうみょう。多くの人の名を連ねた連名書〕、且糺二ー明所帶御下文御下知ー、且不レ漏二一所ー、平均可レ令二注進ー之由、所下被二仰下ー候上也、然者随二ー身所帶證文ー、可レ被二上府ー候、任二御教書之狀ー、糺二ー明子細ー、可レ令二注進言上ー候、更不レ可レ有二遅怠之儀ー候也、恐々謹言、

　　（文永十年）
　　　　　　　　　（少貳資能）
　　十一月十六日　　　　　　　　　　　　　　　　沙彌（花押）
　　山代孫三郎殿」。

【現代文】

「今月 8 月 3 日、関東御教書が今日 16 日に到着して案を写してこれを献じた。その御教書がいう者は、豊前、筑前、肥前、壱岐、対馬国の国御家人等事や本御家人並びに地頭補任の所々、御下知を給い、知行する輩、それから質券売買の由緒について安堵された族のことである。その所の名、字、分限、領主の交名、且は所帯、御下文、御下知を糺明し、且は一所も漏らさず、統一的に注進させるべきことを仰せ下されたところである。そうであれば所帯の証文を随身して、上府されるべきであり、御教書の状の任に、子細を糺明し、注進言上させるべきであります。更に遅滞があってはならないことであります。恐々謹言

　　（文永 10 年）
　　　　　　　　　（少貳資能）
　　11 月 16 日　　　　　　　　　　　　　　　　　沙彌（花押）
　　山代孫三郎殿」

次いで第 459 条をあげる。

【原文】

「（安藝）

當國田文〔たぶみ。荘園、公領の田畠面積、領有関係を詳記した田籍簿（大辞泉）〕事、神社佛寺庄公領等、云二田畠員數一、云領主交名一、分明可二注申一之由、文永九年十月廿日關東御教書案如レ此、并質權賣買所々、云二所名字分限一、云二領主交名一、可二注申一之旨、去年八月三日同被レ下二御教書一候、所詮任上被二仰下一之旨下、云レ彼云レ此、早速可レ被二注申一候、仍執達如レ件、

（武田信時？）

　　　文永十一年正月八日　　　　　　　　　　　　　　　　源御判

長田郷地頭職」。

【現代文】

「（安藝）

当国の田文の事、神社仏寺庄、公領等について田畠員数といい、領主交名といい、分明にして注進すべき由、文永9年10月20日関東御教書案はこの通りであり、並びに質権売買の所々、所、名、字、分限といい、領主交名といい、注進すべき旨、去年8月3日に同じく御教書が下されました。そうである上は仰せ下された旨の任に、あれこれ早速に注進されるべきであります。よって執達することこの通りとする。

（武田信時？）

　　　文永11年1月8日　　　　　　　　　　　　　　　　　源御判

長田郷地頭職」

　文永の役直前であるところからして、両条共に元軍上陸の迎撃のための在地勢力把握のための一斉緊急調査である。

4　文永11年6月1日（1274年）の条

　文永の役が迫る中、和与に関しても御家人の経済的地盤を揺るがすものについてこれを規制する法が出される。文永11年6月1日（1274年）貞永式目追加条々第461条である。内容は以下の通りである。

【原文】

「一　他人和與領事　　　文永十一　六　一評

右、閣二子孫一譲二他人一之條、結構之趣、非レ無二奸略一、不レ謂二御恩私領一、向後可レ被レ召二和與地一也、但・兄弟伯叔姪之近類者、非二禁制限一、又雖レ爲二傍官并遠類之子息一、年來爲二猶子一令二収養一者、不レ及二子細一矣」。

【現代文】

「一　他人に所領を和与する事　　　文永11年6月1日評定

右、子孫をおいて他人に譲ること、その企図する趣旨に奸な計略がないとはいえないならば、御恩私領を問わず、今後、和与地を召し上げられるべきものである。但し兄弟伯叔姪の近類は、禁制の限りではない。又傍官並びに遠類の子息のためといえども、年来猶子として収養した者は子細には及ばない。」

真実、近類縁者への贈与であれば、幕府は干渉しないが、そうではない意図が疑わしい場合の和与を禁止する。時期は文永の役約5か月前である。一連の対元寇対策と軌を一にしていると考えられる。しかしこれらの引き締めは元寇の危機が去ると緩和される。

5　弘安7年5月27日（1284年）の条

弘安の役から3年後、弘安7年5月27日（1284年）追加条々第530条は本領主の相続人が租税納付義務を果たせば所領の売買、質入、和与を黙認する緩和策をとった。内容は以下の通りである。

【原文】

「一　沽却質券地并他人和与所領事

御家人等、以二所領一或沽却・入二-流質券一、或和二-與他人一之時、雖レ載二子細於飽證文一、有限レ公事者、相二-加本領主跡一、可レ被レ致二其沙汰一、至二年貢等一者、随二分限一可二進濟一」

【現代文】

「一　売却・質券地並びに他人和与〔無償譲与〕所領の事

御家人等、所領を売却し、質券に入れて流し、あるいは他人に和与する場合、子細を証文に載せるといえども、限ある公事は、本領主の相続人が果たし、その沙汰を致すべきである。年貢等に至っては、分限に従って納付すべきである。」

しかしながらこの法の直後に上記緩和を制限する法が出されるに至った。まず売買の相手方を制限する法が出された。追加条々第590条（弘安7年11

月（1284 年）～弘安 8 年 11 月（1285 年））である。内容は以下の通りである。

【原文】
「一　沽却地事
於下不ㇾ載二國名字於證文一之地上者、糺二-返本錢一、可ㇾ令ㇾ進二-退地主一也」。
【現代文】
「一　売却地の事
下に国、名、字を証文に載せない地については元金を糺し返した上で地主に進退させるべきものとする。」

　本法は売券に国、名、字を載せていない地を元本弁済の上、本主に返還すべきことを命じている。第 530 条との関係を考えると、本主が租税負担をするといっても、相手を客観的に特定しにくい売買を禁じたのだろう。そして同様に誰ともしれない者への売買・贈与を禁じる法が直後に出される。弘安 9 年 8 月（1286 年）追加条々第 598 条である。内容は以下の通りである。

【原文】
「一　所領賣買并請所事
以二御恩之地一、相二-逢甲乙人一、或令二沽却一、或號二請所一〔中世において守護・地頭や名主等が荘園領主に対して年貢納入を請け負う代わりに荘園管理の全権支配を委ねられた地所ないしそのような制度〕、令二充行一之間、其地荒廃云々、向後可ㇾ令ㇾ停二-止之一、令二違反一者、可ㇾ被ㇾ改二所帯一矣、
　　弘安九年八月　日」。
【現代文】
「一　所領を売買並に請所とする事
御恩の地を以て、甲乙人と合意して、或は沽却し、或は請所と称して、これを充て行うことに因って、その地が荒廃する云々につき、今後はこれを停止させるべきものとし、違反する者は所帯を改められるべきものとする。
　　弘安 9 年 8 月　日」

　甲乙人とは誰ともしれない他人のことであって、こうした甲乙人に所領をに売買したり、請所とするとかの名目で売買贈与することを禁止している。理由は条文にもある通り、そのような売買・贈与が所領荒廃の原因になるからである。

売買と並んで充行（＝贈与の一種）があるということは、言及される請所とすることを原因とする充行が何かしらの売買と同視すべき対価がある取引であると判断されたのであろう。ではこれ以外は許されたかといえば、甲乙人への売却と同視される充行は禁止されたのではないか。

以上の諸条々は元寇後の御家人の窮乏、幕府の規制緩和と引き締めのバランスへの苦慮を看取できる条々であるといえよう。

ただここまでの法だと、甲乙人以外の物への和与は全面的には禁止されていないことになるが、その点に関しては和与に関する次のような諸条々が4年後に出されている。

6　年代不詳貞永式目追加条々第745条

他人へ和与した土地についての悔返の可否に関する法である。本条は『中世法制史料集』では年代不詳とされている[30]。ただ恐らくは正応3年11月9日（1290年）前後の法である[31]。内容は以下の通りである。

30　佐藤、池内・鎌倉幕府法第1巻・後掲。
31　第745条の年代を正応3年11月9日（1290年）前後とする理由は以下の通りである。同じく和与に関する正応3年11月9日（1290年）貞永式目追加条々第620条がある。その内容は以下の通りである。
　【原文】
「一　譲与兄弟叔姪所領事
　　称二和与之地一、本主不レ可二悔還一〔悔返。和与、寄進等の贈与行為が行われた後に本主やその子孫がその行為を否認すること〕之由、雖レ有二其沙汰一、自今以後、宜レ任二本主之意一歟」。
　【現代文】
「一　兄弟叔父姪に譲与した所領の事
　　和与した地と称して、本主が悔い返してはならないとの由の沙汰があると雖も、今後は宜しく本主の意に任せるべきか」
　そして同じく和与に関して定めるが、年代未詳とされる第744条がある。
「一　譲二与外孫一物、不レ可二悔返一否事
　　譲二与外孫一之物財、令二悔還一事、法家不レ許二之歟、如二式目一者、譲二与女子一之所領、向背之時、可レ任二父母之意一之由被レ載レ之、然間和二与外孫一之物准レ之、可レ為二外祖父母進退一之由雖二相存一、無下被二定下一旨上之間、輙難二是非一歟、然則且依二證文一、且随レ事躰、可レ有二斟酌一歟」。
　【現代文】
「一　外孫に譲与した物、悔返をすべきではない事
　　外孫に譲与した財物を悔返させる事について、法家はこれをゆるさないのではないか。式目の如きは、女子に譲与した所領の向背の場合、父母の意の由の任にこれを載せられるべきとする。そうであるので外孫に和与した物はこれに准じて、外祖父母の進退の由とするべきであると考えるが、定め下しの旨が無い間は容易く是非を難じるべきだろうかというと、そうではないだろ

360

【原文】

「一　和二-與他人-物、可二悔返-否事

於下相二-憑人-之輩上者、不レ可レ對二-論本主子孫-之由、被レ載二式目一（貞永式目第19条を指す）畢、此外和二-與他人-之物、任二法意-不レ可二悔返-歟、是又就二證文-可レ有二斟酌-歟、」。

【現代文】

「一　他人に和与した物を悔い返すべきか否かの事

人に頼る輩において、本主の子孫と対論すべきではないとの由、式目に載せられている。この外に他人に和与した物を法意の任に悔い返してはならないか。これまた証文に即して斟酌するべきだろう。」。

本条までの和与に関する法は他人への和与については本主が租税負担する限りで許容するが（第530条）、甲乙人等に対する和与は原則として認めないというものであった（第598条）。他人和与に特別な理由がなかったり、何か疑わしい企みを否定できない他人和与を禁止する1273年の第451条や1274年の第461条についてはこれと抵触する後法は出されていない。

以上を踏まえると、本条は許容される範囲内の他人和与地の悔返についての規制のあり方をどうすべきかに関する法（というよりも解決指針）であると読むことができる。法文によれば、裁判官の裁量を広く認める指針である。

鎌倉幕府法に和与、その文言を使わずとも贈与に当たる法律行為に関する法が現れるのはここまでである。これ以後、和与については御家人所領の売買質入を禁止し、本主への無償返還を定めた有名な永仁5年（1297年）の徳政令（該当条文は第657条、第662条[32]。注13前掲）においても和与関連の条はない。

う。そうであるからここは証文に拠って、事態に従って斟酌があるべきであろう。」

第620条では子や甥への和与地の悔返の可否は本主の意に任せるというのが法意だが、ここで注目すべきは「悔還」と表記されていることである。これは744条と745条と共通している。また文末が疑問等を表す「歟」で終わる文体にも共通項がある。それから第620条、第744条、第745条はそれぞれ全く別の者への和与に対する「悔還」を主題としており、内容が重なっていない。以上より3条々は同時期に発令されたものと考えられる。

[32] 永仁5年の徳政令における売買質入禁止令はその後、廃止され、再び復活する。この辺について詳しくは、池田・本銭返の発展・後掲・92-93頁。

7 小括

ここで貞永式目追加条々における和与関連諸条々の動向について小括する。他人和与については、御家人窮乏を救い、経済的地盤を整える意図で出された永仁4年（1267年）の諸条々において御家人所領の売買質入禁止（元本弁済による返還）と並んで他人和与を禁止した。そこで想定された他人和与は代物弁済的な贈与や譲渡担保なものであったと考えられる。そしてこれら諸条々は一度廃止されるが、元寇の危機が高まると復活し、その危機が去ると緩和された。それでも本主が租税負担をしない他人和与や特別な理由がなかったり、何か疑わしい企みを否定できない他人和与、それから甲乙人等への和与の禁止は幕府法においては維持され続けた。

ではこれら追加条々において規制の対象とされる和与、つまりは代物弁済や譲渡担保的な和与はその存在を確認できるか。以下ではその点について考察をする。

Ⅲ　贈与関連古文書の考察

現代における贈与に該当する内容をもつ古文書として寄進状、充文、譲状を分析の対象とする。寄進状については特段の説明は必要ないと思うが、充文と譲状については多少の説明が必要だろう。

充文（あてぶみ）とは給付者が被給付者に土地や所職等を与える際に渡した文書のことである[33]。特に荘園時代における所領給付の証文である[34]。充行（あておこない）状や預ケ状ともいう。

次に譲状とは、一般には平安中期以降、所領や財産を相続人となる子孫、子弟へ譲り渡すことを記した文書である。譲文、処分状、遺言状、付属状ともいう[35]。

33　経済史研究会・経済史辞典・後掲・「充文」。

34　なお小学館・大辞泉・後掲・「充行状」や相賀編・日本大百科全書・後掲・「あておこないじょう」等の説明においては荘園制や武家支配下において土地や所識を給付することを宛行といい、宛行に際して給付者が被給付者に交付する文書であり、主君の御恩として主従関係形成の主要な契機になった等の説明がある。しかしそういうものばかりが充文ではない。先師の意思による僧間の宛行や母から子への給付等充文の名のつく古文書の幅はもっと広い。最も簡潔に表現すると経済史研究会の説明が適切である。

362

　さてこれらの古文書の内に譲渡担保や代物弁済であると思しき物があるか
というと、寄進状については 60 数通をみた限りでは寺社への寄進に至る信
仰上の理由が明記されているものばかりであり、特段その他の意図を疑わせ
る物は見当たらない。

　ところが充文、譲状に関しては両古文書併せて約 70 通の内、充行や譲与
の根拠が不明な物が 20 通あった。その内、初めに他人和与を禁止した 1267
年の法（第 434 条）以前のものが 6 通、最後に他人和与を規制した 1286 年の
第 598 条までのものが 2 通だった。これらの内、譲渡担保に該当すると思わ
れる 1229 年の充文が 1 通、代物弁済が窺われる 1271 年の田地を巡る訴訟に
関する古文書が 1 通あった。これらを以下にあげる。

1　寛喜元年 10 月 5 日（1229 年）僧良心田地充文[36]

師弟間の充文だが、その内容については奇妙な点がある。

【原文】
「充行　　　處分田地事
　　　　　　　　　在
　　合壹段者　字　河北紺野森田　　四至在本券
　右件田者、僧良心之相傳領掌田地也、而依爲年來師弟、存生時ニ、成弁房限永
　代宛行畢、爲後日之證文、相具本券、并放新券文之狀如件、
　但返陸斛米之時ハ、彼之田ヲハ本主可返之狀如件、
　　　　　　　　寛喜元年十月五日　　　　　　　良心（花押）
　（押紙）
　┌─────┐
　│成弁房分│
　└─────┘
　　　（押紙）
　　┌───────────────────────┐
　　│上ヘムカムコノモムソヲトリタシタルフミ│」
　　└───────────────────────┘
【現代語訳】
「充行　　　処分田地の事

35　経済史研究会・経済史辞典・後掲・「譲状」。なお小学館・大辞泉・後掲・「譲り状」や日立ソ
　　リューションズ・マイペディア・後掲・「譲状」等によると、武士の場合には幕府に譲状を添え
　　て当該財産の安堵を申請し、また江戸時代以降は封地の私的相続がなくなったが、庶民間では遺
　　言状による財産譲渡が行われたという。
36　高野山・三・後掲・704。

合計1段は　字河北紺野森田に在り　　四至は在本券に在る。

右件の田は僧良心の相伝領掌する田地である。そうであるところ年来の師弟で
あるに依って、存生の時に成弁房に永代に宛行し終えた。後日の証文の為に本
券を具し、並びに新券文を放つことの状をこの通りとする。

但し6石米を返すときは、この田を本主に返す状をこの通りとする。

　　　寛喜元年10月5日　　　　　　　　良心（花押）

（押紙）

成弁房の分

　　（押紙）

上返還。この文書を取り出した文

　良心は成弁房に相伝所領を宛行、つまり贈与したとする文書であるのに、
なぜか良心が成弁房に6石を返済すれば、本主＝良心に田を戻すという。た
だで弟子に与えた土地の返還を受けるのに6石の代価を払うという奇妙な内
容である。元々良心は成弁房に6石相当の債務を負っていたのだろう。その
ため贈与を原因として田地を譲渡したと考えれば、筋が通る。

　また将来の受戻権を証する本文書が2通必要だったのだろう。なぜかとい
えば、押紙に「成弁房の分」とあるからである。これは良心の分の存在を裏
付けている。

　上記の通りであれば、この文書の内容は現代の譲渡担保の内容をもつ。

　そう考えると当事者が年来師弟であるというのも怪しい。本来充行は子
孫、親族、主従等の近しい関係で行われるものであるから、師弟であると書
いたのかもしれない。

　なお最後の押紙は本田地が良心に返還され、成弁房分の本文書が良心に返
還されたことを証するために貼り付けられた文だろう。つまり受け戻された
ということになる。破棄すればよさそうだが、押紙が貼られて受戻が証明さ
れているので、保存されて高野山に保管され続けたのではないか。

2　文永8年8月24日（1271年）高野山領神野庄田地充文[37]

【原文】

「（別筆）

『良佛房[38]宛書』

充行　神野庄赤木村内田地事

右件田地者、慈法房與長乗房、雖有相論、所詮違乱出來時者、可返本直之由券契明白也、仍本銭貳貫文、返與之上者、任國年讓状之旨、長乗房可令領知之狀如件

　　　文永八年廿四日

預所阿闍梨（花押）」

【現代語訳】

「（別筆）

　　　『良佛房宛書』

充行　神野庄赤木村内田地の事

右件の田地は慈法房と長乗房とに相論が有ると雖も、要するに違乱が出來したときは、本直を返すべしとの由が券契に明白である。よって本銭2貫を返した上は國年の讓状の旨のままに長乗房に領知させるべきとし、その状をこの通りとする。

　　　文永8年8月24日

預所阿闍梨（花押）」

　慈法房と長乗房とが田地の帰属を争う訴訟である。時系列としては、國年の讓状に本銭2貫の違乱本直返文言（違乱が生じた場合には本直＝元本を返還する特約）があったという。讓状は贈与であるのに違乱本直返文言が挿入されていたというのは奇妙である。単純な贈与ではなかったのであろう。國年は讓渡先に対して2貫に相当する債務を負っていて、代物弁済としての讓渡だったと考えると自然である。

　預所阿闍梨が本直返を命じる宛名は國年ではなく、長乗房である。長乗房は國年の子孫等の親族だろう。違乱本直返文言に基づく負担を子々孫々負担することが明記される例がある（例えば、嘉元3年3月24日大中臣重房田地売券（高野山三・642））。

37　高野山・三・後掲・740。

38　「（別筆）良佛房宛書」とある良佛房とは何者か。この部分は別筆とされる。つまり本文筆記者＝預所阿闍梨ではない。そして「宛書」（充文ではない）とあるから、本文筆記者以外の者が良佛房に宛てたことになる。別筆筆記者は訴訟事務関係者で良佛房は判決文を送付されるべき高野山関係者か。なお良佛房は本売券の27年後の永仁6年7月5日（1298年）夜叉女田地売券（上島他編・福智院家文書第1・後掲・103）にも現れるが同一人物かは解らない。

本銭2貫の弁済先はどこかというと、慈法房であるので、同人が國年の債権者だったことになる。

しかし判決にいう本直返文言の効果が生じるような「違乱」とはどういうことか。

國年の子孫等と本件土地の譲受人が譲状対象地を争っているから、4年前に出された文永4年（1267年）12月26日評定による他人和与禁止令（追加条々第434条）が関係していると考えられる。ただこの法は3年後、前述の通り、本判決の1年前の1270年に廃止されている（追加条々第444条）。

國年譲渡がいつ行われ、訴訟がいつ係属したのかは不明だが、判決は第444条発令後である。そのため第434条の適用が争点となったのではないか。同条が適用されないならば、慈法房の譲受所領は召し上げの対象とはならない。適用されるのであれば、違反の効果は召し上げだから、その対象となり、恐らく本主に戻される。という訳は第434条は御家人所領の売買・質入を禁止し、元金弁済の上本主に所領を返還することを命じ、御家人窮乏を救済することを目的にした第433条と同時に発令され、その目的は軌を一にしていたからである。この辺に違乱の原因があるのではないか。

判文からは正確なことは解らない。第434条を適用をしたが、國年譲状には違乱本直返文言があったので、本直返還を条件とした条件付判決だったかもしれないし、第434条を廃止する第444条に基づいたものの、長乗房の訴えそのものを國年譲状にいう違乱と判断されて、違乱本直返文言を適用しての条件付判決かもしれない。

3 小括

ここで小括をしておく。まず寛喜元年10月5日（1229年）僧良心田地充文は譲渡担保に相当する内容で、その年代は他人和与を制限する法が現れる1267年の貞永式目追加条々第434条の48年前である。つまり幕府が念頭に置くような実質担保目的の和与が同条以前に存在していた。

次に文永8年8月24日（1271年）高野山領神野庄田地充文は譲状によって和与された田地を巡っての訴訟であり、代物弁済的な和与を窺わせる内容を含んでいた。判決文自体の年月日は他人和与を禁止する追加条々第434条よ

りも僅かに下るが、実際に係争田地が譲られたのはそれよりも以前の可能性
が高い。

　そしてこれ以後については、他人和与を規制する法は1286年の追加条々
第598条が最後で他人和与に言及する法も1290年頃の法と思われる追加
条々第745条で最後である。なお室町幕府法における追加においても他人和
与に言及する法は現時点では確認できない。

　一方、和与に関する古文書の傾向はどうであったかというと、他人和与に
関する法と和与の根拠が不明な文書の増減等の明白な関連性は読み取れな
い。そもそも譲状にせよ充文にせよ文書上は根拠不明だからといって必ずし
も担保目的とは断定できない[39]。根拠を示す文言があっても真実性が疑わし
いような物もある。僧良心田地充文はその一例である。また充文にせよ、譲
状にせよ担保目的であることを明瞭に示す文言を文書中に挿入する例はむし
ろ稀有なのではないか。

IV　結

　以上の考察から次のことがいえよう。他人和与を初めて制限した1267年
の貞永式目追加条々第434条はその条文の位置から代物弁済や担保目的の和
与を想定していると考えられる。そして同条以前にそのような和与と考えら
れる譲状や充文が存在した。そうするとさらに次のことがいえる。

　そのような和与の制限は、御家人所領の売買質入を制限した1267年の追
加条々第433条と併せて本銭返売買生成の原因になったと考えられる。とい
う訳はこうである。まず所領売買質入を禁止されただけだとしよう。それだ
けだと、債権担保ができればよいのであれば、和与を利用した譲渡担保をす
ればよい。しかし第434条によって他人和与が禁止されたために両条を潜脱

39　例えば、弘安3年11月20日（1280年）僧龍得田地充文（高野山・三・後掲・789）は文書と
　　しては根拠不明だが贈与者が龍得、受贈者が龍蔵といい、師弟等ではないかと思う。また弘安4
　　年12月19日（1282年）紀國眞田地充文（高野山・三・後掲・617）も充行の根拠は不明だが、
　　贈与者が紀國眞、受贈者が紀觀能女である。同姓であるから、親類だろう。こういう例は多くあ
　　るのであって、根拠を書かなくても当然と考えられた場合には和与の根拠を書かなかったのだと
　　考えられる。

できる売買でも質でも他人和与でもない「本銭返」という別取引を生成する必要があった。

　以上からわが国所有権移転担保の生成の歴史は次のようであったといえる。まず他人和与を利用した譲渡担保が存在した。しかし1267年の両条を契機として所領質入や譲渡担保ができなくなったために本銭返売買が生成され、やがて買戻代金に利息等を加える売渡担保が本銭返生成からそう遠くない時代に派生した。

譲渡担保————————————————→

　　　本銭返（買戻特約付売買）→売渡担保

　要するに当時の取引当事者は当時における法制度という外在要因の下で最も合理的と考えらえる方法で新たな債権担保手段を考案した。したがって所有権移転担保としては譲渡担保が合理的であるから、売渡担保の形式をとっていても譲渡担保として扱うのが現代実務として仮に正当であるとしても、どの所有権移転担保が合理的であるかはその時々の法制度等によって相対的なものである。

　最後に今後の検討課題としては以下の点が残った。第一に、譲渡担保はいかなる理由で生成されたのか。この点を本稿では解明できなかった。一方、代物弁済については、米、布、銭等何れにせよある時代の通貨を借用して債務不履行になった場合に、何か通貨で評価できる代物によって弁済することは有史以前にもありそうなことであって、その初めが何時いかなる理由であるかを論証することには余り意味はなさそうであるし、まず論証も不可能だろう。

　第2に、本稿では譲渡担保に該当するであろう例に1例しか接することができず、1286年を最後に他人和与を規制する法も出されなかったが、それは譲渡担保にあたる他人和与が消滅したからなのか。譲渡担保に当たる和与規制後の利用状況を解明できなかった。ただ近代まで譲渡担保が消滅していたということはない。という訳は近世の田畑永代売買禁止令を潜脱するために和与に相当する譲渡（ゆずりわたし）が流質や本銭返と共に利用されていたことは既知だからである[40]。そうであるから恐らく中間時代にも譲渡担保は

存続しただろうが、分析材料としてもう少し史料を得る必要がある。この点は譲渡担保と売渡担保の何れが合理的と判断されて利用されていたのかを探ることができる点で重要であると思う。なぜならば本銭返売買やこれを内容に含む売渡担保は法によって規制されても利用され続けたからである。一方で譲渡担保は規制されて消滅したか、利用がほとんどなくなったのであれば、それは当時の人々は本銭返売買や売渡担保をヨリ合理的と考えて利用したことになるからである。

　なお本稿は阪南大学産業経済研究所助成研究「集合動産を活かしうる取引枠組みとは〜特に譲渡担保生成の起原について」の成果報告である。

【参考文献】

相賀徹夫編『日本大百科全書』（小学館、1984 年）。

池田雄二「非典型担保における買戻（1）（2・完）」北法 59 巻 5 号（2009 年）2656 頁、同 6 号（2009 年）3416 頁。

同「我が国動産質制度の展開─流動動産の担保化の観点からの考察─」帝京 29 巻 1 号（2014 年）109 頁。

同「買戻特約付売買契約（本銭返）の発生原因」帝京 29 巻 2 号（2015 年）19 頁。

同「中世買戻特約付売買契約（本銭返）の発展」帝京 30 巻 1 号（2016 年）83 頁。

同「変則的本銭返売買（特に売渡担保）の生成」阪南論集社会科学編 52 巻 2 号（2017 年）63 頁。

上島享他『福智院家文書　第 1』（続群書類従完成会、2005 年）。

内田貴『民法Ⅲ［第 3 版］債権総論・担保物権』（東京大学出版会、2005 年）。

烏谷部茂「不動産の譲渡担保と登記」広島法科大学院論集 3 号（2007 年）121 頁。

近江幸治『担保制度の研究　権利移転型担保研究序説』（成文堂、1989 年）。

同『担保物権法［新版補正版］』（弘文堂、1998 年）。

同『民法講義Ⅲ　担保物権〔第 2 版補訂〕』（成文堂、2007 年）。

金城亜紀「第十九銀行の製糸金融における倉庫の役割」経済論叢 189 巻 4 号（2016 年）39 頁。

来栖三郎『契約法』（有斐閣、1974 年）。

経済史研究会『日本経済史辞典』縮刷第 1 版（日本評論新社、1954 年）。

後藤新一『日本の金融統計』（東洋経済、1970 年）。

40　詳しくは池田・非典型担保における買戻。2・後掲・2650 頁注 5。

小山泰史『民法判例百選I　総則・物権［第6版］』（有斐閣、2009年）95事件。

佐藤進一、池内義賢『中世法制史料　第一巻　鎌倉幕府法』（岩波書店、1955年）。

司法省『全國民事慣例類集』（青史社、1976年、初出1880年）。

小学館『大辞泉』電子版（小学館）。

東京大学史料編纂所『大日本古文書　家わけ一ノ三　高野山文書之五』（東京大学出版会、1905年）。

東京帝国大学『大日本古文書　家わけ第一　高野山文書之三』（東京帝国大学、1905年）。

東京帝国大学『大日本史料』（東京帝国大学、1901年―）。

日立ソリューションズ『百科事典マイペディア電子辞書版』（日立ソリューションズ、2010年）。

宝月圭吾「本銭返売券の発生について」『對外關係と社會經濟　森克巳博士還暦記念論文集』（塙書房、1968年）349頁。

前田直之助「賣渡擔保担保附信託行爲（一）（二）（三・完）」法曹会雑誌8巻7号（1931年）1頁、8号21頁、9号（1931年）21頁。

八坂神社社務所編『八坂神社記録　上』（八坂神社社務所、1942年）。

我妻栄「『売渡担保』と『譲渡担保』という名称について」同『民法研究IV　担保物権』（有斐閣、1967年、初出1934年）124頁以下。

我妻栄『新訂　擔保物権法（民法講義III）』（岩波書店、1968年）。

我妻栄、有泉亨『民法1　総則・物権法［第三版全訂］』（一粒社、1976年）。

【web資料およびツール】

京都府立総合図書館「東寺百合文書WEB」〈http://hyakugo.kyoto.jp/contents/result.php〉2014年11月21日アクセス。

まえちゃんねっと「換歴」〈http://maechan.net/kanreki/〉2017年6月30日アクセス。和暦の西暦換算に使用。

民法（債権法）改正の対立軸

中 田 裕 康

はじめに——着地点としての改正民法
I 規律の内容
II 規律の対象
III 規律の様式
IV 民法の改正と維持

はじめに——着地点としての改正民法

　2017 年 5 月 26 日、民法の一部を改正する法律案が参議院で可決されて成立し、同年 6 月 2 日に公布された。2015 年 3 月に法律案が衆議院に提出されてから 2 年余り、2009 年 10 月に法務大臣が法制審議会に民法（債権関係）改正の諮問をしてから 7 年半、1998 年 10 月の日本私法学会のシンポジウム「民法 100 年と債権法改正の課題と方向」からだと 18 年半を経てのことである。この間、多くの議論が積み重ねられた。そこでは、様々な考え方の対立があった。改正民法は、それらの対立の中で、1 つの着地点を見出したものといえよう。

　本稿は、この対立を何組かの対立軸に整理して検討し、改正に至る論議を振り返るとともに、民法の今後を考えるものである。規律の内容（I）、規律の対象（II）、規律の様式（III）のそれぞれにおける対立軸を検討し、最後に、改正自体にかかわる基本的対立について考えてみたい（IV）。以下、上記改正前の民法を「改正前民法」、改正後の民法を「改正民法」と呼び、改

正前の条文は（旧〇〇条）、改正後の条文（改正のなかったものを含む）は、単に（〇〇条）と表記する。本稿は、このような鳥瞰的検討を目的とするものであるので、文献引用は最小限に留めざるをえない。

I 規律の内容

規律の内容については、合意と外界（1）、債権の効力と債務者の利益（2）という2つの対立軸を取り上げる。

1 合意と外界

ここでは、契約締結後に生じた事情の評価に関する対立軸（（1））と、目的物の物理的状態が合意に及ぼす影響についての対立軸（（2））を検討する[1]。

(1) 合意による基準と事後的評価

契約締結後にある事情が生じた場合、事情が発生した時点における何らかの基準によってそれを評価するという考え方と、評価基準を当初の合意内容に求めるという考え方[2]がある。これが問題となるのは、①履行不能、②債務不履行における帰責事由、③債務不履行による損害賠償の範囲、④事情変更の法理、⑤不安の抗弁権などである。④と⑤は、法制審議会民法（債権関係）部会（以下「部会」という）が2013年2月に決定した「民法（債権関係）の改正に関する中間試案」（以下「中間試案」という）では掲げられていたが[3]、最終的には規定を置くことが見送られたので割愛し、①②③を取り上げる。

---

[1] 概括的な観察として、中田裕康「債権法における合意の意義」新世代法政策学研究8号（2010）1頁。これは、瀬川信久先生と吉田克己先生にお招き頂いて、2010年3月20日に北海道大学で行った報告に基づく論稿である。当日を懐かしく思い出しつつ、両先生から長年にわたって賜ったご指導とご厚誼に改めて感謝申し上げる。

[2] 後者の考え方からの概観として、潮見佳男「総論——契約責任論の現状と課題」ジュリ1318号（2006）81頁。

[3] 商事法務編『民法（債権関係）の改正に関する中間試案の補足説明』（2013）382頁以下・388頁以下参照〔以下「中間試案説明」として引用する〕。特に、④について、信義則により判断する伝統的な見解と、それは当事者の設定した契約規範の内容の確定の問題であるとする近時の見解との対立は、合意による基準と事後的評価の対立軸の一例といえる。後者の見解として、山本敬三『民法講義Ⅳ₁契約』（2005）103頁、吉政知広『事情変更法理と契約規範』（2014）、議論状況全体につき、中田裕康『契約法』（2017）41頁以下参照。⑤については、潮見佳男『新債権総論Ⅰ』（2017）311頁以下参照。

履行不能については、不能かどうかは、伝統的通説は、「社会の取引観念に従って定められる」とする。ここでは債権成立後に履行障害が生じた時点での物理的又は法律的な状態が評価対象となり、「社会の取引観念」が評価基準となる。これに対し、近時の学説を参照しつつ、「履行をすることが契約の趣旨に照らして債務者に合理的に期待できない場合」に債権者が履行の請求ができないとする立法提案があった。ここでは、「合理的に」という規範的評価を伴いつつも、履行の期待可能性は「契約の趣旨」に照らして評価される[4]。

債務不履行による損害賠償における帰責事由については、伝統的通説は、それは損害賠償請求の要件（不存在の証明責任は債務者にある）であり、その内容は「債務者の故意・過失または信義則上これと同視すべき事由」であるとする。ここでは、不履行時の債務者の故意・過失の有無が基準となる。これに対し、近時の学説を参照しつつ、債務不履行があれば債務者は損害賠償責任を負うのが原則であり、「契約において債務者が引き受けていなかった事由により債務不履行が生じたとき」に免責されるとする立法提案があった。ここでは、「契約において債務者が引き受けて」いたかどうかが基準となる[5]。

債務不履行による損害賠償の範囲については、債務不履行時において債務者が予見可能であった事情が基礎となるという判例・通説と、契約締結時において両当事者が予見可能であった事情のみが基礎となるという有力説の対立がある[6]。

このように、履行過程で問題が生じた場合、従来は、その時点における、契約とは独立した要素を含む基準によって評価するという考え方が多かったのに対し、近時、当事者の契約締結時の合意こそが決め手であるという考え方が台頭している[7]。後者によれば、事後の事情についても、当初の合意内

4 　伝統的通説として、我妻栄『新訂債権総論』（1964）143頁。近時の学説を参照する立法提案として、民法（債権法）改正検討委員会編『詳解債権法改正の基本方針Ⅱ』（2009）194頁以下〔以下「基本方針Ⅱ」として引用する〕。

5 　伝統的通説として、我妻・前掲注（4）105頁、近時の学説を参照する立法提案として、基本方針Ⅱ243頁以下。債務不履行による解除については、改正民法において帰責事由は要件とされていないので、ここでは言及しない。

6 　中田裕康『債権総論〔第3版〕』（2014）170頁以下参照〔以下「中田・債総」として引用する〕。

容を基準として評価すべきことになる。その際、契約の解釈が重要な機能を果たす。契約とは、当事者が自由な合意によって、将来、生じうべき事態について予め取り決めるものであるという近代的契約法理論にも親和的なものである。これに対し、それだと契約解釈という作業に過大な負担を課することになる、すべてが契約締結時に合意されているというのはフィクションにすぎない、契約の履行過程でも信義則が働く（1条2項）、という批判がある。実務界からは、契約書に書き込む力をもつ交渉力の強い当事者が、事実上、有利になる、という指摘がされる。もっとも、当事者の合意と切り離して、事後の状況を評価することは、当事者が合意によって形成した関係に裁判所が事後的に介入し、それを変更することを許容する結果となり適当でないという問題がある。そこで、契約締結後に生じた事情について、合意から導かれる基準による評価と事後的評価（事後における、契約とは独立した要素を含む基準による評価）という対立軸が生じる[8]。

　中間試案では、この対立軸における調和を「契約の趣旨」によって図ることが提案された。「契約の趣旨」とは、「合意の内容や契約書の記載内容だけでなく、契約の性質（有償か無償かを含む。）、当事者が当該契約をした目的、契約締結に至る経緯を始めとする契約をめぐる一切の事情に基づき、取引通念を考慮して評価判断されるべきもの」だとされる[9]。しかし、この言葉は、不明確であるうえ、多用されたため、概念が拡散しているきらいがあった[10]。また、やはり契約書中心になってしまうという懸念も指摘された。

7　山本敬三「契約の拘束力と契約責任論の展開」ジュリ 1318 号（2006）87 頁。

8　森田宏樹『債権法改正を深める』（2013）34 頁～37 頁参照（債務不履行における帰責事由を免責事由とする立法提案について、免責事由の存否が事後的に規範的に評価されると分析する）。部会審議の分析として、履行不能につき、森田修「『債権法改正』の文脈──新旧両規定の架橋のために　第七講　履行請求権：契約責任の体系との関係で（その2）」法教 442 号（2017）78頁、帰責事由につき、同「同　第八講　債務不履行賠償の要件論：帰責事由論を中心に（その2）」法教 445 号（2017）104 頁。

9　中間試案第 8、1（概要・補足説明）、中間試案説明 89 頁以下。

10　「契約の趣旨」の語は、特定物の引渡しの場合の注意義務（第 8、1）、契約による債権の履行請求権の限界事由（第 9、2）、債務不履行による損害賠償の免責事由（第 10、1）、債務不履行における損害賠償の範囲（第 10、6）、債権者の帰責事由による不履行の場合の解除権の制限（第12、2）、付随義務・保護義務（第 26、3）、継続的契約の終了（第 34、1・2）、契約の目的物の契約適合性（売買につき第 35、3 等。他に、贈与・消費貸借・請負）、貸借型契約における使用収益の態様（賃貸借につき第 38、10 等。他に、使用貸借）、役務提供契約における報酬（請負につ

そこで、その後、「契約」と「取引上の社会通念」とを並置する提案がされ、これが改正民法の規定となった。すなわち、履行不能（412条の2）、及び、債務不履行による損害賠償における債務者の帰責事由（415条1項）について、「契約その他の債務の発生原因及び取引上の社会通念に照らして」という表現が選ばれた[11]。契約こそが決め手であるという立場からは、契約等の債務発生原因を取引上の社会通念と「及び」によって連結し、並置することは不当だと評価される。しかし、実務界では、取引上の社会通念もまた重視されるべきであるという意見が強い。すべてを合意に還元するのではない契約法理論も有力である。

　損害賠償の範囲については、旧416条2項が「当事者がその事情を予見し、又は予見することができたとき」であるのを、416条2項は「当事者がその事情を予見すべきであったとき」と改めた。予見可能性の有無という客観的な基準に代え、予見すべきであったかどうかという規範的な基準とする。契約締結時に予見可能性がなかったとしても予見すべきであったと評価されることもあるし、不履行時に予見していたとしても、予見すべきであったと評価されないこともある（契約締結後に生じた事情を債権者が債務者に一方的に通知し続けた場合など）。改正民法は、債務者＝不履行時説と両当事者＝契約締結時説の対立に決着をつけたわけではなく、対立は続くことになる。

　改正民法は、全体としてみると、中間試案に比べると、契約締結時の合意とともに事後的評価を取り入れやすい表現になっている。しかし、改正前民法に比べると、合意を尊重する姿勢が明示されている。新規定の解釈・評価については、今後とも議論が続くことになる[12]。

(2)　合意と「物」

　伝統的には、債権の目的は、その実現が可能なものでなければならないと考えられていた。契約締結の日の前日に焼失していた建物の売買契約は、原

　き第40、1等。他に、委任・雇用）において登場する。

11　改正民法では、「取引上の社会通念」の語が様々な場面で用いられている。本文に記載したほか、95条1項・400条・478条・504条2項・541条・548条の2第2項。

12　たとえば、「契約その他の債権の発生原因」から導かれる契約内容の第一義性を強調する立場からの解釈論をいち早く示すものとして、潮見佳男『民法（債権関係）改正法の概要』（2017）54頁以下（400条に関する記述）〔以下「潮見・概要」として引用する〕。

始的不能であって無効だが、売主が契約締結上の過失責任を負うことがあると考える。まして、永久運動をする機械を製作する契約は、性質上不可能な内容の給付を目的とするものであって、無効とされる。これに対し、物理的な可否ではなく、当事者が何を合意したのかが問題であり、契約の解釈によって、相応の債務の発生を認めてよいという見解が有力になっている[13]。改正民法は、契約に基づく債務の履行が原始的に不能であったとしても、一般的な債務不履行による損害賠償請求ができるとした（412条の2第2項）。後発的な履行不能についても、伝統的には、物理的不能が第一に挙げられていたが[14]、当事者の合意の内容を重視する見解が有力になっていることは、前述の通りである。

このように、「『物』の力から『意思』の力へ」[15]という近年の流れが指摘されていた。改正民法は、それを反映している。

問題は、その先にある。2点ある。第1点は、「物」による制約から解放された合意は、公序良俗や強行規定を別にすれば、もはや何らの制約を受けないのかである。ここでは、やはり「取引上の社会通念」が問題となる。その位置づけを、合意と並置される（合意の外にある）ものとするのか、合意の認定・解釈にあたって考慮される（合意の中に取り込まれる）ものとするのかの対立は、前項におけるのと同様、今後も続くことになる。

第2点は、合意を「物」とする見方である。当事者の合意が1組の定型的なセットとして、「物」であるかのように取り扱われることがある。金融商品（預貯金を含む）について、それが契約上の地位という性質をもつものであるにせよ、その設定及び移転においては、分割が否定されることがある。より一般的に、約款を「物」として理解し、その規律を考える見解もある[16]。ここでは、合意を「物」として理解することの意味、また、アンバンドリングの可否[17]が検討されるべき課題となる。

---

13 中田・債総25頁以下参照。

14 我妻・前掲注（4）143頁。

15 大村敦志『もうひとつの基本民法II』（2007）71頁。同書は、これに続いて、「『意思』の支配から『リスク』の分配へ」という、もう1つの標語のもとで、取引社会的な基準・判断を取り込む考え方を指摘する。

16 西内康人『消費者契約の経済分析』（2016）101頁・242頁参照。

17 中田裕康「投資信託の共同相続——補論とともに」金融法務研究会報告書（25）『近時の預金

以上の通り、合意と外界という対立軸は、債権法の基本的理解に関わる議論と実務への影響の考慮に関わる議論という2層の議論が交錯して展開された。結果として、急旋回をすることにはならなかったが、改正民法の示した合意の尊重という観点は、今後、浸透していくことになると予想される。

2　債権の効力と債務者の利益

債務が履行されないとき、債権者は債務者に対し、履行を請求することができ、更には勝訴判決を得て、強制執行をすることもできるのが原則である。契約自由の原則の積極面の発現として、また、自力救済の禁止の代償として、債権はその内容が効果的に実現されることが求められる。他方、債権の実現に至る過程で、債務者の利益の保護をどう考えるべきかという問題がある。以下では、債権者の利益と債務者の利益の対立軸（(1)）を概観した後、その1つの局面である、債権者の権能と債務者の財産管理の自由の対立軸（(2)）を検討したい。

(1)　債権者の利益と債務者の利益

古くから示されている対立軸として、債権の効果的実現と債務者の人格の尊重がある。主として強制執行における規律のあり方として議論されるが、実体法のレベルでも債権の履行の強制に関して検討される[18]。今回の改正では、債権の履行請求権及び履行の強制についての規定が整備されたが（412条の2第1項・414条1項）、上記の対立軸が直接的に現われたわけではない。もっとも、債権者の利益と債務者の利益の対立は、強制執行以外の場面でも問題となる。

まず、契約解除について。解除は、債務者の不履行による不利益を被っている債権者を契約の拘束から解放するための制度であり、債務者の帰責事由を要件としないという考え方が有力である。そこで、債務者の契約維持の利

等に係る取引を巡る諸問題』（2015）22頁・48頁参照。

[18]　山本和彦「強制執行手続における債権者の保護と債務者の保護」伊藤眞ほか編『権利実現過程の基本構造』（2002）273頁、奥田昌道編『新版注釈民法（10）Ⅰ』（2003）536頁以下〔奥田昌道＝坂田宏〕、中野貞一郎＝下村正明『民事執行法』（2016）7頁以下、中田・債総75頁以下。「人格の自由尊重の理念」の歴史的意味の批判的検討として、森田修『強制履行の法学的構造』（1995）。

益をどのようにして考慮に入れるかが問題となる。解除の要件として、「重大な不履行」や「契約をした目的の達成不能」なども考えられるが[19]、改正民法は、催告解除については催告制度及び催告期間経過後の不履行の軽微性を基準に取り入れることにより、無催告解除については不能及び履行拒絶を要件とすることにより、債務者の利益を考慮しうる制度とした（541条・542条）。

次に、相殺について。債権の譲渡や差押えの場面において、債務者ないし第三債務者の反対債権による相殺の利益をどこまで保護するかが問題となる。改正民法は、債務者ないし第三債務者の相殺の範囲を広げ、その利益の保護を拡充している（469条・511条）。

このほか、債権譲渡制限特約による債務者の相手方固定の利益について、改正民法は、きめ細かい制度を設けている（466条～466条の5）。

(2) 債権者の権能と債務者の財産管理の自由

債権者の権能と債務者の財産管理の自由の対立は、いくつかの場面で現れる。

まず、債権者代位権において、債権者が債権者代位権を行使した場合、債務者がその権利について処分権限を失うのかという問題がある[20]。改正民法は、改正前民法の下での判例とは異なり、債務者の処分権限が失われないものとした（423条の5）。他方、被代位権利が金銭債権である場合、代位債権者が第三債務者から直接受領し、それを自己の債権に充てるという改正前民法の下での判例法理を明文化し（423条の3）、かつ、債務者に対する取立金返還債務と代位債権者の債権との相殺を禁止しなかった（中間試案第14、3 (2) は禁止していた）。このように、債権者代位権においては、債務者の財産管理の自由を拡大する一方、代位債権者にとっての簡易優先回収機能を確保している。ここでは、債務者の財産管理の自由の保護自体を目的とするというよりも、債権者代位権を民事執行・保全制度との関係でどのような制度として設計するのかの判断の結果が表明されているものといえよう。

次に、詐害行為取消権について、破産法上の否認権の規律との関係も考慮

---

19 前者につき、基本方針Ⅱ293頁以下、後者につき、中間試案説明132頁以下。
20 基本方針Ⅱ438頁以下、中間試案説明157頁、中田・債総217頁以下。

しつつ、その要件（一般的要件及び類型ごとの要件）が整序され、他方、詐害行為取消請求を認容する確定判決の効力が債務者にも及ぶこととされた（424条～424条の5・425条）。これは、債務者の財産管理の自由の範囲を明確化する意味をもつ。他方、債権者代位権と同様、取消債権者が受益者等から金銭を直接受領し、それを自己の債権に充てることが明文化され（424条の9）、かつ、債務者に対する返還債務と取消債権者の債権との相殺を禁止しなかった（中間試案第15、8（4）は禁止していた）。ここでも、債務者の財産管理の自由の保護自体を目的とするというよりも、詐害行為取消権を、破産法等との関係も考慮しつつ、どのような制度として設計するのかの判断の結果が表明されているものといえよう。

第3に、今回、代償請求権を認める規定が新設された（422条の2）。履行不能となったのと同一の原因により債務者が債務の目的物の代償たる権利又は利益を取得したときは、債権者は、受けた損害の額の限度で、その権利の移転又は利益の償還を請求できるという制度である。これは、改正前民法の下で、判例・学説が認めてきたものであるが、①債務者に帰責事由がなく、債権者が損害賠償を請求できない場合に限って認められるという見解と、②債務者に帰責事由がある場合にも認められ、債権者は損害賠償請求権と代償請求権のいずれも行使しうるという見解の対立があった。中間試案は①の立場をとったが（第10、5）、改正民法はこれを改めた。2つの見解の根拠は、それぞれいくつかあるが、その1つとして、①の見解は、債権者が債務者の財産管理に介入しうるのは例外的であるべきだという。しかし、改正民法は①の見解を採らなかったので、少なくとも文言上は、債権者の権能を債務者の財産管理の自由よりも重視したことになる。この点は、他の制度が両者の調和を慎重に図っているのに対し、やや一方に寄っているという印象は否めない。改正民法が②の見解を採ったとみるべきか、仮にそうだとして、債権者の取得する2つの請求権の行使の規律はどうあるべきかについて、なお解釈の余地が残されていると考えたい[21]。

21　改正前民法の下での議論につき、奥田昌道編『新版注釈民法（10）Ⅱ』（2011）96頁以下〔北川善太郎＝潮見佳男〕、中田・債総192頁以下。改正民法の解釈論につき、潮見・前掲注（3）299頁、潮見・概要75頁以下。

以上の通り、債権の効力と債務者の利益の調和が様々な場面で図られているが、これらの「債務者の利益」の内容は一様ではないし、想定される債権者・債務者の社会的実体も場面によって異なるように思われる。また、「債務者の利益」の保護の程度が、それぞれの制度の設計の反映として現れると解すべきものもある。ここでは、全体を通じての調和が図られたというよりも、個別場面での調和の集積があるというべきである。

II　規律の対象

規律の対象とは、民法で規定すべきことは何かである。抽象性と具体性(1)、立法と判例 (2) という2つの対立軸を取り上げる。

1　抽象性と具体性

民法、特に債権法において、規定や概念をどの程度の抽象的・一般的なものとするのかが問題となる。抽象化すると射程は広くなるが、規範内容の明確性が低下する。具体化するとその逆になり、むしろ特別法で規定すべきことではないかが問題となる。人 ((1)) と契約 ((2)) について検討する。

(1)　人

民法の原始規定において、権利主体は抽象的な「人」として規定されていたが、2004年の改正により新設された貸金等根保証契約に関する規律において、保証人が個人か法人かによる区別が導入された（旧465条の2～旧465条の5）。今回の民法改正において、更に、「消費者」と「事業者」の区分を導入するかどうかが問題となった。部会での審議に先立つ研究者グループによる立法提案では、これを導入をするものが複数あった[22]。部会では、2011年4月に決定した「民法（債権関係）の改正に関する中間的な論点整理」（以下「中間論点整理」という）において、消費者・事業者に関する規律を民法に置くことが検討対象とされたが（第62）、中間試案では、ほとんど落とされた

---

[22]　民法（債権法）改正検討委員会編『詳解債権法改正の基本方針 I』(2009) 14頁以下・73頁以下〔以下「基本方針 I」として引用する〕、基本方針 II 24頁以下、民法改正研究会編『民法改正国民・法曹・学界有志案』法律時報増刊 (2009) 122頁（「商人」についても規定する）。

（「第26、4 信義則等の適用に当たっての考慮要素」で言及されるのみ）。改正民法には、結局、取り入れられなかった。他方、保証人が個人か法人かを区別する規律は、個人保証人保護のために拡充され（458条の3・465条の2〜465条の8・465条の10）、更に、個人の中でも経営者等を除外するという具体化された規定が設けられた（465条の9）。つまり、改正民法は、抽象的な「人」概念を基本的に維持しつつ、特定の分野では、例外的に個人に特有の規律を置くという改正前の規律を引き継ぎ、更にその例外を設けることにより具体化を進めるものとなった。

　民法に、特定の類型の「人」を対象とする規定を置くことは、民法の規律の抽象性を低下させ、その基本法としての性質を損なうという批判もある。これに対し、民法の想定する「人」も、歴史的な制約を受けた存在であり、そのことを直視すれば、現代の民法において、「消費者」「事業者」に関する規定を置くことは、自然なことであるという反論がされる。他方、技術的なこととして、消費者保護を機動的に実現するためには、私法規定に限らない規定も含む特別法において規律するのが適切であるという指摘があり、また、主管官庁との関係が問題となる。消費者保護や個人保証人保護のための規律には、民法の基本理念と合致するものと、政策的配慮によるものとがあるという指摘もある。

　このように、人についての抽象性と具体性の対立軸は、民法の基本的性質とともに法制のあり方に係るものであったといえる。

(2)　契約

　契約に関する民法の規定の抽象度については、2つの問題がある。

　第1の問題は、民法の契約各則において、役務提供契約や継続的契約という、通常の典型契約よりもやや抽象度の高い、しかし、双務契約や有償契約よりも具体的な、いわば「中2階」に位置する契約類型を設けるかどうかである。研究者グループの立法提案では、「役務提供」という契約類型と継続的契約等に関する規定を設けるものがあった[23]。前者については、中間論点

23　民法（債権法）改正検討委員会編『詳解債権法改正の基本方針V』（2010）3頁以下・400頁以下〔以下「基本方針V」として引用する〕。継続的契約については、中田裕康「継続的契約——日仏民法改正の対照」安永正昭＝鎌田薫＝能見善久監修『債権法改正と民法学第2巻』（近刊）掲載予定参照。

整理において、準委任に代わる役務提供契約の受皿規定が論点として掲げられたが（第47・第50）、中間試案では、役務提供契約に関する一般的規定を置くことは断念され、準委任の規定の改正によるという提案がされた（第41、6）。しかし、改正民法では、それも見送られた。継続的契約については、中間試案の段階で立法案が提示されたが（第34）、改正民法では見送られた。このように、「中２階」の類型は見送られ、現在の典型契約が維持された。もっとも、この検討により問題の所在が意識される契機になり、典型契約の諸規定において、役務提供者の報酬や、契約の終了に関する規定が整備された。

　第２に、民法の各典型契約の中で、さらにサブ類型を設けるかどうかである。たとえば、委任のサブ類型として、仲立契約や媒介契約などの契約に関する規定を置くことである。研究者グループの立法提案では、特殊の委任として、媒介契約及び取次契約についての規定を設けるものがあり[24]、中間論点整理でも検討課題とされたが（第49、6）、中間試案の段階で見送られた。改正民法は、混合寄託及び預貯金契約についての規定を新設するにとどまった（665条の２・666条３項）。ここでは、当該サブ類型について発達した既存の法的規律との接合が問題となる。

　このような契約類型の抽象・具体の対立軸の根底には、民法における法的カテゴリーに積極的評価を与えるのか[25]、それとも、明治民法の起草に際して、「定義種別引例等ニ渉ルモノハ之ヲ削除ス」と定めた[26]わが国の伝統を継承するのか、という基本的対立があるように思われる。そのことが立法のあり方として、類型間の相違を鮮明にするのか（2016年改正フランス民法では、代金額確定の必要性について売買と請負とで大きく異なる）、類型間の平準化を志向するのか（改正民法では、担保責任について統一化が進められた）という形で現れる。各契約類型の特質を強調すると、規定が硬直的又は複雑になり、平準化を強調しすぎると各契約類型における具体的妥当性が低下するという問題が

24　基本方針Ⅴ 133頁以下。

25　フランスにおける法的カテゴリーの機能につき、小粥太郎『民法学の行方』（2008）83頁以下〔初出2005年〕参照。

26　法典調査委員総会で決定された「法典調査ノ方針」13条である（法務大臣官房司法法制調査部監修『日本近代立法資料叢書12法典調査会民法総会議事速記録』（1988）3頁・27頁以下）。

ある。今回の民法改正においては、「中2階」の類型は設けられず、「サブ」類型もほとんど設けられなかったが、典型契約相互間の整合性が図られた。それは典型契約の個性を少し弱めるという効果も伴っている。これは、民法における類型の意義に関する選択であったといえよう[27]。

2 立法と判例

ある規律を立法で定めるのか、判例の展開に委ねるのかという対立がある（(1)）。また、立法で定めるとしても、民法で規定するのか、特別法で規定するのかの対立がある（(2)）。

(1) 立法事項と判例事項

中間試案の後、「民法（債権関係）の改正に関する要綱案」（2015年2月部会決定）に至る過程で、多くの立法提案が削除された。その例として、一般条項を具体化する規定がある。たとえば、公序良俗の具体化である暴利行為に関する規定（中間試案第1、2(2)）、信義則の具体化である、契約交渉の不当破棄（同第27、1）及び契約締結過程における情報提供義務（同第27、2）に関する規定がある。

これらの規定を設けることに対しては、経済界などから、明文化すると独り歩きしたり濫用されたりする恐れがあるという理由による、強い消極意見が示され、上記の中間試案については、いずれも「規定を設けないという考え方がある」という（注）が付された。部会では、合意を目指して、各規定の要件の明確化が試みられたが、成功しなかった。消極意見の示す懸念に配慮しつつ、要件を明確にしようとすると、限定的な、又は、詳細で分かりにくい規律となりがちであるうえ、現在の判例よりも制限的になり、かつ、将来の法発展が妨げられる恐れが生じる。このため、積極意見の側でも、規定を置くことを断念した。このようにして、明文化は見送られたが、規律の内容が否定されたわけではない。立法で規定するのではなく、判例の展開に委ねるべきだという判断がされたことになる。

立法で規定することは、規範内容を明確にし、安定性・透明性を高めると

---

27 各種の契約の規定のあり方については、中田裕康ほか『講義・債権法改正』（2017）300頁以下〔中田〕参照。

いう意義がある。ただ、あまり具体的に規定すると、将来の時代の変化に対応できず硬直化する恐れがある。といって、抽象的な規定にすると、明確性が低下するだけでなく、思わぬ方向に波及する恐れがある。具体的に規定し、時代の変化に応じて、都度、改正することができればよいが、法律（特に民法）を常に機動的に改正できるとは限らない。そこで、規律の対象に応じて、立法による規律と判例による規律との役割分担がされるべきことになる。手続や組織など明確かつ画一的に定める必要のある事項、あるいは、実効性を確保するために行政的規律や罰則を伴う事項については、立法が望ましい。しかし、民法の一般条項は、もともと個別的判断に親しむものである。こう考えると、改正民法が一般条項の具体化を明文化せず、判例・学説の展開に委ねたことは、1つの選択であったと理解することもできる。

　ここで考察すべき問題が2つある。第1は、他の国における選択である。日本民法と並行して改正準備が進められ、2016年2月に改正されたフランス民法では、当事者の一方が相手方の依存状態を濫用して、義務を負担させ、明らかに過大な利益を得た場合を強迫とする規定（1143条）、契約交渉における自由と信義誠実を掲げたうえ、交渉においてフォート（非行）のある場合の損害賠償の内容を定める規定（1112条）、契約当事者間の情報提供義務を定める規定（1112-1条）が、いずれも新設されている。同じ時期に改正された2つの民法における対照的な選択は、民法のあり方や裁判官の役割について、検討すべき課題のあることを示唆する[28]。

　第2は、財産法の分野における立法と判例の実質的接近である。かつて、最高裁が積極的に判例法を形成した時期があった。仮登記担保における清算義務を認めた最判昭和42年11月16日（民集21巻9号2430頁）や任意に支払われた利息制限法の制限を超過する利息の返還請求を認めた最大判昭和43年11月13日（民集22巻12号2526頁）を代表とする昭和40年代は、判例法の時代であったと言われることがある[29]。前者は法律の制定を促し、後者は法律の規定を実質的に空洞化するものであった。このような立法と判例のい

---

[28]　中田裕康「立法紹介　2016年フランス民法（債権法）改正」日仏法学29号（2017）97頁、中田・前掲注（23）参照。
[29]　大村敦志『新基本民法3担保編』（2016）107頁。

わば競合型の関係に対し、前世紀末以来の「大立法時代」の民事立法においては、立法準備作業と判例の間に、いわば協力型の関係があるように感じる。今回の民法改正においても、部会の事務局を務めた法務省民事局参事官室のスタッフの多くは、裁判所から法務省に出向した方々であり、裁判官としての経験があって判例にも通暁している。また、部会には、裁判所から数名の委員・幹事が参加し、裁判実務の観点からの発言をされた。他方、最高裁においては、法を創造する機能が意識されているようであり[30]、特に近年の最高裁の判決等では、立法技術を思わせる、極めて精緻な表現を用いるものがある。部会での審議事項について、最高裁の判断とそれを受けた反応が見られることもあった[31]。立法準備作業をする部会における司法的発想と、最高裁における立法的発想との両面で、両者の接近が感じられる。これは、現在の課題を解決し、将来の安定的な裁判を確保するために、重要な意義のあることであるが、そうであるからこそ、学説の果たすべき役割が改めて確認される必要があるだろう[32]。

(2) 民法と特別法

立法で規定すべき事項について、民法で規定するのか、特別法によるのかという問題がある。消費者概念の民法への取込み（1（1））や立法事項と判例

---

30 奥田昌道『紛争解決と規範創造——最高裁判所で学んだこと、感じたこと』(2009)。

31 たとえば、一部請求と残部についての消滅時効中断に関し、中間試案第7（2）（中間試案補足説明82頁参照）が従来の判例と異なる提案をしたのに対し、最判平成25年6月6日民集67巻5号1208頁は従来の判例を確認したうえ、未解明部分を明らかにする判断を示した。この判決を受け、同年10月29日の部会に提出された資料において、中間試案第7（2）の論点は取り上げないこととされ（部会資料69A、24頁以下）、弁護士会出身の委員・幹事から再考を求める意見はあったものの（第79回部会〔2013年10月29日〕議事録27頁・28頁・32頁・39頁〔中井康之委員・髙須順一幹事・岡正晶委員の各発言〕）、この論点は見送られることになった。なお、同判決を掲載する判例雑誌の詳細な匿名解説は、中間試案の補足説明に対し、理論的根拠の説明がないなどの厳しい批判を投じていた（判時2190号22頁以下、判タ1390号136頁以下）。もっとも、武藤貴明調査官の解説は、当初のものは中間試案に触れず（ジュリ1468号84頁）、その後のものも「債権法改正の動向」を補足的に記載するに留めている（『最高裁判所判例解説民事篇平成25年度』312頁以下）。

32 部会において、研究者と裁判所とが対立した代表的な事項は、契約の解釈に関する規定であった。中間試案では掲げられていたが（第29）、裁判所の反対が強く、見送られた。なお、「理論と実務」という対立軸を設定することは、「理論」と「実務」についての一定のイメージを所与とするものであり、有効ではないだろう。立法準備作業において、研究者と実務家との役割分担はあるとしても、両者は協力して、適切な規律を見出すべきものだと考える。たとえば、催告による解除（541条）は、その成果であるといえよう。

事項（2 (1)）でも触れたところであるが、具体的な政策目的を効果的に実現するためには、適用対象を特定し、必要に応じて手続規定・行政的規律・罰則も整備し、政省令で補完され、新たな事象にも法令の改正により機敏に対抗できる、特別法が望ましい。その場合、立法にあたって所管官庁と関係団体との間で、具体的な意見交換がされ、実情に即したきめ細かい規定が置かれることもあるだろう。

　これに対し、民法は、私法の基本法として、より一般的で抽象度の高い規律によって構成される。しかし、民法も時代の変化に対応する必要がある。そこで、基本法でありつつ、いかなる変化にどのように対応するべきかが問題となる。ここで、技術的な問題と、原理的な問題がある。

　技術的問題とは、規律の抽象度を保ったまま、改正することのむずかしさである。特別法の制定・改正の手法に親しんだ人にとっては、一般的規律の改正は、その「独り歩き」や「予想外の影響」が懸念されるので、改正法の適用範囲の明確化ないし適用除外に関心が向かうことになる。また、従来の一般的規律を前提として形成された個別領域の法規範（商法、消費者法、労働法、民事執行法、倒産法など）との調整が必要となる。そのため、規定は、対象が限定された具体的で詳細なものになりがちである。個人根保証契約・事業債務の保証契約の規定（465 条の 2～465 条の 10）、詐害行為取消権の規定（424 条～425 条の 4）がその例である。もっとも、規定が過度に詳細にならないようにすることは、今回の民法改正でも意識されていた。解釈に委ねられた項目は多数あるし、抽象度を維持したまま改正をした例（90 条）や、一般的な規律を新設した例（意思能力に関する 3 条の 2、弁済の意義を定める 473 条、契約自由の原則を定める 521 条・522 条 2 項など）もある。全体としてみれば、従来よりも詳細になったことは事実であるが、なお基本法としての抽象度は保たれているといえると思う。

　原理的な問題とは、具体化された規律においては、特定の政策目的が直接的に反映されやすいことである。個人根保証契約・事業債務の保証契約の規定については個人保証人の保護という目的が、詐害行為取消権の要件の限定については、債務者の再建の途の確保という目的[33]が、反映されている。こ

33　2014 年に制定された破産法は、否認権制度を改正したが、そこでは経済的苦境にある債務者

のように、基層としての規律と、表層としての規律とが、民法に混在することになる。ここでは、基層と表層の関係を更に考える必要がある。そもそも「基層」も歴史的・社会的な制約を受けたものである。新たな規律を取り入れようとするとき、それが民法の基層と異質なものではないかを検討する段階と、新たな規律による民法の基層自体の変容を考察すべき段階とがあり、基層と表層との関係は流動的なものとして理解すべきものではなかろうか[34]。

この問題が活発に論じられたのは、約款に関する規定を民法に置くべきか、特別法に委ねるべきかであった。経済界からは、約款に関する規定は、消費者契約法などに置くべきであるという意見が強く出された[35]。しかし、現代社会で広く用いられている約款を、基本法である民法の中に位置づけ、適切な規律を置くべきであるという考え方が大勢であった[36]。ここでの問題は、上述の技術的問題と原理的問題の両面にわたるが、特に、不当な約款の相手方である個々の人（個人・法人）の権利義務を規律するという私法的視点と、全体としての約款の適正化を追求するという行政的視点とをどのように接合させ、調和させるのか、という点にもあったのではないかと思う。

Ⅲ　規律の様式

規律の様式とは、民法の編別、規定の配置、条文の表現などをどうするかである。パンデクテン体系と契約法体系 (1)、教育的観点と法制的観点 (2) という 2 つの対立軸を検討する。重なる部分があるが、前者は内容との関係

の再建の途を確保するため、取引相手方である受益者の萎縮的効果を除去するという観点が取り入れられている（小川秀樹編著『一問一答新しい破産法』(2004) 224 頁・228 頁・230 頁・236 頁など）。今回の民法改正において、破産法の否認制度におけるこのような観点が取り入れられたといえよう（中間試案説明 165 頁参照）。

34 消費者契約に関する規律の民法への統合について、潮見佳男『契約法理の現代化』(2004) 399 頁以下参照。なお、契約法に比べると、不法行為法においては、制度目的論がより具体的なレベルで議論されるのではないか。長野史寛『不法行為責任内容論序説』(2017) 245 頁以下参照。

35 たとえば、第 96 回部会（2014 年 8 月 26 日）議事録 34 頁～36 頁（佐成実委員発言）。

36 改正民法の定型約款の規定に対し批判を投じる論者も、約款についての一般的規律を民法に置くこと自体の意義は認める（河上正二「民法改正法案の『定型約款』規定と消費者保護」法教 441 号 (2017) 30 頁）。

が、後者は表現との関係が、それぞれより強く現れる。

1　パンデクテン体系と契約法体系

(1)　民法の編成

パンデクテン体系をとる民法の改正について、2段階の問題があった。第1は、法律行為法か契約法か、第2は、債権法か契約法かである。いずれもパンデクテン体系の階層性のもつ意義と、契約に関する法を自立させる意義とのどちらを重視するかに関わる。

第1の問題は、法律行為という概念の評価[37]、更には民法総則のもつ意義の評価において現れる。これに関し、かつて、研究者グループである民法（債権法）改正検討委員会で活発な議論がされた[38]。民法総則を簡素化する案、及び、これと連動するが、法律行為に関する規定の多くを契約に関する規定に含めた上で債権編に移動し、民法総則には法律行為の原則規定を置くに留めるという案が検討されたが、最終的には、従来の編別を保つこととされ、法律行為の概念及びその規定の位置が維持された[39]。部会においては、法律行為に関する規定を債権編に移すことが論点とされたが、法律行為の概念がわが国で定着していること、これを変容させると他法令への影響が大きいこと、法律行為に関する規定を契約に関する規定とすると単独行為については準用規定の方式になること、物権法・家族法における行為の取扱いにも問題が生じることなどから、見送られた[40]。

第2の問題は、債権の意義の評価に関わる。2つの面がある。1つは、債

---

[37]　この概念の意義と課題を簡明に述べるものとして、星野英一「『法律行為』をどう考えるか」同『民法論集第8巻』（1996）271頁〔初出1990年〕。民法改正との関係では、基本方針Ⅰ45頁以下。2016年に改正されたフランス民法で法律行為に関する規定が置かれたことにつき、中田・前掲注（28）97頁・110頁以下参照。

[38]　民法（債権法）改正検討委員会第8回全体会議（2008年11月3日）及び第9回全体会議（同月15日）の議事録及び配布資料を参照。これらは、ウェブ上で閲覧することができる（https://www.shojihomu.or.jp/minpousaikenhou〔最終確認2017年12月14日〕）。

[39]　最終的には、民法典の編成案は第23回全体会議（2009年3月1日）において確定し（資料未公開）、それが基本方針Ⅰ16頁以下となった。法律行為の概念の維持については、基本方針Ⅰ45頁以下。

[40]　論点整理第63、部会資料49、第5、補足説明4（1）、第61回部会（2012年11月6日）議事録18頁〜19頁（大村敦志幹事・中田・佐成委員・筒井健夫幹事発言）参照。

権をその発生原因から切り離し、抽象的なものとして捉えるかどうかである。かつては、債権の抽象的把握を積極的に評価するものが通説的見解であったが[41]、近年、発生原因を重視すべきだという考え方が有力になってきた[42]。中間試案は、契約による債権債務と契約以外の原因による債権債務を形式的にも区別して規定した（履行請求権の限界事由につき、第9、2、債務不履行による損害賠償とその免責事由につき、第10、1など）。改正民法は、「契約その他の債務の発生原因及び取引上の社会通念に照らして」と、やや緩和したものの、発生原因を考慮に入れることを明示した（412条の2第1項、415条1項など）。もう1つの面は、契約上の債務が履行されない場合、「債権の効力」によって規律するのか、契約の拘束力の観点から救済方法を検討するのかである[43]。後者は、「レメディ・アプローチ」と呼ばれることもある。改正民法は、債権総則の拡充をし、債権の効力という見方を維持した。もっとも、債権の請求力を正面から規定した中間試案（第9、1）に対し、改正民法は、やや不明瞭になっており（412条の2第1項）、その理解については、今後も議論が続くだろう[44]。部会では、この問題を背景として、民法典の編成について債権総則と契約総則の統合（特に、債務不履行に関する規定と契約解除に関する規定の統合）が検討されたが、編成自体は動かさないまま、上記のような個別規定の内容のレベルで解決するという結果となった[45]。

(2) 規定の配置

民法の編成について一定の前提がとられ、また、個別規定の内容について一応の了解がされたとしても、個別規定をどのように配置するのかについて、なお意見が分かれうる。部会では、意思能力に関する規律を総則中の「第2章 人」に置くか、「第5章 法律行為」に置くか[46]、また、契約上の

---

[41] 我妻・前掲注（4）序4頁〔1940年初版の序言〕。中田・債総5頁参照。

[42] 潮見・前掲注（2）81頁以下参照。

[43] 中田・債総72頁以下参照。

[44] 412条の2第1項が、中間試案と同様、債権の請求力を規定しているのか、より具体的な救済方法を規定しているのかである。

[45] 論点整理第63、部会資料49、第5、補足説明1・2、同61第1、1補足説明1、第72回部会（2013年5月28日）議事録3頁～19頁。

[46] 第90回部会（2014年6月10日）議事録20頁～22頁（山本敬三幹事・潮見佳男幹事発言）、第95回部会（同年8月5日）議事録2頁～4頁（山本敬三幹事・能見善久委員・中田発言）、第97回部会（同年12月16日）議事録4頁～10頁（大村幹事・筒井幹事・山本敬三幹事・潮見幹

390

地位の移転に関する規律を債権編中の「第1章　総則」に置くか、「第2章　契約」に置くか[47]について、議論があった。これは、各規律の内容に関する潜在的異論や、前提とされる編成のあり方についての潜在的異論が、個別規定の配置問題において表出したものと考えられる。

　民法の編成及び規定の配置のいずれも、具体的規律をどのような体系の中に位置づけるのかという関心から、主として研究者において熱心に議論される。それは、個々の規律の本質的理解にも関わると考えてのことである。議論の収束は容易ではない。これに対し、実務家の関心は、個別規定の内容それ自体に向かい、編成・体系への関心は相対的にはやや低いようである（注45～47の各議事録を参照）。結果として、研究者の議論とは別に、既存の規律の改正に慎重であり、かつ、他分野の規律や他法令に及ぼす影響を綿密に審査する法制的観点が大きな作用を及ぼすことになった。これを次項で取り上げる。

2　教育的観点と法制的観点
(1)　構成

　2016年改正により、フランス民法では、契約に関する一般的規律がひとまとめにして規定されることになった。すなわち、第3編の「第3章　債権債務関係の発生原因」に「第1小章　契約」を置き、そこに、契約の定義など基本事項を定める冒頭規定、契約の成立、契約の解釈、契約の効力の各節を配置する。この改正に関する公式説明である司法大臣の大統領に対する報告書[48]では、改正法における教育的な（pédagogique）観点にしばしば言及される。すなわち、第3編全体の構成の単純化、法律行為と法律事実の概念の導入（第3章冒頭の前置規定）、契約の方式違反の効果（契約の方式に関する一般規定）などについてである。また、契約の小章における規律を時系列で配置す

事・中田・中井委員発言）、第99回部会（2015年2月10日）議事録5頁・6頁・11頁～13頁（山本敬三幹事・中田発言）。

47　第97回部会（2014年12月16日）議事録13頁・14頁・24頁・25頁（潮見幹事・村松秀樹幹事・大村・道垣内弘人幹事・中田発言）。

48　Rapport au Président de la République relatif à l'ordonnance n° 2016-131 du 10 février 2016 portant réforme du droit des contrats, du régime général et de la preuve des obligations, JORF n° 0035 du 11 février 2016.

ることによって分かりやすくした、との説明もある。

このことは、日本では民法典論争において旧民法が教科書のようだと批判されたこと[49]を思い起こさせる。批判の内容は一様ではないが、「法典は教科書ではない」という主張が一定の説得力をもっていたことが推測されるし、おそらく現在でもその主張に共感する人は少なくないだろう。「教科書的」と「教育的」とは異なるにせよ、わが国においては、民法の編成について教育的観点が語られてもそれほど共感を得ることはなく、それは法学教師の職業的関心にすぎないという印象を与えるものでしかないのかもしれない。それよりも、法制的観点からの言明が大きな力をもつように思われる。

(2) 表現

このことは、各規定の表現において、なおさらそうである。部会審議の大詰めの段階である第95回部会（2014年8月5日）において提示された部会資料では、従来の審議結果に対する修正の可能性を示す「網掛け」が多くの規定に付された。たとえば、同資料第8の「2 種類債権の目的物の特定（民法第401条第2項関係）」における「民法第401条第1項の場合において、（中略）債権者との合意によりその給付すべき物を定めたときは、以後その物を債権の目的物とする。」という規定、第10の「1 履行請求権と履行の不能」における「債権者は、債務者に対し、その債務の履行を請求することができる。（後略）」という規定、第26の「2 履行請求権の限界事由が契約成立時に生じていた場合の契約の効力」における「契約に基づく債務の履行がその契約の成立の時に不能であったときであっても、契約は、そのためにその効力を妨げられない。」という規定、第30の「2 売主の義務」における「(1)売主は、契約の内容（中略）に適合した権利を買主に移転する義務を負う。」及び「(2) 売買の目的が物であるときは、売主は、種類、品質及び数量に関して、契約の内容に適合するものを買主に引き渡す義務を負う。」という規定である。これらの規定は、その後、いずれも修正又は削除され、改正民法の各規定が定められた（順に、401条2項〔改正なし〕、412条の2第1項、412条の2第2項、560条以下）。この変更は、法制的観点からは説明できるのだとして

---

49 星野通編著『民法典論争資料集〔復刻増補版〕』(2013) 185頁〔法学新報社説「法典実施延期意見」〕・187頁〔奥田義人「法典断行説ノ妄ヲ弁ス」〕。

も、教育的観点からは後退したという印象が否めない。

今回の民法（債権関係）の改正について、2009年10月にされた法務大臣の法制審議会に対する諮問第88号において、「国民一般に分かりやすいものとする等の観点から」の見直しが求められていたところ、部会審議の最終段階において、「分かりやすさ」の内容が教育的観点による平明さから、法制的観点による精密さへと変容したように思われる[50]。

Ⅳ　民法の改正と維持

1　改正まで

(1)　改正の要否

最後に、最も基本的な、民法改正の要否をめぐる対立について一言したい。民法施行から100年目である1998年以降、民法（債権法）改正についての議論が本格化し、21世紀に入ってからは、様々な研究者グループが改正に向けての共同研究や共同提案をした。その際、民法（債権法）を現代化する必要があること、そのために、民法典を解体するのではなく、その改正をすべきことについては、ほぼ共通の認識があったといえよう[51]。ただ、改正の範囲・目的・方法に関しては様々な意見があり、また、部会での審議結果に対しても異論があり、それらが部会で進められた改正作業に対する批判[52]として現れたように思われる。

このうち、改正の範囲に関しては、抜本的な見直しではなく、必要に応じた部分的改正を都度行うべきだという意見もあったが[53]、少なくとも出発点としては債権法ないし財産法の全体を視野に入れた検討をすべきことについ

50　この点に関する筆者の見解は、「部会資料83-1に関するコメント」として第96回部会（2014年8月26日）に提出した。この変容に対する批判として、奥田昌道・松岡久和「［インタビュー］債権関係規定の見直し」法律時報1079号（2014）4頁・6頁〜9頁。

51　基本方針Ⅰ7頁〔2006年10月の設立趣意書〕、民法改正研究会編・前掲注（22）4頁〔加藤雅信執筆〕、椿寿夫ほか編『民法改正を考える』法律時報増刊（2008）〔森嶌昭夫・川井健各論文など〕。

52　加藤雅信『民法（債権法）改正——民法典はどこにいくのか』（2011）、同『迫りつつある債権法改正』（2015）、加賀山茂『民法改正案の評価——債権関係法案の問題点と解決策』（2015）など。

53　山田卓生「民法改正の必要性と必然性」椿ほか編・前掲注（51）6頁。

て、やはり大方の了解があったように思われる。特に、債権総則・契約総則については全体的検討が不可欠であることは、ほぼ異論がないのではないかと思う。他方、不必要な改正をすべきでないという意見が当初から強く述べられ、「壊れていないものを修理するな」という言葉が、改正を抑制する標語のようにして、しばしば用いられた[54]。民法改正の必要性自体の認識は共有されているのだとすれば、これは改正の具体的な対象を慎重に吟味せよという趣旨だと理解することができよう。部会では、前述のとおり、各項目について様々の立場から意見が出され、慎重な審議が重ねられた。更に、部会の最終段階で法制的観点からの審査がされ、改正が見送られた例もある。その評価はともあれ、結果的には、極めて慎重な改正がされたことになる。

改正の目的に関しては、改正前民法の抱えていた問題に対処し、社会経済の変化に応じて、また、国際的な動きも参照しつつ、民法（債権法）を現代化すべきこと[55]については、一定の理解があったのではないかと思う。なお、それとは別の隠された意図を想定したうえでの批判もあったようであるが、その想定については、無理があるというのが筆者の実感である。

改正の方法に関しては、項を改めて検討しよう。

(2) 改正の方法

日本民法と時期的に並行して進められたフランス民法（債権法）の改正は、司法省の支援を受けた2つの研究者グループによる立法提案及び司法省による立法提案が作成された後、国会が政府に民法改正の権限を授与する法律に基づく行政庁の命令（オルドナンス）による方法で実現された[56]。この方法による民法改正については、賛成する国民議会と反対する元老院との間で激しい対立があった。民法の中核に関わる多数の条文についての起草作業を司法省内部で行うことに対しても、かつて家族法改正の際に著名な学者に委ねられた例と対比して疑問を投じたり、秘かに影響力を行使しようとする者

---

54 カール・リーゼンフーバー（渡辺達徳訳）「不履行による損害賠償と過失原理」ジュリ1358号（2008）141頁・155頁〔米国のランスの発言の引用〕、民法改正研究会編・前掲注（22）32頁〔加藤雅信執筆〕、「座談会 債権法改正をめぐって」ジュリ1392号（2010）46頁・64～65頁〔加藤雅信・細川清発言〕など。

55 中田・前掲注（3）4頁以下。

56 中田・前掲注（28）100頁～107頁。

（「夜の訪問者」）の出現を危惧したりするものもあった。しかし、司法省では、研究者グループ及び司法省による上記諸草案が作成された後も、改正草案について2つの委員会（経済界と法律家からなる委員会と国会議員からなる委員会）を設けて、様々の意見を徴したうえ、シラク大統領からオランド大統領までの政治状況の変動にもかかわらず、授権法律の国会可決にこぎつけたという経緯がある[57]。

　わが国では、このような方法で民法を改正する制度は存在しない。今回の民法改正においては、通常の民事立法における手続が、しかも通常よりもはるかに慎重に、長い時間をかけて、進められた。部会には、民法研究者だけでなく、他の法分野の研究者、裁判所、弁護士会、経済界、労働界、消費者団体、関係官庁など様々の立場の人々が参加した。それ以前に公刊されていた複数の研究者グループの立法提案も参照された。審議については議事録及び資料が公表され、2度のパブリック・コメント手続が実施され、更に通例とは異なり、条文の表現等も部会に示された。国会でも長時間の審議がされた。このように、立法過程は慎重であり透明性も高い。それを見れば、改正民法が様々の意見の間で議論と調整が重ねられてできたものであり、特定の学説又は特定の立場の見解が改正内容を支配したものでないことは明らかである。

2　改正から

　もちろん、改正民法が異論の余地のないものであるわけではない。部会の審議に参加した研究者の中でさえ、自らの見解がすべて採用され、改正民法の規律に何らの不満も感じないという人はいないだろう。改正民法は、また、不動のものでもない。それは、これまでの学説・判例・実務の流れの中での成果であり、これからの学説・判例・実務による法形成を予定するものでもある[58]。

---

[57]　Fr. Ancel, B. Fauvarque-Cosson et J. Gest, Aux sources de la réforme du droit des contrats, Dalloz, 2017, pp. 4-6 et 42-51. その後、オルドナンスの追認の法律案において、元老院が改正内容の一部修正案を可決し、国民議会が元老院案を一部再修正した後、元老院（第2読会）で審議されている（2017年12月14日現在）。

[58]　大村敦志『新基本民法4債権編』（2016）頁以下参照（改正されなかった規定を含め民法の立

本稿で取り上げた対立軸は、それぞれ位相も性質も異なるし、調和のさせ方も一様ではない。今後は、その調和点のもつ意味の分析とこれに対する批判的検討を重ねることにより、改正民法の熟成と新たな展開へと向かうべきであろう[59]。また、改正民法の解釈にあたっては、部会審議における発言、部会資料、部会関係者の見解を過度に重視するのではなく、従来からの法解釈の方法を引き続き実践することが可能であるし、それが期待される。「大きな文脈」[60]の中で考えることの必要性は、今後とも、増えこそすれ、減ることはない。改正民法のもたらした現代化の所産を活かしつつ、そのような努力をすることによって、民法の意義と民法学の魅力とが高まることを祈念する。

　法過程全体を見渡す「Unbuilt」の民法学を提唱する)。
[59]　「特集　民法（債権法）改正」民商153巻1号（2017）1頁の各論稿（松岡久和・水津太郎・吉田克己・大村敦志執筆）は、その注目すべき例である。
[60]　森田修「『債権法改正』の文脈——新旧両規定の架橋のために」法教427号（2016）71頁。

履行請求権と塡補賠償請求権との併存
──新債権法と「浮動状態」（Schwebezustand）論──

森　田　　修

> はじめに
> Ⅰ　日本法における「浮動状態」論
> Ⅱ　ドイツ法における「浮動状態」論
> おわりに

はじめに

1　「浮動状態」とそれへのいくつかのアプローチ

債務不履行の場面では、しばしば契約債権者（被不履行者）のために複数の救済が競合して認められる。このとき、契約債権者と契約債務者との間の権利義務関係が、各当事者の自由意思に基づく選択に依存することがあり、その場合には法律関係は一義的には決まらない。契約責任の存否・内容に関して権利義務関係の不確定なこのような状態を総称する概念としてドイツでは「浮動状態」（Schwebezustand）という語が用いられる（cf.Larenz, Schuldrecht I., 14. Aufl. [1984] S. 336)[1]。

その典型は「救済としての履行請求権」（債権者が給付判決を得、また強制執行手続を開始する権能を持つことを基礎づける実体法上の請求権を以下ではこう呼びたい。この概念について詳しくは森田修「『債権法改正』の文脈」第7講Ⅰ1(2)(a) 法学教室441号69～70頁参照）と「塡補賠償請求権」とが併存する場面である。この場

1　なおドイツにおいてこの語は、契約の効力そのものが有効か無効かが決まらない状態も指すようであるが、本稿ではこの問題には立ち入らない。

面ではしばしば債権者の解除権も発生し、採りうる救済手段の組み合わせ及びその調整に影響を与える。

(1) 救済の併存についての二つのアプローチ

日本でも、併存する救済の調整つまり「浮動状態」解消のあり方が、既に「債権法改正」作業前夜から議論され、そこには「履行請求権アプローチ」と「remedy アプローチ」という 2 つの方向性が比較的明瞭に成立していた。

(a) 履行請求権アプローチ

これは履行請求権から填補賠償請求権への転形を実体法上確定的に観念するアプローチである。「転形」においては、契約債権の効力としての履行請求権の消滅と填補賠償請求権の成立とが、同時に、債権の同一性を維持しつつ生じると観念されるから、そもそも両請求権の併存状態は生じない（このロジックを以下では「債務転形論」と呼ぶ）。注意すべきことは填補賠償請求権の発生要件を（例えば不能に限定されないものへと）拡大しても、それが同時に履行請求権の消滅要件と一致させられていれば、この「転形」をもたらす事由（以下では「転形事由」と呼ぶ）となり、「債務転形論」のロジックは維持され、「浮動状態」の場面自体は拡大されない、ということである。

(b) remedy アプローチ

これに対して remedy アプローチは、「債務転形論」を採らず、救済が実体法的にも併存することを原理的に許容するものである。併存する救済の選択は債権者（被不履行者）の自由に委ねられ、ただ、そのような選択にさらされることからの債務者（不履行者）の保護を、債権者の選択権を必要な限度で制約する構成によって手当てする。その構成においては不履行後の両当事者の行為態様の規範的評価・裁量が重要な意味を持つが、他方でその判断につき許容される裁量性には権利義務関係の一義性・予見可能性の観点からの制約も生じる。このアプローチの下では、履行請求権の限界事由も填補賠償の要件論もそれぞれ制度毎に決まることになるから、一般的には浮動状態は拡大しうることになる。

(2) 救済の調整についての二つのアプローチ

他方、後に詳述する通り上記(1)(a)の履行請求権アプローチを採っても、限定的ながら浮動状態の発生が実は不可避であるから、「浮動状態」の調整

という問題は、(1)の二つのアプローチのいずれを採るかとは独立に生じる。この問題については、浮動状態を確定する実体法上の事由を定めるアプローチ（確定事由アプローチ）と、それらの調整を信義則的裁量に委ねるアプローチ（信義則アプローチ）とが想定される。

たしかに確定事由アプローチは履行請求権アプローチに、信義則アプローチは remedy アプローチにそれぞれ方法論的には親和的であるが、履行請求権アプローチに信義則アプローチを組み合わせることも、あるいは remedy アプローチに確定事由アプローチを組み合わせることも、それぞれ論理的には排除されない。さらに、(1)(2)それぞれにおいて二つのアプローチを原則及び例外として併用する version も想定すれば、あり得る組み合わせはさらに多様となる。

2 填補賠償要件の広狭と浮動状態問題の消長

検討の対象を履行請求権と填補賠償請求権との併存場面に限定すると、従来、通説的には、填補賠償要件と履行請求権の排除の要件とを「不能」という同一の概念に固定することで両請求権の併存場面を狭めて浮動状態を例外化し、その調整問題の表面化を避けてきたと評しうる。従って、填補賠償要件を柔軟化する場合にはそれを履行請求権の排除の要件と同期させない限り浮動状態は拡張する。学説史においては不能による体系化への反発として両要件は同時に柔軟化されていくが、その際二つの救済方法それぞれの固有の意義が意識されその要件もそれぞれ独自に設計することが志向されると、浮動状態は拡張しその調整問題が深刻化する。

3 浮動状態調整における問題の所在

浮動状態の調整問題をめぐっては、第1に、契約債権の当事者間の次のような二つの利益の調整が問題となる。すなわち一方に、債務不履行を蒙った契約債権者の契約利益実現のために、複数の救済の内から最適なものの自由選択を債権者に認める要請がある。しかし他方に、そのような選択にさらされる債務者の契約利益もある。具体的には、その追完利益が重要だが、債権者が取り得る選択全てに備えて準備することの負担自体からの債務者の保護

も問題となる。両当事者の利害はトレードオフの関係に立っており、その調整がまずは実体法的に問題となる。

しかし第2に、一方でこの調整を両当事者の行為態様の規範的評価に基づく裁判所の裁量にどこまで委ねるか、あるいは権利義務関係の確定の判断をどこまで一義的に明確化しておくかという規範設計の態様自体も問題となる。これは一方で各当事者にとっては不履行出来後の行為規範に関わり、他方でその権利義務関係を確定しなくてはならない裁判所にとっては、紛争解決のための判断基準となる評価規範として問題になる。この問題は債権者・債務者の実体的権利義務の調整を離れた性格を帯びている。

4　問題の限定

本稿では、主として全部不履行が生じた場合の履行請求権と填補賠償請求権との併存場面を取り扱う。同型の問題は、不完全な履行がなされた場合の追完請求権と追完に代わる賠償請求権との間でも生じるが、このいわば一部的請求権の間に生じる浮動状態には、各論的場面として別途論ずべき特殊な事情が多く存在するのみならず、そもそも履行請求権と追完請求権との関係をどのように考えるか、後者を前者の一部といって済ませられるのかという大問題の検討が前提となるので、この問題については別稿を期することとする。

また、浮動状態が許容されることで、より早い段階から存在を認めら得ることになる填補賠償請求権については、消滅時効期間の起算点の前倒しをもたらすことがあり、この点も債権者および債務者の利害を左右するが、この問題には立ち入らない。

I　日本法における「浮動状態」論

1　解除権発生後の権利義務関係

（1）　伝統的通説と浮動状態

伝統的な通説においては、解除の問題となる場面で履行請求権と填補賠償請求権との併存そのものを回避する手当てが見いだされる。

まず、①無催告解除においては、後発的有責不能を解除事由の中核に据えることで解除事由と履行請求権の限界事由とを一致させ、債権者に解除権が発生すると債務者は履行義務を免れるという構造を、客観的に（つまり契約当事者の救済の選択に依存しないものとして）創り出した[2]。

また②催告解除においても、催告要件によって、債務者の追完利益の保護の範囲を画し、解除権行使を転形事由とすることによって、少なくとも解除権行使後の両請求権の併存は回避されている。

しかし、まず無催告解除については、解除事由が客観的不能から主観的・規範的な要素を取り込んだものに拡張されていくと、①の構造は崩れる。既に2017年改正以前の民法典（以下では民法典旧規定と呼ぶ）において542条がこの問題を引き起こしていた。通説は定期行為においても履行期徒過後も解除の意思表示までは債権者に履行請求権を認め、この点に不能との違いを見いだしていた（我妻栄『債権各論』上170頁）。したがって、絶対的定期行為と相対的定期行為とで広狭に違いはあるが、履行期徒過後には解除権を行使して填補賠償請求するか、履行請求権を行使するかという浮動状態が生じ、このことを民法典自体も前提にしていたことになる。

また催告解除の②の構造の下でも浮動状態は広く生じ得、このことは早くから意識されていた。すなわち、催告期間徒過によって解除権が発生した後それが行使されるまでの間（以下これを「解除待機時期」と呼ぼう）の契約当事者間の法律関係は浮動状態の典型的一場面となるからである。契約債権者Aには、解除権を行使して填補賠償を請求するか、解除権を行使しないで履行請求権を行使するかの選択権が認められる（我妻前掲書168頁。後述するドイツ旧規定のように催告期間徒過によって履行請求権が消滅するとはしていない）。しかし他方で判例は、Aに対して、債務不履行者たる契約債務者Bが、本来の給付に遅延賠償を加えたものを提供すると、Aの解除権は消滅するとする（大判大正8年11月27日民録25輯2133頁。言い換えれば後述するドイツのようにこの履行の提供を債権者は拒絶できる、とはしていない）。また民法典は、債務者Bの

2　この場合にも、債権者には、（ア）解除権を行使して填補賠償請求するか、（イ）解除しないで填補賠償請求するかという選択権が残るから、反対債務の帰趨については不確定な状態が続くが、（ア）（イ）いずれにおいても債権者の履行請求権は排除されているから債権者の救済の競合は生じない。

側に547条の催告によって浮動状態を終了させる権能を認めている（これは既述した確定事由アプローチの一種と言えよう）。さらに、通説は、これに加えて、「債権者が解除権を取得した後あまりに永くこれを行使せず、相手方に対して解除権を行使しないものとの信頼を生ぜしめた場合」にはＡは解除権行使ができなくなるとする（我妻前掲箇所。これは一種の信義則アプローチである）。また、通説のこの一節は無催告解除権についても射程を認められよう（我妻前掲書171頁もこの催告解除の議論を定期行為に援用する）。

(2) 「債権法改正」による浮動状態の拡張

2017年改正後の民法典（以下ではその条文を民法新規定と呼ぶ）は、542条1項2号において確定的履行拒絶を無催告解除事由としたが、この場合客観的には履行はおよそ不能とはなっていないから、それによって債権者の履行請求権はもとより排除されず、そこでの浮動状態は顕著である。さらに同項3号5号は「契約をした目的」の達成不可能に基づく無催告解除を承認するが、その判断基準となる債権者の契約利益が、特に債権者にとっての主観的なものによって左右される限りで、浮動状態の場面はここでも拡大されることになる。

2 単純遅滞に基づく填補賠償

前項に見た解除の場面では、少なくとも解除の意思表示があれば、それ以降は履行請求権は排除され、債権者には填補賠償請求権のみが認められ、その限度では浮動状態は解消される。ところが判例法には、催告期間徒過後であれば解除の意思表示なく被不履行債権者に填補賠償を認めるとするものがある。

(1) 填補賠償の要件論の展開

そもそも判例法は当初、填補賠償の認められる不履行態様を不能に限定していなかったが（大判明治32年10月14日民録5輯9巻99頁、大判明治34年3月30日民録7輯3巻93頁）、後にこれが不能ないし定期行為の遅滞のような「遅延後の履行が債権者にとって殆ど利益のない場合」に限定された（大判大正7年4月2日民録615頁）。当初はこの「債務転形論」的な限定を通説も支持していた（『債権総論・民法講義Ⅳ』［1940］104〜105頁）。

(2)　昭和8年大判と遅滞に基づく填補賠償論

しかしその後、定期行為などの特殊な場合でない「普通の場合」の遅滞であっても、債権者Aは一定の期間を定めて催告をすれば債務者Bが催告期間を徒過した後は解除することなく填補賠償を請求することができるとする裁判例として引かれる裁判例が現れた。

大判昭和8年6月13日民集12巻14号1437頁

【事実】

　大正12年9月20日及び10月20に、AはY1から木材25000石を買入れる契約を締結した。引渡期日は同年11月末日とされ、遅延した場合には代金を2割減とする約定が付された（代金額は判例集からは不明）。またY2はY1の引渡債務をAのために保証した。しかしY1は期日に引渡をせず、その後Aは本件売買契約に基づくY1に対する引渡請求権をXに譲渡した。

　昭和5年11月10日に、XはY1に対して本件代金を提供の上引渡を求めたがY1がなおこれに応じなかったため、Xは「現在ニ於テ右木材ノ引渡ヲ受クルモ本件引渡請求権ヲ譲受ケタル所期ノ目的ヲ達スルコト能ハサルヲ以テ本件木材売買契約ハ解除スルコトナク直ニ履行ニ代ル填補賠償トシテ」〔傍点は森田による〕3262円50銭の支払いをYらに請求した。

　第一審・原審共にY勝訴。原審は、本件売買契約は、遅延に基づく代金減額条項を含むものの、定期行為ではなく、昭和5年11月12日まではXの履行の提供を欠くためそもそもYは遅滞していないと認定した。その上でXが填補賠償を請求するには民法旧規定541条に従い解除すべく、契約を存続させたままの本件填補賠償請求は失当であるとした。

　Xより上告。その理由は多岐にわたるが重要な点は次の通りである。解除をすれば契約は最初からなかったことになり、原状回復は認められるが賠償は信頼利益に限定されるから、履行利益賠償を請求するには契約を有効に存続させなければならず、解除の行使を前提とすることとは相容れない、とする。

【判旨】上告棄却

　大審院は、解除を前提として債権者に認められ得る損害賠償は信頼利益賠償に限定されることを前提とした上で、遅滞に際して履行利益賠償たる填補賠償請求を認めるには「一ノ便宜」が必要だとして、次のような枠組を提示する。すなわち「債権者ハ先ツ相当ノ期間ヲ定メテ履行ヲ催告シ其ノコレ無キニ及ヒ債務者ニ対シ一ノ意思表示ヲ為シ爾今以後本旨ニ従フ履行ハ最早之ヲ受クス唯

履行ニ代ハル損害賠償ヲ得テ甘ンセンノミト言明スルトキハ茲ニ始メテ当初ノ債務ハ其ノ態様ヲ金銭的賠償債務ニ更ムルニ至ルトスルコト」ができるとする。そして、この意思表示が立法者意思とは別に「解除」と呼ばれるようになっているというのである（「第二義ノ解除」と呼ばれる）。その上で、本件では「第二義ノ解除」が問題とされているのに対し、Xは解除の主張を「本然ノ固有ノ義ニ解シテ」いるとして上告を退ける。

しかし、この判決の先例的価値には大きな疑問がある。

本件では原審がそもそも、Xの填補賠償請求を否定している。すなわち原審は、Xが代金の提供を行いY1の同時履行の抗弁を封じた上であっても、解除の意思表示をせずに填補賠償することを認めていない。昭和5年11月12日以降はY1は遅滞しているから、Xの填補賠償請求の中に解除の意思表示を読み込めば、相当期間経過後に解除の効力が生じ填補賠償請求を認容する余地はあったとも思われ、541条の適用にやや柔軟さを欠く面は否めないが、原審の判旨はよく理解できる。

ところが、上告審は、第一に上告を棄却した論理がおよそ判然としない[3]。

第二に、いずれにしてもこの判決は原審を是認して填補賠償否定の結論を維持したのであって、判示事項とされる〈遅滞の場合には催告があれば解除の意思表示がなくても填補賠償ができる〉とした部分はあくまで傍論であり、そもそも先例性を持たない。

第三に、以上の点を度外視してもこの判決が採用する実定的前提は、現在の解除制度についての通説的理解とかけ離れている。すなわち、昭和8年判決によれば遅滞解除には①催告期間徒過後、契約を消滅させて原状回復と信頼利益の請求のみを認めるものと、②催告期間徒過後、契約を存続させたまま，履行請求権を填補賠償請求権に転形させて填補賠償請求を認めるものとがあるというのである[4]。そしてこの立論の根底には解除によって契約が遡

---

3 大審院がいうようにXが「本然固有の義」における解除の構成をとったとすると、X自身の主張としてそもそも履行に代わる損害賠償と相容れないはずである。山田晟・判例民事法昭和8年度100事件評釈は、後述する「第二義ノ解除」たる、遅滞後受領拒絶威嚇付きの催告をすれば催告期間徒過後に解除の意思表示なく填補賠償を請求するという方法を認め、Xの請求をこれに基づくものと解した上で、Xが催告をしていないことを咎めたと読むようである（同評釈392頁）。

4 「債権者ハ相当期間ヲ以テスル催告ノ後若クハ斯カル催告ヲ須ヒスシテ一ノ意思表示ヲ為シ依

及的に消滅した場合には履行利益賠償はあり得ないという前提が置かれている[5]。いうまでもなくこれは、填補賠償か原状回復かを二者択一とし、解除に基づく履行利益賠償を否定する、2002年に発効したドイツ債務法現代化法（以下SMGと略す）以前のドイツ民法典（BGBと略す）旧規定が採用してきた立場であって、日本法とはそもそも実定的前提を異にする。ドイツにおいては遅滞に際して解除を選択すると填補賠償は認められなかったが故に、解除なき催告のみによる填補賠償を認める規定が置かれたのであった[6]。これに対して、遅滞解除によって填補賠償を認める日本法においてはこのような

テ以テ或ハ（一）契約締結テフコトノ無カリシ旧態ニ復帰シ尚消極利益ノ賠償ヲ請求スルヲ得ヘク或ハ（二）契約ノ存立ハ之ヲ維持シ唯其ノ本旨ニ従ヒ履行ノ請求権ヲ変シテ以テ履行ニ代ハル金銭的賠償請求権ト為スヲ得ヘク而シテ其ノ孰ノ途ヲ取ルヤハ一ニ債権者ノ任意ナルモノ之ヲ夫ノ解除ノ名ヲ以テ呼ハル現行法上ノ一制度ト為ス」（なおここにいう消極利益はドイツ流のnegatives Interesse のことであろうと思われる。同旨前掲山田評釈387頁）。判例集において要旨として取られたこの部分は、現在の解除の理解とかけ離れているが、後述する「債権法改正」の部会資料32第2の1(2)および同68A第2の「説明」1に至るまで、この判決の先例価値として承認されて論じられてきた。

5　「解除ノ目的ハ孰ニセヨ一切ノ契約関係ヲ拭ヒ去リ契約締結テフコトノ未タ曾テ有ラサリシ故態ニ還元スルニ在ルカ故ニ契約上ノ義務不履行ヨリ生スル損害賠償ノ如キ若クハ履行ニ代ル損害賠償ノ如キ固ヨリ以テ問題タル可クモアラス蓋此種ノ損害賠償ハ契約関係ノ成立ト存続ヲ前提トシテ始メテ意識スルヲ得ヘキ観念ニ外ナラサレハナリ」

6　BGB旧規定は次のように定める（以下本稿の条文の引用においては、同一の項（Absatz）中の文頭の上付き数字はSatzの条文番号を示す。283条1項2文および326条1項2文にはセミコロン以下に後段（zweite Halbsatz）が置かれていることに注意）。なおこれらのSMGによる変更の詳細については後述二1参照。
BGB旧規定283条第1項
　　[1] 債務者が既判力を持って敗訴判決をうけた場合、債権者は給付の実現のための相当期間を、その期間の経過後は給付の受領を拒絶する旨の表示を付して定めることができる。[2] 期間経過後、当該給付が適時に履行されないときには、債権者は、不履行に基づく損害賠償を請求することができる；履行請求権は排除される。[3] 損害賠償義務は債務者の責めに来すべからざる事情によって不能となった場合には発生しない。
BGB旧規定326条
　第1項
　　[1] 双務契約において一方当事者が彼に義務づけられた給付に遅滞した場合、相手方は彼に対して、給付の実現のための、相当な期間を、その期間の経過後は給付の受領を拒絶する旨の表示を付して定めることができる。[2] 期間経過後、当該給付が適時に履行されないときには、当該相手方は、不履行に基づく損害賠償を請求するか、あるいは契約を解除することができる；履行請求権は排除される。[3] 催告期間経過までに給付の一部が履行されない場合には325条1項2文の規定が準用される。
　第2項
　　遅滞によって契約の履行が相手方にとって利益のないものになった場合には、本条1項の諸権利は催告期間設定の必要なしに相手方に認められる。

必要はない[7]。その意味でも昭和8年判決の先例的意義は乏しい（山田前掲評釈も同旨）。

当然、学説は、この点を批判してきた。通説も当初、解除なき填補賠償の要件は不能等に限定すべきであるとした上で、単純遅滞があった場合に催告徒過後解除なき填補賠償を認める必要は解除と併せて填補賠償を認める日本法には存在しないとしていた（『債権総論・民法講義Ⅳ』[1940] 104〜105頁）。また柚木馨『判例債権法総論（補訂版）』(1971) 98頁も昭和8年大判の先例性に疑問を提示する（この他山田前掲評釈389頁も参照）。

(3) 通説による遅滞に基づく填補賠償の承認

しかし、その後通説は、大正8年大判の議論の理論的な不分明さを留保しつつ、実際上の要請からこれを支持する方向に転じる。その際、継続的契約において債権者の負う毎期の反対債務が金銭以外のものである場合に，解除なき催告填補賠償の便法を541条の類推適用として認める実益が指摘される（我妻『新訂債権総論』[1964] 114頁[8]。於保不二雄『債権総論』[1959] 92〜93頁もこの判例法に反対はしない）。

その結果、この場面でも、解除がない以上履行請求権と填補賠償請求権とが併存する浮動状態を承認すべきことになり、催告期間徒過後の権利義務関係の処遇が浮動状態の調整として問題となる。すでに我妻新説は、この点について債権者Aが催告期間経過後に填補賠償請求をしてきてもBは本来の履行を為すことによってこの権利を消滅させることができると明示的に論じていた（我妻前掲箇所）。

(4) 債権法改正の審議過程と新規定

遅滞に基づく解除なき催告填補賠償の法理は、かくして不分明な判例法理に基づき、理論的には未消化なまま、実践的には浮動状態への装備を欠く状態で認められていた。この法理については通説の慎重な態度の下でほとんど

---

[7] ただし昭和8年判決のいう「第二義ノ解除」を認めることには、一挙手一投足ではあるが解除の意思表示を省くという実益は一般的にはある。また債権者の反対給付が金銭以外の物である場合には、契約を維持したまま解除を認める実体的な実益が認められることはある。

[8] 前註7も参照。なお我妻は、填補賠償を履行可能の場面でも認める昭和8年大判の理論に、次項3で見るいわゆる「代償請求」の判例法理を承認する上での意義も見いだしている（我妻前掲箇所）。

立ち入って論じられることもなかったが、「債権法改正」の審議過程において、にわかに位置づけが高まる。

　まず部会資料5-2第2の2(2)は、学説の分岐を中立的に踏まえつつ、あくまでB案としてではあるが、昭和8年大判の「第二義ノ解除」の制度化を提案する[9]。ところが部会資料32第2の1(2)イは、独特の判例法理解[10]に立った上で、併存状態にある二つの請求権について債権者の選択行使を認める立場が学説において近時は有力である[11]として、遅滞に基づく解除なき催告填補賠償を提案している。また、中間試案も次に掲げるとおり概ね[12]これを踏襲する（中間試案第10の3(1)ウ）。そこでは、我妻前掲書が指摘した限定的な実益のみならず、履行請求権・填補賠償請求権の併存を認めることで二つの救済の選択の自由を与えることが債権者の契約利益実現に資するという、remedyアプローチも力説する一般的な利益衡量が提示されていることに注意すべきである。

　なお重要なことは、部会資料53第8の3(2)及びこれを受けた中間試案第10の3(3)において次のとおり、解除待機時期における填補賠償請求権の行使によって履行請求権は排除されるとする規定が置かれたことである。ここに、併存の承認との見合いで浮動状態の調整について（あくまで部分的なものではあるが）はじめて明文の規定が提案されたわけである。

9　この部会資料においては大判大正4年6月12日民録21輯931頁，大判大正7年4月2日民録24輯615頁（前掲）はそれぞれ填補賠償に解除を必要とした裁判例として引かれ、昭和8年大判についても541条解除について信頼利益賠償のみを認める立場に立っていたことが指摘されており（ただ現在の講学上履行利益としての逸失利益を含意しかねない「消極利益」という判決文の言葉をそのまま用いてはいる）、その判例法理解はオーソドックスなものである。

10　事務局は部会資料5-2から一転して前註に挙げた大正4年及び7年の2判決を、履行遅滞に際して填補賠償請求に解除を「不要とした」判例として紹介する（部会資料32第2の1(2)「補足説明」2）が、これは従来の通説的な判例理解（山田前掲評釈390頁、我妻前掲書113頁）に照らすと独特なものである。他方昭和8年大判についてこの部会資料は援用していない。

11　具体的な明示的引用はないが、おそらく2006年日本私法学会シンポジウム山本敬三報告（ジュリ1318号97〜99頁）および民法（債権法）改正検討委員会『詳解・債権法改正の基本方針』第二巻257〜261頁等が念頭に置かれているのであろう。

12　さすがに中間試案補足説明においては大正4年及び7年大判の理解は修正され、それらは解除が「不要とされる場合ある旨を示唆した」ものとトーンダウンされている。しかし、上述したヨリ広い判例法史の中に置けば、少なくとも大正7年大判については中間試案のこの理解にも疑問がある。

中間試案第10の3

(1) 次のいずれかに該当する場合には，債権者は，債務者に対し，債務の履行に代えて，その不履行による損害の賠償を請求することができるものとする。

ア　その債務につき，履行請求権の限界事由があるとき。

イ　債権者が，債務不履行による契約の解除をしたとき。

ウ　上記イの解除がされていない場合であっても，債権者が相当の期間を定めて債務の履行の催告をし，その期間内に履行がないとき。

(2) 債務者がその債務の履行をする意思がない旨を表示したことその他の事由により，債務者が履行をする見込みがないことが明白であるときも，上記(1)と同様とするものとする。

(3) 上記(1)又は(2)の損害賠償を請求したときは，債権者は，債務者に対し，その債務の履行を請求することができないものとする。

しかし第3ステージにおいては、遅滞に基づく解除なき催告填補賠償制度の承認がもたらす浮動状態の調整問題の難しさが議論において意識されるに至る[13]。そのこともあってか、正面から遅滞に関する填補賠償の特則を置くのではなく、実質は維持したまま解除待機時期の填補賠償の許容という解除制度の一般的手当てという形式に提案は改められ（部会資料68A 第2の2 (4)）[14]、最終法文案となった（415条2項3号「又は」以下参照）。かくして解除待機時期の浮動状態が明文で容認されることとなったが、反面で浮動状態の調整問題は挙げて解釈に委ねられることになり、中間試第10の3(3)のような明文は削除されてしまった。

3　執行不能に備えた填補賠償（いわゆる「代償請求」の場合）

判例は、債権者に履行請求権の行使を認めつつ、その執行不能の場合に備えて予め填補賠償請求権の行使を認める（紛らわしいが講学上「代償請求」と呼ばれることもある。最判昭和30年1月21日民集9巻1号22頁）。この判決は執行不

---

[13]　この点も含め審議の経緯については森田修『「債権法改正」の文脈第7講 II 4 (2) 法学教室443号87頁以下を参照

[14]　その「説明」1は、解除不要論について上記大正4年大判のみを参照している他、再び昭和8年大判を援用した点が注目される。

能という条件付きではあるが履行請求権と同時に填補賠償請求権を認めるものである。しかも、一方で有力な学説は、債権者が執行不能として填補賠償を得てこれについて執行するまでの間に、債務者が本来の給付をすれば執行を免れることを認めており（我妻前掲書116頁）、他方で、一旦執行不能となって填補賠償請求の条件が成就した後であっても、それは履行不能ではないから債権者の再度の履行請求自体は妨げられまい。ここにも「浮動状態」の出現は顕著である。その意味ではいわゆる「代償請求」の承認は、填補賠償要件つまり転形事由の拡張のみならず、債務転形論自体の否定を導くものであり、remedy アプローチを部分的に採用したものと評することができる。

4 履行拒絶に基づく解除なき填補賠償

履行拒絶について、とりわけ履行期前のそれにつき、無催告解除の可否が議論されてきたが、近時はさらに進んで、上記2の判例法理との横並びで〈履行拒絶に基づく解除なき填補賠償〉を認めるという主張がなされた（民法（債権法）改正検討委員会編『詳解・債権法改正の基本方針』Ⅱ［2009］260頁以下参照）。履行期後の履行拒絶の場面では、履行請求権は成立しているから、ここで解除なき填補賠償を認めると浮動状態が出現することになる（これに対して履行期前の履行拒絶の場合には履行請求権は成立しておらず浮動状態は生じない）。「債権法改正」作業では早い段階から履行拒絶に基づく解除なき填補賠償を認める提案が為され、最終的に新規定415条2項2号となった（細かな審議過程に関してはこの点についても森田修前掲論文（本稿註13）参照）。注意すべきことは、前項2に見た遅滞における解除なき填補賠償法理とは異なり、履行拒絶については催告及び催告期間徒過という外形的に明確な要件も課されていないため、填補賠償が裁量的に承認され得、浮動状態の発生も拡大しうるということである。

以上見たとおり、日本法において浮動状態は、理論的に正面から位置づけられては来なかったものの、判例・学説上早くから例外的現象としてではあれ承認されてきた。さらに「債権法改正」によって、明文によって浮動状態の発生可能性は増大した。その結果深刻さを増すはずの浮動状態調整の問題

は、にもかかわらず立法的手当てを見送られ、解釈論に丸投げにされた。とはいえ、そのために日本民法学が用いうる理論的装備は必ずしも十分ではない。そこで以下では章を改めて、とりわけ、浮動状態における両当事者の利益調整のための解釈論的枠組の手がかりを得るべく、ドイツ法における議論を紹介検討してみよう。

Ⅱ　ドイツ法における「浮動状態」論

1　実定的前提

双務契約において一方当事者Ｂが遅滞に陥っている場合に、相手方債権者Ａが有する履行請求権、解除権、填補賠償請求権がいかなる関係に立つかについて、BGB旧規定はSMGによって大きく変更された。

(1)　BGB旧規定

BGB旧規定326条1項（本稿註6参照）は、このときＡが解除権又は填補賠償請求権（これらは併せて「第二次的諸権利」(Sekundärrechte)と呼ばれる）を行使するには、Ｂに対して追履行期間を設定した催告をしなければならないが、その催告には〈Ｂが催告期間を徒過した場合にはＡはＢの履行があってもその受領を拒絶する〉旨の表示（「受領拒絶威嚇（Ablehnungsandrohung)）を付すべきこととしていた（同項1文）。BGB旧規定においては、一方で解除と填補賠償とが択一の関係に置かれ（同項2文前段の「あるいは」の語に注意）、他方で受領拒絶威嚇付きの催告を行えば、解除なき履行利益賠償が認められていたということは既述したとおりである。注意すべきことは、催告に付された受領拒絶威嚇によって履行請求権が、催告期間徒過それ自体によって自動的に排除されていたことである（同項2文後段参照）。つまりここでは、催告期間徒過を転形事由とする債務の転形が生じる、とされていた。催告期間徒過後は、被不履行当事者Ａは、反対給付義務を負担したまま填補賠償請求権を有するか、解除権を行使して信頼利益賠償に甘んじつつ原状回復請求権を有するか、という浮動状態には置かれるものの、そこには履行請求権と填補賠償請求権との併存状態は生じなかったのである。このように本稿「はじめに」1で問題にした浮動状態はそこでは確定事由アプローチによって解

消されていたとみることもできる。

(2) SMG

以上のように日本法とは大きく異なる BGB の実定的前提は、SMG によって次のように変更された（BGB 新規定 281 条、323 条、325 条参照）[15]。まず解除

---

15 次のような条文である。

BGB 新規定 281 条

第1項

[1] 債務者が弁済期の到来した給付を実現せず、あるいは義務づけられたようには実現しない限り、債権者は 280 条1項の要件に従い、債権者が債務者に給付あるいは追履行のための相当期間を定めたがそれが徒過されたた場合には給付に代わる損害賠償を請求することができる。[2] 債務者が給付の一部を実現した場合、一部給付には債権者が利益を持たない場合に限り、債権者は全部の給付に代わる損害賠償を請求できる。[3] 債務者が義務づけられたようには給付を実現しない場合、義務違反が重要でない場合には全部の給付に代わる損害賠償を請求することはできない。

第2項

債務者が給付を真摯かつ終局的に拒絶している場合、あるいは両当事者の利益の評価に従い、即時の損害賠償請求が正当化される特段の事情がある場合には催告期間の必要はない

第3項

義務違反の態様に従い催告期間設定が問題とならない場合にはそれに代えて単純催告が問題となる

第4項

債権者が給付に代わる損害賠償を請求した場合には直ちに給付請求権は排除される

第5項

債権者が全部の給付に代わる損害賠償を請求した場合、債務者は 346 条から 348 条にしたがい反対給付の返還請求権を持つ

BGB 新規定 323 条

第1項

双務契約において債務者が弁済期の到来した給付を実現しない、あるいは契約適合的には実現しないときには、債権者は、債務者に給付あるいは追履行のための相当期間を定めそれが徒過された場合に契約を解除することができる

第2項

催告期間設定は次の各場合には不要である。

1. 債務者が給付を真摯かつ終局的に拒絶している場合
2. 期限通りあるいは期間内の給付が、債権者にとって本質的に重要であることを契約の締結に先立って債権者が債務者に通知していたか、契約の締結に伴う他の事情に基づき債権者にとって本質的に重要であるにもかかわらず、債務者が給付を契約に定められた期限までに、あるいは契約に定められた期間中に実現しない場合
3. 給付が契約適合的には実現されなかった場合に、両当事者の利益の評価に照らし即時の解除を正当化する様な特段の事情が存在している場合

第3項

義務違反の態様に従い催告期間設定が問題とならない場合にはそれに代えて単純催告が問題となる

BGB 新規定 325 条

と履行利益賠償との択一関係は否定されて、解除に基づいて填補賠償を請求することが承認された（325条）。ただし（にもかかわらず）解除なき催告填補賠償は従前通り認められる（281条1項）。いずれの催告填補賠償制度においても新規定では催告期間徒過によって当然には履行請求権は消滅しない。また終局的履行拒絶の場合には無催告解除が認められたのみならず（323条2項1号）、解除なき即時の填補賠償も肯定される（281条2項）。そのため履行請求権と填補賠償請求権との併存が法律によって明示的に認められている場面は新規定の下で拡張する[16]。

　この浮動状態は、旧規定のように催告期間徒過によってではなく、填補賠償請求によって履行請求権が排除される形で解消されることとされた（281条4項）。このことは填補賠償請求権の行使が、請求権の行使に過ぎないにもかかわらず、形成権たる解除の行使と同じく、形成効を認められることを意味する。（Münchener Kommentar zum BGB. Bd. 2. 7. Aufl. §281［Ernst 執筆］（以下Müko/Ernst §281 と略す）Rn. 96）。その結果解除の意思表示に準じて、281条の填補賠償請求権の行使は「準法律行為」とされて意思表示 の規定が準用されることになる（Müko/Ernst §281, Rn. 97）

2　遅滞の場面での浮動状態の規律の実際

　以上見た遅滞の局面での浮動状態の拡大と調整の必要の深刻化とは「改正された給付障碍法における最も重大化した法政策的弱点」（Müko/Ernst, Rn. 74）とされ、ドイツ法学の関心は高まっている。以下では問題となる債権者・債務者双方の行動態様に即して具体的にドイツ法の議論の現状を紹介してみよう。

　　　双務契約において損害賠償を請求する権利は、解除によって排除されない
16　BGB 旧規定下でも実質的には早い段階で、履行拒絶に基づいて無催告解除ないし即時の填補賠償を認める裁判例は存在していた（RGZ 52 150）。シュタウプが履行拒絶を BGB の欠缺場面の代表たる積極的債権侵害概念に包摂したことが示すように、この不履行態様の取り扱いの条文上の根拠はドイツにおいても旧規定下では判然としなかった（以上につき田沼柾「履行拒絶について」法学新報 97 巻 1・2 号［1990］296 頁以下参照）。

(1) 催告期間徒過後の債権者の行動態様

(a) 解除

被不履行当事者（債権者）AがBGB323条1項に従い解除権を行使すれば法律関係は簡明となる。解除の形成力によってAと不履行当事者（債務者）Bとの間の法律関係は、従来の契約関係から現状回復関係に変更される。契約は遡及的に無効となるから履行請求権は消滅し、それに代わって原状回復請求権及び履行利益賠償請求権が発生し、解除待機時期の浮動状態は解消される。履行請求権がもはや存在しない以上、解除権行使後にBが履行の提供をしても、填補賠償義務等を免責されず、反対にAも再度の履行請求はできず、また解除なき填補賠償請求（BGB281条1項1文）もできない。

(b) 解除なき填補賠償請求

債権者Aは催告期間徒過後、BGB281条1項1文に従って、解除することなく填補賠償請求をすることができる。(a)に見た解除権と並んで認められるこの選択肢は、一見請求権の単なる行使に過ぎないが、そこに実は認められている形成効如何が問題なのである。

BGB281条4項は、Aの解除なき催告填補賠償の請求によって、履行請求権が排除されるとする。その結果、催告期間経過から填補賠償請求までの期間存在していた履行請求権と填補賠償請求権との併存はなくなる。このように填補賠償請求権行使自体に浮動状態解消の効果が認められているということは、この請求権行使に形成効を認めることを意味する。これは、伝統的な形成権と請求権との区別の理解からは一歩踏み出すものである[17]。

---

[17] 本文に見たSMGとは異なり1992年の政府委員会草案には次のような規定が置かれていた。
政府委員会草案283条4項
　　[1] 債務者が給付に代えて損害賠償を得たときは、給付の請求をすることはできない。[2] 債務者は予め債権者に対してその選択権行使のために相当の期間を定めることができる。[3] 債権者がこの期間中に選択権を行使しなかったときは、彼の定めた相当期間の経過を待ってはじめて、給付に代わる損害賠償を請求できる
　　ここでは履行請求権が排除されるには債権者が填補賠償を実際に得ることまで必要とされていた（同項1文参照）。この構成の下では損害賠償請求権の行使自体に形成効を認める必要はなくなるが、浮動状態がSMGと比べヨリ遅い時期まで解消されない。実際、政府委員会は、填補賠償請求時点では債権者が他者から給付の調達に成功するかどうか不確定であり、債権者に履行請求の選択肢をヨリ長く確保すべきであるという価値判断に立っていた（Abschlußbericht der Kommission zur Überarbeitung des Schuldrechts, [1992] S. 136）。しかしその結果、反対に債務者はヨリ長く浮動状態にさらされ不利となる。そこで同草案は債務者Bに、対抗手段として債

414

（α）　債務者の履行の提供

したがってこのとき既述した(1)(a)の解除権行使の場面と同じく、債権者
Bはもはや履行の提供をして塡補賠償義務を免れることはできない。

（β）　債権者の再度の履行請求

他方でAも、Bがこの塡補賠償請求に応じる前に再度の履行請求をする
ことは認められない。

（γ）　債権者の解除

このときAが自らの反対給付義務の負担を消滅させるために(1)(a)の解除
の選択肢を選ぶことができるかも問題になるが、BGBが塡補賠償請求権行
使に形成効を認めているとすれば、この選択肢も排除されることになる[18]。

（c）　履行請求

催告期間経過後も、旧規定とは異なり履行請求権は存続するから、債権者
Aは履行請求をすることができる。しかし、履行請求権の行使によって281
条4項と反対に第二次的諸権利が排除されるのか、言い換えれば履行請求権
の行使にも形成効が認められるのか、については明文の手がかりはない。

（α）　履行請求の形成効

その結果、まず催告期間徒過後、Aが履行請求をしたが債務者Bが履行
しないとき、Aは再度解除・塡補賠償を請求できるか、という点が問題と

権者Aに、履行請求権を行使するか第2次的諸権利を行使するかを期間ぎめで催告する権能を
認め、Aがこの期間を徒過したときはBは履行を提供して免責されることとした（同項2文）。
さらにこの期間経過後、債務者Bが履行を提供する前の段階で、債権者Aがなお第二次的諸権
利の行使を望む場合には、Aは改めて催告をしなければならない（同項3文）。しかしこのよう
な規律に対しては、複雑すぎるということのみならず、債権者保護に偏するという批判が為さ
れ、結局SMGの解決が採用された。

18　本文の叙述は、281条1項1文の給付に代わる賠償請求権の行使により、債権者Aの履行請
求権は同条4項によって消滅するが、（323条の解除によってAが塡補賠償請求権を得た場合と
は異なり）Aの反対給付義務は消滅しないことを前提にしている（日本民法の新規定415条2
項3号において新設された解除なき催告塡補賠償もこの前提に立つものと考えられる）。しかし、
ドイツにおいてはこの点については文理からは決まらないとされつつ（Staudinger, Kommentar
zum BGB［2004］§281［Otto執筆］（以下Staudinger/Ottoと略す）D. 12）、むしろ債務者Bの反
対給付請求権も牽連消滅するという立場が有力である（Staudinger/Otto, D. 12, Palandt,
Bürgerliches Gesetzbuch §281, 65. Aufl.［2006］［Heinrichs執筆］（以下Palandt/ Heinrichsと略
す）Rn. 51）。しかし、反対給付義務が法律上当然に牽連消滅する立場を前提にすると、SMGに
よって323条の解除に基づく塡補賠償請求権が認められたにもかかわらず、なお281条の解除な
き催告塡補賠償請求権がドイツにおいて維持される根拠が不明瞭になるように思われる。

なる。この点については次のような裁判例が現れている。

BGH 20.1.2006　NJW 2006 1198
【事実】
　2003 年 7 月 31 日に X および Y は土地売買契約（以下本件契約と略す）を
結び，公正証書を作成した。そこでは Y は X に対して担保権等の負担のない
本件土地の所有権移転義務をおっていた。売買代金は 2003 年 9 月 15 日まで
に、公証人に対して本件土地に設定された担保権の抹消関連書類（以下本件書
類と略す）が提出された場合に、公証人の指示に従って支払われることとされ
ていた。しかし本件書類が提出されなかったために、X は Y に対して 2003 年
11 月 19 日付けの書面により、本件書類の提出につき 10 日間の期間を定めて
催告し、催告期間徒過の場合には履行と遅延損害を求める訴えを提起する旨通
知したが、Y は期間を徒過した。X は 2003 年 12 月末に訴えを提起して、さ
しあたり Y に代金と引き替えに本件土地を引渡すよう求めたが、Y は、彼に
対する訴状に裁判所の設定した期間内には応答しなかった。そこで X は 2004
年 2 月 5 日付けの書面をもって、契約を貫徹する用意はもはやなく、本件契約
を解除する旨を意思表示した。なお同 6 日の書面で、本件土地上の担保権者が
公証人に、土地債務消滅承認書は翌日到達する旨を知らせてきた。
　X は同年 4 月に訴えを変更して、契約の貫徹のために支出した費用として
17,101 ユーロおよびその利息を請求した。
　第一審は Y に 16,872 ユーロおよびその利息の支払いを命じたが、控訴審は
X の請求を退けた。控訴審は、債権者が催告期間徒過後に契約の履行請求を
一旦選択した場合には、給付に代わる損害賠償請求権と解除権とは終局的に消
滅することを前提とした上で、解除の意思表示は無効であるとする。X より
上告。
【判旨】原審破棄、控訴棄却
判旨 1「BGB 323 条 1 項によって設定された給付ないし追履行のための催告期
間徒過後に債権者がなした履行請求は、それによって解除権が消滅し、改めて
催告期間が徒過されない限りそれを再度行使することはできなくなるという意
味での拘束力を債権者に対して有するという理由で、控訴審が、X の 323 条 1
項による解除権を否定したのは法的に瑕疵がある。控訴審のこの見解をとる学
説はたしかにあるが（Jauernig/Stadler, BGB. 11 Aufl. §281., Rn. 15., Schwab,
JR 2003, 133, 136))、この考え方は BGB 281 条 1 項及び 323 条 1 項によって債
務者に追履行のために設定された催告期間が徒過された場合の効果についての

法的規律と整合しない。」

判旨2「履行請求権を再度主張することが訴えの形で行われた場合にも、契約
に違反した債務者に対する催告期間徒過の効果は消滅しない。債権者はその債
務者に対して法定の諸権利を、再度の催告期間の徒過を以てはじめて根拠づけ
うるのではなく、債務者が訴えの形式での再度の給付請求の後でもなお給付し
ない場合には、解除の意思表示ができる」

　なお、本判決は判旨1の理由の補強として、上告理由も取り上げる次の論
点に立ち入った言及をしている。すなわち、浮動状態において併存する一つ
の請求権行使は、他の請求権を排除するという意味での拘束力を債権者に対
して有するか、つまり請求権行使に一般的に形成効を認めるべきかという問
題である。

　この点について、本判決は「債権者による選択のそのような拘束は、債権
者が給付に代わる損害賠償を請求した場合（BGB281条4項）あるいは法定解
除権を行使した場合（BGB323条1項）に、履行請求権を排除してそれによっ
て346条1項によって契約関係を転形するということのみに向けられてい
る」とする上告理由を正当とし、それに比肩するようなことは、催告期間徒
過後に履行請求権の方を選択した場合については規定がなく、むしろ281条
4項の反対解釈によってこの場合の債権者の填補賠償及び解除の権能は左右
されない、とする。また履行請求訴訟の提起には、解除権や填補賠償請求権
の放棄の意思表示は含まれていない、とする。

　（β）　債務者の追完利益保護

　債権者Aが債務者Bの遅滞に対して281条ないし323条の催告を行った
が、催告期間が徒過されたために、履行請求を選択したという（α）の場面
で、Bがその履行請求に応じて履行準備を開始する場合がある。この場合に
2006年1月20日判決のようにその後のAによる解除・填補賠償を容認す
ると、債務者の追完利益が害されないかが問題となる。

　この点について、同判決では、履行請求を前提とした2003年11月19日
の催告しか為されておらず、2004年2月5日に行使される解除については
別途の催告手続は履践されていない。同月6日の事実は債務者Bが何らか
の履行努力をしていたことを示しているともいえるが、判旨2は最初の催告

が解除／填補賠償の要件充足の効力を失わないことを認めている。

　しかし、11 月 19 日の履行請求により B が履行努力をし、29 日の催告期間は徒過したものの A が第二次的権利を行使せずに重ねて履行を請求したような場合に、B がそれに基づいて履行努力を続けているにもかかわらず、A が一転して 11 月 29 日以降有する第二次的権利を行使するような場合には、一般的には信義則にもとづくこの行使の制限がありうることもまた、同判決は承認している。

　問題はこの制約の具体的な内容であるが、29 日以降重ねて為された履行請求の時点（本件では 2003 年 12 月 31 日としよう）を始点とする一定期間については、A の第二次的諸権利の行使が停止されるとする考え方（「恩恵期間」(Gnadenfrist)）が説かれている（Mathias Jakobs, Erfüllungsverlangen und Erfüllbarkeit nach Ablauf der Nachfrist, Festschrift für Hansjörg Otto zum 70. Geburtstag [2008]（以下 Jakobs と略す), S. 153～154）。ただし恩恵期間は上記の判例法の下では、定義上、281 条 1 項 1 文の催告期間よりも短いもので足りる。本件で 11 月 19 日の催告に付された 10 日間の催告期間が 281 条 1 項 1 文のそれとして相当なものと評価されたとすれば、恩恵期間の終期も 2004 年 1 月初頭となり、1 月 10 日の到来を待つ必要はないことになる

(2)　催告期間徒過後の債務者の行動態様

　催告期間徒過後、債権者 A のイニシアティヴの下での事態の展開は(1)に見たとおりであるが、解除待機時期に A が何もしない場合、あるいは A の先手を打って、債務者 B のイニシアティヴで事態が展開する場合も考えられる。

　(a)　債務者の履行の提供

　まず問題となるのは、催告期間徒過後、A が解除／填補賠償請求を行う前に B が履行の提供をして、A のこれらの第二次的諸権利の行使を封じることができるか、それともこのとき A は B のした給付の受領拒絶が認められるかである。

　この点についてドイツに裁判例はないが、学説は分かれている。

　(α)　否定説

　債務者 B の履行提供権能を否定する学説は有力である（Jakobs, S. 142）。そ

れによれば、催告期間徒過後は原則として、債権者 A には B の給付の受領
をする義務はなく（Staudinger/Otto §281, Rn. D8）、A にはむしろ給付を拒絶す
る権利が認められ、A はその後填補賠償請求をすることでこれを退けるこ
とができる、とする（Palandt/Heinrichs, 65. Aufl. §281 Rn 50）。また判例法もこ
の立場を一般論としては採用している、とされる[19]。

その上でこの立場においては債務者の追完利益については次のような手当
てが考えられている。すなわち、解除待機時期になされた債務者 B の履行
提供に対してたしかに A は受領拒絶できるが、その場合には、その後 A が
一転して履行請求を選択することは権利濫用として排除され、第二次的諸権
利しか行使し得なくなる、とする。その反射として A の拒絶権能が制限さ
れる、というのである（Jakobs, S. 145, Fn. 42 は Staudinger/Otto, §323, Rn. D3 をそ
のような立場として援用している）。

（β）　肯定説

他方近時は債務者 B の履行提供を認める肯定説も有力になってきている
（なお既述したとおり、日本法では肯定説が判例通説である）。この立場によれば、債
権者 A が債務者 B によって適式になされた履行の提供を受領拒絶した場合
には、反対に A が原則として受領遅滞に陥り、それによって第二次的権利
を失うとされる（解除なき催告填補賠償につき Müko/Ernst §281, Rn. 85、解除権につ
き Müko/Ernst §323, Rn. 173）。催告期間徒過後に浮動状態を承認することは、
理論的には当然に否定説を導くことにはならず、そのためには債権者保護と
いう法政策的な態度決定が必要となる。反対に債務者の追完利益保護という
価値判断をとれば肯定説もまた同じように可能となるはずである。

（γ）　折衷説

催告期間徒過後の一定の期間は、債務者 B の履行提供を認めないが、こ
の期間もまた経過した後は債権者 A の第二次的諸権利の行使に対して、B
の追履行による阻止権能を認めるという折衷的方向も有力となっている。

そのような方向は、契約法の国際的統一の諸提案に見られる（国際物品売買

19　Jakobs, S. 146 はその根拠として BGH 27.2.2003, NJW 2003, 1526 を引くが, その事案は請負人
が催告期間経過後にした瑕疵修補に対する注文主の受領拒絶と賠償請求および代金減額が認めら
れたというものであり、やや特殊である。

契約に関する国連条約49条2項a号、ヨーロッパ契約法原則§9.303第3項a号第2文、ユニドロワ国際商事契約原則§7.3.2.第2項)。BGBの解釈としてもこれを支持するものがある。例えば債権者Aには催告期間徒過後履行請求と填補賠償請求との選択に必要な時間を確保すれば足りるから、そのような「短い熟慮期間」の間にのみ、Bからの履行提供に対する受領拒絶権を認め、その期間経過後にはAは第二次的諸権利を失うとするのである(Derleder/Hoolmans, Vom Schuldnerverzug zum Gläubigerversug und zürück, NJW 2004, 2787f, 2789)。あるいは債権者が受領遅滞に陥るのは299条に従い、債務者が相当の予告期間を告げ、債権者に契約を堅持するかどうかを明晰に判断できる十分な時間を確保できた場合にのみである、とするものもある(Gsell, Kaufvertragliche Nacherfüllung in der Schwebe, FS Huber, 2006, S. 305〜306)。

(b)　債権者の選択権行使の催告

債務者Bの不利益は、解除待機時期の間、債権者Aからの履行請求と填補賠償請求との双方に備えを強いられるところにあるので、少なくともこの不安定さを解消するために、Aがいずれの請求権を行使するかにつき態度決定を強いる手段をBに与えるという方向も考えられている((a)で見た履行の提供を認めない立場をとる場合には特に重要になる)。

(α)　選択債務者の催告権

BGBにも次のような、日本民法典408条に対応する規定が存在する。

BGB264条2項

選択権を有する債権者が遅滞している場合には、債務者は相当期間を定めた上で債権者に対して選択を行うように催告することができる。この期間が徒過された場合、債権者が適時に選択を行わないときには選択権は債務者に移転する

BにAへの同項1文の催告を認める有力説も存在し(Heinrichs/Palandt, 65. Aufl. §281 Rn 51b(但し類推適用)、Gsell, 前掲論文 S. 301(但し類推適用)、Schwab, JR 2003, 134)、それによれば、Bは浮動状態を同項1文の「相当期間」に縮減することができる。しかし、この説には次のように批判が強い。

第1に、法律学的に見て、ここで問題となっている履行請求権と第二次的諸権利との関係は、BGB262条以下の選択債務にあたらない、とされる(Müko/

Krüger, §262, Rn.12)。選択債務では、単一の請求権が互換的な内容を以て義務づけられているが、解除待機時期においては、債権者は複数の請求権の併存ないし請求権および形成権の併存が問題となっている点で事態は異質である、というのである（Müko/Ernst, §323, Rn 149）[20]。

　第2に、法政策的に見ても、選択債務者の催告権の規定に類する保護を債務者に与えるのは次のような立法者の立場と矛盾するとされる（Jakobs, S. 144）。すなわち立法者は「よりによって契約に違反した債務者が、契約を守っている債権者に対して、彼に不利益な決定を強いることができるなどということになりかねず、正当化できない」としているからである（BT-Drucks 14/6040, S. 140。同 S. 185 も参照）。実際、既述した政府委員会草案 283 条 4 項の修正・削除の経緯（註 17 参照）に照らせば、BGB281 条 4 項は債権者の救済の選択権の拡張と確保とを志向する立場を採り、BGB264 条 2 項類似の債務者保護規定は明示的に採用を見送ったとえいよう。

　第3に、判例法も BGB264 条 2 項の類推適用には消極的である。すなわち既述した 2006 年 1 月 20 日判決は前註で述べた債権者の履行請求選択に形成効がないことの論拠として解除待機時期に併存する複数の権利が選択債務の関係にないとする中で、BGB264 条 2 項の適用可能性も明示的に否定している。

　(β)　解除権消滅に関する規定

　他方 BGB には、日本民法典 547 条の催告に類似する次のような規定も存在する。

　BGB350 条
　　約定解除権の行使につき期間の合意がない場合、相手方は解除権者に対し行使につき相当期間を設定することができる。当該期間経過前に解除の意思表示がなされない場合には解除権は消滅する。

　同条の類推適用によって債務者 B は債権者 A に解除権・塡補賠償請求権

20　なお、選択債務における選択権は形成権とされているから（Müko/Krüger, §262, Rn. 14）、選択債務適用説の下では A の履行請求権行使も形成効を当然持つべきことになるが、これが本稿 Ⅱ 2 (1)(c)(α) に紹介した判例法（履行請求権を選択しても第二次的権利の選択は妨げられない）と抵触することにも注意すべきである。

行使の有無を催告することができ、期間徒過後はAは履行請求に限定される という主張もあるが（Schwab. JR 2003, 136f）、法定解除権によって生じる解除待機時期については支持は乏しい（cf. Jakobs, S. 144, Fn. 36）。というのも、かつて置かれていたほぼ同文のBGB旧規定355条は、BGB旧規定327条第1文によって法定解除権にも準用され、債権者は債務者に対して法定解除権においてもそのような期間を設定できたが、この選択肢はSMGによって明示的に排除され、現在ではBGB 350条の適用は約定解除権に限定されているからである。そこには上述した債権者の救済の選択確保と拡張という立法者の法政策的判断が、類推適用の実定的制約としても示されているといえよう。

（c）　信義則

債権者Aが催告期間徒過後何らの行動も取らなかったことについて、個別ケースにおける信義則評価がなされ、その後のAの第二次的諸権利の行使が制約されることは、極めて限定的にではあるが想定される。

たとえば、催告期間徒過後、Aは早々に履行請求しないことを決定しているのに、債務者Bが履行努力を続け手給付のための支出を続けているのをAが知りながら、自らの意思決定を告知しないことが、場合によっては信義則違反と評価され、その後のAによる第二次的諸権利の行使を制約することはありうる（Jakobs, S. 148）。

また反対に、催告期間徒過後、上述したとおり、Bに履行の提供による阻止の権能も、また諸々の催告権も否定されるとしても、Aがあまりにも長く態度決定をせず、それが信義則に違反するとして、Aの第二次的諸権利の行使を制約すべき場合もあり得よう。

しかしこれらいずれの場合も、Aの信義則違反の行態の効果は、第二次的諸権利を基礎づける請求権の実体法上の消滅をもたらすところまではいかず、ただ、当初の催告期間設定の効力を否定するに止まると解されている（Jakobs, S. 149）したがって、そのような場面でも、Aは281条ないし323条に基づく再度の相当期間付きの催告をすれば、再度の催告期間徒過後は第二次的諸権利の行使が可能となるわけである。

おわりに

1 遅滞をめぐる浮動状態論の比較法的考察

　ドイツにおいては SMG によって遅滞場面では催告解除に基づく填補賠償が承認され（BGB325条）、他方日本においては、催告期間徒過後の解除なき填補賠償が承認された（民法415条2項3号）ため、両国における催告期間徒過後の実体法的状態は相当に接近した。その意味では、日独の比較法的対照作業の意義はヨリ大きくなったといえるであろう。

　たしかに、SMG に結実するドイツの給付障碍法の再編成においては、債権者の契約利益保護のための自由な選択権の拡張と確保という法政策的価値判断が顕著である。もちろんそれに対する古典的な立場からの抵抗や、契約法の国際的統一を視野に入れて債務者の追完利益保護にもバランスの取れた目配りをする立場からの批判も根強い。しかし SMG によって出来上がった枠組は、解除待機時期の法律関係を債権者の自由な選択に大巾に委ねるものとなっている。しかもこの自由を拡げることの対錘となる制約原理として期待される信義則については、その作動領域はあくまで例外的なものとしてしか想定されていない（本稿Ⅱ2(2)(c)）。そもそもドイツ法においては、信義則による裁判所の裁量的介入をもって法律関係を決定することには消極的である。このことは、BGB 旧規定が既に催告期間の徒過自体に、端的に救済としての履行請求権の消滅という効果を結びつけていたことにも示される（本稿Ⅱ1(1)）。

　これに対して日本法には、「債権法改正」以前からそのような手当てはなく、その意味では請求権が併存することへの許容度はそもそも高かったと評しうる。

　さらにドイツにおいては、請求権の行使に形成効を認めるという基本的な発想が存在していることに注意しなくてはならない。遅滞に基づく解除なき催告填補賠償請求権の行使は、「準法律行為」と法性決定され、それによって履行請求権は消滅すると規定された（BGB 281条4項）。この点では形成権たる解除権の行使と同じ法律関係の即時形成力が、請求権の行使に認められ

ている。ただ請求権行使に形成効を認めるというこの特殊な扱いは、履行請求権の行使については、連邦最高裁まで争われた末、否定された（本稿Ⅱ2(1)(c)(α)）。

これに対して日本においては、請求権行使に形成効を認めるという発想はそもそもないから、「浮動状態」を認めることによる法律関係の不安定さは、ドイツよりも大きいものとなっている。

このことから、反対に日本においては債権者の救済選択の自由をドイツよりも制約する必要が生じ、そのための解釈論上の手がかりは結局、信義則の作動領域を拡張することに帰結せざるを得ないこととなろう[21]。

2 残された問題の広がり

本稿では検討対象を、遅滞にも特催告填補賠償が問題となる場面に限定したが、日本法上浮動状態が生じる場面は他にも想定される。

第一に、債務者Bが確定的履行拒絶をした場面である。新規定はこのとき、無催告解除を認めるだけでなく（542条1項2号）、解除なき填補賠償を認めている（415条2項2号）。しかしその際履行請求権は排除されず、また債務者にも翻意して履行する可能性があるから、浮動状態が出現する。

しかも履行拒絶の場合の解除なき填補賠償の要件としては催告が不要とされ、かつそれは履行期前の履行拒絶においても認められるから、遅滞における催告填補賠償が問題となる場面よりも、履行拒絶における無催告填補賠償が問題となる場面の方が、浮動状態がヨリ広く出現する。

このような場面について填補賠償請求権の行使に形成効を認めない日本のような制度のもとでどのように信義則判断を行うのか、とりわけ単純遅滞と比べ、不履行についての債務者の悪性が大きい履行拒絶においては、信義則による債権者の救済選択の自由の制限が後退するのか、という点が問題となるが、この点は別稿での検討に委ねたい。

第二に、追完請求権と追完に代わる賠償との間の浮動状態も残された大問

---

[21] ただ解除権の催告による消滅制度は、ドイツと異なり（あるいはBGB旧規定と同じく）日本法上は法定解除権に関してもその行使自由に対する債務者からの制約として堅持されているので、これを手がかりとした債務者の保護の余地はドイツよりも広いとはいえよう。

題である。売買等について追完請求権制度が新設されたが（562条）、これと、催告を前提とした追完に代わる損害賠償請求権（564条参照）との間には浮動状態が生じることは、本稿に見た全部的請求権と全部的填補賠償請求権との関係に照らしても明らかである。しかし、はたして追完請求権を単純に履行請求権の量的一部として処遇することが可能なのかは理論的な大問題であり、そのことは当然「浮動状態各論」のあり方にも反映されるべき特殊性を想起させる。加えて、追完が問題となる場面では、代金減額権という新設された制度（563条）もさらに重畳する浮動状態が出現し、独自の検討が必要となる。また請負契約については日本民法典旧規定においてはそもそも追完請求権と追完に代わる損害賠償請求権とが債権者（注文主）の自由選択に委ねられていた（民法旧規定634条2項）のであって、それが改正後は催告制度によって切り分けられる制度に切り替わる（民法559条、562条、564条）という経緯がある。視野を追完場面に広げた場合には、請負契約の特殊性を考慮に入れた考察の必要性がここには示唆されている。しかしもはや紙幅もつきた。この興味深い大問題へと考察を拡張していくことも、他日を期するの他はない。

債権法の現代化と安全配慮義務

松 本 克 美

> I 問題の所在
> II 安全配慮義務と意思
> III 安全配慮義務の存在意義
> IV 財産の安全配慮義務
> V おわりに

I 問題の所在

　日本における安全配慮義務概念は、労災・職業病領域を中心に、主として1960 年代以降の判例・学説の発展によって日本に定着してきた概念である[1]。そもそも明文の規定もなかったため[2]、どのような法的関係にどのような法的根拠で安全配慮義務が成立しうるのかについては、現在でも、様々な見解がある。

1　日本における安全配慮義務論の展開については、新美育文「安全配慮義務」山田卓生編『新・現代訴訟法講座 1 総論』（日本評論社、1997 年）223 頁以下、淡路剛久「日本民法の展開 (3) 判例の法形成―安全配慮義務」広中俊雄・星野英一編『民法典の百年 I 全般的考察』（有斐閣、1998 年）、岡林伸幸「安全配慮義務」名城法学 54 巻 1・2 号（2004 年）283 頁以下など参照。筆者の検討として、松本克美「戦後日本における安全配慮義務論の理論史的検討―労災責任論の展開とのかかわりを中心に―（一）～（三）完」早稲田大学大学院法研論集 38 号 95 頁以下，40 号 275 頁以下，43 号 243 頁以下（1986 年，1987 年）。

2　なお、2007 年に制定され、2008 年 3 月 1 日から施行されている労働契約法は、安全配慮義務に関する判例法理の定着を踏まえ、その 5 条で「使用者は、労働契約に伴い、労働者がその生命、身体等の安全を確保しつつ労働することができるよう、必要な措置をするものとする」と規定する。

本稿では、安全配慮義務概念を債権法の現代化との関連で捉え直すことを課題とする。捉え直しのために以下の3つの視角を設定する。

一つは、安全配慮義務の根拠論である。近時、最高裁は、安全配慮義務は意思によって形成される法律関係における信義則に根拠を有するという理由で、そのような意思による法律関係の形成がない刑事施設の被収容者と国の法律関係には安全配慮義務は成立しないという注目すべき判決を下した。しかし、翻って考えると、安全配慮義務の成立根拠は意思に求められるべきものなのであろうか。

今一つは、安全配慮義務の存在意義論である。安全配慮義務を初めて最高裁として認めた最判1975（昭和50）年の判決がそうであったように、安全配慮義務は、不法行為責任構成では損害賠償請求権の消滅時効が完成してしまう場合に、債務不履行構成による損害賠償請求権を導くことによって、時効による権利消滅を回避するという時効メリットと深く結びついた法的構成である。ところが後述するように2017年6月に公布された民法の一部改正法では、原則的消滅時効を二重期間化し、今までの、権利を行使することができる時から10年の時効に加え、権利を行使することができることを知った時から5年間で時効が完成するという規定を導入した。他方で、生命・身体侵害の場合の不法行為に基づく損害賠償請求権の短期消滅時効期間は、損害及び加害者を知った時から5年に伸長された。つまり、被害者ないしその遺族が損害及び加害者を知っているときは、不法行為でも債務不履行でも時効期間は同じということになり、安全配慮義務の時効メリットは大幅にうしなわれてしまう結果になる。だとしたら、安全配慮義務構成はもう不要なのであろうか。

最後に、安全配慮義務の保護法益論である。判例上、安全配慮義務は、生命・身体等の安全を配慮する義務とされているが、この「等」の中に、財産は含まれるのかは明らかでない。後述のように学説の中には、安全配慮義務は、生命・身体・財産の安全を配慮する義務とする見解もあるが、実際の裁判例では、財産の安全配慮義務論の展開はないに等しい。それは財産の安全配慮義務という法的構成が無用だからであろうか。それとも、生命・身体の安全配慮義務に馴染みすぎているが故に、財産の安全配慮義務という発想が

ないからなのだろうか。

以下、順次検討しよう。

Ⅱ 安全配慮義務と意思

1 最判 2016（平成 28）・4・21 の安全配慮義務の根拠論

近時、最高裁は、拘置所に収容された被収容者が、その意に反して不必要な鼻腔経管栄養補給措置を受けたことに対して、国に対して信義則上の安全配慮義務違反の債務不履行責任に基づく損害賠償請求等を求めた事案で、原審が国の安全配慮義務違反の債務不履行責任を認めたのに対して、最高裁は次のように判示して、安全配慮義務の成立を否定した（最判 2016（平成 28 ）・4・21 民集 70 巻 4 号 1029 頁[3]。以下、最判 2016 と略す）。

「未決勾留は，刑訴法の規定に基づき，逃亡又は罪証隠滅の防止を目的として，被疑者又は被告人の居住を刑事施設内に限定するものであって，このような未決勾留による拘禁関係は，勾留の裁判に基づき被勾留者の意思にかかわらず形成され，法令等の規定に従って規律されるものである。そうすると，未決勾留による拘禁関係は，当事者の一方又は双方が相手方に対して信義則上の安全配慮義務を負うべき特別な社会的接触の関係とはいえない。したがって，国は，拘置所に収容された被勾留者に対して，その不履行が損害賠償責任を生じさせることとなる信義則上の安全配慮義務を負わないというべきである（なお，事実関係次第では，国が当該被勾留者に対して国家賠償法 1 条 1 項に基づく損害賠償責任を負う場合があり得ることは別論である。）。」（傍点引用者—以下同様）

要するに、最判 2016 年は、「信義則上の安全配慮義務を負うべき特別な社会的接触の関係」は、意思によって形成された関係にしか成立せず、刑事施設への勾留のように、「勾留の裁判に基づき被拘留者の意思にかかわらず形成され、法令等の規定に従って規律される」関係には信義則上の安全配慮義務は成立しないとする[4]。

---

3 本判決についての筆者の検討として、松本克美「判批」末川民事法研究 1 号（2017 年）13 頁以下（http://r-cube.ritsumei.ac.jp/bitstream/10367/8560/3/SK01_matsumoto.pdf）。

しかし、このように安全配慮義務の成立する関係を意思によって形成された関係に限定する考え方（以下、これを「意思形成関係限定論」と呼ぶ）に十分な説得力があるとは思えない。最判 2016 年は、被拘留者の勾留関係は意思によって形成された関係でないから安全配慮義務は成立しないと言っているのだが、そもそも安全配慮義務はなぜ意思によって形成された関係にのみ成立するのか、その理由を示していない。そもそもこれまで判例は安全配慮義務の成立根拠を意思によって形成された関係に求めてきたのであろうか。

2 最判 1975（昭和 50）・2・25 の安全配慮義務の根拠論

日本で最高裁として初めて安全配慮義務の概念を認めた判決が最判 1975（昭和 50）・2・25 民集 29 巻 1 号 143 頁（以下、最判 1975 年という）であった。この判決は、「国は、公務員に対し、国が公務遂行のために設置すべき場所、施設もしくは器具等の設置管理又は公務員が国もしくは上司の指示のもとに遂行する公務の管理にあたって、公務員の生命及び健康等を危険から保護するよう配慮すべき義務（以下「安全配慮義務」という。）を負っているものと解すべき」であるとした。注目すべきは、この最判 1975 年の判示は、本判決のように安全配慮義務が〈意思に基づいて形成された契約やそれに準ずる関係にだけ認められる〉というような限定は一切していない点である。最判 1975 年は、国が安全配慮義務を負う根拠を、「けだし，右のような安全配慮義務は、ある法律関係に基づいて特別な社会的接触の関係に入った当事者間において、当該法律関係の付随義務として当事者の一方又は双方が相手方に対して信義則上負う義務として一般的に認められるべきもの」だからであると説明し、このことは「国と公務員との間においても別異に解すべき論拠はなく、公務員が前記の義務（職務専念義務等—引用者注）を安んじて誠実に履行するためには、国が、公務員に対し安全配慮義務を負い、これを尽くすこと

---

4 学説の中にも、「一方的な支配・被支配の関係にある当事者間において法令に基づき一方の当事者の権利・自由が制約される場面では、他方の当事者に対して法令に基づき相手方の権利・自由に対して配慮をすべき義務が課されるか否か、課されるとしてその内容・程度はどのようなものかが問題となるところ、これは不法行為法上の行為義務の問題であって、保護義務の問題ではない」とする見解がある（潮見佳男『新債権総論Ⅰ』（信山社、2017 年）164 頁）。ちなみに、潮見は、「安全配慮義務は、労働災害の場面で問題となる保護義務」とする（同 172 頁）。私見における保護義務と安全配慮義務の区別は本文Ⅳ 1 で検討する。

が必要不可欠」であるとする。

ここに見られる基本思想は、端的に言えば、〈特別な社会的接触関係から生ずる義務の履行の際にその特別な社会的接触関係に内在する危険にさらされるリスクを負う者に対して義務の履行を請求するからには、その内在的危険を設置管理する者が義務履行者の安全を配慮することが信義則上求められる〉ということであって、意思によって形成される関係だから安全配慮義務が成立するとは言っていないのである[5]。以下、このような意味で信義則上の安全配慮義務を負う責任を〈内在的危険管理者責任〉と呼ぶことにする。

3　刑事施設の被収容者に対する国の安全配慮義務を肯定する裁判例

最判 2016 年の原審判決は、上告審とは反対に、国の被収容者に対する安全配慮義務を肯定し、次のように判示する。「安全配慮義務は、公法、私法を通じて規定がなく、一般的法原理に基づく義務であり、これを認めるべき必要性は、当事者間の一定の接触関係において、一方当事者が相手方当事者に対し、一定の場所、設備等のもとにおいて勤務等を命じうるという優位な立場にあることから、相手方当事者は、そのことによる内在的危険を負担しているところ、優位な立場にある当事者は、相手方の上記危険を予測して危険を回避することが可能であるのに，相手方当事者は、自らその危険を回避することが困難であることから、優位な立場にある当事者に相手方当事者に対する保護義務を課すのが相当であるとする法的・社会的評価から来るものであって、当事者の意思を論拠とするものではない。」これは、まさに、安全配慮義務のリーディングケースである最判 1975 年が示した〈内在的危険管理者責任〉の発想を刑事施設への収容関係に応用したものである。その他、同種の理由で、掲示収容施設への被収容者に対する国の安全配慮義務の成立を認めたものに、大阪地判 2011（平成 23）・12・8 判時 2149・90、その

5　平野裕之は、最判 2016 年の批評の中で、「本判決の事例たる未決勾留の場合には、安全配慮義務は認められないことは異論がないと思われる。大風呂敷を広げた昭和 50 年判決も、本判決の事例は想定外であったとえいえる。」とする（平野裕之「判批」民商 153 巻 1 号（2017 年）101頁）。本判決に異論がある立場からいうならば、確かに最判 1975 年が本判決のような事例を想定していたとは言えないかもしれないが、積極的明示的に排除しているわけではないとも言えよう。

430

控訴審判決である大阪高判 2012（平成24）・10・25 判時 2175・23 などがある。

4 安全配慮義務と意思

　以上考察してきたように、安全配慮義務は、意思によって形成された法律関係だから成立する信義則上の義務ではない。もちろん、安全配慮義務が多く問題となる労災や職業病の分野では、これまで判例・学説が認めてきたように、雇用契約ないし労働契約上の信義則上の義務として安全配慮義務は成立する。しかし、その安全配慮義務も意思それ自体を根拠に成立しているのではなく、契約上の〈信義則上の義務〉として成立しているのである。

　筆者は、かつて、第二次世界大戦中の強制労働被害に対して、被害者となった外国人を原告とし、日本国や日本企業を相手取って損害賠償請求をしたいわゆる強制労働訴訟との関連で、強制労働関係に、国や企業の安全配慮義務違反の債務不履行責任が成立するかを論じたことがある[6]。その時の結論は、強制労働関係においては、確かに労働関係を成立させる合意はないが、しかし、国や企業が自分の意思で他人を労働させているからには、その場合の信義則上の義務として、債務としての安全配慮義務の成立を肯定して良いとする〈労働関係設定意思説〉を展開した。現在の私見からすれば、その場合の「意思」とは、前述した〈内在的危険管理責任〉を発生させるような意思、すなわち〈特別な社会的接触関係から生ずる義務の履行の際にその特別な社会的接触関係に内在する危険にさらされるリスクを負う者に対して義務の履行を請求する〉意思と捉え直すことができる。刑事勾留施設への勾留が法律に基づき行われるとしても、その後に生ずる特別な社会的接触関係には、このような意味での意思は存在するとも言えるのではなかろうか。

　このように〈内在的危険管理責任〉の観点から言えば、内在的危険管理責任が成立する特別な社会的接触関係において、内在的危険のリスクにさらさ

6　松本克美「強制連行・強制労働と安全配慮義務（一）（二）・完──合意なき労働関係における債務不履行責任成立の可否──」立命館法学 270 号（2000 年、2001 年）1-18 頁、273 号 33-86 頁、同「戦後補償訴訟の新展開──安全配慮義務及び時効・除斥期間問題を中心に──」立命館法学 283 号（2002 年）48-91 頁、同「安全配慮義務概念の拡張可能性──合意なき労働関係及び工事発注者の安全配慮義務論──」日本労働法学会誌 104 号（2004 年）117-133 頁。

れる当事者に義務の履行を請求する場合の、請求者の信義則上の義務として安全配慮義務が成立すると位置付けることができよう[7]。

Ⅲ　安全配慮義務の存在意義

1　改正民法における時効法改革

債権の原則的時効期間につき、改正民法は、従来の「権利を行使することができる時から10年」という規定（改正民法166条1項2号）に加え、「債権者が権利を行使することができることを知った時から5年」という短期時効を定めた（同項1号）。客観的起算点からの長期時効と主観的起算点からの短期時効という二重期間化を図ったのである。

確かに近時の各国での民法改正による時効法改正や国際的な取引基準においても、このような原則的消滅時効の二重期間化は一つの大きな傾向として指摘することはできる。しかし、問題は、そのような二重期間化が果たして現代の日本社会における合理的な改革として評価できるかという点である[8]。

2　原則的二重期間化の問題点

法制審議会での審議中も争点となったのは、主観的認識からの短期時効の導入によって、例えば、安全配慮義務違反の債務不履行構成による時効メリット[9]が失われてしまうことの是非である。今までは、安全配慮義務違反の債務不履行による損害賠償請求権は、被害者やその遺族が権利を行使するこ

7　高橋眞は、最判2016年の批評で、「本件のような法律に基づく拘禁関係は、被拘禁者の行動を管理する正当な権限に基づくものであるから、安全配慮義務の前提たる『法律関係』があるということができる」とし、例えば徴兵制が導入された場合に、志願者に対して国は安全配慮義務を負い、徴兵された者には安全配慮義務を負わないということになれば、「説明できない不均衡が生じ、自由意思の存否で区別することが不適切であることが明らかになる。」とする（高橋眞「判批」私法判例リマークス55号（2017年）17頁）。

8　二重期間化に関する筆者の評価は、松本克美『続・時効と正義—消滅時効・除斥期間論の新たな展開』（日本評論社、2012年）283頁以下、同「時効法改革案の解釈論的課題—権利行使の現実的期待可能性の配慮の観点から」立命館法学357・358号（2016年）2143-2164頁、同「債権の原則的消滅時効期間の二重期間化の合理性」西内祐介・深谷格編『大改正時代の民法学』（成文堂、2018年）に譲る。

9　安全配慮義務の時効メリットの私見については、松本克美『時効と正義—消滅時効・除斥期間論の新たな胎動』（日本評論社、2002年）15頁以下を参照されたい。

とができることを知っていたか否かにかかわらず、権利を行使することができる時から10年の時効期間であった。しかし、改正民法によれば、権利を行使することができることを知った時から5年の短期時効が進行するので、極端な場合は、改正前と比べて時効期間が半減してしまうことになる。

　そもそも労災・職業病の分野で安全配慮義務違反の債務不履行構成が発展してきたのは、不法行為による損害賠償請求権の消滅時効は、損害及び加害者を知った時から3年で時効が完成してしまうからである（724条）。雇用関係がある中で、自分を雇っている使用者を相手取って訴訟を起こすことは、たとえ、損害及び加害者を知っていたとしても事実上困難である。そもそも労災・職業病について労災保険を申請するためには、使用者の協力が不可欠であるし、使用者を相手に裁判を起こせば、雇用条件においてどんな不利益を受けるもわからないのである。このように安全配慮義務違反の債務不履行構成は、〈権利行使困難の時間的緩和〉の機能を果たしてきたのである。同一の事故で不法行為構成と債務不履行構成とで時効期間が違うのがおかしいという見解があるが、現実を無視した全くの観念論ではなかろうか。民法改正議論においては、〈国民にわかりやすい〉〈現代社会のニーズ〉に答えるというスローガンが主張されたが、時効期間の二重期間化において、以上のような安全配慮義務の時効メリット喪失の不利益がどれだけ真剣に配慮されたのか疑問である。

3　時効メリット喪失後の安全配慮義務の固有の存在意義

　私見は、安全配慮義務違反の債務不履行構成には時効メリット以外にも、次のような固有の機能・意義があると考える[10]。

(1)　多様な行為義務の導出・具体化機能

　安全配慮義務はその包括性に特徴がある。ある特別な社会的接触関係において信義則上、他方当事者に安全配慮義務を負うことが認められるならば、そこから様々な具体的な義務を根拠づけることが可能となる。もっとも、不法行為上の注意義務も、当該、加害者と被害者との間の具体的な関係に法的評価を加えて措定されるものである。労災のように安全配慮義務違反の債務

10　松本・前掲注（3）16頁以下でもこの点を指摘した。

不履行責任と不法行為責任が同時に追求されることの多い裁判例では、信義則上の安全配慮義務違反を認定した後、使用者が被用者に対して負う不法行為上の注意義務も安全配慮義務度と同一の内容であるとされることも多い。不法行為上も安全配慮義務と同一内容の義務が認められることは、安全配慮義務の固有の意義を否定する論拠というよりも、むしろ、債務としての安全配慮義務を観念することが不法行為上の注意義務の具体的内容や水準に反映しうるという安全配慮義務の積極的意義を根拠づける論拠でもあろう。

(2)　安全に関する主体的コントロールの根拠機能

　ある特別な社会的接触関係において債務としての安全配慮義務を観念することにより、債務としての安全配慮義務の履行請求や、安全配慮義務が履行されない場合の、反対債務の履行提供拒絶権などを根拠づけることが可能となる[11]。

　実際の裁判例[12]でも、職業病であるじん肺症被害に対して使用者の安全配慮義務違反の損害賠償請求と安全配慮義務の履行請求を求めた訴訟において、粉じん作業使用者は、「粉じん作業労働者がじん肺に罹患するのを防止するために雇用契約の継続する限り、絶えず実践可能な最高の医学的・科学的・技術水準に基づく作業環境管理、作業条件管理及び健康等管理に関する諸措置を講ずる履行義務（以下「粉じん作業雇用契約に基づく付随的履行義務」という。）を負担し、粉じん作業労働者はその使用者に対し、右義務に対応する履行請求権を有するものと粉じん作業雇用契約を構成するのが、旧じん肺法の前記目的に沿った規範的解釈であるというべき」としたものがある（東京地判 1990（平成 2）・3・27 判時 1342・16[13]）。その他、化学物質過敏症の原告が、

11　潮見・前掲注（4）は、「労働者の安全に対する具体的な危険が存在し、または危険が既に現実化している場面での法益侵害の予防措置請求権及び現に生じた法益侵害の排除請求権としての安全配慮義務の履行請求権を肯定して良い」とし、「労災の予防及び事後的救済が問題となる局面で、不法行為構成によるのではなく、安全配慮義務違反を説くことのもつ重要な意味は、この安全配慮義務の履行請求の点にあるといってよい。」とする（179 頁）。

12　原俊之は、後述の大阪地判 2014 年判決の判例批評の中で、本文に掲げた以外の裁判例を紹介している（原俊之「判批」労働法律旬報 1844 号（2015 年）59 頁以下）。

13　奥田昌道は本判決の批評の中で、「安全配慮義務は労働者に対して負担されており、労働者が使用者に対して適切な安全配慮義務を求めることが法的に是認されているということ—これが労働者に請求権があるということの意味である（訴求ないし強制履行ができなければ無意味、というものではない）—このことが承認されるならば、判旨の説くように特定可能な限りは、その履

発症の恐れから、人格権の侵害ないし安全配慮義務違反を理由として職場で
ある建物のワックス掛けの差し止め請求をした事例（盛岡地判 2012（平成 24）・
10・5 労判 1066・72）や、職場での受動喫煙被害防止のための安全配慮義務の
履行請求を求めた例（大阪地判 2014（平成 26）・1・23LEX/DB2544682）がある。
これら 2 件の判決は、結論としては、それぞれの事件における差し止め請
求、安全配慮義務の履行請求を否定したが、安全配慮義務違反を理由とした
危険作業の差止め請求、安全配慮義務の履行請求自体は肯定している[14]。従
来、必ずしも理論的・実践的に深化してこなかった債務としての安全配慮義
務の履行請求権・反対債務の履行拒絶権の解釈論的深化[15] が課題である。

　行の請求を認めることにより、使用者との交渉（団体交渉事項なのか個別に交渉することになる
　のか問題はあるにしても）にあたっても法的根拠が与えられたことになるであろう。」との注目
　すべき指摘を行っている（奥田昌道「判批」判例時報 1355 号（判例評論 380 号）（1990 年）197
　頁。傍点は原著者）。

14　前掲・盛岡地判は、「当該差止請求の当否については，ワックス掛けによって侵害される利益
　の性質と内容，ワックス掛けによって生じ得る被害の防止に関する措置の有無及びその内容と効
　果，ワックス掛けをする必要性及びその程度などを総合考慮して，ワックス掛けに差止請求を認
　容すべき違法性があるか否かを判断すべきである。」として、本件では差止請求を認容すべき違
　法性はないとする。また、前掲大阪地判は、「労働者が使用者に対し，事前に安全配慮義務の履
　行として特定の危険防止措置を採ることを請求するためには，まず，その前提として，前記具体
　的状況等により労働者の生命や身体等に対する具体的な危険が発生しているにもかかわらず，使
　用者において，その危険を放置したり，それを除去するための十分な安全措置を講じないなど，
　上記具体的な危険に対する使用者の措置がその合理的な裁量を逸脱し，安全配慮義務に違反して
　いると認められる場合でなければならない。」としつつ、本件ではそのような意味での安全配慮
　義務違反はないとする。

15　安全配慮義務には継続的な接触関係にある当事者間の交渉的関与を規範構造的に反映しうる点
　に注目する山本隆司「安全配慮義務論序説—不完全履行・積極的債権侵害に関する一考察」立命
　館法学 171 号 631 頁以下（1984）、同「債務不履行における安全配慮義務論」私法 46 号 191 頁以
　下（1985）、高橋眞『安全配慮義務の研究』151 頁以下（成文堂、1992）、宮本健蔵『安全配慮義
　務と契約責任の拡張』（信山社、1993）359 頁以下、鎌田耕一「安全配慮義務の履行請求」水野
　勝先生古稀記念論集編集委員会編『労働保護法の再生』（信山社、2005）などはその先駆的な研
　究成果である。夏井高人は、今後の検討課題として「例えば、個別の労働者を原告とする作為請
　求が認容された場合、原告となっていない労働者との関係では労働条件を従前のママとすること
　が許されるかどうかといった論点について、労働契約の集団的契約としての本質的な側面と民事
　訴訟上の既判力の範囲の両面から十分な検討を要するように思われる」とする（夏井貴人「判
　解」判例地方自治 340 号（2015 年）105 頁）。

Ⅳ　財産の安全配慮義務[16]

1　安全配慮義務・保護義務の保護法益

　安全配慮義務を初めて認めた前掲の最高裁 1975 年判決は、安全配慮義務をもって、「生命及び健康等を危険から保護するよう配慮すべき義務」という。この「等」の中に、財産は含まれるのであろうか。学説の中には、安全配慮義務概念を「相手方の生命・身体・財産の安全を配慮する義務」と定義し、財産の安全配慮も含まれるとする見解がある[17]。

　安全配慮義務は、契約関係ないし特別な社会的接触関係における特定の当事者が特定の当事者に対して負う義務である。例えば、雇用契約関係上の信義則から生ずる安全配慮義務は、使用者が労働者に対して負う義務であって、その逆ではない。これに対して、契約関係ないし特別な社会的接触関係において双方が負う「保護義務」という概念が語られてきた。保護義務は安全配慮義務とは違い、契約関係の一方が相手に負う一方的義務ではなくて、双方が相手方の生命・身体・財産を侵害しないように行為する双方向的義務である点で区別できる。

　ドイツ民法典は 2001 年の民法典の現代化にあたり、次のような条文を新設した。

　241 条 2 項「債務関係は、その内容及び性質の顧慮のもとに、各当事者に相手方の権利及び法益を顧慮する（Rücksicht auf die Rechte, Rechtsgüter und

---

[16]　財産の安全配慮義務についての筆者の試論として、松本克美「財産の安全配慮義務」滝沢昌彦他編『民事責任の法理』（円谷峻先生古稀祝賀論文集）（成文堂、2015 年）295 頁以下。

[17]　下森定は、「契約の相手方の生命・身体・財産等を害しないように配慮すべき安全配慮義務は、給付義務としての安全配慮義務と保護義務としての安全配慮義務に二分化して把握し、両者の併存を認めることが妥当である」とする（下森定編『安全配慮義務法理の形成と展開』（日本評論社、1988 年）239 頁）。また、北川善太郎は、付随義務のうち、「給付価値実現そのものに向けられたものではなく、相手方の生命・人格・身体や財産の保護を目的とした付随義務」があり、「保持義務、注意義務、安全義務、保護義務、安全配慮義務といわれるものがこれである」とする（北川善太郎『注釈民法 (10)』（有斐閣、1987）325 頁）。奥田昌道は、最判昭和 50 年などの安全配慮義務を論じる判例が保護の対象を「生命及び健康等」としていることが、下森説のように「相手方の財産を害しないことも義務内容に含めている」（傍点・原著者）ことの根拠になりうることを示唆している（奥田昌道「安全配慮義務」『石田喜久夫・西原道夫・高木多喜男先生還暦記念論文集・中巻・損害賠償法の課題と展望』（日本評論社、1990 年）30 頁）。

Interessen）義務を負わせる。」この義務が保護義務（Schutzpflicht）と言われる
ものである。ドイツ民法は、債務関係が、契約交渉の開始（die Aufnahme der
Vertragsverhandlungen）や契約勧誘（die Anbahnung eines Vertrags）、それに類似
する法律行為的接触（ähnliche geschäftliche Kontakte）によって生じうることを
規定する（311 条）。従って、これらの関係でも双方が相手方に保護義務を負
うことになる。

　日本の民法改正議論の中でも、2013 年 3 月に法制審議会民法（債権関係）
部会が公表した「中間試案」では、「保護義務」として次のような規定を民
法典に導入することが提案されていた[18]。

　「契約の当事者は、当該契約において明示又は黙示に合意されていない場
合であっても、当該契約の締結又は当該契約に基づく債権の行使若しくは債
務の履行に当たり、相手方の生命、身体、財産その他の利益を害しないため
に当該契約の趣旨に照らして必要と認められる行為をしなければならないも
のとする。」

　この提案でも、生命、身体と並んで、財産の保護が問題とされている。こ
の保護義務規定の明文化の提案については、これと別の付随義務規定[19]の明
文化とともに、部会内でこの規定の設置を強く主張する積極論と、義務の根
拠・範囲が不明確であり予測可能性に問題が生ずるとの消極論があり、結
局、保護義務規定の条文化は見送ることにされた[20]。

　何れにしても、学説上は安全配慮義務においても保護義務においても、そ
の保護法益に財産を含める点はそれほど異論がないと言えるであろう。

　次に、財産の安全配慮義務に的を絞って検討しよう。

18　「第 26 契約に関する基本原則 3 付随義務及び保護義務」の（2）（商事法務編『民法（債権関
　　係）の改正に関する中間試案（概要付き）』別冊 NBL143 号（2013 年）118 頁。
19　前掲注（18）記載の「第 26」の（1）で次の提案がなされている。「（1）契約の当事者は、当
　　該契約において明示又は黙示に合意されていない場合であっても、相手方が当該契約によって得
　　ようとした利益を得ることができるよう、当該契約の趣旨に照らして必要と認められる行為をし
　　なければならないものとする。」（前掲注（18）118 頁）
20　法制審議会民法（債権関係）部会第 84 回（平成 26 年 2 月 25 日）議事録 52 頁。なお同部会の
　　議事録・部会資料は法務省の HP に掲載されている（http://www.moj.go.jp/shingi1/shingikai_
　　saiken.htm）。「要綱仮案」も同 HP で公表されているほか、同部会幹事によるこの案の解説とし
　　て、潮見佳男『民法（債権関係）の改正に関する要綱仮案の概要』（金融財政事情研究会、2014
　　年）。

2 財産の安全をめぐる行為義務の捉え直し

安全配慮義務の保護法益に財産を含めるとしても、実際の裁判例で問題となってきた安全配慮義務の保護法益は、生命・身体である。それでは、財産の安全配慮義務を観念したとしても、それが実際に機能する余地はないのであろうか。

具体的な個々の財物の安全を配慮する義務は、瑕疵担保責任（改正民法では契約内容不適合責任）や債務不履行による拡大損害の問題としても処理しうるので、わざわざ財産の安全配慮義務概念を用いる意義に乏しいようにも思われる[21]。

これに対して個々の財物ではなく財産総体の意味での財産の安全配慮義務概念は、従来、認められてきた様々な付随義務を体系的に整理する上で有用なのではないかというのが私見である。例えば、関西興銀事件は出資先の資産状況についての説明をしなかったことが説明義務違反として問題となった事案である（最判 2011（平成 23）・4・22 民集 65・3・1405）。当該事案では、原告の主張する説明義務が尽くされていれば当該契約を結ばなかったというのであるから、この説明義務違反によって債務不履行責任を成立させるのは「背理」と判示し、不法行為責任の成立の余地しか認めなかった。しかし、出資先の資産状況に関する説明義務は、一旦出資がなされて契約関係が生じた後でも、追加の出資をする場合などに再びその義務違反の有無が問題になり得る。この場合は、すでに契約関係が成立した後の説明義務であるから、債務不履行責任が成立するであろう。例えば、中田裕康も、最判 2011 年の示した「背理」論は形式的に過ぎ、「説明を要するような契約」においては、説明が当該契約の内容と関連性が深いので、説明せずに契約が締結された場合も債務不履行責任が成立すると解して良いのではないかと指摘する[22]。また、宮下修一は投資先の財務状況に関する情報は投資をしようとする者にとって、契約の成否にかかわる情報であるにとどまらず、まさに「契約内容の根幹を構成するもの」であり、財務状況が「非常に厳しいことを秘匿したと

21　個別具体的な財産の安全配慮義務については、松本・前掲注（16）305 頁以下を参照されたい。

22　中田裕康『債権総論・第三版』（岩波書店、2013 年）127-8 頁。

評価できるような場合には、むしろ不法行為責任として処理するよりも債務不履行責任として処理をする方が自然であろう」とする[23]。

　最高裁自身も、商品先物取引が成立した後に、個々の取引きが委託者と受託者の利益相反行為となり得ることを説明しなかったことにつき債務不履行責任を認めている（最判 2009（平成 21）・7・16 民集 63・6・1280）。基本契約を締結する前に、契約締結後になされる個々の取引に置いて利益相反行為が生じ得ることの説明がなされていたのであれば、そもそも当該商品先物取引の基本契約を締結しなかったかもしれないのであるから、説明を尽くしていればそのような契約を結ばなかったのに説明しなかったという説明義務違反があったとしても、それだけを捉えて債務不履行責任の成立を否定すべきではなく、問題は契約締結後の債務不履行の有無ということになろう[24]。

　説明義務は、従来、自己決定との関係で論じられてきた。正しい自己決定ができるためには説明義務の履行により、適切な情報が与えられる必要があるというわけである。他方で、説明義務は、財産の安全配慮の観点からも捉え直すことができるのではないだろうか。すなわち、出資先の資産状況について説明を尽くす必要があるのは、もし、そのような説明が尽くされなかったために出資がなされたことによって、のちに、出資金を回収しようとしても回収できないリスク、すなわち財産の安全に関するリスクが生じるからであろう。その意味で、説明義務は自己決定という観点とは、また別に、財産の安全配慮義務という観点からも捉え直すことができるではないか。

　このような視角からすると、近時、情報提供義務の目的を基準に3種に類型化し、「自己決定基盤の保護」のための情報提供義務違反は不法行為責任を、「契約目的達成」および「完全性利益の保護」のための情報提供義務

23　宮下修一・判批・国民生活研究 51 巻 2 号（2011 年）63 頁。

24　小笠原奈菜は、最判 2009 年の事案のように契約を締結すべきか否かを判断するための「自己決定基盤の保護」に向けられた説明義務の違反と、「その後に締結された契約に基づく」「契約目的達成に向けられた」説明義務違反が競合する場合があり、この場合には債務不履行責任が生じるとする（小笠原奈菜「判例研究」現代消費者法 15 号（2012 年）87 頁）。山口雅裕も「今後は当該説明義務が契約の成立に関してのみ問題となるべきものであるのか、契約の履行に関するものとしても問題となり得るものかという点について、個々の契約の類型毎に検討すること」の必要性を指摘する（山口雅裕「契約締結前の説明義務違反の法的性質について」判例タイムズ 1384 号（2013 年）51 頁。

違反は債務不履行責任を導き（後者はマンションの防火戸の操作方法等を買主に説明しなかったことにより、延焼を止められず被害を被った買主に対する売主の債務不履行責任を認めた最判 2005（平成 17）・9・16 判時 1912・8 をその例にあげる）、「完成性利益の保護に向けられた情報提供義務の場合は、安全配慮義務違反と同様に考えることができる」ことを指摘する小笠原奈菜の指摘が注目される[25]。

　また、投資取引における助言義務について、村本武志は、事業者は「顧客の意向、投資経験、資力等に適合した投資が行われるよう十分配慮」しなければならず、顧客から指示を受けた場合であっても「過当な取引が顧客に適合しないものとの判断に至れば、忠実義務の履行として積極的にそのような取引のリスクを重ねて説明すべきであろうし、そのリスクの理解力・判断力が顧客に存しないとの判断に至れば顧客に対して、取引の終了を助言すべきであろう」とする[26]。このような助言義務も財産の安全配慮義務の一態様として位置付けることができよう。

3　財産の安全配慮義務論の可能性

　近時は、高齢者の資産をねらった投資取引の勧誘や詐欺的商法、不要な物を過大に買わせる過大取引やリフォーム詐欺なども横行している[27]。被害者の自己決定の問題とは別に、被害者の財産の安全に焦点を合わせ、その観点から契約勧誘者の側の行為規範を導く財産の安全配慮義務論の形成の必要性は大きい。さらに一言付け加えるならば、ここでいう〈財産の安全〉は、従来、判例において発展してきた安全配慮義務が生命・身体という人格的利益の保護を目指していた[28]ことの延長線上に捉えることも可能ではないか。つ

25　小笠原菜々「情報提供義務の対象と法的性質」松本恒雄先生還暦記念『民事法の現代的課題』（商事法務、2012 年）720 頁。

26　村本武志「投資事業者の忠実義務と専門家責任」立命館大学人文科学研究所紀要 71 号（1998）103 頁。

27　高齢者の消費者被害については、坂東俊矢「消費者被害としての高齢者問題」中田邦博・鹿野菜穂子編『基本講義消費者法 第 2 版』（日本評論社、2016 年）207 頁以下。なお、ドイツの判例上も、投資取引において、業者に顧客に対し取引を思いとどまるよう忠告、場合によっては拒絶すべき義務を認めた判例がある点につき、角田美穂子『適法性原則と私法理論の交錯』（商事法務、2014 年）165 頁参照。

28　瀬川信久は、安全配慮義務違反の債務不履行構成による時効メリットの分析の中で、裁判所は「消滅時効については、事実上、生命・身体の侵害を理由とする人格的な債権を一般的な財産的

まり、個々の財物よりも財産総体の安全を問題にする場合は、財産の安全は財産所有者の生活の安全に直結する問題である。財産は人が平穏に自律的に暮らすことのできる基盤を構成する。その意味で、財産は物的な権利であると同時に、人格的権利の側面も有する。このような意味で捉えるならば、安全配慮義務の保護法益の中に生命・身体という人格的利益とは別の意味での人格的利益である財産を含めることは、まさに債権法の現代的課題なのではなかろうか[29]。

V　おわりに

本稿では、債権法の現代化という問題の中に、安全配慮義務論を位置付けた時に、その理論的・実践的進化が要請される課題として、安全配慮義務の成立根拠と意思との関係という問題、時効メリットが大幅に減退する中での安全配慮義務概念の固有の意義、今まで生命・身体の安全を中心に判例上展開してきた安全配慮義務を、財産の安全配慮義務という別の、しかし人格的利益としても統一し得る保護法益の領域で展開させることの可能性と意義を検討した。まだまだ未整理の点は残るが、今後の議論の発展の一契機になれば幸いである。

債権から区別しつつあるように思われる」と指摘する（瀬川信久「『豊かな社会』の出現と私法学の課題」法の科学 19 号（1991 年）107 頁。

29　吉田克己は、「ある特定の利用者に対してどんなに説明を尽くしても一定の商品の販売・勧誘を行ってはならない」という狭義の適合性原則は、自己決定の支援ではなく否定が問題となっているとし、「このような自己決定の成否を正当化しうるとすれば、それは、経済的次元ではなく、人格的利益の次元で生じるダメージの大きさ以外にはないであろう」という注目すべき指摘をしている（吉田克己『市場・人格と民法学』（北海道大学出版会、2012 年）218-219 頁）。

安全配慮義務の契約法における密かなる浸透
―― 使用者責任、不作為不法行為及び組織過失との関係 ――

平　野　裕　之

> I　はじめに
> II　安全配慮義務が認められた事例
> III　安全配慮義務と不法行為上の不可侵義務
> IV　おわりに

I　はじめに

2016年4月29日にフランス司法省により公表された「民事責任の改革についての準備草案」は、「身体損害は、契約の履行に際して引き起こされたものであっても、契約外責任の規律によって賠償がなされる」という規定を置いている[1]。筆者は、この規定に注目し、日本法において立法論として同様の条文の導入可能性を検証すべく、別稿で医療過誤の事例を取り上げてその可能性を検証した[2]。本稿は、医療過誤と双璧をなす生命・身体侵害につき債務不履行が問題とされる安全配慮義務違反の事例について[3]、判例を検

1　これは、1233条2項であったが、2017年3月13日の準備草案の改訂版では、1233-1条1項に変更され、「ただし、被害者は、契約外責任の規律の適用よりもより有利な契約上の明示的な約定を援用することができる」という1233-1条2項が追加されている（拙稿「身体損害についての損害賠償責任の一元化」法研90巻5号（2017）108頁）。

2　拙稿「医療過誤における損害賠償責任の一元化の可能性」法研91巻2号（犬伏由子先生退職記念号）掲載予定。

3　労働者の生命・身体の侵害が問題になっているがために、「基本的には契約法に包摂されていながらも、依然として不法行為（人権保障法）を強く刻印しているのである」といわれる（白羽祐三『安全配慮義務法理とその背景』（中央大学出版部・1994）319頁（324頁も参照）。

証するものである。ただし、安全配慮義務の意義また不可侵義務との関係を考察するにとどめ、要件・効果をめぐる検討は別稿に譲ることにする。

当初、生命・身体に対する債務不履行の類型としては、旅客運送事故の事例くらいしか問題とされていなかった。戦後は、医療過誤の事例についても、学説により債務不履行責任による構成が提案され、昭和40年代には判例によりこれが認められるに至る。さらには、ドイツにおける債務不履行責任の拡大をめぐる保護義務などの信義則上の義務論が学説により紹介され、日本の学説に大きく影響を与えることになる。債務不履行は「債権の効力」と位置付けられているが、履行利益の代償による履行を超え、債務不履行に「よって生じた損害」が広く賠償されるものと理解されると共に、債務不履行の「債務」概念を緩めることにより、安全配慮義務を認める判決が導かれることになる[4]。

最判平50.2.25民集29巻2号143頁は、「安全配慮義務は、ある法律関係に基づいて特別な社会的接触の関係に入った当事者間において、当該法律関係の付随義務として当事者の一方又は双方が相手方に対して信義則上負う義務として一般的に認められるべきものであ」る、と判示したのである。

この一般論は雇用関係に限定されず広範な広がりを持つ説明であり、その後、労災事例に限らず、安全配慮義務が多様な事例で認められるようになる[5]。労災事例に次いで多いのが学校事故の判決であり、この2つの事例では安全配慮義務が確立されており、ここで紹介・分析する余裕も必要もない[6]。本稿では、この2つ以外の事例で安全配慮義務が問題とされた判例及

---

[4] 拙稿「完全性利益の侵害と契約責任論」法論60巻1号（1987）43頁以下に学説は紹介した。その後のものとしては、潮見佳男『契約規範の構造と展開』（有斐閣・1991）、本田純一『契約規範の成立と範囲』（一粒社・1999）、湯川益英『契約関係の変容と契約法理』（開成出版・2000）、長坂純『契約責任の構造と射程』（勁草書房・2010）なども参照。

[5] 以下に述べるものの他、コンサートの出演契約について、東京地判平7.6.26判タ904号166頁は「Xの本件コンサートへの出演の際における演奏活動に関連してその演奏活動に起因するXの身体等への危険が生じないように配慮すべき義務がある」と述べ（義務違反否定）、また、東京地判昭60.10.15判時1170号42頁も「各出演契約の付随義務として、この連絡調整ないし統括を行うことにより、関係者間の連絡等の不徹底による出演者のショーの進行上及び安全上の不測の事故を防止すべき義務がある」という（Xは債務不履行で不法行為も構成すると主張していたが、責任は肯定するもののその性質は明確にしていない）。

[6] 平成19年制定の労働契約法5条が、「使用者は、労働契約に伴い、労働者がその生命、身体等の安全を確保しつつ労働することができるよう、必要な配慮をするものとする」と規定した。民

び関連判例を洗い出してみたい。

Ⅱ 安全配慮義務が認められた事例

1 介護・介助事故

(1) 債務不履行責任と明言する判決[7]

福岡地判平 15.8.27 判時 1843 号 133 頁は、「通所介護契約……の利用者は、高齢等で精神的、肉体的に障害を有し、自宅で自立した生活を営むことが困難な者を予定しており、事業者は、そのような利用者の状況を把握し、自立した日常生活を営むことができるよう介護を提供するとともに、事業者が認識した利用者の障害を前提に、安全に介護を施す義務がある」とし、債務不履行を認める（弁護士費用の賠償否定）。大阪高判平 18.8.29 LEX/DB28112505 も、契約内容からして「事業者の義務として、事業者及びサービス従事者は、サービスの提供にあたって契約者の生命、身体、財産の安全に配慮すること、事業者は、契約者の体調・健康状態からみて必要な場合には、事業所の看護職員もしくは主治医又はあらかじめ定めた協力医療機関と連携し、契約者からの聴取・確認のうえでサービスを実施すること」等の義務（安全配慮義務）を認め、その違反による債務不履行を認める。大阪地判平 19.11.7 判時 2025 号 96 頁は、「Y は、本件施設の利用者に介護サービスを提供するにあたり、介護事業者として、利用者の生命、身体に危害の及ばないように、事故防止のために必要な措置を尽くすべく、本件契約に基づき、その安全に配慮すべき義務を負っている」として、債務不履行責任を認める（弁護士費用の賠償肯定）。東京地判平 25.10.25 LEX/DB25515600 は、訪問介護の事例につき、「本件契約は、要介護状態にある A に対して移動移乗等の日常生活上

法改正に際して、安全配慮義務を民法に明文規定を置くべきかは問題になったが、導入は見送られている（山田創一「安全配慮義務に関する債権法改正について」法学新報 121 巻 7・8 号（2014）561 頁以下参照）。

7 介護施設は、施設利用のサービスを提供するにあたって、利用者の生命・身体・財産に損害を与えてはならない信義則上の義務を負っているといわれる（介護事業研究会『Ｑ＆Ａ高齢者施設の辞儀所の法律相談』［日本加除出版・2015］188 頁以下）。平田厚『福祉現場のトラブル・事故の法律相談 Q ＆ A』（清文社・2015）40 頁は、法人の「運営システムの欠陥」を問題にすることの重要性を主張する。

の種々の介助を行うことを内容とするものであるから、その性質上、Ｙは、Ａに対して、本件契約に基づき、Ａの安全に配慮して介助すべき安全配慮義務を負っていた」として、債務不履行ということから、近親者の慰謝料請求を認めず、また、請求時からの遅延損害金のみを認める。

契約書の条項を根拠にする判決もある。神戸地裁伊丹支平21.11.17判タ1326号129頁は、Ｘが、指定痴呆対応型共同介護施設であるグループホームに入居していて自室で転倒負傷した事例で、契約書の条項を根拠として責任を認め、契約に基づく損害賠償義務として商事利率による。東京地判平25.9.24 LEX/DB25515227は、短期入所生活介護サービス契約を締結した入所者Ａが、入所の翌日の明け方ベッドから落ちて傷害を負った事例で、債務不履行を認め、債務不履行ということから弁護士費用の賠償を否定する。

(2) 債務不履行と不法行為との関係について述べる判決

(a) 債務不履行を認めかつ不法行為は否定する判決

横浜地判平17.3.22判時1895号91頁は、「通所介護契約上、介護サービスの提供を受ける者の心身の状態を的確に把握し、施設利用に伴う転倒等の事故を防止する安全配慮義務を負う」としその違反を認めつつ、「Ｘは、不法行為の成立も主張するが、上記歩行介護義務は上記通所介護契約に基づいて導かれるものであるから、本件では不法行為の成立までは認められない」と述べる。また、東京地判平25.9.24 LEX/DB25515227は、認知症を発症していたＡが、Ｙとの間に短期入所生活介護サービス契約を締結し、入所翌日の明け方ベッドから落ちて左大腿骨頸部骨折の傷害を負った事例で、「Ｙは、本件事故に関して、Ａと締結した本件契約上の注意義務を果たしていたと認めることはできない」と債務不履行を認めるが、「Ｙの不法行為があったことまでを認めるにはことはできない」という。福岡地小倉支判平26.10.10 LEX/DB25504949も、入所者が特別養護老人ホームＹの短期入所生活介護事業サービスを利用中、転倒して傷害を負い、その後死亡した事例で、安全配慮義務を怠ったと認めるが、「本件事故について違法性があるとまではいえず、Ｙに不法行為責任が成立するとは認められない」という。

(b) 債務不履行と不法行為とを認める判決

さいたま地判平23.2.4 LEX/DB25444133は、入所者が紙おむつをちぎって口に入れて窒息死した

事例につき、ホーム側の義務違反を認め不法行為を認めつつ、Xは予備的に債務不履行に基づく損害賠償も求めるが、賠償すべき損害の額は不法行為による賠償額を超えるものではなく判断をしないという。東京地判平25.5.20判時2208号67頁も、通所介護サービスの事例につき、「Yは、本件契約に基づき、個々の利用者の能力に応じて具体的に予見することが可能な危険について、法令の定める人員配置基準を満たす態勢の下、必要な範囲において、利用者の安全を確保すべき義務を負っている」として、債務不履行を認め、「XのYに対する不法行為に基づく請求について検討しても、同額の損害額を超えるものではない」という。

　また、水戸地判平23.6.16判時2122号109頁は、介護老人保険施設における誤嚥事故につき、「介護契約の締結に基づき、Yとしては、介護契約上、介護サービスの提供を受けるAの心身の状態を的確に把握し、誤嚥等の事故を防止する安全配慮義務を負った」とし、「同時に、Aに対する不法行為（過失による不法行為）が成立する」という。東京地判平24.3.28判時2153号40頁も、入所利用契約上の安全配慮義務の一内容として、Xがベッドから立ち上がる際などに転倒することのないように見守り、Xが転倒する危険のある行動に出た場合には、その転倒を回避する措置を講ずる義務を負っていたとして、債務不履行責任及び使用者責任を共に認める。福岡地裁平28.9.9 LEX/DB25543801は、認知症により要介護認定を受けてYホームに入所していたAが、施設を抜け出して畑の中で凍死した事例で、Yホーム側は、Aが抜け出すことがないようにその動静を注視する義務を怠ったとして、債務不履行及び使用者責任を認めている。

(3)　責任の性質が不明な判決

(a)　安全配慮義務を認めつつもその違反を否定する判決

東京地判平24.5.30自保ジャーナル1879号186頁は、「本件介護契約は、要介護認定を受けた高齢者を利用者として施設に収容した上で介護することを内容とするものであって、……Yは、本件介護契約の付随的義務として、Xに対し、その生命及び健康等を危険から保護するよう配慮すべき義務（以下「安全配慮義務」という。）を信義則上負担している」、東京地判平24.7.11 LEX/DB25495924も、「Yは、介護付老人ホームの事業者として、本件契約の性

質上、本件施設の入居者であるＸの身体に危険が生じないように注意すべき義務を負う」、また、東京地判平 24.11.13 LEX/DB25497915 も、「Ｙ会社とＡは、双方の合意により本件施設を利用する関係にあったのであるから、正式な通所介護契約締結前であっても、Ｙ会社は、安全配慮義務を負う」と認めつつも、いずれも当該事案での義務違反を否定する。

(b) 責任の性質を明らかにしない判決 横浜地判平 17.3.22 判時 1895 号 91 頁は「安全配慮義務違反があったといわざるを得ない」、大阪高判平 19.3.6 賃金と社会保障 1447 号 55 頁も「安全配慮義務違反があった」というが、責任の性質は明確ではない。東京地判平 19.4.20 判タ 1278 号 231 頁は、「Ｙは，……Ａが左下肢を骨折したことについて，注意義務違反による責任を免れない」というのみである。大阪高判平 25.5.22 判タ 1395 号 160 頁は、「Ｙは、特定施設入居者生活介護事業者として、本件入居契約及び関係法令に基づき、Ａに対し、その生命及び健康等を危険から保護するよう配慮すべき義務（以下「安全配慮義務」という。）を負担している」とし責任を認めるが、性質は明らかにしない（遺族固有の慰謝料及び弁護士費用の賠償肯定）。

(4) 不法行為責任を問題にする判決

仙台地判平 27.4.15 LEX/DB25540267 は使用者責任のみを認める。また、老人ホームに入居を考えている見学者が見学に際して段差で転倒した事例につき、東京地判平 27.3.6 LEX/DB25525377 は、「Ｙは、その運営上、利用者や来訪者の安全を確保する措置を講ずべき義務を負っていた」とはいうが、結論としては、「安全配慮義務違反等の過失は認められず、Ｘらに対し、不法行為責任を負うとは認められない」とした。

2 保育園・幼稚園での事故

(1) 一般論に止まるまたは責任の性質を明示しない判決

松山地判平 9.4.23 判タ 967 号 203 頁は、「心身共に未熟な幼稚園児の教育、監護に当たるＹとしては、担当教員において、可能な限り園内における園児の行動を見守り、危険な行動に及ぶ園児に適宜注意を与えるなど、園内での事故発生を未然に防止すべき安全配慮義務を負っている」という（ただし義務違反否定）。浦和地判平 12.7.25 判時 1733 号 61 頁は、「本件事故は、右の

とおり、Y学園等が、園児らに対する安全確保及び事故防止に関する注意義務を怠ったことに起因する」というが、責任の性質は不明である（近親者の慰謝料及び弁護士費用の賠償肯定）。

(2) 債務不履行を認める判決

許可外保育園における乳幼児の窒息死につき、名古屋地判昭59.3.7判示1123号106頁は、重い「善管注意義務」を認めて債務不履行を肯定する（千葉地判平5.12.22判時1516号105頁も同様）。東京地裁八王子支判平10.12.7判例地方自治188号73頁は、「本件ポーチと地表面との間の段差を放置していたのであるから、Yには、本件ポーチの設置又は管理の点において安全配慮義務違反があった」とし債務不履行責任と明言して責任を認める（弁護士費用の賠償肯定）。岡山地判平18.4.13 LEX/DB28111187（公営保育園）は、「Yは上記法律関係に伴う信義則上の債務として、必然的に、Xに対し、本件保育園において、預かった幼児であるXの生命及び健康等を危険から保護するよう配慮すべき義務（安全配慮義務）を負」うとし、債務不履行を認める（弁護士費用の賠償肯定、遅延損害金は請求時から）。福岡地裁小倉支判平23.4.12 LEX/DB25471153（認可外保育園）は「Y会社は、保育園児であるAの生命、身体の安全確保が実現されるように安全配慮義務を負っていたのに、これに違反したこと、保育従事者の不法行為につき使用者責任を負う」と、債務不履行の他に使用者責任も認める（取締役、保育士らの不法行為責任も肯定）。

なお、東京高判昭55.8.26997号121頁は、精神薄弱児施設への入所後の児童の死亡事例につき、本件「契約関係は、A、Bら精神薄弱児を入所させ監護教育すべきことを内容とする準委任契約であり、したがってYは受任者として善良なる管理者の注意義務をもってその債務を履行すべく、もとよりA、Bの生命、身体に対する危険の予防のために必要な監護をなすべき義務がある」として、その違反による債務不履行を認める。

(3) 不法行為責任と明言する判決

仙台高判平27.12.9判時2296号86頁は、職員Y1には、乳幼児Aが窒息死しないように配慮する注意義務があるのに、うつ伏せ状態で寝かせ放置した上記注意義務を怠った過失があるとして、Y2の使用者責任を認める。さいたま地判平27.12.11LEX/DB25541940（プール死亡事故）も、職員に709条、

保育園に 715 条 1 項の責任を認め（遺族固有の慰謝料肯定）、また、横浜地判平 29.4.13LEX/DB25545629（プール死亡事故）も、担任の先生に 709 条、園長に 715 条 2 項、幼稚園に 715 条 1 項の責任を認めている。

3 学校関係事故[8]

(1) 課外クラブ活動中の事故

私立高校の課外クラブ活動としてのサッカーの試合に参加していた生徒が落雷により死亡した事例で、最判平 18.3.13 集民 219 号 703 頁は、「担当教諭は、できる限り生徒の安全にかかわる事故の危険性を具体的に予見し、その予見に基づいて当該事故の発生を未然に防止する措置を執り、クラブ活動中の生徒を保護すべき注意義務を負う」という[9]。原審の高松高判平 16.10.29 判時 1913 号 66 頁は引率教諭の過失を否定し、Y 学校に「債務不履行責任又は不法行為責任があるということはできない」としたが、「Y（教師はその履行補助者）は、在学契約上の付随義務として、在学生徒である X1 に対する安全配慮義務を負う」と述べていた。教師に安全配慮義務を負わせ、学校に使用者責任を認めるか、学校自体に安全配慮義務を負わせ、教師はその履行補助者にするか微妙な差が認められ、差戻控訴審判決（高松高判平 20.9.17 判時 2029 号 42 頁）は、最高裁判決に則り使用者責任を認める。なお、公立学校でも国賠法 1 条 1 項によらず安全配慮義務違反を適用して、10 年の時効によることが認められている（例えば、福岡地判平 11.9.2 判時 1729 号 80 頁）。

8　最判昭 62.2.13 民集 41 巻 1 号 95 頁は、小学校での事故の事例で、「学校の教師は、学校における教育活動によって生ずるおそれのある危険から児童・生徒を保護すべき義務を負っている」とし、保護者への通知義務を問題にした（否定）。学校事故それ自体はここでは省略する。学校事故については、伊藤進，織田博子『実務判例　解説学校事故』（三省堂・1992）、伊藤進『学校事故賠償責任法理』（信山社・2001）、奥野久雄『学校事故の責任法理』（法律文化社・2004）、同『学校事故の責任法理Ⅱ』（法律文化社・2017）などがありこれに譲る。

9　公立中学の柔道部での練習につき、国賠法 1 条 1 項（予備的に債務不履行）に基づく賠償請求であるが、「技能を競い合う格闘技である柔道には、本来的に一定の危険が内在しているから、学校教育としての柔道の指導、特に、心身共に未発達な中学校の生徒に対する柔道の指導にあっては、その指導に当たる者は、柔道の試合又は練習によって生ずるおそれのある危険から生徒を保護するために、常に安全面に十分な配慮をし、事故の発生を未然に防止すべき一般的な注意義務を負う」ものとされている（最判平 9.9.4 判時 1619 号 60 頁）。

(2) 専門学校・海外留学等

(a) タレント養成学校　　タレント養成学校が生徒 X をスポーツイベントのリハーサルに派遣し、X が役者の代役として長距離走を行って熱中症になった事例で、大阪地判平 27.4.17 LEX/DB25447299 は、主催者は「信義則上または役務提供契約に付随して、X1 の生命及び身体を危険から保護するように配慮する義務を負う場合がある」とし、派遣した養成学校も「信義則上又は在学契約に付随する安全配慮義務を負うか否か、負う場合の具体的な義務の内容は、……等の具体的事情を総合的に考慮して決せられるべきものである」と述べる（義務違反否定）。

(b) 海外語学研修斡旋　　語学研修斡旋契約について参加者が留学先の寮のベッドから転落した事故につき、東京地判平 12.1.28 判時 1716 号 89 頁は、「本件ベッドにはしごやガードレールを取り付ける等の手段を講じることなく寮において使用していた、寮側には研修生の安全配慮について義務違反があった」、「本件ベッドを設置した寮は……Y の履行補助者である」、「寮の安全配慮義務違反はとりもなおさず Y の安全配慮義務違反と評価するのが相当である」とし、X の請求は、Y の安全配慮義務違反を理由とする債務不履行に基づく損害賠償請求であるから、期限の定めのない債務として請求時から遅滞に陥るものとする（弁護士費用の賠償肯定）。

4　スポーツ関連事故

(1)　体験ダイビング・登山などのガイド付きツアー

(a)　ダイビング

❶ 債務不履行を認めるもの　　東京地判昭 63.2.1 判時 1261 号 28 頁は、「Y1 会社には、……ボンベが破裂することなどないように配慮すべき義務があった」、「これは単なる不法行為法上の注意義務にとどまらず、信義則上本件ツアー契約に附随して認められる契約法上の義務である」、「Y2 は Y1 会社の代表者として、Y3 及び Y4 は履行補助者として、右義務を履行すべき立場にあった」という（債務不履行責任は Y1 だけ）。東京地判平 16.7.30 判タ 1198 号 193 頁は、Y1 は、「ファンダイビングのサービスを提供する債務……の履行に当たっては、……参加者である A の生命身体に危険が生じるこ

とのないよう、その安全を確保すべき注意義務がある」とし、Y3 は、Y1 の上記サービス提供の履行を補助するものであり、Y3 には、ガイドダイバーとしての注意義務の懈怠があったため、Y1 はその履行補助者である Y3 の過失によって生じた損害につき債務不履行に基づく責任を免れないとする。Y2 と同 Y3 には 709 条、715 条の責任を認める。

❷ 不法行為を問題にするもの　　インストラクターの過失を認め（不法行為）、使用者たる主催者に使用者責任を認める判決もある。東京高判平 7.8.31 判時 1571 号 74 頁は、本件死亡事故は Y1 の不法行為によって発生したものであり 709 条により責任があり、本件ツアーは Y2 と Y3 が共催したものであり、Y1 は Y2 の代表取締役であり、かつ、Y3 の被用者としてツアー参加者らの引率、指導をしていたため、Y2 は有限会社法 32 条、商法 78 条 2 項、民法 44 条 1 項により（いずれも当時）、Y3 は民法 715 条により損害を賠償すべき責任があるとする。東京地判平 16.11.24 LEX/DB28100059 は、ダイビングツアー主催者 Y1 は「全てのダイバーが安全に参加できるよう配慮した計画の立案、実行が求められる」とし、Y2 は、Y1 の従業員としてツアー参加者を引率していたのであるから、これらの参加者が安全にダイビングをすることができるように配慮する義務を負っていたとして、Y2 の過失（709 条の責任）を認め、Y1 の使用者責任を認める。また、「Y1 会社には、本件契約に付随する安全配慮義務の不履行があるというべきであるものの、既に認定判断した不法行為に基づく損害賠償義務以上の損害賠償義務が肯定されるものではない」ため、「債務不履行に基づく損害賠償請求は理由がなく、認容することができない」とした。大阪地判平 17.6.8LEX/DB28101266 も、インストラクターに過失を認め、ダイビングスクールの主催者に使用者責任を認める。

❸ 責任の性質が不明なもの　　福島地裁郡山支判平 21.9.4 判時 2062 号 134 頁は、「……等の具体的な諸事情に応じ、ダイビングを行う上で参加者の生命又は身体に対する危険を回避し、その安全を確保するよう配慮すべき義務がある」というが、義務違反を否定し違反による責任の性質は明らかにされていない。札幌地判平 21.10.16 判タ 1317 号 203 頁は、流氷ダイビングツアーの参加者の死亡事故につき、Y は「ダイビング経験が 1 年に満たず、

かつ、初めて流氷ダイビングを経験するAに対して安全配慮義務を負っていた」、「Yは、Xらに対し、安全配慮義務違反に基づく責任を負う」とはいうが、責任の性質は不明である。那覇地判平27.9.9労働判例ジャーナル47号60頁は、「Aがシュノーケリングをする場合には、本件ガイド契約に基づき、……シュノーケリングをするAの動静を監視するなどして、Aの安全に配慮すべき義務を負っていた」、「本件ガイド契約に基づく安全配慮義務に違反した」という。責任の性質は明示しないが、訴状送達日からの遅延損害とし、弁護士費用の賠償は含まれおらず、債務不履行責任と構成するものといえようか。

(b) **スカイダイビング、パラグライダー**　広島地判平6.3.29判時1506号133頁は、泊り込みでのパラグライダースクールにつき、「宿泊契約及び施設利用契約であって、本件スクールへの参加はその一部をなすものであるところ、かような契約関係における施設の管理者は、施設の人的・物的設備の運営に伴う危険を防止し、右危険に起因する事故によって、宿泊者等の生命・身体に危害の及ぶことのないよう万全の管理を行うべき義務を負う（具体的には……）」といいつつ、「右のような管理の及ばない事故、もしくは、それとは無関係に生じた事故についてまで安全配慮義務違反を問われることはない」という（義務違反否定）。

横浜地判平21.6.16判時2062号105頁は、インストラクターとタンデムスカイダイビングを行った参加者が、パラシュートが開かないまま墜落し死亡した事例で、「本件契約に基づいて、Aに対し、生命身体に重大な支障を生じさせることなく安全のうちにタンデムスカイダイビングを終了させるという債務を負っていたにもかかわらず、……墜落事故によりAを死亡させるに至ったのであるから、Yには債務不履行が認められる」、「本件事故の原因が、契約当事者の予測の範囲を超え、また、Yによるコントロールの及び得ない事由によるものである場合や、AがBによる制御が不能なほどに暴れたなど債権者側に著しい帰責性が認められるような場合においては、不可抗力等を理由にYは免責される」とし、結論として免責を否定する。「債権者の生命身体の安全の保護が債務の内容として求められる場合、その債務不履行によって債権者の生命身体が侵害されたことを理由とする損害賠償請求

事案は、不法行為を理由とする損害賠償請求事案との同質性があ」るとして、弁護士費用の賠償を認める。

(c) **スポーツクラブ**　①体操クラブの練習中の事故につき、東京地判平 3.10.18 判時 1406 号 51 頁は、コーチである「Y1 には X の身体の安全を保護するための必要な補助措置を怠った過失がある」とし、Y2 会社に使用者責任を認める。②児童を対象としたサッカークラブでの事故につき、福岡地裁久留米支判平 24.8.31 LEX/DB25482707 は、「契約に基づいて体育指導を行う者は、契約に付随する安全配慮義務として児童の身体の安全に十分な配慮を行い、事故を防止するべき注意義務を負う」というが、結論として義務違反を否定した。③柔道の乱取りの稽古中に、11 歳 9 カ月の少年 X が Y（柔道教室の主催者）に体落としで投げられ重篤な後遺障害が残った事例で、長野地裁松本支判平 23.3.16 判時 2155 号 75 頁は、X が十分に慣れていない方法により相当な勢いで投げた安全配慮義務違反を認めるが、責任の性質は不明である。④また、ゴルフスクールにつき、東京地判平 2.9.19 判時 1389 号 82 頁は、「Y1 は、X を指導するに当たり、X が他人の打席に入り込んで他人の振るクラブや、打ったボールに当たることがないように配慮して、指導を受ける位置を指示すべき義務があるのに、危険性の伴う Y3 側の歩径路マットの近く……に立つように指示しており、……不適切な指示をしたという過失がある」とし、Y2 に使用者責任を認める。

(d) **登山ツアー**　熊本地判平 24.7.20 判時 2162 号 111 頁は、「本件ツアーは、プロの登山ガイドである Y が企画、主催した登山ツアーであるところ、登山は、遭難、事故等により生命の危険を伴うものであるから、登山ツアーを企画実施する者は、参加者の生命身体に危険が生じないような適切な準備や指示、処置をする注意義務を負っている」とし、結論としても義務違反を認めるが責任の性質は明示しない（弁護士費用の賠償、遺族固有の慰謝料肯定）。

(e) **スキー場**　富山地裁高岡支判平 2.1.31 判時 1347 号 103 頁は、「スキー場の設置者としては、通常予想される事故を未然に防止すべき義務があり、衝突が予想される場所に工作物を設置しなければならないときには防護用のマットを巻くなど予想される危険を回避する措置を講じなければなら

ず、右措置を怠る時は、利用客に対する安全配慮を欠き、右工作物には瑕疵が存する」というが、義務違反を否定している

(2) モータースポーツレースの参加など

(a) サーキットでの走行中の事故

❶ レース中ないし練習中の事故　前橋地判昭61.7.17判例地方自治28号76頁は、オートレース選手Xがレースに出場していて事故にあった事例で、XはY1とオートレース出場契約を締結していたところ、Y2は、Y1からの事務委託による選手に対する直接の指揮、監督関係に基づき、「信義則上Xに対し、本番のレースのみならず運転練習についても、その生命、身体の安全保持に努めなければならない安全配慮義務を負つている」という（義務違反否定）。東京地判平15.10.29判時1843号8頁は、「主催者は、本件合意の内容として、競技参加者及び競技車両の安全を確保すべき義務を負い、安全確保義務の一内容として、競技長をして、後続競技車両の安全走行を可能ならしめるように先導車を走行させる義務を負う」とし、主催者は「債務不履行責任を負う」と明示する

❷ レース場走行契約　名古屋地判平13.12.26交民集34巻6号1726頁は、走行者から走行料を徴し、サーキットコースを提供してスポーツ走行会を主催する者につき、「走行者に対し、……当該サーキットコースを整備し、スポーツ走行会運営上の走行者の安全につき必要な措置をなし、もって、走行者が安全にスポーツ走行をすることができるよう配慮する義務を負う」と述べる。しかし、義務違反はなく債務不履行は認められないとする。バイクの練習走行中の事故について717条1項の責任を認めた判決もある（大阪地判平1.3.10判時1328号83頁）。

(b) 飛行機のデモフライト　札幌地判平14.1.28 LEX/DB28071471は、小型飛行機によるデモフライトの予行演習中、同操縦者及び同乗者2名が死亡した事故について、「このような危険のある最低安全高度以下の本件デモフライトを企画し、本件デモフライト及び本件予行飛行の実行を上記3名に委託した主催者らは、飛行委託契約上の義務として、上記3名に対し、飛行をする地域の状況を調査把握し、飛行経路上に障害物がないか、低空飛行でもたどりつける範囲に不時着適地を確保できるか、急旋回など飛行機が失速

するおそれのある飛行方法ではないか、低空飛行に至るまでの降下率に無理はないかなど考慮して安全な飛行経路及び飛行方法を設定するとともに、障害物の存在等安全に飛行するために必要な情報を教示する義務（以下「安全配慮義務」という。）がある」という（義務違反否定）。

(c) **トライアスロン参加**　大阪高判平 3.10.16 判時 1419 号 69 頁は、トライアスロン競技参加者が水泳中に溺死した事例につき、「競技を主催した者は、その競技に関する契約に基づき、参加者に対し、競技を実施する義務を負うこと……に付随し、その競技が危険を伴うものである場合には、その参加者が、安全に競技できるように配慮し、救助を要する事態が発生した場合には直ちに救助すべき義務を負う」と認め、「主催者は、競技コースの設定に配慮するとともに監視者、救助担当者を配置し、救助機器を用意して救助態勢を整え、かつ、参加者に救助を要する事態が発生した場合や、参加者から救助の要請があった場合には直ちに救助する義務がある」という（義務違反否定）。

(3)　**プール、スポーツジムなど**

(a)　**プールでの事故**　富山地判平 6.10.6 判時 1544 号 104 頁は、会員制のプールでの事故につき、「本件プールを管理している Y としては、本件契約上の義務として、右施設内において A ら会員の生命・身体を保護するための万全の配慮をして施設を利用させるべく、少なくとも、蘇生法を習得しているプール監視員を配置して、会員が本件プールを利用している時は常時本件プールを監視し、事故発生時に迅速に発見・救助できる体制を整えているべき義務を負っていた」として、Y は本件契約上の安全配慮義務の履行を怠ったとして、債務不履行を認める。

名古屋高判平 24.10.4 判時 2177 号 63 頁は、プールを含む W の施設の利用契約に基づき、Y は、X に対し、「X が W の施設を利用することに伴って X の生命身体に危害が生じることがないよう、その安全に配慮すべき義務（以下「安全配慮義務」という。）を負う」とは述べるが、事案では安全配慮義務の「不履行」を否定する。公営プールでの遊泳者同士の衝突事故につき、東京地判平 27.1.21 LEX/DB25524551 は、運営している Y 公社に「安全配慮義務に違反したとはいえない以上、Y 公社には、本件事故の発生について責

めに帰すべき事由がないから債務不履行責任がなく、また、事故発生を防止すべき注意義務に違反した過失もないから不法行為責任もない」とした。

(b)　スポーツジムでの事故　スポーツジムでトレーニング中に、使用者がトレーニング機器により負傷した事例で、東京地判平27.1.22 LEX/DB25524553 は、「Y は、通常有している安全機能が働かなかったマシンを提供したという責任もないし、本件事故を予見し、本件マシンの安全対策を施す信義則上の義務（安全配慮義務）を怠った責任もない。ジム利用者に対する信義則上の安全配慮義務違反があったとはいえないから、本件事故によるX の損害について、Y には債務不履行による損害賠償責任はない」と判示されている。

(4)　プロ野球観戦

(a)　安全配慮義務違反を否定する判決　仙台地判平23.2.24 LEX/DB2544319（ファウルボール）は、「プロ野球の試合の主催者は、観客に対し、試合中、ファールボール等の危険から観客を守るべき契約上の安全配慮義務を負っている」、「不法行為責任と債務不履行責任が競合する場合には、不法行為上の注意義務の内容は、契約上の注意義務の内容と重なり合うものと解されるから、Y は、X に対し、不法行為上も、上記安全配慮義務と同内容の注意義務を負っていた」と述べる（しかし、義務違反否定。控訴審判決仙台高判平 23.10.14 LEX/DB25473536 も義務違反を否定）。神戸地尼崎支判平 26.1.30 LEX/DB25502982（折れたバット）、「Y は、球場の管理・運営者として、プロ野球の試合において球場施設の管理、観客の入退場や誘導のための出入口・通路・客席部分への人員配置、球場内の種々のアナウンス等を行うのであるから、観客に対して安全配慮義務を負っている」と述べるものの、過失は認められないという。

(b)　安全配慮義務違反を認める判決　札幌高判平 28.5.20 判時 2314 号40 頁は、野球に関する知識も関心もほとんどなく、硬式球の硬さやファウルボールに関する危険性も殆ど理解していない母親が招待された子に付き添って観戦に来てファウルボールに当たり失明した事例につき、「Y は、そのような者が含まれていることを暗黙の前提として本件企画を実施する以上、通常の観客との関係では……相応の安全対策を行えば足りるとしても、少な

くとも上記保護者らとの関係では、野球観戦契約に信義則上付随する安全配慮義務として、本件企画において上記危険性が相対的に低い座席のみを選択し得るようにするか、又は保護者らが本件ドームに入場するに際して、上記……のような危険があること及び相対的にその危険性が高い席と低い席があること等を具体的に告知して、当該保護者らがその危険を引き受けるか否か及び引き受ける範囲を選択する機会を実質的に保障するなど、招待した小学生及びその保護者らの安全により一層配慮した安全対策を講じるべき義務を負っていた」という。Yは、安全配慮義務を十分に尽くしておらず、Xに対し「債務不履行（上記安全配慮義務違反）に基づく損害賠償責任を負う」とする（弁護士費用の賠償、請求時からの遅延賠償肯定）。

5　客の立入・利用が認められた場所での事故
(1)　温泉施設での事故
　前橋地判平 23.11.16 判時 2148 号 88 頁は、Y の経営する公衆浴場で X がレジオネラ肺炎に罹患した事例で、「Y には、本件公衆浴場を設置運営するに当たって、その衛生管理を適切に行い、利用者の生命身体の安全を確保すべき義務に違反した過失があり、X をしてレジオネラ属菌に感染させて重症のレジオネラ肺炎及び肺気腫（COPD）に罹患させたものであるから、X に対し、不法行為ないし債務不履行に基づく損害賠償責任を負う」という（弁護士費用の賠償、事故時からの遅延損害金肯定）。

　また、東京地判平 26.1.16 LEX/DB25517320 は、浴場での転倒事故につき、「浴場の利用者は床を素足で歩くのであり、本件浴場は、内湯、外湯に他種類の風呂が設置され、浴場内の客の移動が予定されているから、移動に伴う客の転倒防止等への配慮が求められるところであり、Y には、浴場の利用者に対する信義則上の義務として、利用者が本件階段部分において滑って転倒しないように配慮すべき義務があった」という（義務違反否定）。他に、ホテルの大浴場の階段部分における宿泊客の転倒につき、ホテルには「浴場の利用者に対する信義則に基づく安全管理上の義務として，利用者が本件階段部分において滑って転倒しないように配慮すべき義務があった」として、盛岡地判平 23.3.4 判タ 1353 号 158 頁はホテルの債務不履行責任を認める。

(2) ホテル、旅館

東京地判平 7.9.27 判時 1564 号 34 頁は、「その宿泊契約には、宿泊客がそのチェックインからチェックアウトまでの時間、当該宿泊施設において事故や病気により自己の意思を的確に伝えることができない状態に陥った場合には、客観的に判断して本人の生命身体の危険の増悪を回避抑制するために最も適切と考えられる措置を講ずることを宿泊施設側に委ねる合意が含まれているもの、換言すれば、ホテル営業を営む者は、宿泊契約上、宿泊客に対し、右のような安全配慮義務を負っている」。「ホテル営業を営む者は、宿泊客が宿泊施設において事故や急病により医師等の医療専門家の診断を要すると予想し、又は、予想すべき状況にある場合には、明らかに本人の反対の意思が認められない限り、医師の往診を依頼するとか、救急車により救急病院への搬送を要請するとか、速やかに宿泊客をして医師等の医療専門家の診断を受けさせる措置を講ずべき義務がある」として、債務不履行責任を認める（弁護士費用の賠償肯定）。

また、東京地判平 25.7.22 LEX/DB25513862 は、Y 旅館で客室に配膳する天ぷら用の高温の油の入った鍋を廊下に置いて客室を開けた際に、宿泊客の連れていた 1 歳 10 か月の幼児が飛び出してきて、鍋をひっくり返してやけどを負った事例で、「旅館業を営む者は、その営業に際して火力を用いたり、高熱を有する物を取り扱ったりするのであるから、安全配慮義務の一環として、宿泊客が負傷しないよう、受傷の危険を伴うようなものにつき、宿泊客が不用意に触れる等して受傷しないよう配慮する義務を負っている」、「安全配慮義務の一環として、少なくとも高温の油に幼児が触れたりすることのないよう配慮すべき義務はあった」として、過失が認められている。責任の性質については明示していない（弁護士費用の賠償肯定）。

(3) 飲食店など

(a) 飲食店 飲食店で飲食をした X が、同店舗を退店して 2 階から 1 階に階段で下りようとして階段から転落した事例につき、東京地判平 27.2.9 LEX/DB25523897 は、「飲食店経営者と客との間には特別な社会的接触関係が生じるから、飲食店経営者は、客に対し、上記契約に基づき、飲食物を提供する義務のほか、上記契約の付随義務として、客の生命や身体等を危険か

ら保護するよう配慮すべき信義則上の義務（安全配慮義務）を負う」という
（義務違反否定）。責任否定事例として他に東京高判昭 63.9.28 判時 1294 号 37
頁がある。夜間、店の駐車場に入ろうとした二輪車の事故につき、大阪地判
平 10.2.16 交民集 31 巻 1 号 200 頁は店の過失を認める（不法行為責任肯定）。

(b) スーパー、デパート等の店舗　東京高判平 26.3.13 判時 2225 号 70
頁は、銀行のキャッシュディスペンサーの入り口のマットで利用客が転倒し
た事例で、銀行の過失を認める（責任の性質不明）。スーパー等での転倒事故
では、不法行為が問題とされるが信義則上の義務を問題にする判決もみられ
る。例えば、札幌地判平 11.11.17 判時 1707 号 150 頁（スーパーの外階段での転
倒）は 717 条の責任を認め、福岡地裁小倉支判平 23.11.28（未公刊）は、雨の
日に濡れた床で客が転倒した事例で衣料品店の過失を認める（不法行為）。大
阪高判平 13.7.31 判時 1764 号 64 頁は、コンビニの床が濡れていたため客が
転倒した事故につき、「本件のような店舗は、……不特定多数の者を呼び寄せ
て社会的接触に入った当事者間の信義則上の義務として、不特定多数の者の
日常ありうべき服装、履物、行動等、例えば靴底が減っていたり、急いで足
早に買い物をするなどは当然の前提として、その安全を図る義務がある」と
の一般論を述べ、義務違反を認め「不法行為責任を負う」という。岡山地判
平 25.3.14 判時 2196 号 99 頁は、ショッピングセンターで落ちていたアイス
クリームに客が滑って転倒した事例で、「不特定多数の者を呼び寄せて社会
的接触に入った当事者間の信義則上の義務として、不特定多数の者の日常あ
り得べき履物、行動等を前提として、その安全を図る義務がある」とし、義
務違反を認める（不法行為責任）。東京地判平 27・4・23 LEX/DB25525747
は、客が買い物を終えて店舗を出る際にマットに躓いて転倒した事例で、
「不特定多数の顧客を集客して商品の販売等を行い収益をあげることを目的
とした大型商業施設を経営する場合、当該施設の経営管理者は、来店した顧
客との関係で、施設内で発生することが予想される事故の発生からその安全
を図る信義則上の義務がある」という（義務違反否定）。責任否定事例として、
他に名古屋地裁岡崎支判平 22.12.22 判時 2113 号 119 頁、名古屋地判平
25.11.29 判時 2210 号 84 頁がある。

(c) 病院　東京地判平 24.11.20 LEX/DB25497411 は、病院に診察に訪

れていた患者の転倒事故につき、「Yは、その設置に係るY病院の管理運営を行う者として、Y病院を訪れる多くの患者やその家族らに対し、信義則上の義務として、その身体の安全を図るよう配慮すべき義務を負っている」という（義務違反否定）。

(d)　パチンコ店　　X夫婦とY1夫婦がそれぞれ幼児を連れてY2経営のパチンコ遊技場で遊技していて、Xらの子AとY1らの子Bが、本件店舗で使用されていたパチンコ玉搬送用の台車にBがAを載せて押していて、店外に出てしまい横断歩道を横断していてY3が運転する自動車にはねられ、Aが死亡した事例につき、大分地判平20.5.8判タ1309号243頁は、「Y2がXらに負うべき安全配慮義務は、Y2が支配管理する本件店舗・その敷地及びそれらに設置された遊技機械器具等の物的環境並びに人的環境から生じ得る危険によりXらの生命及び健康等が害されることのないよう保護することをその内容とする」、また、「Y2がXらに対し、Xらが遊技中幼児を同伴することを認めた場合には、Y2はXらに対し、Y2が支配管理する物的環境及び人的環境から生じ得る危険により当該幼児の生命及び健康等が害されることのないよう保護する安全配慮義務を負う」ともいう。しかし、Y2が支配管理する物的環境及び人的環境から生じ得る危険が発現したものではないとして安全配慮義務違反が否定されている。控訴審の福岡高判平21.4.10判時2053号47頁は2割の限度で責任肯定する。「Yは、幼児同伴の顧客らの入店を容認する以上は、ゲーム機使用に伴う付随的な安全配慮義務として監護を補助すべき義務があった」といい、その違反を認め「不法行為に基づく損害賠償金」の支払を命じている。

(e)　テレフォンクラブ　　テレフォンクラブでの火災による利用客の負傷につき、神戸地判平15.5.20判時1824号76頁は717条により責任を認める。他方、京都地判平15.9.12 LEX/DB28082755は、「Yは、利用客の生命身体の安全を配慮する義務があり、本件店舗における火災発生に対し、利用客の生命身体に対する危険から、利用客を保護すべき義務を有しているから、当該義務を全うすべく、本件店舗には一定の防火設備を設置すべき義務を有しており、また、同様の不法行為上の注意義務を負担している」という。結論として、Y「の債務不履行上及び不法行為上の防火設置義務及び防

災指導義務についての重大な過失」を認める。

(4) 道路通行契約、公園入園契約

(a) 高速道路通行契約　岡山地判平 3.9.25 交民集 24 巻 5 号 1124 頁は、「本件道路については、高速自動車道の管理者側が道路通行者の安全確保に関して負担する義務について、……私法上の通行契約に基づく安全配慮義務は排除されていない」。「Y は X に対し、私法上の通行契約に基づく安全配慮義務を負うものと解するのが相当である」という（義務違反否定）。高速道路上の土砂崩れによる事故につき、「Y には、本件現場付近に、監視車両を派遣して土砂崩れの前兆の有無を点検し、その手前に電光掲示板を搭載した車両を配置して速度規制をするとともに、本件事故当日の午前 10 時には通行止め規制を実施して発生する可能性のある土砂崩れ等に G らが巻き込まれるのを防止すべき義務があった」として、Y に 709 条の不法行為責任を認める。

(b) 公園入園契約　福岡高判平 12.8.30 判タ 1104 号 172 頁は、「Y1 及び Y2 は、本件公園の設置者又は管理者として、公園施設の利用に伴って入園者の生命身体に危険が及ぶことがないようにすべき安全配慮義務が認められる」とし、安全配慮義務違反により本件事故を惹起したとして損害賠償責任を認める。Y1 は国家賠償法 2 条 1 項の責任も免れないという。

6 その他の事故事例

(1) 美容契約、理髪契約、エステ等

(a) 美容契約　東京地判平 2.6.14 判時 1378 号 85 頁は、パーマ作業中のパーマ液による皮膚の炎症事例で、経営者 Y 個人との美容契約と認め、美容師をその履行補助者とした上で、「Y は X との間の美容契約履行に際し、X が皮膚障害を生ずることのないよう配慮すべき注意義務に違反したものとして債務不履行の責任を負う」という。他方、パーマ液の濃度の調整ミスで客の女性の毛髪が脱落した事例で、美容院の経営者の使用者責任が認められている（神戸地伊丹支判昭 61.6.4 判タ 617 号 99 頁）。また、東京地判平 17.11.16 LEX/DB28110106 は、「本件美容契約上の Y の債務として、……加えて、刃物や染髪料等を用いる美容契約の性質上、併せて、X の生命、身

体を害しない安全配慮義務がある」といい、Yの責任を認めたが、本人の意思確認をしない髪型にした点を問題にしたものである。

(b) エステ　東京地判平 13.5.22 判時 1765 号 67 頁は、X のアトピー性皮膚炎の発症及び悪化が Y のエステ施術を継続的に受けたことによると認め、「一般にエステティックサロンを営業する者及びその従業員は、エステ施術を行うに際し、客が皮膚障害を生じることのないよう配慮すべき注意義務を負い、仮にエステ施術により客に皮膚障害が生じた場合には、直ちにエステ施術を中止し、医師の診察を受けるよう勧める等の被害防止のための適切な措置を講じなければならない」と、使用者責任を認める。甲府地判平 14.6.18 LEX/DB28072338 は、「美顔サロンにおいて，従業員が美顔マッサージ及びこれに関連するマッサージを行うに際しては，マッサージを受ける者の年令・体質や体調等に配慮して安全に施術する義務があ」り、「特に X のようにはじめて来店した客に対してマッサージを行う場合には慎重に行うべき義務がある」として、X の両大腿部挫傷は従業員の過失行為により生じたものとして Y の使用者責任を認める。

(2) 旅客運送契約

(a) タクシー　京都地判平 24.11.28 交民集 45 巻 6 号 1403 頁は、「タクシー会社である Y1 会社は、旅客運送契約に基づいて乗客を安全に運送する義務を負い、その使用人が運送に関し、注意を怠らなかったことを証明しなければ、その損害賠償を免れることはない（商法 590 条 1 項）」と述べ、運転者 Y2 の過失を認め、Y1 会社の商法 590 条 1 項に基づく責任を認める。

(b) フェリー　フェリーでの急病人への対処につき、大阪地判平 5.3.24 判時 1477 号 81 頁は、「人の身体について時間的・場所的支配を伴う旅客運送契約にあっては、旅客運送人には、乗客の生命・身体の安全を配慮するために人的・物的施設を備えるべき義務があ」り、「Y は、運航契約の付随義務たる安全配慮義務として、乗客の生命・健康に危険が及ばないように配慮し、万一、船内で事故が発生した場合には、乗客の安全を確保するべき義務を負う」ことを認め、Y につき、本件運送契約の付随義務たる搬送義務に違反した債務不履行を認める。

(c) 鉄道　新幹線に駆込み乗車した客がドアに挟まれたまま列車が走

行した事例で、静岡地裁沼津支判平 13.3.7 判時 1752 号 90 頁は、「公共交通機関としての安全配慮義務を負う Y がホーム上のアナウンスに過度に依拠することは許されない。……旅客である A を安全に輸送すべき高度の注意義務を負っている Y としては、本件ドアの潜在的危険性から生じうる重大な結果発生の危険性等に鑑みれば、発車ベルを鳴らすことのみをもって、実質的な安全監視の義務を免れるものとは到底いえ」ないとして、商法 570 条及び民法 715 条の責任を認める。

東京地判平 15.2.5 判タ 1140 号 155 頁は、「少なくとも車いす利用者対応の専門職員を配置した新宿駅においては、介助者なしの手押し型の車いす利用者と旅客運送契約を締結した場合には、必要な介助を行うことを同契約上の債務、すなわち乗客に対する安全配慮義務の一つとして、自ら負担した」として、債務不履行を認める（弁護士費用の賠償肯定）。控訴審判決である東京高判平 15.6.11 判時 1836 号 76 頁は、「Y は、前記の旅客運送契約に基づく X に対する安全配慮義務の履行を怠ったものと認めるのが相当であり、ないしは、その被用者である A の同義務違反の過失による不法行為につき使用者としての責任を負う」と、使用者責任に変更した。

大阪地判平 24.1.11 交民集 45 巻 1 号 25 頁は、泥酔客が線路に落ちて列車にひかれて死亡した事例で、「鉄道事業者は，利用客と旅客運送契約を締結して列車による運送サービスを提供するものとして，ホームにおける事故防止のために人的体制及び物的設備を整えるべき旅客運送契約上の安全配慮義務又は不法行為上の注意義務を負う」という（義務違反否定）。

(3) 賃貸借

X1 会社は Y からビルの 6 階及び 7 階部分を賃借していたが、同ビル地下 1 階部分に入居していたディスコの夜間の騒音及び振動により本件物件内で居住していた X2（X1 の経営者）が睡眠を妨害され、X1 会社において退去を余儀なくされた事案がある。東京地判平 25.4.17 LEX/DB25512392 は、「X らは債務不履行に基づく損害賠償請求として法律構成するところ、X2 個人は、本件賃貸借契約の当事者ではない。もっとも、X2 は、X1 会社の代表取締役であり、X1 会社と Y との間の本件賃貸借契約に伴い、必然的に本件物件を使用収益する事実的行為を為す地位にあった。してみると、本件賃貸

借契約に伴い、Y は、X1 に対し、その使用収益に関わる事実的行為が安全に行われるように配慮する信義則上の義務を負っていたというべきである。この信義則上の義務は、本件賃貸借契約に伴って生ずるものである以上、債務不履行責任としても構成できる」という（Y の債務不履行責任肯定）。

　建物 1 階部分の賃借人の過失による火災により、3 階に居住している賃貸人の妻が焼死した事例で、東京高判平 16.2.26 金判 1204 号 40 頁は、「Y は、本件建物 1 階部分について、賃借人として賃貸人である X との関係において善良なる管理者の注意をもってこれを使用、管理すべき注意義務があった」。「本件火災によって A が死亡したことにより X が被った上記精神的苦痛という損害については、Y の上記債務不履行との間に相当因果関係があると認められ」るとし、また、葬儀費用も債務不履行と相当因果関係にある損害と認める。しかし、Y が債務不履行の責任を負うのは X に生じた損害である必要があり、A 自身の逸失利益を Y の債務不履行による損害と認めることはできないとする。

（4）　ガス供給契約

　パロマ湯沸かし器不正改造事件につき、札幌地判平 10.7.28 判タ 1040 号 247 頁は、プロパンガスの供給業者につき、「本件湯沸器の使用者のために本件湯沸器の安全性を確認点検する注意義務があった」として、不正改造を発見できなかった過失を認めるが、責任の性質は明らかにされていない（事故時からの遅延損害金肯定）。プロパンガス供給業者 Y1 に「プロパンガス供給契約に伴う義務として受給者に対して安全を確保すべき義務」、保安点検員 Y2 も「点検し安全を確保すべき義務」があり、爆発事故につき、Y1 に 415 条、Y2 に 709 条の責任が認められている（京都地判昭 56.12.14 判タ 470 号 154 頁）。他方、東京地判平 24.12.21 判時 2196 号 32 頁は、「本件事故のようなガス湯沸器の安全装置を他の業者が不正改造をしたような場合について、ガスを供給しているガス会社において、契約上、一酸化炭素中毒事故が生じないようにすべき安全配慮義務を負うことになるのは、何らかの具体的な法律上の義務がある（……）のにそれを怠ったり、具体的な事故発生の危険性が予見され、ガス会社としての対応によって、それを具体的に回避することが可能であるなど、具体的な回避義務が基礎付けられるような事情がある場合に

464

限られる」として、責任を否定する。

Ⅲ　安全配慮義務と不法行為上の不可侵義務

1　安全配慮義務の基準・限界
(1)　安全配慮義務を誰にどのような義務として帰属させるか

　従業員が客らの安全を配慮する具体的行動を担っているが、本稿で紹介した諸判例は、①不法行為によるものとして、ⓐ被用者の義務違反（不法行為）を問題とし使用者責任を問題にするもの、また、ⓑ使用者の安全配慮義務（不法行為法上の）についての組織過失を認めて、いわば法人自体の過失（不法行為）を認めるもの、そして、②使用者自身の信義則上の安全配慮義務を問題とし債務不履行を認めるものとして、ⓐ従業員をその履行補助者とし履行補助者論によるもの、また、ⓑ使用者等に、組織過失のように、主催者に人的・物的設備の整備を怠ったいわば法人自体の安全配慮義務違反（債務不履行）を認めるものに分かれる。具体的な従業員の行為が問題になる事例かどうか、事例の差が大きい。

　使用者は、従業員を用いて、役務「給付」につき債務の履行をしていると同時に、それに伴う安全への配慮を行わせているのである。従って、従業員は、ⅰ入所者、参加者等に対して、先行行為等を理由に個人的に作為義務として安全配慮義務を負うと共に——給付義務は負わない——、ⅱ使用者に対して、雇用契約上、入所者、参加者等の安全を配慮する労務の提供を義務づけられる。使用者の安全配慮という「サービス」給付を代わり実現しているのである。

　従業員の義務と使用者の義務とは範囲・程度・内容が異なり、従業員はそれぞれの地位に基づいた安全配慮の義務を負うが、使用者は人的・物的環境の整備、管理を含むより総合的・包括的かつより高度な義務を負うのである[10]。このように、従業員の義務には二重構造が見られ、ⅰに光を当てれば使用者の使用者責任——債務不履行ならば履行補助者責任——が問題になり、ⅱに光を当てれば、使用者が従業員を使って自己の安全配慮義務を果た

10　高橋眞『続・安全配慮義務の研究』（成文堂・2013）69頁。

さなかった、使用者自身の安全配慮義務違反——サービス給付義務としての
それだけでなく、不法行為法上のそれまた信義則上のそれ——を問題にする
ことができる[11]。

(2) 債務不履行を導びく安全配慮義務

判例上、債務不履行を導く安全配慮義務はどのような場合に、いかなる者
に認められているのであろうか。次にこの問題を検討してみたい。身体との
接触が必然的な、エステ、美容等で、加害を回避するよう配慮すべき義務が
認められることは問題ない。問題は、このような事例を超えて、積極的な配
慮義務がどのような場合に認められるのかである。

①介護関係の契約のように、積極的配慮自体が契約上のサービス給付の内
容になっている場合に、これが認められることは疑いない。幼児、乳幼児の
保育もこれに準じ、危険なダイビング、パラグライダー、登山等を自己の管
理・配慮また指揮・指導の下に行うことを約束する場合も同様であるといえ
る。②それ以外にも、鉄道、旅館等、身体を他人の管理・支配下に委ねる場
合も、その管理・配慮に信頼して自己の身体の安全への配慮を委ねているの
であり、事業者はこれに応えるべきことが信義則上要求される。これらの事
例類型を超えて、どこまで安全配慮義務ないし信義則上の義務が認められる
のであろうか[12]。

スーパーやデパート等での事故についても信義則上の安全配慮義務と説明
する判決があるものの、契約を問題にできないため不法行為によっている。
近時は、信義則上の義務を認めつつその違反は不法行為を問題にする判決が

11　組織過失論は、「擬人化された企業自体の過失」が認められるわけではなく、法人にも社会生
　活上の義務があることを前提としてこれを具体化する法人の組織義務として、①法益侵害を引き
　起こさないために具体的な組織的措置をとる義務、②人的編成義務、及び、③監視義務といった
　義務を認めようとするものである（高橋賢司「ドイツ法における組織過失の法理」立正42巻1
　号［2008］194頁以下）。中原太郎「事業遂行者の責任規範と責任原理（10・完）」法協129巻10
　号（2012）215頁以下、特に271頁以下は、709条の活用を提案する。

12　潮見・前掲書148頁は、①警備契約、寄託契約、幼児保育預かり契約においては、「主たる給
　付義務」として、②運送契約、診療契約、在学契約、運動施設利用契約においては「契約目的達
　成のための従たる給付義務」として保護義務を認める。③それを超えてどこまで保護義務を認め
　るかにつき、完全性利益が開示され、その保護を相手方に委ね、侵害が給付結果ないし契約目的
　の達成へと向けられた行為の中で生じたこと、また、当該侵害が、給付結果ないし契約目的の達
　成に伴う特殊の危険の実現であることを要するという4つの要件を設定し、これを充たせば保護
　義務の成立を認め、契約責任の規律に服せしめる。

増えており（例えば、投資勧誘に際する説明義務についての最判平 23.4.22 民集 65 巻 3 号 1405 頁）、信義則は義務を根拠づけるが、債務不履行責任を直ちに導くものではなくなっている。どのような場合に債務不履行責任が認められるのか、換言すれば積極的な配慮にのみ安全配慮義務は限定されるのか、次に考察してみよう。

(3) 生命・身体についての信義則上の義務を二分するか

安全配慮義務は、自己の支配下または管理下に顧客がその身体の安全性の配慮を委ねる関係の存在を前提とした概念であるといえるが、債務不履行を導く安全配慮義務の基準をめぐっては、裁判例は混乱している。売主の安全配慮義務は 1 つの試金石になるので、これを次に紹介・分析してみよう。

(a) 売主についての判例は 3 つに分けられる

❶ **指揮命令・支配従属関係を要求する判決**　　例えば、大阪地判平 9.9.18 判タ 992 号 166 頁は、「ある法律関係に基づいて『特別な社会的接触の関係』に入った当事者は、信義則上、当該法律関係の付随義務として、相手方の生命及び健康等を危険から保護するよう配慮すべき義務（安全配慮義務）を負うが、右『特別な社会的接触の関係』に入った当事者といい得るためには、右当事者間に、雇用契約等に見られるような『指揮命令』『支配従属』の関係ないしこれに類する社会的・経済的関係が認められる必要がある」として、メーカーと消費者との関係にあてはめることを否定する[13]。メーカーと消費者間では、安全配慮義務同様の信義則上の義務も認めない趣旨であると思われる。「指揮命令」「支配従属」というのは雇用関係を念頭においたものであるが、「特別な社会的接触の関係」といいつつ、このような関係が認められる場面にのみ安全配慮義務が限定されることになる。

❷ **加害を避ける義務は別の信義則上の義務とする判決**　　売買契約がある場合については、卵豆腐事件判決では、「売買契約の売主は、買主に対し、単に、売買の目的を交付するという基本的な給付義務を負っているだけでなく、信義則上、これに付随して、買主の生命・身体・財産上の法益を害しな

---

[13]　学説にはここにまで信義則上の義務を認める主張があった（北川善太郎「担保責任」谷口知平・加藤一郎編『新民法演習 4』（有斐閣・1968）102〜104 頁、林良平〔安永正昭補訂〕・石田喜久夫・髙木多喜男『債権総論〔第三版〕（青林書院・1996）』116 頁〔林・安永〕）。

いよう配慮すべき注意義務を負っており、瑕疵ある目的物を買主に交付し、その瑕疵によって買主のそのような法益を害して損害を与えた場合、瑕疵ある目的物を交付し損害を与えたことについて、売主に右のような注意義務違反がなかったことが主張立証されない限り、積極的債権侵害ないし不完全履行（以下単に積極的債権侵害）となり、民法415条により買主に対して損害賠償義務がある。そして、そのような売主の契約責任は、単に買主だけでなく、信義則上その目的物の使用・消費が合理的に予想される買主の家族や同居者に対してもある」と述べられている（岐阜地裁大垣支判昭48.12.27判時725号19頁。横浜地判平3.3.26判時1390号121頁もほぼ同様）。ここで売主に認められているのは「害しないよう配慮」する義務、即ち「加害」を回避すべき義務であり、同じ信義則上の義務であっても作為が問題になる積極的な「配慮」義務たる安全配慮義務とは異なる。その意味で、❶と❷は同趣旨の判決であるといえる。この判例に従えば、生命・身体に関わる信義則上の義務も、安全配慮義務と加害を避けるべき義務とに二分されることになる（信義則上の義務二分論）。

　❸　**安全配慮義務を広く捉える判決**　　他方、神戸地判昭53.8.30判時919号103頁（公売バドミントンラケット事件）は、「売主は、売買契約上買主に対して、売買の目的物を交付するという基本的給付義務に付随して、買主の生命、身体、財産上の法益を侵害しないよう配慮すべき義務を負」い、その違反により415条の債務不履行責任を負わされ、「この安全配慮義務は信義則上、売買の目的物の使用・消費が合理的に予想される買主の家族、同居者、買主から贈与を受けた者等に対しても負う」と、売主についても「安全配慮義務」という用語を用いている（安全配慮義務一元説）。安全配慮義務が信義則上の保護義務全般を包摂する用語として使用された例である。

　(b)　**若干の分析**　　以上のように、身体に対する信義則上の付随的義務を、積極的な安全「配慮」義務と「加害」を避ける消極的な保護義務とに区別するかは裁判例は分れている。確かに、介護関連で職員が入所者に暴行をした場合、積極的な安全配慮ではなく、およそやってはいけない「加害」であり、それをしないことを従業員自身について安全配慮というのは抵抗がある。やはりこの場合には、職員個人については安全配慮義務ではなく単純な

不法行為が問題になる。ホームは使用者責任を免れない。

　ただこの場合でも、ホーム自体については、職員がそのような暴行をしないよう選任・監督することを問題にすれば、ホーム自体の安全配慮義務違反を問題にすることができる。生命・身体に関わりまた取引が介在しているので信義則上高度な注意義務を認めることには異論はないが、身体の安全について、信義則上の義務二分論か安全配慮義務一元論かは判例によりきれいに整理がされていない。次に、債務不履行を導く信義則上の義務としての安全配慮義務の限界づけについて検討をしてみたい。

2　安全配慮義務と不法行為上の一般的注意義務

(1)　安全配慮義務の限界づけ

　自衛隊のトラックの運転者の過失による交通事故により同乗していた自衛隊員が死亡した事例において、運転者の義務違反が認められるのは当然であるが、それは安全配慮義務の問題ではないとして国の債務不履行責任が否定されている（最判昭 58.5.27 民集 37 巻 4 号 477 頁）。安全配慮義務は「国が公務遂行に当たつて支配管理する人的及び物的環境から生じうべき危険の防止について信義則上負担するものである」、「運転者において道路交通法その他の法令に基づいて当然に負うべきものとされる通常の注意義務は、右安全配慮義務の内容に含まれ」ない、という。従業員による暴力行為が問題になった事例でも、神戸地裁姫路支判平 23.3.11 労判 1024 号 5 頁は、「安全配慮義務の履行補助者が当然負うべき通常の注意義務は使用者の安全配慮義務には含まれない」、「小中学校ではあるまいし、会社が……一般的な従業員間の暴力抑止義務のようなものを負っているとは認めがたい」とする。

　介護などの給付義務は使用者自身に負わされ、従業員はその履行補助者であるが、暴行を働かない、交通事故を起こさないという従業員個人の一般的注意義務違反による積極的加害事例は、従業員個人の不法行為のみを問題にできるに過ぎず、代位責任たる使用者責任が問題になるに過ぎないことになる。しかし、既述のように老人ホームのように、職員による暴行の予防も契約上の介護サービスの一環として要求される場合は特例になる。ところが、「通常の注意義務」は安全配慮義務の範囲内ではないとしてしまうと、ホー

ムの職員が入所者に暴行を働く事例をホーム側の安全配慮義務違反として問題にできず、代位責任たる使用者責任のみしか問題にできなくなってしまう。やはりホームに安全配慮のためのシステム構築義務として、従業員とは異なる包括的な人的・物的設備の構築・管理義務を認め、ホームの安全配慮義務違反を認めるべきである。

(2) 安全配慮義務は不法行為法上の義務を超えた義務か

(a) 不法行為を否定する判決　以上のように、ホームなどに包括的な安全配慮義務が認められ、ホーム自身の安全配慮義務違反が肯定されるべきであるとしても、これは不法行為法上の義務として認めることはできないのであろうか。最後にこの点を検討してみたい。

不法行為法上の義務を全くの他人間の一般社会生活上の義務に限定すれば、医療契約に基づく診察・治療義務は契約上の債務であり不法行為法上の義務にはならず、診察や治療が十分ではなく治療の効果がなかった場合には債務不履行にしかならず、介護つきホーム入所契約における介助サービスは契約上の義務であり、職員が眼を放して入所者が介助なしに歩行し転倒したとしても、債務不履行にはなるが不法行為は成立しないことになる。積極的に加害がされた場合だけが不法行為にもなるに過ぎない。このような立場に親和的な裁判例も見られ、信義則上の特別の義務である安全配慮義務として積極的な配慮義務と同様の内容の不法行為法上の義務は認められず、不法行為は成立しないという判決がある（介護事故についての 1（2）（a）の諸判決など）。

(b) 不法行為を肯定する判決　しかし、代位責任である使用者責任ではなく、安全配慮義務は不法行為上の義務としても成立し、その義務の内容も変わらず、その義務違反による不法行為の成立を認めるのが多くの判例である[14]。例えば、「上記注意義務違反は、雇用契約上の債務不履行（安全配慮

14　潮見・前掲書 154 頁は、完全性利益保護のための従たる給付義務が認められれば、作為義務としての安全義務となり、その違反は不法行為（不作為不法行為）をも根拠づけるという。四宮和夫『請求権競合論』（一粒社・1978）109 頁、半田吉信「契約責任と不法行為責任の交錯」『奥田還暦・民事法理論の諸問題　上巻』（成文堂・1993）391 頁以下も差を認めない。安全配慮義務につき基本的に同一内容ということを認めつつ、第三者加害型の事例につき差を認めるものとして、國井和朗「判批」判タ 529 号（1984）205 頁、奥田昌道「請求権競合問題について」法教 159 号（1993）28 頁があるが、新美育文「判批」『安全配慮義務法理の形成と展開』（日本評論社・1988）358 頁、高橋・前掲書 191 頁以下はこれを批判し不法行為法上も同様の義務の成立を

義務違反）に該当するとともに、不法行為上の過失をも構成する」（前橋地判平22.10.29 判タ 1361 号 192 頁等）、「使用者責任と安全配慮義務違反の両方が認められるが、遅延損害金の起算日の関係で、使用者責任の方が X に有利な請求となるから、本判決では使用者責任を採用する」（東京地判平 27.1.29 LEX/DB25524304）、「債務不履行に基づく責任を負う」、「Y は、上記と同じ内容の予見義務・回避義務違反の過失による不法行為に基づく責任を負う」（さいたま地判平 24.10.10 LEX/DB25445231）などとされている。なお、Y 特別養護老人ホームでの入所者 A の転倒事故につき、大阪地判平 29.2.2 判タ 1438 号 172 頁は、Y の債務不履行責任を認めつつ、Y の職員の不法行為そして Y の使用者責任も認めている。

　(c)　本稿の立場　確かに介護の場合には、腫れ物に触るような高齢者に対して高度な介助・介護が義務づけられる。勝手に歩き出さないように常時監視をして、歩行に際して介助をし、トイレや入浴まで介助をするといった手厚い配慮は、契約をしたから得られる給付サービスであり、不法行為法上の義務として認められるものではない。これは、寄託契約があるから保管義務、運送契約があるから運送義務が出てくるのと同様である。不法行為法上、保管、運送、治療等のサービス給付義務が導かれることはない。

　しかし、ホームには、介助を積極的に行なう不法行為法上の義務はないまでも、介助をする以上はその際に積極・消極の配慮義務が不法行為法上の義務として認められるべきである。依頼者との関係で運送義務はなくても、運送をする従業員は盗難や損傷を避けるよう配慮すべき義務を不法行為上負わされ、また、運送業者自身にも給付義務とは別にこのような不法行為法上の義務の併存を認めるべきである。積極的な介護、運送等の給付義務は契約により負うところの「債務」であるが、その給付に際する安全にかかわる種々の注意義務を、事業者自体に契約内容を取り込んで不法行為法上の義務として認めることは可能であると思われる。しかも、その義務は既述のように個々の従業員の義務とは異なり、物的・人的システム構築・管理といった包括的な義務である。

　この事業者の客らの身体への安全配慮義務は、不法行為法上の義務として認める（長坂・前掲書 284 頁以下、321 頁以下も参照）。

は、作為義務に分類され不作為不法行為の類型になり、狭い不法行為観を脱して不作為不法行為論を活用することが求められる[15]。給付サービスの不履行にも該当すれば、事業者に債務不履行も成立する。債務不履行「責任」は履行利益の賠償に限られず、債務不履行「に困って生じた」と評価される損害を広くカバーするものである。

従業員について再度確認をすると、積極的加害というイレギュラーな不法行為——使用者は代位責任——のほかに、使用者の積極的配慮についてのサービス給付の履行補助者としての注意を怠った事例——使用者に安全配慮義務違反が認められる——とが考えられる。後者の事例では、被用者の対外的責任を否定することが考えられるが、故意または重過失があれば、従業員の不法行為法上の作為義務違反による不法行為責任が認められるべきである。

IV　おわりに

判例の検討により、安全配慮義務は、労災や学校事故の事例を超えて、今や身体侵害が問題になる多様な取引場面において浸透していることが明らかになった。学説により火がつけられ、昭和50年判決により爆発的に燃え広がった安全配慮義務による債務不履行責任の拡大は、学理的な関心が薄れていった後も、着実に燃え広がっていたことが確認された（ただし、取引関係を超えて未決拘留者までは拡大されていない）。しかし、債務不履行とされるか、使用者責任とされるか、事例の差のみならず原告の主張にかかるところが大きいものの、要件・効果上の差、どのような場合に債務不履行とされ、不法行為との関係また不法行為と責任を認める構成にどのような差があるのか、依然として未解決の問題が山積している。効果の差をめぐっては、債務不履行でも弁護士費用の賠償が認められ、時効の問題も今回の改正で解消されたため、一歩一歩解決への前進が見られ、2つの責任の併存そして請求権の競合のままでいこうというのが大方の考えであろう。

信義則上の安全配慮義務を広く認め、事業者については包括的なものと位

15　高橋・前掲書199頁、露木美幸『事業の発展に伴う責任法の変容』（専修大学出版局・2013）32頁以下参照。

置づけることには、筆者も賛成である。では、これは債務不履行にしかならず不法行為法上同様の義務を認めることは無理なのかというと、そうではないというが本稿の結論である。本稿は、安全配慮義務をめぐる諸論点を再検証する予定であったが、与えられた紙数が尽きた。債務不履行を導くものと同定された安全配慮義務違反の事例について、不法行為法による解決は適切ではないのか、予定していた後半部分の要件・効果の検討による不法行為責任による一元化の可能性の検証は別稿に委ねることにする。

改正民法における
「定型約款」規定における若干の問題点

河　上　正　二

I	はじめに
II	「定型取引（合意）」および「定型約款」
III	いわゆる約款の個別契約への「組み入れ」問題
IV	条項の内容規制と「組み入れ」の関係
V	約款内容の変更をめぐる問題
VI	消費者契約法との関係
VII	小括

I　はじめに

改正民法がついに成立した（2017年5月26日。同6月2日平成29法44号として公布。2020年4月1日施行）。明治29（1896）年以来の大幅な見直しで、国民生活に及ぼす影響も極めて大きい。その中で、最後まで規律の内容が不明確なまま推移したのが「定型約款」に関する規定である。それは、伝統的な約款法の議論とも、当初の法制審の原案とも大きく異なるばかりでなく、民法の基本理念である私的自治や自己決定の尊重に対する要請、さらには契約法の基本原理とも抵触する可能性が高く、同時に、残念ながら必ずしも消費者保護の理念に沿うものとも言えない「妥協の産物」（消費者法研究3号33頁［山本敬三］の表現）となった。

しかし、改正法として成立した以上、将来の見直しが必要であるとしても、当面の運用や解釈論での対応が求められ、ここでは、立法過程での議論のプロセスを問題とするのではなく、むしろ、できあがった改正法の内容に

474

潜む問題点に焦点を当て、問題提起をしておきたい。その作業は、少なくとも新法による誤ったメッセージを正すためにも、現時点で、きちんと問題点を議論しておくことが、今後のためにも是非とも必要と考えたためである。

＊本稿の元になったのは 2017 年 10 月の私法学会ワークショップでの基調報告メモと 2017 年 12 月の名古屋大学民法研究会での報告原稿である。拙い報告にも関わらず、学会でコメンテーターをお引き受けいただいた廣瀬久和教授をはじめ、熱心に御議論戴いた方々に、この場を借りてお礼申し上げたい。なお、本稿に関連した基本的立法資料と問題点を論じた諸論稿が消費者法研究第 3 号（信山社、2017 年）にまとめられているので、御参照戴ければ幸いである（同誌には、河上のほか、山本敬三、鹿野菜穂子、沖野眞巳、丸山絵美子、大澤彩、廣瀬久和の各教授の論稿が掲載されている）。必要な文献の摘示等も、これに委ねたい。その後の文献に、「特集・債権法改正の要点」法セミ 1511 号（2017 年）があり、定型約款については、山本豊「定型約款の新規定に関する若干の解釈問題」がある。また、「小特集 約款規制をめぐる基本問題」法時 89 巻 3 号（2017）では、特に約款の変更につき、三枝健治「約款の変更」がある。さらに、吉川吉衛教授による一連の論稿も、教授の客観的合意理論からの分析として貴重である（同「定型約款による契約の構造（1）その契約の合意のあり方」経営研究 68 巻 2 号 29 頁（2017）、同「定型約款と希薄な合意：河上（2016）について」経営研究 68 巻 1 号 19 頁（2017）、同「改正民法と定型約款に関する考察：その基礎視座」経営研究 67 巻 4 号 111 頁（2017）、同「定型約款の規定に関する解釈」国士館法学 49 号 95 頁（2016）、同「民法（債権関係）改正と約款に関する考察：約款の変更を焦点として」国士館法学 47 号 85 頁（2014））。

II 「定型取引（合意）」および「定型約款」

1 「定型約款」の意味

約款問題と約款法の規律を考える上で、最初に問題となるのが、その議論の土俵を画する「約款」概念であり、その概念によって導かれる特性が、その後に続く約款の規律システムを考える上でも重要な意味を持つ。従来の諸外国における立法例や、わが国の学説で論じられてきた「約款」概念は、お

およそ「多数取引の画一的処理のために予め定型化された契約条項もしくは契約条項群」というものである。そこでは、「定型性」と「附合契約性」によって契約当事者からの認識から遠ざけられた約款の「隠蔽効果」と包括的同意による「希薄な意思」を背景に持つ契約条項としての特殊性が顧慮され、個別の合意の中に当該約款条項が組み入れられるためのメカニズム（採用合意等の約款の拘束力の根拠論）についての議論や、大量契約の合理的処理のための定型的・客観的・合理的解釈、さらには、約款設定者による一方的に有利な契約条件や免責条項等の押しつけに対する対処などが、論じられてきたことは、周知の通りである（拙著・約款規制の法理〔有斐閣、1985〕など）。

改正法における「定型取引」や「定型約款」の場合はどうか。結論的に、改正法は、「定型約款」かどうかの判断を巡って大きな不確定要素と判断コストを持ち込んだと言わねばならない。

改正民法 548 の 2 〔定型約款の合意〕の第 1 項は、

「（1）定型取引（ある特定の者が**不特定多数の者を相手方として行う取引**であって，その内容の全部又は一部が**画一的である**ことが**双方にとって合理的なもの**をいう。以下同じ。）を行うことの合意（次条において「定型取引合意」という。）をした者は，次に掲げる場合には，定型約款（**定型取引において，契約の内容とすることを目的としてその特定の者により準備された条項の総体を**いう。以下同じ。）の個別の条項についても合意したものと**みなす**。
　①定型約款を**契約の内容とする旨の合意**をしたとき
　②定型約款を準備した者（以下「定型約款準備者」という。）が**あらかじめその定型約款を契約の内容とする旨を相手方に表示していた**とき。」

と規定する（ゴチック及び下線は筆者）。

ここには、「**定型取引**」として、いくつかの要素が挙げられているが、「ある特定の者が、不特定多数の者を相手方として行う取引」として、「相手方の**不特定多数性**」を掲げる。これは、どうやら相手方の個性が問題となる「特定多数」の場合を排除して、主として事業者間取引における約款問題を適用対象から外すことを狙った議論に応えたもののように思われる。なるほど、取引相手となる者が、現時点で確定している場合にそれぞれの個性に合わせた契約条件をあつらえる場合はともかく（既に定型性を欠いている）、将来

の相手方が不確定な場合には、その潜在的不確定性を織り込んで考える限り、特定多数か不特定多数かは、ほとんど問題にはならないというべきである。したがって、「不特定多数」とすることで、取引相手方が「一般消費者」に限定されるものでもなく、商人間の取引約款についても、「定型約款」は存在することになる。

さらに、「**画一的であることが双方にとって合理的なもの**」との表現は、おそらく、画一性がもたらす利益が双方当事者にとって認められる場合を意味しているらしく、おそらく、顧客側にとっては平等待遇の要請、約款準備者側にとっては、画一的取引による取引コストの低減等が認められるという程度の意味であろうと思われる。あるいは、ここに、約款による取引であることについての推定的意思を認定しやすい場面が想定されているのかもしれない。だとすれば、双方にとって合理的な場面での**定型取引合意**には、「約款による」との推定的包括同意が含まれているとの締結を導くための伏線としての意味が与えられている可能性もある。

その上で、この**定型取引で用いられる定型的条項の総体**が**定型約款**ということになっているが、それは、ひとまず個別の合意とは区別されたものである。なお、立法の審議過程で、しばしば問題となった「ひな形」は、それ自体何の法的意味もないものであるが、一方当事者が「今後は定型取引のために利用する」という意思をもって市場に置いた（「設定した（stellen)」）時点からは、定型約款との評価を受けることになろう。

契約条項とされるものの内、いわゆる「給付記述条項」や「対価条項」のような契約の中心条項（核心的合意部分）と、その他の付随的条項（付随的合意部分）の区別は、明示的には予定されていないようであるが、約款に関する規律の特殊な要請をもたらしたものは、明らかに個別的合意の対象にならなかった付随的条項群であって、給付の中心部分は、むしろ通常の合意の世界で論じられ、そこでの規律に服するのが適当な性質のものである。

こうしてみると、「定型約款」とされるものは、伝統的な「約款」と比較すると、かなり限定されたものとなりそうである。「定型約款」以外の「約款」（以下「**通常約款**」と呼ぶ）については、これまで通りの約款法の解釈論的議論が妥当することになろう（民法にいう「定型約款」に該当するかどうかは解釈

で決まる）。

立法過程の国会審議で法務大臣は、「定型約款」の例として、旅客運送約款・宅配便約款、ワープロソフトの購入約款、電気供給約款、保険約款などを挙げた。しかし、後述の、付与された拘束力の正当化根拠から考えて、みなし合意を正当化できるような場面となると、定型約款は、相当に限定されたものにならざるを得ないように思われる。そもそも、民法の解釈論として考えたときに、「定型約款」の概念を統一的に考える必要があるかは疑問であり、おそらく、（立法担当者の意図とは異なり）個別契約への「組み入れ」・「内容的規制」・「変更可能性」のそれぞれの場面に応じて相応しい定型約款を相対的に考える余地もあろうし、それが適当であるように思われる。とくに、後述の548条の2第1項2号の「表示型」の定型約款や、548条の4に定める「約款内容の一方的変更可能性」が許容される定型約款は、事情変更や公的介入による内容審査を語り得るような特殊な継続的取引関係に関する定型約款に限定されるべきではないかと考えられる。

Ⅲ　いわゆる約款の個別契約への「組み入れ」問題

1　「組み入れ」問題については、基本的に契約法理に基づくべきものであることが、幸いにも立法時の議論から明らかになっている。「定型約款を契約の内容とする合意」が包括的採用〔組み入れ〕合意であることは明らかであり、従来の約款法の判例・学説による理論に沿うものである。

548条の2第1項1号は、このことを正面から規定している。この場合、定型約款の事前開示要件が明らかにされていないが、「定型約款を**契約の内容とする旨の合意**をしたとき」と言えるためには、その前提として定型約款の内容を認識していたか、認識可能な状態にあったことが要請されるはずであり（知り得ないものに同意を与えることはできない）、約款準備者による事前開示プラス相手方による包括的約款採用同意によって、定型約款が契約内容となり、結果的に個々の条項についての同意が推定されることになる（この効果を、不採用について反証で争う余地のない「みなし」としたことには問題がありそうであるが）。

2 しかし、同項2号の、「定型約款を準備した者（以下「定型約款準備者」という。）があらかじめその定型約款を契約の内容とする旨を相手方に表示していたとき」には、相手方の同意の要素が一切規定されていない。定型約款準備者による「定型約款を契約の内容とする」旨の「表示」（これには黙示の表示も含まれると言われている）でもよいとされ、しかも条項の契約としての拘束力が「みなし規定」によって表現されているのは、その契約的基礎を無視しあるいは喪失させているのではないかとの疑問が生じてもおかしくない。もちろん、それでよしとする自治法規説や制度的契約説の議論が学説上存在することは筆者も承知しているが、少なくとも契約説を前提とする限り、このままの形では、約款の妥当を正当化する根拠を見出すことは困難である。立法過程の国会審議では、「黙示的合意が強く推定されるような状況」を抽出したものとする説明が最終段階で立法担当者の口から語られた。もしこれが正しいとすれば、かかる表示型の定型約款の拘束力が肯定されるのは、極めて例外的状況に限られるべきことになる。少なくとも、事業法などによる規制の公的モメント、すなわち約款の事前開示・公表・公示義務あるいは信義則上の情報提供義務が法定され、これに対する顧客の定型取引に参加する行動（定型取引合意）に「黙示の同意」の要素を見て取れることが、そこでの最低限の要請となるように思われる。当事者を拘束するには、本人の意思か法によらねばならないとする私的自治の理念からも、契約当事者は、およそ、自ら事前に知り得ないものに同意を与えることができないからである。

3 開示義務について

なるほど改正法は、開示に関して次のような規定を要している。

改正民法548条の3 〔定型約款の内容の表示〕

「(1) 定型取引を行い、又は行おうとする定型約款準備者は、**定型取引合意の前又は定型取引合意の後**相当の期間内に**相手方から請求があった場合**には、遅滞なく、相当な方法でその定型約款の内容を示さなければならない。ただし、定型約款準備者が既に相手方に対して定型約款を記載した書面を交付し、又はこれを記録した電磁的記録を提供していた時は、この限りでない。

(2) 定型約款準備者が定型取引合意の**前**において前項の請求を拒んだとき

は、前条の規定は、適用しない。ただし、一時的な通信障害が発生した場合その他正当な事由がある場合は、この限りでない。」

これによって、かろうじて、定型取引合意の「前」にも、相手方である顧客側から請求があった場合には、定型約款を相当な方法で開示することが定型約款準備者に要請されている（「後」からの請求は事後的確認のためであろうか）。しかし、これは、相手方からの請求に応じてなすべき開示義務にとどまり、一種の情報提供義務の在り方の問題であって、約款の拘束力の前提として考えた場合は、「求めに応じてもらって初めて約款内容を知りうる」状態になることと「自ら確認しようと思えば約款内容を知りうる」状態にあることとの間には、大きな隔たりがある。少量多品種の取引に向かう多くの消費者取引の場合には、「約款を見せてほしい」と事業者に要求することは、ほとんど想定しがたく、中小事業者などの場合にも、そのような要求をすることは相手に喧嘩を売るに近い場合もあろう。「どうせ約款は読まれはしないのだから」との前提をとることは、契約における手続的保障の問題を等閑視した危険な見方であろう（まともな契約当事者で、「どうせ読まないのだから勝手に約款を定めて引き出しの中に入れておいただけでも契約内容として妥当させることができる」などと考える者はいまい）。結果的に本条は、「必要なら請求すればよかったのに、請求しなかった方が悪い」との口実を定型約款準備者に与えるだけではあるまいか。ここでは念入りに、インターネットでの開示の可能性や、通信障害時の例外規定なども用意されており、インターネット関連の約款に対する立法者の配慮が強くうかがえる。

約款が、予め、誰にでも容易にアクセスできる状態で開示されていることは、**社会的監視**を実効ならしめ、事後的な一方的改変を思いとどまらせる上でも、重要である。

Ⅳ　条項の内容規制と「組み入れ」の関係

次に、定型約款の内容的規制と組入れ合意の関係について検討しよう。
改正法 548 条の 2 第 2 項は、

「(2)　前項の規定にかかわらず，同項の条項のうち，**相手方の権利を制限し，又は相手方の義務を加重する条項**であって，**その定型取引の態様及びその実情並びに取引上の社会通念**に照らして**第1条第2項に規定する基本原則に反して相手方の利益を一方的に害する**と認められるものについては，**合意をしなかったものとみなす**。」

と定める。

　規定は、第1項が一定の要件下で定型約款について「個別の条項についても合意したものとみなす」としたことの裏返しとして、一定の条項をみなし合意からはずす形をとっている。つまり「採用合意」とセットにして内容的に問題のある条項を一部不採用とする一元的構成を採っているわけである。しかし、「その定型取引の態様及びその実情並びに取引上の社会通念に照らして」との表現からすると、当該取引の契約締結過程の諸態様を含む個別事情への顧慮が前提とされているようであり、いわゆる「不意打ち条項」規制の考え方がここに含まれていると説明されている。とはいえ、「取引上の社会通念」に照らしての「信義則」を理由に、「相手方の利益を一方的に害すると認められるもの」を内容的規制の基準としていることを考えれば、客観的抽象的な内容規制を問題にしているようでもある。

　当該取引における**個別事情**への配慮が、ここにどの程度含まれているのかは、必ずしも明らかではないが、かりに、個別事情を考慮に入れた上での条項の内容的吟味が求められるとすれば、これには改良の余地がありそうである。約款条項の内容的規制の問題は、定型的内容についての抽象的審査を基本とすべきであって、個別事情による調整問題は、むしろ信義則あるいは権利濫用による「援用」規制で対処すべきではないかと考えられるからである。

　結論的には、約款の抽象的審査と個別事情への配慮は別立てとするのが適当である。約款そのものの内容の公正さは、個々の取引の事情によって左右されるものではなく、ある程度、類型的・客観的な権利義務の公正な分配による市場秩序の確立のために、よりオープンな場で議論されるべき事柄であり、それでこそ「生ける市場秩序」としての約款の発展も期待できるように

思われるからである。しかも、**条項の効力否定の法的根拠の違い（内在的制約と外在的規制）**には無視できない差があることに留意すべきである。つまり、合意の不完全さに起因する効力否定なのか、市場の強行的秩序に基づく効力否定なのかは、異なる規制の枠組みに服せしめるのが適当である。このことは、ちょうど「錯誤」と「公序良俗違反」が同様に法律行為の効力否定のために語られるとしても、介入の視点が全く異なるものであることを考えれば、容易に理解されよう。

V　約款内容の変更をめぐる問題

改正法の548条の4は、これまで、あまり議論の蓄積のなかった問題に関する規定である。同条は、

改正民法548条の4〔定型約款の変更〕
「(1) 定型約款準備者は、次に掲げる場合には、定型約款の変更をすることにより、変更後の定型約款の条項について合意があったものと<u>みなし</u>、**個別に相手方と合意することなく**契約の内容を<u>変更することができる。</u>
　　1　定型約款の変更が、**相手方の一般の利益に適合する**とき。
　　2　定型約款の変更が、**契約をした目的**に反せず、かつ、**変更の必要性、変更後の内容の相当性**、この条項の規定により**定型約款の変更をすることがある旨の定めの有無**及びその内容その他の変更に係る事情に照らして**合理的**なものであるとき。
　　(2) 定型約款準備者は、前項の規定による定型約款の変更をするときは、その効力発生時期を定め、かつ、定型約款を変更する旨及び変更後の定型約款の内容並びにその効力発生時期をインターネットの利用その他適切な方法により周知しなければならない。
　　(3) 第1項第2号の規定による定型約款の変更は、前項の**効力発生時期が到来する**までに同項の規定による周知をしなければ、その効力を生じない。
　　(4) 第548条の2第2項の規定は、第1項の規定による定型約款の変更については，適用しない。」

と規定する。

改正法において、約款内容の一方的変更時に相手方の契約解消権が認めら

れないのは何故かは定かでない。しかも、立法担当者によって、給付内容・対価などの核心的合意部分と付随的条件部分は区別しない前提であるとの説明が一般に行われており、このような結論は、到底認めがたいものである。給付内容や対価のような中心的条項はまさに、個別の合意の構成要素そのものであって、約款法の議論よりも、通常の契約法の議論にこそ相応しい。

　給付内容の一方的変更権は、諸外国では不当条項のブラックリストに挙げられる条項でもあり、日本の民法典はまさに、ブラックリストをそのまま採用していることになりそうである。**せめて、顧客が、変更に同意できない場合には契約関係からの離脱を認めるべき**であり、一方的な給付内容変更権や対価変更権を定める約款条項には無効の疑いがある。たしかに、改正法では、「相手方の一般の利益に適合するとき」とか、「変更が、契約をした目的に反せず、かつ、変更の必要性、変更後の内容の相当性、この条項の規定により定型約款の変更をすることがある旨の定めの有無及びその内容その他の変更に係る事情に照らして合理的なものであるとき」といった相当に詳細な変更要件が立てられてはいる（これは、認可を経ないで使用された変更後の海上保険約款の効力についての最判昭和45・12・24民第24巻13号2187頁の表現に近いが、そこでも相手方の概括的同意の存在が前提となっている）。そのこと自体は歓迎すべきことであるが、たとえ大多数の人々にとって合理的な変更内容であろうとも、当該特定顧客が望まない変更内容であれば、「当初の約束と違う」として契約関係からの撤退の余地を残しておくべきであって、合理的であるからとの理由で、当人の望まぬ給付や契約関係を押しつけ、その妥当を強要すべきではないのではあるまいか。

　そこで、解釈論としては、548条の4に規定する定型約款変更の際には、相手方の「契約からの撤退権」の有無が、同法にいう「変更に係る事情に照らして合理的なものであるとき」の重要な判断要素となることを確認しておきたい。その上で、548条の4に定める「約款内容の変更可能性」は、事情変更や公的介入による内容審査を語り得るような特殊な継続的取引関係に関する定型約款に限定されるべきではなかろうか。

VI 消費者契約法との関係

1 情報開示規制

周知のように、消費者契約法（以下、消契法）は、情報・交渉力の構造的格差を前提として、契約締結過程の環境整備と不当条項の排除のための規定を用意している。とくに、契約締結過程では消契法第3条で、消費者の契約締結にむけた環境整備の一環として、わかりやすく明確な情報開示の徹底が強く要請されている（消契法3条は「努力義務」であるが、民法の「信義則」に基づく情報提供義務と結びつくことで損害賠償責任が導かれよう）。これは、消費者の自己決定と選択権を保障するためのものでもある。

改正民法548条の2第1項2号の表示型採用要件に関する規律と、消費者契約法の開示要請との関係では、改正民法の誤ったメッセージ効果を矯正するために、消契法での対応の必要性が論じられている。消契法改正を論じる内閣府消費者委員会の消費者契約法専門調査会においては、学者委員から、次のような「提案」が出され、大方の賛同を得た。もっとも、事業者側委員の反対で立法が危ぶまれているが（後のパブコメの対象からも外されている）、筆者としては、当然必要な措置であろうと考えている。

やや長くなるが、「提案」を引用しよう。

消費者委員会消契法専門調査会への「約款の事前開示に関する提案」（2017年7月5日）

大澤彩　　沖野眞已

丸山絵美子　河上正二

> ［消費者契約法第3条3項［仮］］
> 消費者契約において、事業者は、合理的な方法で、消費者が、契約締結前に、契約条項（民法548条の2以下の「定型約款」を含む）を予め認識できるよう努めなければならない（努めるものとする）。

先ごろ成立し公布された民法（債権関係）改正法では、いわゆる「定型約款」の個別契約に対する組み入れに関して、548条の2第1項2号において、「定型約款を準備した者（以下「定型約款準備者」という。）があらかじめその定型約款を契約の内容とする旨を相手方に表示していたとき」には、「定型約款の個別の条項についても合意をしたものとみなす」旨を規定している。ここにいう「定型約款」とは、定型取引（「ある特定の者が不特定多数の者を相手方として行う取引であって、その内容の全部又は一部が画一的であることがその双方にとって合理的なもの」）において、契約の内容とすることを目的としてその特定の者により準備された条項の総体をいうと定められている（同条1項本文参照）。

　また、「定型約款」の内容については、定型約款準備者は、相手方から請求があったときに示さなければならず、定型取引合意の前にその請求を拒んだときは、個別合意擬制が働かない旨が定められている（民法548条の3）。

　国会における政府答弁に依れば、「定型約款」の具体例としては、運送約款、宅配便契約約款、パソコンソフトの購入約款、電気供給約款、保険契約約款、インターネットを通じた物品購入約款など（金田大臣答弁）が挙げられているが、議論に上がった例のほとんどは、かなり限定された定型的取引（多くは生活必需の公益的事業）における約款に限られているようである。

　しかし、予め、相手方から事前・事後の開示請求がない限り、約款を開示する必要はないとも読めるところから、契約法の基本原理との関係が問われる可能性がある。この点、参議院法務委員会における立法担当者（小川秀樹氏）の説明に依れば、548条の2第1項2号について、「あらかじめその定型約款を契約内容とする旨を相手方に表示していたとき、これ二号でございますが、定型約款の個別の条項について合意があったものとしております。／その理由は、<u>当事者が実際にその取引を行ったのであれば、通常は定型約款を契約内容とする黙示の合意があったと言えるところ、定型約款を利用した取引の安全を図る観点からそのようにした</u>というものでございます。／このように、**ここで表示と言いますのは、定型約款を契約内容とする旨の黙示の合意があったと言えるのと同様の状態と言えるものでなければならない**というふうに考えられます」（参議院法務委員会会議録12号）、「この規律は、定型約款を契約内容とする旨**の黙示の合意があると評価すること**が可能な場合を抽出し、**定型約款の個別の条項について合意があったものとみなすこととした**ものでございまして、これに加えて、<u>現に取引を開始しておりますわけですので</u>、合意があった場合と同様に取り扱う根拠があると考えられるものでございます。／そういう意味では、

民法の意思主義の原則とおよそ整合しないといったようなものではなく、必要かつ合理的な範囲でその特則を定めるものであるというふうに考えておりBEGIN ます」とされ（参議院法務委員会会議録13号）、経験則上、当該約款に対する「黙示的同意が与えられていると考えられる」ような場合を念頭に置いているものであることが明確にされた。

　民法の意思主義の原則との整合性に配慮し必要かつ合理的な範囲での特則を定める　という基本姿勢は、548条の2第1項2号のほか、548条の3についても念頭に置かれていると思われる。すなわち、相手方が自らが拘束される定型約款の内容を確認できるようにすることが必要であることを基本としつつ、経験則上、定型約款を契約内容とする旨の黙示の合意があったものとみなすことができるような場面において常に定型約款の開示を要求するとなるとかえって煩雑になることから、事前の（当然の）開示を組入の要件とはせず、相手方から請求があった場合には定型約款の内容を示さなければならないというものである。しかし、商人間取引の場合に比べて、消費者契約上の約款において、個々の消費者が約款の開示を請求することはほとんど期待できないため、「詳細は当社の約款によるものとします」としておけば、トラブルになった後に、おもむろに自己に有利な契約条件を提示して、「これが契約の条件となっていることは民法によっても定められています。疑念があったのなら、開示を請求すればよかったのに、それをしなかったのは貴方の責任だ」と述べ、内容の不当性を争うには、裁判所の判断を求めるほかない事態に追い込まれる可能性がある。

　こうした悪質な濫用的主張を否定する上でも、少なく消費者契約では、約款の事前開示が原則であることを明確にしておくことが重要であろうと思われる。

　○もっとも、業態によっては個別の事前開示が技術的に困難な場合も少なくなく、事前開示の方法も多様であるため、ここでは、ひとまず「努力義務」にとどめることとしてはどうか。したがって、この開示義務違反と、消費者契約法上は、条項の不採用や、契約取消し・条項無効などの効果は直接には結びついていないが、信義則上の情報提供義務違反、約款条項の個別契約への不採用、不意打ち条項の排除、不当な内容の約款条項の排除等の法的効果は、専ら、民法の規律の適用に委ねることとなる。ちなみに、政府担当者は、「今申し上げましたのは定型約款の民法の規定としてということでございますが、信義則上の情報提供義務ですとか、これは**信義則を根拠として認められることのある信義則上の情報提供義務**ということになると思いますが、そのほか**行政法**

規などが定める重要な情報を提供すべき義務などもございまして、民法の表示の内容に決してとどまるというわけではございません」としている（参議院法務委員会会議録14号）。

○すでに、通常のまっとうな事業者は、契約の内容とする自己の約款を事前開示することは当然のこととして履践しているものであり、このような条文を定めることによる不利益はないものと思われるが、悪質な事業者の濫用的取引行為に対処するには、明文で事前開示の必要性を明らかにしておくことが望ましい。当専門調査委員会でも、民法の新規定による誤ったメッセージを正しておくことの必要性が強調されてきたところである。新法の定めの真意を、明らかにするためにも、情報・交渉力の構造的格差を前提とし、消費者への支援に努める消費者契約法で、約款・契約条件の事前開示原則を明確にしておくことが重要である。

○なお、参議院法務委員会における附帯決議の一つが、「十二　消費者契約法その他の消費者保護に関する法律について検討を加え、その結果に基づいて所要の措置を講ずること。」としていることを付言する。

以上

2　不当条項規制（とくに消契法10条との関係）

改正民法548条の2の定型約款の内容化（合意化・不合意化）と消契法10条の不当条項の無効化の関係は、やや分かりにくいものである。もともと、両規定は、その要件の立て方が非常によく似ている。

改正民法548条の2第2項は、「…同項の条項のうち，相手方の権利を制限し，又は相手方の義務を加重する条項であって，その定型取引の態様及びその実情並びに取引上の社会通念に照らして第1条第2項に規定する基本原則に反して相手方の利益を一方的に害すると認められるものについては，合意をしなかったものと**みなす**。」と定めている。

これに対し、消契法第10条は、「消費者の不作為をもって当該消費者が新たな消費者契約の申込み又はその承諾の意思表示をしたものとみなす条項その他の法令中の公の秩序に関しない規定の適用による場合に比して消費者の権利を制限し又は消費者の義務を加重する消費者契約の条項であって、民法第1条第2項に規定する基本原則に反して消費者の利益を一方的に害するものは、**無効とする**」と定める。

消契法 10 条の最初の部分は、最高裁判例に従って、任意規定概念が限定的でないことを示すために、意思表示の擬制条項を例示した部分である。そこで規制基準の中心となる「法令中の公の秩序に関しない規定〔任意規定〕の適用による場合に比して」という表現であるが、確かに、改正民法には見られない。しかしながら、制限される「相手方の権利」や加重される「相手方の義務」の内容は、「当該約款条項なかりせば配分されるべき権利・義務」であって、それは、とりもなおさず任意規定や任意規定的判例等によって導かれる権利義務関係に他ならないわけであるから、消契法 10 条の公の秩序（強行規定）に関しない任意法秩序が基準であることは明らかで、結果として、両者に差異はない。

もっとも、個別事情の考慮の点からみると、改正民法 548 条の 2 第 2 項では明示的に、「その定型取引の態様及びその実情並びに取引上の社会通念に照らして」との表現が加えられており、消契法 10 条には、それがない。ところが、最高裁は、更新料条項に関する判例などで、当該条項についての契約締結過程での情報提供の状況などを考慮して判断する姿勢を示していることから、その当否はともかくとして、大きな差異ではない（それぞれの規定の適用に当たっての裁判所の判断が、「類型的事情」にとどまるか、「当該契約の個別事情」まで考慮することになるのかは定かではないが〔類型的事情にとどめるべきである〕）、現状では、両者の判断枠組みは大きく変わるものではない。

介入の契機が、民法の定型約款では、主として「定型性」による問題が通常の法律行為論に修正をもたらすことに求められ、消契法では、消費者の属性としての情報・交渉力の不均衡に基づく構造的劣位の回復にある点にも差異があることから、両者の適用範囲が異なるのではないかとの見方も存在しよう。また、効果の点で、「不合意のみなし」がもたらされるか、「無効」となるかの違いがある。しかし、定型約款問題においても、定型性と附合契約的性格が相俟って介入が正当化され、その背後には、当事者の意思決定の関与の薄弱さがあるとすれば、消契法における不当条項への介入契機も当事者の意思決定の働きが充分機能しない点にある点で、同質の介入契機を有していると言え、両者を完全と区別する必要があるとは思われない。それゆえ、消費者契約で利用される「定型約款」は、基本的に消契法 10 条の射程に包

摂されると考えてよいのではあるまいか。もともと、消費者契約に於ける不当条項のほとんどは、「約款条項」であって（個別条項との限界の切り分けが煩瑣であり、消費者取引では交渉力の不均衡の故に交渉を経たとみられる個別条項の場合でも支援が必要となるとの判断があったために、約款条項であるとの要件を外したに過ぎない）。効果の点で、不合意が無効化よりも論理的に先行するために、民法の規定がまず考慮され、その後に消契法10条が考慮されるべきではないかとの見方もありそうであるが、この点は、無効と取消の二重効の議論を持ち出すまでもなく、法律行為の効力否定のための法的観点として、両立すると考えてよいであろう。すでに、法務省の説明でも、両者は「関係がなく、独立に判断できる」という。請求権競合の議論と同様に、当事者としては自己に有利な主張と考えるところを選択して自由に主張していくことができると考えたい。

　もちろん、消契法では集団訴訟手続との関係で、差止め、共通義務確認訴訟などで、不当条項の無効を争うところでは個別事情への配慮が排除されざるを得ない（類型的事情は考慮される）。したがって、抽象的審査手続きで抜け落ちる要素のくみ上げは、民法レベルで行われる必要がある。また、BtoBの「定型約款」については、当然ながら、消契法の適用がないため、民法によって対処する必要が生じよう。

Ⅶ　小　括

　上述のように、改正民法の「定型約款」規定には、立法者の意図に反して、市民法の根幹に関わる多くの問題が含まれている。そこで、一方で、改正法による「誤ったメッセージ」効果の可能性を正す必要があり、見失われた契約的基礎の回復のために必要な解釈論・立法論が求められる。中小事業者の保護もさることながら、せめて消費者への情報提供と、選択権の確保のための明示的規定による措置を考えることが大きな課題となる。

　比較法的動向に配慮し、事業活動のグローバリゼーションを考えるならば、約款の事前開示の徹底と、顧客による包括的同意の枠組みは崩すべきではないし、解釈論としての可能性をできる限り追求すべきであろう。また、

少なくとも消費者取引でのセーフティネットの構築が必要である。

　本稿での検討を下に、さしあたって、改正法下でのあり得べき解釈論として、次の諸点を提案しておきたい（私法学会ワークショップ時の提案を更に補充したもので、既に法学セミナー755号で公表した）。

　1）　548条の2以下における「定型約款」の定義にある「不特定多数」は、潜在的相手方についての特質であればよく、結果的に、多くの現実の「特定多数」を相手とする約款を含み得る（BtoBの事業者間取引約款についても適用を排除されていない）。

　2）　「定型約款」概念は、必ずしも一律に解する必然性はなく、個別契約への「組み入れ」・「内容的規制」・「変更可能性」のそれぞれにおいて相対的に考える余地がある。とくに548条の4に定める「約款内容の変更可能性」は、事情変更や公的介入による内容審査を語り得るような継続的取引関係に関する定型約款に限定されるべきである。

　3）　548条の2第1項2号の「表示型」の「組み入れ」要件が認められる「定型約款」は、約款の事前開示・公表義務が法定されている（または商慣習法上の事実とされている）生活必需契約等当事者の黙示的同意が定型的に認められる場合に限られるべきである。

　4）　548条の3第2項に関わらず、少なくとも、消費者取引（消費者契約法上）は事前開示が原則となるべきである（消契法3条の解釈論又は立法論として対処する必要がある）。

　5）　事後的約款開示請求に対する約款準備者の拒絶は、定型約款準備者の信義則上の説明義務もしくは情報提供義務違反となる（事前の定型約款開示請求拒絶は、明文で定型約款の組み入れが否定されているが必要に応じて損害賠償責任が発生しよう）。

　6）　契約の中心的な給付内容・対価は、原則として、「定型約款」が組み入れられる対象となる「個別合意」が成立するための重要な要素であり、事前開示・相手方の同意が必要な事項であるとともに、別途、錯誤や公序良俗違反・暴利行為等が問題となり得る。

　7）　内容規制に関する548条の2第2項の法意は、「通常約款」にも類推適用されるのが適当である（これまでの解釈論の補強）。消契法10条とは重畳適用が可能であり、両者の効果は独立して主張可能である。

　8）　548条の4に規定する定型約款変更の際には、相手方の「契約からの撤退権」の有無が、「変更に係る事情に照らして合理的なものであるとき」の重要

な判断要素となる。また、給付の中心的内容の変更の一方的変更条項は、不当条項として無効となる可能性がある。

9) 「定型約款」に関する規定（548条の2~548条の4）に定められていない事項および、「定型約款」以外の、多数取引のために予め一方当事者によって用意された定型的契約条件（付随的条件に限る）は、「通常約款」として、従来同様、約款規制の一般法理（①約款の事前開示と顧客の包括的同意による約款の拘束力の推定、②個別合意の優先、③作成者不利の原則、④内容の公正さに対する厳格な審査など）に服する。

保証人の錯誤問題
―― 判断基準の探究 ――

金 山 直 樹

> はじめに
> I 判例の整合的理解
> II 保証契約の内容
> III 保証人の錯誤という問題設定の限界
> おわりに

はじめに

　保証契約においては、錯誤の主張は認められないのが普通である。たとえば、主債務者 Z から他にも連帯保証人がいる旨を告げられた X が、自分は保証債務の履行を求められないとの期待を抱いて Y と保証契約を締結したとしても、「保証契約は、保証人と債権者との間に成立する契約であつて、他に連帯保証人があるかどうかは、通常は保証契約をなす単なる縁由にすぎ・・ず、当然にはその保証契約の内容となるものではない」ので、錯誤は認められず、保証人 X は保護されない（④最判昭和 32・12・19 民集 11 巻 13 号 2299 頁）。これが典型的な解決である。
　そうした中、最高裁が、主債務の性質に関する保証人の錯誤を認めたこと・・・・・から（①最判平成 14・7・11 判時 1805 号 56 頁）、議論は一気に活性化した[1]。けれ

1　判決①評釈として、野村豊弘・リマークス 28 号 14 頁、松本恒雄・NBL757 号 66 頁、同・金法 1684 号 45 頁、新堂明子・北法 55 巻 2 号 764 頁、大中有信・金判 1168 号 57 頁、尾島茂樹・ジュリ 1246 号（平成 14 年度重判）61 頁、木村真生子・ジュリ 1284 号 144 頁、中舎寛樹・法教 270 号 114 頁参照。教科書としては、佐久間毅『民法の基礎 1 総則』（有斐閣、第 3 版・2008 年）

ども、その後、主債務者の属性に関しては保証人の錯誤を否定したことから（②最判平成28・1・12民集70巻1号1頁、③最判平成28・12・19金判1508号28頁）、保証の錯誤問題は、振り出しに戻されたように見える。

　学説においては、裁判例を分析すると、錯誤は保証委託関係を保証契約の効力判断に反映させるための仮託的な法律構成であることが分かる、と指摘されている[2]。もっとも、たとえ仮託的構成であっても、錯誤の法理が関係当事者の利害を適切な形で調整し、かつ、安定的に運用されているのであれば、それはそれで構わないという評価も成り立つはずである。

　このような問題意識から、私は、別稿において、代表的な最高裁判決に個別的に沈潜することによって、保証契約における錯誤の運用の実態と問題点を明らかにしようと試みた[3]。これを受けて、本稿では、諸判決を全体として位置づけて整合的な理解を試みるとともに（Ⅰ）、保証契約の内容という観点から錯誤の問題を考えてみたい（Ⅱ）。その上で、保証人の錯誤という問題設定の限界を明らかにしたい（Ⅲ）。

Ⅰ　判例の整合的理解

　判例を整合的に理解するためには、さしあたり二つのアプローチを考えることができる。それは、「錯誤の対象」に着眼するアプローチと（**1**）、「保証人の属性」に着眼するアプローチである（**2**）。順次、検討する。

158頁、山本敬三『民法講義Ⅰ総則』（有斐閣、第3版・2011年）216〜217頁、河上正二『民法総則講義』（日本評論社、2007年）360頁、内田貴『民法Ⅰ総則・物権総論』（東京大学出版会、第4版・2008年）68〜69頁、川井健『民法概論1民法総則』（有斐閣、第4版・2008年）173頁参照。

2　中舎寛樹「保証取引と錯誤」名古屋大学法政論集201号（2004年）289頁。その上で、実質的には保証委託関係が保証契約の効力に影響を与えていることをそのまま受け止めて、「保証委託の委託内容に事実との齟齬があった場合には、保証契約の効力が否定される」との現状認識（あるいは解釈提言？）が示されているが（同318頁）、この点は少なくとも判例の理解としては疑問である。

3　金山直樹「保証人の錯誤問題――諸判決の個別的検討――」法学研究91巻2号・大伏先生退職記念号（2018年）所収予定。そこでは、判決の関係部分を特定するため、たとえば「判決①判旨（1）」、「判決②判旨〔2〕」といった引用形式を用いたが、本稿においても――改めて判決文を示すことなく――同一の形式で関係部分を引用することとする。読者には別稿を参照していただくことになり、ご不便をおかけするが、ご海容を賜りたい。

1　錯誤の対象

判決①においては、売買代金を原因とする立替金の支払債務につき保証したつもりの保証人が、空クレジットによる貸金債権を原因とする立替金につき保証することになってよいかが問われている。ここでの錯誤の対象は、主たる債務の性質・発生原因である。判決は、「主債務者の信用に実際上差がある」と述べ（判決①判旨〔3〕）、実質的には債務の法律上の発生原因が真実と異なっているということ自体が信用不安を意味すると捉えて、錯誤を認めている[4]。たしかに、クレジットが実質を伴うか否かによって、主債務者の信用、ひいては保証人の負担するリスクが異なることは否定できない。

だとすると、他にも主債務者の信用不安をもたらす事由に関して錯誤があれば、同様に扱われるべきではないか。その点が問われたのが、主債務者の属性（反社会的勢力への帰属、企業の実体の喪失）の誤認が問題となった判決②③である。普通に考えれば、主債務者が反社会的勢力に属し、あるいは企業の実体を喪失していれば、「主債務者の信用に実際上差がある」と言えそうなので、判決①と同様、保証人を錯誤によって救済してもよいはずである。ところが、最高裁はそうした見方を否定した。それは、錯誤の対象が「債務の性質・発生原因」（判決①）か「債務者の属性」（判決②③）かで、区別をしたからであろうか。そう理解する学説もある[5]。だが、仮にそうだとしても、そのような区別は合理的だろうか。

私にはそうは思われない。なぜなら、実質的に考えると、債務は、その性質・発生原因と同様、とくに責任の観点からすれば債務者の属性を抜きにしては語ることができないからである。債務者の信用との関わりにおいて、債務の性質と債務者の属性は甲乙つけ難い。だから、実際の融資においても、債務者の属性に関する事項も広く審査対象とされているのである。それゆえ、債務の性質と債務者の属性を区別することには合理性がないと考える[6]。

この点を理論的に説明するため、判決①が「保証契約は、特定の主債務を

4　松本恒雄「①評釈」NBL757号71頁。

5　例、潮見佳男『新債権法総論Ⅱ』（信山社、2017年）654頁以下。

6　佐久間・前掲注（1）158頁も、意思表示の内容の重要性という角度から、主債務者の同一性と属性、主債務の内容（ここに判決①が位置づけられる）、他の担保の有無などは、定型的に重要な事項だとする。

保証する契約であるから、主債務がいかなるものであるかは、保証契約の重要な内容である」（判旨〔1〕）と述べていることに立ち返ってみよう。ここに「特定の主債務」は、保証債務の附従性のゆえに、そのまま保証債務の目的として位置づけられるものである。問題は、「特定の主債務」をどの程度、具体的に捉えるかである。債務は、一般的には、(a) 債務の目的（金額・弁済期・利率など）、(b) 主債務の性質・発生原因（契約の種類）、および、(c) 当事者（とくに債務者）によって特徴づけることができる[7]。判決①は、その中から、いわば無色の (a) の要素のみならず、(b) の要素も、有因的に「特定の主債務」——従って「保証債務の目的」——を構成する要素として、保証契約の内容になると判断したと理解することができる。性質・発生原因によって、いわば色づけされた主債務が保証契約の内容になると捉えられたのである。

　だとすれば、(c)の要素、つまり主債務者の属性についても、有因的に「特定の主債務」——従って「保証債務の目的」——を構成する要素として、保証契約の内容になると判断することは、何ら妨げられないはずである。実際のところ、主債務者が反社会的勢力に属していたという事実によって（判決②）、あるいは主債務者が企業の実体を喪失していたという事実によって（判決③）、主債務者の信用には違いがもたらされ、その結果、保証人の負うべきリスクも異なっていたはずである。それゆえ、空クレジットの場合と同様、主債務者の属性も保証契約の内容になると解することについては問題はないというべきである。したがって、主債務者の属性に関して、想定と実態の間に「看過し得ない重要な相違がある」（判決①判旨〔3〕参照）ときには、錯誤の主張は封じられるべきではない。

　要するに、債務の性質と債務者の属性を区別して、前者のみが保証契約の内容になり、それを対象とする場合にしか錯誤は認められないという判断枠組には、合理性がない。最高裁も、この区別に依拠した上で、判決①と判決②③を下したと思われない。むしろ、保証人の属性に着眼したと考えるべきであろう。

7　宮本健蔵「不正常な信用供与と保証契約の錯誤無効」『財産法諸問題の考察・小林一俊博士古稀記念論集』（酒井書店、2004 年）229 頁参照。

2 保証人の属性

保証人の属性に着目すると、判決①と判決②③の結論の違いは、保証人が個人か事業者（信用保証協会）のいずれであるかに起因すると解することができる。実際、判決①では、保証人が主債務者Ｚの従業員たる個人である事案を扱っている。これに対して、判決②③は、判決文や要旨において主語として「信用保証協会」の語を何度も用いた上、錯誤判断の場面では「信用保証を行うことを……業とする法人であるから」、一定の事態を想定できたはずだと判示している（判決②判旨〔3〕、判決③判旨〔2〕）。さらに、判決③は、信用保証協会による保証には固有の政策的要請があると述べることによって（判旨〔1〕）、個人保証との違いを際立たせている。

この区別を前提にすると、最高裁が、何ゆえ信用保証協会に対して約定による備えを求めたのか（判決①判旨〔3〕、判決②判旨〔2〕）も、理解することができる。なぜなら、信用保証協会は、事業者として、保証契約において前提とした事実（主債務者が反社会的勢力に属していないこと、また、企業の実体の維持していること）が不確実であることは、当然に想定でき、金融機関との間で、そのような場合につき、予め基本契約上ないし保証契約上、対処できたはずだからである（判決②判旨〔3〕、判決③判旨〔2〕）。これに対して、個人の保証人に対しては、一定の事実を当然想定できたはずだとして、約定による備えを求めることはできない。こうした理解は、個人保証人を別枠で保護しよう民法の方向性にも合致しているかもしれない（465条の2以下参照）。

保証人の属性による区別を前提にすると、判決①～③を全体として整合的に理解することができる。その結果、一般的に、すなわち信用保証協会という特性を備えていない個人が保証人になった場合において、主債務者が反社会的勢力に属し、あるいは事業の実体を失っていたときには、判決①のルールが適用され、原則として錯誤が認められることになる。これに対して、例外的に、信用保証協会が——実際にはありそうもないことだが——空クレジットのために保証人になったときには、判決②③のルールが適用され、錯誤は認められないことになろう。

けれども、錯誤という、いわば最低限かつ基本的なルールの適用が、法主体の属性によって、大きく変わってしまってよいのだろうか。信用保証協会

はたしかに事業者であるが、その想定可能な範囲は無限ではなく、一定の限界がある。もちろん、最高裁はすべての事態を想定せよ、と言っているのではなく、想定可能な事態については約定で備えよ、と言っているに過ぎない。しかし、何が想定可能で何が想定不可能かは、結局のところ最高裁にしか分からない。なぜなら、現時点で信用保証協会に分かることといえば、主債務者が反社会的勢力に属し、あるいは事業の実体を失っている事態に関しては約定を置く必要があるということに限られており、それ以外の事態は想定外のこととして約定義務の対象にならないという保証はどこにもないからである[8]。

とはいうものの、最高裁が、保証人が個人か信用保証協会かによって、錯誤の運用を異にする立場にあると解することは――債務の性質と債務者の属性を区別して、前者のみを錯誤の対象として認める立場にあると解するよりも（上述（1））――難点が少ない。判例法を整合的に理解するためには、この区別を認めるしかないだろう。

Ⅱ　保証契約の内容

ここでは、まず、ある事項が保証契約の内容になるためには約定が必要かという点を検討し（1）、次に、そのための要件の明確化を試みよう。その上で（2）、改正民法の下で、この問題がどう扱われるのかを素描しよう（3）。

1　契約と約定

ある事項に関する錯誤が顧慮されるのは、判決①～④によれば、その事項が保証契約の（重要な）内容になっている場合に限られる。実際、まず、判決①は、主債務の性質・発生原因が端的に保証契約の重要な内容になるから、それに関する錯誤は契約の無効を導くと判断している。これに対して、

8　最高裁としては、信用保証協会保証は、主債務者の属性に関してありうべき事情につき、具体的に特定して個別的に約定せよ、という立場なのかもしれない（判決②判旨〔3〕、判決③判旨〔2〕）。しかし、それは無理を強いるものである。あるいは、反社会的勢力ないし企業活動の実体喪失以外の事情については、「その他不正常な融資がなされた場合」として、一括して抽象的に約定しても構わないのだろうか。残された課題である。

判決②③は、主債務者の属性（主債務者の反社会的勢力への帰属、主債務者の企業実体の喪失）は、たとえ動機として表示しても保証契約の内容にならないとして、錯誤の主張を退けている。また、判決④は、他に連帯保証人があることは、当然には保証契約の内容にはならないとしつつも、内容になっていれば錯誤が認められることを示唆している。このように、「契約の内容」という概念は、錯誤の判断枠組として機能している。

　私は、最高裁が、判決②③の事案において、主債務者の属性が原則として保証契約の内容にならないと判示した結論には疑問を持つが（→上述Ⅰ2）、「契約の内容」という判断枠組を用いていること自体は問題がないと考えている。判決②③は、その判断枠組を採用した上で、もっぱらその適用・当てはめにおいて、主債務者の一定の属性は契約の内容にはならないと判断したに過ぎない。

　では、ある事項が保証契約の内容になるための要件は何か。そもそも、ある事項に関して約定（契約条項）によって対応できるのは、当事者がその事項が存在しない可能性を想定している場合、すなわち当該事項の不確実性を理解している場合に限られる。これに対して、当該事項の存在を当然のこととして疑わなかった場合、すなわち不確実性を理解していない場合には、およそ約定を設けることは期待できない[9]。錯誤が登場するのは、後者の場合である。それは、錯誤者が前提とした事実が不確実であるにもかかわらずに確実だと誤認している場合[10]、いいかえれば、当該事項の不確実性を理解せずに当然の前提としている場合である。この場合、錯誤者は、約定によって対応することが必要だとは夢にも考えないし、考えることもできない。その意味で、約定を要件とすることは現実的でなく、不可能を強いるものである。したがって、ある事項が保証契約の内容になるための要件として、一般的に約定を求めることはできない。

　必ずしも約定が必要でないとすれば、何を基準にして、ある事項が保証契約の内容になっていると判断することができるのだろうか。その判断基準を

---

[9]　鹿野菜穂子「連帯保証契約と要素の錯誤（大阪高判平成2年6月21日評釈）」ジュリ994号100頁参照。

[10]　大中有信「反社会的勢力に対する信用保証協会による保証と錯誤」金法2047号（2016年）88頁参照。

明らかにする必要がある。

2 契約内容の判断基準

ある事項が契約の内容になっているといえるかどうかは、契約の解釈によって判断される。それは、有力な見解によれば、まずもって契約類型ごとに定型的に定まる[11]。だが、それぞれの契約類型ごとに、具体的に、何を判断基準に、いかなる契約内容を導き出すことができるのかは、ほとんど明らかにされていない。せいぜい、判決①を受けて、保証契約においては、主債務の性質・発生原因は定型的な内容になる、と説くに留まっているのが学説の現状だからである[12]。もっとも、意思表示にかかわる事項の重要性という角度から、定型的にその構成要素を抽出しようという試みがあり、注目される。それによると、保証契約においては、主債務者の同一性と属性、保証（主債務）の内容、他の担保の有無などが重要になるとされている[13]。

この点を解明するため、「定型的」ということの意味を考えてみよう。その際、古典的分析において、法律行為の客観的構成部分（法律が抽象的に指示する内容）が「要素・常素・偶素」に分類されていることが参考になる[14]。ま

---

[11]　保証に関連した分析として、鹿野菜穂子「保証人の錯誤」『財産法諸問題の考察・小林一俊博士古稀記念論集』（酒井書店、2004 年）151〜152 頁、154〜155 頁、同「動機の錯誤の法的顧慮における内容化要件と考慮要素」森征一＝池田真朗編『私権の創設とその展開』（慶應義塾大学出版会、2013 年）246 頁以下参照。より一般的には、山本・前掲注（1）134 頁以下参照。

[12]　山本・前掲注（1）217 頁、鹿野・前注論文、潮見・前掲注（5）652〜653 頁。

[13]　佐久間・前掲注（1）158 頁。なお、先の注（6）参照。

[14]　岡松参太郎『注釈民法理由・上』（有斐閣、1986 年）163 頁、同『民法総則・完』（中央大学法律科 41 年度第 1 学年講義録、中央大学、1908 年）156〜157 頁、富井政章『民法原論第一巻（総論）』（有斐閣復刻版、増訂合本、1922 年）397〜398 頁、平沼騏一郎『民法総論』（有斐閣、1905 年）423〜427 頁、志田鉀太郎『民法総論・完』（日本大学、1906 年）243〜244 頁、松岡義正『民法論・総則』（清水書店、1907 年）421〜422 頁、嘉山幹一『民法総論』（巌松堂、1920 年）216〜217 頁、長島毅『民法総論』（巌松堂、1920 年）255〜256 頁参照。もっとも、具体的な法律行為の内容は、法律が抽象的に決定する内容（ここに要素・常素・偶素の区別が位置づけられる）ではなく、主として当事者の意思表示の決定するところであり、法律は当事者の意思表示を解釈・補充することがあるだけなので、要素・常素・偶素の区別は、実際上多くの価値がないと説かれたことが影響したのか（鳩山秀夫『日本民法総論』（岩波書店、増補改版・1927 年）307 頁）、後の学説においては、要素・常素・偶素の区別には余り実益がないとされるに至っている（例、小池隆一『日本民法総論』（清水書店、1931 年）236 頁、沼義雄『民法総論・下』（巌松堂書店、訂正版・1941 年）32 頁）。もっとも、近時において、再び光が当てられている（石川博康『「契約の本性」の法理論』（有斐閣、2010 年）参照）。

ず、「要素」とは、法律行為の性質を決定する不可欠の部分である。たとえば、売買における目的物および代金に関する意思の合致がこれに該当する。次に、「常素」とは、通常、法律行為に付随する部分であって、当事者が反対の合意をすることによって除去できるものである。たとえば、瑕疵担保（目的物の不適合）責任とその免除特約がこれに該当する。民法が各種の典型契約の冒頭規定において、「……ことによって、その効力を生ずる」と規定しているのは、法律行為が常素につき直ちに効果が発生することを表わしている[15]。最後に、「偶素」とは、当事者が特約によって常素を変更するために法律行為に付加した部分である。たとえば、買戻約款・条件・期限がこれに該当する。この「要素・常素・偶素」の分析枠組を保証契約に適用してみよう[16]。

まず、主債務の存在は、保証契約の「目的」であり、「要素」というべきであって、これなくして保証契約は成立しえない（除、根保証）。その意味で、主債務の存在は、錯誤以前の成立要件の問題であって、常に保証契約の要素を構成する[17]。

次に、「常素」は、当事者の反対の意思表示がない限り、デフォルトとして法律行為の構成部分となるものである。その意味で、常素は法律行為の定型的構成部分だと言うことができる。判決①は、「商品売買契約の成否は、原則として、保証契約の重要な内容である」と述べることによって、売買契約の立て替え払いによって主債務が発生していること——その意味での主債務の性質・発生原因——が保証契約の常素であることを認めたものと解する

15　遠藤浩ほか編『民法注解財産法・第1巻・民法総則』（青林書院、1989年）610頁〔牧野利秋〕。

16　「要素・常素・偶素」の区別は、本来、法律行為の客観的構成部分（法律が抽象的に指示する内容）に関する分類である。だが、その分類は、法律行為の内容確定のための道具としても、そのまま用いることができる。本文は、その角度から、法律行為の内容確定のための——ひいては錯誤の成否確定のための——分析枠組として、「要素・常素・偶素」の区別を用いようというものである。

17　ここでいう要素とは法律行為成立のための要件を意味しており、改正前民法95条にいう「法律行為の要素」とは区別する必要がある。後者は、あくまでも錯誤の要件として位置づけられ、それが法律行為のどの部分に関するかは決定的でない（岡松・前掲注（14）民法総則196～199頁、富井・前掲注（14）433～455頁、平沼・前掲注（14）468頁、松岡・前掲注（14）460～461頁）。

ことができる。のみならず、主債務者の属性も常素として捉える可能性が残されている。なぜなら、判決②③は、信用保証協会は事業者として契約の前提に反する事項（主債務者の反社会的勢力への帰属、主債務者の企業実体の喪失）を想定することができたので錯誤がなかったと判断しただけであって、当該前提（主債務者の反社会的勢力への不帰属、主債務者の企業実体の存在）が常素であるか否かにつき判断する必要がなかったと考えられるからである。判決②③は、当該前提が常素であることを認めた上で、信用保証協会は事業者であるから、それに反する事項を「想定できた」ことは、「想定した」ことと同視される、と判断したものと位置づけることができる。

　最後に、「偶素」は、特約がなければ法律行為の構成部分にはならない。典型的には、判決④は、他にも連帯保証人がいることは、当然には保証契約の内容とならないと判断することによって、〈他にも連帯保証人がいること〉が保証契約の偶素であることを認めている。

　以上のような「要素・常素・偶素」という分析枠組から見た場合、問題になるのは、**(1)** 主債務者の属性は常素といえるか、そして、**(2)** 偶素はいかにすれば保証契約の内容になるか、である。

(1)　常素

　主債務者の属性が主債務を構成し、従って契約内容になりうるとしても、それが「常素」としてなのかが問題になる。さしあたり、判決②③のような場合が問題になる。だが、主債務者の属性に関する錯誤は、他にも、様々なものがありうる。たとえば、保証契約締結時において、主債務者につき次のような事情が隠されていた場合はどうか。（a）主債務者が不治の病にかかって、もはや企業活動を継続できない状態に陥っていた。（b）主債務者の企業の中心人物の多くがすでに引き抜きにあっていて、従前のような企業活動を続けることができない状態に陥っていた。（c）主債務者には隠れた負債があった。（d）主債務者法人の代表取締役につき、成り済ましがあった（東京高判平成 28・6・16 金判 1497 号 38 頁〔錯誤を否定、確定〕——裁判官・高野伸、河本晶子、前澤達朗）。

　このように、主債務者の属性に関する事情としては、多様なバリエーションを考えることができる。だから、保証契約の当事者が双方とも想像さえで

きず、したがって想定することのできない事態が後になって判明すること
は、今後も十分にありうる。その場合、主債務者の属性を類型化して、常素
になるものとならないものを区別することが考えられる。しかし、その基準
を明示することは困難なように思われる。だが、かといって、一律に主債務
者の属性は常素にならない、と扱うのも妥当でない。結局、主債務者の属性
として、上記のような想定外のことがないこと、一言でいえば〈異常がない
こと〉は保証契約の常素である、と扱うしかないように思われる。

　このように考えることは、暴論に見えるかもしれない。しかし、すでにそ
れに近いことを認めた学説がある。それによれば、保証人は、誰のためにど
れだけの大きさの危険を負うのかに本質的関心を有するので、(i) 主債務者
の同一性と属性、(ii) 主債務の内容、(iii) 他の担保の有無などは定型的に
重要な事項として、錯誤を導く可能性がある、という[18]。最高裁も、一般論
としては、主債務者自身の資力、他からの資金調達の見込み等、主債務の履
行可能性を左右すべき重要な具体的事実に関する認識に誤りがあり、それが
表示されていた場合には、要素の錯誤となりうることを認めており（最判平
成 22・3・18裁判集民事 233 号 255 頁——裁判官・金築誠志、宮川光治、櫻井龍子、横田
尤孝、白木勇）、一律に主債務者の属性を錯誤対象から排除しているわけでは
ない。

　とはいうものの主債務者の属性に〈異常がないこと〉の中身については、
いろいろな問題があろう。けれども、保証契約の当事者は、少なくとも、
(a)' 主債務者は今後も健康で企業活動を継続し、(b)' 主債務者企業の中心
人物はそのまま業務に邁進し、(c)' 主債務者には隠れた負債はなく、(d)'
主債務者の代表取締役は本人そのものだ、と考えるのが普通ではないだろう
か。しかも、それらの事情は、どれ一つでも真実と異なっていれば、主債務
者の信用不安と債務不履行に直結する。だとすれば、デフォルトとして、主
債務者の属性につき、上述の (a)' ～ (d)' のような事情がすべて存在するこ
と——いいかえれば上記の (a) ～ (d) のような異常な事情が一つも存在し
ないこと——は、常素として保証契約の内容になると解すべきではないだろ
うか（上記の (i) に位置づけられる）。いうまでもなく、主債務者の属性につき、

18　佐久間・前掲注（1）158 頁。なお、先の注（13）に対応する本文参照。

判決②③で見られたような異常がないことも、常素として保証契約の内容になる。以上に対して、上記の(iii)の「他の担保」は、存在しないのがデフォルトだと思われるので、常素にはならず、偶素であるに留まると考える。

もちろん、何が主債務者の属性につき〈異常がないこと〉に該当するかという問題は、開かれており、議論の余地があるだろう。だが、常素という概念を用いて問題を捉えることには一定の意味があると考える。

(2) 偶素

〈他に保証人がいる〉ということを保証契約の「偶素」として位置づけた場合、そのことを単に動機として表示するだけでは契約の内容にならないのは当然である。そこで、偶素が保証契約の内容になるための要件が問題になる。そもそも偶素は、附款概念との関係で位置付けられており、附款になることによって初めて法律行為の構成部分になると観念されれている[19]。だから、明示の約定（解除条件・免責条項）があれば、その要件充足によって、そこで定められた効果が発生することは問題がない。注意すべきは、この場合、もっぱら約定の効力が問題になり、錯誤は問題にならないことである。

錯誤が問題になるのは、偶素に関する要件・効果を特定できるような明示の約定がない場合である。それは、むしろ合意が前提とした事情そのものであることが多いであろう。もちろん、一般論としては、約定がなくても偶素が契約の内容になることは十分にありうる。しかし、そのためには、契約の相手方が、偶素を契約の内容にする旨の意思表示を知るだけでは足りず、同意・承諾すること（合意）が必要である[20]。その場合において、偶素が存在しないとき、あるいは想定と異なるときには、法律行為の内容に関する錯誤を認めるべきであろう[21]。とはいうものの、保証契約においては、裁判上、約定がない場合において偶素に関する「合意」を認定することは、実際には

---

19 岡松・前掲注（14）民法総則157頁、金山直樹『新版注釈民法（4）』（奥田昌道編、有斐閣、2015年）550頁以下参照。

20 岡松・前掲注（14）民法総則159頁、佐久間・前掲注（1）156頁。また、債権者が「契約の決定的な前提として承認するような関与をしたことを要する」というのも（鹿野・前掲注（9）ジュリ100頁）、本文と同旨であろう。

21 富井・前掲注（14）399頁は、偶素は、法律行為の欠くことのできない必要条項とされると、法律行為の内容となり、法律行為の要素と効力を異にせず、その事項につき錯誤があったときは、法律行為は成立しない（＝無効になる）という。

困難かもしれない。

3 法律行為の基礎（改正民法）

改正民法下での錯誤規定との関係について補足しておこう[22]。改正法においては、錯誤は無効原因から取消原因へと、その法的構成が改められている。もっとも、この点は以上に論じたことに影響するところはない。単に「無効」とあるのを「取消し」と読み替えれば足りるからである。これに対して、改正法が、新たに「意思欠缺錯誤」と「認識錯誤」の二大区分を導入し、後者につき「表意者が法律行為の基礎とした事情についてのその認識が真実に反する錯誤」があれば取り消すことができると規定している点については（95条1項）、若干論じておく必要がある。

これまで「法律行為の内容」の錯誤として処理されていた問題は、今後は「法律行為の基礎とした事情」の錯誤として扱われることになる。改正法が、中間試案において「法律行為の内容」としていたのを改めて、「法律行為の基礎」としたのは、表意者の誤った認識が法律行為の内容になっているならば、表意者には錯誤はありえないことになってしまうという理解がありえたからである。この点、判例は、上記で確認した通り、誤った認識が法律行為の「動機・内容」のいずれのカテゴリーに属するかを問題にし、後者のカテゴリーに属する場合にだけ錯誤を認めるという扱いをしてきている。これを受けて、改正法下では、誤った認識が法律行為の「動機・基礎」のいずれのカテゴリーに属するのかが問題とされ、後者のカテゴリーに属する場合にだけ錯誤取消が認められることになろう。そして、法律行為の「動機・基礎」は、法律行為の「目的・内容（当事者が達しようとした法律効果）」から明確に区別されることになる[23]。

要するに、改正法下においては、本稿において「契約の内容」として説明したことは、基本的には「契約の基礎」と読み替えれば足りる。そして、法律行為の基礎とされたか否かの判断に際しては、今後も、「要素・常素・偶素」の分類の有用性は失われないと考える。それに従うと、主債務の性質・

---

[22]　保証契約に特化した説明として、潮見・前掲注（5）656頁参照。
[23]　以上については、大村敦志『新基本民法・総則編』（有斐閣、2017年）72〜73頁参照。

発生原因、および、主債務者の属性は、常素として、保証契約の基礎になると位置づけられ、錯誤において顧慮される。これに対して、他の保証人の存在は、偶素であるから、直ちには保証契約の基礎にはならない。偶素が「法律行為の基礎」になるためには、何らかの約定または合意が必要である。

なお、改正法は、「その事情が法律行為の基礎とされていることが表示されていたとき」でなければ、取消しはできないと規定して（95条2項）、一律に「表示」を要求している。その結果、判例①の補充的理由でしかないはずの判旨〔4〕――「正規の立替払契約であることを当然の前提とし、これを本件保証契約の内容として意思表示をした」という判示部分――が、表示要件の充足を示す不可欠の理由として浮かび上がってくるかのごとくである。しかし、常素は、当然に法律行為の基礎とされるので、常に相手方に表示されていると扱うべきである。そう解すると、判決①は、判旨〔4〕を必要としない簡明な判断基準を示した先例として、改正法下でも意味を持ち続けることになる。

Ⅲ　保証人の錯誤という問題設定の限界

以上においては、保証契約における錯誤問題につき、最高裁が示そうとする実定法の姿をできるだけ正確に示すとともに、その内在的な理解と批判を試みた。その結果、とくに主債務者の属性の誤認に関しては、必ずしも満足のゆく解決がもたらされていないことを確認した。この点を改めるため、常素概念を手がかりに、錯誤を認める可能性を探究したが、当然のことながら、強い反発が予想されるところである。

だとすれば、そもそも錯誤という舞台を設置して、そこで議論することが適当なのかが問題とされなければならない。錯誤による問題解決の限界は、これまでに触れてきたことも含めて総括すると、次の三点に要約することができる。

第一に、錯誤の判断枠組は、主債務者の行為・態様を十分に考慮すること

24　山本敬三「『動機の錯誤』に関する判例の状況と民法改正の方向（上・下）」NBL1024・1025号（2014年）。

ができない。保証契約の当事者は、あくまでも債権者と保証人だからである。実際、最近の学説による判例の整理を見れば、動機に関する錯誤は、(1)「法律行為の内容」に関するものと、(2)「相手方の態様」に関するものに類型化することができるとされているが、(2) の「相手方」は、契約の相手方当事者に限られており、そこに主債務者が入り込む余地はない[24]。また、判決②のような事案を (1) の類型（その中の「前提錯誤型」）に位置づける下級審判決・学説もあったが[25]、少なくとも信用保証については、最高裁によって否定されている。ここに、錯誤によっては、主債務者に起因する事情を十分に考慮できないという限界が現れている。錯誤の判断枠組の中には、リスク源たる主債務者の態様・行為を評価する仕掛けがないからである。

　第二に、錯誤は、オール・オア・ナッシングという硬直的な解決しかもたらさない。だから、主債務者の属性の誤認に起因するリスクは、結局は、債権者か保証人のどちらかが全面的に引き受けるしかない。しかし、一方だけが酷な結果をすべて引き受けなければならないということに、果たしてどれだけの合理性があるのだろうか。もし、その感覚が〈正しい〉ものであるとすれば、率直に言って、錯誤による二者択一的な解決は適当でない。このことは、たとえ錯誤において主債務者の行為・態様を考慮できるような判断枠組を案出できたとしても、変わらない。

　そもそも、民法は意思表示の錯誤を問題としており、その原則型は法律行為の一方当事者の錯誤である。もちろん、事実誤認は誤認者がそのリスクを引き受けなければならないのが基本である。だから、「債務者の……人的属性の見誤りは、情報収集・分析の失敗として、本来、保証人が引き受けるべきものである」[26]と言われている。しかし、主債務者の属性に関する誤認は、

25　山本・前掲注 (24) 論文は、反社会的勢力に関する錯誤を認めた下級審判決を取り上げ（神戸地裁姫路支判平成 24・6・29 金法 1978 号 132 頁、および、その控訴審たる大阪高判平成 25・3・22 金法 1978 号 116 頁）、そこでは主債務者が反社会的勢力でないから保証するという動機が保証契約の当然の前提に——したがって意思表示（法律行為）の内容に——なっていたにもかかわらず、制度上予定していなかった者のために制度が利用されたという制度目的の逸脱があったと分析している（NBL1024 号 23 頁）。だが、最高裁は、判決②と同一判示の下、そのような見方を否定している（最判平成 28・1・12 金法 2035 号 6 頁）。なお、同論文においては、その類型化の試み（「法律行為の内容型」）と親和的な判決①が検討されていないが、その理由は不明である。もっとも、教科書においては、被担保債権に関する錯誤の例の一つとして取り上げられている（山本・前掲注 (1) 216 頁、217 頁注 (22) 参照）。

通常、保証人のみならず債権者も共有している。なぜなら、もし債権者が主債務者の不正常な属性を知っていたとすれば、主債務者に対して——少なくとも同一内容の——融資をすることはありえないからである。ここに、保証契約における錯誤は、共通錯誤が原則型だという特性が浮かび上がってくる。だとすれば、誤認の点では、保証人も債権者も〈同罪〉のはずである。債権者と保証人が〈同罪〉であるならば、ますますオール・オア・ナッシングの解決は適当でない。判決②③が、特定の約定がない限り錯誤を認めないとするのも、オール・オア・ナッシングの解決を前提にしており、同様の問題を抱えている。

　第三に、主債務者の属性誤認に起因するリスク配分に関してである。この点につき、学説は、「保証においては、その性質上、当事者にとって契約時に未知の貸倒原因が存在するリスクは原則として保証人が負担すべきものである」[27]、また、「契約締結時に現れていなかった事情から生ずるリスクを負担することを構成的な内容とする契約を締結したことが、信用保証協会が履行請求を拒絶することのできない決定的な理由を形作っている」[28]と述べて、保証人だけが誤認のリスクを負うのが当然だと考えている。しかし、上述したように、債権者と保証人が誤認につき同罪であるならば、保証人だけがリスクを負うことは正当化できない。リスクを一方的に保証人に押しつけるような発想は、保証契約の名の下、保証人の搾取・奴隷化が許された古代社会の無意識の名残だと思われるからである[29]。

　現代においては、無意識の前提から自由になって、改めて、主債務者の属性の誤信に起因するリスクを、債権者と保証人の間でどう配分するのが公平か、という問いを発すべきである[30]。ただし、保証契約において何が公平か

26　潮見・前掲注（5）656頁。

27　佐久間毅「信用保証協会による保証と錯誤無効——主債務者が反社会的勢力に該当することが契約締 結後に判明した場合」金法1997号（2014年）22頁。

28　大中・前掲注（10）90頁。

29　デヴィッド・グレーバー（酒井隆史ほか訳）『負債論——貨幣と暴力の5000年』（以文社、2016年）参照。私は、京都大学院生時代に、ゲルハルド・リース客員教授の研究室において、粘土にツメで書かれたアッカド語の証文（？）を見せてもらったことがある。それが保証に関するものであったことは、今でも良く覚えている。その時代（紀元前2500年〜紀元後100年頃）と同じような社会を今後も維持したいと願うのであればともかく、そうでないならば、〈古代の呪縛〉からは、そろそろ解放されなければならない。

は必ずしも自明とは言い難い。なぜなら、保証契約においては、保証債務の履行は主債務者の債務不履行によって条件づけられているので確定的でなく、しかも片務・無償性のゆえに対価的バランスも問題にならないので、契約当事者間の利害の調整という発想が通用しにくいからである。しかし、保証契約が片務・無償契約であることに改めて立ち返るならば、その一方的受益者たる金融機関は、一定の義務と責任を引き受けなければならないと考えることが公平に適うといえよう。最高裁も、本稿では扱わなかったが、判決②③において、金融機関に一定の調査義務を課すことによって、その方向に向けて歩み出している。少なくとも、保証人が主債務者に起因する全てのリスクにつき一方的に負担するのは当然だというような見方は、改められつつある[31]。

おわりに

　本稿の冒頭でも紹介したように、以前から、学説上、保証契約の場面における錯誤の援用は仮託的法律構成だと指摘されている[32]。もちろん、たとえ仮託的構成であっても、錯誤の法理が、保証委託関係を踏まえた上で、関係当事者の利害を適切に調整するとともに、安定的に運用されているのであれば、それはそれで構わないとも言えよう。しかし、錯誤の法理は、実際の運用において、主債務者の属性に起因するリスクを債権者・保証人間で公平・適切に配分しているとは言い難い。

　この点、改正民法が、主債務者が保証を委託する際に、保証人になるべき者に対して一定の情報を提供する義務を課すことによって、関係当事者の利

30　それゆえ、情報収集失敗のリスクにつき、保証人が一方的にを引き受けることを前提に、その例外的な債権者への「転嫁」を語り、その要件を論じるという発想は（潮見・前掲注（5）656頁）、転倒しているというべきである。

31　保証契約において債権者保護ばかりが強調されているのは問題であり、担保のためと称して、本来、債権者・債務者間で公平に配分すべきリスクをすべて保証人に負わせることによって保証人の責任を拡大することは危険である、と述べる学説がある（加賀山茂『現代民法担保法』（信山社、2009 年）149〜150 頁）。もっとも、具体的に論者が何を考えているのかという各論部分になると、本稿とは問題意識を異にしているようである。たとえば、保証契約が「資本形成期」においてのみ許されるという主張には（同150頁）、歴史認識としても解釈論としても、賛成しえない。

32　中舎・前掲注（2）参照。

害の調整（個人保証人の保護強化）を図ろうとしていることが注目される（465条の10）。さしあたり、この規定によって、主債務者に起因するリスクが債権者と保証人の間で適切に配分できるかを検討する必要があろう。そして、改正法による対応が十分とは言えないときには、別の法理を探究しなければならない。たとえば、保証契約成立に際して金融機関に課される調査義務に焦点を合わせて、「契約締結補助者の理論」を適用してはどうだろうか[33]。次の課題としたい[34]。

　　【付記】　本稿は、2017年4月27日（木）に行われた慶應義塾大学大学院法学研究科の「民法合同演習」における金安妮氏による判決③（企業実体の喪失）に関する報告およびそれを受けた議論に触発されて、執筆を思い立ったものである。本稿については、極めて未熟な原稿の段階で、田高寛貴、吉田克己、山城一真、大澤慎太郎、石尾智久、渡邊貴、金安妮、鹿野菜穂子の各氏から、多くの有益なコメントを頂いた。さらに、三枝健治氏からは、二度にわたってコメントを頂いた。心からお礼申し上げたい。

33　金山直樹「契約締結補助者の理論」法学研究88巻7号（2015年）1頁、同「婚活サイトで知り合った相手から勧誘されて高値でマンションを購入した者に対する勧誘者と融資金融機関の責任―― S銀行事件（東京高判平27・5・26)」民事判例13号・2016年前期84頁、同「契約締結補助者の理論――その2（ロイズ＝スルガ銀行事件に寄せて）」同志社法学68巻7号（2017年）141頁参照。

34　別稿、「保証契約締結前の義務と契約締結補助者の理論」を用意している（法曹時報に掲載予定)。

主たる債務の弁済期の延期による保証人への影響

齋　藤　由　起

I　はじめに
II　主たる債務の弁済期の延期と保証債務の弁済期
III　主たる債務の弁済期の延期と保証人の求償権の行使時期
IV　むすびに代えて

I　はじめに

　債務の弁済期の延期（弁済期限の繰り延べ・期限の猶予）は、金融実務において、債務者の資力が悪化した場合に、金融機関が、主たる債務者からの依頼に応じて弁済の負担軽減のための借入金の条件変更の申入れを受け入れることによって行われることが多い[1]。また、債務者の再建に向けた私的整理手

1　金融実務において、弁済期の猶予は債務者の再建支援手法としてよく用いられている（債権法研究会編『詳説改正債権法』（金融財政事情研究会、2017年）174頁〔松嶋一重〕）。
　　弁済期の延期は、「中小企業等に対する金融の円滑化を図るための臨時措置に関する法律」（以下では、「中小企業金融円滑化法」または単に「法」と呼ぶ。）の下でもよく利用された。同法は、2009年11月30日に成立し（同年12月4日施行）、2011年3月31日までの時限立法であったが、2度の期間延長を経て2013年3月31日まで施行された。
　　同法においては、金融機関は、金融機関に対して債務を有する「中小企業者」で、当該債務の弁済に支障を生じており、又は生ずるおそれがあるもの」から「当該債務の弁済に係る負担の軽減の申込み」があった場合には、「当該中小企業者の事業についての改善又は再生の可能性その他の状況」を勘案しつつ、できる限り、①当該貸付けの条件の変更、②旧債の借換え、③当該中小企業者の株式の取得であって当該債務を消滅させるためにするものその他の当該債務の弁済に係る負担の軽減に資する措置をとるよう努めるものとする（法4条1項）。また、「住宅資金借入者」で「債務の弁済に支障を生じており、又は生ずるおそれがあるもの」から申し込みがある場合にも、その「財産および収入の状況」を勘案しつつ、①②の措置をとるよう努めなければなら

続の手法の1つであるリスケジュールの一環としても[2]、多用されている。

弁済期の延期は、弁済期の到来が迫ってから、または弁済期を徒過してから行われることが多いであろうが、弁済期を延期された債務を主たる債務とする保証債務がある場合には、保証人に対していかなる影響を生じるのだろうか。この問題は、わが国では従来あまり論じられることがなかった。しかし、平成29年5月26日に成立した「民法の一部を改正する法律」（平成29年法律第44号）（以下では、「改正法」と呼ぶ）よっていくつかの規定が新設されたことにより、次の2つの局面で解釈論として顕在化するように思われる。

第1に、債権者と保証人との関係において、主たる債務の弁済期の延期によって保証債務の弁済期も当然に延期されるのか（新448条1項〔改正前448条〕）、それとも保証人は主たる債務者が有する期限猶予の抗弁を債権者に対抗することができるにとどまるのか（新457条2項）、解釈が分かれ得る（後述Ⅱ）。

第2に、保証人と主たる債務者との求償関係において、主たる債務者が弁済期の延期を保証人に対抗できるかは、とりわけ、受託保証人が期限前弁済をした場合における求償時期について新設された新459条の2第3項および無委託保証の場合について同条項を準用する新462条3項について、新たな解釈問題を生じ得る（後述Ⅲ）。

本稿では、これら2つの問題を検討することを通じて、主たる債務の弁済期の延期による保証人への影響の一端を明らかにしたい。

ない（法5条1項）。
　上記①貸付条件の変更の手法としては、（利息条件無変更による）弁済期の延長、金利の減免、金利の支払の一時停止等が挙げられる（梅澤拓「金融円滑化法と金融機関の実務対応上の課題」金法1887号〔2010年〕13頁）。

2 リスケジュールとは、金融機関等からの借入金の返済条件を変更して、分割返済額の減額や元本返済猶予（利息のみの支払）期間を置くことなどにより、債務者のキャッシュ・フローを改善させるものであり、私的整理の手法としては、最も頻繁に行われるものである（日本弁護士連合会＝日弁連中小企業法律支援センター編『中小企業事業再生の手引き』〔商事法務、2012年〕52頁）。

II 主たる債務の弁済期の延期と保証債務の弁済期

1 問題の所在

主たる債務の弁済期の延期によって、債権者と保証人との関係において、保証債務の弁済期も当然に延期されるのか。法制審議会民法（債権関係）部会（以下では、「法制審部会」と呼ぶ）においては、第1読会より、改正前448条（新448条1項）の解釈として、保証契約が締結された後に主たる債務の内容が軽減された場合に保証債務の内容もそれに応じて軽減されることが導かれ、その例として、主たる債務の弁済期が延長された場合にはその効力は保証債務にも及ぶとした判例として大連判明治37年12月13日民録10輯1591頁（以下では「大連判明治37年」と呼ぶ）が挙げられていた[3]。また他方で、期限猶予の抗弁権は、保証人が対抗できる主たる債務者の有する抗弁権の例としては挙げられていなかった。この見解によれば、主たる債務の弁済期が延期されると保証債務の弁済期も当然に延期され、延期された弁済期が到来する前に請求を受けた保証人は、自身の抗弁として、期限未到来の抗弁を主張することになりそうである（以下では、この見解を「弁済期延期構成」と呼ぶ）。この見解は、民法（債権法）改正検討委員会による「債権法改正の基本方針」（以下では、「基本方針」と呼ぶ）に遡ることができる[4]。

しかし、従来、主たる債務者が債権者に対して有する抗弁権を保証人が行使することができる場合の一例として、主たる債務の期限猶予の抗弁を、同時履行の抗弁権と並べて挙げる概説書が多数を占めてきた（以下では、この見解を「抗弁権構成」と呼ぶ）[5]。抗弁権構成によれば、主たる債務の弁済期の延期

---

3 「民法（債権関係）部会資料8-2」（PDF版）47頁、法務省民事局参事官室「民法（債権関係）の改正に関する中間試案の補足説明（平成25年4月）」（PDF版）211-212頁。

4 基本方針も、新448条1項2項と同内容の提案（【3.1.7.03】〈3〉の解説において、「主たる債務について期限が猶予されると、保証債務の期限も猶予されるというのが判例（前掲大連判明治37年、大判明治40年6月18日民録13輯668頁、大判大正9年3月24日民録26輯392頁）であるが、これは本文の問題である」と位置づけており（民法（債権法）改正検討委員会『債権法改正の基本方針III』（商事法務、2009年）435-436頁）、他方で、457条2項に相当する提案（【3.1.07】〈1〉）の解説において、主たる債務者が有する抗弁の例として、期限猶予の抗弁を挙げていなかった。

5 近藤英吉＝柚木馨『註釈日本民法（債権編総則）中巻』（巌松堂、1935年）160-161頁、我妻

によって保証債務の弁済期が当然に延期されることはなく、保証人が主たる債務者の有する期限の猶予（弁済期の延期）を自ら享受するか否かについて選択できることになる。

このような見解の相違は、改正前民法の下ではあまり意識されてこなかったが、平成29年改正による新457条2項の新設に伴って適用条文の相違をもたらすことになる。

新457条2項に関する外国法の状況と日本における新設までの経緯は次のとおりである。すなわち、保証人が主たる債務者の有する抗弁をもって債権者に対抗できることは、保証債務の付従性の帰結であり、諸外国では民法典制定当初より明文化されている（フ民2313〔旧2036〕条[6]、ド民768条[7]）。わが国では、旧民法債権担保編25条に規定があったものの[8]、現行法の制定の際に、事理明白であるため規定の必要がないとして削除された[9]。その後、学説及び判例上[10]ほとんど異論なく認められてきたものが[11]、平成29年改正

栄『新訂債権総論』（岩波書店、1964年）482頁、西村信雄編『注釈民法（11）債権（2）』（有斐閣、1965年）276頁〔中川淳〕、於保不二雄『債権総論〔新版〕』（有斐閣、1972年）270頁、奥田昌道『債権総論〔補訂版〕』（悠々社、1992年）398頁、前田達明『後述債権総論〔第3版〕』（成文堂、1993年）361頁、船越隆司『債権総論』（尚学社、1999年）331頁、中田裕康『債権総論〔第3版〕』（岩波書店、2013年）493頁、平野裕一『プラクティスシリーズ債権総論』（信山社、2005年）424頁、同『債権総論』（日本評論社、2017年）268・272頁、潮見佳男他編著『Before/After民法改正』（弘文堂、2017年）230頁〔福田誠治〕。

6　フランス民法2313条「保証人は、主たる債務者に属し、かつ負債に内在する全ての抗弁を債権者に対抗することができる。しかし、保証人は、債務者の純粋に個人的な抗弁を対抗することができない。」。

7　ドイツ民法768条「(1) 保証人は、主たる債務者に属する抗弁権を主張することができる。主たる債務者が死亡したときは、保証人は、相続人が債務について制限付きでのみ責任を負うことを自己のために援用することができない。(2) 保証人は、主たる債務者が抗弁権を放棄したことによって抗弁権を失わない。」

8　旧民法債権担保編25条1項「保証人カ基本ニ付テ答弁スルトキハ主タル債務ノ組成又ハ其消滅ヨリ生スル抗弁ヲ以テ債権者ニ対抗スルコトヲ得」。

9　磯谷幸次郎『改定債権法論（総論）〔再訂6版〕』（巌松堂、1931年）521頁参照。

10　最判昭和40年9月21日民集19巻6号1542頁（貸金債務のための連帯保証人が、貸金債務の支払確保のために振り出された約束手形の交付との引換給付の抗弁を債権者に対抗できるとした判決）。

11　保証債務の付従性に基づき、保証人が主たる債務者の有する抗弁権を債権者に対抗できると解するのが民法典制定時以来の通説的理解であったが、石坂音四郎は、付従性とは保証債務の発生・存続・内容が主たる債務によって定まることのみを意味し、主たる債務の強弱は保証債務に影響しないため、明文規定のない以上、保証人は、主たる債務者の抗弁を対抗できないとする独自の見解を主張していた。しかし、石坂も、保証人は、主たる債務者と同一の抗弁を有すると解

によって再び明文化されたのである。

　そこで、以下では、主たる債務の弁済期の延期による保証債務の弁済期の帰趨について、大審院判例にまで遡って従来の判例及び学説の考えを整理したうえで、上述の両見解が具体的にいかなる差異を生じるのかを明らかにし、改正法の下でのあるべき解釈論を示したい。

　なお、このことは実務の大半を占める連帯保証においても問題となるが、連帯保証の場合、主たる債務者について生じた事由について改正前458（新458）条が適用されることはなく、主たる債務者について生じた事由の効力は、保証債務の付従性または457条1項によって連帯保証人に及ぶと考えられているため[12]、単純保証と同様に考えてよい。

2　従来の判例と学説

(1)　明治期〜昭和初期

　457条1項が創設された民法典施行前の時期において、主たる債務の当初の弁済期到来後に債権者と主たる債務者との契約によって弁済期が延期されたところ、当初の弁済期からの時効期間経過時に保証債務の消滅時効が完成したか否かが問題となった事案について、大審院における判例の変遷があった。

　まず、大判明治34年5月30日民録7輯5巻146頁は、法律に別段の規定がない限り、何人も自ら承諾をしない契約の効力をもって対抗されるべきではないという一般原則に基づき、債権者が、保証契約締結後に債務の弁済期について保証人の承諾なく主たる債務者に期限を許与したとしても、保証人に対する弁済期は保証契約によって定められた弁済期であり、この弁済期が消滅時効の起算点であると判断していた。

　しかし、前掲大連判明治37年は判例を変更し、次のように述べて、保証債務の消滅時効の起算点も主たる債務の新たな弁済期まで延期されるとした[13]。

　することによって、通説と同様の結論を導き出していた（石坂音四郎「保証人抗弁論」同『民法研究二』（有斐閣書房、1913年）434-441頁。

12　大判昭和5年10月31日民集9巻1018頁、大判昭和7年2月16日民集11巻125頁（いずれも主たる債務者について生じた時効中断が連帯保証人に及ぶとされた判決）。

何人も自己の関与しない契約の効力をもって対抗されるべきでないことは一般原則であるが、例外的に、保証債務は主たる債務の弁済を確保する従たる債務であるから、特にその従たる債務を消滅させる事由がない限り、その性質として常に主たる債務と運命を共にせざるを得ない。したがって、主たる債務について弁済期限を延長するのは債務消滅事由ではないことはもちろん、新債務を創設するものでもないので、たとえ保証人が自ら関与していなくても、その効力は当然保証債務に及ぶ[14]。

この判決の理解として注意すべきは、次の2点である。第1に、同判決で問題となったのは、債権者と主たる債務者による弁済期延期契約による保証債務の消滅時効の起算点の帰趨であって、保証人の弁済期自体は直接に問題となっていなかった[15]。第2に、同判決では、保証債務の消滅時効の起算点が遅くなる結果として保証債務の存続期間が伸びることが、保証の担保としての性質、つまり457条1項と同様の政策的考慮から正当化されたのであって、主たる債務の弁済期の延期が保証債務の態様を軽減するという後の学説で言及されるような理由づけは用いられていなかった[16]。

したがって、大連判明治37年により、主たる債務の弁済期延期があれば、「その効力は当然保証債務に及ぶ」ことは認められたものの、保証債務の弁済期それ自体が当然に延期されることが明らかになったとまでは言えないだろう。

実際、その後の大正期・昭和初期の学説において、筆者が接することができたのは抗弁権構成のみであった。例えば、債権者の主たる債務者に対する期限の猶予によって保証人はその利益を受け、期限の猶予をもって対抗できると述べるもの[17]や、主たる債務者に対する期限の猶予は当然に保証債務に

13　なお、主たる債務者の承認による時効の中断（更新）により保証債務の時効も中断（更新）されることは457条1項により導かれるが、保証債務の時効の起算点も主たる債務の新たな弁済期になる点に、この判決の意義がある。

14　大判明治40年6月18日民録13輯668頁も同旨である。

15　我妻栄「債権者と債務者の弁済期延期の契約は保証人にも当然効力を及ぼす——大審院民事連合部明治37年12月13日判決——」ジュリ125号（1957年）28頁。

16　大連判明治37年の事案との関係では、主たる債務の弁済期の延期が、保証債務の存続期間の延長につながるのであり、かえって保証人の負担が重くなるとも評価し得るものであった。

17　石坂音四郎『日本民法第三編債権総論中巻』（有斐閣、1913年）1033頁。

及ぶが、債権者はこれをもって保証人に対抗することができないと述べるもの[18]があった。

他方で、主たる債務の期限の許与によって保証債務の態様を軽減させるという記述は、昭和初期に近藤英吉＝柚木馨の基本書の中に登場した[19]。もっとも、近藤＝柚木は、債権者が主たる債務者に対してのみ期限を許与したときは、保証債務もこれに従って軽減されるべく、保証人は、付従性により、債権者の留保があっても主たる債務者に対する期限の許与を援用できると述べており[20]、抗弁権構成をとっていた。

このように、第二次世界大戦前の学説においては、主たる債務の弁済期の延期が保証債務に及ぶという前掲大連判明治37年の考えを支持したうえで、保証人は弁済期の延期を債権者に対抗できるが、債権者はこれを保証人に対抗できないとする抗弁権構成が主流であった。

(2)　第二次世界大戦後

戦後には、弁済期延期構成と目される学説が登場した。柚木馨は、「保証人の責任を加重するものでない限り、たとえ債務者・債権者間の契約によって生じた主たる債務の体様の変化でも、そのまま保証債務の体様を変化せしめることが、保証債務の附従性の当然の帰結と考えられるから、この結論を是認すべきものである」と述べて前掲大連判明治37年を支持する[21]。柚木説は、付従性に基づく抗弁の例として期限猶予の抗弁を挙げていないことからも、弁済期延期構成に与しているようである。柚木説は、『注釈民法（11）債権（2）』の448条の項において、「期限の猶予はかならずしも、保証人の責任を加重するものではなく、保証債務にも効力を及ぼすと解して差支えな

18　沼義雄『総合日本民法論別巻第四債権総論〔再版〕』（巌松堂書店、1938年）350頁。
　　なお勝本正晃は、保証契約締結後に債権者が主たる債務者に対し履行期を猶予したときは、保証人もその利益を受けるが債権者は保証人に対抗できないと解するが、保証債務の消滅時効は、前掲明治34年大審院判決と同様、保証契約によって定められた弁済期から進行すると解していた（勝本正晃『債権総論中巻之一』（巌松堂書店、1934年）382頁）。

19　近藤＝柚木・前掲注（5）160頁。

20　近藤＝柚木・前掲注（5）160頁。

21　柚木馨『判例債権法総論下巻』（有斐閣、1951年）72-73・90頁、柚木馨〔高木多喜男補訂〕『判例債権法総論〔補訂版〕』（有斐閣、1971年）290・304頁。松坂佐一『民法提要債権総論〔第4版〕』（有斐閣、1982年）171頁も同旨。

22　西村編・前掲注（5）234頁〔中井美雄〕。もっとも、筆者である中井美雄は、後に執筆した自

いであろう」として引用されており[22]、これが最近の学説において参照されている[23]。この見解が、基本方針や中間試案の中間試案の補足説明における理解（前述Ⅱ1）にも影響を与えたものと推測される。

この点が問題となった最高裁判決を見出すことはできなかったが、下級裁判所レベルでは、東京地判平成8年6月21日判タ955号177頁が、主債務者企業の任意整理において、債権者と主たる債務者との間で合意された主たる債務についての期限猶予と条件付債権放棄の効果を連帯保証人が主張して保証債務の履行を拒絶することの可否が争われた事案について、「保証債務の付従性が民法の原則であること（民法448条参照）は言うまでもなく、主たる債務の目的につきその内容を軽減する変更は保証人にも効力を及ぼすと解するのが相当であって、これに対する例外は、当事者間の合意又は明文の放棄によってはじめて認められるというべきである。いわゆる任意整理の場合に当然に右の例外を認める法的根拠は見出し難い…」、本件において、主たる債務者の弁済期限は期限の猶予により到来しておらず、保証人も「同一の理由で原告の請求を拒むことができる」と述べていた。これは、弁済期延期構成を前提としているようである。

これに対し、期限の猶予自体は保証人の責任を重くするものではない[24]とか、軽減する[25]と述べたうえで、抗弁権構成をとる学説がある。また、主たる債務の弁済期の延期が保証人の責任を加重するか否かに触れることなく、端的に、主たる債務者の有する抗弁権の例として期限猶予の抗弁を挙げる学説も多い[26]。

これらの学説と一線を画すのが星野英一の見解である。星野は、弁済期の

身の基本書において、保証債務の附従性に基づいて保証人が行使できる主たる債務者の抗弁権の例として期限猶予の抗弁を挙げている（中井美雄『債権総論講義』〔有斐閣、1996年〕278頁。これが改説に当たるのか、それとも注釈民法執筆の当時すでに弁済期延期説ではなく期限猶予の抗弁を想定していたのかは、明らかではない。もっとも、同じ注釈民法の460条の項において、中川淳は、抗弁権構成に基づく記述をしていたが、これが引用されることはなかったようである（西村編・前掲注（5）276頁〔中川淳〕）。

23　松嶋一重「保証債務（その1）」金法2012号（2015年）51頁、債権法研究会編・前掲注（1）174-175頁〔松嶋一重〕、潮見佳男『新債権法総論Ⅱ』（信山社、2017年）664頁注74。

24　我妻・前掲注（5）465・482頁、奥田・前掲注（5）398・402頁。

25　船越・前掲注（5）322・331頁、平野・前掲注（5）『債権総論』271-272頁。

26　前掲注（5）に掲げた学説のうち、前掲注（24）・（25）に掲げた以外のものを参照されたい。

延期よって主たる債務者の資力が悪化する恐れがあることから、場合によっては保証人の責任を加重することがあると指摘する[27]。そして、主たる債務の当初の弁済期が到来すれば受託保証人には事前求償権が発生するが（460条2号）、事前求償権の行使は保証人の義務ではなく、「まして猶予された期間内に周到に主たる債務者の財産状態を監視する義務もあるとはいえ」ないため、このような約定は保証人に対抗することができず[28]、猶予について保証人の同意がない限り、その結果保証人の求償権が害された場合にはその範囲で保証人は免責されるべきであると主張する[29]。しかし、星野説のように免責まで認める論者は、他に見出すことはできなかった。

このように、改正法が前提とする弁済期延期構成の登場後も、学説では抗弁権構成が主流であったが、各学説は自ら支持する構成に簡潔に言及するにとどまっており、理論構成のレベルを超えて両構成の具体的帰結にいかなる実質的相違があるのかは、明らかになっているとはいえない状況である。そこで、以下では、この点について検討する。

3 弁済期延期構成と抗弁権構成の具体的帰結の相違

(1) 債務者の期限の利益という観点のみに着目するならば、保証人は、主たる債務について延期された弁済期まで保証債務を履行しなくてよくなるのであるから、主たる債務の弁済期の延期は、弁済期の前倒しとは反対に、保証債務を事後的に加重するもの（新448条2項）ではなく、かえって保証債務の態様を軽減すると評価できそうである。弁済期の延期が主たる債務者の再建手法として広く用いられていることに照らせば、弁済期の延期によって主たる債務者が遅滞に陥って、多くの場合に約定利率よりも高い率の定めのある遅延損害金が発生するのを防ぐことができ、また、分割払債務について

---

27 星野英一「中小漁業信用保証の法律的性格」（初出1956年）同『民法論集第2巻』（有斐閣、1970年）229頁、同『民法概論Ⅲ（債権総論）〔補訂版〕』（良書普及会、1981年）182-183頁。これに対し、潮見は、主たる債務についての弁済の猶予（支払期日の延長）は、たとえ猶予がされている間に主たる債務者の信用が著しく悪化したために保証人の負担が増大したような場合であったとしても、加重に当たらないと述べる（潮見・前掲注（23）664頁注74）。

28 星野・前掲注（27）「中小漁業信用保証の法律的性格」230頁。

29 星野・前掲注（27）「中小漁業信用保証の法律的性格」230頁、同・前掲注（27）『民法概論Ⅲ』183頁。

期限の利益喪失特約がある場合にも、弁済期の延期により未払額全体について期限の利益を喪失する事態を回避することもできるため、保証人の利益に資するといえる[30]。

しかし、利息付債権の場合には、期限の利益は債務者と債権者の双方のためのものである。そこで、実務上もよく利用されている利息付債権について利息条件を変更せずに弁済期のみ延期する合意[31]を例にとりあげたい。そもそもこのような合意によれば、延期期間中に発生する利息に応じて最終的な総債務額が増加するため、主たる債務の目的又は態様の事後的加重（新448条2項）に当たらないかが問題となるが、事後的加重に当たるか否かは、弁済期延期合意の各条項を個別に検討するのではなく、変更の内容を実質的に評価して全体として評価されるべきであると解されている[32]。

主たる債務について延期された弁済期に保証人が弁済するときには、延期期間中も当初の約定通りに利息が発生するため、その分だけ保証人の負担額も増加しそうである[33]。しかし、弁済期延期の合意がないまま主たる債務者が履行遅滞に陥り、上述の例における延期後の弁済期と同時期に保証人が弁済した場合には、当初の弁済期到来時以降に遅延損害金が発生する。約定の遅延損害金の率が利率よりも高い場合には、弁済期の延期は、保証人の負担を保証債務額の面でも弁済時期の面でも軽減することになり、また、遅延損害金の率が利率と同率である場合には、保証人の負担を保証債務額の面では変えずに、弁済時期の面で軽減することになる。

したがって、利息条件無変更による利息付債権の弁済期延期合意は、延期期間分について当初の契約と同条件で新貸付を受けたと同じであるため、主たる債務者の負担を加重することにはならない[34]。

30　債権法研究会編・前掲注（1）174-175頁〔松嶋一重〕もこの趣旨であると思われる。

31　前掲注（1）および注（2）を参照。

32　潮見他編著・前掲注（5）229頁〔福田誠治〕。我妻・前掲注（5）465頁は、債権者と主たる債務者の和解契約について、和解契約の内容を全体として実質的に判断して、責任を重くするものでないときは、保証人を拘束する、というべきであると述べる。

33　これに対し、無利息債権について利息条件を変更せずに弁済期を延期する場合や、利息付債権について弁済期が延期され、かつ、延期期間中の利息が免除される場合には、延期後の総債務額は延期前と変わらず、弁済期が遅くなる分だけ主たる債務者の負担が軽減され、それに伴い保証債務の態様も軽減される。これらの場合には、弁済期延期構成と抗弁権構成のいずれによっても結論に差が生じることはない。

この場合に、弁済期延期構成によれば、保証債務の弁済期は延期後の主たる債務の弁済期と常に一致する。また、抗弁権構成によっても、保証人が主たる債務者の期限猶予の抗弁権を行使して延期後の弁済期まで保証債務を履行しないときは、弁済期延期構成と同じ帰結になるのであって、法律構成が単純である弁済期延期構成に分がありそうである。

なお、弁済期を延期しつつ約定利率を引き上げる合意がされる場合には、事後的加重に当たるかが特に問題となるが、このような合意についても全体を総合評価したうえで判断すべきであり[35]、事後的加重に当たらないと判断される場合には、保証人への影響は、利息付債権の利息条件無変更による弁済期延期合意と同様に考えられる。

これに対し、保証人が弁済期延期の効果を享受することを拒んで当初の弁済期に保証債務を履行する場合には、両構成の具体的帰結に差異を生じることになる。

すなわち、抗弁権構成によれば、保証債務の弁済期はすでに到来しているので、保証人は当初の弁済期までの利息を付して弁済すればよい。これに対し、弁済期延期構成によれば、当初の弁済期での任意弁済は期限の利益の放棄となり、保証人は延期期間分の利息を付して弁済しなければならない（136条2項）。つまり、抗弁権構成によれば、自ら関与していない弁済期延期の合意の影響を受けずに済むが、弁済期延期構成によれば、保証人は保証債務額の増加という形で弁済期延期の効果を強制されることになり、その影響は、弁済期の延期期間が長期であればあるほど大きくなる。このことは、保証人が、当初の弁済期までに予定されていた保証債務額の負担に抑えるため、早期（＝当初の弁済期）に弁済する利益を害するように思われる。

なお、主たる債務が返還時期の定めのある利息付金銭消費貸借に基づく借入金債務である場合については、改正法によれば、借主（＝主たる債務者）は

---

34 中小企業金融円滑化法の下でも、利息条件の変更のない弁済期延期の合意によって総支払額が増大することが、「弁済に係る負担の軽減」（法4条1項・5条1項）に当たるかが問題になっていたが、梅澤は、弁済期延期の結果として総返済額の増加があっても、総合的にみて1年間の同条件でのリファイナンスと同じ結果であるため、債務者の弁済の上での負担を軽減するものと理解すべきだとする（梅澤・前掲注（1）13頁）。

35 潮見他編著・前掲注（5）229頁〔福田誠治〕。

いつでも返還でき（新591条2項）、貸主は、期限前弁済によっては損害を受けたときは、借主にその賠償を請求することができる（同条3項）。これは136条2項の特則であり、返還時期までの得べかりし利息が必ずしも当然に貸主の損害に含まれるわけではないと解し得るため[35-2]、主たる債務者が弁済期延期後に当初の弁済期に弁済する場合には、当初の弁済期までの利息（および他に損害があれば損害金）を支払えばよい可能性がある。この場合には、弁済期延期構成によっても、保証人は、延期期間分の利息の支払義務を負うことがなくなる点で、抗弁権構成との差がなくなり得るが、貸主に損害が生じた場合には、損害賠償金の支払義務が保証債務に含まれるため、その限りで両構成の間に違いが残るだろう。

(2)　弁済期の延期期間中に主たる債務者の資力が悪化するリスクという観点に着目するならば、主たる債務者の資力悪化によって保証人が履行請求される可能性が高くなるリスクを、債権者と保証人間で常に保証人に負わせてよいのかも問題となる。たしかに、保証債務は主たる債務者の履行を担保することを目的とする。しかし、保証人は、債権者との関係において、保証契約締結時に予定されていた弁済期における主たる債務者の資力を考慮して保証契約を締結しているのであり、自ら関与しない主たる債務に関する弁済期延期の合意によって、延期期間中の主たる債務者の資力悪化のリスクを押し付けられるべきではないともいえよう。

しかし、この点に関しては、たとえ抗弁権構成をとったとしても、保証人が主たる債務者の弁済期まで期限猶予の抗弁権を行使して保証債務を履行しない場合には、星野説によらない限り（前述Ⅱ2(2)）、主たる債務者の資力悪化によって求償権が実質的に害されたとしても免責されることはないのであって、弁済期延期構成と同じ帰結になる。

(3)　ところで、主たる債務者の資力悪化のリスクは、委託保証の場合に、受託保証人と主たる債務者の求償関係において考慮されている。受託保証人は、主たる債務者との間で、保証契約締結時に予定されていた弁済期における主たる債務者の資力を考慮して保証を引き受けているからである。主

35-2　「中間試案の補足説明」前掲注（3）447頁、「民法〈債権関係〉改正の部会資料70A」59頁。

たる債務者は猶予された期限をもって受託保証人に対抗できないため（460条2号但書）、受託保証人は猶予後の期限まで履行を拒みつつ、当初の弁済期に事前求償権を行使することができ（460条2号）、また、当初の弁済期に弁済して事後求償権を行使することもできる（459条。詳細については、後述III 2参照）。したがって、いずれの構成をとるにせよ、受託保証人の求償関係においては、延期期間中の主たる債務者の資力悪化のリスク負担それ自体が、保証人に強制されない構造になっている[36]。

この点、利息付債権について利息免除なく弁済期を延期されたにもかかわらず保証人が当初の弁済期に弁済した場合において、弁済期延期構成によれば、保証人は延期後の弁済期まで発生した利息についても弁済義務を負うことは前述（II 3 (1)）したとおりであるが、増加した利息分も含む支出額（＝弁済額）は受託保証人の求償元本に含まれるため（新459条1項）、その最終負担者は主たる債務者である。しかし、受託保証人にとっては、抗弁権構成と比べて主たる債務者の無資力リスクを負う範囲が拡大することになる。求償可能性が理論的に認められるとしても、弁済期が延期されるような場合には主たる債務者の資力が悪化していることが多いという実情に照らすと、弁済期延期構成の帰結は、自己の支出を最小限に留めるために弁済期延期の効果を拒絶して早く弁済したいという保証人の判断に水を差すものといえる。

4 小括

以上のように、弁済期延期構成と抗弁権構成の具体的帰結に差が現れるのは、利息付債権について利息免除のない弁済期の延期合意がなされ、かつ、保証人が当初の弁済期に保証債務を任意に履行する場合であり、このような場面が極めて限定的であることは確かである。

しかし、弁済期延期構成と抗弁権構成のうち、いずれの構成をとるかは、保証の担保としての性質や保証債務の付従性という性質から当然に導かれるわけではない。実質的にみると、弁済期延期構成は、保証人が当初の弁済期

---

[36] これに対し、無委託保証人による弁済は主たる債務者との関係では事務管理にすぎないから、事前求償権は発生せず、事後求償できる範囲も制限されているのであり（462条1項・2項）、保証人の支出額（＝弁済額）が求償元本の基礎になることがそもそも保障されていない。
　無委託保証人の求償については、後に詳述する（III 2 (2)）。

に任意弁済する場合であっても保証債務の範囲が延期期間中の利息に及ぶ点で、主たる債務者の再建に協力してくれる債権者の利益に資するものであり、その協力を促進し得るものである。他方で、抗弁権構成は、自ら関与しない弁済期延期の効果を強制されないという保証人の利益、具体的には、弁済期延期中に発生する利息によって保証債務額が増加する前に弁済する利益を確保するものであるが、当初の弁済期における保証人の早期弁済を促進し得ることは、債権者にとっても利益となるといえよう。また、債権者は、主たる債務者と弁済期の延期を合意する際に保証人の同意を得ておけば、保証債務の弁済期も延期させることができる[37]。以上のことを考慮すれば主たる債務の弁済期の延期によって、保証人は主たる債務者の取得する期限猶予の抗弁権を債権者に対抗できる（新457条2項）と解すべきであると思われる。

　また、このように解した方が、前述の例において、保証人に対して、弁済期の事後的延期による保証責任の範囲の拡大可能性について認識する機会を保障することにつながるのであり、平成29年改正が重視する保証人への情報提供の強化という考えにも適合的である。

　ところで、抗弁権構成を採用すると、主たる債務の弁済期よりも保証債務の弁済期が先に到来するという事態が生じる。

　この場合に、保証債務の消滅時効の起算点がどうなるかが問題となるが、主たる債務の弁済期が到来していない限り保証債務の履行請求は拒絶され得るのであるから（新457条2項）、債権者は保証債務について「権利を行使することができる」（新166条1項）とはいえず、保証債務の消滅時効は、主たる債務の弁済期が到来するまで進行を開始することはない。このような解釈は大連判明治37年とも整合的である。

　また、保証債務の弁済期が主たる債務のそれより先に到来したからといって、主たる債務の弁済期が到来しておらず、保証人が期限猶予の抗弁権を行使できる間は、保証人が遅滞に陥ることはない。これは、単純保証の場合において、保証人が催告または検索の抗弁権を行使できる間は履行遅滞の責め

37　実際、金融実務においては、主たる債務に変更が生じた場合には、主たる債務の加重の有無にかかわらず保証人の同意を得るのが原則であることが指摘されているのであり（債権法研究会編・前掲注（1）〔松嶋一重〕）、保証人の同意を得ることが債権者にとって過度の負担となることはないであろう。

を負わない[38]のと同様である。

Ⅲ　主たる債務の弁済期の延期と保証人の求償権の行使時期

1　問題の所在

　次に、主たる債務の弁済期の延期の効果は、主たる債務者と保証人との求償関係にも当然に及ぶのかも問題となる。受託保証人と主たる債務者との求償関係に関する概要はすでにみた通りであるが（前述Ⅱ3(3)）、債権者と主たる債務者との合意によって主たる債務の弁済期が延期されたにもかかわらず保証人が当初の弁済期に保証債務を履行することは、主たる債務者との関係において期限前弁済になるのであろうか。そうであるならば、主たる債務者の資力悪化のリスクを回避するために早期に弁済した保証人は、主たる債務について延期された弁済期まで求償権を行使できなくなるのではないだろうか。

　この問題は保証委託の有無によって分けて検討されなければならないが、受託保証人が期限前弁済をした場合における求償時期について新設された新459条の2第3項、また、無委託保証の場合について同条項を準用する新462条3項について、新たな解釈問題を生じ得る[39]。

2　当初の弁済期における保証人の弁済と「期限前弁済」

(1)　委託保証の場合

　新459条の2は、保証人が、主たる債務の弁済期が到来する前に期限の利益を放棄して弁済等をした場合について、求償権の範囲と行使時期を明らかにするため、平成29年改正によって新設された。その典型例として挙げられているのは、主たる債務者も受託保証人も債権者に対する反対債権を有していたところ、債権者の資力が悪化したため、保証人が保証債務の期限の利益を放棄して債権者に対して自己の反対債権を自働債権とする相殺した場合

38　近藤＝柚木・前掲注（5）210頁。

39　なお、本章で扱うのは保証人と主たる債務者の求償関係であるため、前章において扱った債権者と保証人の関係における保証債務の弁済期延期構成と抗弁権構成のいずれをとるかによって議論に影響は生じない。

である[40]。この場合には、期限前弁済は、保証人が自己の利益を図るために債権者の無資力のリスクを主たる債務者に負わせている点で、保証委託の趣旨に反する[41]。そこで、同条1項は、期限前弁済による事後求償権の元本を、主たる債務者の意思に反しない無委託保証人と同様に（新462条1項参照）、債務消滅行為時に利益を受けた限度に限定した。この結論は、459条1項の文言からは当然に導かれず、改正前は受託保証人の事前通知義務違反を介して導かれていたものであるが（改正前463条1項・443条1項）、459条の2の新設によって事前通知義務違反の効力として導く必要がなくなった[42]。また、期限前弁済等をした受託保証人は、主たる債務者の期限の利益を害してはならないため、主たる債務の期限の到来まで事後求償権を行使できない（同条3項）。これは、保証人は、主たる債務者の承諾を得て弁済した場合を除いて、主たる債務の弁済期前に求償権を行使することができないとした大判大正3年6月15日民録20輯476頁の考えを明文化したものである。なお、この場合に求償権の法定利息等が発生するのは、主たる債務の弁済期以降に限られる（同条2項）。これは、保証人が主たる債務の期限到来後に弁済等をしていれば求償できなかったものを除外する趣旨である[43]。

　しかし、保証契約締結後に、債権者と主たる債務者との合意によって主たる債務の弁済期が延期された場合に、受託保証人が主たる債務者の期限猶予の抗弁権を対抗せずに当初の弁済期に弁済したときは、新459条の2は適用されないと解すべきである。前述したように（Ⅱ3(3)）、受託保証人は、主たる債務者との保証委託において、当初約定した期間内での主たる債務者の資力を保証する意思で保証を引き受けたのであるから、主たる債務者は、保証人の関与しない弁済期の事後的延長の効力を受託保証人に対抗することができないからである（460条2号但書参照）。

---

40 民法（債権法）改正検討委員会編・前掲注（4）449頁、法務省民事局参事官室「中間的な論点整理の補足説明（平成23年5月）」（PDF版）53頁、「中間試案の補足説明」・前掲注（3）215頁。

41 前掲注（40）掲載の各文献参照。これに対し、福田は、期限前弁済は受託保証人が主たる債務者（保証委託者）に対して負う善管注意義務違反であり、改正法は、弁済期到来前におけるリスクの押し付けを否定していると説明する（潮見他編著・前掲注（5）223頁〔福田誠治〕）。

42 潮見他編著・前掲注（5）223頁〔福田誠治〕。

43 「民法（債権関係）部会資料67A」（PDF版）28頁。

したがって、当初の弁済期に弁済した受託保証人は、弁済後直ちに459条に従って求償することができる。

(2)　無委託保証の場合

委託保証の場合とは異なり、無委託保証人が弁済等の出捐行為によって損害を被ったとしても主たる債務者に対して賠償請求する理由はないが、主たる債務者が当該保証人の弁済等によって義務を免脱されて利益を享受したにもかかわらず賠償しないのは、公平の観念に反する[44]。そこで、無委託保証人による保証契約締結および保証債務の履行（弁済）は、主たる債務者との関係では事務管理に当たるため、無委託保証人の求償範囲は、改正前より、事務管理のルール（702条）に従って定められている（462条）。

私見が支持する抗弁権構成によれば、利息付債権の利息免除のない弁済期延期の場合において、無委託保証人による当初の弁済期における弁済も、債権者との関係では期限前弁済とはならないので、保証人は当初の弁済期までの利息を付して弁済すればよく、これに対し、弁済期延期構成によれば、延期された弁済期までの利息を付して弁済することになるが、いずれにせよ、弁済額が無委託保証人の求償元本の基礎になることは保障されていない（462条1項・2項）。

また、無委託保証人が当初の弁済期に弁済した場合には、主たる債務者は、無委託保証人からの求償に対して、債権者との間で延期した弁済期を対抗できると解すべきである。委託保証の場合と異なり、主たる債務者が保証人に対して保証委託をしていない以上、債権者から新たに許された期限の利益を害される理由はないからである。したがって、当初の弁済期における弁済は主たる債務者との関係では期限前弁済として扱われるべきであり、新462条3項が適用される。無委託保証人は、当初の弁済期に弁済したとしても、求償関係において、弁済期延期後の主たる債務者の資力悪化のリスクを負担せざるを得ない。

3　小括

以上の検討により、当初（延期前）の弁済期における保証人の弁済は、主

44　磯谷・前掲注（9）552頁。

たる債務者に対する求償において、委託保証の場合には期限前弁済にならないのに対し、無委託保証の場合には期限前弁済として扱われるべきことが明らかになった。期限前弁済に関する459条の2と462条3項を新設するにあたり、法制審部会においては、主たる債務の弁済期が延期された場合における保証人による当初弁済期での弁済に関する議論はされていないようであるが[45]、上述の解釈を前提とすると、新459条の2第3項と新462条3項の文言について、次のように解釈する必要が出てくる。

すなわち、受託保証人が当初の弁済期に弁済した場合の求償権については、新459条の2ではなく459条が適用される。そのため、新459条の2第3項の「主たる債務の弁済期」は、主たる債務の弁済期が事後的に延期された場合においても、本来の字義通り、「保証契約締結時に約定されていた主たる債務の弁済期」の意味に解される。

これに対し、無委託保証人による当初の弁済期での弁済は、主たる債務者に対する関係においては期限前弁済として扱われるため、新462条3項が適用される。したがって、同条項の「主たる債務の弁済期」は、この場合には、「債権者との間で延期された主たる債務の弁済期」の意味に解されるべきである。そして、同条項が準用する新459条の2第3項の「主たる債務の弁済期」という文言も、主たる債務の弁済期が延期され、かつ、無委託保証人が当初の弁済期に弁済したという事案に限り、同条項の本来の適用場面である委託保証の場合と異なり、「債権者との間で延期された主たる債務の弁済期」という意味に解釈されなければならない。

「準用」とは、「ある事柄に関する法規を、適当な修正を施して（mutatis mutandis）ほかの事柄に適用すること」であり、「修正を施さずに類似の事柄に適用する類推適用とは一応区別される」ことからすれば[46]、上述の解釈操作は必要な修正として許容されるであろう。しかし、改正法が、新462条3

---

[45] もっとも前述したように（Ⅱ3 (3)、Ⅲ2 (1)）、受託保証人と主たる債務者の関係においては、このような弁済が期限前弁済にならないことは、460条2号によりすでに明白であり、新459条の2の解釈として問題となる余地はなかった。

[46] 竹内昭夫他編代『新法律学辞典〔第3版〕』（有斐閣、1989年）703頁。なお、角田禮次郎他編『法律用語辞典〔第10次改訂版〕』（学陽書房、2016年）によれば、「ある事項に関する規定をそれと本質の異なる事項について、当然必要な若干の変更を加えつつ、当てはめることをいう」と定義される。

項において準用という形をとったことにより、準用先の新 459 の 2 第 3 項について、複雑な解釈操作が必要となり、かえって分かりにくさを招いてしまったことは、否定できない。

Ⅳ　むすびに代えて

　本稿では、債権者と主たる債務者の間における主たる債務の弁済期の延期が、①債権者と保証人の関係、②保証人と主たる債務者の求償関係にそれぞれ及ぼす影響について、改正法の下での理論的な整理を試みた。これらの問題の解決は、①については、保証の担保としての性質や付従性から単純に導かれるものではなく、債権者と保証人の双方の実質的な利益を考慮に入れて導かれるべきであり、②については、保証委託の趣旨と公平に照らして、条文の文言を適宜解釈して導かれるべきである。

※本稿は、日本学術振興会科学研究費補助金（課題番号 17K03461）による研究成果の一部である。

債権譲渡制限特約に関する法改正の日仏比較

白　石　　大

I　はじめに
II　日本法
III　フランス法
IV　おわりに——若干の考察

I　はじめに

2017年5月、「民法の一部を改正する法律」（平成29年法律第44号）が国会で可決・成立し、ついに債権法改正が実現する運びとなった。もっとも、今回の改正は当初の見込みよりも小幅なものにとどまり、内容も判例の明文化が中心となっている。しかしそのようななかで、債権譲渡を禁止・制限する特約（譲渡制限特約）[1] に関する改正は、実質的な規律に変更が加えられた数少ない例のひとつに挙げることができる[2]。これは、企業が ABL（Asset Based Lending、動産・債権担保融資）や債権流動化など新たな金融手法を用いた資金

1　従来は、民法466条2項の「反対の意思表示」のことを「譲渡禁止特約」とよぶのが慣例であったが、改正法はこれを「債権の譲渡を禁止し、又は制限する旨の意思表示」と改めている。また本文で後述するように、フランスにおいても、譲渡を禁止する特約とこれを制限する特約を等しく扱う見解が多い。そこで本稿では、改正前の日本法の規律に限定して論じる箇所を除いては、日仏ともに「譲渡制限特約」の語を用いることにする。
2　法務省民事局が作成し法務省ウェブサイトに掲載している「民法（債権関係）の改正に関する説明資料—重要な実質改正事項—」（http://www.moj.go.jp/MINJI/minji06_001070000.html、2017年11月24日閲覧）には、主な実質改正事項として、①消滅時効、②法定利率、③保証、④債権譲渡、⑤約款（定型約款）の5つが取り上げられており、このうち④はほぼすべて譲渡制限特約のルールの見直しに関する説明となっている。

調達を行ううえで、譲渡禁止特約に関する従来のルールがその妨げになっているという認識に基づき、特約の効力を弱めることを企図したものである。その内容については II で概略を述べるが、この改正は実務家の間ではおおむね好意的に受け止められているようである[3]。

ところがここで、わが国より一足早く 2016 年に債務法改正が実現したフランスに目を転じると、譲渡制限特約の効力に関して、わが国とは趣きの異なる改正が行われていることが目を引く。フランス民法典には、譲渡制限特約に関する規定は 1804 年の制定時から存在しなかったが、今次の改正によってはじめて、譲渡制限特約が付された債権を譲渡するには債務者の同意を要する旨の規定が設けられたのである（新 1321 条 4 項）。

このように、日仏両国ではほぼ時を同じくしながらも、一見すると方向がまったく正反対であるように思われる改正が行われており、この背景にある経緯・事情を探ることが本稿の主たる課題である。加えて、従来はフランス法を比較法の素材とする譲渡制限特約の研究が手薄だったと思われるため[4]、本稿はこの間隙を埋めることも目指すものである。以下では、まず譲渡制限特約に関するわが国の改正法の内容を概観し（II）、次いで 2016 年債務法改正へと続くフランスでの議論状況を検討したうえで（III）、最後に若干の比較法的考察を行う（IV）。

---

3 事業再生研究機構編『債権譲渡法制に関する民法改正と事業再生』（商事法務、2017 年）所収の弁護士・銀行実務家による論稿を参照。また、白石　大＝長谷川卓＝松尾博憲「《鼎談》10 のテーマから学ぶ改正債権法の全体像」金法 2072 号（2017 年）25 頁でも、銀行実務家である長谷川氏が、「従来は、譲渡が無効だということで諦めていたものが、担保の取得や債権買取流動化の対象となりうることになったので、大きな前進だと思っています。」と述べている。

4 フランス民法典には 2016 年改正まで規定が存在しなかったためか、フランス法を比較対象とする譲渡制限特約の研究は少ない。債権譲渡研究の第一人者である池田真朗教授は、対抗要件と異議をとどめない承諾に関してはフランス法を詳細に検討・参照した業績を残しているが（池田真朗『債権譲渡の研究〔増補 2 版〕』（弘文堂、2004 年））、譲渡禁止特約に関してはフランス法をほとんど参照していない。もっとも近時、相殺禁止特約との比較においてフランスの債権譲渡制限特約を取り上げる論稿が現れた（深谷格「相殺禁止特約の効力に関する一考察——沿革及び債権譲渡禁止特約との比較を踏まえて」同法 68 巻 7 号（2017 年）409 頁）。なお、ドイツ法を比較対象とする浩瀚な研究としては、石田剛『債権譲渡禁止特約の研究』（商事法務、2013 年）がある。

Ⅱ 日本法

1 改正前の規律

本稿の読者にとっては周知のことであろうが、念のため 2017 年改正前の譲渡禁止特約の規律を簡単に確認しておこう。

「債権は、譲り渡すことができる。」と規定する民法 466 条 1 項本文は、改正の前後を通じて不変であり、債権が原則として譲渡性を有することを宣言している。しかし、改正前の同条 2 項本文は、「前項の規定は、当事者が反対の意思を表示した場合には、適用しない。」として、債権の譲渡性の例外を規定する。この「反対の意思表示」が譲渡禁止特約である。なお、同項にはさらに、「ただし、その意思表示は、善意の第三者に対抗することができない。」というただし書きが付されており、これに関して判例は、譲受人の重過失を悪意と同視する（最判昭和 48・7・19 民集 27 巻 7 号 823 頁）。

譲渡禁止特約に反して債権譲渡が行われた場合、特約の存在につき譲受人が悪意または重過失であれば譲渡は無効となり、譲渡の当事者間でも債権譲渡の効力が生じないというのが改正前の判例の立場であった（物権的効力説）[5]。このため金融機関は、譲渡禁止特約付きの債権を ABL や債権流動化の対象から除外せざるをえない。さらに裁判実務においては、金融機関である譲受人は譲渡禁止特約の存否を確認・調査すべき義務があるとされ、その存在を看過して譲渡が行われれば重過失が認定されやすい傾向にあった[6]。このような状況では、債権譲渡を用いた資金供与に金融機関が二の足を踏むのも無理からぬ面があったといえよう。

なお、判例によれば、譲渡禁止特約は差押債権者には対抗することができない（最判昭和 45・4・10 民集 24 巻 4 号 240 頁）。私人間の合意で強制執行の対象にならない財産を作り出すことはできないというのがその理由である。ま

---

[5] 本文で後述する最判昭和 52・3・17 民集 31 巻 2 号 308 頁および最判平成 9・6・5 民集 51 巻 5 号 2053 頁は、譲渡禁止特約付きの債権が悪意または重過失の譲受人に譲渡された場合でも、債務者が承諾すれば債権譲渡が「譲渡の時にさかのぼって有効となる」とするが、これは債務者が承諾するまで譲渡は無効であることを前提とする。

[6] その一例として、大阪高判平成 16・2・6 判時 1851 号 120 頁参照。

た、譲渡禁止特約は債務者の利益を守るためのものであるから、債務者が事後的に承諾すれば譲渡は最初に遡って有効になる（最判昭和52・3・17民集31巻2号308頁、最判平成9・6・5民集51巻5号2053頁）。さらに判例は、特約違反の譲渡であっても譲渡人が譲渡の無効を主張することは許されないとするが（最判平成21・3・27民集63巻3号449頁）、特約に基づいて譲渡の無効を主張しうる者が債務者以外にも存在しうるかについて、判例の立場は必ずしも明らかではない。

2　改正の経緯

(1)　改正前の議論状況

先行研究が指摘するとおり、改正前の民法466条2項は、債権譲渡の自由を認めないわが国の旧来の慣習との妥協の産物であった[7]。もっとも、法典調査会での審議においてすでに、譲渡禁止特約の有効性を認めることへの反対意見が示されていたことは注目に値する。すなわち、磯部四郎委員は、人が債権譲渡を嫌うのは「惰弱心」にすぎず、債権譲渡によって「弱イ債権者」（親友など）から「強イ債権者」（高利貸しなど）に代わったとしても、債務者が期限を守ってきちんと弁済しさえすれば恐れるに足りないはずだと指摘して、「財産ノ運転」を拘束する法律は好ましくないから特約の有効性は認めるべきでないと主張していたのである[8]。

改正前の民法466条2項は、その後も学説からの批判にさらされてきた。とりわけ、譲渡禁止特約は本来は弱い立場にある債務者を保護するためのものなのに、現実には金融機関や国・地方公共団体など強い立場にある債務者が用いているケースがほとんどであり、立法趣旨と現実の機能が乖離している、という認識は広く共有されている[9]。また近時では、不動産担保や個人

---

[7]　米倉明『債権譲渡──禁止特約の第三者効』（学陽書房、1976年）21頁以下。民法466条の起草者である梅謙次郎は、債権の自由譲渡性を前提とする旧民法を支持していたものの、旧民法の施行をめぐる民法典論争において延期派から最も強い抵抗を受けたのがこの債権の自由譲渡性の問題であったため、慣習を顧慮して譲渡禁止特約の有効性を承認することにしたという（同書37頁）。

[8]　法務大臣官房司法法制調査部監修『法典調査会民法議事速記録三』（商事法務研究会、1984年）521頁。もっとも、この修正案は賛成者が現れず黙殺された。米倉・前掲注（7）31頁以下、前田達明監修『史料債権総則』（成文堂、2010年）403頁以下参照。

保証に過度に依存していた従来の企業金融の慣行から脱却すべく、売掛債権などを用いた新たな資金調達手法（ABL・債権流動化）の促進が目指されているが、譲渡禁止特約がこれらの手法の障害になっているという指摘も多い。

(2) 法制審議会での議論

上記の問題意識をふまえ、法制審議会民法（債権関係）部会（以下、本稿では「部会」とよぶ）では、「譲渡禁止特約に反する譲渡であっても譲渡当事者間では有効としつつ、特約の存在につき譲受人が悪意である場合には、債務者は譲受人に対して譲渡禁止特約の効力を対抗しうるとする案（相対的効力案）」を中心に検討が進められた[10]。もっとも、この案に対しては、次のような慎重論も示された。①誰に支払えばよいのかということは債務者にとっても重大な関心事であり、譲渡禁止特約違反の譲渡であっても有効とすることが資金調達の必要性のみから正当化できるか疑問である[11]。②債権の内容は債権者と債務者の合意によって決せられるのであり、「譲渡してはならない」という合意がなされればそれも債権の属性に含まれるのであって、当該債権はそもそも譲渡が禁止された財産として発生すると解すべきである[12]。③譲渡禁止特約があるにもかかわらず譲渡を有効とすることは、債権者と債務者の間の「譲渡しない」という合意に対する積極的な侵害を肯定することになり、私的自治に反する[13]。④特定の債権については譲渡による取引や資金調達を促進すべき要請があるとしても、そのために民法一般のルールとして特約の効力を弱める必要はなく、これはむしろ特別法で対処すべき問題である[14]。

他方、部会では、相対的効力案を支持する見解もみられた。⑦経済産業省

---

9 内田貴『民法Ⅲ〔第3版〕』（東京大学出版会、2005年）212頁、中田裕康『債権総論〔第3版〕』（岩波書店、2013年）524頁など。

10 この案が最初に提示されたのは、部会資料9-2「民法（債権関係）の改正に関する検討事項(4) 詳細版」2頁以下である。

11 部会第7回会議議事録5頁〔中井康之委員発言〕。部会第45回会議議事録3頁〔佐成実委員発言〕、部会第83回会議議事録33頁〔佐成委員発言〕も、債権者が固定されることについての利益が債務者にとって重要であることを強調する。

12 部会第7回会議議事録9頁〔深山雅也幹事発言〕。

13 部会第45回会議議事録3頁〔中井委員発言〕。

14 部会第7回会議議事録12頁〔岡正晶委員発言〕、部会第45回会議議事録6頁〔深山幹事発言〕。

サイドからは、中小企業の資金調達手段を充実させるという産業政策的な観点に基づき、特約の効力を制限する方向性に賛成する意見が述べられた[15]。また、金融機関の立場からも、相対的効力案のもとではファイナンスの可能性が広がるであろうという見通しが示された[16]。④上記③の慎重論（私的自治の侵害を問題とする）に対しては、債権も財産権である以上は合意によって譲渡性を奪うこと自体が異例であるとも考えられるし、現にドイツ・フランス・アメリカでは一定の範囲で譲渡制限特約の効力を否定しており、私的自治の侵害という大上段の議論を持ち出す必要はないとの反論が提示された[17]。

なお、上記④の議論に関連して、一定の類型の債権について譲渡禁止特約の効力をさらにいっそう制限する案が検討の俎上に乗せられた[18]。この案は中間試案の段階でいったん姿を消したが、パブリックコメント回答ではこの方向性を支持する意見が多かったため、審議の終盤で再度取り上げられている[19]。しかしこれに対しては、対象となる債権の範囲を法制的に可能な概念で抽出することが難しく、将来の立法課題として位置づけるにとどめるのが適当であるとの意見が示され[20]、成案には結局取り入れられなかった。

上記のような議論を経て、改正法は最終的に資金調達促進の要請を重視し、相対的効力案を採用するに至ったのである。

3　改正法の規律

改正後の民法 466 条は、現行法と同内容の 1 項に続けて、2 項で「当事者が債権の譲渡を禁止し、又は制限する旨の意思表示（以下「譲渡制限の意思表示」という。）をしたときであっても、債権の譲渡は、その効力を妨げられな

15　部会第 45 回会議議事録 4 頁〔中原裕彦関係官発言〕。

16　部会第 7 回会議議事録 17 頁〔三上徹委員発言〕。

17　部会第 45 回会議議事録 6 頁〔内田貴委員発言〕。なお、拙稿「譲渡制限特約に関する改正法の比較法的位置付け」事業再生研究機構編・前掲注（3）147 頁以下では、これらの諸外国法を含む立法例を比較した（フランス法については本稿でもⅢ 2 (2) で詳述する）。

18　部会資料 37「民法（債権関係）の改正に関する論点の検討 (9)」1 頁の「乙案」である。

19　部会資料 74B「民法（債権関係）の改正に関する要綱案の取りまとめに向けた検討 (10)」14 頁。

20　部会第 83 回会議議事録 32 頁〔山野目章夫幹事発言〕。

い。」として、譲渡制限特約に反する譲渡も有効であることを規定する[21]。他方、3項は、「前項に規定する場合には、譲渡制限の意思表示がされたことを知り、又は重大な過失によって知らなかった譲受人その他の第三者に対しては、債務者は、その債務の履行を拒むことができ、かつ、譲渡人に対する弁済その他の債務を消滅させる事由をもってその第三者に対抗することができる。」として、弁済先を固定することについての債務者の利益にも一定の配慮をしている。

改正の前後で結論がどのように変わりうるかを簡単な具体例で示す。AのBに対する債権に譲渡を禁止する旨の特約が付されている場合において、まずAが特約の存在について悪意のCにこの債権を譲渡し（第三者対抗要件・債務者対抗要件も具備）、次いでAが同じ債権を特約の存在について善意・無重過失のDに重ねて譲渡した（第三者対抗要件・債務者対抗要件も具備）とする。改正前の判例の立場によれば、悪意のCへの譲渡は誰との関係でも無効であり、譲受人としてBに弁済を請求することができるのはDである。これに対して改正法によれば、Cへの譲渡も有効とされ、CはDに優先する（Dはこの債権の譲受人となれない）。ただし、BはCに特約をもって対抗しうるので、Cからの請求を拒んでAに弁済することができ、CはAに対して、Bから受領した金銭等の引渡しを求めることになる。

この改正法の規律を譲渡人および譲受人の側からみると、特約に反する譲渡も有効となるので、債権譲渡を用いた資金調達が促進されることが期待される[22]。一方、債務者の立場からこの改正をみた場合には、譲受人が特約の存在につき悪意または重過失である限り、「弁済先固定特約」としての効力は維持されるので、改正前の規律とほぼ同程度には債務者の利益保護が図られていると評することができよう[23]。

---

[21] ただし預貯金債権については従来どおりであり、特約に反してなされた悪意または重過失の譲受人への譲渡は効力を生じない（新466条の5）。

[22] もっとも、譲受人が悪意または重過失である場合には、弁済金はいったん譲渡人のもとを経由するため、譲受人は譲渡人の無資力リスクを負担する（ただし、新466条4項・466条の2・466条の3参照）。また、特約に反して譲渡がされた場合、譲渡人が債務者に対して債務不履行責任を負う可能性がある。これらにつき、拙稿「債権譲渡——譲渡制限特約・対抗要件」瀬川信久編著『債権法改正の論点とこれからの検討課題〔別冊NBL 147号〕』（商事法務、2014年）125頁以下参照。

Ⅲ　フランス法

1　改正前の状況
(1)　明文規定の不存在

フランスでは、債権譲渡制限特約をめぐる議論はわが国と相当に異なる経緯をたどってきた。その最大の理由は、譲渡制限特約に関する規律が民法典の原初規定に存在しなかったことに求められるだろう[24]。このため、譲渡制限特約に関する論文はほとんどなく、判例もごく少数しか存在しない（しかもその内容は変遷している）という状況が近年まで続くことになった[25]。以下では、これらの判例および学説を順にみていく。

(2)　判例の変遷

譲渡制限特約に関する判例として知られているのは次の３つにほぼ尽きる。最初のものは 19 世紀半ばに現れているが、その後は長きにわたってみるべき判例がなかったところ、近年になって破毀院が相反する２つの判断を示した[26]。

〔①〕　破毀院民事部 1853 年 6 月 6 日判決[27]

ＡとＹは、公正証書により、ＡがＹに対して７年間の兵役代理の義務を負い、Ｙがその対価として 1400 フランをＡに支払うことを約した。その際にＡＹ間で、この対価にかかる債権をＡが譲渡してはならないこと、これに反して譲渡がなされれば約束は無効になることが合意された。しかし、そ

23　拙稿・前掲注 (22) 127 頁。なお、同 124 頁以下では、相殺可能な範囲が改正前と比べて狭まるという要綱仮案の問題点を指摘したが、改正法ではこれへの対応がされており（新 469 条 3 項）、そこで指摘した問題は生じないこととなった。

24　したがって、当然のことながら、わが国の改正前民法 466 条 2 項の起草に当たってフランス法は参照されていない（ドイツ民法第 2 草案およびスイス債務法が参照されている）。ただし、法典調査会において梅は、フランス法では特約をもって債権譲渡を禁止することができないのはおそらく争いがないであろうと述べている（法務大臣官房司法法制調査部監修・前掲注 (8) 515 頁、深谷・前掲注 (4) 445 頁参照）。

25　これらの経緯の簡潔な素描として、ピェール・クロック（齋藤由起訳）「フランス法における債務法改正後の債権譲渡」関西大学法学研究所『ノモス』39 号（2016 年）7 頁以下、拙稿・前掲注 (17) 151 頁以下参照。

26　これらの判例については深谷・前掲注 (4) 446 頁以下でも紹介されている。

27　Cass. civ. 6 juin 1853, D. 1853. 1. 191; S. 1853. 619.

れにもかかわらず A はこの債権を B に譲渡し、B はさらにそれを X に譲渡した。X からの請求を受けた Y は、譲渡制限特約の存在を理由にこれを拒んだ。アルビ控訴院は特約の効力を認め、AB 間および BX 間の譲渡は効力を生じないとして X の請求を斥けた。これに対して破毀院は、次のように判示して原判決を破毀した。

「財の処分の自由は公序・公益に属する一般原理であり、法の精神および条文、とりわけ民法典 544 条〔ほか〕に由来するものである。この一般原理は人の意思の前に屈してはならない。何らかの所有権が譲渡不能と宣言されうるのは、所有権の本質的な属性であり性質である財の処分の自由という基本原則に対して、法律が公式な例外を認めなければならないと確信し、その旨を定めた場合においてのみである。実際、本件の兵役代理の証書に含まれている譲渡不能の条項は、法律が定めた要件と場合を超えて、所有物の利用の自由を修正しようとするものであり、またそれによって、立法の現状では商取引に服すべきとされている物を商取引の外に置こうとするものである。それゆえ、この条項は拘束力を持ちえない。また、本件においては、債務者は引き続き兵役代理の対価を支払う義務を負うのみであり、債務者はこの条項を援用する利益をもたない。債務者は、譲渡人に支払うはずであったのと同じ条件で譲受人に支払うことになるにすぎず、その地位は譲渡によっては悪化していない〔。〕」

フランス民法典 544 条は所有権に関する冒頭規定であり、「所有権は、法律または規則が禁じる使用を行わない限り、最も絶対的な仕方で物を収益し、処分する権利である。」と規定する[28]。本判決は、同条の「物 (choses)」に債権も含まれると解したうえで、その譲渡を合意によって制限することは同条が定める一般原理に反するとみたものである。また本判決は、債権譲渡によって債務者の地位は悪化しないこともその根拠に挙げている。本判決によれば、譲渡制限特約は効力をもたず、特約に反する譲渡も常に有効になる。

この判決の後、判例は空白の時期に入る。この空白を約 150 年ぶりに埋め

---

[28] 本稿におけるフランス民法典の訳文は、法務大臣官房司法法制調査部編『フランス民法典――物権・債権関係』(法曹会、1982 年) を参考にした。

たのが次の〔②〕判決であるが、これは譲渡有効という結論こそ〔①〕判決と同じであるものの、その根拠はまったく異なるものであった。

〔②〕 破毀院商事部 2000 年 11 月 21 日判決[29]

A は Y に対して工事報酬債権を有していた。A は、倒産手続である裁判上の更生手続に入る前に、この債権を X 銀行に譲渡した。Y が契約の相手方と結んでいた一般取引条件には、相手方が Y の事前の同意を得ないで債権を譲渡することを禁じる条項があったので、Y はこの条項をもって X に対抗した。コルマール控訴院はこの抗弁を斥けて X の Y に対する請求を認容した。Y が上告したが、破毀院は次のように判示してこれを棄却した。

「X は、Y と A との間で結ばれた契約より生じた債権を譲り受けた者であるが、この契約の当事者だったわけではない〔。〕X は、AY 間の契約中に存在していた〔譲渡に先立って Y の同意を要求する〕条項に承諾を与えていない限り、これに拘束されることはない〔。〕」

この判決はおそらく、契約の相対効を定める民法典 1165 条（当時）を根拠としていると思われる。同条は、「合意は、契約当事者の間でなければ、効果を有しない。合意は、第三者をなんら害さない。合意は、1121 条〔第三者のためにする約定〕によって定められる場合でなければ、第三者の利益とならない。」と規定していた[30]。同条によれば、譲渡制限特約を結んだ当事者は債権者（譲渡人）と債務者であり、譲受人はこの特約の当事者ではないから、これに拘束されない筋合いである。したがって、譲渡制限特約に反する譲渡も（譲受人が特約に承諾を与えていない限り）有効であるとして、②判決は結局①判決と同じ結論に至ったのである[31]。

しかし、本判決を評釈したビリオは、破毀院の採った理論構成を鋭く批判

---

29 Cass. com. 21 nov. 2000, Bull. civ. IV, n° 180; RTD civ. 2001. 933, note P. Crocq; RTD com. 2001. 203, obs. M. Cabrillac; Defr. 2001, art. n° 37358. 635, obs. M. Billiau.

30 2016 年の債務法改正後は新 1199 条がこれと同趣旨の規定である。同条は、「契約は当事者間にのみ債務を作り出す。／〔第三者のためにする約定・債権者代位権・詐害行為取消権などの〕規定のほかは、第三者は契約の履行を請求することはできず、その履行を義務づけられることもない。」と規定する。

31 ただし厳密にいえば、特約が無効となるか、それとも譲受人に対抗できないにとどまるかの違いはありうる。②判決は後者の立場と思われるが、①判決がいずれの立場によるかは判決文からは明らかでない。

した[32]。すなわち、契約の当事者でない第三者に履行を請求することはできないという意味では、契約は当事者間でしか拘束力をもたないといいうるが、だからといって契約は第三者に対してなんらの効力ももたないわけではない。第三者は他者が結んだ契約を尊重しなければならず、その存在を無視して違反に加担してはならない。これが「契約の対抗」[33]の原則であり、本件でも AY 間の譲渡制限特約は X に対抗しうるはずである。もっとも、契約は公示されないから、その存在・内容を知らなかった第三者は保護されなければならず、X は特約の存在につき悪意であった場合のみ特約の対抗を受けると解すべきである[34]。ビリオはこのように主張し、本判決は債権者が特約に反して譲渡を行うことを許す点で契約自由をも損なうものであると批判した。

　ところが、破毀院はそのわずか 2 年後に、〔②〕判決とは正反対の結論を採ることになった。

〔③〕　破毀院商事部 2002 年 10 月 22 日判決[35]

　A は Y から工事を受注し、報酬債権を取得した。A はこの債権を X 銀行に譲渡し、これは Y に通知された。Y は、Y の債権者が Y の事前の同意を得ずに債権を譲渡することを禁じていた一般取引条件を援用し、X への弁済を拒んだ。なお、譲渡通知の直後に、A は倒産手続である裁判上の清算手続に入っている。コルマール控訴院は、譲渡制限特約は X がこれに承諾を与えていない限り X に対抗できないとして、X の請求を一部認容した。しかし、破毀院は次のように判示して原判決を破毀した。

　「債権譲渡を承諾していない債務者は、譲受人に対し、譲渡人との間の人的な関係に基づく抗弁をもって対抗することができる。Y は A に対して債

32　Billiau, *op. cit.* note (29).

33　フランス法の「契約の対抗」に関する研究は多数あるが、さしあたり拙稿「将来債権譲渡の対抗要件の構造に関する試論」早法 89 巻 3 号（2014 年）135 頁以下参照（同 162 頁以下では「契約の対抗」についてのビリオの見解をより詳しく取り上げている）。なお、2016 年債務法改正後の新 1200 条は、「第三者は、契約によって作り出された法的状況を尊重しなければならない。／第三者は、とりわけ、ある事実を証明するために、〔他者の〕契約によって作り出された法的状況を援用することができる。」として、「契約の対抗」の法理を明文化している。

34　Crocq, *op. cit.* note (29). Cabrillac, *op. cit.* note (29) も、悪意の譲受人には特約を対抗できるとすべきだと主張する。

35　Cass. com. 22 oct. 2002, RTD civ. 2003. 129, note P. Crocq.

権譲渡を禁じており、Aが行った譲渡についての通知に対し、YはXへの一切の支払を拒絶する旨を明らかにしていた〔から〕、Yは、Aが行った債権譲渡が契約違反であることをXに対抗することができる〔。〕」

本判決は、「債務者は譲渡人に対して主張しえた抗弁をもって譲受人にも対抗しうる」という一般的なルールを根拠として、債務者は譲渡制限特約を譲受人にも対抗しうるとしたものである。これによれば、〔②〕判決と異なり、譲受人は特約に反する譲渡の効力を債務者に対抗することができず、債務者から弁済を受けられないことになる。なお、本判決は譲受人の善意・悪意を問題としておらず、譲受人が譲渡制限特約の存在を知らなくても、債務者は特約を対抗して弁済を拒むことができるように読める。仮にそうだとすると、本判決は〔②〕判決に対する学説の批判を容れたわけでもないようである[36]。

このように破毀院の立場は変遷を経てきたが、学説においても譲渡制限特約の効力をめぐって見解の対立がみられた。以下では項を改めてこれを検討する。

(3) 学説の対立

ここでは2つの主な学説を取り上げる（債務法改正前の学説はこの2つにほぼ尽きるというのがフランスにおける議論状況であった）。1つは、19世紀半ばに債権譲渡に関する本格的な研究を著したユックの見解であり[37]、もう1つは、近時公表されたものではあるが、今やほとんどの体系書・教科書において引用されているリカリの見解である[38]。あらかじめ両者の対立を図式化して示すならば、前者は譲渡制限特約の問題を財の処分の自由に対する制約と捉えてその効力を否定的に解するのに対し、後者はこれを契約自由の問題とみて特約の効力を肯定的に解している。

---

36 V. J. François, *Les obligations, Régime général*, 4ᵉ éd., Economica, 2017, n° 464, p. 457.

37 T. Huc, *Traité théorique et pratique de la cession et de la transmission des créances*, t. 1, F. Pichon éd., 1891.

38 F.-X. Licari, *L'incessibilité conventionnelle de la créance* (*Le* pactum de non cedendo, *de l'Ecole des Pandectes à la loi relative aux nouvelles régulations économiques*), RJ com. févr. 2002. 66 et s.

（ⅰ）　ユックの見解——財の処分の自由に対する制約としての譲渡制限特約

　ユックは、私的所有がフランスの社会構造の基礎であり、その本質は処分の自由にあるとするところから出発する。したがって彼によれば、法律が認めた場合以外にこの自由を覆滅し、あるいは制限しようとする合意は、公序良俗に反するものとしてすべからく無効とみなされなければならない[39]。そして、債権も財産（patrimoine）の要素をなす財（biens）の一種であり、その帰属主体である債権者はこれを処分する権利を有する。民法典544条に規定された財の処分の自由という原則は一般的な射程をもっており、物権のみならず財産のすべての構成要素に、したがって債権にも適用されるというのである[40]。

　これに加えてユックは、譲渡制限特約が無効とされるべき実際上の理由として、このような特約には実益がないことを指摘する。まず債権者（譲渡人）にとっては、譲渡が認められないと債務者が将来無資力となるリスクを事前に回避できなくなるため、譲渡制限特約は無益どころか有害である。他方、債務者の地位は債権者の交代によって変更を受けないから、債務者にとっても特約はなんらの実益ももたらさないとされる[41]。

　このユックの見解に対しては、債権をその他の財と完全に同視してよいか、債権譲渡は債務者の地位をまったく悪化させないといってよいか、などの疑問が浮かぶ。果たして、これらの点を鋭く衝いて批判を展開したのが、次にみるリカリの見解であった。

（ⅱ）　リカリの見解——契約自由のコロラリーとしての譲渡制限特約

　ユックの見解は、譲渡制限特約は債務者にとって何の実益もないという認識に基づいていたが、リカリはまずこの点に対して批判を加える。彼からみれば、債権譲渡は次のとおり債務者に多くの影響を及ぼしうるものである。①譲渡人は債務者との間で債権の発生原因となる取引を行っていたのに対し、譲受人と債務者との間にはこのような取引関係はなく、単に譲受人が債務者に弁済を求めるという財産的な関係があるにすぎないため、譲受人は譲

39　Huc, *op. cit.* note（37），n° 34, p. 60.
40　Huc, *op. cit.* note（37），n° 235, p. 343.
41　Huc, *op. cit.* note（37），n° 237, p. 348.

渡人よりも厳しい権利行使を行う可能性がある。②債権の一部のみが譲渡されると債務者のコストが増加するし、訴訟になれば債務者は複数の債権者を相手にしなければならない。③債権が譲渡されると裁判管轄が変更になる可能性がある。④譲渡人が成年であり、本来であれば消滅時効が完成していた場合であっても、譲受人が未成年であれば消滅時効は完成しない。⑤債務者が譲渡人に対して同時履行の抗弁を有していた場合であっても、債権譲渡がされると、譲渡人に反対給付を履行するよう心理的圧迫をかけることができなくなる。⑥債務者に対して債務を負う者が譲受人となり逆相殺をすると、債務者が譲渡人に対して有していたはずの相殺の期待が害される。⑦債権譲渡によって職業秘密の保持に問題が生じるおそれがある[42]。リカリによれば、譲渡制限特約はこれらの不利益を回避することを可能にするものであり、債務者にとって十分に実益を有する。つとにフランス民法学の泰斗カルボニエも、「債権者の変更が債務者にとってどうでもよいことと考えうるのは、債務についてのきわめて抽象化された理論においてのみである」と指摘していたが[43]、リカリはこれをさらに敷衍したといえよう。

　次いでリカリは、財の処分の自由との関係という、より理論的な問題に切り込む[44]。彼によれば、財の処分の自由を定める民法典537条[45]の趣旨は、ある権利の帰属主体がその権利を処分する権限を有するということだが、譲渡制限特約はそれよりも「上流」で作用する。すなわち、この特約は権利の内容を決定することを目的としており、単に譲渡をしないよう債権者に義務を課すのみならず、債権から譲渡性を奪うものである。というのも、債権は相対的な対人権であって、当事者が望んだとおりの内容にしかならないからである。

　リカリは続けていう。債権は財産権であるのみならず、同時に債権者・債務者間の法律関係でもあり、これら2つの側面は分かちがたい。債権譲渡

42　Licari, *op. cit.* note（38）, n° 5, p. 70 et s.

43　J. Carbonnier, *Droit civil, Les obligations*, 22ᵉ éd., PUF, 2000, n° 318, p. 566.　なお、筆者が所属する大学が所蔵する最も古い版（7ᵉ éd., 1972）にも同じ記述がある（n° 126, p. 466）。

44　Licari, *op. cit.* note（38）, n° 10, p. 76 et s.

45　フランス民法典537条1項は、「個人は、その者に属する財について、法律が定める修正のもとで、自由な処分権を有する。」と規定する。

は、債権という財を移転させるとともに、当初の債権債務関係に変更をもたらすものでもある。これは、債務者と譲受人の間に新たな法律関係を結ばせる点で債務者を害するともいえるため、意思自治の原則からすれば本来は三者間合意によらなければならない。つまり、債権譲渡はその効力発生が債務者の承認にかかっている契約とみるのが当を得ている。もっとも、このようにいうことは、債権が原則として譲渡自由であるとする通説と真っ向から対立する。しかし、法律は債権一般の譲渡性についてなんらかの立場を示しているわけではない[46]。債権譲渡に関する民法典1689条以下（当時）は、債務者の関与なしに債権を譲渡できることを規定するが、これは債務者が譲渡の権限を債権者に委ねた場合の手続を定めたにすぎず、この適用を排除して譲渡に債務者の承認を要求することも可能である、と[47]。

リカリは、自己の見解を要約し、譲渡制限特約は二重の意味で意思自治を体現するものであると主張する。すなわち、それは、一方では債権者と債務者が債権の内容を自由に決定することを認め、他方では債務者に法律関係の相手方を誰にするかについての選択権を回復せしめるのである[48]。

2 改正法の概要とその評価

(1) 2016年債務法改正

フランスでは、2016年2月10日、「契約、債権債務関係の一般制度およびその証明の法改正に関するオルドナンス」[49]が発令され、これは同年10月1日に施行されている。これによりフランスの債務法は、民事責任と各種の契約の部分を除き、1804年の制定以来はじめて全面的な改正を受けた[50]。

本稿に関係する改正民法典の規定は新1321条である。同条は債権譲渡の冒頭規定であるが、その4項は、「債権が譲渡不能と約定されていた場合を

---

[46] フランス民法典にはわが国の民法466条1項本文に該当する規定も存在していなかった。

[47] ただし、譲渡に債務者の承認を要する旨の特段の合意がなければ、債務者の承諾なく譲渡できることに当事者が同意したと推定されるという（p. 79）。

[48] Licari, *op. cit.* note (38), n° 10, p. 80.

[49] Ordonnance n° 2016-131 du 10 février 2016 portant réforme du droit des contrats, du régime général et de la preuve des obligations.

[50] この改正を紹介するものとして、中田裕康「《立法紹介》2016年フランス民法（債権法）改正」日仏法学29号（2017年）97頁以下参照。

除き、〔債権譲渡に〕債務者の同意は必要とされない。」と定めている。これは、譲渡制限特約が有効であり、かつそれを譲受人に対抗しうることを前提とするものである。1（2）でみたとおり、改正前夜の破毀院の判断は変遷していたが、オルドナンスは直近の③判決と同じ方向での改正を行ったことになる。

　新1321条4項に関しては、早くもいくつかの解釈問題が指摘されている[51]。その第1は、譲受人が譲渡制限特約の存在について善意であっても特約を対抗できるかという問題である。少なくとも条文上は、特約を対抗するために譲受人の悪意は要求されていない。また、改正法では債権譲渡の対抗要件制度が変更されて「早い者勝ちルール」に改められており[52]、譲受人は隠れた先行譲渡のリスクからも保護されないのであるから、隠れた譲渡制限のリスクから保護されないとしてもそれはやむを得ないという指摘もある[53]。現状では、譲受人の善意・悪意は不問とする（譲受人が特約の存在につき善意であっても特約を対抗できるとする）見解が優勢のようであり[54]、譲受人がこのリスクを避けるためには、譲渡を受けるに先立って債権発生原因となる契約の証書を調べておかなければならない[55]。

　新1321条4項に関する第2の解釈問題は、特約に反して行われた譲渡の効力についてである。これを無効とする考え方もありうるものの、債務者が意に沿わない者に対する弁済を強いられないようにするという制度趣旨からすれば、譲渡を債務者に対抗しえない（債務者はもとの債権者である譲渡人に弁済すれば免責される）とするだけで十分である。この問題を取り上げる論者の多くは、特約に反する譲渡も譲渡人と譲受人の間では「内部的譲渡（cession interne）」として有効であって、譲受人は譲渡人が債務者から受領した金銭を自己に引き渡すよう求めることができると解している[56]。

51　本文で以下に取り上げる2つの問題以外にも、譲渡制限特約は債権発生原因となる契約において約定される必要があるか、それとも事後的に特約を付すことができるかが論じられている（M. Julienne, *Le régime général des obligations après la réforme*, LGDJ, 2017, n° 164, p. 107）。

52　これについてはクロック・前掲注（25）2頁以下参照。フランスにおける債権譲渡の対抗要件制度の変更については、別稿で検討する予定である。

53　V. C. Gijsbers, *Le nouveau visage de la cession de créance*, Dr. & Patr., juillet-août 2016, p. 55.

54　François, *op. cit.* note (36), n° 464, p. 457; Julienne, *op. cit.* note (51), n° 165, p. 107.

55　Gijsbers, *op. cit.* note (53), p. 55; François, *op. cit.* note (36), n° 464, p. 457.

譲渡制限特約を有効とした改正法の立法決断は、学説においても好意的に受け止められているようである。たとえばジュリエンヌは次のようにいう[57]。債権が譲渡されても債務の内容は変わらない以上、債務者にとって債権者が誰であるかは問題ではないとよくいわれるが、これが過度に抽象化された議論であることはカルボニエも指摘していたとおりである[58]。債務者が譲渡に中立的である（＝譲渡によって不利益を被らない）ということは所与の命題ではなく、むしろ立法者がその実現を追求すべき「目標」なのではないか。債権譲渡が債務者にとって無害であることを前提とするのではなく、むしろ債権譲渡の無害性を保障しようと努めている点で、改正法の規律は評価に値する、と[59]。

しかし、このように譲渡制限特約の効力を認めた改正民法典の規定は、実際上の適用範囲がかなり限定されることに注意が必要である。というのも、フランスでは商法典に譲渡制限特約についての特則が設けられているからである。これを次に検討する。

(2)　商法典の特則

債務法改正に先立つ 2001 年、フランスでは「新たな経済規制に関する法律」[60] が制定され、譲渡制限特約の効力に関する規定が商法典に新設された。商法典 L.442-6 条 II がそれであり、「生産者、商人、工業者、または手工業者名簿に登録された者のために、〔以下の事項を〕可能とすることを定める条項または契約は、無効とする」としたうえで、その c) で、「契約の相手方がこの者に対して有する債権を第三者に譲渡することの禁止」を定める条

56　Julienne, *op. cit.* note (51), n° 165, p. 107; Gijsbers, *op. cit.* note (53), p. 54; François, *op. cit.* note (36), n° 464, p. 457; G. Chantepie et M. Latina, *La réforme du droit des obligations, Commentaire théorique et pratique dans l'ordre du Code civil*, Dalloz, 2016, n° 858, p. 735.

57　M. Julienne, *Cession de créance: transfert d'un bien ou changement de créancier?*, Dr. & Patr., juillet-août 2015, p. 71.　なお、これは 2015 年公表の債務法改正オルドナンス草案について論じたものであるが、譲渡制限特約に関しては草案と改正法成文の間で変更はないため、本文に示した論者の評価は改正法にもそのまま妥当すると考えられる。

58　前掲注 (43) およびそれに対応する本文参照。

59　Gijsbers, *op. cit.* note (53), p. 54 も、「債権は単なる取引の対象ではなく、二者間で織り上げられた法的な紐帯であり、債権者の変更は債務者にとって中立的ではないこともありうる」と指摘する。

60　Loi n° 2001-420 du 15 mai 2001 relative aux nouvelles régulations économiques.

項を挙げている[61]。この規定が設けられた趣旨は必ずしも明確ではないが、先述のリカリによればこれは、競争制限的な条項を規制し、契約の均衡を回復することにより、企業の資金調達の促進を図ったものであるという[62]。

同条に列挙されている者は要するに事業者のことであり[63]、債務者が事業者でありさえすれば、譲渡人・譲受人の属性・主観や債権の種類を問わず、すべからく同条の対象となる[64]。なお、条文上は譲渡を禁止する特約のみが対象とされているが、規定の趣旨からいって、譲渡を制限するにとどまる特約も適用対象に含むべきだと解されている[65]。

同条が適用される場合には、譲渡を禁止・制限する特約は対抗不能となるのではなく、端的に無効となる。したがって譲受人は、特約の存在につき善意であるか悪意であるかにかかわらず債権を有効に譲り受けることができ、債務者は、債務者対抗要件が具備されている限り譲受人に弁済しなければ免責されない。他方で、特約に反して譲渡した債権者が債務者に対して債務不履行責任を負うかについてはほとんど議論されていないが、特約それ自体が無効とされること、その趣旨が競争法的な観点によるものであることからすれば、債権者は債務者との関係でも債務不履行責任を負わないのではないかと考えられる[66]。

この特則規定に対しては、企業の資金調達に資するとして積極的に評価する見解がみられる反面、特約の締結過程をまったく考慮せず一律に無効としてしまうのは柔軟性に欠けるという指摘もある[67]。

Ⅳ　おわりに──若干の考察

ここまで、日仏両国において債権譲渡制限特約に関する法改正がどのよう

61　2016 年の民法典（債務法）の改正の際も同条は変更されていない。

62　Licari, *op. cit.* note（38），n° 12, p. 81; n° 15, p. 84.

63　Licari, *op. cit.* note（38），n° 13, p. 81.

64　Gijsbers, *op. cit.* note（53），p. 54 は、現実の債権譲渡の大多数にこの商法典の規定が適用されるとする。

65　Licari, *op. cit.* note（38），n° 13, p. 82; François, *op. cit.* note（36），n° 464, p. 457.

66　拙稿・前掲注（17）152 頁以下。

67　Licari, *op. cit.* note（38），n° 15, p. 84.

に行われたかを概観してきた。わが国においては、譲渡禁止特約の弊害に関する指摘を受け、特約の効力を弱める方向での改正が行われたのに対して、フランスでは、従来は譲渡制限特約に関する規定がなかったところ、今回の改正ではじめて特約の有効性を明文で認めるに至った。これを一見すると、両国は譲渡制限特約に関して対照的な改正を行ったようにも思われる。しかし、実際の規律を詳細に検討してみると、以下のとおり、両国の改正法にはさほど大きな相違はないともいえる。①特約に反して行われた譲渡も（少なくとも当事者間では）有効であると解される。日本法には明文規定があり（新466条2項）[68]、フランス法でも「内部的譲渡」としての効力を認める見解が多い[69]。②弁済先を固定したいという債務者のニーズは（少なくとも一定程度は）満たされる。日本法では、譲受人が悪意または重過失であれば、債務者は譲渡人への弁済により免責されるし（新466条3項）[70]、フランス民法典新1321条4項によれば、債務者は、譲受人の善意・悪意にかかわらず譲渡人に弁済してよいと解される。

　他方、フランス商法典の特則まで考慮に入れると、債務者が事業者である場合において、両国の規律に次のような相違点が見出される。㋐わが国では、譲受人が悪意または重過失であれば特約の対抗を受け、債務者から直接弁済を受けることはできない（新466条3項）。これに対してフランスでは、特約が無効になるため、譲受人は常に債務者から直接弁済を受けられる。この点は、譲受人が譲渡人の無資力リスクを負担しなければならないか否かに関わる。㋑上記㋐で述べたことの裏返しであるが、わが国では事業者である債務者も（譲受人が悪意または重過失であれば）弁済先固定の利益を享受しうるのに対し、フランスでは事業者である債務者にこのような利益は与えられない。㋒わが国では、特約に反して譲渡を行った譲渡人は債務者から債務不履行責任を追及されるおそれがありうるのに対し、フランスでは商法典が適用

68　ただし預貯金債権の例外につき、前掲注（21）参照。

69　もっとも、フランスにおけるこの見解が、譲渡人・譲受人・債務者以外の第三者との関係で譲渡の効力をどのように考えているのかは不明である。仮に、譲渡が有効なのは譲渡人・譲受人の間だけであり、債務者のみならず第三者にも譲渡を対抗できないと解するのであれば、譲受人の地位はその分わが国の規律よりも弱くなる。

70　ただし常にそうなるわけではない（新466条4項・466条の3参照）。

されれば特約自体が無効になるため、譲渡人にその心配はない。

　過度の単純化であるとの誹りをおそれつつも、フランス商法典が適用されるのは「強い債務者」のケースが多いと考えるのであれば、フランス法の規律はありうべきひとつの行きかたであるように思われる。すなわち、民法典が適用される「弱い債務者」の場合には、その弁済先固定ニーズを満たしてやる一方で、商法典が適用される「強い債務者」の場合には、その犠牲のもとに譲渡人の資金調達ニーズと譲受人の資金回収ニーズを満足させるというのが、民法典・商法典をあわせたフランス法の規律と考えうるからである[71]。わが国の改正法の趣旨は、譲渡禁止特約の弊害を取り除いて債権譲渡を用いた資金調達を促進することにあるが、仮に改正法のもとでもその狙いが十分に実現されないようであれば、フランスのように適用対象を絞りつつ、より譲渡促進的な特則を特別法に設けることは検討に値しよう[72]。

　最後に、より巨視的に日仏での立法経緯を眺めると、そこで想定されていた「人」のイメージが、両国で微妙に異なっていたのではないかという印象を受ける。わが国では、譲渡制限特約の規律を含めた債権譲渡法制が部会等で検討される際に、典型例として暗黙裡に念頭に置かれていたのは、譲渡人・譲受人・債務者のすべてが企業であるケースだったように思われる。つまり、そこで想定されていた「人」はいずれもプロフェッショナルであった[73]。これに対してフランスでは、商法典ではプロフェッショナル間の取引を想定しつつ、民法典では債権者の交代に中立的ではいられない「弱い債務者」を想定するというように、民法典と商法典とで想定すべき「人」を区別

71　かつて論じたように、わが国の改正法は譲受人の地位を強化しつつ債務者の利益にも配慮しており、かなりよく練られた内容であると評しうる（拙稿・前掲注（22）127頁）。しかし改正法には、①譲受人が譲渡人の無資力リスクを負担せざるを得なくなるおそれがある、②特約違反の譲渡が譲渡人の債務不履行を構成しうる、という2つの問題点がある（前掲注（22）参照）。これに対してフランスでは、商法典が適用される限り、これらの問題は生じない。もっとも、フランス商法典の適用範囲が広きに失し、本来は利益保護を図らなければならないはずの「弱い債務者」まで犠牲にしているという可能性もないわけではない。

72　拙稿・前掲注（17）162頁参照。

73　わが国では、このような想定に基づきながらも、プロフェッショナルである債務者にも弁済先固定の利益はあると考えられたため、譲渡制限特約を無効とする案は採用されなかった。この点は、「プロフェッショナルである債務者の弁済先固定の利益は顧慮しない」という立法決断を行ったフランスと対照的である。

していたように思われる。そして、「弱い債務者」の保護に赴いた民法典新1321条4項は、フランスの学界においても広く支持されつつあるのである。このように、債権譲渡制限特約に関する日仏両国の改正経緯は、「民法における『人』とは何か」という問題を考えるうえでも好個の素材を提供しているといえないだろうか[74]。

---

[74] これにつき、吉田克己「民法（債権法）改正と『人』概念の再定義」民商153巻1号（2017年）33頁以下、とりわけ38頁および51～52頁参照。

将来債権譲渡において
債務者が譲受人に主張しうる抗弁

四ツ谷有喜

I 本稿の検討対象
II 468条改正に関する議論
III 債務者が譲受人に対して対抗することができる事由
IV 債務者が譲受人に対して対抗しうる事由の再検討

I 本稿の検討対象

債権譲渡の対象となっている債権の債務者（以下単に「債務者」という）が、原債権者である譲渡人に対して主張し得る事由のうち何を譲受人に対抗することができるかという点について、（改）468条1項[1]は「債務者は、対抗要件具備時までに譲渡人に対して生じた事由をもって譲受人に対抗することができる。」と規定している。

また、（改）466条の6第1項、同第2項及び（改）467条により、譲渡対象となっている債権が未だ発生していない時点で債権譲渡契約を締結し、譲渡人から債務者への通知又は債務者からの承諾[2]によって債務者その他の第三者に対する対抗要件を具備することができる[3]。

---

[1] 以下本稿では改正法の規定と現行法の規定を区別するために改正法については（改）、現行法については（現）と付すこととする。

[2] （現）467条の債務者からの承諾は、譲渡人または譲受人のどちらに対してしても有効であると解されている（我妻栄＝有泉亨他『我妻・有泉コンメンタール民法──総則・物権・債権─』（日本評論社・2013年）864頁）。この点については（改）467条も同様であるものと思われる。

[3] 現行法と同様に、債務者以外の第三者に対して対抗するためには「通知又は承諾」が確定日付ある証書によってされていることが必要である（（改）467条2項参照）。

そうすると未だ譲渡対象債権が発生していない段階で譲渡人と譲受人との間で債権譲渡契約を締結し、これについて譲渡人から債務者への通知又は債務者からの承諾によって債務者対抗要件を具備することができ、この対抗要件具備時以降に譲渡人に対して生じた事由について債務者は譲受人に対抗することができないということになる。

将来債権譲渡契約といっても様々なものがあるが、一定の期間に亘って発生する複数の債権を一括して譲渡するのが通例であり、対抗要件具備時から譲渡対象債権の履行期までが長期間に亘る場合が多いといえる。そうすると対抗要件具備時より後に譲渡人に対する事由が生じる可能性が、既発生の債権を譲渡し、対抗要件を具備する場合よりも高くなるということになるが、(改) 468 条 1 項の文言からすると対抗要件具備時より後に譲渡人に対して生じた事由を債務者が譲受人に対抗することができない。

このような結果は妥当か、妥当とは言えないとして、どのような理由で、対抗要件具備時以降に生じた事由を債務者が譲受人に対抗することができるかというのが、本稿の検討対象である。

II　468 条改正に関する議論

(現) 467 条は債権譲渡の対抗要件具備方法を譲渡人の債務者に対する通知又は債務者からの承諾としており、この点は改正規定も同様である。現行規定と改正規定の違いは将来債権譲渡を含むという括弧書きが今回の改正によって挿入されたという点のみである。しかし譲渡人に対して生じた事由あるいは債務者が譲渡人に対して主張しうる抗弁と対債務者対抗要件具備との関係ついては (現) 468 条 1 項が削除されるなどの改正がされている。

債務者からの承諾は、「異議を留めない旨を明示した承諾」「単なる承諾」「異議を留める旨を明示した承諾」に分類することができ、(現) 468 条 1 項は「異議を留めない承諾」を債務者がしたときは、譲渡人に対抗することができた事由があっても、これをもって譲受人に対抗することができないと規定している。そして「異議を留めない旨を明示した承諾」が同項にいう「異議を留めない承諾」に該当することは勿論であるが、「単なる承諾」も (現)

468 条 1 項の異議を留めない承諾に該当すると解されている[4]。

なお、「異議を留める旨を明示した承諾」をした場合については規定されていないが、この場合には（現）468 条 2 項が適用されると理解されている[5]。

単なる承諾が（現）468 条 1 項の異議なき承諾に該当するという理解は、今回の改正に関する法制審議会の議論でも前提とされており、部会資料でも「単に債権が譲渡されたことを認識した旨を債務者が通知しただけで抗弁の喪失という債務者にとって予期しない効果が生ずることについては、債務者の保護の観点から妥当でなく、その正当化根拠の説明も困難であるとして、強く批判されている。そこで、民法第 468 条 1 項については、これを存続させるか否か自体が検討対象となる」とされていた[6]。そして法制審議会における議論の結果、最終的には（現）468 条 1 項は削除され、債務者が抗弁を放棄するという意思表示をした場合については、一般的な規律に委ねることとされた[7]。

現行法は「債務者の承諾」を「積極的に異議を留めた承諾」「単なる承諾」「異議を留めない旨を明示的に示した承諾」に分け、後二者が（現）468 条 1 項の「異議なき承諾」にあたるとしていたところ、改正法では「債務者の承諾があった場合」と「債務者が抗弁放棄の意思表示をした場合」とに分けた上で、「債務者の承諾があった場合」と譲渡人から通知があった場合には、承諾があった時点または通知があった時点までに譲渡人に生じた事由を譲受人に対して対抗することができるとしている[8]。

（現）468 条 1 項については削除するか否か、削除するとして債務者による抗弁放棄の意思表示による抗弁の喪失を認めるかという点について以上のように法制審において議論されていたが、（現）468 条 2 項については、そもそも改正の必要性がないとされており（現）468 条 1 項の削除に伴い「譲渡人が譲渡の通知をしたにとどまるときは」という部分が「対抗要件具備時まで

4　潮見佳男『新債権総論 II』（信山社・2017 年）451 頁（注 273）を参照。

5　中田裕泰『債権総論〔第 3 版〕』（岩波書店・2013 年）538 頁。

6　「法制審議会民法（債権関係）部会」資料 74A・11 頁。

7　債務者による抗弁放棄の意思表示については、潮見佳男前掲書（注 4）451 頁を参照。

8　このように承諾についての分類基準が異なることから、現行法下での「債務者が明示的に異議を留めないことを示した承諾」が、「債務者による抗弁放棄の意思表示」に該当するかという点は検討の余地が残されていると思われる。

に」という表現に改められたのみである[9]。

したがって（改）468条1項に基づいて債務者が譲受人に対して対抗することができる事由というものが何であるかということを明らかにするためには、（現）468条2項がどのように理解されてきたかを確認すればよいということになる。そこで以下では（現）468条2項の解釈を確認しつつ「債務者が譲受人に対して対抗することができる事由」について検討することとする。

Ⅲ　債務者が譲受人に対して対抗することができる事由

1　（現）468条2項に関する理解

（現）468条2項の解釈に関する直接の判例はないが、手がかりになるものとして、同条1項に関する最判昭和42年10月27日民集21巻8号2161頁（以下「昭和42年判決」という）がある。事案は、未完成仕事部分に関する請負報酬債権の譲渡について債務者からの異議なき承諾があったが、その後に生じた仕事完成義務違反の不履行を理由とする請負契約の解除を債務者が譲受人に対抗し得るかが争点となったものである。最高裁は（現）468条1項本文が債務者からの異議を留めない承諾に抗弁喪失効を認めているのは、「債権譲受人の利益を保護し一般債権取引の安全を保障するため法律が附与した法律上の効果と解すべきであって、悪意の譲受人に対してはこのような保護を与えるべきことを要しない」とした上で、「債権譲渡前すでに反対給付義務〔＝仕事完成義務〕が発生している以上、債権譲渡時すでに契約解除を生ずるに至るべき原因が存在していたというべきであ」り、譲受人において譲受債権が未完成仕事部分に関する請負報酬債権であることを知っていた場合には、債務者が異議なき承諾をした場合であっても請負契約の解除を譲受人に対抗し得ると結論づけるものである。

9　「法制審議会民法（債権関係）部会第45回議事録」50頁参照。なお（現）468条を規定する際にも類似の状況が起こっていたようであり、法典調査会において（現）468条1項の異議をとどめない承諾の規定で議論が多出したこともあり同条2項については全く議論されずに終わっているということが指摘されている（池田真朗「民法467条・468条（指名債権の譲渡）」広中俊雄・星野英一編『民法典の百年Ⅲ個別的観察（2）債権編』（1998年）148頁）。

この結論を導き出すためには、（現）468条1項によって債務者が対抗し得なくなった事由とは何かということが明らかにされなければならない。さらにこれを明らかにするためには異議なき承諾がなされていない場面、すなわち（現）468条2項が適用される場面（通知があった場合または異議を留めた承諾がされた場合）において債務者が譲受人に対抗することができる事由は何かということが明らかにされなければならない。

この点については、「債権譲渡が反対債権について債務不履行があれば解除しうべきものであるという双務契約に基づく牽連性を具有するものであることは、債権譲渡の通知または承諾前より定まっていることであり、債権譲渡の通知又は承諾当時抗弁権を生ずべき原因が存在していたもので、このような場合には、後の譲渡人の債務不履行が生じこれに基づく契約解除がされたとしても、右解除は民法468条2項にいう『譲渡人ニ対シテ生シタル事由』にあたる」とする立場を昭和42年判決は採用したものであるとされている[10]。

ここでは、昭和42年判決が解除原因自体（当該事案の場合には未完成仕事部分の不履行）が対抗要件具備時までに生じていることを要求するのではなく、いわば「抗弁権を生ずべき原因」（当該事案の場合には、反対債権について債務不履行があれば解除しうべきものであるということ）が対抗要件具備時までに生じていることを要求しているという点を指摘しておこう。

次に、（現）468条2項の「譲渡人に対して生じた事由」のうち解除に関する学説の状況をみてみると、①対抗要件具備時に解除原因自体が発生していなくとも、解除原因発生の基礎がその時点であった場合には、対抗要件具備後に解除原因が発生し債務者が譲渡人に対して解除の意思表示をしたときには、このことを譲受人に対して対抗することができるとする立場が一般的な理解であるとされている[11]。しかし②対抗要件具備時までに解除原因発生の基礎があるだけでは足りず解除原因そのものが対抗要件具備時までに発生している場合には、解除権の行使が対抗要件具備時より後であっても解除を譲受人に対して対抗することができるとする見解もある[12]。

10　宇野栄一郎「最判昭和42年判決判例解説」最判解民事篇昭和42年度480〜481頁。
11　角紀代恵「昭和42年判決評釈」判例百選Ⅱ債権〔第7版〕（2015年）60頁。

2 抗弁事由ごとの検討

「譲渡人に対して生じた事由」は、解除だけではない。その例として解除以外に挙げられるものとしては発生原因である契約の無効・取消し、同時履行の抗弁権、消滅などを挙げることができよう。

契約の無効については、たとえ対抗要件具備時よりも後になって無効原因があることが判明したとしても無効原因自体は対抗要件具備時よりも前に存在していたと言えるから、上記の立場のうち①②のいずれを採るかによって結論が異なるものではなく、債務者は発生原因である契約が無効であることを譲受人に対して主張することができる。

ただし、発生原因である契約が通謀虚偽表示によるものである場合については（現）94条2項が適用されるとするのが現在の判例・通説である[13]。

次に、発生原因である契約に取消し原因がある場合も無効原因がある場合と同様の理由から、対抗要件具備時よりも後に当該契約を取り消したとしても、この取消を譲受人に対して主張することができると言えよう。これについても取消原因自体は対抗要件具備時よりも前に存在していたと言えるから、上記の立場のうち①②のいずれを採るかによって結論が異なるものではない。ただし、取消事由が詐欺である場合には（現）96条3項にいう「第三者」に譲受人が含まれるとの理解から、同項が適用されると理解されている[14]。なお、（現）95条は錯誤を無効原因として規定しているが、（改）95条1項は、錯誤を取消原因として規定しており、同条4項で、「第1項の規定による意思表示の取消しは、善意でかつ過失がない第三者に対抗することができない」としており、（現）96条3項と同様の理解からすれば（改）95条4項の「第三者」に譲受人が含まれるということになろう。

12　潮見・前掲書（注4）432頁。同頁の説明の中で潮見教授は、「抗弁事由発生の基礎がこの時点〔＝債務者対抗要件具備時点〕で存在していれば十分である」としているが、「抗弁事由発生の基礎」を解除原因としており、債務不履行解除については「抗弁事由発生の基礎」を「譲渡債権を発生させた契約についての債務不履行」としており、本文中に示した①説とは「抗弁事由発生の基礎」に関する理解が異なる。また同書433頁では「債務不履行がされるかもしれないとの単なる抽象的・一般的可能性が債務者対抗要件の具備された時点で存在していたというだけでは足りない」としており、これは本文中の①の立場を明確に否定するものであると思われる。

13　中田・前掲書（注4）537頁参照。譲受人は、94条2項の場合のみならず545条1項ただし書の第三者にも譲受人が該当するとの立場を採るものとして、潮見・前掲書（注4）434頁。

14　中田・前掲書（注4）537頁参照。

同時履行の抗弁権については、上記①の立場からすれば、双務契約から生じた債権であれば必ず付着しているものであるから、対抗要件具備時よりも後に同時履行の抗弁権を譲受人に対して主張することが可能である。また②の立場を採った場合についても、発生原因である契約が成立するのと同時に同時履行の抗弁権そのものが生じていると言えるから、同時履行の抗弁権の主張自体が対抗要件具備時より後であっても債務者は譲受人に対してこれを対抗することができると言えよう。

債務の消滅原因のうち相殺については（改）469条1項が「債務者は、対抗要件具備時より前に取得した譲渡人に対する債権による相殺をもって譲受人に対抗することができる」としているから、対抗要件具備時よりも後になって相殺適状となった場合であっても自働債権が対抗要件具備時よりも前に取得したものである場合には、債務者は譲受人に対して相殺を対抗することができる。また（改）469条2項は、対抗要件具備時よりも前に取得した債権（ただし対抗要件具備時より後に他人の債権を取得した場合を除く）を自働債権とする相殺であっても、対抗要件具備時よりも前の原因に基づいて生じた債権（同項1号）かまたは譲渡対象債権の発生原因である契約に基づいて生じた債権（同項2号）を自働債権とする場合については譲受人に対して相殺を対抗することができるとしている。

債務の消滅原因が時効の場合については[15]、「通知又は承諾」がいわゆる「観念の通知」であるとされているから[16]、これらに時効の中断効はない。そうすると対抗要件具備時よりも前から時効期間が進行し対抗要件具備時よりも後に時効期間が満了するということが考えられる。この場合について、前記①の立場を前提とすれば時効期間が満了すれば債権が消滅することは民

---

[15] 対抗要件具備と時効消滅に関しては、対抗要件具備時までに時効期間を満了してなければ譲受人に対して譲渡対象債権の消滅を主張することができないのかどうかという問題とともに、債務者対抗要件を具備しない時点で譲受人がした債務者への請求が（現）147条1項にいう請求に該当するかという問題がある。この点について東京地判平成28年5月19日（判例集未登載・LEX/DB25533949）は、対抗要件を具備していない時点でされた譲受人から債務者への譲受債権請求訴訟について「債務者対抗要件は、債権の譲受人が債務者に対して債権を行使するための積極的要件ではなく、債務者において通知又は承諾の欠けていることを主張して譲受人の債権行使を阻止することができるにすぎないもの、すなわち権利抗弁であると解されるから、これが具備されていなかったとしても」この訴訟提起が（現）147条1項の請求にあたるとしている。

[16] 潮見・前掲書（注7）425頁及び429頁。

法が規定するところであるから、時効期間が満了すれば債権が消滅するということに関する基礎的事情が対抗要件具備時に存在したといえ、対抗要件具備時よりも後に時効期間が満了した後に債務者は譲受人に対して時効による債権の消滅を対抗することができるということになろう。他方で②の立場は、対抗要件具備時よりも前に抗弁事由自体が生じていることを要求するものであるから、対抗要件具備時に時効期間が満了し対抗要件具備時より後に時効による債権の消滅を譲受人に主張することは認められるが、対抗要件具備時より後に時効期間が満了する場合については、債務者は時効による債権の消滅を譲受人に対抗することができないという結論が導き出されるということになるであろう。

3 将来債権譲渡契約に特殊な問題状況

以上に述べた「債務者が譲受人に対して対抗することができる事由」に関する議論を前提に将来債権譲渡契約について以下検討していく。

将来債権の譲渡とは「将来発生すべき債権を目的とする債権譲渡契約」のことを指す[17]。これに該当するものには様々なものがあるが、具体例としては、継続的売買契約に基づく売買代金債権の一括譲渡、医師の支払基金に対する診療報酬債権の一括譲渡、クレジット債権の一括譲渡、賃貸借契約に基づく賃料債権の一括譲渡を挙げることができよう。

これらのうち賃貸借契約に基づく賃料債権の一括譲渡については1個の賃貸借契約に基づいて継続的に複数の債権が発生するものであるから[18]、(改)

---

[17] 将来債権譲渡契約の有効性について論じた最判平成11年1月29日民集53巻1号151頁がこの表現を用いている。

[18] 賃料債権が何時の時点で発生するのかという点については、「基本的賃料債権」と個々に発生する「支分的賃料債権」の2つの側面を有するとした上で後者の「支分的賃料債権」について「将来発生する債権」であるとするのが従来の判例・多数説の立場考え方である。しかしこの立場とは異なり白石准教授は、債権の発生時期に関するフランスの学説を詳細に検討した上で「賃料債権は賃貸目的物の現実の使用収益によってではなく、賃貸借契約そのものを根拠に発生する。賃貸人は、現実に使用収益させない限り賃料債権の弁済を請求することができないが、これは賃料債権の発生の問題ではなく履行段階の問題である」と結論づけている（白石大「債権の発生時期に関する一考察（6・完）」早稲田法学89巻2号（2014年）40〜41頁）。賃料債権を目的とする集合債権譲渡において債務者が主張し得る抗弁について検討する際に、この立場がどのように影響するのか、という点については今後の研究課題としたい。

468条1項にいう対抗要件具備時より前に譲渡人に対して生じた事由については賃貸借契約について検討することになる。したがって前記①の立場に立つか②の立場に立つかで結論は異なるものの既に示したことと異なるところはない。

　他方で継続的売買契約に基づく売買代金債権の一括譲渡、クレジット債権の一括譲渡、診療報酬債権の一括譲渡の場合にはこれとは状況が異なる。

　継続的売買契約の契約構造は、「当事者の合意した目的の実現のために、通常、同じ当事者間で、その枠組みを適用し実施する契約（適用契約）が締結されることを予定する」枠契約と、枠契約に基づいて結ばれる個々の「適用契約」という構造で構成されているというように分析することができる[19]。継続的売買契約に基づいて将来発生する債権が一括して譲渡されて対抗要件が具備された場合には、対抗要件具備時以降に個々の適用契約が締結されるということが考えられる。ここにいう「枠契約」では「適用契約の成立の仕方や取引条件」も定められるものであるが[20]、個々の代金債務や目的物引渡債務自体は適用契約が締結することによって発生する。（改）468条1項の「対抗要件具備時までに譲渡人に対して生じた事由」が「枠契約」について生じている場合には、既に述べたところとの差異は生じない。では「譲渡人に対して生じた事由」が「適用契約」について生じた場合はどうか。

　適用契約が対抗要件具備時よりも後に成立しているから、上記①の立場に立つとしても対抗要件具備時における適用契約の抗弁事由発生の基礎を観念することができない。したがって抗弁事由を譲受人に対抗することはできないかのように思える。また適用契約成立よりも前に対抗要件が具備されているから、対抗要件具備時までに抗弁事由そのもの（例：債務不履行）が生じることはあり得ないから、②の立場に立った場合にも抗弁事由を譲受人に対抗することはできない。

　次にクレジット債権の一括譲渡は、債務者と譲渡人とのクレジット契約に基づいて発生する債権を一括譲渡するものであり、譲渡対象である個々のクレジット債権は債務者と加盟店との間の契約（売買契約や役務提供契約など）が

---

[19]　中田裕康『契約法』（有斐閣・2017年）128～129頁。
[20]　中田・前掲書（注19）129頁。

締結されることによって発生する。クレジット契約そのものに関する抗弁事由については、（Ⅲ-1）で述べたことがそのまま妥当する。しかし、クレジット債権については、割賦販売法30条の4第1項に基づき債務者は加盟店に対して主張することができる抗弁をクレジット会社に対して主張することができるが、クレジット債権が将来債権譲渡契約によって譲渡され対債務者対抗要件を具備した後に締結した債務者と加盟店との間の契約に関する抗弁事由を債務者は譲受人に対して主張することができるだろうか。まず前記②の立場に立って考えてみると②の立場は対抗要件具備時までに抗弁事由自体が存在していることを要求しているから、債務者は譲受人に対して割賦販売法30条の4第1項に基づいて譲渡人（クレジット会社）に対して主張することができる抗弁（債務者が加盟店に対して主張する抗弁）を譲受人に対抗することはできないということになる。また、①の立場に立つとしても①の立場のいう抗弁事由発生の基礎を加盟店と債務者との間の個別の契約について考えるならば、対抗要件具備時より後に個別契約が締結されている以上、対抗要件具備時に個別の契約に関する抗弁事由発生の基礎を観念することはできないから、やはり債務者は譲受人に対して譲渡人に対して主張することができる抗弁を主張することができないということになる。

　診療報酬債権の一括譲渡は、債務者である医師の診療報酬支払基金に対する診療報酬債権が一括して譲受人に譲渡されるというものであり、医師が患者との間で診療契約を締結しこれに基づいて発生する診療費の一部を診療報酬支払基金が医師に対して支払うというものである。この場合には、診療報酬債権が一括して譲渡された後に個々の診療契約が締結され、医師が診療行為等を行うことで医師の診療報酬支払基金に対する診療報酬債権が発生するということが考えられ、これは既に見たクレジット債権の一括譲渡と同じような関係（譲渡対象債権の発生原因である契約と、実際に債権を発生させる契約が分離しているという関係）であることが分かる。そうするとクレジット債権の譲渡の場合と同様の問題が理論上は起こりうるが、通常、診療行為等が行われることによって診療報酬債権が発生するから譲渡債権の反対債権に類似する医師の診療債務が履行遅滞に陥るということは考えにくく、また診療契約の無効や解除等を報酬支払基金が医師に主張するということは考えにくいから、

実際には債務者である診療報酬支払基金から譲渡人に対して生じた事由自体が現れにくいものであると言えよう。

以上見てきたように、将来債権譲渡契約に該当するもののうち、譲渡債権の発生原因である契約が継続的売買契約である場合と、クレジット契約である場合については、抗弁事由発生の基礎が対抗要件具備時までに存在しているとする前記①説に立ったとしても対抗要件具備時よりも後に成立した個別の債権発生原因について抗弁事由発生の基礎の有無を判断するという立場を採るならば、対抗要件具備によって債務者は譲受人に抗弁事由を対抗し得なくなる。また、前記②説は対抗要件具備時よりも前に抗弁事由そのものが発生することを要求するものであり、対抗要件具備時より後に成立する個別の債権発生原因について対抗要件具備時よりも前に抗弁事由そのものが発生することは考えられないことからすれば、一切の抗弁事由を債務者は譲受人に対して対抗することができないということになる。

2.で検討したとおり、債権発生原因である契約が成立した後に対抗要件が具備されたという場合については、債権発生原因である契約について無効原因・取消原因がある場合には、抗弁事由が契約成立時に発生していたと言えるから①②いずれの立場に立つとしても原則として債務者は契約の無効あるいは取消しを譲受人に対して対抗することができる。しかし、将来債権譲渡契約が締結されて対抗要件が具備された後に個別の債権発生原因である取引（継続的売買契約における適用契約やクレジットカード契約における債務者と加盟店との間の契約）が締結される場合には、少なくとも②の立場に立った場合には、対抗要件具備時よりも後に無効原因や取消原因が生じることからすると、これらを債務者は譲受人に対抗することができないという結論になる。

4　結果の妥当性

では、このような結論は妥当なものであろうか。「指名債権譲渡の効果として、債権は同一性を失わずに移転する。したがって、当該債権に従たる権利もこれに伴って当然に移転し、また逆に債務者が原債権者に対してそれまでに有していた抗弁は、新債権者に対しても主張しうるというのが原則である」[21]。また、債権譲渡が債務者にとって債権者の変更を意味するものであ

り、他方で債務者は契約自由の原則の一つである相手方選択の自由を有しているのだから、本来であれば債権譲渡にあたっては債務者の同意が必要なはずである。譲渡人と譲受人との間の合意のみによって債権譲渡が可能となるのは、債務者が有する相手方選択の自由を侵害することと、いわば引き換えに「立法者が債務者に対して包括的な保護を与えているから」である、これは「債務者の同意を要件から外したことに伴う必然的なコロラリー…換言すれば債権者の処分の事由に伴う必然的なコロラリー」であって、「債権の譲渡とは相互に補完し合うものから成り立っているもの…に他ならず、債権者の自由と債務者の自由の保護は相互に補い、また相互に依存しているのである」と指摘されている[22]。

こうした観点からすれば、将来債権譲渡を正面から認めることで、債権譲渡が認められる場合をいわば拡大し、将来債権譲渡に関する対抗要件を譲渡対象債権発生よりも前に具備することを認めることによって、債権発生の直接の原因である適用契約や個別の取引について譲渡人に対して生じうる事由の全てが譲受人に対抗できなくなるという結論は妥当なものとは評価されないであろう。

ここで債務者と譲受人との関係に関する国連国際債権譲渡条約についてみてみると、同条約の18条1項が「譲受人の債務者に対する譲渡される債権の支払に関する請求について、債務者は、譲受人に対し、原因契約又は同一の取引の一部である他の契約から生ずるすべての抗弁及び相殺の権利であって、譲渡がなされなければ譲渡人から請求されたときに主張し得るものを主張することができる」とし、同2項が「債務者は、譲受人に対し、譲渡通知を受け取った時に主張することができた他のいかなる相殺権を主張することができる」と規定している[23]。

この条項と比較すると、そもそも（現）468条2項自体が、債務者が譲受

---

[21]　池田真朗『ボアソナードとその民法』（慶應義塾大学出版会・2011年）285頁。

[22]　クヌート・ヴォルフガング・ネル（飛世昭裕訳）「契約の相手方を選ぶ自由と債権譲渡」西村重雄編『日本民法典と西欧法伝統－日本民法典百年記念国際シンポジウム』（九州大学出版会・2000年）403頁。

[23]　訳文は、池田真朗・北澤安紀・国際債権流動化研究会「注解・国連国際債権譲渡条約（3）：UNCITRAL総会報告書をもとに」法学研究75巻9号（2002年）150頁による。

人に対抗しうる事由の範囲を限定するものであり、かつ改正法が将来債権譲渡契約について譲渡対象債権発生より前の対抗要件具備を認めたことによって、抗弁を主張できる場合が極めて限定されるかあるいは全面的に主張し得なくなるという結論が生じていると評価することができよう。

　また、債権譲渡の対抗要件が債務者からの承諾のみならず、譲渡人からの通知によっても具備することができるという点も考慮されなければならない。譲渡人からの通知による対抗要件具備の場合を考えてみると、譲渡人からの一方的な行為である通知によって譲受人に対して対抗できる事由が極めて限定されるかあるいは不存在となるという結論が作出されるということは妥当とは言えないであろう。

　それでは、このような結論は改正法が予定していたものであろうか。法制審議会の資料及び議事録からは積極的にこのような結論を予定した上で（改）468条1項が規定されたとは言いがたい。確かに、債権譲渡に関する規定の改正にあたっては債権流動化の促進が一つの考慮要素とされており、そこからは譲受人の地位の安定に資する改正を行うという姿勢を見いだすことができるが、それはあくまで債務者の保護を無視したものではなかった。そうであるからこそ（現）468条1項が削除されたのであり、改正はされたものの債権譲渡禁止特約に関する規定が削除されずに残されている。

　ただし債務者が譲受人に主張しうる抗弁に関する改正に関する議論の中心は（現）468条1項に関するものであり、既に述べたとおり（現）468条2項に関しては改正の必要なしとの確認がされただけであるから、本稿で指摘した問題点については全く議論されていない。また、（現）468条1項の議論については異議なき承諾に関する抗弁の切断に関する規定を廃止するかどうか、廃止したとして債務者による抗弁の放棄を認めることができるかという点に議論が集中していた。更に、（改）466条の6第1項、同第2項及び（改）467条に関する議論においては、将来債権譲渡契約を正面から認める規定を置くか否か、置くとしてどのような内容とするかといった点について議論されてはいるが、これらの規定を置いて、将来債権譲渡契約を認めることと（改）468条1項との関係は論じられていない。将来債権譲渡契約を正面から認めて譲渡対象債権未発生の時点で対抗要件を具備することができるという

制度を採用するということと、債務者が譲受人に対抗することができる事由とが関連づけられて議論されているのは債務者からの相殺について規定する（改）469条に関する議論においてのみである。

こうしたことからすると、前述した問題が意識されずに改正が行われたのではないかという推察が働くのであり、仮にこの推察が正しいとすれば、将来債権譲渡契約の対抗要件が具備された後に譲渡対象債権の直接の発生原因である適用契約や個別取引について生じた事由を債務者が譲受人に対抗し得なくなるという結論は改正法が予定するものではないということになる。

また、債務者の関与なく債権譲渡を認めることのコロラリーとしての債務者保護という視点からすれば将来債権譲渡契約を認めたことによって債務者が保護される範囲が狭くなるという結論は妥当とはいえないであろう。

Ⅳ　債務者が譲受人に対して対抗しうる事由の再検討

まず再検討の必要性について述べるために、なぜ（現）468条2項について前述した問題点に関する議論がされてこなかったのかを述べる。

（現）468条2項は、譲渡人の通知（あるいは債務者からの異議を留めた承諾）によって対債務者対抗要件が具備された場合については、対抗要件具備時までに譲渡人に対して生じた事由をもって譲受人に対抗することができる、と規定するものである。（現）468条2項の下でも将来債権譲渡契約を念頭においた場合に関して既に指摘した問題が起こるはずであるが、（現）468条2項についてこの点が何ら議論がされていなかったのはなぜか。その理由の一つは、かつて継続的売買契約に基づく売買代金債権を目的とする集合債権譲渡担保の場合には譲渡担保契約締結時点では譲渡人から債務者への通知はなされず、担保権実行時になってはじめて通知がされるということが行われていたという点にある。この場合には対抗要件具備より前に既に見た「抗弁事由発生の基礎」は概ね存在していたということになるから本稿が既に指摘した問題は、そもそも生じない。将来債権譲渡契約締結と（ほぼ）同時に対抗要件が具備された事案としては将来発生すべき診療報酬債権を一括して譲渡した事案を挙げることができるが[24]、既に指摘したとおり個別の診療契約に関

する抗弁事由を診療報酬支払基金が譲渡人に対して生じた事由として譲受人に対抗するという場面が考えにくかっただけではなく、診療報酬債権譲渡に関する事案では将来債権譲渡の有効性そのものが問題となっていた。つまり、債権譲渡に関するこれまでの事案からすると（現）468条2項によって債務者が譲受人に対抗することができなくなる事由が生じにくく、これを想定して議論が展開されるということが考えにくかったといえよう。

改正法下でも、実際の運用がこのようなものであれば問題は生じないかもしれない。しかし、これまでとは異なり将来債権譲渡担保契約事例について譲渡担保権実行時よりも前に譲渡人からの通知による対抗要件を具備した事例が現れてきていること[25]、実務上の運用としては、債務者の事前承諾によって第三者対抗要件を具備するという場合も多いこと[26]からすると、今回の改正規定を前提に、既に示した問題点について検討する必要性があるのではなかろうか。

（現）468条2項に関する2つの立場（①対抗要件具備時までに解除原因発生の基礎があればよいとする立場と、②対抗要件具備時までに解除原因自体が存在している必要があるとする立場）のいずれを採るべきか。将来債権譲渡契約を念頭にした場合には②の立場は採りえないと考える。その理由は次のとおりである。

例えばA（売主）－B（買主）間の継続的売買契約に基づいて将来発生する売買代金債権を一括してC（譲受人）に譲渡する旨の将来債権譲渡契約をAとCとの間で締結し、AがBに対して債権譲渡を通知した後にA－B間に適用契約が締結されたが、Aが債務不履行に陥った場合や、AがBに対して引き渡した物が契約内容に不適合であった場合を考えてみよう。この場合、解除原因は常に対抗要件具備時以前には発生し得ないことになるから、対抗要件具備時に解除原因が発生したことを（改）468条1項について要求

24　たとえば最判平成11年1月29日民集53巻1号151頁の事案では、医師が社会保険診療報酬支払基金から支払を受けるべき診療報酬債権を

25　本文で示した方式とは異なり、売買代金債権を一括して集合債権譲渡担保契約の目的とした事案に関する最判平成13年11月22日民集55巻6号1056頁では、債権譲渡担保設定契約締結時から近接した時点で債務者に対して債権譲渡担保設定通知による対抗要件具備がされている。

26　「法制審議会民法（債権関係）」部会資料37・38頁ではこのようなことが指摘されている。また、「法制審議会民法（債権関係）」第45回議事録45頁（内田発言）において、クレジットカード契約に関する債権譲渡について事前の包括承諾が実務上なされている旨が指摘されている。

すると、将来債権譲渡契約の対抗要件が具備されたことによってBはそれ以降に生じた事由を理由とする解除を一切Cに対して主張することができないという結論が生じるが、このような結論は妥当とは言えないからである[27]。

したがって、以下では①の立場を前提に議論を進める。この立場を採るとしても、継続的売買契約における売買代金債権の直接の発生原因である適用契約や、クレジット債権における個々のクレジット債権発生の前提となる債務者と加盟店との間の個々の取引についての「抗弁事由発生の基礎」が債権譲渡の対抗要件具備時に存在していたか否かを問題としていたのでは妥当な結論を導き出し得ないことは既にみたとおりである。

むしろ、継続的売買契約に基づく場合には枠契約である継続的売買契約そのものについて、クレジット契約に基づくクレジット債権の譲渡の場合にはクレジット契約そのものについての「抗弁事由発生の基礎」が対抗要件具備時に存在したかどうかが判断されるべきである。

次に、抗弁事由発生の基礎の内容についてはどのように解するべきか。ここで①の立場と類似する立場を採るとされる昭和42年判決について再度みてみよう。最判昭和42年判決は、「請負契約は、報酬の支払いと仕事の完成とが対価関係に立つ諾成、双務契約であつて、請負人の有する報酬請求権はその仕事完成引渡と同時履行の関係に立ち、かつ仕事完成義務の不履行を事由とする請負契約の解除により消滅するものであるから、右報酬請求権が第三者に譲渡され対抗要件をそなえた後に請負人の仕事完成義務不履行が生じこれに基づき請負契約が解除された場合においても、右債権譲渡前すでに反対給付義務が発生している以上、債権譲渡時すでに契約解除を生ずるに至るべき原因が存在していたものというべきである。」と述べている。そして、既に見た昭和42年判決の調査官解説では、「譲渡債権が反対債権について債務不履行があれば解除しうべきものであるという双務契約に基づく牽連性を具有するものであること」が債権譲渡の通知又は承諾の前から定まったもの

---

27 ただし、本稿の立場とは異なりこのような結論も是認しうるのであり、むしろこのような結論を導き出すことが対債務者対抗要件の重要な役割であるとの立場を採る場合には、将来債権譲渡を前提にしても②の立場を採ることになろう。

であることから、対抗要件具備時に抗弁権を生ずべき原因すなわち「抗弁事由発生の基礎」が存在していたと理解している[28]。この考え方からすれば抗弁事由が生じうることが対抗要件具備の前から定まったものである場合には、対抗要件具備時に抗弁事由発生の基礎が存在していたということができる。

　では、抗弁事由が生じうることが対抗要件具備の前から定まったものである場合には、対抗要件具備時に抗弁事由発生の基礎が存在していたと解することができ、実際には対抗要件具備時よりも後になって抗弁事由が発生した場合であっても債務者は譲受人に対してその抗弁事由を対抗することができるとすることが正当化できるのか。

　(改) 468条1項は、譲受債権について債務者に履行を請求する譲受人と、譲渡によって抗弁事由の本来の主張先と債務の弁済先が分離するという状況に陥った債務者との利益調整の場面を規定するものであると考えられる。

　譲渡禁止特約や異議なき承諾に関する議論の際、「債権を取引対象とした場合における取引の安全」という考え方から譲受人の保護が語られることがある。そこでは、譲渡禁止特約について善意である譲受人としては、譲渡債権を譲り受けることができると考えており、債務者からの異議なき承諾が得られた場合には、もはや債務者から抗弁事由を主張されることはないと考える譲受人が想定されている。取引の安全によって譲受人を保護するとしても、そこで保護されるべき譲受人は少なくとも譲渡禁止特約や抗弁事由について善意無重過失であることが要求されるであろう[29]。

　これまで指摘されてこなかったが、(改) 468条1項も、このような意味での譲受人の保護と債務者の保護の調整が問題となる場面であるといえるのではなかろうか。そうすると、対抗要件具備時に抗弁事由発生の基礎が存在し、これを譲受人が知っていた場合には、たとえ抗弁事由が実際に発生した

28　前掲（注10）。

29　既に見た昭和42年判決が（現）468条1項を「債権譲受人の利益を保護し一般債権取引の安全を保障するため法律が附与した法律上の効果と解すべき」とし、抗弁事由発生の基礎について悪意である場合について同項によって譲受人は保護されない旨を判示しており、また、昭和42年判決を前提とする最判平成27年6月1日民集69巻4号672頁及び最判平成27年6月1日（判例集未登載・LEX/DB25447285）が重過失の譲受人も同様とする旨を判示している。

のが対抗要件具備より後であるとしても（改）468条1項によって譲受人は保護されないと解することができる。昭和42年判決が採用したとされる「抗弁事由が生じうることが対抗要件具備の前から定まったものである場合には、対抗要件具備時に抗弁事由発生の基礎が存在していたと解することができ、実際には対抗要件具備時よりも後になって抗弁事由が発生した場合であっても債務者は譲受人に対して抗弁事由を対抗することができる」という立場は、このような理解を基礎にしたものなのではなかろうか。

この考え方を継続的売買契約に基づく売買代金債権の譲渡事例にあてはめてみると次のようなことが言える。すなわち、継続的売買契約における債権は枠契約のみならず個々の適用契約が有効に成立することによって発生するものであり、また適用契約について抗弁事由があればこれを債務者が譲渡人に対して主張することによって譲渡対象債権の減額や消滅という効果が生じるということは、債権譲渡の通知または承諾前より定まっていることである、ということが「抗弁事由発生の基礎」となるのであり、対抗要件が具備された後にされた適用契約に関して現実に抗弁事由を対抗することができると考えるべきである。

次にクレジット契約については、クレジット債権が個別の取引によって発生するものであること、個別の取引について債務者が取引先である加盟店に対して有する抗弁を譲渡人であるクレジットカード会社に対して主張することができることは、割賦販売法30条の4第1項に規定されているものであるから、このことは債権譲渡の通知または承諾前より定まっていることといえる、ということが「抗弁事由発生の基礎」となるのであり、対抗要件が具備された後にされた個別取引に関する抗弁事由と同項に基づく抗弁の持続を債務者は譲受人に対して対抗することができると考えるべきである[30]。

以上の考え方は、（現）468条2項に関して採られている「抗弁事由発生の基礎が対抗要件具備時までに存在していれば、対抗要件具備より後に抗弁事由が発生した場合であっても債務者はこれを譲受人に対抗することができ

---

[30] なお、クレジット債権の譲渡については顧客（債務者）によるクレジット債権の譲渡に関する包括的な承諾をクレジット契約の約款に署名・押印する方法によって行うことが、消費者契約法10条との関係で問題となりうるが、これについては今後の研究課題としたい。

る」という立場を前提に、ここにいう「抗弁事由発生の基礎」を個別の債権発生原因に関する契約や取引ではなく、対象債権を特定する意味での債権発生原因である契約（継続的売買契約やクレジット契約それ自体）とした上で、「抗弁事由発生の基礎」を拡大する立場である。

　この立場を前提とした場合、将来債権譲渡契約の譲受人は、上述した内容の「抗弁事由発生の基礎」を考慮し、対抗要件具備時より後に抗弁事由が発生しこれが債務者から主張される可能性があることを想定した上で債権譲渡契約を締結することになろう。これは、債権流動化促進の要請からすれば、流動化の障害にもなりうるものである。本稿では債権流動化促進の要請については特に考慮せずに議論を進めてきたが、債権流動化促進の要請との関係で債務者保護をどのようにすべきか（債権流動化促進の要請との関係で債務者保護は後退するべきか、仮に後退するべきであるとしてもどの程度まで後退させるべきか）については今後の研究課題としたい。

　また、本稿では（改）468条1項にいう対抗要件具備方法について、これが譲渡人からの通知によるものであるか、あるいは債務者からの承諾によるものであるかという点を分けずに議論を進めてきた。

　（改）468条1項が、譲受人の保護（取引の安全）と債務者保護とを調整する場面であるとすると、譲渡人からの通知である場合と、債務者からの承諾である場面とで譲受人が保護される範囲、言い換えれば債務者が譲受人に対して生じた事由の範囲について異なる扱いをするべきではないかとも思われる。この点を明らかにするためには、債権譲渡における取引の安全とは何を指すのかということも含めて従来からの議論を整理・検討する必要がある。こうした整理・検討を行った上で、譲渡通知による場合と債務者からの承諾による場合とで異なる扱いをするべきか否かという点も今後の研究課題としたい。

契約の履行段階における行為規制とその限界
──信義則による契約規制論の再考のために──

山 城 一 真

I	はじめに
II	問題の定礎
III	議論の状況
IV	結びに代えて──何が問題か？

I　はじめに

[1]　近年の契約法（学）においては、契約の解釈を中心とする合意内容の確定方法の重要性が強調される一方で、契約規範を構造的に把握するための視点の必要性が説かれてきた。その狙いは様々であるが、いくつかの場面では、それらの提言は既に成功を収めているといってよいであろう。たとえば、契約の内容規制に関しては、契約の核心部分と周縁部分とを区別することによって司法的規制の限界を画する議論が、大方の支持を得ている[1]。

契約規範の構造化の実践的意図の一つが、このように、契約に対する司法的規制の限界を画する点にあるという認識をもとに、本稿では、信義則による契約規制の限界を考察する。信義則の作用が、契約の履行過程における当事者の行為を規制するにとどまらず、契約内容の調整にまで及ぶ余地があることは、一般論としては承認されてきた[2]。しかし、契約に含まれる諸要素

1　たとえば、山本豊「不当条項規制と中心条項・付随条項」別冊 NBL 54 号（1999 年）94 頁および同所引の各文献を参照。

2　契約関係における信義則の必要な適用場面につき、谷口知平ほか編『新版注釈民法（1）　総則（1）』（有斐閣、改訂版、2002 年）110 頁以下（安永正昭）を参照。

のなかに司法的規制が及び得ないものがあるとすれば、信義則による規制を
及ぼし得ない領域もまた存在するのではないかとの問いが成り立ち得よう。
この問いは、突き詰めていえば、契約当事者の行為を対象とする規制と、契
約規範の内容そのものを対象とする規制との関係を解明することを要請する
ものであり、その意味において、契約法理を体系的に理解するうえでも重要
な意義を有すると考えるのである。

　[2]　以上の問題を考察するにあたり、近年におけるフランス契約法の展
開は、興味深い様相を呈している。破毀院商事部 2007 年 7 月 10 日判決（以
下、本稿において「本判決」という）が、「権利および債務の実質」「契約上の特
権」という概念を用いて信義則による失権（neutralisation）の限界を画そうと
試みたことを契機として、そこでは、信義則による契約規制の限界づけが論
じられるようになっているからである[3]。

　判示された命題がもつ高度の一般性・抽象性のゆえに「学説的判決（arrêt
doctrinal）」（FAGES, 773）とも形容されたこの判決は、「近年で最も注目され
る判決」[4]との評に違わず、多くの議論を惹き起こした[5]。本判決をめぐるこ
うした状況は、もとより本判決以前に蓄積された判例・学説を基礎として成
り立つものではあるが、その追尋は他日の課題とし、本稿では、本判決それ
自体をめぐる議論を窺うこととする。具体的には、本判決の内容を確認した
うえで（Ⅱ）、判例評釈における賛否相半ばする反応をみる[6]（Ⅲ）。それによ
って、本判決が、何を、どのように問題としたのかを示し（Ⅳ）、主題の考
察の出発点を探りたい[7]。

3　さしあたり、ムスタファ・メキ（山城一真訳）「債務関係、あるいは債務という観念（契約法
　研究）(1)」慶應法学 20 号（2011 年）264 頁、イヴ＝マリ・レティエ（作内良平訳）「裁判官と
　契約の履行」首法 57 巻 1 号（2016 年）275 頁等における言及を参照。

4　P. ANCEL, *Les sanctions du manquement à la bonne foi dans l'exécution du contrat, in* :
　Mélanges Daniel TRICOT, LGDJ, 2011, p. 61.

5　「契約上の特権」概念をめぐる諸問題の拡がりを示すコロークの報告集として、*v.* Th. REVET
　et al., Les prérogatives contractuelles（*Actes du colloque du 30 novembre 2010*）, RDC 2011, p.
　639 et s.

6　検討対象を判例評釈に限定しても、信義則論の主要な論者の所説を採り上げることはできるか
　ら、ひとわたりの状況を見通すことはできる。ただし、本判決に先立って重要な分析視角を示し
　ていたパスカル・アンセルの所説の検討は、他日の課題としなければならない。

7　なお、フランス民法典の条番号を示すときは、次の例による。①改正規定を挙示するときに
　は、単に「○○条」とし、旧規定を挙示するときは「旧○○条」とする。②旧規定のもとでの議

II　問題の定礎

　以下ではまず、本判決の概要（1）と、考察の前提となるべき事項（2）とを確認する。

1　判決の概要

　[3]　まず、本判決の内容を示す。

　〇　破毀院商事部 2007 年 7 月 10 日判決[8]（レ・マレショー社事件）

　【事実】　ディスコテークを経営する商事会社 A の代表取締役・株主である X が、三名の者（以下、一括して Y という）から株式を買い取った。その譲渡合意には、株価上昇等の一定の要件が満たされたときは、譲受人から価格の補塡を得られる旨の条項が定められていたほか、負債保証条項が挿入されていた。後者の条項においては、譲渡前の原因に基づいて生じる税制上の負債による消極財産の増加が譲渡後に覚したときは、譲渡人は、譲受人に対して、持分の割合に応じてこれを保証するものとされていた。はたして、A 社は、株式譲渡が行われた年度の申告漏れを理由として、更正処分を受けた。そこで、X は、負債保証条項の履行を求めた。

　　控訴院は、次の理由によって X の請求を棄却した。経営者・大株主である X は、A 社の計算の実施について特に注意を払うべき立場にあったのであり、あえて同社を更正処分によるリスクにさらしたのだから、負債保証条項の履行を求めることは信義に反する。いいかえれば、会社の経営者・大株主たる地位にありながら、第三者たる立場において当該会社の株式の取得者であると主張することは許されない。

　　【判旨】　破毀移送。「民法 1134 条 1 項および 3 項に徴して、……合意は信義に従って誠実に履行されなければならないとの準則により、裁判官は、契約上の特権の不誠実な行使（l'usage déloyal d'une prérogative contractuelle）

論を参照するときには、改正法に対応規定があるときであっても旧規定を示す。③いずれか一方の規定を挙示したときは、続けて他方規定の条番号を［　　］内に示す（例：1104 条［旧 1134 条 3 項］／旧 1134 条 3 項［1104 条］）。なお、改正条文の翻訳は、荻野奈緒＝馬場圭太＝齋藤由起＝山城一真「フランス債務法改正オルドナンス（2016 年 2 月 10 日のオルドナンス第 131 号）による民法典の改正」同法 69 巻 1 号（2017 年）279 頁に依拠して示す。

8　Cass. com. 10 juillet 2007, Bull. civ. IV, n° 188.

を制裁することができる。しかし、この準則は、当事者間において適法に合意された権利および債務の実質そのもの（la substance même des droits et obligations）を害する（porter atteinte）ことを許すものではない。それにもかかわらず、前示のとおりに判示したことで、控訴院は、その適用の誤りによって1134条3項に違背するとともに、その不適用によって1134条1項に違背したものである」。

＊　本判決の評釈として、次のものを太字部分のみを示して参照する。参照箇所は、段落番号または頁番号によって示す。
　　L. **AYNÈS**, RDC 2007, p. 1107 ; C. **CHABAS**, JCP G 2007, II. act., p. 340 ; X. **DELPECH**. D. 2007, AJ., p. 1955 ; B. **FAGES**, RTD civ. 2007, p. 773 ; B. **FAUVARQUE-COSSON**, D. 2007, Pan., p. 2972 ; P.-Y. **GAUTIER**, D. 2007, Jur., p. 2839 ; D. **HOUTCIEFF**, JCP G 2007, II. 10154 ; L. **LEVENEUR**, CCC 2007, n° 294 ; D. **MAINGUY et** J.-L. **RESPAUD**, JCP E. 2007, 2394 ; D. **MAZEAUD**, RDC 2007, p. 1110 ; É. **SAVAUX**, Defrénois 2007, p. 1454 ; Ph. **STOFFEL-MUNCK**, D. 2007, Jur., p. 2839[9]。
　　なお、学修者向けの詳細な解説として、H. CAPITANT *et al.*, *Les **grands arrêts** de la jurisprudence civile*, tome 2, 13ᵉ éd., Dalloz, 2015, n° 164 がある。その執筆者は、イヴ・ルケットのようである[10]。

　本判決は、契約の拘束力の原則を定める旧1134条1項［1103条］と、信義誠実の原則を定める同条3項［1104条］とをその適条として掲げた。契約法の基本原理に属する両規定であるが、これらをともに適条に掲げた判決は、他に例をみないといわれる（CHABAS, 8-9）。本判決において、二つの原則の関係がいかにして問われたのかを検討することが、本稿の課題である。

2　判決の含意
(1)　本件事案の論点
　［4］　本件の争点は、事実関係に即していえば、《株式の譲受人が当該会社の取締役・最大株主であるときに、会社について生じた負債に関する保証条項を援用することは信義に反して許されないと判断することができるか》というものである。
　このような紛争自体は、決して目新しいものではない。破毀院は、いわゆ

9　同じ著者による評釈として、Ph. STOFFEL-MUNCK, Dr. et patr. 2007, p. 94 がある。
10　Fr. CHÉNEDÉ, *Les conditions d'exercice des prérogatives contractuelles*, RDC 2011, p. 710 note 2.

るヴィルグラン判決において[11]、譲渡対象となった株式の価値決定にとって重要な事実（転売価格）を譲受人に秘匿したことは、沈黙による詐欺となり得るとした[12]。これを本件についてみると、Y としては、X は契約締結時には更正処分のリスクを認識していたのだから、それを秘匿して負債保証条項を挿入したことは沈黙による詐欺となると主張する余地がなかったわけではない。むしろ、少なからぬ評釈が、そう主張するほうが適切であったと指摘する[13]（LEVENEUR, 16; Grands arrêts, n° 8）。それにもかかわらず、この争点を履行段階における信義則の問題として扱ったところに、本判決の一つの特徴がある。

　もっとも、本判決が注目された所以は、この争点について示された解決にではなく、それを基礎づけるにあたって援用された規範命題の学理性にあった。その内容は、きわめて明快である。第一に、裁判官は、当事者の行為の不誠実性を理由として、「契約上の特権」に規制を及ぼすことができる。しかし、第二に、この制約は、「権利・債務の実質」を害するものであってはならない。評釈の関心は、これらの規範命題の意義を解明することに向けられた。

(2)　規範命題の解釈

「権利・債務の実質」「契約上の特権」とは、それぞれ何を意味するのであろうか（(a)）。また、この区別は、何に由来するものなのであろうか（(b)）。

(a)　定　義

[5]　「権利・債務の実質」の意義を考察する際には、さしあたり二つの

11　Cass. com. 27 février 1996, D. 1996, p. 518, note Ph. MALAURIE ; JCP 1996 II. 22665, note J. GHESTIN ; RTD civ. 1997, p. 114, obs. J. MESTRE.　同判決の詳細につき、馬場圭太「フランス法における契約目的物の価値に関する買主の情報提供義務について——いわゆるバルデュス判決とその射程をめぐる議論」『欧州私法の新たなる潮流 I』（関西大学法学研究所、2016 年）18 頁以下を参照。

12　多くの評釈が、ヴィルグラン判決との論点の共通性を指摘する。V. MAINGUY et RESPAUD, 33 ; FAGES, 774 ; DELPECH, 1956 ; Grands arrêts, n° 8. この見地からは、目的物の価値についての沈黙が詐欺となり得るかも問題となる。これについては、馬場・前掲論文のほか、山城一真「沈黙による詐欺と情報収集義務 (2)——フランス法の展開を題材として」早法 91 巻 4 号（2016 年）132 頁以下をも参照。

13　DELPECH, 1956 は、本判決の登場によって情報提供義務に関する先行判例の価値が損なわれることはないという。

ことが注目される。

第一に、これに類する術語は、濫用条項を定義する消費法典 L. 212-1 条（旧 L. 132-1 条）1 項においても用いられている[14]。この規定との関係では、条項の濫用性の評価が、契約の主たる目的に関する定めや、物・役務の対価の相当性には及び得ないとされる（同条 3 項）ことに注意が必要である。本判決の用語法がこの規定と平仄を合わせたものなのか、それとも、両者の符合が偶然にすぎないのかは、明らかではない。しかし、契約の中心部分には司法的規制を及ぼし得ないとされる点には、二つの規律に通底する思想を見出すことができるであろう（STOFFEL-MUNCK, 2841）。

第二に、破毀院自身による本判決の理解を示す資料としては、判決から間もなく破毀院によって公表されたコミュニケが重要であるが[15]、そこでは、「債権者は、たとえ悪意であったとしても債権者である」と述べられている[16]。当事者の行為態様の悪性は、その者から債権者たる資格それ自体を奪うことを正当化しないというのである。これによると、契約から生じる「権利・債務の実質」とは、その内容のいかんを問わず、端的に「債権」を意味することとなりそうである（HOUTCIEFF, 24）。

[6]　何が「契約上の特権」に当たるかもまた、本判決によっては明らかにされていない。評釈においては、解除条項、責任制限条項、契約当事者の変更にかかる承諾条項[17]、違約金条項といった契約条項のほか（以上、FAUVARQUE-COSSON, 2973）、無効・解除訴権の行使、同時履行の抗弁権の援用等が「契約上の特権」に含まれるべきことについては、大方の一致をみている。特に解除については、その主張を規制する判例法理が既に形成され

14　同条につき、大澤彩『不当条項規制の構造と展開』（有斐閣、2010 年）161 頁を参照。

15　コミュニケは、2001 年に開始された制度であり、一定の注目判決につき、公刊から比較的に早い時期に、破毀院の一部局である資料・調査・報告課（service de documentation, des études et du rapport de la Cour de cassation）がインターネットを通じて公表する。当該判決に関する情報提供の機能を果たしているが、その法的性格には不明確な点が少なくない。V. P. DEUMIER, *Les communiqués de la Cour de cassation : d'une source d'information à une source d'interprétation*, RTDciv. 2006, p. 510.

16　La commission du rapport et des études de la Cour de cassation, *Rapport annuel 2007 de la Cour de cassation*, La documentation française, 2008, p. 436.

17　ただし、Cass. 3ᵉ civ. 9 décembre 2009, RDC 2010, p. 561, obs. Y.-M. LAITHIER は、承諾条項を「権利・債務の実質」に関する条項であるとした。

ていたことが注目される。これに対して、「契約上の特権」に含まれるか否かに対して疑義が示されたものとしては、現実的履行の強制、担保権の実行[18]、競業禁止条項、独占条項[19]等を指摘することができる。

以上に挙示した諸権利・条項に共通する「契約上の特権」の本質は何か。一般に、「特権」は、「純然たる事実上の支配を除き、あらゆる権利（droit subjectif）、あらゆる法的権限（pouvoir de droit）、法に基づいて行為するあらゆる権能（faculté）を含む総称的な語」などと定義される[20]。しかし、本判決の文脈においては、より限定的に、この語は「形成権（droit potestatif）」[21]を意味すると説かれるのが通例である（AYNÈS,；1108 *Grands arrêts*, n° 3）。当事者の一方のみに法律関係の変動のイニシアティブが付与されていることを、「特権」概念の特徴とみるものであろう（HOUTCIEFF, 25）。

(b)　区別の由来

[7]　「契約上の特権」「権利・債務の実質」という区別は、何に由来するのであろうか。この点もまた定かではないが、しばしば言及されることとして、次の三点が注目される。第一に、前記のコミュニケは、「この区別は、学説においても知られていないものではない」と述べ、その証左として、マロリー＝エネス＝ストフェル－マンクの概説書と[22]、パスカル・アンセルの著名な論稿、「契約の拘束力と債務内容」[23]とを引いている[24]。第二に、本判

18　以上の二者が含まれると述べる者として、AYNÈS, 1110. これに対して、SAVAUX, 1456 は、債権の実現にかかる権能——履行請求権の行使、契約責任の追及——を制限することは、債権の実質を奪うこととなるという。

19　以上の二者について疑義を述べる者として、SAVAUX, 1457.

20　G. CORNU, *Vocabulaire juridique*, 11ᵉ éd. mise à jour, PUF, 2016, vᵒ Prérogative, p. 793.

21　フランス法における « droit potestatif » 概念の淵源は、ドイツ法における形成権（Gestaltungsrecht）に求められる（v. L. AYNÈS, *La cession de contart et les opérations juridiques à trois personnes*, Economica, 1984, préf. Ph. MALAURIE, n° 82, p. 69）。もっとも、とりわけ 1990 年代後半以降の議論においては、« droit potestatif » が論じられる際には、法律によって与えられる形成権だけではなく、一方当事者に法律関係を変動させる権能を付与する契約条項の援用等が広く想定されている。これらを「形成権」と訳すべきかについては、議論があり得よう。

22　Ph. MALAURIE, L. AYNÈS et Ph. STOFFEL-MUNCK, *Les obligations*, Defrénois, 2ᵉ éd., 2005, n° 764, p. 373.

23　P. ANCEL, *Force obligatoire et contenu obligationnel du contrat*, RTD civ. 1999, p. 771. その紹介として、さしあたり、メキ・前掲論文（注 3）260 頁以下を参照。

24　*Op. et loc. cit.* [note 16]. 本判決にアンセルの議論の影響を認める評釈として、DELPECH, 1956.

決に先立つ 2006 年 5 月 11 日に、エネスが、破毀院において「契約の義務論に向けて」[25]と題する講演を行っており、本判決の論旨についてもその影響が指摘されている（STOFFEL-MUNCK, 2840 note 5）。そして、第三に、ほとんどすべての評釈が、本判決に直接的な影響を与えた学説として、ストフェル－マンクのテーズである『契約における濫用』[26]に言及している。

　以上のとおり、本判決の定式は、エネスおよびストフェル－マンクの理論的貢献によって形成されたものだというのが、一般的な評価である。これに対して、アンセルの契約理論が本判決に基礎を与えるものであるかについては、評釈による評価は微妙である。

Ⅲ　議論の状況

　本判決に対する評釈の反応は、必ずしも好意的なものばかりではない。以下では、本判決の着想を展開する議論（1）と、判決を批判する議論（2）とを確認する。

1　判決に沿う議論

　本判例が示した構想を展開する議論は、大きく二つに分かれる。「権利・債務の実質」と「契約上の特権」との区別に契約の構造化原理としての意義を認めるものと（(1)）、本判決の趣意を汲みながらも、それとは異なる基準を示そうとするものである（(2)）。

(1)　構造化原理の正当化

　本判決の形成に対して直接的な影響を与えたのは、エネス（(a)）とストフェル－マンク（(b)）の所説であったと目されている。しかし、彼らの見解も一様ではない。

25　L. AYNÈS, *Vers une déontologie du contrat ?*, Conférence prononcée dans le cadre du Cycle de conférence organisé par la Cour de cassation, Droit et technique de cassation 2005-2006. [consultable au https://www.courdecassation.fr/IMG/File/deontologie_contrat_11_05_06_aynes. pdf]

26　Fh. STOFFEL-MUNCK, *L'abus dans le contrat. Essai d'une théorie*, LGDJ, 2000, préf. R. BOUT.

（a）　エネス

[8]　エネスの評釈は、本判決をめぐって二つの評価を示している。

第一は、判決の妥当性に関する評価である。この点に関する彼の態度は、コミュニケによっても言及された彼らの概説書の叙述によって確認することができる[27]。

　　濫用やフォートといった近接する概念と同じく、信義誠実や悪意という観念もまた、明確な定義のなかに収めることが難しい。裁判官や仲裁人にとっては、この観念の柔軟性を活用して、包括的でコントロールのできない修正権限を行使しようという誘引は大きいが、それは、拘束力の原則を奪い去ることに帰するであろう。こうした結果を避けるためには、この観念の適用を、債権それ自体に付随する特権（解除、解約、更新拒絶、譲渡承諾）に限定すべきであろう。債権それ自体は、この観念の影響を受けるべきではないのである。

以上の論旨に現れるとおり、信義則による契約規制が「権利・債務の実質」には及ばないとした本判決の判断は、エネスによれば、まずもって、裁判官による不明確な修正・創造を避け、契約の拘束力を尊重する点において歓迎されるべきものと評価される。

第二に、判決が用いた判断枠組に対する評価である。エネスの評釈は、「権利・債務の実質」「契約上の特権」を、それぞれ次のように分析している。

まず、「権利・債務の実質」への注目は、信義則による規制が契約当事者の行為にのみ及び、「契約の核心（cœur du contrat）」「給付の交換（échange de prestation; *bargain*）」には及び得ないことを明らかにしたものである[28]（AYNÈS, 1109）。契約によって生じた権利・債務の行使が信義に反するというのは、いわば評価矛盾であり、信義則によって債務内容が修正されることはあり得ない。負債の存在を知悉していたという事情は、契約の有効性や解釈の段階においては参酌され得るけれども、ひとたび「適法に合意された」と判断された以上、契約から生じる権利の実現を否定する理由とはならない。

27　MALAURIE, AYNÈS et STOFFEL-MUNCK, *loc. cit* [note **22**]．なお、STOFFEL-MUNCK, 2841 は、この部分の執筆者はエネスであるという。

28　*V.* aussi, AYNÈS, *art. préc.* [note **25**], n° 24, p. 9.

次に、「契約上の特権」の不誠実な行使に対する規制が許容されることの含意は、二つある。一つは、「契約上の特権」なるものの存在を認めることによって、契約の効果が「権利・債務」の発生に尽きないことが明らかにされたことである[29]（*id.,* 1108）。いま一つは、その不誠実な行使が禁じられる理由である。エネスは、契約上の特権の特徴を、一方当事者の意思のみによって行使される点に求める。そして、その不誠実な行使が禁じられるのは、契約上の特権は契約目的に従って行使されなければならず、これに反して当事者の正当な期待を害することは許されないからであるという（*id.,* 1109）。このように、彼は、「交換の条件」を規定する契約目的を措定し、これに「契約上の特権」の行使を方向づける役割を担わせる。

以上、二つの論著においてエネスが示した議論を考察したが、両者の間には、契約規制を及ぼし得ない「権利・債務の実質」の捉え方をめぐる不明瞭さが垣間見られる。彼の体系書においては、「権利・債務の実質」に相当する概念は、単に「債権」と説かれていた。これに対して、本判決の評釈においては、司法的規制の限界は、債権というにとどまらず、「給付の交換」を規定する契約目的に即して画されている。後述のとおり、この点の理解をめぐる不明瞭さは、本判決それ自体に対する評価の不明瞭さをももたらしているようにみえる。

（ヒ）　ストフェル－マンク

[⑨]　本判決に着想を与えたと評されるストフェル－マンクは、必ずしも本判決を支持するわけではない。彼の議論の全容を知るためには、『契約における濫用』を精査する必要があるが、主な論点に関する彼の態度は、その評釈によっても知ることができる。

ストフェル－マンクの議論の出発点は、契約は、純正の債権関係（obligation）の発生原因たるにとどまらず、債務とはいえない一般的義務（devoir）——注意義務、誠実義務、安全配慮義務——の発生や、裁判や証拠、さらには一方

29　元来、エネスは、契約譲渡（cession du contrat）の分析によって、契約の効果が債権関係の発生に尽きないという認識を得ていた。彼は、契約譲渡の構造についていわゆる統合論を主張し、契約譲渡の対象となるのは債権・債務の集合ではなく、形成権等を含めた契約上の地位であることを強調している。なお、エネスの契約譲渡論については、山城一真「契約上の地位の移転」論ジュリ22号（2017年）196頁において、簡単にではあるが言及する機会をもった。

当事者の権限に関する条項の効力発生をも基礎づけるとみるところにある。彼によれば、契約内容は、①契約によって実現される経済的作用（opération économique）を規定するもの、②契約のプロセスを規律するもの、そして、③紛争の発生に備えるものに大別される。そして、エネスの評釈と同様に、ストフェル－マンクもまた、契約に含まれる種々の要素が①に即して秩序づけられること、そして、①には行為規制が及び得ないことを認める（STOFFEL-MUNCK, n° 3 et 4）。こう解してこそ、不明確概念に基づく司法的規制が抑制され、法的安全が実現されるというのである（id., n° 5）。「法規範による支配を妥当性の考量に委棄してしまえば、確実な将来への備えとはならない」（id., n° 11）と断言するように、ストフェル－マンクは、契約の帰趨を利益衡量に委ねることには強い警戒を示す。

[10]　以上の認識を基礎として、ストフェル－マンクは、契約法における行為規制の効果を次のように論じた。

　従来、信義則は、契約当事者の行為を規制する根拠となると解されてきた。しかし、ストフェル－マンクによれば、誠実に行為することは、契約とは無関係に要請される一般的義務であるから、それに違反した場合のサンクションは、契約ではなく民事責任に基づいて実現されなければならない。そして、このサンクションは、故意の条件（不）成就にみられるような明文規定（旧 1178 条［1304-3 条］）がない限り、フォートによって惹起された損害を回復すること、つまり損害賠償でなければならないという（id., n° 6-8）。

　ところが、本判決は、「契約上の特権」の不誠実な行使に対しては、失権というサンクションが課され得るとした。その基礎づけにつき、ストフェル－マンクは二つの可能性を指摘する。一つは、行為の不誠実性に着目するものであり、いま一つは、契約目的からの逸脱（détournement de fonction）に着目するものである。

　前者は、判例が採用してきた解決である。もっとも、判例は、融通無碍な「誠実性」の観念を援用するにとどまり、不誠実性のゆえに権利の援用が禁じられる理由を解明することには成功していない。これに対して、より堅固な基礎づけの試みとしては、矛盾行為禁止の原則が考慮に値する。ウシエフがそのテーゼにおいて明らかにしたように、先行行為との一貫性を欠く後続

行為の効力は、矛盾行為として否定される[30]。ストフェルーマンクは、少なくとも「契約上の特権」の不誠実な行使という問題に限ってみれば、この原則を適用する解決は、単に誠実性に依拠する基礎づけよりもはるかに優れているという（*id.,* nº 13）。

これに対して、ストフェルーマンク自身は、契約目的からの逸脱に着目する解決をつとに主張していた。契約上の特権が、合意または法律によって与えられたのとは異なる目的をもって行使されたときには、その効果は、合意や法律の存在理由と矛盾しない限度にとどめられなければならない。これは、行為の不誠実性を非難するものではない。だからこそ、そのサンクションは、単なる行為規制とは違って、損害賠償にとどまらないのだとされる（*id.,* rº 12）。

[11] 以上にみたストフェルーマンクの議論の特徴は、二点にある。第一に、契約に対して及ぼされる規制をその対象に即して分類し、当事者の行為を対象とする契約規制は、契約法理ではなく民事責任法理の問題であり、その違反に対するサンクションは損害賠償に限定されるという。第二に、「契約上の特権」の失権が正当化されるのは、それを不誠実に行使するからではなく、契約目的に反して行使するからだとされる。第二点は、契約を一種の規範体系とみて、その階層化を図る前述の構想（**[9]**）の延長上に位置づけることができるであろう。

(2) 異なる構造化原理の可能性

次に、本判決の趣意を汲みつつ、それとは異なる構造化原理によって契約規制の限界を画する二つの議論を採り上げる。一つは、「権利・債務の実質」を「債権」と同視するものであり（(a)）、いま一つは、権利の「内容」と「行使」とを区別するものである（(b)）。

(a) ウシエフ

[12] ウシエフは、本判決が用いた「権利・債務の実質」「契約上の特権」は、エネスの体系書の叙述をそのまま踏襲したものであると理解する。したがって、司法的介入を免れる「権利・債務の実質」とは、エネスが述べ

---

30 矛盾行為禁止の原則に関するウシエフの所説については、さしあたり、山城一真『契約締結過程における正当な信頼——契約形成論の研究』（有斐閣、2014年）363頁を参照。

ていたように「債権それ自体」（[8]）であるとみる。また、「特権」という概念についても、ウシエフは、エネスと同様の立場から、一方の当事者が法律関係の変動についてのイニシアティブを有すること——さらにいえば、その権能を自由に放棄し得ること——にその特徴を見出している（HOUTCIEFF, 24-25）。

　ところで、以上の理解からは、コミュニケがアンセルの所説に言及したことは、「権利・債務の実質」「契約上の特権」との区別を「不必要に複雑」にするものだと批判される。アンセルは、規範としての契約と、その一内容である債権関係とを区別し、前者を契約の拘束力（force obligatoire）、後者を債務内容（contenu obligationnel）と称したうえで、信義誠実の原則を前者に属する問題だとみた。契約当事者の不誠実な行為は、債務不履行をもたらすものではなく、契約の拘束力に対する違反となるのだというのである。本判決が、「誠実義務（obligation de bonne foi）」という語を避け、「合意は信義に従って誠実に履行されなければならないとの準則」との表現をあえて用いた点は、たしかにアンセルの契約理解——規範主義的契約観（conception normativiste du contrat）——に符合する。しかし、本判決は、——ウシエフのみるところではどちらも「債務内容」に属する——「債権」と「契約上の特権」とを対置したものであって、アンセルの分析に沿うものではない（id., 24-25）。

　[13]　それでは、「債権」の内容を害することが許されないとした本判決は、実定法に対してどのような影響を与えるか。ウシエフは、次のように分析する。

　本判決は、実定法の状況を変更するか。ウシエフは、これを否定する。実定法においても、詐欺または重大なフォートを理由として責任制限条項の援用が妨げられた例や、信義に反する解除条項の援用が斥けられた例、さらには、長期にわたる権利不行使の後にした権利行使の効力が制限された例が知られている。本判決は、こうした実定法の立場を覆すものではなく、それらの解決を「契約上の特権の不誠実な行使」という新しい定式のもとに統合しようとしたにすぎない。本判決は、いわば「新しい皮袋に古い葡萄酒を注ぐ[31]（du vieux vin dans une nouvelle outre）」ものである[32]（id., 24）。

31　「古い皮袋に新しい葡萄酒を注ぐ」という故事（マタイによる福音書第9章17節）の逆をあえ

584

　本判決は、契約に対する裁判官の介入を抑制するか。後述のとおり、いわゆる連帯主義の論者はこのことを危惧するが、ウシエフはそうした見方には与しない。本判決の特徴は、契約の拘束力に関する「近代的な」見方（conception « moderne »）を支持する点にある。裁判官の契約改訂権限を否定することは、クラポンヌ運河判決以来の破毀院の立場である。契約の拘束力が、当事者のみならず裁判官をも拘束するのであれば、旧1134条［1103条、1104条］は、全体としては、本判決が示したように解釈されなければならない（id., 24）。

　そればかりか、ウシエフは、「契約上の特権」をめぐる本判決の説示に、むしろ裁判官の権限を取り戻そうという意図をさえ読み取っている。本判決の重要性は、「権利および債務の実質そのものを害することができない」という説示にではなく、「契約上の特権の不誠実な行使を制裁することができる」とした点にある。今日では、契約当事者により多くの権限が認められるようになったことの反面において、裁判官の干渉がますます要請されるようになっている。そのような状況にあって、本判決は、当事者の行為の不誠実性に対してサンクションを課す余地を明言したのだというのである（id., 25）。

　（b）　マンギ＝レスポー

　[14]　ウシエフとは異なる観点から本判決の趣意を汲み取ろうとする議論として、マンギ＝レスポーの所説を指摘することができる。彼らは、契約上の特権の「不誠実な行使」という定式に着目し、本判決を、権利行使に対する規制手法を明らかにしたものとみた。「行使」の規制は、「いかにして履行すべきか」を規律するにすぎない。これに対して、「権利・債務の実質」は「何を履行すべきか」に関わり、だからこそ、そこには司法的規制は及ばない。本判決の意義は、このように、旧1134条3項［1104条］に基づいて新たな債務を創造し、あるいは適法に約された債務を無効化する余地を否定した点にある。契約内容は、あくまで成立時の意思によって形成され、その補充は、旧1135条［1194条］に委ねられるのである（MAINGUY et

---

　　ていうのは、従来の解決を変更するわけではなく、ただその外貌が変わったにすぎないとの評価を述べる趣旨であろう（HOUTCIEFF, 23）。

32　本判決が従来の法状況から隔絶したものではないとする評価は、SAVAUX, 1458 によっても共有されている。

RESPAUD, 34）。

　以上の区別を踏まえたうえで、本判決は、「いかにして履行すべきか」という問題につき、禁じられるべき「不誠実」な権利行使を「悪意（mauvaise foi）」をもってする権利行使に限定した。つまり、本判決は、信義則違反を権利濫用と同視する（id., 34）。契約における誠実性の要請をこのように切り詰められたものとみるべきかは一つの問題であり、次述のとおり、この点に異を唱える論者も少なくない。この問いに対するマンギ＝レスポーの応答は、結局のところ、司法的介入に対する態度決定いかんにかかっているというもののようであるが、彼ら自身としては、信義則論から道徳論的夾雑物を取り除く本判決の態度を評価し、結論としては損害賠償による解決が図られれば足りると論じている（id., 35）。

2　判決に抗う議論

　本判決に批判的な議論が指摘する疑義にも、様々な次元のものがある。ここでは、思想的な含意に向けられたものと（(1)）、法技術的な側面に向けられたもの（(2)）とを区別して考察する。

(1)　思　想

　本判決の思想に対する疑義を示した論者の筆頭には、「連帯主義者」[33] を自認するドゥニ・マゾーを指摘することができる（(a)）。これに加えて、ゴティエの分析にも、同様の視点に基づく疑念が含まれている（(b)）。

(a)　マゾー

　[15]　マゾーは、その評釈のほか、筆名で記した『ダローズ選集』誌の巻頭言において[34]、本判決が信義則の適用に対して厳格な態度を採ったとの見方を示した。彼の議論は、ウシエフのそれとあたかも対照をなしている。

　第一に、マゾーは、本判決によって、旧1134条１項［1103条］と同条３項［1104条］との間にヒエラルヒーが形成されたとみる。契約の履行段階における不誠実な権利行使に対しては、旧1134条３項［1104条］に基づく

33　マゾーの連帯主義につき、金山直樹『現代における契約と給付』（有斐閣、2013年）７頁以下を参照。

34　F. ROME, *Contrat et bonne foi : l'été sera froid...*, D. 2007, p. 2017.

サンクションが課される余地があるけれども、同条1項［1103条］があることにより、その内容は契約の改訂には及ばないというのが、本判決の帰結である。かくして、信義則が契約の拘束力によって犠牲にされたというのが、彼の評価である。先述のとおり、本判決の前提にある信義則の定義が限定的なものであることも（[14]）、こうした評価に拍車をかけている（MAZEAUD, 1113）。

第二に、マゾーは、従来、司法的改訂の根拠が旧1134条3項［1104条］に求められてきたことに言及しつつ、債務内容の修正可能性を否定した本判決は、こうした流れに反して信義則の適用領域を限定したものだとみる。本判決は、「不予見を理由とする改訂の根拠を民法典1134条3項のなかに見出そうという希望をもつ者に対して、ついに弔鐘を鳴らしたもの」（ROME, loc. cit.）だというのである。

不予見を理由とする契約改訂に関して、マゾーが具体的に問題としたのは、本判決と破毀院商事部1992年11月3日判決（いわゆるユアール判決）との整合性であった[35]。ユアール判決は、信義則を根拠として契約当事者に再交渉を義務づけたものとみられてきた。ところが、本判決が示すように、信義則によっては債務内容の変更を基礎づけ得ないとすれば、信義則を根拠として再交渉を義務づける余地も失われることとなりかねない。彼は、このように、本判決の射程を一般化して捉え、それが契約の司法的改訂の許否をめぐる議論に対して与える影響を強く危惧したのである。

不予見を理由とする契約の改訂との関係で本判決をどのように評価すべきかは、多くの評者の関心を惹いたようにみえる。たとえば、サヴォーは、「失権」に至らない「修正」もなお「権利・債務の実質を害する」かと問い、本判決の論旨による限り、契約内容の修正もまた否定されるはずだとの見通しを示す（SAVAUX, 1457）。しかし、これに対しては、再交渉義務を認めた諸判決においては、相手方の窮状を認識しながら合意したとおりに契約を履行しなかったことが問題とされていたのであって、本件とは異なり、まさに合意が履行されるよう促すために誠実な行為が要求されたのだと指摘する論

---

[35]　同判決につき、小林和子「契約法における理由提示義務（1）」一法4巻2号（2005年）517頁以下、石川博康『再交渉義務の理論』（有斐閣、2011年）272頁以下を参照。

者もみられる（MAINGUY et RESPAUD, 34）。

　（b）　ゴティエ

　[16]　ゴティエもまた、「権利・債務の実質」を害する失権が認められないとした本判決の立場は厳格に過ぎるとみた。彼は、本判決の批判を通じて、濫用的な権利行使のサンクションを民事責任法理に委ねたストフェル－マンクの議論に疑義を向ける。契約は、経済活動の基礎となるだけではなく、道徳的価値に適った行為でもなければならない（GAUTIER, nº 5 et 6）。行為の誠実性を命ずる規範をすべて民事責任法の領域に放逐するという解決は、民法典に規定されていないばかりか、「法務官は、悪意をもってされた合意の履行を命じない」とされたローマ法以来の法観念にも反する。そしてまた、従来の判例も契約における道徳性を重視してきたのであり、本判決の構想に従うと、多くの領域において判例変更の必要が生じるのではないかとの危惧を示している（*id.*, nº 9）。

　以上の理解に基づき、ゴティエは、濫用的な権利行使に対するサンクションとしては、現実賠償（réparation en nature）の可能性を認めなければならないという。この解決を旧1134条1項［1103条］110と3項［1104条］の解釈として読み込むためには、二つの方法が考えられる。第一は、1134条3項によって、同条1項が覆されるとするものである。これによると、自らのフォートによって相手方を害する事態を生じさせ、その正当な予見を裏切ったときは、一種の履行拒絶権として、契約上の債務の強制が否定されることとなる。これに対して、第二は、1134条3項によって、同条1項が強化・補完されるとするものである。適法に形成された合意が拘束力をもつのは、それが誠実に履行される限りにおいてであるとみて、信義則は、契約の外で当事者の行為を規制するにとどまらず、まさに契約の内容それ自体を規制すると考えるのである（*id.*, nº 7 et 8）。ゴティエ自身は、簡明かつ論理的であるとの理由から、第二の行き方を支持している。

　(2)　法技術

　本判決に対する異論のすべてが、思想としての連帯主義に基づくわけではない。法技術的側面に向けられた異論は、いわゆる自由主義的な視点からも提出された。ここでは、マンギ＝レスポー（(a)）、ルケット（(b)）によって

示された疑義を確認する。

　(a)　マンギ＝レスポー

　[7]　法技術的な観点からの疑問として最も重要なのは、本判決が示した「権利・債務の実質」と「契約上の特権」との区別の適否そのものに向けられた疑義であろう。実際にも、両者の区別が困難であることは、——判決それ自体には肯定的な論者を含めて——ほとんどの評者が認めている (*v.* LEVENEUR, 15 ; SAVAUX, 1456)。この点について、最もまとまった分析を示すマンギ＝レスポーの評釈を再びみよう。

　マンギ＝レスポーは、二つのレベルの疑義を示す (MAINGUY et RESPAUD, 33)。第一に、「権利・債務の実質」と「契約上の特権」の区別可能性に対する疑義である。彼らは、「権利・債務の実質」とは、債権それ自体の「核心」、つまり「契約のエコノミー」であり、「契約上の特権」とは、それに付随する各種の権利であると理解する。けれども、先にも確認したとおり、「特権」という概念は、権利それ自体をも包含するから ([6])、そのなかから付随的な権利に格下げされるものを識別することは、概念の定義自体からは困難である。第二に、かりに区別が可能であるとしても、その適用には困難が予想される。本判決が契約のエコノミーを損なう司法的規制を否定したものであるとしても、何がそこに含まれるかは示されていない。その規範命題の一般性に照らしていえば、本判決は、およそすべての債権・債務に対する規制を否定するようにもみえる。

　こうした疑義を示したうえで、マンギ＝レスポーは、本判決の規範命題に対する疑問を三点に約言する (*id.,* 34)。第一に、「権利・債務の実質」と「契約上の特権」の区別は理論的に過ぎ、信義則による契約規制という問題に対応するには切り詰められ過ぎている。第二に、本判決は、もっぱら契約から生じる債権・債務に着目するが、契約の効果は債権関係の発生に尽きない。信義則の問題は、契約全体との関係において考察されなければない。そして、第三に、裁判官による規制の可能性を制限することは、信義則のような柔軟な概念 (notion élastique) の存在意義を失わせる過度にドグマティックな契約観である。かくして、彼らは、先述のとおり ([14])、本判決の意義を「不誠実な行使」に対する規制を正当化する点に見出したのである。

（b）　ルケット

[18]　ルケットは、適法に合意された契約に基づいて生じる債権の行使が濫用的であると評価される場合は、例外的ながらも存在すると論じた（Grands arrêts, nº 7）。その例証として彼が指摘するのは、ポー控訴院 1973 年 2 月 15 日判決である[36]。

本件は、販売者と石油供給会社との間での供給契約の解消に際して、石油供給会社が、販売者に対して、1875 条に基づき、設置されたガソリンタンクの返還を求めた事案であった。この請求に対して、販売者は、ガソリンタンクを取り外して返還するのには過分の費用を要するとして、新品のガソリンタンクの返還を申し出た。ところが、石油供給会社は、あくまでも自らが設置したガソリンタンクの返還に固執した。以上の事実関係において、控訴院は、「自らが利益を得ないにもかかわらず他者に対して損失を加える方法を選ぶことは、害意の存在を推定させる」として、ガソリンタンクの返還を求めた石油供給会社の請求を権利濫用として斥けた。

こうした実例に基づき、ルケットは、契約の実質をなす権利の行使だからといって、債権者に極度の不誠実さが認められるときにまで信義則による規制が及ばないと解すべき理由はないとし、「履行段階における誠実性という口実で、目的の達成に有用な程度に比して著しく不均衡な犠牲を債務者に強いるときは」、債権者は信義に従う義務に違反することとなると説く[37]。このような態度こそが、無辺大に拡がる信義則論と、超自由主義的な契約論との中庸に位置するものだというのである（id., nº 7）。

以上のとおり、ルケットは、履行請求権の貫徹が否定されるべき場合があることを根拠として、「権利・債務の実質」に対しても規制が及び得ることの例証とみた。もっとも、このような理解に対しては、債権者が得る利益に比して不相当に過大な負担を債務者に課することをもって履行請求権の限界事由とみること自体は[38]、債権の内容の変更をもたらすわけではないから、

36　Pau 15 février 1973, JCP 1973. II. 17584, note J. B. ; RTD civ. 1974, p. 152, obs. G. DURRY.

37　Fr. TERRÉ, Ph. SIMLER et Y. LEQUETTE, *Les obligations*, 11ᵉ éd., Dalloz, 2013, nº 440, p. 489.

38　なお、2016 年の契約法改正は、この解決を明示的に採用した（1221 条）。ルケットによれば、本条の創設により、本判決がもつ意義は（少なくとも部分的には）否定されたことになるのであ

本判決によってもそのような解決が否定されたわけではない——その意味で、履行請求権は「契約上の特権」に属する（[6]）——との応接が可能であるかもしれない。

Ⅳ　結びに代えて——何が問題か？

[19]　本判決が用いた定式が一義的なものではなく、しかも、その射程が契約観の表白を迫るほどにまで広汎に及ぶものであったため、本判決について安定した評価を語ることは難しい。とはいえ、本判決が、信義則による契約規制の限界という問題を提起したこと、そして、それをめぐって肯否を二分しつつ契約規制の根拠論が展開されたことは確かである。本稿の結びとして、本判決が示した二つの規範命題に即して議論を整理し、今後の検討課題に対する暫定的な見通しを示したい。

1　「権利・債務の実質」に対する規制の拒絶
（1）　規制が及ばないことの根拠
[20]　本判決によって信義則による規制を及ぼし得ないものとされた「権利・債務の実質」とは、何を意味するのであろうか。この点については、二つの理解がみられた。

第一は、契約に基づいて発生する債務はすべてこれに該当するとみるものである。コミュニケが指摘したように（[5]）、「権利・債務の実質」をアンセルがいう意味での「債務内容」に引きつけて理解するときには、こうした見方が前提とされる。

これに対して、第二は、契約の「核心」部分に対する規制が否定されるとみるものである。これに従うならば、債務内容を構成する要素のすべてが「権利・債務の実質」に当たるとはいえない可能性がある。債務内容の一部ではあるけれども、当該契約の「要素」とはいえないものは、少なくとも理論的には「契約上の特権」と位置づけられる余地があるものと推察される。

以上の二つの理解は、いずれも「契約内容」が「債権関係」に還元され得ろう。

ないことを前提とする。第一の理解も、契約による規制が許される部分——「契約上の特権」——が存在するという以上、契約内容に債権以外のものが含まれることは認めている。そのうえで、第二の理解は、債権のなかにも、契約の核心に関わるか否かに従った区別が成り立ち得ることを示唆する。このように整理するならば、契約内容を構成する種々の要素を論定し、そのなかで「債権」が占める位置づけを明らかにすることこそが、まずもって試みられるべきであろう[39]。

(2) 及ぼすことができない規制

[21]　本判決は、「権利・債務の実質」につき、信義則に基づく司法的改訂の可能性を否定したものであろうか。事情変更を理由とする契約改訂については、2016年の契約法改正によって立法的対応が図られたため（1195条）、この問題との関係で本判決の射程を問うことの実践的意義は薄れたといえる[40]。しかし、司法的改訂の理論的根拠を明らかにすること自体は、新規定の解釈を方向づけるためにも意味をもつであろう。

この点については、賛否は措いても、本判決が信義則を根拠とする司法的改訂に否定的な立場を採ったという認識が、多くの評者によって共有されていた。不予見による契約改訂の根拠が一般に旧1134条3項［1104条］に求められてきたことを想起すれば、本判決の態度決定は、たしかに重大なものであろう。とはいえ、信義則による司法的改訂を否定する論者も、信義則以外の原理に基づく司法的規制の余地を否定したわけではない。エネス（ら）もまた、旧1135条［1194条］によって、当事者が明示的な取決めをしなかった事情変更に対応する余地は否定しない[41]。問われているのは、損害賠償

39　この点を検証する際には、契約の「核心」が「給付の交換」と換言された（[8]）ことにも注意が払われるべきであろう。「契約」への着目は、必ずしも「債権」や「給付」といった概念の存在意義を否定するものではない。

40　なお、本稿の校正時に、債務法改正オルドナンスの追認法律案に関する立法論議に接した。その過程で、1195条については、元老院が裁判官による契約改訂権限を否定すべきことを提案したのに対して、国民議会がこの修正提案の削除を提案するという応酬がみられた。したがって、この注記を執筆している時点においては、本文に述べたように断定することはできなくなっている。

41　MALAURIE, AYNÈS et STOFFEL-MUNCK, *loc. cit.*［note 22］は、先に引用した叙述（[8]）に続いて、「再交渉義務または契約改訂義務は、各当事者の黙示的な義務からの帰結なのであり、これは、長期間契約における相互の義務の当然の帰結（1135条）の一つである」と論じていた。

請求権の発生や権利行使の制限を超えて、契約の「改訂」という効果を基礎づけるために信義則を援用することが適切であるか否かだといえよう。

なお、本判決は、「適法に合意された」とはいえない契約に対して成立段階のコントロールを及ぼす余地を否定するものではない（[4]）。したがって、契約締結段階における行為に不誠実性が認められるときには、情報提供義務違反の法的評価等を通じて、契約の有効性を否定する——それによって、債務内容を否定する——サンクションが課され得ることとなる[42]。

[22]　本判決は、「権利・債務の実質」と矛盾するサンクションの可能性を否定したものであって、権利行使の不誠実性を理由として損害賠償請求権が発生する可能性を否定したものではない。けれども、損害賠償も、その内容によっては権利・債務の実質を奪うものとなり得る。たとえば、ゴティエが論じたように、現実賠償の一方法として失権を認めるならば、それによって権利・債務の実質は害されることとなろう。のみならず、金銭賠償によって債務内容が実質的に縮減される場合があることにも注意が必要である（SAVAUX, 1456）。本判決の趣旨を推し及ぼせば、そのような金銭賠償の可能性もまた否定されることになろうが、このこともまた、従来の判例によって採用されてきた解決との整合性に対する疑義を生じさせる[43]。

2　「契約上の特権」に対する規制の承認
(1)　規制が及ぶことの根拠
[23]　以上に対して、「契約上の特権」に対しては司法的規制を及ぼすことができるのは、なぜであろうか。評釈は、「契約上の特権」に二つの特徴

なお、2016 年改正において、事情変更を理由とする契約改訂に関する規定（1195 条）が旧 1135 条に相当する規定（1194 条）と並置されたことも、こうした解決の方向性を支持するようにみえる。

[42]　以上のように、「契約は、誠実に、交渉し、成立させ、履行しなければならない」という定式を採用した 1104 条 1 項のもとでも、誠実性の要請は、交渉・成立の段階と履行の段階とでは異なる意味をもつこととなろう。このことは、précontractuel な段階に属する交渉・成立については、契約規範の不可侵性の要請が作用しないことによって正当化されると考えられる。

[43]　たとえば、いわゆるマクロン判決（破毀院商事部 1997 年 6 月 17 日判決）は、保証人による損害賠償請求を認容することによって、保証債務の減免的処理の可能性を開いた例として知られる。本判決につき、大澤慎太郎「フランスにおける保証人の保護に関する法律の生成と展開（2）」早比 42 巻 2 号（2009 年）64 頁以下を参照。

を与えていた。

第一は、付随的な権利であることである。この定義は、契約内容から実質的（substantiel）ではない部分を控除することによって成り立つものだから、「契約上の特権」の内容は、結局、「権利・債務の実質」の内容に依存して決せられることとなろう[44]。

これに対して、第二は、法律関係の変動を一方的に生じさせる権能であることである。この側面からみれば、契約上の特権に対する規制は、一方性（unilatéralité）ないし随意性（potestativité）に由来する規制法理の一環として論じられなければならない。

(2) 及ぼすことができる規制

[24] 本判決は、以上のような性格を有する「契約上の特権」の「不誠実な行使」に対する司法的規制の可能性を認めた。ところで、そこにいわれる「(不)誠実」性とは、当事者が誠実に行動すべきことを積極的に命じるものではなく、特権の濫用的な行使を禁じるものであった。このように、契約の規制原理としての信義則の射程を限定し、これを権利濫用の規制に還元すべきかは問題であるが、この問いへの応接は、行為規制の効果としての失権をどのように基礎づけるかによって方向づけられよう。ストフェル－マンクにならっていえば（[10]）、大別して二つのアプローチがある。

第一は、行為の態様に着目するものである。この見地からは、信義則による規制を濫用規制に限定することは必然ではない。濫用は、非難されるべき行為態様の一つであるにすぎないからである。もっとも、子細にみれば、この見解のなかにはいくつかの異なる視点が見出される。一方では、行為の誠実性の要請を道徳的価値（humanisme contractuel）によって正当化しようとするマゾーの議論がある[45]。その成否の検証は、いわゆる連帯主義の契約観の実践可能性を現実の素材に即して問うことを求めよう。これに対しては、他方で、より堅固な法的基礎を求めて、ウシエフらによって展開されてきた矛

---

[44] 先に注記したとおり（注39）、契約の「核心」が「給付の交換」とも表現されることと対比するならば、「契約上の特権」のメルクマールは、それが契約によって実現される経済的作用を表象しないことに求められているともいえるであろう。

[45] D. MAZEAUD, *La politique contractuelle de la cour de cassation, in : Mélanges Ph. JESTAZ,* Dalloz, 2006, p. 371, 382.

盾行為禁止の原則を深化する方向性が示唆されていた。

第二は、行為の目的に着目するものである。ストフェル－マンクは、失権が認められる根拠を、その権利が契約それ自体の目的に反して行使されたことに求めた。この見地からは、信義則による失権は、——契約目的からの逸脱という意味での——濫用を規制する法理の具体化とみられることとなるが、このような構想の成否は、契約を一種の規範体系と捉える視点から濫用規制論を構築した彼の議論を追尋しなければ論じ得ないであろう。

*　*
*

以上、甚だまとまりを欠くかたちで今後の課題とみるべき点を挙示してきたが、本稿における当面の考察としては、本判決が、まさにその適条に象徴されるように、多様な脈絡の交点に位置するものであったことを確認することをもって満足するほかない。本判決が登場するに至るまでの議論の脈絡をたどりながら上記の諸問題を解明していくことが、フランス法に即して主題に対する理解を深めるために不可欠の作業となると考える。

『不実表示法──ヘドレイ・バーン対 ヘラーから 50 年を経て──』[1] 論集の紹介
──理論編──

新 堂 明 子

> はじめに
> I　ヘドレイ・バーン対ヘラー
> II　問題の所在
> III　理論
> おわりに

はじめに

　2013 年、ヘドレイ・バーン対ヘラー貴族院判決[2] は 50 周年記念を迎えた。同判決は、20 世紀のイギリス私法における主要な画期的事件（ランドマーク）の 1 つであり、コモンウェルス法圏諸国において、その考え方に多大な影響を与え続けている。

　同判決の意義を再検討すべく、表題の論集は編集された。同論集は、コモン・ロー法圏（英、米、ニュー・ジーランド、加、豪）における不法行為法等の専門家による論文集であり、問題の所在に始まり、第 1 に、「歴史、概念および理論」の観点から、第 2 に、「責任の交錯および分配」の観点から、第 3 に、比較法の観点から、同判決の意義を再検討している。

　本稿は同論集の各論文を紹介し、コモンウェルス法圏における不実表示法を概観することとする。前段落にいう 3 つの観点は相補的であって、機械的

1　K Barker, R Grantham and W Swain (eds), *The Law of Misstatements, 50 Years on from Hedley Byrne v Heller* (Oxford and Portland, Oregon, Hart Publishing, 2015) (*'The Law of Misstatement'*).

2　*Hedley Byrne & Co Ltd v Heller & Partners Ltd* [1964] AC 465 (HL) (*'Hedley Byrne'*).

に分けられるものではないが、紙幅の関係で、問題の所在についての論文と、最初のパートの論文のうち、歴史を扱った1つを除き、理論を扱った残りの3つを紹介することとする。

なお、各論文は判例を検討しており、本来ならば、これらの検討をこちらで検証したうえで紹介する必要があるが、紙幅の関係で、この検証も省略する。

I　ヘドレイ・バーン対ヘラー

論文の紹介の前に、まず、ヘドレイ・バーン対ヘラーを紹介する。

1　事実

(1)　ヘドレイ・バーン有限会社（原告、控訴人、上告人）は広告代理会社である（「原告会社」）。この原告会社は、ナショナル・プロヴィンシャル銀行有限会社（「N・P銀行」）の顧客である。

ヘラー有限組合（被告、被控訴人、被上告人）は商業銀行である（「被告銀行」）。この被告銀行は、電気製品製造業者であるイージーパワー有限会社（「E会社」）の取引銀行である。

(2)　原告会社は、E会社のために、テレビ広告の時間をテレビ会社に対し、新聞広告のスペースを新聞会社に対し、発注しようとした。なお、原告会社とE会社との間では、掛け売り（代金後払）が条件とされており（on credit terms）、他方、原告会社とテレビ会社および新聞会社との間では、前者が後者に対し個人責任を負うとされていた。

(3)　これに先だって、原告会社は、N・P銀行を通じ、被告銀行に対し、E会社の信用情報を2度にわたって照会している。

まず、原告会社は、E会社が£8,000〜9,000の広告契約をするだけの信用状態にあるかについて照会した。これに対し、被告銀行は、1958年8月21日、「親展（confidential）」、「御社の私的利用の目的、そして、弊行およびその支配人の側の免責」との記載の下に、E会社の信用状態は十分であり、通常のビジネス上の債務の履行に関し良好な状態であるといった内容の信用証

明書（reference）を送付した。

　再度、原告会社は、E 会社が £100,000 までの広告契約をするだけの信用状態にあるかについて照会した。これに対し、被告銀行は、1958 年 11 月 11 日、「親展」、「御社の私的利用の目的、そして、弊行およびその役員の側の免責」との記載の下に、E 会社の信用状態は十分であり、普通のビジネス上の債務の履行に関し良好な状態だが、御社が挙げた数字（£100,000）は弊行が見慣れているものよりも大きいものだといった内容の信用証明書を送付した。

　(4)　原告会社は、これらの表示を信頼した結果、E 会社倒産時に、£17,661 余を失った。そこで、原告会社は、被告銀行に対し、注意義務違反による損害賠償請求をした。

　事実審のマクネア判事は、被告銀行に過失はあるが、被告銀行に注意義務を認めることはできないと判示した（被告銀行勝訴。1960 年 12 月 20 日）。控訴審も同様に、本件では、被告銀行に注意義務を認めることはできず、したがって、事実審が被告銀行に過失があったと認定したことの正否を考慮する必要はないと判示した（被告銀行勝訴。1961 年 10 月 18 日）。しかし、貴族院は控訴審と異なり、過失不実表示による純粋経済損失の事例で注意義務を認めることもありうると判示した。しかし、本件では、明示の免責条項があるために、被告銀行に注意義務を認めることはできないと判示した（被告銀行勝訴。1963 年 5 月 28 日）。

2　先例[3]

　(1)　貴族院は、デリー対ピーク[4] で、詐欺不実表示（fraudulent misstatement）[5] による詐欺不法行為責任（liability for fraud/deceit）を認めたが、過失不実表示（negligent misstatement）による過失不法行為責任（negligence）を認めなかっ

3　E Peel and J Goudkamp, *Winfield and Jolowicz on Tort* (19th ed, Sweet & Maxwell, 2014) para 12-023 ('*Winfield & Jolowicz*') を参照した。

4　*Derry v Peek* (1889) 14 App Cas 337 (HL).

5　この詐欺とは、表示が誤っているもしくは誤っているかもしれないと知っていること、または少なくとも表示が真実であるという確信が少しもないことを意味する。日本法にいう故意と同様の意味をもつと考えられる。

た。

それ以来、貴族院は、この判決を広く解し始め、不実表示による不法行為責任は、不実表示が詐欺によるものでない限り、認められ得ないと判示するまでになった。

(2)　しかし、貴族院自身、ノクトン対アシュバートン卿[6]で、デリー対ピークはすべての形式の責任を規定してきたわけでなく、詐欺責任のみを規定してきただけだと指摘している。コモン・ローの意味での「不誠実な(dishonest)」助言については、契約責任もありうるし、信任関係(fiduciary relationship)が存在する場合にはエクイティ責任もありうる、すなわち、不実表示について、詐欺がなくても、つまり、不実であるとの認識がなくても、契約責任や信任責任が認められうる、としたのである。

(3)　その50年後、貴族院は、ヘドレイ・バーンで、ノクトン対アシュバートン卿に依拠できることを判示した。すなわち、デリー対ピークは詐欺責任のみを規定する一方、表示をすることについての注意義務が存在し、その義務違反に基づき過失責任を認めることがあると明示した。

3　判決[7]

貴族院は、第1に、純粋経済損失をもたらす過失不実表示に関して注意義務に生じうるか、第2に、本件では注意義務が生じたか、第3に、「免責」との記載が責任を排除するのに十分であったか、について判断している。貴族院は、満場一致で、第1の点については、純粋経済損失をもたらす過失不実表示に関して注意義務が生じうると判示し、第3の点については、「免責」は責任を排除するのに有効であったと判示した[8]。

第1の点についての各卿の理由づけはいささか異なっている。

まず、全卿が、ダナヒュー対スティーヴンソン[9]における近隣性

6　*Nocton v Lord Ashburton* [1914] AC 932 (HL).

7　P Mitchell, *'Hedley Byrne & Co Ltd v Heller & Partners Ltd* (1963)' in C Mitchell and P Mitchell (eds), *Landmark Cases in the Law of Tort* (Oxford and Portland, Oregon, Hart Publishing, 2010) 175-180 を参照した。

8　第2の点については、モリス卿とホドソン卿が、かりに免責条項がなかったとしても、注意義務は生じなかったであろうとして否定したのに対して、デヴリン卿は肯定し、リード卿とピアス卿はどちらとも述べなかった。

（neighbourhood）ないし近接性（proximity）の原則を単純に適用して解決する問題でないことを認めている。それでは、この原則に加えて、あるいは、この原則に代えて、どのような要件を課して注意義務を認めるのであろうか。

(1) リード卿は、過失不実表示一般に対して訴訟原因（cause of action）が認められることはないが、表示者が明示または黙示に何らかの責任を引き受けていた場合（undertake responsibility）を要件として訴訟原因が認められるとした[10]。

(2) モリス卿は、契約または信任関係が存在する場合（上記2(2)参照）以外にも、一方が他方に対して、意思によりまたは無償で（voluntarily or gratuitously）、何かを行うことを引き受け（undertake to do something）、合理的な注意をする義務を負う場合が多々あろうとする。同卿はこれを敷衍して、一方の者（「A」）が自らの職業（calling）に要求されるスキルと判断力を行使して作成した書類を発行し、かつその書類が正確だと他方の者（「B」）が信頼するであろうことをAが知っているか、そのように意図している場合がこのような注意義務を負う場合に該当するとした[11]。

(3) ホドソン卿は、モリス卿やリード卿と少し異なり、自らを特別のスキルを有する者だと言った者は、信任関係がなくても（上記2(2)参照）、合理的な注意をする義務が課されるとした[12]。

(4) ピアス卿は、モリス卿とホドソン卿とを合わせ、ある者が自らを職

9　*Donoghue v Stevenson*［1932］AC 562（HL）.
　　製造業者が不透明なボトルに入れたジンジャー・ビールを小売業者に販売した。小売業者はこれをAに再販売し、Aはこれを若い女性に供した。彼女は、このビールには蝸牛の残骸が入っており、これは工場の中で入ったこと、彼女がこのビールを飲んだ結果、深刻な病気に罹ったことを主張して、製造業者をネグリジェンスで訴えた。
　　アトキン卿は、注意義務の成立要件となる近隣原則（neighbour principle）（ないし近接性）をつぎのように説明する。あなた（被告）はあなたの隣人を傷つける可能性があることを合理的に予見できるような行為（作為および不作為）を回避するために合理的な注意をしなければならない。この隣人とは、私（被告）の行為によって近接的にかつ直接的に（closely and directly）影響を受ける者のことであり、私が問題の行為（不法行為）をするために私の意思を決定する時点で、私の予想の中にそのように影響を受ける者として彼らのことを考えておくのが合理的であるような者のことである。
　　Winfield & Jolowicz（n 3）para 5-015.
10　*Hedley Byrne*（n 2）483.
11　ibid 497.
12　ibid 510.

業、職または専門的職業（calling or situation or profession）に就く者だと言って、その職業等の範囲内の仕事を引き受ける場合には（take on a task）、その者はスキルを用い、そして注意をする義務を負うとした[13]。

(5)　デヴリン卿は、まず、行為（deed）と同じく表示（word）に関して注意をする義務を生じさせる特別な関係（special relationships）のカテゴリは、契約関係または信任関係に限られず（上記2(2)参照）、「契約と同等の（equivalent to contract）」関係、すなわち、約因の欠缺がなければ契約があったであろう状況において、責任の引受け（an assumption of responsibility）があった場合も含まれるとする[14]。そして、同卿は他卿に反対して、特定の人に対し、または、特定の種類の状況において、責任は、法によって課されるもの（be imposed by law）ではなく、意思によって引き受けられるもの（be voluntarily accepted or undertaken）であるとする[15]。しかし、この意思による引受けの点を除けば、同卿は他卿の主張するすべての要件を採用する用意があるとする[16]。つまり、法によって課される責任か、意思によって引き受けられる責任かは異なる、しかし、その内容は重なる、ということである。

　このように各卿が各様の判示をしたため、注意義務の具体的な成立要件だけでなく、過失不実表示責任の基礎理論に関して論争が論争を呼ぶ事態と化すことになる。

II　問題の所在

1　イントロダクション

　本論集の最初に、本論集の編者の1人、バーカー教授の論文が収録されている（K・バーカー[17]「ヘドレイ・バーン対ヘラー：21世紀初頭の問題」[18]）。同教授は後続論文を分類し概説する前に、イントロダクションとして、ヘドレイ・バ

13　ibid 538.

14　ibid 528-529.

15　ibid 529.

16　ibid 529-530.

17　Professor of Law at the TC Beirne School of Law, The University of Queensland, Australia.

18　K Barker, '*Hedley Byrne v Heller*: Issues at the Beginning of the Twenty-First Century' in *The Law of Misstatement* (n 1) 3-26.

ーンから現在に至るまでの、不実表示責任の内容の変化（(1)）、イデオロギーの変化と学説の対立（(2)）、不実表示責任の法源および概念（(3)）について検討している。

(1) 不実表示責任の内容の変化

ヘドレイ・バーン以来、経済的損失に関する不法行為責任、とりわけ不実表示責任は、より広範囲化し、しかし、より不明確化し、より複雑なものとなっていった。

(2) イデオロギーの変化と学説の対立

これに対して、不法行為責任は、はるかに行き過ぎのところまで認められるにようになり、社会厚生（social welfare）に対して害を与える潜在的可能性もあるとする見方が出てくるようになった。不法行為責任は、保険市場や情報市場の生存能力を衰えさせ、被告に対し不正に不均衡かつ圧倒的な責任を負わせ、原告自らが自らの経済的利益を守るインセンティヴを失わせることによって、社会厚生に対して害を与えるかもしれない、というのである。ヘドレイ・バーンの時代に普及していた社会厚生の仮定は現在のより厳しい保守的な時代において疑問視されたのである[19]。

このように、ここ数十年の間に、現代の社会状況の変化に駆り立てられ、ネグリジェンス法の中で、またその周辺で、イデオロギーが変化してきた。この新しいイデオロギーは保守主義的（conservative）なものである。この新しい保守主義は、近頃のR・スティーヴンス教授のような「権利」論者の基本方針として受け入れられている[20]。この新しいイデオロギーに対して、本論集の寄稿者の何人かは、この厚生主義（welfarism）から市場意思メカニズム（mechanisms of market voluntarism）への変化を残念に思うと述べ、他の何人かは、この変化を歓迎するとともに、より急進的であるべしと主張する[21]。

さらに話を進めると、直近のグローバルな金融危機（リーマン・ショック

19　ibid 4-5.
20　R Stevens, *Torts and Rights* (Oxford University Press, 2007).
　　能力の関係から、スティーヴンス教授の権利論と、契約に基礎を求める理論の関係を検討することができない。後日検討することとしたい。
　　権利論については、後掲ロバートソン＝ワング論文（後掲注33）、後掲ビーヴァー論文（後掲注45）で概説する。
21　バーカー教授はここで後掲キャンベル論文、後掲ビーヴァー論文を引用する。

602

（2008年9月））の原因の少なくとも1つは、民間融資制度（private financial ordering）の規制緩和にあったということができる。こうした理解によれば、会計士、監査役、弁護士のような助言者は、市場の失敗を管理するため、より注意を集中させ、より積極的な役割を果たすべきだと主張されることになる。このアプローチでは、情報の探知および開示の効率的な実現を誘引するため、厳格な不法行為の規定（rule）が必要であるとされるし、契約または契約に近い関係がある場合にだけ責任を制限するのは反直感的なこととなる。

　しかしながら、このような壊滅的失敗の真の社会費用は、情報の効率的な利用という理由により、個人に対し不法行為責任を課すという前段落の考え方の範囲内におさまるものではなく、これを負うべき個人の能力をはるかに超えている。そして、個人に対し圧倒的責任を課すこと自体も、予見不能で望ましくない社会的影響を伴うこととなる[22]。

(3)　不実表示責任の法源（source）および概念（concept）

　現在の不実表示法は複雑で不明確なものである。

　これは1つには、契約上、不法行為上、エクイティ上、そして、制定法上の原則（principles）が重なり合っている（overlapping）ことに原因がある。「法源の多数性（proliferation）」、「法源の調整（co-ordination）」とも呼べる問題である。

　また、より根本的な概念上および学説上の混乱も、現在の不実表示法の不明確性の原因である。「責任の引受け」や「信頼」の概念のことである[23]。

2　概念、分類法および基礎理論（Foundational Theory）

　バーカー教授は、後続論文のために、過失不実表示責任に関して契約にその基礎を求める理論（(1)）と不法行為法にその基礎を求める理論（(2)）との差異についてあらかじめまとめている。なお、教授自身は後者を支持している。

22　Barker (n 18) 6-7.
23　it id 7-8.

(1)　合意によって成立する私的秩序としての不実表示責任

不実表示事例において原告の訴訟を支える原告の直接的権利（ないし絶対的権利（primary right））は、被告自身の意思または同意だと信じる者は、契約に基礎を求める理論に属し、被告の側の原告に対する「意思による責任の引受け」がある場合にだけ、注意義務が生じると論じる傾向にある。彼らは、ヘドレイ・バーンのような事例における原告と被告の関係が、形式の整った（約因の伴った）契約関係や「プリヴィティ（契約当事者間関係）に近い」当事者どうし（'near-privity' of the parties）に近似することを強調する。その結果、責任の引受け事例を、それ以外の事例から区別し、責任の引受けを、不法行為一般における注意義務の要件たる「近接性」ないし「近隣性」の単なる例として吸収するのは不適切だと主張する。

このように解する者にとっては、義務が生じる理由は、法が、原告に対して、経済的利益の保護を求める直接的権利を認めるという選択をしたことにあるのではない。被告自身が、原告に対して、そのような権利を授けるために意思決定をしたことにあるのである。

これは古典派、契約主義者、形式主義者の債務のモデル（classical, contractarian, formalist model of obligation）であり、私的自治（autonomous private ordering）の価値に焦点を合わせるものである。この理論は、プラグマティックな、被告に責任を課すことが被告または市場に対して与える影響に関わる「法政策的問題（policy concerns）」を考慮から除外する[24]。

彼らの多くは、E・ワインリブ教授の矯正的正義をきっかけに、このように考えるに至った[25, 26]。

---

[24]　ibid 12-13.

[25]　E Weinrib, *The Idea of Private Law* (Oxford University Press, 1995, revised edition with new preface first published in 2012).

　能力の関係から、ワインリブ教授の矯正的正義と、契約に基礎を求める理論の関係を検討することができない。後日検討することとしたい。

　ワインリブ教授の矯正的正義については、吉田邦彦「法的思考・実践的推論と不法行為「訴訟」——アメリカ法解釈論の新たな動きを求めて——」『民法解釈学と揺れ動く所有論（民法理論研究第1巻）』（2000年）214頁以下、228頁以下、浅野有紀「不法行為法と矯正的正義——J・コールマンとE・ワインリブの理論を手がかりに——」論叢136巻1号（1994年）32頁以下、137巻4号（1995年）42頁以下などを参照のこと。

[26]　Barker (n 18) 12-15.

後掲ビーヴァー論文によって強く主張される見方である。

(2) 公的秩序（裁判所）によって課される義務としての不実表示責任

契約に基礎を求める理論の対極にあるのは、不法行為法に基礎を求める理論である。不実表示事例、あるいは経済損失事例一般における義務は当事者の意思と何の関係もない——すべての不法「行為」は意思によるものであるとの意味以上には——と信じる者にとっては、過失不実表示事例は、原則として、それ以外の過失不法行為事例と異なるものではない。われわれの言動によって予見可能かつ直接的な影響を受ける他人の利益を侵害するのを回避するようにわれわれは合理的な注意をすべきだとする基本的な規範的前提（近接性ないし近隣性の原則）から、注意義務は生じる。このように解する者にとっては、ヘドレイ・バーンは当然不法行為に属することになる。過失不法行為事例一般における注意義務の要件によって検討するのが適切であり、「特別の関係」（上記Ⅰ3、とくに(5)を参照）の要件は「近接性」関係の単なる1つの例示である。通常の「近接性」や「近隣性」の要件に「特別の関係」の要件を加重するのは、不注意な行為による予見可能な結果に基礎づけられた義務を、これに対抗する倫理的または実践的な理由から、制限する必要があるからである。経済的な権利または義務は、過り（fault）に関する基本的な倫理的考慮（basic ethical considerations）と法政策的な問題（legitimate policy concerns）との合成から生じるものであり、私的自治から生じるものではない。不実表示によるものを含む、経済的損失に関する注意義務は、判例——不法行為法における厚生主義者の伝統——の漸進的な拡大によってもたらされるものである[27]。

以上の分析は、ロバートソン教授とワング弁護士によって支持されている。

---

27 Ibid 15-16.

Ⅲ　理論

ⅰ．A・ロバートソン[28]＝J・ワング[29]「責任の引受け」[30]

1　ヘドレイ・バーンにおける責任の引受け

　ロバートソン教授とワング弁護士は、まず、ヘドレイ・バーンにおける裁判官の各意見間に、情報または助言を与える際に義務が生じる根拠に関して、2つの異なる説明があるとする。第1に、意思による債務の引受けを根拠とする説明であり、第2に、ネグリジェンス法によって認められるすべての注意義務の基礎にある、近隣性ないし近接性の原則の単なる現れだとする説明である。債務が引き受けられたのか、法によって課されたのか、といいかえられる[31]。

　そして、同教授らは、ヘドレイ・バーンの各判事の意見を詳細に検討したうえで、リード卿、デヴリン卿は、債務は引き受けられたとする考えのほうに傾いており、他方、モリス卿、ホドソン卿、ピアス卿は、債務は当事者間の相互作用（近隣性ないし近接性のこと）に基づいて課されるとする考えのほうに傾いていると要約する[32]。

2　意思によって債務は引き受けられたか？

　ロバートソン教授らは、責任の引受けによる義務は、被告が債務に対して同意したとの意味で意思によって作り出されたと解してよいかを検討する。同教授らは、判例を検討したうえで、意思による義務の引受けという考え方は判例法と合致していないと結論づける。

　(1)　権利ベースの理解を主張する学者は、デヴリン卿の考え方、つまり

28　Professor of Law at the University of Melbourne, Australia.

29　a solicitor at the Victorian Government Solicitor's Office, Australia.

30　A Robertson and J Wang, 'The Assumption of Responsibility' in *The Law of Misstatement* (n 1) 49-82.

31　ibid 51.

32　ibid 55.

契約ベースの考え方ないし意思による債務の引受けという考え方を熱狂的に支持する。

この権利ベースの説明によれば、つぎのとおりである。人は、全世界に対して、身体の安全、評判および有体財産に対する権利を有する。しかし、人は、全世界に対して、他人が援助を与えること、他人が利益を与えることまた他人がわれわれに経済的な害を与えないことに対する権利を有しない。このような権利とこれに相対する債務は、有償か無償かを問わず、引受けの方法によってのみ生じうる。このような権利と債務は、義務を負う人の意思によって作り出される[33]。

(2) この権利ベースの議論によれば、つぎのような主張がされている。裁判所は、被告が債務を引き受けるとの意図を有したか（意思の主観的な解釈）を問題としているのではなく、被告が債務を引き受けるとの意図を表したか（意思の客観的な解釈）を問題としている。しかし、同教授らは、判例を詳細に検討したうえで、裁判所は、被告がそのような債務に対し同意を表す（manifest）ことを要件としてはいないと反論する[34]。

(3) ヘドレイ・バーンのように、免責条項が責任の引受けによって生じる注意義務を回避できるという事実は、意思による拘束（commitment）がなされたかが重要であるとする考え方に対して強力な支持を与えるようにみえる。しかし、同教授らは、つぎのように反論する。免責条項は、債務が引き受けられたとする認定を排除するとの説明もできるが、近接性の関係が生じるのを妨げるとの説明もできる。免責条項は被告による表示と原告が被った経済的損害（harm）との間の関係づけ（nexus）を害するものである。というのは、免責条項があるにもかかわらず表示を信頼した場合、その信頼は不合理なものといえるからであり、免責条項を伴う助言または意見の提供は十分に重大な損害（harm）の危険を作り出さないといえるからであり、免責条項を伴う助言または意見の被提供者は被告の行為によって注意義務を正当化するのに十分なほど近接的にかつ直接的に影響を受けるとはいえないからであ

---

33 ibid 55-56.
　　コバートソン教授らは、この権利ベースの理解の主張者として、スティーヴンス教授（前掲注20）とビーヴァー教授（後掲注45）を挙げている。

34 Robertson and Wang (n 30) 56-57.

る。いいかえれば、免責条項を伴う助言の場合、助言を受ける者は助言によって近接的にかつ直接的に影響を受けるので、助言者が助言を受ける者の経済的利益に関して心を配るべきである、とはいえないのである[35]。

3 ある関係への意思による加入（entry）

ロバートソン教授らは、責任の引受けが問題となる事例においては、責任は意思によって引き受けられるのではなく、法によって課されるものであるとしたうえで、「責任の引受け」がどのような性質の要件かを検討する。

(1) 責任の引受けによって作り出される債務が、意思によって引き受けられたものではなく、法によって課されるものであるとしても、そのような債務は、原告との間でのある特定の種類の関係に加入するとの被告の意思から生じる点で特徴的である。この見方によれば、「責任の引受け」は、法的な債務の引受けではなく、責任ある地位、すなわち、法が義務を課すべき責任ある地位に加入するとの意思を表すものである。いいかえれば、被告は、自らが、自らを、原告との関係、すなわち、注意義務の発生が見込まれる関係に持っていったないし連れていった（bring himself or herself）、ということである[36]。

(2) 責任の引受けが問題となる事例で、何が特徴的かといえば、被告が自由に加入した、原告との先行する関係から義務が生じる点である。しかし、この被告が自由に加入したこと自体は、こうして認められた義務を根拠づけたり、その要件となったりはしない。というのは、被告が原告との関係に加入する意欲（willingness）を表す（manifest）ことは要件でなく、また判例では、義務を認めさせるためには、被告が仕事を引き受けたことを主張立証するだけでは不十分だとされているからである。被告の意思による原告との関係への加入が重要なのではなく、その関係の性質が重要なのである[37]。

---

35 ibid 62-64.
36 ibid 64.
37 ibid 67.

608

4 近接性としての責任の引受け

ロバートソン教授らは、責任の引受けが近接性の問題として理解されるべきであるとすれば、被告の行為が原告に対して与える潜在的な影響が決定的な考慮要素となるとする。そして、近接性要件の中心的要素は、その事件での被告の役割と原告の損害との間の関係の直接性かつ即時性（directness and immediacy）であるとする[38]。

5 結論

ロバートソン教授らは、意思による債務の引受けという考え方をとらない。そして、責任の引受けを、注意義務が認められる独立の類型ではなく、注意義務が認められるための一般的要件たる近接性要件の部分集合をなすものであるとする。決定的なのは、被告によってなされた引受けではなく、第1に、原告と被告とが結んだ関係の性質、第2に、当該関係において、被告に合理的に期待されること、第3に、被告の行為が原告に対して与える潜在的な影響——これが最重要——であるとする。

同教授らは、つぎのようにしめくくる。ダナヒュー対スティーヴンソンでアトキン卿は、注意義務の成立要件として、ある1つの一般概念が存在するにちがいなく、実際に存在すると主張したが、それは誤っていると言われてきた。というのは、ヘドレイ・バーンが、注意義務の成立要件たる一般概念は1つしかないわけではなく、少なくとも近隣原則と責任の引受けの2つあることを明らかにしたからである。しかし、以上の分析によれば、アトキン卿は正しかったことがわかる。つまり、責任の引受けは、注意義務が認められる独立の類型ではなく、近隣原則が満たされるかもしれないことを示しているだけなのである[39]。

ⅱ．A・ビーヴァー[40]「ヘドレイ・バーン訴訟の基礎」[41]

1 イントロダクション

ビーヴァー教授は、ヘドレイ・バーン訴訟の理解を助けるために提案され

---

38 ibid 67-68.
39 ibid 81-82.

ている考え方はつぎのとおり３つあるが、そのどれもが誤りであるとする。(1) ヘドレイ・バーンに基づく訴訟はネグリジェンス法に属し、したがって、ダナヒュー対スティーヴンソンでアトキン卿が明示した近隣原則に基づくとの考え方は、同教授によれば、誤りである。(2) 不法行為と契約とは、前者は法によって債務が課される法領域であり、後者は当事者によって債務が引き受けられる法領域である、という違いがあるとする考え方も、同教授によれば、誤りである。(3) 約束または合意は、債務が双務的であり、つまり、約因が存在する場合のみ、法的拘束力があるという信念も、同教授によれば、混乱のもとである。そして、この３つの考え方のすべてがしばしば批判されているにもかかわらず、法はとうていこれらを否定することはない、という[42]。

　同教授は、ヘドレイ・バーン訴訟を理解するために提案されているモデルが２つあるという。第１に、これらの事例はネグリジェンス法に属すると主張するものである。これはさらに２つに分かれ、１つは、近隣原則に厳格に従い、責任の引受け概念を捨て去るべきだと主張する「ネグリジェンス・モデル」である。もう１つは、責任の有無の決定において、通常のネグリジェンスの原則とともに、あるいは、追加的な「コントロール・メカニズム（統制の仕組み)」として、責任の引受けの役割を許容する「ネグリジェンス・プラス・モデル」である。第２に、これらの事例における被告の責任は原告に対する責任の引受けに基礎づけられ、通常のネグリジェンス法の原則とは関係がないと主張する「契約モデル」である。これによれば、ヘドレイ・バーン訴訟は、正確には、ネグリジェンス法または不法行為法に属すると性質づけることができず、むしろ性質上契約的なものである。そして、同教授は、他のモデルと比べて、この契約モデルの優位を証明することが本節の目的であるとする[43]。

40　Professor of Law at Auckland University of Technology, New Zealand.

41　A Beever, 'The Basis of the *Hedley Byrne* Action' in *The Law of Misstatement* (n 1) 83-110.

42　ibid 83.

43　ibid 84.

2 ヘドレイ・バーン訴訟の独自性——権利に基づく契約モデル

ダナヒュー対スティーヴンソンは身体的侵害（personal injury）の事例であるのに対して、ヘドレイ・バーンは純粋な経済的損失（pure economic loss）の事例であるとされるが[44]、同教授はこのような理解を批判する。これに対して、権利論に立つ同教授[45]は、前者では、原告の身体的完全性に対する権利が、被告の表示ないし行為とは独立して存在し、これが侵害されたのに対して、後者では、原告が回復を求める損失に関する原告の権利が、被告の表示とは独立して存在しないとする。すなわち、前者では、原告の（権利の）侵害が合理的に予見可能であったと主張立証するだけで十分であるのに対して、後者では、被告の侵害によって原告は何らかの損失を被ったが、その何らかの損失に関して原告は何の権利を付与されていないために、原告は、被告の侵害が合理的に予見可能であったことだけでなく、被告の表示が原告に対して権利を作り出したことも主張立証しなければならない。

そして、ビーヴァー教授は、ヘドレイ・バーンでも、カパーロ[46]でも、原告はこのような主張立証に成功しなかったとする。すなわち、ヘドレイ・バーンでは、被告の免責条項の強調が、カパーロでは、被告がレポートを用意した目的とは異なる目的のために原告が被告のレポートを信頼したことが、このような主張立証に成功しなかった理由である[47]。

---

[44] 原告の生命もしくは身体または所有物（property）に対する物理的侵害ないし損害（physical injury or damage）が発生した結果、原告に経済的損失が発生した場合、これを結果的経済的損失（consequential economic loss）という。他方、このような物理的侵害ないし損害が発生することなく、原告に経済的損失が発生した場合、これを純粋な経済的損失という。過失不法行為責任による純粋経済損失の賠償については、さまざまな制限がある。*Winfield & Jolowicz*（n 3）paras 5-057-5-064.

[45] 前掲注20、33。

[46] *Caparo Industries v Dickman* [1990] 2 AC 605（HL）.
制定法が義務づける公開会社の会計監査報告が誤って作成され、当該会社の財務状況に関して誤解を招く印象を与えた。これを信頼して会社の株式を購入した原告が監査役を訴えた。
貴族院は請求を棄却した。一方で、公開会社の会計監査報告が非常に広い範囲の人々によって信頼されるかもしれないことは予見可能だが、他方で、公開会社の会計監査報告を義務づける制定法の目的ないし趣旨が考慮されなければならない。そして、それは、株主をして会社経営に関する権利行使を可能にさせることにあり、投資家に対して情報提供することにあるのではない。したがって、監査役は投資家に対し注意義務を負わない。
Winfield & Jolowicz（n 3）para 12-036.

[47] Beever（n 41）85-90.

3　ネグリジェンス・プラス・モデル

ビーヴァー教授は、実務上も、理論上も、ネグリジェンス・プラス・モデルは、ネグリジェンス・モデルか契約モデルのどちらかに解消されるとする[48]。

4　過失不実表示と近隣原則

ビーヴァー教授は、最初に言及した、ネグリジェンス・モデルをとることによる、3つの混乱について検討している。まず、過失不実表示責任はアトキン卿の近隣原則に基礎づけられるとする考え方に対し、これは誤りだと批判する（上記1(1)）。

ダナヒュー対スティーヴンソンのような過失事例では、近接性は合理的な予見可能性のことを指すが、ヘドレイ・バーンのような過失不実表示事例では、合理的な予見可能性だけでは注意義務を認めるのに不十分である。これらの両法領域において、近接性がうまく機能している、とすることはミスリーディングである。近接性の用語が問題なのではなく、その概念が何を指すかが問題なのである。

ヘドレイ・バーン訴訟は、近隣性や近接性などの法概念を採用し、その範囲を拡大させることによってのみ、ネグリジェンス法と両立させることができる。しかしながら、これをすると2つの深刻で有害な結果が生じる。第1に、ヘドレイ・バーン訴訟の性質は不明瞭なものとなる。第2に、これらの概念の拡大によって、われわれのネグリジェンス法に対する理解そのものが破壊される。ネグリジェンス訴訟の中心的概念が通説の説明においてはとてつもなく広いものとなってしまうからである。

もちろん表示責任は合理的な予見可能性のみに基礎を置くものではないと考えられてきた。しかしこれも近隣原則が決定的でないことをいいかえたにすぎない。近隣原則に加えて、被告の特別なスキル、会話がフォーマルかカジュアルか、原告の合理的な信頼、助言の目的の一致（カパーロ）、免責条項があるか否か（ヘドレイ・バーン）などが要件として主張されることこそが、ネグリジェンス・モデルの不適切性に対して警鐘を鳴らしていると考えられ

48　ibid 90.

る[49]。

5 課された債務、引き受けられた債務

ビーヴァー教授は、つぎに、不法行為は法によって債務が課される法領域であり、契約は当事者によって債務が引き受けられる法領域である、という違いがあるとする考え方に対して、これは完全に不正確な考え方だと批判する（上記1(2)）。というのは、不法行為法が引き受けられた責任によって対処することも時々あるからだとして、同教授は不作為不法行為事例を検討するが、本稿はこれを省略する[50]。

6 約因原理（doctrine）とヘドレイ・バーン

ビーヴァー教授は、最後に、約束または合意は、約因が存在する場合のみ、法的拘束力があるという信念についても混乱のもとであるとする（上記1(3)）。

同教授は、まず、ヘドレイ・バーンのような事例が、他の法域では、契約法において扱われているとする。たとえば、ドイツでは、ヘドレイ・バーン自体、そしてカパーロなどの事例は契約違反のそれとして裁判所において扱われているとする[51]。しかし、コモン・ローは、非常に評判の悪い約因原理という障害があるために、シヴィル・ローと同じ扱いをしないのだとする。

しかし、同教授は、約因原理を詳細に検討するなかで、つぎのようにいう。約因原理の含意は、約因がない合意または約束は法的に拘束力がないとする点にある。そのために、われわれは、過失不実表示というミスリーディングなラベルを貼った責任の形式を採用するのである。約因原理を擁護する議論は、つぎの2つに分かれる。1つは、約因原理を部分的に擁護するものであり、約因は真の問題の乱暴な代用品（rough proxy）だと主張する。たとえば、約因は当事者がまじめに自身を約束に拘束しようと意図したことの証

49　ibid 91-94.
50　ibid 95-98.
51　この説明については検証が必要であろう。能見善久「投資家の経済的損失と不法行為法による救済」前田重行他編『前田庸先生喜寿記念論・企業法の変遷』（2009年）309頁以下を参照のこと。

拠を提供するといった議論である。しかし、もしそうなら、約因原理は真の問題に置き換えられるべきであると同教授はいう。もう1つは、約因を伴う契約は、それがない契約と比べて、特別な何かを有するなどと主張するものである。しかし、たとえこれを認めたとしても、だからといって約因がない合意が強制されるべきでないことにはつながらないと同教授はいう。いいかえれば、かりに契約は約因を伴う必要があるとする前提をとるとしても、だからといって、ヘドレイ・バーン訴訟が合意または約束によって基礎づけられないとする含意は無効であると同教授はいう。つまり、このような事例においては、被告の約束は、たとえ約因がなくても、強制されるべき事例なのかもしれないのである。

　同教授は、つぎのことを強調する。ヘドレイ・バーンが不法行為事例であって契約事例でない唯一の理由が約因の不存在であるならば、ヘドレイ・バーンは契約類似の（contract-like）事例であってネグリジェンス類似（negligence-like）の事例ではないのである[52]。

7　責任の引受けとネグリジェンス法

　ロバートソン教授らが、裁判所は被告が債務に対して同意を表す（manifest）ことを要件としてはいないと主張した（上記 i 2）のに対して、ビーヴァー教授は、裁判所が契約モデルを拒否する場合、彼らは、この契約モデルと、彼らが拒否した契約モデルによって最もうまく説明できるアプローチとを入れ替えていると反論する。いいかえれば、またしても真の問題を欠陥ある代用品と入れ替えていると反論する。同教授は、スキルも、目的も、表示も、近接性も、合理的な予見可能性も、信頼も、過失も、そして、免責条項も、カジュアルな会話もすべて、責任の引受けの欠陥ある代用品なのだとする。同教授はこれをニュー・ジーランドの控訴審判決の検討によって根拠づけるが、本稿では省略する[53]。

52　Beever（n 41）98-99, 102-103.
53　ibid 103-109.

614

8 結論

ロバートソン教授らは、ダナヒュー対スティーヴンソンでアトキン卿が、注意義務の成立要件として、ある１つの一般概念が存在するにちがいなく、実際にも存在すると主張したのは正解であったと主張し、ヘドレイ・バーン訴訟もダナヒュー対スティーヴンソンに属すると主張した（上記ⅰ5）。これに対して、ビーヴァー教授は、同卿は確かに正しい、しかし、それは、ヘドレイ・バーン訴訟がダナヒュー対スティーヴンソンに属するからではなく、ヘドレイ・バーン訴訟がネグリジェンス訴訟でないからだとする。

ビーヴァー教授は、ヘドレイ・バーンとダナヒュー対スティーヴンソンは無関係で、前者が後者に属すると考えるべきでないとする。ヘドレイ・バーンをネグリジェンス法の中に留めようとする試みは、近接性や近隣性、合理性、注意義務などの概念を拡大させ、無意味なものとすることによって、ネグリジェンス法を害するとする。

そして結論として、つぎのようにまとめている。ヘドレイ・バーンに基づく責任は、通常のネグリジェンスの要件のほかに、被告の原告に対する責任の引受けが要件として求められる。そして、それによって原告は提供された情報を信頼する権利が与えられる。つまり、ヘドレイ・バーンは契約的性質（contractual in nature）を有する。そして、最初に言及した、ヘドレイ・バーン訴訟の理解を助けるために提案されている考え方（上記 1 (1) ～ (3)）は、いずれも誤りであると結論づける[54]。

ⅲ．Ｄ・キャンベル[55]「ヘドレイ・バーン対ヘラーはどのような害を正すか？」[56]

キャンベル教授は、ビーヴァー教授の議論に賛成する。しかし、キャンベル教授によれば、ビーヴァー教授は、責任の引受けモデルを、ダナヒュー対スティーヴンソン責任を正当化する近接性と並ぶ可能な選択肢として擁護するが、キャンベル教授は、そもそも不法行為における責任の引受けと呼ぶことが誤りであるとする。つまり、契約こそが過失不実表示責任の正当な根拠

---

54 ibid 110.

55 Professor of Law at Lancaster University, The Unaited Kingdom.

56 D Campbell, 'The Curious Incident of the Dog that did Bark in the Night-Time: What Mischief does *Hedley Byrne v Heller* Correct?' in *The Law of Misstatement* (n 1) 111-132.

なのだと主張する[57, 58]。

　そして、キャンベル教授は、ビーヴァー教授とは異なる方法によって、契約こそが過失不実表示責任の正当な根拠なのだと主張する。つまり、キャンベル教授によれば、ビーヴァー教授がネグリジェンスは基本的私権の法制度上の問題（a matter of lawful institutionalization of fundamental private rights）[59]であるという見方をするのに対して、キャンベル教授はこれに批判的である[60]。さらに、キャンベル教授によれば、ビーヴァー教授のアプローチは法的な権利を新古典派経済学上の理由から切断することをベースとするが[61]、この方法では、自由民主社会の正統性の根本であり、これを具体化させることがわれわれ全員の目的である「自然的自由（natural liberty）[62]のシステム」における、経済と法との間の密接な絡み合いをとらえ損ねるとキャンベル教授は述べる。キャンベル教授は、不実表示について訴求したり、判断したり、コメントしたりする人々は良いことを行うことに熱中しており、その経済的かつ法的コストを過小評価していると批判する[63, 64]。

57　ibid 112.

58　バーカー教授は、ビーヴァー教授よりもさらに進んだところにキャンベル教授はいるという。バーカー教授によれば、つぎのとおりである。キャンベル教授は、ヘドレイ・バーンは契約に分類されるべきであり、自分の経済的利益の保護を受ける権利を、そのような権利に対し支払をしないで、獲得できるといった理解（notion）は「経済的に不合理」であるという。つまり彼は相手の知的資産のフリーライダーなのだという。Barker（n 18）14.

59　前掲注45。

60　Campbell（n 56）112.

61　前掲注45。

62　生来のものを除いて、何の拘束または支配を受けず、自らが欲するよう行為する権限。
　　「この自然的自由は、…生まれながらにしてわれわれの中に備わっている権利である。しかし、すべての人は、彼が社会（society）に入るとき、とても価値のあるものの獲得の代償として、彼の自然的自由のある部分をあきらめる。そして、相互的取引（mutual commerce）の利益を受けるのと引き換えに、社会（community）がそれを成立させるのが適切であると考えたところの法に従うよう自らを義務づける。」1 William Blackstone, *Commentaries on the Laws of England* 121（1765）.
　　B A Garner（editor in chief）, *Black's Law Dictionary*（10th ed, 2014）1058.

63　Campbell（n 56）132.

64　バーカー教授は、ビーヴァー教授とキャンベル教授について、次のように述べている。ビーヴァー教授の分析の相当部分をキャンベル教授は支持するのだが、これはとても驚くべきことである。というのは、ビーヴァー教授は形式主義者（formalist）でカント主義者（Kantian）であり、他方、キャンベル教授はプラグマティック自由経済学者（pragmatic liberal economist）だからである。このように、主義の異なる者が合意に達している点は、次のことを示している。すなわち、カントの義務論（Kantian deontology）も自由経済学（liberal economics）もともに私的自

1 ヘドレイ・バーンの根拠

キャンベル教授は、デヴリン卿が、責任の引受けがあるところに「契約に等しい」関係を認めたことは、約因の存否によって違いが生じない形で法の確定を試みたことになるとするが、この同卿の「契約に等しい」関係に対して、つぎのように批判する。約因のない契約は契約そのものではなく、同卿は「契約に等しい」と述べることによって契約とはまったく異なる何かを表したことになってしまい、責任の引受けモデルの内には、誕生当初からして、無用な曖昧さが存在した[65]。

そして、同教授は、契約法の欠陥とネグリジェンス法の拡大——この迷いから覚めるべきもの——に関して、つぎのように批判する。契約法は判例法（約因、プリヴィティ）のためにきわめて制約されたものであった。ヘドレイ・バーンの全卿は、このような経済的な制約ないし契約法の欠陥を超えるような賠償や権利さらには正義を認めざるを得ないよう感じたために、ネグリジェンス法に開かれた裁判所による法形成の無限の可能性を考慮に入れて、最初の一歩を踏み出してしまったのである[66]。

2 ヘドレイ・バーンの背景

キャンベル教授は、ヘドレイ・バーン（1963 年）と不実表示法（1967 年）[67]の背景となった事情について、つぎのように概説する。このときの政府は、戦後の「資本主義の黄金時代」すなわち空前絶後の経済成長が継続した期間の最後の政府であった。1963 年に野党党首ウィルソンは労働党大会でスピーチをし、その翌年首相となった。このときの政府の目標については、政府高官クロスランドによれば、「政治権力が経済生活の終局的な仲裁者として出現し、自由市場関係の時代は終了した」、「この権力の経済管理能力は十分なものなので、経済的な効率性の問題はもはやイギリスでは第一位の重要性

治（private ordering）、意思決定の集中排除（decentralised decision making）および個人の選択（individual choice）をその核心としている——他のすべての点では同床異夢であっても——。Barker (n 18) 14.

65 Campbell (n 56) 118.

66 Ibid 126-127.

67 Misrepresentation Act 1967.

(primary importance）を失うであろう」、「UK は資本主義者であり続けるか」と問われ「no」と答えたなどと伝えられている。これこそがヘドレイ・バーンと不実表示法の背景となった事情なのである[68]。

おわりに

　過失不実表示に基づく責任に関して、その基礎を過失不法行為（ネグリジェンス）法によって課された点に求める学説と意思ないし契約によって引き受けられた点に求める学説とが対立する。その背景には、イデオロギーの変化がみてとれる。

　1960 年代まで、イギリスは空前絶後の経済成長を続け、これに対し厚生主義が台頭することによって、1960 年代に至り、過失不実表示に基づく過失不法行為責任が認められたと評価する学説がある。裁判所は、物理的損害から経済的損失へと過失不法行為判例を積み重ねながら、また、近隣性ないし近接性の要件に責任の引受け等の他の要件を包摂しながら、過失不法行為責任を認めてきたと考えるのである。

　しかし、ここ数十年の間に、社会は一変し、これによってイデオロギーも変化し、過失不実表示責任の内容も変化を余儀なくされている。この新しいイデオロギーは保守主義の色彩が濃く、責任は、法によって課されるのではなく、意思ないし契約によって引き受けられたときしか生じないと考えている。

　この新しい流れは、さらに 2 つに分かれる。1 つは、矯正的正義に端を発した権利論者の唱える流れであり、法と経済とを、あるいは、プリンシプル（原則）とポリシー（法政策的考慮）とを分離して、権利とこれに相対する義務を独立して考察するものである。もう 1 つは、プラグマティックな、すなわち、法と経済とは、あるいは、プリンシプルとポリシーとは分離しがたいとの考えを有する、自由主義経済学者が唱える流れである。伝統的な方法論をとる厚生主義者からは、この 2 つの流れは同床異夢の状態にあると評価されている。

68　Campbell（n 56）126.

618

　この新しい流れの先にあったのかは定かでないが、リーマン・ショックは
民間金融制度の規制緩和がその原因の一端にある。これに対して、不実表示
に対する規制強化は、重い責任を課す法（ルール）の創設につながるであろ
うが、しかし、個人が負うことのできる責任をはるかに超えることも考えら
れる。本稿で紹介した論文には、これに対する答えが示されていたわけでは
ないが、民事責任[69]、私的および公的保険、刑事責任、行政責任などの各制
度間のコーディネートが必要なのであろう。

69　損害賠償法だけでなく、日本法にいう法律行為法および原状回復法を含む。

執筆者紹介（掲載順）

大村 敦志（おおむら あつし）	東京大学法学部教授
小野寺倫子（おのでら みちこ）	秋田大学大学教育文化学部准教授
櫛橋明香（くしはし さやか）	北海道大学大学院法学研究科准教授
遠山純弘（とおやま じゅんこう）	法政大学大学院法務研究科教授
齋藤哲志（さいとう てつし）	東京大学社会科学研究所准教授
後藤巻則（ごとう まきのり）	早稲田大学法学学術院教授
岩本尚禧（いわもと なおき）	小樽商科大学商学部准教授
金子敬明（かねこ よしあき）	名古屋大学大学院法学研究科教授
大場浩之（おおば ひろゆき）	早稲田大学法学学術院教授
鎌野邦樹（かまの くにき）	早稲田大学法学学術院教授
松久三四彦（まつひさ みよひこ）	北海学園大学大学院法務研究科教授
吉井啓子（よしい けいこ）	明治大学法学部教授
青木則幸（あおき のりゆき）	早稲田大学法学学術院教授
池田雅則（いけだ まさのり）	名古屋大学大学院法学研究科教授
池田雄二（いけだ ゆうじ）	阪南大学経済学部准教授
中田裕康（なかた ひろやす）	早稲田大学法学学術院教授
森田 修（もりた おさむ）	東京大学大学院法学政治学研究科教授
松本克美（まつもと かつみ）	立命館大学大学院法務研究科教授
平野裕之（ひらの ひろゆき）	慶應義塾大学大学院法務研究科教授
河上正二（かわかみ しょうじ）	青山学院大学法務研究科教授
金山直樹（かなやま なおき）	慶應義塾大学大学院法務研究科教授
齋藤由起（さいとう ゆき）	大阪大学大学院法学研究科准教授
白石 大（しらいし だい）	早稲田大学法学学術院准教授
匹ツ谷有喜（よつや ゆき）	北海学園大学大学院法務研究科教授
山城一真（やましろ かずま）	早稲田大学法学学術院准教授
新堂明子（しんどう あきこ）	法政大学大学院法務研究科教授

社会の変容と民法の課題 ［上巻］

──瀬川信久先生・吉田克己先生古稀記念論文集──

2018年3月10日　初版第1刷発行

編　者　　松久三四彦　後藤巻則　金山直樹　水野謙　池田雅則　新堂明子　大島梨沙

発 行 者　　阿部成一

〒162-0041　東京都新宿区早稲田鶴巻町514
発 行 所　　株式会社　成文堂
電話03(3203)9201代　FAX03(3203)9206
http://www.seibundoh.co.jp

製版・印刷　シナノ印刷　　　　　　　　製本　佐抜製本
©2018　松久・後藤・金山・水野・池田・新堂・大島
☆乱丁・落丁本はおとりかえいたします☆　　Printed in Japan
ISBN978-4-7923-2709-5 C3032　　　検印省略
定価（本体16,000円＋税）